DEC-2-7-002342-2012 *PA-48*
NDEA Title VI SEC 602

FOREIGN SERVICE INSTITUTE

BR-62342
PA-48

FINNISH

GRADED READER

FOREIGN · SERVICE · INSTITUTE
· 1946 ·

DEPARTMENT OF STATE

AL 001 563

FINNISH

GRADED READER

This work was compiled and published with the support of the Office of Education, Department of Health, Education and Welfare, United States of America.

AILI RYTKÖNEN BELL and AUGUSTUS A. KOSKI

FOREIGN SERVICE INSTITUTE

WASHINGTON, D.C.

1968

DEPARTMENT OF STATE

For sale by the Superintendent of Documents U.S. Government Printing Office
Washington, D.C. 20402 - Price $4.50

FOREIGN SERVICE INSTITUTE
BASIC COURSE SERIES
Edited by
AUGUSTUS A. KOSKI

PREFACE

Finnish Graded Reader and accompanying tape recordings are designed to develop reading ability in Finnish through the coordination of audio material with the printed page, with minimum recourse to translation. The fifty-seven selections have been arranged and edited to provide a sequence suitable to the growing competence of students as they progress from the beginning through the intermediate stages of reading proficiency. It has been an aim in the editing to retain as much as possible of the original style and flavor while modifying constructions and vocabulary as necessary for the benefit of students.

The text has been planned as a supplement to a beginning course in Finnish, to be introduced when the student has mastered much of the basic structure of Finnish and about 700 lexical items. It may also be used effectively in an intermediate course.

Among its features are lexical and grammatical drills, which, together with questions after each reading selection, are intended to help the student develop facility in conversing and in using vocabulary and structure beyond the introductory level. The accompanying tapes emphasize the spoken language and liven the material.

Finnish Graded Reader is the work of the Finnish staff of the School of Language Studies under the direction of Augustus A. Koski. Aili R. Bell compiled and edited the reading selections, vocabulary lists and drills. She also voiced the tapes of the selections and drills and proofread the typescript before publication. Marja-Terttu Kenney typed the card index and a draft of the materials. Donna A. Kowalski, Irma C. Ponce and Linda E. Terrio prepared the typescript. Patrick Pletcher of the Audio-Visual Staff prepared the cover and title page and assisted in arrangement of illustrations in the text. The tape recordings were produced in the Foreign Service Institute studios with the technical assistance of Jose M. Ramirez.

The Foreign Service Institute gratefully acknowledges the financial assistance of the U.S. Office of Education which has made possible the preparation and publication of this volume.

James R. Frith, Dean
School of Language Studies
Foreign Service Institute
Department of State

iii

Sisällysluettelo

	Sivu
1. luku Kansansatuja	1
2. luku Maantiedettä	9
3. luku Satu - Tiitus (Ilmari Kivinen, 1883 - 1940)	16
4. luku Suomen väkiluku....	22
5. luku Tämän kertoi eräs englantilainen matkailija...	29
6. luku Savon murre Pohjalaiset Lapin asukkaat	37 37 38
7. luku Pesäpallo	45
8. luku Lehmä ja me - Valentin (Ensio Rislakki, 1896 -)'	53
9. luku Suomen kansan kaskuja, Lauri Laiho	63
10. luku Jumalan kymmenen käskyä Apostolinen uskontunnustus Isämeidän-rukous	71 71 72
11. luku Ei osannut - Olli (Väinö Nuorteva, 1889 -) Kävelyllä nuorimman kanssa - Valentin	80 82
12. luku Oksa-intohimo - Kerstin Bergrot (1886 -)	98
13. luku Kansantarinoita jättiläisistä - Maammekirjan mukaan, Sakari Topelius (1818 - 98)	108
14. luku Herätyskello - Valentin	119
15. luku Sota Sammosta - Maamekirjan mukaan, Sakari Topelius	134
16. luku Kaivo - Yrjö Jylhä (1903 - 56) Luokkajako - Valentin	146 148

iv

17. luku
Pakanalliset suomalaiset jumalat - Maammekirjan mukaan   157

18. luku
Rahalla on pitkä historia - Hilkka Leino   169

19. luku
Pilviä taivaanrannalla - Erkki Koivusalo   180

20. luku
Erikoistauteja - Olli   197

21. luku
Parempi katsoa katua kuin katua - Arijoutsi (Heikki Marttila,   202
1915 -)   214
Liikennesäännöt

22. luku
Kuinka turisteille on kerrottava Suomesta - Ilmo Hela,   223
Suomen Kuvalehti

23. luku
Suutari ihmistuntijana - Tatu Valkonen (. .o Lassila,   236
1885 - 1945)

24. luku
Diplomaatti pyysi Suomeen... - Helsingin Sanomat   248

25. luku
Tietoliikenne - Hilkka Leino   262

26. luku
Oikeusministeri ja Fanny Hill - Suomen Kuvalehti   274

27. luku
Lämpömittari - Olli   287

28. luku
Suomen syrjäisimmässä kyläsêä - Suomen Kuvalehti   299

29. luku
Tiesittekö, että...   316
Maammelaulu - J.L. Runeberg (1804 - 77)   329

30. luku
Eräs neljäsluokkalainen - Santeri Levas   330

31. luku
Uusi teoria lajien synnystä - Osmo A. Wiio, Suomen Kuvalehti   344

32. luku
Tukholmassa 13.7.1926 - Martti Jukola (1900 - 46)   356

33. luku
Kivikauden kansa asuttaa Suomen - Tauno Kuosa, Jokamiehen   369
Suomen historia

34. luku
Suomalainen kansakoululapsi - Taimi Maria Ranta 382

35. luku
Valmismatka avaruuteen - Suomen Kuvalehti 397

36. luku
Sotilaspoika ja halkosouvi - Elina Karjalainen, Suomen
Kuvalehti 414

37. luku
Sortovuodet - Tauno Kuosa, Jokamiehen Suomen historia 426

38. luku
Sinergasian merimiehistä kymmenen löytyi kuolleina - Uusi
Suomi 441
Liikenne myrskyn jälkeen vähitellen omiin uomiinsa - Uusi
Suomi 444

39. luku
Ihminen - kone - Toivo Pekkanen (1902 - 57) 458

40. luku
Tasavallan perustaja K.J. Ståhlberg - Matti Kurjensaari
(1907 -) 472

41. luku
Hölmöläisille kasvaa kitkerää suolaa - Kertonut Olli 490
Maon ajatusten avulla ylös heikoista jäistä - Uusi Suomi 496

42. luku
Tuomiokello - Juhani Aho (1861 - 1921) 504

43. luku
Tutkijan asema - Paavo Ravila (1902 -) 521

44. luku
Rotusuhteista Suomessa - Raino Vehmas 532

45. luku
Työmarkkinajärjestöjen palkkapolitiikasta ja sen keinoista -
Timo Helelä 548
Tutkimus teollisuudentyöntekijöiden palkkojen muutoksista ja
niihin vaikuttavista tekijöistä - Suomen Pankin julkaisu 555

46. luku
Seitsemän veljestä - Aleksis Kivi (1834 - 72) 566

47. luku
Tuntematon sotilas - Väinö Linna (1920 -) 580

48. luku
Talouskatsaus - Weijo Wainio 595

49. luku
Kiinan punakaartit - Uusi Suomi 605

50. luku
Suomen hallitus - Jaakko Nousiainen 617

51. luku
   Yleiset tuomioistuimet - Ragnar Meinander   631

52. luku
   Suomen kansalle - Suomen Itsenäisyysjulistus   643

53. luku
   Murrenäytteitä - Mattila, Mäenpää, Ruoppila:Sananiekka   657

54. luku
   Laki koulujärjestelmän perusteista - Peruskoulukomitean I
   osamietintö   658

55. luku
   Amerikan vapaussota ensimmäisen suomenkielisen sanomalehden
   kuvaamana - Niinistö, Ojajärvi, Turunen: - Keskikoulun
   lukukirja   666

56. luku
   Näytteitä Kalevalasta   671

57. luku
   Sanomalehtiotteita - Helsingin Sanomat   674

Tavallisimpia lyhenteitä   680

Selityksiä   681

Finnish - English Word List   682

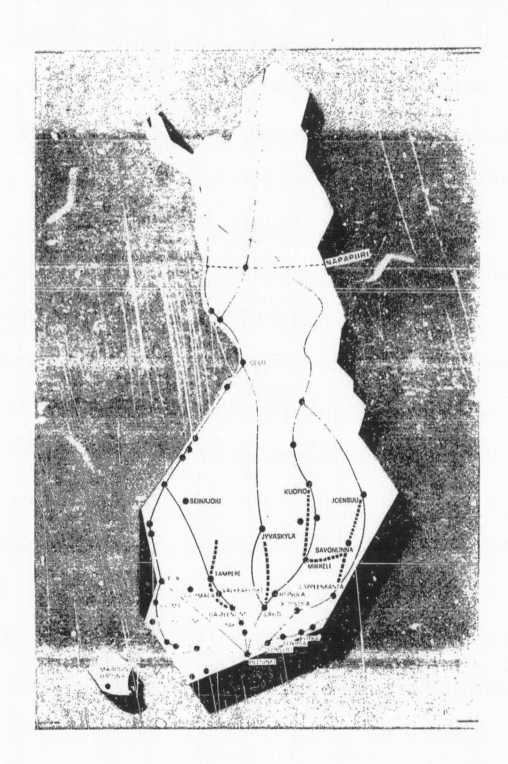

KANSANSATUJA

A.   Karhulla oli juustonpala suussa. Kettu pyysi sitä
monta kertaa, mutta karhu ei sitä ketulle antanut. Kettu
kysyi viimein: "Tiedätkö mistä nyt tuuli käy?" Karhu
sanoi: " Pohjoisesta.", ja silloin juustonpala pääsi sen
suusta. Kettupa otti nopeasti palan ja juoksi isolle
kivelle. Siinä nyt kettu iloisena[1] istui ja söi juustoa.
Kettu ei ensinkään halunnut tulla kiveltä alas. Silloin
karhu samalla tavalla kysyi ketulta: " Mistä nyt tuulee?"
Mutta kettu rutisti hampaansa yhteen ja sanoi: "Idästä."

B.   Kei Kettu putosi kerran kaivoon. Kulki siitä ohitse vanha
vuohi ja kuuli ketun huudon kaivosta. "Tämä vesipä on vasta
hyvää", huusi viekas kettu, " Se on kuin mettä." Vuohi
pysähtyi ja katsoi kaivoon. " Hyppää alas, vuohikulta",
pyysi kettu. " Tämä vesi vie varmasti sinulta janon."
Tyhmä vuohi hyppäsi silloin veteen ja hukkui aivan ketun
eteen. Kettu nauroi ja näytti kieltänsä. Sitten se astui
vuohen selkään ja kiipesi ylös kaivosta.

C.   Paimen istui kerran joen rannalla ja veisteli puuta.
Vahingossa putosi veitsi hänen kädestänsä ja meni pohjaan.
Suruissansa hän alkoi katkerasti itkeä. Ahti kuuli hänen
itkunsa, tuli paimenen luo ja kysyi häneltä: " Mitä itket?"
Paimen sanoi, että hänen veitsensä putosi jokeen. Ahti
sukelsi pohjaan ja toi paimenelle kultaveitsen. Paimen ei
ottanut sitä vastaan, vaan sanoi: "Ei se ole minun
veitseni." Hän itki yhä edelleen.

Ahti sukelsi uudelleen pohjaan, toi hopeaveitsen ja
tarjosi sitä paimenelle. Tämä virkkoi taaskin: "Ei se

---

[1]kettu iloisena = iloinen kettu

ole minun veitseni." Ahti sukelsi vielä kerran pohjaan ja toi paimenelle rautaveitsen. Sen tämä iloisena[2] omisti. Mutta mitä teki Ahti? Hän kiitti paimenen rehellisyyttä ja lahjoitti hänelle ne toisetkin veitset.

Ihmiset saivat kuulla tapauksesta. Silloin muuan toinen paimen ajatteli: "Ehkä minunkin voi käydä yhtä onnellisesti." Hän meni joen rantaan, heitti veitsensä jokeen ja alkoi itkeä. Ahti tuli taas, toi kultaveitsen, tarjosi sitä paimenelle ja sanoi: " Tätäkö itket?" Paimen sanoi: "Juuri sitä." Hän ojensi kätensä ja aikoi ottaa sen. Mutta Ahti inhosi paimenen petollisuutta, meni pois ja vei kultaveitsen mukanaan. Paimen menetti näin omankin veitsensä.

---

[2]tämä (paimen) iloisena = tämä iloinen (paimen)

Sanasto

kansansatu, -sadun, -satua, -satuja	folktale, folkstory
karhu, karhun, karhua, karhuja	bear
pala, palan, palaa, paloja	bit, piece, lump
suu, suun, suuta, suita	mouth
kettu, ketun, kettua, kettuja	fox
-pa, -pä	emphasizing particle
viimein	finally, at last
pohjoinen	north
päästä, pääsen, pääsi, päässyt (intr.)	to get off
juusto pääsi suusta	the cheese dropped out of his mouth
päästää, päästän, päästi, päästänyt (tr.)	to let go
kivi, kiven, kiveä, kiviä	stone
iloinen, iloisen, iloista, iloisia	merry, happy
ei ensinkään	not at all
tapa, tavan, tapaa, tapoja	way, manner, custom
rutistaa, rutistan, rutisti, rutistanut	press, squeeze
hammas, hampaan, hammasta, hampaita	tooth, cog
yhteen	together
itä, idän, itää	east
kaivo, kaivon, kaivoa, kaivoja	well
pudota, putoan, putosi, pudonnut (intr.)	to fall
pudottaa, pudotan, pudotti, pudottanut (tr.)	to drop, let fall
ohitse (ohi)	by, past
vuohi, vuohen, vuohta, vuohia	goat
huuto, huudon, huutoa, huutoja	cry, yell, call
huutaa, huudan, huusi, huutanut	to call, shout, yell
viekas, viekkaan, viekasta, viekkaita	sly, foxy
vasta	really, only; anti-
mesi, meden, mettä, mesiä = hunaja	honey
pysähtyä, pysähdyn, pysähtyi, pysähtynyt (intr.)	to come to a stop, halt
pysähdyttää, pysähdytän, pysähdytti, pysähdyttänyt (tr.)	to stop, cause to stop

alas	down
hypätä, hyppään, hyppäsi, hypännyt	to jump, leap
tyhmä, tyhmän, tyhmää, tyhmiä	stupid, foolish, silly
hukkua, hukun, hukkui, hukkunut (intr.)	to drown
hukuttaa, hukutan, hukutti, hukuttanut (tr.)	to drown, sink, lose
nauraa, nauran, nauroi, nauranut	to laugh
selkä, selän, selkää, selkiä	back
kiivetä, kiipeän, kiipesi, kiivennyt	to climb
ylös	up
paimen, paimenen, paimenta, paimenia	shepherd, herdsman
veistellä, veistelen, veisteli, veistellyt	to whittle
veitsi, veitsen, veitseä, veitsiä	knife
vahingossa	by accident
pohja, pohjan, pohjaa, pohjia	bottom; north
suru, surun, surua, suruja	sorrow, grief
suruissansa	in his grief
itkeä, itken, itki, itkenyt	cry, weep
katkera, katkeran, katkeraa, katkeria	bitter
Ahti	god of lakes (comp. Neptune)
sukeltaa, sukellan, sukelsi, sukeltanut	to dive
kulta, kullan, kultaa, kultia	gold; darling, dear
ottaa vastaan	to receive, accept
yhä edelleen	still (continuous)
uudelleen	again
hopea, hopean, hopeaa, hopeita	silver
virkkaa, virkan, virkkoi, virkkanut	to utter, say
rauta, raudan, rautaa, rautoja	iron
rehellisyys, rehellisyyden, rehellisyyttä	honesty, integrity
lahjoittaa, lahjoitan, lahjoitti, lahjoittanut	to give a present, to donate
tapaus, tapauksen, tapausta, tapauksia	case, event
muuan (muutama)	a, an, a certain
onni, onnen, onnea	luck, happiness, fortune
heittää, heitän, heitti, heittänyt	throw, cast
ojentaa, ojennan, ojensi, ojentanut	extend; correct

4

inhota, inhoan, inhosi, inhonnut	detest, abhor
petollisuus, petollisuuden, petollisuutta, petollisuuksia	deceitfulness
menettää, menetän, menetti, menettänyt	to lose
periä, perin, peri, perinyt	to inherit
uskoa, uskon, uskoi, uskonut	to believe, trust, have confidence
hermostua, hermostun, hermostui, hermostunut	to get nervous, lose one's nerve
katua, kadun, katui, katunut	to regret, repent, feel sorry
aivastaa, aivastan, aivasti, aivastanut	to sneeze
yskiä, yskin, yski, yskinyt	to cough
sääliä, säälin, sääli, säälinyt	to pity, sympathize
suuttua, suutun, suuttui, suuttunut	to become angry, take offense

Kysymyksiä

A.   Mikä karhulla oli suussa? Missä juustonpala oli? Kuka pyysi sitä? Kenelle karhu ei sitä antanut? Mistä juuston pala pääsi? Minkä kettu otti? Minne kettu juoksi? Mistä kettu ei halunnut tulla alas? Miksi juusto ei päässyt ketun suusta?

B.   Mihin kettu putosi? Kuka kulki ohitse? Mitä vuohi kuuli? Minkälaista vesi oli? Mihin vuohi katsoi? Mitä tyhmä vuohi teki? Mihin vuohi hukkui? Mistä kettu kiipesi ylös?

C.   Missä paimen istui? Mikä putosi hänen kädestänsä? Mitä paimen itki? Minkä Ahti antoi paimenelle? Miksi Ahti lahjoitti paimenelle kaikki veitset. Mitä Ahti kiitti? Mistä ihmiset saivat kuulla? Kuka myös halusi saada kultaveitsen? Mitä hän teki? Mitä Ahti inhosi? Minkä petollinen paimen menetti?

D.   Mikä eläin suomalaisissa kansansaduissa on aina
viekas? Minkälainen eläin karhu on? Kuinka vanhoja
eläinsadut ovat? Kuka kirjoitti paljon eläinsatuja?
Miten kansansadut ovat syntyneet? Kenen eläinsatuja
te tunnette? Mitä amerikkalaisia kansansatuja tunnette?
Mitä suomalaisia kansansatuja tunnette? Kenen saduista
pidätte? Ketkä pitävät saduista? Kenelle luette satuja
illalla?

Harjoituksia

A. MODEL: Veitsi putoaa. - Veitsi putosi.

  1. Minä pudotan veitsen.
  2. Vuohet hukkuvat.
  3. Kettu hukuttaa vuohet.
  4. Juusto pääsee suusta.
  5. Karhu päästää juuston suusta.
  6. Ihmiset pysähtyvät.
  7. Te pysähdytätte heidät.
  8. Poika käy koulua.
  9. Käytän lasta lääkärissä.

B. Huomatkaa seuraavassa intransitiivisen ja transitiivisen
verbin käyttö:

MODEL: Lasi putosi. minä -Minä pudotin lasin.

  1. Vuohi hukkui.   kettu
  2. Poika pääsi koulusta. opettaja
  3. Auto pysähtyi.   ajaja
  4. Lapsi kävi kaupassa.   isä
  5. Hinnat putosivat.   kauppiaat

6

C. MODEL: Mies nauroi. - Miestä nauratti.
(The man laughed. - The man felt like laughing.)

1. Lapsi itki.   4. Te väsytte.
2. Olen aivastanut.   5. Minä nukun.
3. Hän on yskinyt.   6. Tyttö suuttui.

D. MODEL: Sinä pyörryit. - Sinua pyörrytti.
(You fainted. - It made you dizzy.)

1. He pelkäsivät.   4. Olemme haukotelleet.
2. Hän katuu.   5. Ahti inhosi.
3. Me säälimme.

E. Täydentäkää seuraavat lauseet käyttämällä hän-sanan
annettuja muotoja:

MODEL: Inhoan... - Inhoan häntä.

1. Uskotko....   hän
2. Pyydämme... juhliimme.   hänet
3. He puhuvat... hyvää.   häntä
4. Kiitän... siitä kirjasta.   hänen
5. Te väsytte... pian.   hänestä
6. Isä ajattelee...   häneen
7. Kaikki säälivät...
8. Hermostuin...
9. Kuuntelitko... radiosta?
10. Katsokaa...

7

Sanavaraston kartuttamista

yhteen

vrt. yhdessä   together

He matkustivat yhdessä lastensa kanssa.

He menivät yhdessä kouluun.

He panivat rahansa yhteen ja ostivat auton.

He muuttivat yhteen asumaan.

vasta

Siinäpä vasta mies!   There really is a man!

Se vasta oli suoraa puhetta!   That indeed was said to the
                                       point. (honestly said).
Vasta nyt hän on tullut.

Tämä on vasta alkua.

Hän tulee vasta huomenna.

vrt. saunavasta tai -vihta

vasta-aine   counter agent

vastahyökkäys   counter attack

ottaa vastaan

Hänet otettiin juhlallisesti vastaan.

Lääkäri ottaa vastaan potilaita kaikkina arkipäivinä.

vrt. vastaanotto

Hänelle järjestettiin komea vastaanotto.

Tapasin tuttavani lääkärin vastaanotolla.

Tilasin vastaanoton tohtori Hämäläiseltä.

Lääkärien vastaanottohuoneissa on aina vanhoja lehtiä.

vrt. olla vastassa

Olin häntä vastassa asemalla.

Menetkö häntä vastaan asemalle?

Tulin häntä vastasta asemalta.

MAANTIEDETTÄ

Suomi sijaitsee pohjois-Euroopassa 60. ja 7^.
leveysasteen välillä. Sillä on naapureina idässä
Neuvostoliitto, pohjoisessa Norja ja lännessä Ruotsi.
Osan Suomen länsirajasta muodostaa Pohjanlahti, ja
suurimman osan sen etelärajasta Suomenlahti. Itä-ja
keski-Suomessa on suuria järvialueita. Pohjanlahteen
laskee suurin osa Suomen joista. Kemijoki, joka alkaa
itä-Lapista, on Suomen pisin joki. Itä-ja keski-Suomen
järviä käytetään matkustajaliikenteeseen, mutta niillä
samoinkuin kaikilla Suomen vesillä harrastetaan myös
kalastusta. Varsinkin Lapin joissa urheilukalastus on
hyvin suosittua, koska sieltä saadaan vielä lohta, joka
on melkein kadonnut etelä-Suomen joista.

Noin 70 prosenttia Suomen maa-alueesta on metsää.
Mänty on yleisin puu, sitten seuraa kuusi ja kolmantena
on koivu. Etelä-Suomessa kasvaa myös tammi ja joitakin
muita keski-Euroopassa yleisiä lehtipuita. Lapin
pohjoisimmassa osassa ei kasva puita. Puurajan ylä-
puolella kasvaa vain pensaita ja erilaisia ruohokasveja.
Viljakasveista yleisin on kaura, seuraavina ohra, vehnä
ja ruis. Vehnä ei menesty Lapissa. Vihanneksista yleisin
on peruna, joka kasvaa kaikkialla Suomessa. Etelä-Suomessa
menestyvät kaikki tavalliset vihannekset, esim. tomaatti,
kurkku, salaatti, herne ja tietysti porkkana ja kaali.

Suomen ilmasto ei ole niin kylmä kuin yleensä muiden
samoilla leveysasteilla olevien alueiden, sillä Golf-virta
vaikuttaa Suomessa niinkuin Norjassa ja Ruotsissakin. Talven
kylmin kuukausi on helmikuu ja sen keskilämpötila on noin
10 astetta Fahrenheitia. Koska Suomi on niin pohjoisessa,
siellä on talvella hyvin pimeää päivälläkin ja kesällä
taas valoisaa koko yön, etelä-Suomessa parin kuukauden

312-421 O - 68 - 2

ajan ja Lapissa noin kolmen kuukauden ajan. Kesällä
pohjois-Suomessa ei tarvitse käyttää valoja yölläkään.
Etelä-Suomessa on vähän pimeämpää keskiyöllä, mutta
esimerkiksi katuvaloja ei sielläkään sytytetä öisin
kesä-ja heinäkuussa. Talvella taas täytyy käyttää
valoja keskipäivälläkin, pohjois-Suomessa parin
kuukauden ja etelä-Suomessa muutaman viikon ajan.

Sanasto

maantiede, -tieteen, -tiedettä, -tieteitä	geography
sijaita, sijaitsen, sijaitsi, sijainnut	be located, situated
pohjois-	north (in some compound words)
leveysaste, -asteen, -astetta, -asteita	degree of latitude
pituusaste	longitude
leveys, leveyden, leveyttä, leveyksiä	breadth, width
välillä (jonkin v.)	between, in between
naapuri, naapurin, naapuria, naapureita	neighbor
Neuvostoliitto	Soviet Union
Venäjä	Russia
neuvosto, neuvoston, neuvostoa, neuvostoja	council
liitto, liiton, liittoa, liittoja	union, league, alliance
länsi, lännen, länttä, (länsiä)	west
raja, rajan, rajaa, rajoja	border, limit
muodostaa, muodostan, muodosti, muodostanut (tr.)	to form, shape
muodostua, muodostun, muodostui, muodostunut (intr.)	to be formed
Pohjanlahti, -lahden, -lahtea, -lahtia	Gulf of Bothnia
Suomenlahti	Gulf of Finland
järvialue, -alueen, -aluetta, -alueita	lake district
pisin (superlative of pitkä)	longest
laskea, lasken, laski, laskenut	to flow into, empty; count

liikenne, liikenteen, liikennettä	traffic
samoinkuin	as well as
harrastaa, harrastan, harrasti, harrastanut	to go in for, take an interest in
kalastus, kalastuksen, kalastusta	fishing
urheilu, urheilun, urheilua, urheiluja	sport, athletics
suosittu, suositun, suosittua, suosittuja	popular
suosia, suosin, suosi, suosinut	to favor
kadota, katoan, katosi, kadonnut (intr.)	to disappear, be lost
kadottaa, kadotan, kadotti, kadottanut (tr.))	to lose
mänty, männyn, mäntyä, mäntyjä = petäjä = honka	pine, Scotch fir
yleinen, yleisen, yleistä, yleisiä	common, general
kuusi, kuusen, kuusta, kuusia	spruce
koivu, koivun, koivua, koivuja	birch
tammi, tammen, tammea, tammia	oak
joitakin muita	some others
lehtipuu	deciduous tree
pensas, pensaan, pensasta, pensaita	bush shrub
erilainen	different, various
ruoho, ruohon, ruohoa, ruohoja	grass
kasvi, kasvin, kasvia, kasveja	plant
menestyä, menestyn, menestyi, menestynyt	thrive, succeed
kurkku, kurkun, kurkkua, kurkkuja	cucumber; throat
herne, herneen, hernettä, herneitä	pea
olevat alueet	areas involved
sillä	for, bec use
virta, virran, virtaa, virtoja	stream, current
vaikuttaa, vaikutan, vaikutti, vaikuttanut	have effect, cause, make an impression
niinkuin	as, like
keskilämpötila	mean temperature
sytyttää, sytytän, sytytti, sytyttänyt (tr.)	to light, kindle
syttyä, sytyn, syttyi, syttynyt (intr.)	be kindled
öisin	at night

11

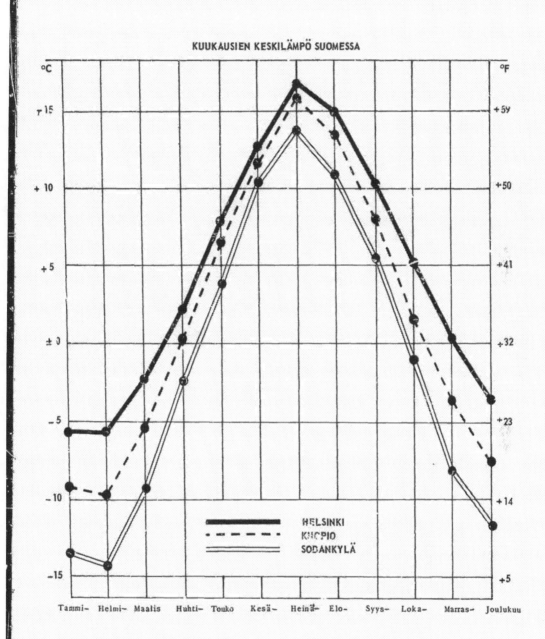

KUUKAUSIEN KESKILÄMPÖ SUOMESSA

HELSINKI
KUOPIO
SODANKYLÄ

Tammi- Helmi- Maalis Huhti- Touko Kesä- Heinä- Elo- Syys- Loka- Marras- Joulukuu

Kaava, jolla Celsius-asteet voidaan muuttaa
Fahrenheit-asteiksi ja päinvastoin

$$^\circ F = \frac{^\circ C \times 9}{5} + 32 \qquad ^\circ C = \frac{(F - 32) \times 5}{9}$$

Kysymyksiä

A.   Minkä leveysasteiden välillä Suomi sijaitsee? Keitä
Suomella on naapureina? Mikä meri on Suomen etelärajana?
Mikä meri on Suomen länsirajana? Missä ovat Suomen
järvialueet? Mikä on Suomen pisin joki? Mitä puita kasvaa
Suomessa? Mitä viljakasveja kasvaa Suomessa? Mistä saadaan
viulä lohta? Mihin järviä käytetään? Missä urheilukalastus
on suosittua? Mistä Kemijoki alkaa? Mihin se laskee?

B.   Kuinka monta prosenttia Suomen maa-alueesta on metsää?
Mikä on yleisin puu? Mikä puu on kolmantena? Mitä puita
kasvaa etelä-Suomessa? Miksi tammi ei kasva pohjois-Suomessa?
Mitä kasvaa puurajan yläpuolella? Mitä kasvaa sen alapuolella?
Mikä on yleisin viljakas.i? Missä vehnä menestyy? Mikä on
yleisin viljakasvi? Missä se menestyy? Mitkä vihannekset
menestyvät etelä- Suomessa? Miksi Suomen ilmasto ei ole niin
kylmä kuin Alaskan? Missä muissa maissa Golf-virta vaikuttaa?
Minkälaista Suomessa on kesällä koko yön? Minkälaista Lapissa
on joulukuussa koko päivän? Milloin pohjois-Suomessa ei
tarvitse käyttää valoja yölläkään? Milloin etelä-Suomessa
käytetään katuvaloja?

C.   Mikä on Suomen kylmin kuukausi? Mikä on Suomen lämpimin
kuukausi? Mikä on helmikuun keskilämpötila Helsingissä?
Kuinka monta astetta kylmempää on helmikuussa Sodankylässä
kuin Helsingissä? Kuinka monta astetta lämpimämpää on
heinäkuussa Kuopiossa kuin Sodankylässä? Mikä on marraskuun

13

keskilämpötila Kuopiossa? Kuinka monta astetta Fahrenheitia
on + 5 astetta Celsiusta? Mikä on veden jäätymispiste
Fahrenheitin mukaan? Mikä on normaali ruumiinlämpö Celsiuk-
sen mukaan?

D.   Mikä Yhdysvaltain valtio on samoilla leveysasteilla
kuin Suomi? Minkälainen ilmasto Alaskassa on? Milloin
Alaskassa ei tarvita katuvaloja yölläkään? Mikä on Alaskan
kylmin kuukausi? Mitä puita kasvaa Alaskassa? Mitkä
vihannekset menestyvät siellä? Mitkä ovat Alaskan naapurit?
Mikä on Amerikan pisin joki? Mistä se alkaa? Mihin se
laskee? Mistä joesta saadaan vielä lohta Amerikassa? Missä
on Amerikan järvialue? Kuinka monta prosenttia Amerikan
maa-alueesta on metsää? Mitä puita kasvaa Amerikassa?
Minkälaisesta ilmastosta pidätte? Oletteko asunut tropiikissa?
Minkälaisesta talvesta pidätte? Harrastatteko urheilukalas-
tusta? Mitä harrastatte? Milloin söitte viimeksi lohta?
Milloin saitte viimeksi lohen?

Harjoituksia

A. MODEL: Matti on opettajana Turussa.

        1. tuomari   4. ostaja
        2. naapuri   5. oppilas
        3. myyjä

B. MODEL: Asuimme Amerikassa lapsina.

        1. pojat   4. pikkupojat
        2. opiskelijat   5. ulkomaalaiset
        3. diplomaatti

C. MODEL: Näin hänet nuorena miehenä.

        1. vanha opettaja   3. pieni lapsi
        2. kuuluisa lääkäri 4. suuri johtaja

14

D. MODEL: Mies oli nälkäinen ja söi. - Mies söi nälkäisenä.

     1. He olivat janoisia ja joivat.
     2. Poika iloinen ja vastasi.
     3. Me olemme kärsivällisiä ja kuuntelemme.
     4. Olin vihainen ja katselin.
     5. Olet kiitollinen ja vastaat.
     6. Te olette ystävällisiä ja kiitätte.

E. Vastatkaa seuraaviin kysymyksiin:

    MODEL: Miten poika vastasi?   iloinen -Hän vastasi iloisesti.

     1. Miten mies söi?   nälkäinen
     2. Miten he joivat?   janoinen
     3. Miten me kuuntelemme? kärsivällinen
     4. Miten katselit?   vihainen
     5. Miten vastaan?   kiitollinen
     6. Miten kiitämme?   ystävällinen

F. MODEL: Hän tekee työtä päivisin.

     1. aamu   5. syksy
     2. ilta   6. kevät
     3. kesä   7. yö
     4. talvi

Huomatkaa:

Sosialististen Neuvostotasavaltojen Union of Soviet
Liitto   Socialist Republics

Sanokaa seuraavien sanojen vastakohdat:

       samanlainen   pensas
       havupuu   länsi
       päivisin   keskiyöllä
       pohjoinen   metsästys

3

S A T U

- Setä kiltti, sanoi pikku Liisa. - Kerro minulle
satu!

- Kyllä, minä vastasin kernaasti, sillä minusta on
hauska-välistä-kertoa satuja pikkulapsille.- Istu nyt
tuohon jakkaralle, niin minä kerron sinulle kauniin sadun.

- No, sanoi Liisa mielissään ja istuutui jakkaralle.
-Kerro nyt!

- Olipa kerran ukko ja akka, joilla...

- Missä oli? kysyi Liisa.

- Eräässä kaukaisessa maassa.

- Missä se maa on?

- Se on meren takana.

- Minkä meren takana?

- Minkä hyvänsä... esimerkiksi Mustan meren takana.
Olipa kerran ukko ja akka...

- Onko se meri musta?

- Ei.

- Minkätähden sitä sitten sanotaan Mustaksi mereksi?

- En minä tiedä.

- Minkätähden et tiedä?

- Kun ei kukaan ole sitä minulle selittänyt.

- Minkätähden ei ole selittänyt?

- Ole vaiti! Olipa kerran ukko ja...

- Etkö sinä sitten tiedä kaikkia asioita maailmassa?

- En tiedä puoliakaan.

- Mitkä asiat sinä sitten tiedät?

- Älä kysele niin paljon, kuuntele, kun minä kerron sinulle sadun!

- Mutta minun isänipä tietää kaikki asiat maailmassa.

- Kuka sen on sanonut?

- Isä itse.

- Sen minä kyllä uskonkin. Kukaan muu ei olisi sellaista sanonutkaan. Niin, olipa kerran ukko ja akka, joilla...

- Kuka ukko?

- No eräs ukko vain.

- Onko se vanha?

- On!

- Onko se vanhempi kuin isä?

- On.

- Onko se yhtä vanha kuin joulu-ukko?

- Melkein. Olipa kerran ukko ja...

- Missä oli?

- No siellä kaukaisessa maassa sen meren takana. Johan minä sen sinulle selitin.

- Senkö Mustan meren takana?

- Niin.

- Onko se akkakin siellä?

- On! Onko sinulla vielä muuta kysymistä?

- Minkätähden se ukko ja akka olivat siellä Mustan meren takana? Miksi ne eivät asu Helsingissä?

- En minä tiedä.

- Et sinä osaa kertoa satua, sanoi pikku Liisa. Nähtävästi hän on oikeassa.

Tiitus

17

Sanasto

kertoa, kerron, kertoi, kertonut	to tell, narrate, report
kernaasti	willingly, readily
minusta on hauska kertoa	I take great pleasure in telling
välistä	at times, sometimes; in between, among
jakkara, jakkaran, jakkaraa, jakkaroita	(foot) stool, hassock
mielissään	delighted at, pleased with
istuutua, istuudun, istuutui, istuutunut	to seat oneself
istua, istun, istui, istunut	to sit, be sitting
ukko, ukon, ukkoa, ukkoja (colloq.)	old man
akka, akan, akkaa, akkoja (colloq.)	old woman
kaukainen	far, distant
musta, mustan, mustaa, mustia	black
mikä hyvänsä, minkä h., mitä h. = mikä tahansa	whichever, whatever
selittää, selitän, selitti, selittänyt	to explain
vaiti	quiet, still, silent
puoli, puolen, puolta, puolia	half; side
kysellä, kyselen, kyselin, kysellyt	to keep on asking
kysyä, kysyn, kysyi, kysynyt	to ask, to inquire
uskoa, uskon, uskoi, uskonut	to believe, trust, have confidence
uskoutua, uskoudun, uskoutui, uskoutunut	to take a person into one's confidence
ei olisi sanonut	would not have said
vanhempi	older, elder
yhtä	as (old as), equally
kysymistä (kysyminen)	asking, inquiry
minkätähden = minkävuoksi	why, for what reason
nähtävästi	seemingly, apparently
olet oikeassa	you're right
lastenloru, -lorun, -lorua, -loruja	nursery rhyme
hokema, hokeman, hokemaa, hokemia	nonsensical phrase

ilmoittaa, ilmoitan, ilmoitti, ilmoittanut	to report, notify, inform, tell
kaivaa, kaivan, kaivoi, kaivanut	to dig
irrottaa, irrotan, irrotti, irrottanut (tr.)	to loosen, lose, detach, make free

Kysymyksiä

A.　　Miten sadut usein alkavat suomeksi? Kenestä oli hauska kertoa satu? Kuinka usein? Kuka halusi kuunnella satuja? Mihin pikku Liisa istuutui? Keistä satu oli? Mitä Liisa teki koko ajan? Miten hän häiritsi sadun kertojaa? Kuka tiesi kaikki asiat? Mitä isä aina tietää? Missä Liisa asui?

B.　　Ketkä kuuntelevat satuja mielellään? Onko teillä lapsia? Kuinka vanhoja he ovat? Milloin he haluavat kuunnella satuja? Minkälaisista saduista he pitävät? Mitä suomalaisia satuja he tuntevat? Milloin piditte itse saduista? Minkälaisista saduista piditte? Missä lapset näkevät satunäytelmiä? Kuinka usein käytte teatterissa? Minkä satunäytelmän näitte viimeksi?

C.　　Missä Musta meri on? Missä Punainen meri on? Minkäväristä on vesi Punaisessa meressä? Oletteko nähnyt Mustan meren? Kuinka lähellä Suomea se on? Mikä on Mustan meren takana? Missä kaukaisissa maissa olette matkustanut?

Harjoituksia

A. MODEL: Hänestä oli mukava kuunnella satua.

1. sinä   4. te
2. me   5. minä
3. poika   6. he

19

B. MODEL: Minusta taulu on kaunis. -
            Minun mielestäni taulu on kaunis.

        1. Teistä talo on kallis.
        2. Hänestä ruoka on suolaista.
        3. Sinusta he puhuivat hyvin.
        4. Äidistä lapsi oli terve.
        5. Meistä hän laulaa kauniisti.
        6. Pojista filmi oli hyvä.

C. MODEL: Liisa istui. - Liisa istuutui.

        1. Tyttö puki.   5. Sotilas ilmoitti.
        2. Miehet riisuivat.   6. Matti kaivaa.
        3. He antavat.   7. Joukot irrottavat.
        4. Hän hukutti.

D. MODEL: Minkätähden teit sen? - Minkä vuoksi teit sen?

        1. Tein sen hänen tähtensä.
        2. Tämän tähden hän on poissa.
        3. Sen tähden hän ei siis tullut.

E. MODEL: Liisa on mielissään.

        1. me   4. minä
        2. sinä   5. he
        3. te   6. hän

    Mielelläni.   with pleasure
    Hän tekee sen mielellään.

20

Sanavaraston kartuttamista

uskoa

Uskon sen (todeksi).
Uskon häntä.
Tuskin uskoin silmiäni.
Lapsi uskoi vielä joulupukkiin.
Hän oli runoilija, joka uskoi ihmiseen.
Äiti uskoi hänelle talon avaimet.

uskoutua

Anni uskoutui rakkaushuolissaan Kertulle.

LASTENLORUJA

HOKEMIA

Satu meni saunaan.
Pani laukun naulaan.
Satu lähti saunasta.
Otti laukun naulasta.

Syys-, huhti-, kesä-, marraskuussa
on päivää kolmekymmentä.
Kahdeksankolmatta helmikuussa,
mutt' muissa yksi neljättä.

Helppo Heikin laiva lähti
varttia vailla kuus!
Onkapannu huus!
Oravankäpäliä uunin päällä
yks', kaks', kolm', nelj', viis', kuus'!

Renki Risto riihen perässä
kärrinpyöriä tervaamassa.

On Ruotsissa, on Ranskassa,
on joka miehen lakkarissa,
ei ole Suomessa. Mikä se on?

Körö, körö, kirkkoon
papinmuorin penkkiin,
ruskealla ruunalla,
valkoisella varsalla,
kirjopäällä kissalla,
kolipäällä koiralla.

Ämpäri puhkasi äidiltänsä
toisen silmän pois.

21

Suomen väkiluku on noin neljä ja puoli miljoonaa.
Sen alue on vähän yli 130 000 neliömailia eli noin
337 000 neliökilometriä. Suomessa on siis noin 35
asukasta neliömaililla.

Suomalaiset ovat yleensä vaaleita. Heillä on vaalea
tai ruskea tukka ja siniset tai harmaat silmät. Suomen
ruo. alaiset ovat yleensä vähän pitempiä kuin suomalais.t.
Suomen lappalaiset ovat taas huomattavasti lyhyempiä ja
enimmäkseen tummempia kuin suomalaiset. Yli yhdeksänkymmentä
prosenttia Suomen asukkaista puhuu suomea äidinkielenään.
Noin seitsemällä prosentilla on äidinkielenä ruotsi. Suomen
Lapissa on 2500 lappalaista, joiden äidinkielenä on lappi.
Suomi ja ruotsi ovat Suomen viralliset kielet. Lappalaisilla
on omat koulunsa, joissa opetuskielenä on lappi.

Noin kolmekymmentä prosenttia asukkaista elää maata-
loudesta. Maatilat ovat yleensä pieniä, suurin osa viidestä
kymmeneen hehtaaria. Maanviljelijät harjoittavat myös karja··
ja metsätaloutt.. Pienimpien tilojen omistajat menevät
talvella metsätöihin, joista he saavat tarvittavia lisätuloja.
Sinä aikana talon naiset hoitavat karjan, sillä karjanhoito
on yleensäkin Suomessa naisten työtä. Muita lisätuloja maan-
viljelijät saavat myös metsän myymisestä. Karjanhoito on
korkealla tasolla, koska ilmasto ei vaikuta siihen niin
paljon kuin se vaikuttaa maanviljelykseen. Suomesta on
viety suuria määriä voita ja juustoa jo yli neljänkymmenen
vuoden ajan, pienehköjä määriä jo yli vuosisadan ajan.

Teollisuuuden palveluksessa on yhtä suuri prosentti
asukkaista kuin maataloudessa ja loput ovat ns. palveluamma-
teissa. Noin 38 % väestöstä asuu kaupungeissa. He ovat
enimmäkseen tehtaiden, liikenteen, rakennusteollisuuden,
puuteollisuuden ja kaupan palveluksessa tai valtion viroissa.

Suomessa on paljon yksityisyrittäjiä, ja suurin osa tehtaista ja liikkeistä on melko pieniä, 10-50 palkansaajaa.

Elintaso on noussut varsinkin viimeisten kymmenen vuoden aikana. Kodeissa on talouskoneita sekä televisio. Yksityisautojen lukumäärä on kasvanut. Ulkomaille matkustetaan lomilla jne. Suomi on n. 14. sijalla, kun on kysymys kaikkien maitten elintasosta.

Oma maa mansikka, muu maa mustikka.
Ei koiraa karvoihin katsomista.

Sanasto

väkiluku	population
väki, väen, väkeä, väkiä	people, folk, forces, strength
metri	meter (39.37 inches)
neliö, neliön, neliötä, neliöitä	square
kilometri	kilometer (appr. 0,62 miles, $\frac{5}{8}$ of a mile)
eli	or
vrt. tai	
asukas, asukkaan, asukasta, asukkaita	inhabitant
vaalea, vaalean, vaaleaa, vaaleita	fair, light, blond
tukka, tukan, tukkaa, tukkia	hair
vrt. hius, karva	hair
huomattavasti	noticeably
huomattava	noticeable, important
enimmäkseen	mostly, mainly
virallinen, virallisen, virallista, virallisia	official
maatalous, -talouden, -taloutta, -talouksia	agriculture
talous, talouden, taloutta, talouksia	economy, household

23

hehtaari, hehtaarin, hehtaaria, hehtaareja	hectare (2,471 acres)
harjoittaa, harjoitan, harjoitti, harjoittanut	to carry on, pursue a trade; practice, rehearse
vrt. harrastaa, harrastan, harrasti, harrastanut	to have as a hobby
karja, karjan, karjaa, karjoja	cattle, livestock
omistaja, omistajan, omistajaa, omistajia	owner, proprietor
tarvittava, tarvittavan, tarvittavaa tarvittavia	necessary, needed, required
lisätulo, -tulon, -tuloa, tuloja	additional income
hoitaa, hoidan, hoiti, hoitanut	to take care of, attend, nurse, manage, keep
myyminen	selling
taso, tason, tasoa, tasoja	level, plane, wing of an airplane
pienehkö = pienenpuoleinen	rather small, smallish
on viety	has been exported
määrä, määrän, määrää, määriä	amount, quantity
väestö, väestön, väestöä, väestöjä	population, inhabitants
teollisuus, teollisuuden, teollisuutta, teollisuuksia	industry, manufacture
palvelus, palveluksen, palvelusta, palveluksia	service, employment; worship
ammatti, ammatin, ammattia, ammatteja	trade, craft, profession
ns. = niin sanottu	so-called
valtionvirka, -viran, -virkaa -virkoja	government office, civil service
yksityisyrittäjä, -yrittäjän, -yrittäjää, -yrittäjiä	owner of private business
yritys, yrityksen, yritystä, yrityksiä	enterprize, attempt
lukumäärä, lukumäärän, lukumäärää, lukumääriä	number, frequency
elintaso	standard of living
sija, sijan, sijaa, sijoja	place, space, room
vrt. sika, sian, sikaa, sikoja	hog, pig
kohtuullinen	moderate, reasonable
tuuma, tuuman, tuumaa, tuumia	inch; thought, idea

koko, koon, kokoa, kokoja	size; heap; whole, entire
ikä, iän, ikää, ikiä	age
lihava, lihavan, lihavaa, lihavia	fat, chubby
laiha, laihan, laihaa, laihoja	lean, thin, meager
kevyt, kevyen, kevyttä, kevyitä · keveä	light (weight)
kalju, kaljun, kaljua, kaljuja	bald, bare

Kysymyksiä

A.   Kuinka suuri on Suomen väkiluku? Kuinka suuri on Suomen
alue? Kuinka monta asukasta Suomessa on neliömaililla?
Minkälaisia suomalaiset ovat? Minkä värinen on heidän
tukkansa? Mitä kieliä Suomen asukkaat puhuvat? Mitkä
ovat Suomen viralliset kielet? Kuinka monta prosenttia
Suomen asukkaista puhuu suomea äidinkielenään? Mitä kieltä
7 prosenttia asukkaista puhuu? Minkä kielisiä ovat Lapin
koulut?

B.   Kuinka suuri osa suomalaisista elää maataloudesta?
teollisuudesta? Kuinka suuri osa asukkaista asuu kaupungeissa?
Kenen palveluksessa he ovat? Minkä kokoisia Suomen maatilat
ovat? Mitä maanviljelijät harjoittavat? Millaisten tilojen
omistajat menevät metsätöihin? Ketkä hoitavat karjan Suomessa?
Kuinka korkea on suomen elintaso?

C.   Mikä on Yhdysvaltain väkiluku? Kuinka monta asukasta
keskimäärin on Yhdysvalloissa neliömaililla? Kuinka monta
prosenttia Amerikan väestöstä elää maataloudesta? Keiden
työtä karjanhoito on Amerikassa? Kuinka monta prosenttia
Amerikan väestöstä elää kaupungeissa? Kenen palveluksessa
te olette? Mikä on palveluammatti? Millainen on Amerikan
elintaso?

25

312-421 O - 68 - 3

D.   Kuinka suuri on kotivaltionne väkiluku? Minkä kokoinen
sen alue on? Kuka on kotivaltionne suurin työnantaja? Kuinka
monta prosenttia kotivaltionne asukkaista asuu kaupungeissa?
Kuinka monta prosenttia on teollisuuden palveluksessa? Kuinka
suuria ovat maatilat kotivaltiossanne? Minkä maalaisia olivat
isovanhempanne?

Harjoituksia

A. MODEL: Minkä kielinen Pekka on? suomi -Hän on suomenkielinen.

    1. Minkä hintaisen talon ostat?   kohtuullinen
    2. Minkä näköinen on Pekan ystävä?   mukava
    3. Minkä nimisestä henkilöstä puhutte? sama
    4. Minkä levyistä nauhaa ostatte?   tuuma

B. MODEL: Minkä pituinen Pekka on? minä -Hän on minun pituiseni.

    1. Kenen näköinen lapsi on?   sinä
    2. Minkä kokoinen koira on?   kissa
    3. Minkä ikäinen hän oli?   te
    4. Kenen näköiseksi minua sanotaan?   hän

C. MODEL: Minkä ikäinen Matti on nyt?
                                        viisi vuotta vanha
    Hän on viisi vuotta vanha.

    1. Minkä kokoisen talon ostit?   pieni
    2. Minkä näköinen tyttö on?   kaunis
    3. Minkä hintaisista vaatteista pidätte? kallis
    4. Minkä maalainen Pekka on?   suomalainen
    5. Minkä värisessä talossa asutte?   valkoinen

Huom.

Hän on keskikokoisen talon poika.

D. MODEL: <u>Hänellä on pienenpuoleinen liike.</u> -

<u>Hänellä on pienehkö liike.</u>

1. Hän asuu <u>suurenpuoleisessa</u> talossa.
2. He olivat <u>lihavanpuoleisia.</u>
3. Hän pitää <u>laihanpuoleisesta</u> lihasta.
4. Hänellä on <u>vanhemmanpuoleinen</u> talo.
5. Mies ajaa <u>kevyenpuoleista</u> autoa.
6. Suomalaiset ovat <u>vaaleanpuoleisia.</u>

E. <u>Valitkaa sopiva vastaus kuhunkin kysymykseen:</u>

1. Ketkä viljelevät maata?	Radiokuuntelijat
2. Kuka omistaa tilan?	Opettaja
3. Kuka hoitaa karjaa?	Kalastajat
4. Ketkä ostavat?	Sadunkertoja
5. Kuka saa palkkaa?	Matkustajat
6. Ketkä antavat työtä?	Karjanhoitaja
7. Kuka kertoo sadun?	Myyjä
8. Ketkä kuuntelevat radiota?	Työnantajat
9. Kuka tekee työtä?	Ostajat
10. Kuka myy?	Tilanomistaja
11. Ketkä kalastavat?	Palkansaaja
12. Kuka opiskelee?	Opiskelija
13. Ketkä matkustavat?	Maanviljelijät
14. Kuka opettaa?	Työntekijä

F. Täydentäkää seuraavat lauseet käyttämällä vai-, tai- ja eli-
sanoja sopivissa paikoissa:

MODEL: Haluatko teetä vai kahvia?
Haluan teetä tai kahvia.
Olut eli kalja on pöytäjuoma.

1. Matkustatko Suomeen... Ruotsiin?
2. Matkustan Italiaan... Espanjaan.
3. Matkustan Neuvostoliittoon... Venäjälle.
4. Olin Alankomaissa... Hollannissa.
5. Haluaisin asua Euroopassa... Aasiassa.
6. Menettekö Hollantiin... Belgiaan?
7. Cassius Clay... Muhammad Alli oli nyrkkeilijä.
8. Pidättekö kuumasta... kylmästä ilmastosta?
9. Otan viikon... pari lomaa.

G. Täydentäkää seuraavat lauseet käyttämällä tukka-, hius-,
ja karva-sanoja sopivissa yhteyksissä:

MODEL: Tyttö kampasi tukkaansa.
Hänellä oli vaaleat hiukset.
Koiran karvoja on matolla.

1. Kissalla on silkinhieno....
2. Tytöillä on nyt muodikas pitkä...
3. Miss Suomi kampasi pitkiä...
4. Miehen tukassa oli harmaa...
5. Isoäidillä on harmaat...
6. Kaljupäällä ei ole...
7. Ajetaan parta ja leikataan...
8. Kissalla on... pystyssä.
9. Pojalla on... pystyssä.
10. Hevosella on kaunis ruskea...
11. Poistakaa rumentavat iho...

28

Tämän kertoi eräs englantilainen matkailija:

Matkustin eräänä vuonna peukalokyydillä Suomessa.
Olin matkalla Helsingistä Lapin kautta Norjaan. Tuona
päivänä sain kyydin Jyväskylästä Ouluun. Siellä sain
yöpaikan eräästä retkeilymajasta ja söin illallista
siistissä ruokabaarissa. Oli jo iltamyöhä, kello siinä
10. Aurinko oli vielä ylhäällä, vaikka lähellä taivaan-
rantaa, ja oli täysin valoisaa. Linnut lauloivat vihreässä
puistossa eikä ollut tietoakaan yöstä.

Istuin yksinäni puistonpenkillä, kun eräs nähtävästi
afrikkalainen mies lähestyi penkkiäni. Kaipasin kovasti
englanninkielentaitoista puhetoveria, koska ketkään, joiden
kanssa olin puhunut, eivät ymmärtäneet englantia. Siksi
ilahduin suuresti, kun näin hänet. Hän ei pettänytkään
toiveitani, vaan puhui englantia.

"Oletteko käynyt kouluja?" kysyi mies minulta.
Myönsin että olin koulunkäynyt. "Voitteko auttaa minua?"
Mies osoitti kelloansa. "Minulla on kello ja osaan
käyttää sitä. Mutta nyt on jotain täysin vinossa tässä
maassa, koska kellokaan ei pidä paikkaansa. Me teemme
työtä, syömme, teemme taas työtä, syömme, menemme kaupunkiin
ryypylle ja teemme taas työtä. Täällä ei ole yötä laisinkaan.
Kukaan ei nuku tässä maassa."

Kävi ilmi, että mies oli Nigeriasta Afrikasta ja oli
laivamiehenä norjalaisessa laivassa, joka lastasi parhaillaan
puutavaraa Oulun satamassa. Yritin selittää, miksi päivä
kesällä on tavallista pitempi Pohjoismaissa lähellä Pohjois-
napaa ja miten maa kiertää auringon ympäri. Se oli kuitenkin
täysin toivotonta, sillä puhekumppanini ei ollut käynyt

päivääkään koulua, vaan oli täysin oppimaton, vieläpä
lukutaidoton. Hän ei voinut käsittää mitään avaruudesta
tai maan ja auringon keskinäisistä suhteista. "Ja Koraani
sanoo, että päivä on 12 ja yö 12 tuntia pitkä," lisäsi hän
kunnon muhamettilaisena. "Ja mitä Koraani sanoo, pitää
paikkansa."

En voinut auttaa miestä. Tämä pudisteli ymmällä
päätään ja suuntasi kulkunsa takaisin satamaan "tekemään
työtä, syömään ja taas tekemään työtä" Suomen kesäyössä.
Ja minä tajusin, mikä etuoikeus koulunkäyminen oli.

Sanasto

matkailija, matkailijan, matkailijaa, matkailijoita	traveler, tourist
peukalokyyti	hitchhiking
peukalo, peukalon, peukaloa, peukaloja	thumb
kyyti, kyydin, kyytiä, kyytejä	lift, ride
kautta (jonkin kautta)	via, through (something)
retkeilymaja, -majan, -majaa, -majoja	hostel
ruokabaari	cafeteria
siisti, siistin, siistiä, siistejä	tidy, neat
siinä	around, approximately; in that
vaikka	although
taivaanranta	horizon
täysin	fully, completely, entirely
ei tietoakaan	not a hint, not the faintest idea
penkki, penkin, penkkiä, penkkejä	bench
lähestyä, lähestyn, lähestyi, lähestynyt	to approach, draw near
kaivata, kaipaan, kaipasi, kaivannut	to long for, miss
vrt. kaivaa, kaivan, kaivoi, kaivanut	
englanninkielentaitoinen	English-speaking

30

taito, taidon, taitoa, taitoja	skill, ability
puhetoveri	person to talk to
siksi	therefore, for that reason
ilahtua, ilahdun, ilahtui, ilahtunut	become glad, be pleased
ilahduttaa	to gladden, make glad, delight
pettää, petän, petti, pettänyt (tr.)	to deceive, disappoint, betray
pettyä, petyn, pettyi, pettynyt (intr.)	to be, become disappointed
toive, toiveen, toivetta, toiveita	hope, wish, expectation
myöntää, myönnän, myönsi, myöntänyt	admit, acknowledge, grant
koulunkäynyt, -käyneen, -käynytcä, -käyneitä	educated, schooled
osoittaa, osoitan, osoitti, osoittanut (tr.)	to point, show, demonstrate
osoittautua, osoittaudun, osoittautui, osoittautunut (intr.)	to prove to be, turn out
jotain = jotakin	something
vino, vinon, vinoa, vinoja	slanting, oblique, skew
jotain on vinossa	something is wrong
pitää paikkansa	be valid, hold good, be true, keep one's place
ryyppy, ryypyn, ryyppyä, ryyppyjä	drink, "shot"
ei lainkaan	not at all, not in the least
käydä ilmi	to become evident
laivamies	seaman, sailor
lastata, lastaa, lastasi, lastannut	to load
joka, jonka, jota, joita	that, who, which
parhaillaan = paraikaa, paraillaan	just now
satama, sataman, satamaa, satamia	harbor, port
Pohjoisnapa, -nava, napaa, -napoja	North Pole
napa	navel, hub, nave
kiertää, kierrän, kiersi, kiertänyt (tr.)	to revolve, circle, orbit, turn

31

kiertyä, kierryn, kiertyi, kiertynyt (intr.)	to twist, wind, wrap, coil, get entangled
ympäri	around, about, round
vaan	but
toivoton, toivottoman, toivotonta, toivottomia	hopeless, desperate
kumppani, kumppanin, kumppania, kumppaneita	companion, partner
oppimaton	uneducated, unlearned
vieläpä	even; besides, furthermore
käsittää, käsitän, käsitti, käsittänyt	comprehend, understand, include
avaruus, avaruuden, avaruutta, avaruuksia	space
keskinäinen, keskinäisen, keskinäistä, keskinäisiä	mutual, reciprocal
suhde, suhteen, suhdetta, suhteita	relation, proportion, ratio
Koraani	Koran
lisätä, lisään, lisäsi, lisännyt (tr.)	to add, increase; reinforce
lisääntyä, lisäännyn, lisääntyi, lisääntynyt (intr.)	to increase
lukutaidoton	illiterate
kunnon (kunnollinen)	fine
muhamettilainen	Moslem, Mohammedan
pudistella, pudistelen, pudisteli, pudistellut	be shaking
pudistaa, pudistan, pudisti, pudistanut	to shake
ymmällä	perplexed, be at a loss
suunnata, suuntaan, suuntasi, suunnannut	to direct, aim at
kulku, kulun, kulkua, kulkuja	going, course
tulla takaisin	to come back, return
tajuta, tajuan, tajusi, tajunnut	to comprehend, perceive
etuoikeus, -oikeuden, -oikeutta, oikeuksia	privilege

32

Kysymyksiä

A.   Kuka kertoi Suomesta? Mitä matkailija teki? Minkälainen
on peukalokyyti? Missä Oulu on? Mistä voi saada halvan
yöpaikan? Mistä saa halpaa ruokaa? Mihin aikaan illalla
aurinko oli vielä ylhäällä? Mitä lähellä aurinko oli? Missä
matkailija istui? Kenet hän tapasi? Missä mies oli työssä?
Mitä laiva lastasi? Mitä kieltä laivamies puhui? Minkä
maalainen hän oli? Mitä hän osasi itse tehdä? Mitä hän ei
ymmärtänyt? Kuinka paljon hän oli käynyt koulua? Mikä kirja
Koraani on?

B.   Missä maa ja aurinko ovat? Minkä ympäri maa kiertää?
Mikä kiertää maan ympäri? Missä ajassa maa kiertää auringon
ympäri? Missä ajassa kuu kiertää maan ympäri? Missä ajassa
maa pyörähtää ympäri? Mikä on vuosi? Mikä on kuukausi?
Mikä on vuorokausi?

C.   Kuinka paljon ihmiset nukkuvat kesällä Suomessa? Entä
talvella? Miksi kesällä on vaikea nukkua yöllä? Millä
ihmiset yleensä matkustavat? Kuka maksaa heidän matkansa?
Kuka maksaa peukalokyydin? Ketkä matkustavat usein peukalo-
kyydillä? Kuka oli lukutaidoton? Kuinka monta prosenttia
suomalaisista on lukutaitoisia? Kuinka monta prosenttia
amerikkalaisista?

D.   Milloin te matkustitte peukalokyydillä? Kuinka vanha
olitte silloin? Missä näitte kesäyönauringon? Missä kävitte
koulua? Mitä koulua kävitte? Milloin opitte lukemaan? Kuinka
pitkä päivä nyt on Washingtonissa? Oulussa? Mikä päivä nyt
on? Mitä vuotta? Mitä kuukautta?

Harjoituksia

A. MODEL: Matkustan peukalokyydillä.

1. juna   4. lentokone
2. auto   5. suksi
3. laiva   6. pyörä

Mutta: Menen sinne jalan.

B. Täydentäkää seuraavat lauseet käyttämällä vaan- ja mutta-sanoja sopivasti ja toistakaa lauseet.

MODEL: Minä en ollut siellä, vaan sisareni.
Haluaisin matkustaa, mutta minulla ei ole rahaa.

1. En sanonut mitään.... istuin hiljaa.
2. Pidän paistista,... en saa syödä lihaa.
3. En tilannut kahvia... teetä
4. Meilläkin on foordi.... se on jo vanha.
5. Minäkin matkustan samalla junalla.... eri luokassa luokassa kuin sinä.
6. En ainostaan ymmärrä suomea,... myös puhun sitä.
7. Pidän kahvista,... en voi nukkua, jos juon sitä.
8. En tule tänään.... huomenna.

(Vaan on kielteisen lauseen jäljessä.)

C. MODEL: Mies on rahaton.

1. toivo   5. onni
2. työ   6. nimi
3. maa   7. lukutaito
4. talo

34

D. MODEL: Lapsi on ilman kotia. - Lapsi on koditon.

1. Mies on ilman työtä.   4. Kirje oli ilman nimeä.
2. Hän on ilman maata.   5. Huone oli ilman valoa.
3. Olen ilman toivoa.

E. Täydentäkää seuraavat lauseet käyttämällä yhtä tai useampaa
    sopivassa muodossa olevaa sanaa ja toistakaa lauseet:

1. Sain huoneen....   hotellin
2. Asuin....   hotellia
3. Menin... sisälle.   hotellista
4. Puhuin....   hotellissa
5. Ostin ruokaa....   hotelliin
6. Söin päivällistä....   hotellilla
7. .... on 50 huonetta.   hotellilta
8. Pidän....   hotellille
9. Etsin....   hotelli
10. Menin sinne.... kautta.
11. Minulla on....

F. Täydentäkää seuraavat lauseet käyttämällä sopivaa annetuista
    sanoista ja toistakaa lauseet:

1. Minulla on kello ja.... käyttää sitä.   tiedän
2. .... että maa kiertää auringon ympäri. tunnen
3. .... englantilaisen metkailijan. Hän   osaan
    on ystäväni.   saan
4. .... laivamiehen. Olen kuullut hänestä. voin
5. .... puhua suomea.
6. .... lukea.
7. .... Oulun hyvin. Olen asunut siellä kauan.
8. Menkää te vain ulos, minä.... olla kotona.
9. Minulle sanottiin, et:ä.... käyttää puhelintanne.
10. .... käydä Suomessa joka kesä, koska saan ilmaiset
    liput.

35

11. .... opettaa hänelle englantia, jos hän haluaa.
12. .... olla kotona koko viikon.
13. .... tien sinne.
14. .... sinne, koska.... hänen osoitteensa.

G. Täydentäkää seuraavat lauseet käyttämällä sopivia annettuja muotoja ja toistakaa lauseet:

1.	Minä.... kesää.	kaivan
2.	Minä.... eilen kaivoa.	kaipaan
3.	Viime vuonna.... ystäviä.	kaivoin
4.	Ensi kesänä.... kaivon.	kaipasin
5.	Olen aina.... puhetoveria.	kaivannut
6.	En ole koskaan.... kaivoa.	kaivanut

"Rahhoo ov vaekka köyttä tekis,
kun ei tiep pitkee eikä paksuva."

36

SAVON MURRE

Itä-Suomessa asuvat savolaiset ovat iloista ja vitsikästä joukkoa. Heillä on paljon hauskoja kansansatuja ja juttuja. Savon murre on mielenkiintoista jopa suomalaisestakin, koska siinä pitkät vokaalit ja diftongit saavat niin kummallisia muotoja. Tuskin on monta sanaa, joissa vokaalit ovat savon murteessa samassa muodossa kuin ne ovat niin sanotussa kirjakielessä. Savon pääkaupunki on Kuopio pohjois-Savossa. Kuopion kauppatorilla on ehkä paras mahdollisuus kuulla aitoa savon murretta, kun torikauppiaat tarjoavat tavaroitaan ostajille. Muualta Suomesta tulevien sitä on ehkä joskus vaikea ymmärtää, mutta sitä on hauska kuunnella.

POHJALAISET

Pohjalaisiksi kutsutaan etelä- ja keski-Pohjanmaalla asuvia. Pohjanmaa on hyvin tasaista ja matalaa seutua. Sen läpi matkustava ei näe mitään erikoista eikä mielenkiintoista maisemassa tai luonnossa. Mutta itse pohjalaiset ovat aina olleet suomalaisista tulisimpia. Kun pohjalaiset juhlivat, he juhlivat perusteellisesti. Kun heidän vihansa syttyy, niin se on palavaa vihaa. Pohjalaiset ovat herättäneet taiteilijoiden mielenkiintoa viime vuosisadalta lähtien. Heistä on kirjoitettu kirjoja, runoja, lauluja ja jopa oopperakin, jonka nimi yksinkertaisesti on "Pohjalaiset". Pohjalaisten häitä valmistetaan kuukauden ajan, ja kun hääpari on käynyt kirkossa vihillä, juhliminen alkaa ja kestää jopa viikon. Pohjalainen ja puukko kuuluvat yhteen, ja hän käyttää puukkoaan useammin tappelussa kuin muut suomalaiset. Muuten Amerikkaan on siirtolaisina tullut enemmän pohjalaisia kuin muita suomalaisia.

LAPIN ASUKKAAT

Suomen Lappi on melko suuri, harvaan asuttu alue
napapiirin pohjoispuolella. Siellä asuu nykyisin monta
kertaa enemmän suomalaisia kuin lappalaisia, joita on
Suomessa vain noin kaksi ja puoli tuhatta. Lapin kieli
on sukua suomelle, yhden teorian mukaan siksi, että
lappalaiset ovat asuneet niin kauan suomalaisten naapureina.
Lappalaisten pääelinkeino on poronhoito. Sen lisäksi he
harjoittavat kalastusta, metsästystä ja maanviljelyä. He
asuvat taloissa. Vain miehet kulkevat talvella porojen
mukana tuntureilla. Vielä viime vuosisadalla koko perhe
liikkui yhdestä paikasta toiseen. Nyt naiset ja lapset
sekä miehet, joita ei tarvita porojen hoidossa, ovat
kotitalossa. Naiset hoitavat kotieläimiä, joiden joukossa
on poro tai kaksi, lapset käyvät koulua ja kotona olevat
miehet metsästävät.

Suomalaisia on Lapissa asunut ainakin neljä sataa vuotta.
Ja varsinkin viime sotien jälkeen sinne on muuttanut yhä
enemmän ihmisiä etelästä. Lapin läänin suomalaisten elämä
on samanlaista kuin suomalaisten elämä etelämpänä. Metsä-
teollisuus on valtion jälkeen suurin työnantaja. Kauppa,
liikenne ja pienteollisuus antavat työmahdollisuuksia. Mutta
maanviljelys on pääelinkeino. Monilla maanviljelijöillä on
poroja. Kun etelämpänä maanviljelijät menevät talvella
metsätöihin, pohjois-Lapissa he hoitavat poroja tai metsästävät
niinkuin lappalaisetkin. Sodan jälkeen ei ole enää tarvinnut
mennä etelään kouluun, jos haluaa tulla ylioppilaaksi. Oppi-
kouluja on napapiirin pohjoispuolellakin.

Sanasto

asuva, asuvan, asuvaa, asuvia (present active participle)	living
Savo	district in central Finland
murre, murteen, murretta, murteita	dialect
vitsikäs, vitsikkään, vitsikästä, vitsikkäitä	witty, funny, full of humor
vitsi, vitsin, vitsiä, vitsejä	joke
juttu, jutun, juttua, juttuja	story, anecdote; lawsuit, case
kummallinen	peculiar, strange
muoto, muodon, muotoa, muotoja	form, shape, countenance, appearance
tuskin	hardly
mahdollisuus, mahdollisuuden, mahdollisuutta, mahdollisuuksia	possibility, chance
aito, aidon, aitoa, aitoja	true, real
tulevat	those coming
muualta Suomesta tulevat	those coming from some other parts of Finland
Pohjanmaa	Ostrobothnia, a district in western Finland
tasainen, tasaisen, tasaista, tasaisia	flat, even, level
matala, matalan, matalaa, mataloita	low, shallow, flat
seutu, seudun, seutua, seutuja	region
läpi	through
erikoinen, erikoisen, erikoista, erikoisia	extraordinary, specific, special
maisema, maiseman, maisemaa, maisemia	landscape, scenery
luonto, luonnon, luontoa, luontoja	nature
tulinen, tulisen, tulista, tulisia	fiery, hot, hotheaded
juhlia, juhlin, juhli, juhlinut	to celebrate, feast, commemorate
perusteellisesti	thoroughly
palaa, palan, paloi, palanut (intr.)	to burn
palata, palaan, palasi, palannut	to return, revert, resume

polttaa, poltan, poltti, polttanut (tr.)	to burn, scorch; smoke (tobacco)
herätä, herään, heräsi, herännyt (intr.)	to awake
herättää, herätän, herätti, herättänyt (tr.)	to arouse, wake up
taiteilija, taiteilijan, taiteilijaa, taiteilijoita	artist
lähtien (jostakin ajasta lähtien)	since, from (postp.)
on kirjoitettu	has been written
yksinkertaisesti	simply, plainly
hääpari, -parin, -paria, -pareja	wedding couple
häät, häitä	wedding
käydä vihillä (intr.)	to be married
kestää, kestän, kesti, kestänyt (intr.)	to last, endure, wear
tappelu, tappelun, tappelua, tappeluja	fight, scuffle
siirtolainen	emigrant, immigrant, settler
harvaan asuttu	thinly populated
napapiiri, -piirin, -piiriä, -piirejä	polar circle, Arctic Circle
piiri	circle, ring, orb, range, district
nykyisin	nowadays
sukua jollekin	related to someone
teoria, teorian, teoriaa, teorioita	theory
mukaan (jonkin mukaan)	according to, along with
mukana	with, along with
elinkeino, -keinon, -keinoa, -keinoja	means of livelihood
poro, poron, poroa, poroja	reindeer; grounds, ash
hoito, hoidon, hoitoa, hoitoja	care
metsästys, metsästyksen, metsästystä, metsästyksiä	hunting
tunturi, tunturin, tunturia, tuntureita	hill, (mountain in Lapland)
liikkua, liikun, liikkui, liikkunut	to move, be in motion
liikuttaa, liikutan, liikutti, liikuttanut (tr.)	to move
muuttua, muutun, muuttui, muuttunut (joksikin) (intr.)	to be changed, transformed

muuttaa, muutan, muutti, muuttanut (tr.)   to move, change
lääni, läänin, lääniä, läänejä   province
työnantaja   employer

Kysymyksiä

A.   Minkälaisia ovat savolaiset? Missä he asuvat? Mitä
heillä on paljon? Minkälaista on sav. murre? Mikä kaupunki
Kuopio on? Missä voi kuulla aitoa savon murretta? Mitä on
vaikea ymmärtää? Mitä on hauska kuunnella?

B.   Keitä kutsutaan pohjalaisiksi? Millaista seutua
pohjanmaa on? Mitä sen läpi matkustava näkee? Minkälaisia
itse pohjalaiset ovat? Miten he juhlivat? Millaista heidän
vihansa on? Keiden mielenkiintoa pohjalaiset ovat herättäneet?
Mitä heistä on kirjoitettu? Kuinka kauan häitä valmistetaan?
Kuinka kauan juhliminen kestää? Mitä pohjalainen käyttää
usein? Mistä on tullut paljon siirtolaisia Amerikkaan?

C.   Missä Suomen Lappi on? Keitä siellä asuu? Mille
kielelle lapin kieli on sukua? Mikä on Lapin pääelinkeino?
Mitä porosta saadaan? Mitä naiset tekevät? Mikä on suurin
työnantaja Lapissa? Mitkä myös antavat työmahdollisuuksia?
Mikä on suomalaisten pääelinkeino Lapissa? Missä muissa
maissa asuu lappalaisia paitsi Suomessa? Missä maissa on
tuntureita? Millainen ilmasto Lapissa on?

D.   Mitä eri murteita on Amerikassa? Minkä niistä tunnette
parhaiten? Miten se eroaa yleiskielestä? Osaatteko puhua
sitä? Mitä murretta puhutaan kotivaltiossanne? Keistä
"Porgy and Bess" on kirjoitettu? Oletteko nähnyt sen? Mitä
piditte siitä? Oletteko koskaan ollut metsätöissä? Mitä
puuteollisuutta harjoitetaan kotivaltiossanne? Mikä on
kotivaltionne pääelinkeino?

312-421 O - 68 - 4

Harjoituksia

A. MODEL: Tämä _lukeva_ poika on veljeni.

    1. istua   4. kirjoittaa

    2. kävellä   5. puhua

    3. matkustaa

B. MODEL: Puhun Pohjanmaalla _asuvista_ ihmisistä.

    1. olla   4. matkustaa

    2. syntyä   5. tapella

    3. juhlia

C. MODEL: _Miehellä, joka ostaa ruokaa_, on kiire.

              Ruokaa ostavalla miehellä on kiire.

1. _Johtajalla, joka maksaa laskua_, on iso huvila.

2. Tuo _mies, joka ajaa autoa_, on isäni.

3. _Ihmiset, jotka kertovat hauskoja_ juttuja, ovat savolaisia.

4. _Lappalaiset, jotka pitävät poroja_, ovat porolappalaisia.

5. Kuulin sen _ystäviltäni, jotka asuvat Suomessa_.

6. Kerroin sen _pojalleni, joka käy koulua_.

7. Häiritsin _miestä, joka luki lehteä_.

8. Näin eilen _tuon tytön, joka laulaa_.

9. Kysyin tietä _neidiltä, joka möi lippuja_.

D.   MODEL: Auta niitä, jotka tarvitsevat. - Auta tarvitsevia.

1. On paljon niitä, jotka menevät sinne.

2. Näetkö noita, jotka tulevat tänne?

3. En tunne niitä, jotka ovat siellä.

4. Helsingissä on niitä, jotka matkustavat Moskovaan.

5. En tavannut niitä, jotka puhuvat suomea.

6. En tunne niitä, jotka asuvat siellä.

    Huom. kirjoittava tyttö, mutta kirjoituspöytä

          uiva poika,   mutta uimapuku, uimahalli, uima-allas

          laulava mies,   mutta laulutunti, laulukonsertti

    (autoa) ajava rouva,   mutta autokoulu, autopankki, autoteatteri

E. Toistakaa seuraavat lauseet käyttämällä yhtä tai useampaa sopivan sanan muotoa:

1. Minä.... takaisin huomenna.	palasi
2. Tuli... nyt hyvin takassa.	paloi
3. Talo.... eilen.	palaan
4. Hän.... kotiin eilen.	palava
5. Poika.... kotiin huomenna.	palannut
6. Minulla on niin kuuma, että....	palaa
7. Kuulin, että hän on.... takaisin.	palan
8. Näin lehdestä, että talosi on....	palaneet
9. He olivat.... takaisin sodasta.	palanut
10. Kaikki puut olivat.... poroksi.	palata
11. Haluan.... Suomeen ensi tilassa.	palaa
12. Märkä puu ei tahdo....	palanneet

43

13. Amerikasta.... ystäväni tulee lentokoneella.   palaa

14. .... puu lämmittää.   palaava

F. MODEL: He elävät etelämpänä kuin me.

    1. pohjoinen   4. kaukana
    2. itä   5. lähellä
    3. länsi

G. MODEL: Teorian mukaan lappalaiset ovat Skandinavian
          alkuasukkaita.

    1. kirja   4. se
    2. minä   5. historianne
    3. he   6. te

H. MODEL: Lapin kieli on sukua suomelle. - Lapin kieli on
          suomensukuinen.

    1. Tiikeri on sukua kissalle.
    2. Kettu on sukua koiralle.
    3. Koira on sukua sille.
    4. Tomaatti on sukua perunalle.

    Vrt: slaavilaissukuinen, lohen-, hyvä-, vapaa-,
         jalosukuinen

I. MODEL: Onko hän sukua sinulle? - Onko hän sinun sukulaisesi?

    1. Pojat ovat sukua meille.
    2. Hänen ystävänsä oli sukua hänelle.
    3. Tomaatti on sukua perunalle.
    4. Tämä mies on sukua presidentille.

    Vrt: Hän on kuninkaallista sukua, (läheistä, kaukaista,
         halpaa, alhaista, ylhäistä sukua).

         Rouva Lipponen on omaa sukua(an) Turunen.

44

7

PESÄPALLO

Amerikkalaisella pesäpallolla on suomalainen pikkuserkku,
suomalainen pesäpallo, jonka on amerikkalaisen esikuvan mukaan
luonut eräs suomalainen urheilujohtaja jo 1920-luvulla. Suo-
messakin pelataan pesäpalloa ammattilaispelinä, mutta se ei
ole lähimainkaan sellainen suuri liikeyritys kuin se on
Amerikassa eikä se nauti niin yleistä kansansuosiota. Pesä-
palloa pelataan koulujen urheilutunneilla ja tehtaitten
ruokatunneilla, ja kesällä pojat pelaavat sitä kaikilla
siihen sopivilla avoimilla alueilla. Tehtaitten ja liikkeitten
henkilökuntien välillä on ns. puulaakiotteluja pitkin kesää.
Paikkakuntien urheiluseurojen viralliset pesäpallojoukkueet
vierailevat muilla paikkakunnilla pelaamassa ja pelaavat
kotikentällä vierailevien joukkueitten kanssa. Mutta kun
kesä on tupaten täynnä kaikenlaisia urheilutapahtumia, niin
pesäpallopelien yleisömäärä ei ole yleensä kovin suuri. Lento-
pallo on viime aikoina vienyt osan pesäpallon kansansuosiosta.

Suomalaisen pesäpallon pelivarusteet ovat melkein samat
mutta eivät samanlaiset kuin amerikkalaisen. Kenttä on
alueeltaan pienempi ja erimuotoinen. Amerikkalainen pallokenttä
ei näytä leveyden suhteen kovin pitkältä, mutta suomalainen
kenttä on huomattavasti pitempi kuin se on leveä. Maila on
samanmuotoinen mutta pienempi. Pallo on myös pienempi mutta
se on yhtä kova. Pelaajien vaatteet ovat melkein samanlaiset
kuin amerikkalaisten paitsi että käsine on ainoa suojavaruste.

Pelin säännöt ovat vähän erilaiset. Lyöjä ja syöttäjä
ovat kotipesällä. Syöttäjä heittää pallon suoraan ylös ja,
jos syöttö on oikea, lyöjän täytyy lyödä. Lyöjä saa yrittää
kolme kertaa. Kahden väärän syötön jälkeen lyöjä saa kävellä
ykköspesälle, joka on kotipesästä vasemmalle. (Kakkospesä on
kentän oikeassa, kolmospesä taas vasemmassa laidassa.) Jos
lyöjän onnistuu juosta yhdellä lyönnillä kotipesältä ykkösen

45

ja kakkosen kautta kolmospesälle, hän saa kunniajuoksun eli
"kunnarin" ja saa kävellä vapaasti kotipesälle. Suomalaisessa
pesäpallossa juoksijat voivat "haavoittua", jos he ovat ulkona
pesästä silloin kun ulkomies saa "kopin" eli saa pallon kiinni
suoraan ilmasta; mutta vasta kolmen "kuolleen" jälkeen on
puolten vaihto. Ulkona ollut joukkue tulee lyömään ja sisällä
ollut joukkue hajaantuu kentälle. Joka pesällä on pesämies.
Heidän lisäkseen on lähellä kotipesää amerikkalaisen syöttäjän
paikalla sieppari, kakkos-ja kolmospesän välillä polttaja ja
keskellä takakenttää koppari. Kakkos-ja kolmospesän takana
ovat vastaavasti kakkos-ja kolmosvarat. Pesäpalloa voi pelata
7 miehen joukkueella, mutta virallinen lukumäärä on 9 miestä
puolellaan sekä pari varamiestä.

Sanasto

pesäpallo, -pallon, -palloa, -palloja	baseball
pesä, pesän, pesää, pesiä	nest, den, lair
esikuva, esikuvan, esikuvaa, esikuvia	pattern, example
luoda, luon, loi, luonut	to create; shovel
pelata, pelaan, pelasi, pelannut	to play (a game)
peli, pelin, peliä, pelejä	game, sport
ammattilainen, ammattilais-	professional
lähimainkaan	not nearly
lähimain	nearly
suosio, suosion, suosiota, suosioita	popularity, favor; applause
suosia, suosin, suosi, suosinut	to favor, patronize
avoin	open
henkilökunta, -kunnan, -kuntaa, -kuntia	personnel, staff
paikkakunta	place, locality
puulaakiottelu (colloq.)	match between various companies
pitkin (jotakin p.)	along, throughout
seura, seuran, seuraa, seuroja	association, society, company

joukkue, joukkueen, joukkuetta, joukkueita	team, platoon
tupaten täynnä	chock-full
tupata, tuppaan, tuppasi, tupannut (tr.)	to force, push, crowd
tuppaantua, tuppaannun, tuppaantui, tuppaantunut =	to push oneself, to force
tuppautua, tuppaudun, tuppautui, tuppautunut (intr.)	
lentopallo	volleyball
sama	the same, identical
samanlainen	of the same form or kind
varuste, varusteen, varustetta, varusteita	equipment
näyttää (joltakin), näytän, näytti, näyttänyt	to look, show
maila, mailan, mailaa, mailoja	bat, racket
paitsi	except, but, besides, in addition to
sääntö, säännön, sääntöä, sääntöjä	rule, regulation, law, ordinance
lyöjä, lyöjän, lyöjää, lyöjiä	batter
syöttäjä	pitcher, feeder
syöttö, syötön, syöttöä, syöttöjä	pitch, feeding
onnistua, onnistun, onnistui, onnistunut	to succeed in, be successful
lyönti, lyönnin, lyöntiä, lyöntejä	hit, stroke, blow, beat
lyödä, lyön, löi, lyönyt	to bat, strike, beat
laita, laidan, laitaa, laitoja	edge, brim, border; situation, condition, case
juoksu, juoksun, juoksua, juoksuja	run
kunniajuoksu	homerun
haavoittua, haavoitun, haavoittui, haavoittunut	to be wounded
kuolla, kuolen, kuoli, kuollut	to die, pass away
puoli, puolen, puolta, puolia	side, part, half
vaihto, vaihdon, vaihtoa, vaihtoja	changing, change, exchange
koppi, kopin, koppia, koppeja	"fly", ball; booth

47

hajaantua, hajaannun, hajaantui, hajaantunut	to take the field, scatter
lisäksi (jonkun lisäksi)	in addition (to something)
sieppari	catcher
siepata, sieppaan, sieppasi, siepannut	to catch, snatch
polttaja	shortstop
keskellä (jotakin) (jonkin keskellä)	in the middle, midst
koppari	center outfielder
vastaavasti	correspondingly
kakkosvara, kolmosvara	outfielder
varamies	substitute, reserve

Kysymyksiä

A.   Miten suomalainen pesäpallo on syntynyt? Mihin vuoden-
aikaan pesäpalloa pelataan Suomessa? Mihin aikaan päivästä
sitä voidaan pelata? Mikä on puulaakiottelu? Kuinka suuri
on pesäpallopelien yleisömäärä yleensä? Missä pelataan
jääpalloa? Mikä ero on jääpallolla ja jääkiekolla?

B.   Millaiset suomalaisen pesäpallon pelivarusteet ovat?
Millainen on amerikkalainen pesäpallokenttä? Millaiset ovat
amerikkalaisen pesäpallon pelisäännöt? Milloin lyöjä saa
kunniajuoksun suomalaisessa pesäpallossa? Milloin amerikka-
laisessa? Mitä tapahtuu, kun juoksija haavoittuu?

C.   Milloin pelasitte ensi kerran pesäpalloa? Milloin
kuuluitte "Little Leagueaan"? Oletteko pelannut pesäpalloa
ammattilaisena? Kuka on nyt kuuluisa ammattilaispelaaja
Amerikassa? Millä paikalla hän pelaa joukkueessa? Minä
miehenä itse pelasitte? Olitteko mieluummin ulkokentällä
vai sisällä? Mitä muita pelejä pelaatte? Oletteko koskaan
nähnyt jääpalloa? Oletteko toiminut valmentajana (coach)?

48

Harjoituksia

A. Vastatkaa seuraaviin kysymyksiin ja käyttäkää kysyvän verbin
tekijämuotoa tai päinvastoin:

1. Kuka syöttää pesäpallossa?
2. Mitä lyöjä tekee?
3. Mitä pelaajat tekevät?
4. Kuka johtaa joukkuetta?
5. Kun lyöjä juoksee kotipesästä, mikä hän on?
6. Kuka on keskikentällä polttamassa juoksijoita?
7. Ketkä vierailevat naapurikunnissa?

B. MODEL: Hän onnistuu juoksemaan. - Hänen onnistuu juosta.

1. He onnistuivat nauramaan.
2. Tyttö onnistui uimaan rantaan.
3. Te olette onnistunut matkustamaan paljon.
4. Sinä olet onnistunut istumaan hiljaa.
5. Minä onnistuin pääsemään ajoissa ulos.

C. MODEL: Me onnistuimme ostamaan talon. -
Meidän onnistui ostaa talo.

1. Minä onnistuin näkemään presidentin.
2. He onnistuivat maksamaan velkansa.
3. Poika onnistui saamaan lipun.
4. Onnistuit saamaan kunniajuoksun.
5. Te olette onnistunut myymään tavarat.

D. MODEL: Hän onnistui pääsemään ulos.-

Hän ei onnistunut pääsemään ulos.

1. Minun onnistui uida rantaan.
2. Olette onnistunut näkemään maailmaa.
3. Minun onnistui lopettaa työ.
4. Me onnistuimme saamaan lehden.
5. Presidentin onnistui pitää puhe.
6. Olette onnistunut oppimaan suomen.
7. Heidän onnistui muuttaa maasta.

E. MODEL: Hänen konserttinsa onnistui hyvin. -

Hän onnistui hyvin konsertissa.

1. Hänen valokuvansa onnistuivat hyvin.
2. Hänen työnsä onnistui hyvin.
3. Hänen kokeensa onnistui hyvin.
4. Hänen koulunsa onnistui hyvin.
5. Hänen kilpailunsa onnistui hyvin.

F. Toistakaa seuraavat lauseet käyttämällä oikeaa sanaa
kustakin ryhmästä:

		a.	b.
1.	Pesäpalloa.... paljon.	pelataan	pelättiin
2.	Sodasta.... kotiin.	pelätään	pelattiin
3.	Sotaa.... kovasti	palataan	palettiin
4.	Auringossa.... helposti.	paletaan	palattiin

c. on palettu
   on pelätty
   on palattu
   on pelattu

5.	Minä.... tennistä.	palaan
6.	Minä.... pimeää.	pelaan
7.	Minä.... auringossa.	pelkään
8.	Minä.... koulusta kotiin.	palan

9. Hän.... Suomeen.   paloi
10. Hän.... hyvin jalkapalloa.   pelkäsi
11. Hän.... kovasti sadetta.   pelasi
12. Hän.... auringossa.   palasi

13. Oletteko.... lentopalloa?   pelännyt
14. Mistä olette....?   pelannut
15. Oletteko aina.... ukkosta?   palanut
16. Oletteko.... auringossa?   palannut

17. He ovat.... inflaatiota.   palanneet
18. Pullat ovat.... uunissa.   pelanneet
19. Pojat ovat.... jääpalloa.   pelänneet
20. Tytöt ovat.... tansseista.   palaneet

Sanavaraston kartuttamista

Onnea matkalle!   God speed!
Onneksi olkoon!   Good luck! Congratulations!

Onnitteluni syntymäpäivänne johdosta!

pesäpallo, lentopallo, jalkapallo, koripallo (basket ball),
vesipallo (water polo), mutta ilmapallo (balloon)

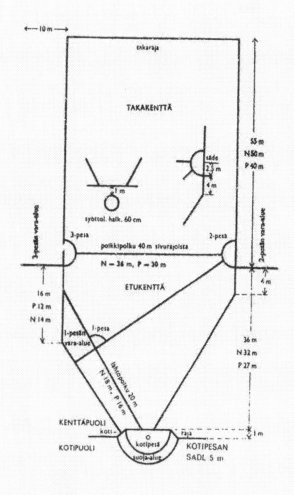

P E S Ä P A L L O K E N T T Ä

N = Naisten kenttä
P = Poikien kenttä

52

8

LEHMÄ JA ME

Radiohaastattelu

Kuuluttaja: "Ohjelmassamme seuraa nyt käynti navetassa.
Hilma Lahjakas selostaa karjataloutta.
Selostus kuuluu sarjaan "Lehmä ja me".
Hetkinen vain..."

— — — — — —

Selostaja: Hyvät kuulijat! Olemme nyt maalaistalossa,
tarkemmin sanottuna sen navetassa. Se on
suuri rakennus, jossa on merkillinen haju...
Sanokaapa nyt emäntä, mikä tuo on?

Emäntä: Se on lehmä.

Selostaja: Vai lehmä.

Emäntä: Niin, lehmä.

Selostaja: Tuo on siis lehmä. Se muistuttaa jonkin verran
koiraa, mutta se on suurempi ja sillä on sarvet.
Mitä se nyt tekee?

Emäntä: Se syö.

Selostaja: Vai niin. Se syö.

Emäntä: Niin.

Selostaja: Kuten juuri kuulitte, syö lehmä. Se on hyvin
nielenkiintoista. Se ottaa suunsa täyteen heiniä
ja pureksii sitten niitä. Sitten se nielee ne.
Eikö se olekin niin, emäntä?

Emäntä: Kyllä.

Selostaja: Olin siis oikeassa. Mutta sanokaapa emäntä, onko
totta, mitä kerrotaan, että maito tulee lehmästä?

Emäntä: Kyllä se on totta.

Selostaja: Kuulitte, että se on totta. Nyt vain pyytäisin
            tarkempaa selostusta. Tämä on hyvin mielenkiintoista.

Emäntä: Niin on.

Selostaja: Mistä ja miten maito tulee?

Emäntä: Tuolta.

Selostaja: Vai niin, sieltäkö? Sepä merkillistä. Emäntä tässä
            juuri kertoo, että maito tulee lehmän vatsapuolelta,
            enemmän peräpäästä. Se on merkillistä. Tuleeko
            lehmästä myöskin kermaa?

Emäntä: Ei.

Selostaja: Eikö?

Emäntä: Ei.

Selostaja: Mistä siis kerma tulee?

Emäntä: Separaattorista.

Selostaja: Siinä kuulitte, maito tulee lehmästä, mutta kerma
            separaattorista! Mikä tuo tuolla on? Onko sekin
            lehmä?

Emäntä: Ei. Se on sonni.

Selostaja: Vai niin. Se on sonni. Mutta sehän on aivan
            samanlainen kuin lehmä. Tahtoisitteko selittää,
            miksi se on sonni, eikä lehmä?

Emäntä: Se ei lypsä.

Selostaja: Ahaa, se on siis erona lehmällä ja sonnilla?

Emäntä: Niin.

Selostaja: Kuinka mielenkiintoista! Lehmää, joka ei lypsä,
            sanotaan sonniksi. Onko se koskaan lypsänyt?

Emäntä: Ei.

Selostaja: Eikö koskaan?

54

Emäntä: Ei koskaan.

Selostaja: Kuulitte kai, että sonni ei ole koskaan lypsänyt!
            Luuletteko, että se joskus vielä lypsää?

Emäntä: Ei.

Selostaja: Vai niin, ei koskaan... Jaaha, kuljemme nyt eteenpäin
            pitkää käytävää, jonka molemmin puolin on lehmiä ja
            sonneja... Mutta tuolla on jotakin erikoista... Mikä
            tuo on, emäntä?

Emäntä: Se on hieho.

Selostaja: Anteeksi, mikä?

Emäntä: Hieho.

Selostaja: Emäntä tässä sanoo, että se on hieho. Onko se joku
            uusi kotieläin?

Emäntä: Uusihan se on.

Selostaja: Olemme nyt siis aivan sattumalta tavanneet uuden
            kotieläimen, jota sanotaan heihoksi.

Emäntä: Ei kuin hiehoksi.

Selostaja: Anteeksi, hiehoksi. Se muistuttaa monessa suhteessa
            lehmää. Mikä nyt on erona hieholla ja lehmällä?

Emäntä: Toi hieho on pienempi... ja sillä ei ole sarvia.

Selostaja: Erona on se, että hieho on pienempi, eikä sillä ole
            sarvia. Tuleeko sille sarvet?

Emäntä: Tulee.

Selostaja: Kuten kuulimme, tulee hiehollekin sarvet. Lypsääkö se?

Emäntä: Ei.

Selostaja: Ahaa, se on siis sonni. Sehän ei lypsä.

Emäntä: Ei se ole sonni.

Selostaja: Mutta tehän sanoitte, ettei se lypsä. Mikä ero siis
            on hieholla ja sonnilla?

55

Emäntä: Sonni on vihaisempi.

Selostaja: Onko sonni vihainen? Miksi se on vihainen?

Emäntä: Sillä on semmoinen luonto.

Selostaja: Ehkä se on vihainen siksi, kun se ei lypsä?

Emäntä: Ehkä niin.

Selostaja: Jatkamme nyt jälleen matkaa... Nyt juuri kuulette
            ääniä... Lehmät ammuvat... Tuolla navetan perällä
            on useita pieniä lehmiä... arvaan, että ne ovat
            vasikoita. Eikö niin, emäntä?

Emäntä: Kyllä se niin on.

Selostaja: Vasikka on lehmään verrattuna hyvin pieni, sehän
            onkin lehmän lapsi. Eikö niin, emäntä?

Emäntä: Kyllä se niin on.

Selostaja: Kuulitte, että vasikka on lehmän lapsi. Onko
            lehmällä useampia kuin yksi lapsi... vasikka?

Emäntä: Onhan sillä... vähän väliä.

Selostaja: Ovatko nuo kaikki yhden lehmän vasikoita?

Emäntä: Ei.

Selostaja: Eikö?

Emäntä: Ei.

Selostaja: Ne ovat siis eri lehmien vasikoita. Se on siis
            jonkinlainen lastentarha. Vasikkahan on hyvin
            leikkisä. Leikkivätkö nuo vasikat usein?

Emäntä: Eivät.

Selostaja: Ovatko ne sairaita?

Emäntä: Eivät.

Selostaja: Miksi ne sitten eivät leiki?

Emäntä: En minä tiedä.

56

Selostaja: Ne ovat merkillisiä vasikoita... ne eivät leiki.
              Ne seisovat ihan vakavina paikoillaan... katsovat
              meitä... Voiko vasikka olla sonni?

Emäntä: Kyllä.

Selostaja: Jälleen olemme kuulleet mielenkiintoisen asian.
              Vasikka voi olla myöskin sonni. Siis vihainen.
              Eikä lypsä. Hyvin mielenkiintoista... Jaha, aika
              näkyy päättyvän... Täytyy lopettaa... Haluatteko
              emäntä vielä sanoa jotakin kuulijoille?

Emäntä: En.

Selostaja: Jaha, kiitoksia paljon, se oli hyvin hauskasti
              sanottu. Kuulemiin, kuulemiin!

                                                Valentin

Sanasto

haastattelu, haastattelun, haastattelua, haastatteluja	interview
kuuluttaa, kuulutan, kuulutin, kuuluttanut	to announce; publish the banns
ohjelma, ohjelman, ohjelmaa, ohjelmia	program
seurata, seuraan, seurasi, seurannut	to follow
käynti, käynnin, käyntiä, käyntejä	walk; visit, call
lahjakas, lahjakkaan, lahjakasta, lahjakkaita	gifted, talented
selostaa, selostan, selosti, selostanut	to report, give an account
kuulua, kuulun, kuului, kuulunut	to belong; be heard
sarja, sarjan, sarjaa, sarjoja	series, class
maalaistalo	farmhouse, country house
tarkka, tarkan, tarkkaa, tarkkoja	accurate, frugal
tarkemmin sanottuna	more accurately said
merkillinen, merkillisen, merkillistä, merkillisiä	odd, remarkable
haju, hajun, hajua, hajuja	smell, odor
vai	indeed, Oh, is that so! or

57

muistuttaa, muistutan, muistutti, muistuttanut — to resemble, remind

muistaa, muistan, muisti, muistanut — to remember, recall

sarvi, sarven, sarvea, sarvia — horn, antler

verta, verran, vertaa, vertoja — extent, degree; equal

vrt. veri, veren, verta, veriä — blood

jokin, jonkin, jotakin, joitaki.1 — some, something

joku, jonkun, jotakin, joitakin — somebody, someone

jonkin verran — to some extent

täysi, täyden, täyttä, täysiä — full

täyteen — full of, filled with

heinä, heinän, heinää, heiniä — hay

purra, puren, puri, purrut — to bite, snap; chew

pureksia, pureksin, pureksi, pureksinut — to chew

niellä, nielen, nieli, niellyt — to swallow

vatsapuoli — stomach area

vatsa, vatsan, vatsaa, vatsoja — belly, abdomen, stomach

perä, perän, perää, periä — rear, back part, end

sonni, sonnin, sonnia, sonneja — bull

vrt, härkä

lypsää, lypsän, lypsi, lypsänyt — to yield milk, to milk

ero, eron, eroa, eroja — difference, separation, divorce

käytävä, käytävän, käytävää, käytäviä — corridor, passage

molemmin puolin — on both sides

sattumalta — by mere chance, by chance

kotieläin — domestic animal

hieho, hiehon, hiehoa, hiehoja — heifer

ammua, ammun, ammui, ammunut — to low, moo

ampua, ammun, ampui, ampunut — to shoot

toi = tuo (colloq.)

ettei = että ei

ääni, äänen, ääntä, ääniä — sound, voice, vote

arvata, arvaan, arvasi, arvannut — to guess

semmoinen = sellainen — such, like that

lastentarha	kindergarten
vasikka, vasikan, vasikkaa, vasikoita	calf
verrata, vertaan, vertasi, verrannut (jotakin johonkin)	to compare (something with something)
vähän väliä	time and time again
leikkisä, leikkisän, leikkisää, leikkisiä	playful
vakava, vakavan, vakavaa, vakavia	grave, serious, firm, steadfast
jälleen	again
aika näkyy päättyvän = näkyy, että aika päättyy	
päättyä, (päätyn), päättyi, päättynyt (intr.)	to er. ... to an end
päättää, päätän, päätti, päättänyt (tr.)	to end, terminate, finish
päätyä, päädyn, päätyi, päätynyt	to result in, culminate
jaha (colloq.)	well
kuulemiin	goodby (on radio; comp. näkemiin)
lopettaa, lopetan, lopetti, lopettanut (tr.)	to end, finish conclude
loppua, lopun, loppui, loppunut (intr.)	to run out, end

Kysymyksiä

A.   Kuka kuuluttaa radiossa ja televisiossa? Mitä selostaja tekee? Mitä haastattelussa tapahtuu? Ketä nyt haastatellaan? Kuka haastattelee? Minkälainen Hilma Lahjakas on haastattelijana? Onko hän kaupunkilair en vai maalainen? Mihin sarjaan tämä haastattelu kuuluu?

B.   Mihin verrattuna lehmä on suuri? Mihin verrattuna vasikka on pieni? Mitä eläintä lehmä muistuttaa? Mitä eläintä poro muistuttaa? Kuinka usein lehmät saavat vasikoita eli poikivat? Millainen luonto sonnilla on? Mikä eläin ammuu?. Kuka ampuu? Mikä kotieläin on leikkisä? Mikä on vakava?

C.   Mihin maahan verrattuna Suomi on pieni? Mihin kaupunkiin
verrattuna Helsinki on suuri? Mitä Washingtonin muistomerkki
muistuttaa? Mitä kirkkoa Washingtonin tuomiokirkko muistuttaa?
Kuka muistuttaa teitä töistä, jotka pitäisi tehdä? Ketä te
muistutatte päivällisvieraista? Mitä pitkin kävelette kadulla?
Mitä pitkin ajatte kotiinne? Milloin Suomessa sanotaan "kuule-
miin" ja milloin "näkemiin"?

D.   Kuinka usein kuuntelette radiota? Millaisesta ohjelmasta
pidätte? Minkälaisia haastatteluja kuuntelette? Onko teitä
haastateltu? Oletteko itse haastatellut ketään? Mitä kotie-
läimiä tiedätte? Mitä kotieläimiä pidätte itse? Mitä kotie-
läimiä haluaisitte pitää? Mistä kotieläimistä pidätte?

Harjoituksia

A. MODEL: Tunnen miehen.
          Hän istuu tuolla.   -Tunnen miehen, joka istuu tuolla.

          1. Tyttö on ystäväni.
              Hänen autonsa on kadulla.

          2. En näe poikaa.
              Halusin tavata hänet.

          3. Asun talossa.
              Siinä ei ole radiota.

          4. Ostan kirjan.
              Pidän siitä.

          5. Tuo on mies.
              Ostin talon häneltä.

          6. Löysin lapseni.
              Etsin häntä.

7. Suljin kaapin.
   Panin siihen vaatteet.

8. En ole opettaja.
   Ihmiset pitävät minua sinä.

B. MODEL: Tunnetko veljeni, joka asuu Suomessa? -
          Tunnetko veljeni, jotka asuvat Suomessa?

   1. Maksoin auton, jonka ostin eilen.
   2. Haluatko nähdä talon, jossa asuin?
   3. Tuolla on poika, jolle annoin jäätelöä.
   4. Tunnetko miehen, jonka kanssa puhuin?
   5. Minua hermostuttaa asia, jota en tiedä.
   6. Hän ei voi olla opettajana, jona hän haluaisi olla.

C. MODEL: kirja, kuulua, minä   – Kirja kuuluu minulle.
          Helsinki, kuulua, Suomi – Helsinki kuuluu Suomeen.
          ääni, kuulua, hyvä   – Ääni kuuluu hyvin.

   1. Suomi, kuulua, länsi
   2. palkka, kuulua, Pekka
   3. puhe, kuulua, erinomainen
   4. autot, kuulua, me
   5. Kalle, kuulua, kirkko
   6. pellot, kuulua, isäntä
   7. rahat, kuulua, pojat
   8. Helsinki, kuulua, pääkaupungit
   9. melu, kuulua, selvä

Huomatkaa: Se ei kuulu teihin (teille).
           Asiaan kuuluu kiittää. = On tapana kiittää.
           Tapoihin kuului kätellä.
           Mitä teille kuuluu? Kiitos, ei meille ihmeitä kuulu.

61

Käyttäkää sopivaa sanaa seuraavissa lauseissa:

Isoisällä on huono..., hän ei kuule hyvin.   kuulo

Greta Garbo on... filmitähti.   kuuluisuus

Cassius Clay on jo...   kuuluisa

D. Täydentäkää seuraavat lauseet sopivalla annetulla sanalla:

1. Ohjelmassa seuraa... navetassa.   käynti
2. ... aloitetaan vasta 7 vuoden vanhana.   sodankäynti
3. Kaarle XII rakasti...   merenkäynti
4. Laiva oli myöhässä kovan... takia.   koulunkäynti
5. ... oli kiihtynyt. (increased)   tuulenkäynti
6. Tyttö piti...   kaupankäynti
7. Teatterissa... on kasvanut   rajankäynti
8. Joka perjantaina meillä on ohjelmassa   kylänkäynti
   kaupassa...
9. ... ulkomaitten kanssa oli vilkasta. (lively)
10. Petsamoh... toimitettiin v. 1947.

Kotitehtävä

Valmistakaa radiohaastattelu, jossa haastattelette amerikkalaista maatalon isäntää. Haastattelu kuuluu sarjaan "Karjanhoito tämän päivän maataloudessa".

ARVOITUKSIA
(RIDDLES)

1. Kumpi on läheisempi sukulainen, veljen vaimon anoppi vai tädin kummin kaima?

2. Hän on isän ja äidin lapsi, ei kuitenkaan kenenkään poika. Kuka hän on?

3. Kaksi lasta, kaksi emoa, kolme päätä kaikkinensa?

Vastaukset: 1. Veljen vaimon anoppi eli oma äiti. 2. Tyttö 3. Äidinäiti, äiti ja lapsi.

9

SUOMEN KANSAN KASKUJA

A.   Poika pääsi räätälin oppiin. Kun hän oli oppiaikansa
ollut täyteen, tuli mestari hänen luokseen ja sanoi: "Nyt
olet oppisi läpikäynyt, joten olet vapaa. Mutta jos tahdot
vielä olla opissa vuoden lisää, niin annan tärkeän neuvon,
joka tulevassa ammatissasi on hyvin tarpeen." Poika suostui
ehdotukseen ja oli vuoden lisää opissa. Sitten tuli mestari
hyvin tärkeän näköisenä pojan luo ja sanoi: "Nyt olet aikasi
palvellut ja tahdon nyt neuvoa sen, minkä olen luvannut: Tee
solmu langan päähän, niin et tyhjää tempaise!"

B.   Keisari tarkasti muinoin Suomen sotaväkeä ja kysyi, oliko
miehillä mitään valittamista. Kukaan ei uskaltanut sanoa, että
ruoka-annos, jonka sotamies sai, oli liian pieni. Vihdoin eräs
miehistä kysyi keisarilta, saisiko hän näyttää pienen tempun.
Keisari antoi luvan. Mies otti kuppiin vettä ja näytti kei-
sarille, kuinka paljon sitä oli. Sitten hän kävi rivin päästä
toiseen ja käski jokaista kastamaan sormensa siihen kuppiin.
Kun kaikki olivat kastaneet, meni sotamies ja näytti vesikuppia
keisarille sekä sanoi: "Kukaan näistä miehistä ei ottanut
mitään, vaan kuitenkin vesi meni näin vähiin. Samoin käy
sotamiehelle, jolla on määräannos. Kun hänen annoksensa käy
monen virkamiehen kautta, saa se, jolle se kuuluu, ainoastaan
tähteet."

C.   Ennenvanhaan kun teinit kulkivat ympäri maata ruokaa
kerjäämässä, tuli kaksi teiniä erääseen taloon pyytämään
ruokaa. Emäntä antoi ja valitteli sitten, että heidän
vasikkansa oli sairas; eivätkö pojat osaisi sitä parantaa,
viisaita kun olivat. Pojat lähtivät navettaan ja miettivät,
miten he vasikan parantaisivat. Toinen teineistä keksi keinon.
Hän käski emännän navetasta ja otti kynän sekä kirjoitti

63

paperille: "Valkoinen vasikka tai punainen, jos ei halua
elää niin kuolkoon!" Paperin hän pani pieneen pussiin ja
antoi emännälle sanoen: "Pankaa tämä vasikan kaulaan niin
kyllä paranee." Teinit lähtivät ja emäntä rupesi tekemään
taikojaan. Sattui, että vasikka parani.

Muutaman vuoden kuluttua oli sama teini pitäjän
nimismiehenä. Hän sairastui kerran vaikeasti. Kun mikään
ei auttanut, tiesi viimein joku kertoa, että aivan lähellä
asui kuuluisa emäntä, joka oli parantanut paljon sairaita.
Emäntä käskettiin nimismiehen luo. Hän antoi tälle pienen
pussin ja käski pitää sitä korvassa seuraavaan päivään asti,
niin kyllä paranisi. Kun emäntä oli mennyt pois, nimismies
aukaisi pussin, koska se näytti hänestä tutulta. Pussista
löytyi paperipala, jossa oli kirjoitus: "Valkoinen vasikka
tai punainen, jos ei halua elää niin kuolkoon!" Nimismies
muisti nyt vanhan vasikanparantamisjutun ja rupesi nauramaan
ja nauroi niin että parani. Pussin suu ommeltiin jälleen
kiinni ja emäntä paransi sillä vielä monta sairasta.

Lauri Laiho

Sanasto

kasku, kaskun, kaskua, kaskuja	joke
oppi, opin, oppia, oppeja	apprenticeship, doctrine, learning
räätäli, räätälin, räätäliä, räätälejä	tailor
mestari, mestarin, mestaria, mestareja	master, skilled craftsman
läpikäynyt, -käyneen, -käynyttä, -käyneitä	gone through, finished, completed
vapaa, vapaan, vapaata, vapaita	free
lisää	additional, more
tahtoa, tahdon, tahtoi, tahtonut	to want, wish, desire
neuvo, neuvon, neuvoa, neuvoja	advice
tuleva, tulevan, tulevaa, tulevia	future, coming

tarpeen	necessary, needed
suostua, suostun, suostui, suostunut (suostua johonkin)	to agree, consent
ehdotus, ehdotuksen, ehdotusta, ehdotuksia	suggestion, proposal, motion
tärkeän näköisenä	important-looking
luo = luokse	
palvella, palvelen, palveli, palvellut	to serve
solmu, solmun, solmua, solmuja	knot
lanka, langan, lankaa, lankoja	thread
tyhjä, tyhjän, tyhjää, tyhjiä	vacant, empty, in vain
tempaista, tempaisen, tempaisi, tempaissut	to pull suddenly
temmata, tempaan, tempasi, temmannut	to pull, wrench, carry away
muinoin = ennenvanhaan	in olden days
keisari, keisarin, keisaria, keisareita	emperor, czar, kaiser
tarkastaa, tarkastan, tarkasti, tarkastanut	to inspect, examine
valittaminen, valittamisen, valittamista, valittamisia	act of complaining, complaint
valittaa, valitan, valitti, valittanut	to complain, moan
vrt. valita, valitsen, valitsi, valinnut	to choose
sotaväki, -väen, -väkeä, -väkiä	soldiers, troops, military service
uskaltaa, uskallan, uskalsi, uskaltanut	to dare, venture, have the courage
annos, annoksen, annosta, annoksia	ration, dose, portion, helping
vihdoin	at last, finally
temppu, tempun, temppua, temppuja	trick
rivi, rivin, riviä, rivejä	line, row
kastaa, kastan, kastoi, kastanut	to dip, wet, baptize
sormi, sormen, sormea, sormia	finger
mennä vähiin	to run out
vrt. hän on vähissä rahoissa = hänellä on vähän rahaa	
vähissä hengissä	hardly alive

määräannos	fixed ration
sekä	and (also)
virkamies	official, civil servant
virka, viran, virkaa, virkoja	office, position, profession
tähde, tähteet	leftovers, scraps of food
ennenvanhaan	in olden days
teini, teinin, teiniä, teinejä	student in senior high school, teen-ager
kerjätä, kerjään, kerjäsi, kerjännyt	to beg
valitella, valittelen, valitteli, valitellut	to deplore, complain, moan
parantaa, parannan, paransi, parantanut	to heal, cure, improve
parantua, parannun, parantui, parantunut = to heal (parata), paranen, parani, (parannut) (intr.)	
miettiä, mietin, mietti, miettinyt	to think over, ponder
keksiä, keksin, keksi, keksinyt	to invent, find out, discover
vrt. löytää, löydän, löysi, löytänyt	to find, locate, discover
käskeä, käsken, käski, käskenyt	to order, command, summon
keino, keinon, keinoa, keinoja	means, way
kuolkoon	let him die
sanoen	saying
kaula, kaulan, kaulaa, kauloja	neck
ruveta, rupean, rupesi, ruvennut	to begin, start, set about
taika, taian, taikaa, taikoja	magic, witchcraft
nimismies	sheriff
pitäjä, pitäjän, pitäjää, pitäjiä	smallest local administrative area, county
sairastua, sairastun, sairastui, sairastunut	to fall ill, be taken ill
kuuluisa, kuuluisan, kuuluisaa, kuuluisia	famous, well known
seuraava	following, succeeding
asti = saakka	till, until, as far as, down to
korva, korvan, korvaa, korvia	ear

tuttu, tutun, tuttua, tuttuja   familiar, acquaintance
ommella, ompelen, ompeli, ommellut   to sew
vallita, vallitsen, vallitsi, vallinnut   to rule, dominate,
                                                 prevail
hyödyllinen   useful
taikausko   superstition
taikatemppujen tekijä = taikuri   conjurer of tricks

Kysymyksiä

A.   Mihin poika pääs ? Missä pojan ensin täytyi olla,
ennenkuin hänestä tuli räätälimestari? Mitä mestari
ehdotti hänelle? Mihin poika suostui? "ikä mestarin
neuvo oli? Miltä vuosisadalta tämä k: . oli? Kenelle
tämä kasku nauraa?

B.   Minkä maan keisari tarkasti Suomen sotaväkeä? Mihin
Suomi kuului? Milloin Suomi kuului Venäjälle? Mitä keisari
kysyi? Mitä miehet eivät uskaltaneet tehdä? Miksi? Mitä
eräs mies halusi näyttää keisarille? Minkälaisen tempun hän
näytti? Millainen ruoka-annos oli Suomen sotaväessä? Miksi
se oli pieni? Mitä sotamies sai?

C.   Mitä teinit tekivät ennenvanhaan? Mihin tuli kaksi
teiniä? Mitä emäntä valitteli? Millaisia teinit olivat?
Minne pojat lähtivät? Mitä he miettivät? Minkä toinen
teineistä keksi? Kenet hän käski navetasta? Mitä hän
kirjoitti paperille? Mihin häni pani paperin? Kenelle
hän antoi sen? Mihin emäntä pani pussin? Mitä vasikalle
tapahtui? Mikä teinistä myöhemmin tuli? Mitä hänelle
tapahtui? Kenet haettiin häntä parantamaan? Miten emäntä
paransi hänet? Mille jutulle nimismies nauroi?

67

D.   Minkälaisia taikoja tunnette? Mitä te ajattelette
taioista? Ketkä tekevät taikoja Amerikassa? Ketkä tekevät
taikoja Englannissa? Millä vuosisadalla kaikki ihmiset
uskoivat taikoihin? Luetteko horoskooppia? Uskotteko
siihen? Osaatteko tehdä taikatemppuja? Mikä ero on taialla
ja taikatempulla? Minkälaisia taikatemppuja osaatte tehdä?
Ol- .teko nähnyt kuuluisan intialaisen köysitempun (rope
t.ick)? Minkälainen se on?

Harjoituksia

A.1 MODEL: On hauska matkustaa. - Matkustaminen on hauskaa.

        1. On vaikea ymmärtää.
        2. Ei ole helppoa oppia.
        3. Oli mielenkiintoista lukea.
        4. Olisi hyödyllistä maksaa.
        5. On tärkeää opiskella.

A.2 MODEL: On mukava nähdä maailmaa. -
        Maailman näkeminen on mukavaa.

        1. On vaikea ymmärtää kieltä.
        2. Ei ole helppoa lopettaa sotaa.
        3. On mielenkiintoista lukea lehteä.
        4. On hyvä tapa maksaa laskut.
        5. On tärkeää hankkia ammatti.

B.   MODEL: Matkustan mielelläni. - Pidän matkustamisesta.

        1. Hän nukkuu mielellään.
        2. Laulat mielelläsi.
        3. He pelaavat mielellään.
        4. Haastattelemme mielellämme.
        5. Ostatte mi lellänne.

68

C. MODEL: En voi valittaa. - Minulla ei ole valittamista.

1. Et voi sanoa.
2. Emme voi myydä.
3. He eivät voi viedä.
4. Ettekö voi tuoda?
5. Hän ei voi tehdä mitään.

Huomatkaa: tuomiset = tulijaiset   gifts brought by a
                                    guest or relative
                                    to a person's home

D. MODEL: Elokuvissa käyminen on vähäistä. -
          Elokuvissa käynti on vähäistä.

1. Asunnon saaminen on vaikeaa.
2. Sokerin syöminen ei ole hyvä tapa.
3. Kahvin juominen lisääntyy Suomessa.
4. Hedelmien tuominen ei ole tärkeää.
5. Puun vieminen on tärkeää.
6. Autojen myyminen on nousemassa.
7. Rahan lyöminen tapahtuu Helsingissä.

Huomatkaa: Se oli hyvä lyönti, (pesäpallopelissä jne.).
           Maamme tuonti on valitettavasti suurempi kuin vienti.
           Hänen ei käy syönti. = Hänellä ei ole ruokahalua.

E. Käyttäkää seuraavissa lauseissa sopivaa sanaa:

MODEL: Edison keksi sähkön. - Kolumbus löysi Amerikan.

1. Bell... puhelimen.   löytää
2. Marie Curie....radiumin.   keksiä
3. Suomalaissyntyinen Nordenskiöld...
   koillisväylän v. 1878-79.
4. Norjalainen Amundsen....luoteisväylän v. 1906.
5. Marco Polo... meritien Intiaan.
6. Monet ihmiset ovat yrittäneet... ikiliikkujaa.
   (perpetual motion machine)

69

Huomatkaa: Suuret maantieteelliset löytöretket tapahtuivat
            uuden ajan alussa.

F. Käyttäkää sopivia sijamuotoja ja laatikaa annetuista sanoista
   esimerkin mukaisia lauseita:

   MODEL: poika, suostua, ehdotus -Poika suostuu ehdotukseen.
           keisari, tarkastaa, sotaväki -Keisari tarkastaa
           sotaväkeä.

   1. hän, näyttää, temppu
   2. annos, kuulua, hän
   3. pojat, parantaa vasikka
   4. pussi, näyttää, tuttu
   5. poika, palvella, mestari
   6. nimismies, parantua, sairaus
   7. teini, tulla, nimismies
   8. emäntä, uskoa. taiat
   9. me, nauraa, poika
   10. kasku, kuulua, keskiaika
   11. sinä, suostua, asiat
   12. minä, tarkastaa, artikkelit

   Huomatkaa: Ruoka on vähissä.
               Vesi meni vähiin.
               Hän on vähissä vaatteissa.

G. MODEL: Hän on vähissä rahoissa.

   1. vaatteet   3. varat
   2. ruoka   4. henki

H. Käyttäkää sopivia annettuja sanoja seuraavissa lauseissa:

   1. ... tekee taikatemppuja.   taikauskoinen
   2. Haluaisin olla taikuri, joka tekee...   taikatemppu
   3. Hän on niin... että hän ei halua huonetta   taikausko
      numero 13.   taikuri
   4. Keskiajalla vallitsi...

70

10

JUMALAN KYMMENEN KÄSKYÄ

Minä olen Herra sinun Jumalasi. Älä pidä muita jumalia minun rinnallani.

Älä turhaan lausu Herran, sinun Jumalasi, nimeä; sillä Herra ei jätä rankaisematta sitä, joka hänen nimensä turhaan lausuu.

Muista pyhittää lepopäivä.

Kunnioita isääsi ja äitiäsi, että menestyisit ja kauan eläisit maan päällä.

Älä tapa.

Älä tee huorin.

Älä varasta.

Älä sano väärää todistusta lähimmäisestäsi.

Älä himoitse lähimmäisesi huonetta.

Älä himoitse lähimmäisesi aviopuolisoa, palkollisia, karjaa äläkä mitään, mikä on hänen omaansa.

APOSTOLINEN USKONTUNNUSTUS

Minä uskon Isään Jumalaan, kaikkivaltiaaseen, taivaan ja maan Luojaan.

Ja Jeesukseen Kristukseen, Jumalan ainoaan Poikaan, meidän Herraamme, joka sikisi Pyhästä Hengestä, syntyi neitsyt Mariasta, kärsi Pontius Pilatuksen aikana, ristiinnaulittiin, kuoli ja haudattiin, astui alas tuonelaan, nousi kolmantena päivänä kuolleista, astui ylös taivaisiin, istuu Jumalan, Isän kaikkivaltiaan, oikealla puolella ja on sieltä tuleva tuomitsemaan eläviä ja kuolleita. Ja Pyhään Henkeen, pyhän yhteisen seurakunnan, pyhäin yhteyden, syntien anteeksisaamisen, ruumiin ylösnousemisen ja iankaikkisen elämän.

ISÄMEIDÄN-RUKOUS

Isä meidän, joka olet taivaissa. Pyhitetty olkoon sinun
nimesi. Tulkoon sinun valtakuntasi. Tapahtukoon sinun tahtosi
myös maan päällä, niinkuin taivaassa. Anna meille tänä päivänä
meidän jokapäiväinen leipämme. Ja anna meille meidän velkamme
anteeksi, niinkuin mekin annamme anteeksi meidän velallisillemme.
Äläkä saata meitä kiusaukseen. Vaan päästä meidät pahasta.
Sillä sinun on valtakunta ja voima ja kunnia iankaikkisesti.
Amen.

Sanasto

rinnalla	beside, abreast, in comparison with
rinta, rinnan, rintaa, rintoja	chest, breast, heart
Herra	Lord, Sir
Jumala, Jumalan, Jumalaa, (jumalia)	God, (gods)
turhaan	in vain, needlessly
turha, turhan, turhaa, turhia	fruitless, unnecessary; vain
lausua, lausun, lausui, lausunut	to utter, say, recite
rangaista, rankaisen, rankaisi, rangaissut	to punish
rankaisematta	without punishment
lepopäivä	day of rest
kunnioittaa, kunnioitan, kunnioitti, kunnioittanut	to honor, have respect
tehdä huorin	to commit adultery
huora, huoran, huoraa, huoria	harlot, prostitute, adulteress
varastaa, varastan, varasti, varastanut	to steal
todistus, todistuksen, todistusta, todistuksia	witness, proof, certificate
lähimmäinen	neighbor
vrt. naapuri	
himoita, himoitsen, himoitsi, himoinnut	to covet, lust
himo, himon, himoa, himoja	lust

72

aviopuoliso, -puolison, -puolisoa, -puolisoja	spouse, consort
avio-	married (in compound words)
palkollinen (raamatullinen)	servant, hired man
apostolinen	apostolic
apostoli, apostolin, apostolia, apostoleja	apostle
uskontunnustus	creed
tunnustaa, tunnustan, tunnusti, tunnustanut	to confess, profess, admit, acknowledge, recognize
kaikkivaltias, -valtiaan, -valtiasta, valtiaita	almighty, omnipotent
luoja, luojan, luojaa, luojia	creator
ainoa, ainoan, ainoaa, ainoita	only, sole
siitä, sikiän, sikisi, siinnyt	be begotten, conceived
siittää, siitän, siitti, siittänyt	to beget, conceive
syntyä, synnyn, syntyi, syntynyt	to be born, originate, breed
synnyttää, synnytin, synnytti, synnyttänyt	to give birth, cause, bring forth, deliver
neitsyt, neitsyen, neitsyttä, neitsyitä	virgin
kärsiä, kärsin, kärsi, kärsinyt	to suffer, endure
ristiinnaulita, -naulitsen, -naulitsi, -naulinnut	to crucify
naulata, naulaan, naulasi, naulannut	to nail
haudata, hautaan, hautasi, haudannut	to bury
tuonela, tuonelan, tuonelaa	realm of death, Hades
nousta kuolleista	to rise from the dead
on tuleva	will come, is to come
tuomita, tuomitsen, tuomitsi, tuominnut	to judge, sentence, condemn
yhteinen	universal, catholic, common
pyhä, pyhän, pyhää, pyhiä	holy, sacred, saint; Sunday; church holiday
seurakunta	congregation
yhteys, yhteyden, yhteyttä, yhteyksiä	communion, unity; connection

312-421 O - 68 - 6

Herran ehtoollinen	Lord's Supper
ruumis, ruumiin, ruumista, ruumiita	body, corpse
ylösnouseminen	resurrection
tuska, tuskan, tuskaa, tuskia	agony, pain
ahdistaa, ahdistan, ahdisti, ahdistanut	to pursue, press, force, be tight
evankeliumi, evankeliumin, evankeliumia, evankeliumeja	Gospel
tykönä = luona	
synty, synnyn, syntyä, syntyjä	origin, birth
ilman (jotakin)	without (something)
loistaa, loistan, loisti, loistanut	to beam, radiate, shine
Jumalan lähettämä = jonka Jumala oli lähettänyt	
todistaa, todistan, todisti, todistanut	to witness, testify, bear witness
totinen, totisen, totista, totisia	true, earnest, serious
valistaa, valistan, valisti, valistanut	to enlighten, educate
veri, veren, verta, veriä	blood
kirkkaus, kirkkauden, kirkkautta	brightness, brilliance, clearness
rukous, rukouksen, rukousta, rukouksia	prayer
pyhittää, pyhitän, pyhitti, pyhittänyt	to hallow, keep holy
olkoon	let, may (it, her, him) be
valtakunta, -kunnan, -kuntaa, -kuntia	kingdom, realm, state
valta, vallan, valtaa, valtoja	power, rule
tahto, tahdon, tahtoa, tahtoja	will, wish
antaa anteeksi	to forgive, pardon
saada anteeksi	to receive forgiveness
velka, velan, velkaa, velkoja	debt
velallinen	debtor
saattaa, saatan, saattoi, saattanut	to lead, be able, escort, accompany
kiusaus, kiusauksen, kiusausta, kiusauksia	temptation
kiusata, kiusaan, kiusasi, kiusannut	to annoy, tease, pester
paha, pahan, pahaa, pahoja	evil, bad

74

paholainen	devil
voima, voiman, voimaa, voimia	strenth, power
kunnia, kunnian, kunniaa	glory, honor
iankaikkinen	eternal, everlasting
armo, armon, armoa	grace, mercy
totuus, totuuden, totuutta	truth, verity

Kysymyksiä

A.   Mitä rukous on? Milloin lapset tavallisesti rukoilevat?
Kuinka monta kertaa päivässä muhamettilaiset rukoilevat? Minkä
ruokarukouksen tunnette? Ketkä käyttävät Isämeidän-rukousta?
Miten suomeksi pyydetään anteeksi? Miten siihen vastataan?

B.   Miksi ihmiset tekevät velkaa? Mikä ero on velalla ja
lainalla? Kuka on velallinen? Ostavatko amerikkalaiset
paljon velaksi? Kenellä on opiskeluvelkaa? Minkälainen
on vähittäismaksujärjestelmä?

C.   Kuka tuomitsee rangaistukseen? Missä voi lukea tuomariksi?
Mitä tuomari tekee? Mitä tarvitaan tuomiota varten? Kuka
todistaa? Milloin tuomari tuomitsee rangaistukseen? Mistä
pahoista töistä hän tuomitsee?

D.   Kuinka monta päivää teemme työtä? Kuinka usein on
lepopäivä? Mikä lepopäivä on toiselta nimeltään? Onko
koko viikonloppu lepopäivää? Ketkä yrittivät muuttaa viikon
pituutta? Kuinka usein oli heidän lepopäivänsä? Miten he
siinä onnistuivat?

E.   Missä olette syntynyt? Milloin olette syntynyt? Mitä
uskoa tunnustatte? Mihin kirkkoon tai seurakuntaan kuulutte?
Mitkä ovat vanhempienne nimet? Missä menitte avioliittoon?
Mikä on aviopuolisonne nimi? Mikä on hänen syntymäpaikkansa
ja -aikansa? Mikä vaimonne on omaa sukuaan? Mikä on vaimonne
tyttönimi?

75

Harjoituksia

A. MODEL: Hän menee kotiin. - (Hän) menköön kotiin!

1. Poika tulee koulusta.
2. Hän urheilee paljon.
3. Tyttö asuu kaupungissa.
4. Ystäväni nauraa sillä.
5. Hän on kotona.
6. Isä ajaa itse.

B. MODEL: Ota auto! - (Hän) ottakoon auton!

1. Tee työ!
2. Kirjoita kirje!
3. Vie minut sinne!
4. Anna anteeksi!
5. Anna se tänne!
6. Opi kieli!
7. Myy talo!

C. MODEL: He matkustavat Suomessa. - (He) matkustakoot Suomessa.

1. Pojat vastaavat kirjeeseen.
2. Miehet tulevat syömään.
3. Lapset menevät nukkumaan.
4. He tanssivat paljon.
5. Kaikki antavat anteeksi.

D. MODEL: Ottakaa maksu! - (He) Ottakoot maksun!

1. Antakaa se tänne!
2. Lukekaa uutinen!
3. Maksakaa itse!
4. Viekää hänet mukananne!
5. Pitäkää hänet!

76

E. MODEL: Tulkoon tänne! - Älköön tulko tänne!
            Oppikoot laulun! - Älkööt oppiko laulua!

            1. Lukekoon kirjeen!
            2. Vieköön lapsen mukanaan!
            3. Rakentakoon uuden talon!
            4. Myykööt talonsa!
            5. Ottakoot meidät mukaansa!
            6. Valmistakoot tehtävät!
            7. Antakoon anteeksi!
            8. Iloitkoot jotka voivat!

F. Käyttäkää sopivaa annettua sanaa seuraavissa lauseissa:

            1. ... tuomitsee pahantekijän.   tuomitsija
            2. Pahantekijä saa ...   tuomari
            3. Washingtonissa on kaunis...   tuomio
            4. Ihmiset ovat usein toistensa...   tuomiokirkko
            5. Ihmiset... toisiansa.   tuomiopäivä
            6. Maailman lopussa tulee...   tuomita

G. Toistakaa seuraavat lauseet käyttämällä yhtä tai useampaa
    sopivaa sanaa:

    1. Silminnäkijä... tapauksen. (eye witness)   todistuttaa
    2. Todistajan... on tärkeä.   todistaja
    3. Tuomari kuuntelee...   todistaa
    4. Minä... notaarilla paperini.   todistus
    5. Suomessa ei käytetä syntymätodistusta   henkilöllisyys-
        vaan...   todistus
    6. Jos nostatte rahaa postista tarvitsette...   virka- eli
                                                     papintodistus
    7. Jos haette paikkaa tarvitsette...   todistettu
    8. Paikanhakemista varten tarvitaan... ja...   lääkärintodistus
    9. Geometriassa käytetään sanontaa "mikä on... koulutodistus
                                                     ylioppilastodistus

H. Toistakaa seuraavat lauseet käyttämällä sopivaa annettua sanaa:

    MODEL: Mieheni ja minä tulemme mielellämme.
            Presidentti ja hänen puolisonsa kunnioittivat juhlaa
            läsnäolollaan.
            Herra Miettinen ja hänen vaimonsa olivat myöhässä.

        1. Kutsuvieraiden joukossa nähtiin   puoliso
            suurlähettiläs ja hänen...   vaimo

        2. Valitettavasti... Pekka ei ole kotona   mies
            silloin.

        3. Pekka Lipponen ja hänen... Mari viettävät
            kultahäitään.

        4. Molemmat... (linnuista) osallistuivat pesän
            rakentamiseen.

        5. Avio... valinta on tärkeä.

I. Valitkaa kullekin sanalle sopiva pari ja laatikaa näistä
    lauseita:

    MODEL: Diktaattorit ovat vallanhimoisia.

           sisilialainen   kunnianhimo(inen)
           uhkapeluri (gamler)   viinanhimo(inen)
           johtaja   pelinhimo(inen)
           alkoholisti   kostonhimo(inen)
                                (revenge -kosto)
           näyttelijä   rahanhimo(inen)

Sanavaraston kartuttamista

rinta vrt. **sydän**

Hänellä on tuskia rinnassansa.

Hänen sydäntänsä ahdisti.

Hänen rintaansa ahdisti.

Rinta ulos, vatsa sisään!

Rintalasta syötetään rintamaidolla (äidinmaito).

Kylät ovat rinta rinnan.

He lähtivät astumaan yhtä rintaa.

sydän (heart)

Ihmisen sydän on nyrkinkokoinen ontto lihas... (hollow muscle)

Sydän sykkii, lyö.

Lääkäri kuunteli myös sydäntä.

Sydämelliset terveiset!

Mitä sinulla on sydämelläsi?

Huomatkaa: isä meidän = meidän isä.

tuonela vrt.	helvetti	hell
	kadotus	damnation, condemnation
	kiirastuli	purgatory

Jsämeidän rucous

Jse meiden, ioca olet taiuasa. Pyhetty olkon sinun nimmes. Lehestulkon sinun waldacunnas. Olcon sinun tactos nijn maasa quin on taiuasa. Anna meile tenepeiuen, meiden iocapeiuenen leipen. Ja anna meiden syndinne anderi. ninquin me meiden welgolisten anname. Ja ele iodhatta meite kiusauxen. Mutta päste meite pahasta. Sille ette sinun on waldacunda, ia woima, ia cunnia ijancaikisesta ijancaikijehen. Amen.

Mikael Agricolan Abckiriasta v:lta 1542

11

E I   O S A N N U T

- Minua, sanoi mustapartainen mies, - neuvottiin menemään ensin suoraan ja sitten kiertämään kulman ympäri ja sitten menemään vasempaan. Olenko nyt tullut oikeaan?

- Riippuu siitä, minne pyritte. Tänneko pyritte?

- Riippuu siitä, mikä tämä on. Onko tämä yleisradion konttori?

- On.

- Tulin näyttämään teille tätä, sanoi mustapartainen mies ja veti taskustaan paperipinkan.

- Onko se esitelmä, jonka haluatte pitää?

- En välttämättä halua sitä pitää. Kyllä annan sen poiskin. Eikä se sitäpaitsi olekaan esitelmä. Se on kirjoitus, jonka annan sanomalehtiin. En ole aikaisemmin kirjoittanut. Mutta minua alettiin epäillä jo hieman omituiseksi, kun en ollut kirjoittanut radiosta sanomalehtiin. Niin että täytyi nyt minunkin kirjoittaa. Ja vahvasti sitä tulikin, kun kerran tuli.

- Miksi toitte kirjoituksenne tänne?

- Ajattelin, että on hyvä, että saatte tutustua siihen etukäteen. Ehkä pelästyisitte, jos sen äkkiarvaamatta näkisitte lehdissä.

- Kiitos. Hyvä onkin, että saamme nähdä. Ehkä asia voidaankin silloin heti auttaa. Mitä se koskee? Mikä teitä raivostuttaa?

- Katsokaas,tapani on nukkua päivällisunta kello 18-19. Mutta radio häiritsee untani. Vaadin, että radiossa sinä tuntina ei saa olla mitään ohjelmaa.

- Kuinka niin mahdottomia voitte vaatia! Eihän ohjelmaa
teidän tähtenne voi kesken kaiken kokonaiseksi tunniksi kes-
keyttää! Yhden ainoan kuulijan vuoksi! Eikä se sitäpaitsi
ole tarpeellistakaan.

- On tarpeellista. Lääkäri on määrännyt päivällisunen.

- Mutta hyvänen aika, asiahan on teidän kohdaltanne
aivan helposti ja mutkattomasti autettavissa!

- Millä tavalla?

- Suljette radion.

- En osaa sitä sulkea.

- Ette osaa sulkea! Mitä ihmettä! Osaattehan sen
avatakin.

- En osaa. Voitteko ehkä neuvoa, kuinka sen voi sulkea?

- Sehän on mitä alkeellisin asia. Eivätkö ne radioliik-
keessä ole teille sitä neuvoneet?

- Eivät ole. Eikö täällä joku voisi? Tai ehkä sentään
mieluummin julkaisen kirjoituksen...

- Asutteko kaukana?

- Aivan lähellä. Ensin täältä ulos, sitten kulman ympäri
ja suoraan eteenpäin.

- Lähetämme radioteknillisen neuvonantajan mukaanne.
Hänellä sattuu juuri nyt olemaan joutilasta aikaa.

Yleisradion konttori lähetti vahtimestarin mustapartaisen
mukaan.

- Jahah, sanoi neuvoja, kun oli tultu mustapartaisen
huoneistoon.

- Nyt siis katsomme, miten radio suljetaan.

- Hauska katsella. Osaatteko todella sen tempun?

- Hah hah! Missä radionne on?

- Ei minulla radiota ole.

- No mutta tehän valititte, että se häiritsee
päivällisuntanne! Kun ette csaa sulkea.

- En osaa. Se on naapurin radio. Tuolla viereisessä
kivitalossa seinän takana.

Olli

KÄVELYLLÄ NUORIMMAN KANSSA

- Oletko sinä jo hyvin vanha? kysyi nucrin poika eli
pikkuveli ollessamme kävelyllä kahden kesken.

- En pahan vanha, mutta en kovin nuorikaan enää,
vastasimme. -Neljääkymmentä lähellä.

- Ooh, jukra! huudaht! pikkuveli. - Se on paljon se.
Mutta kyllä sinä vielä voit elää monta vuotta.

- Koetetaan ja toivotaan, vastasimme.

- Niin, kyllähän se olisi hyvä, sanoi pikkuveli
mietteliäästi. - Jotta me lapset ehtisimme kasvaa suuriksi.

- Sittenkö minun sopii lähteä? kysyimme.

- Saat tehdä, niin kuin itse tykkäät, sanoi
pikkuveli.

- Emmehän me sinua sitten enää tarvitse, mutta kyllä
me sinut elätämmekin. Ostan sinulle oman talon ja auton.

- Kiitos! Mutta millä rahalla luulet ne saavasi?

- Minä ansaitsen paljon rahaa, kun tulen suureksi,
selitti pikkuveli. - Monta markkaa.

- Se ei ole vielä paljon. . .

- No, sitten tuhat markkaa tai vaikka miljoonan!
vakuutteli pikkuveli.

82

- Hm, kokonaisen miljoonan? kysyimme epäillen.

- Niin, sanoi pikkuveli, ellei vähempi riitä. . .

*

Kuljimme laitakaupungille ja sivuutimme erään matalan
puurakennuksen, jonka portailla seisoi muuan vanhanpuoleinen
nainen iloisessa keskustelussa naapurinsa kanssa.

- Aika rähjä talo, sanoi pikkuveli. - Siellä ei ole
varmasti kylpyhuonettakaan.

- Ei kai.

- Siellä asuu joku köyhä ihminen, jatkoi pikkuveli.

- Luultavasti.

- Mutta nauraa sekin vain, jatkoi pikkuveli. - Kyllä
köyhääkin joskus naurattaa.

*

- Kyllä minua sitten eilen naurratti, sanoi pikkuveli.

- Mikä sinua nyt niin naurratti? kysyimme uteliaana.

- Ei sitä oikein viitsi kertoakaan, sanoi pikkuveli
suu hymyssä.

- Kerro nyt vain, pyysimme.

- Eilen, kun menimme välitunnilta luokkaan, tarttui
Jaakon kengännauha minun kenkääni kiinni, ja opettajan
piti ottaa se irti. Kyllä minua sitten naurattaa!

Arvaa sen, että valmistavan koulun ensiluokkalaista
naurattaa, kun opettajan pitää kyykistyä hänen jalkojensa
juureen ja erottaa kaksi pikkumiestä, jotka molemmat
nauttivat tilanteesta suunnattomasti.

*

- Sinä et sitten koskaan vie meitä elokuviin, sanoi pikkuveli.

- Eiväthän ne ole lapsia varten, sanoimme.

- Niin, mutta kaikki meidän luokan pojat saavat käydä elokuvissa, väitti pikkuveli. - Sehän on taidetta!

- Taidetta? Mitä on taide? kysyimme äärimmäisen jännittyneenä.

- Se on sitä, kun saa nauraa.

- Vain sitä?

- No, voihan joku itkeäkin, kun on vähän surullista. . . naiset, sanoi pikkuveli.

*

- Mikä sinusta tulee suurena? kysyimme.

- Olen ajatellut ruveta insinööriksi, vastasi pikkuveli. -Insinööriksi tai autonkuljettajaksi. En oikein tiedä vielä.

- Insinöörin pitää olla hyvin selvillä laskennosta, selitimme. - Oletkos sinä? Ja autonkuljettajaksikaan ei kannata ruveta, ellei omista autoa.

- Minä ostan auton, sanoi pikkuveli.
- Epäilen, se maksaa paljon.

- Täytyy kai sitten ruveta kirjailijaksi, sanoi pikkuveli pettymys äänessään.

*

- Yhtenä päivänä minä iskin höskiin yhtä kaveria, sanoi pikkuveli.

- Miksi? Oliko syytä?

84

- Se heitti minua lumipallolla silmään. . .tai melkein
silmään.

- Siis ohitse?

- Niin. . .mutta se meinasi ottaa silmään. . .

- Hm. . .aivan oikein, poikaseni. Niinhän ne
maailmansodatkin alkavat. . .

*

- Kyllä likkojenkin kanssa voi leikkiä, sanoi pikkuveli.

- Kyllä kai. . .kuinka niin?

- Ne aina tottelevat, kun sanoo. . .

*

- Lainaa minulle kaksikymmentä penniä, sanoimme
pikkuveljelle.

- Aina sinä lainaat etkä maksa sitten takaisin, vastasi
pikkuveli. -Ei minulle jää sitten mitään, jos tämän otat.

- Saat takaisin huomenna, selitimme. - Nyt tarvitsen
pikkurahaa.

- Onko kaksikymmentä penniä pikkurahaa! huudahti
pikkuveli. - Sillä saa paljon.

- No, anna tänne!

- Siinä on, mutta muista, etten minä sinua vielä
elätä, sanoi pikkuveli itkussa silmin.

*

- Kadulla kulkee paljon dillen näköisiä ihmisiä, sanoi
pikkuveli.

- Kuinka niin?

- Kun ne ovat erilaisia kuin me, selitti pikkuveli.

- Ja me kai olemme heidän mielestään "dillen" näköisiä, koska olemme erilaisia kuin he, sanoimme.

- Niin, ainakin sinä, sanoi pikkuveli.

- Kuinka niin? Miksi et sinä sitten?

- Minulla on hiihtolakki, sinulla ei ole, selitti pikkuveli.

- Eihän vanhemmilla ihmisillä ole hiihtolakkia, sanoimme.

- Ei, mutta sinä olet. . .älä nyt suutu. . .olet muuten dillen näköinen, sanoi pikkuveli.

*

- Lähdetään jo kotiin, sanoi pikkuveli.

- Miksi nyt jo?

- Tuossa on niin kivan näköinen auto, sanoi pikkuveli.

- No, olkoon menneeksi, sanoimme.

Kun istuimme autossa, sanoi pikkuveli:

- Kuule, isäpappa, minä maksan. . .tällä kertaa!

Valentin

Sanasto

mustapartainen	black-bearded (man)
parta, parran, partaa, partoja	beard
kulma, kulman, kulmaa, kulmia	corner, angle, nook
riippua, riipun, riippui, riippunut (jostakin) (intr.)	to depend (on something), hang, droop, be suspended

riiputtaa (tr.)   to dangle

pyrkiä, pyrin, pyrki, pyrkinyt   to strive, try, attempt,
                                         apply for

yleisradio   government-controlled
                                         radio (of Finland)

konttori, konttorin, konttoria,   office; closet, pantry
konttoreja

tasku, taskun, taskua, taskuja   pocket

pinkka, pinkan, pinkkaa, pinkkoja   bundle, pile, heap

esitelmä, esitelmän, esitelmää,   lecture, paper
                        esitelmiä
pitää esitelmä   to give a paper, deliv-
                                         er a lecture

välttämättä   necessarily, unavoid-
                                         ably, inevitably

sitäpaitsi   besides, moreover,
                                         furthermore

epäillä, epäilen. epäili, epäillyt   to suspect, doubt

hieman   somewhat, slightly, a
                                         little

omituinen   queer, odd, peculiar,
                                         strange

vahvasti   much, very much

vahva, vahvan, vahvaa, vahvoja   thick, strong, stout,
                                         durable

tutustua, tutustun, tutustui,   to get acquainted or
tutustunut (johonkin)   familiar

tutustuttaa = tutustaa   to make a person ac-
                                         quainted

etukäteen   in advance, beforehand

pelästyä, pelästyn, pelästyi,   to be frightened or
pelästynyt   scared

äkkiarvaamatta   unexpectedly, all of a
                                         sudden

koskea, kosken, koski, koskenut   concern, touch, hurt

87

raivostuttaa	to make furious or mad, infuriate
raivostua, raivostun, raivostui, raivostunut (johonkin)	to become furious, fly into a rage
uni, unen, unta, unia	sleep, dream
vaatia, vaadin, vaati, vaatinut	to demand, claim
mahdoton	impossible, unreasonable
tähden = takia (jonkun t.)	for the sake of somebody
keskeyttää, keskeytän, keskeytti, keskeyttänyt	to interrupt, suspend
tarpeellinen	necessary, needful
määrätä, määrään, määräsi, määrännyt	to determine, fix, order, prescribe
kohta, kohdan, kohtaa, kohtia	state, point, place; at once, soon
kohta (adv.)	soon, at once
mutkaton, mutkattoman, mutkatonta, mutkattomia	simple, uncomplicated, curveless
se on autettavissa	it can be helped
alkeellinen	primitive, elementary
mitä alkeellisin asia	the most primitive matter
julkaista, julkaisen, julkaisi, julkaissut	to publish, make public, announce
neuvonantaja	adviser, counsellor
joutilas, joutilaan, joutilasta, joutilaita	free, at leisure, out of work
vahtimestari	janitor, caretaker, guard
todella	really, indeed, truly
viereinen	nearby, next, neighboring

kävely, kävelyn, kävelyä, kävelyjä	walk, stroll, promenade
ollessamme kahden kesken = kun olimme kahden kesken	
pahan = kovin	
"jukra" (colloq.)	gosh!
huudahtaa, huudahdan, huudahti, huudahtanut	to exclaim, cry out
koettaa, koetan, koetti, koettanut	to try, attempt, test
miettelläs = miettiväinen	thoughtful, reflective
jotta = niin että	so that, in order that
ehtiä, ehdin, ehti, ehtinyt	to have time, arrive on time
sopia, sovin, sopi, sopinut	fit, be convenient, suit, have room or space
tykätä, tykkään, tykkäsi, tykännyt (jostakin) (colloq.)	to like a person or thing
vrt. pitää jostakin	
elättää, elätän, elätti, elättänyt	to support, maintain, provide for
saavasi = että saat ne	
ruveta (opettajaksi)	to take up (teaching)
ansaita, ansaitsen, ansaitsi, ansainnut	to earn, deserve, be worthy of
vakuutella, vakuuttelen, vakuutteli, vakuutellut	to assure
vakuuttaa, vakuutan, vakuutti, vakuuttanut	to assure, warrant, insure
epäillen = epäilevästi	doubtfully, suspiciously
ellei = jos ei	
sivuuttaa, sivuutan, sivuutti, sivuuttanut	to pass, go by, overlook
porras, portaan, porrasta, portaita	step, stair

312-421 O - 68 - 7

ränjä, rähjän, rähjää, rähjiä	poor ramshackle
kai	probably, very likely
utelias, uteliaan, uteliasta, uteliaita	curious
udella, utelen, uteli, udellut	to inquire, keep asking questions
hymy, hymyn, hymyä, hymyjä	smile, grin, smirk
hymyillä, hymyilen, hymyili, hymyillyt	to smile, smirk
kengännauha	shoelace
kyykistyä, kyykistyn, kyykistyi, kyykistynyt	to squat
juurella, -sta, juureen	at the base or bottom of
tilanne, tilanteen, tilannetta, tilanteita	situation, state of affairs
suunnaton, suunnattoman, suunnatonta, suunnattomia	enormous, immense, gigantic, tremendous
väittää, väitän, väitti, väittänyt	to claim, argue, state
taide, taiteen, taidetta, taiteita	art
äärimmäinen	extreme, utmost
jännittyneenä	with strained attention, intently
jännittyä, jännityn, jännittyi, jännittynyt (intr.)	to become excited or tense
jännittää, jännitän, jännitti, jännittänyt (tr.)	to strain, stretch, excite, thrill
olla selvillä	to be clear on, know well
pettymys, pettymyksen, pettymystä, pettymyksiä	disappointment
iskeä " höskiin" (colloq.)	to hit the face
kaveri, kaverin, kaveria, kavereita (colloq.)	chap, buddy, fellow, friend

meinata, meinaan, meinasi, meinannut (colloq.) = tarkoittaa	to intend, mean
likka, likan, likkaa, likkoja (colloq.) = tyttö	
leikkiä, leikin, leikki, leikkinyt	to play (a game), have fun
totella, tottelen, totteli, totellut	to obey
lainata, lainaan, lainasi, lainannut	to lend, borrow, loan
itkussa silmin	with tears in one's eyes
" dille "	" screwball "
hiihtolakki	skiing cap
suututtaa, suututan, suututti, suututtanut	to cause one to become angry
vrt. suuttua	
olkoon menneeksi	very well! all right! let it be so!

Kysymyksiä

A.   Minne mustapartainen mies tuli? Mitä hän halusi tehdä? Mistä hän halusi valittaa? Milloin hän nukkui päivällisuntaan? Mitä hän vaati? Kuka oli määrännyt päivällisunen? Mitä mustapartainen mies ei osannut tehdä? Kenet yleisradio lähetti hänen mukaansa? Osasiko vahtimestari sulkea radion? Miksi ei osannut?

B.   Kuvitelkaa, että " Ei osannut " on näytelmä. Kuinka monta näytöstä siinä on? Mitkä ovat tapahtumapaikat? Ketkä ovat henkilöt? Miten ensimmäinen näytös alkaa? Ketkä ovat sen päähenkilöt? Missä toinen näytös tapahtuu?

91

Ketkä ovat sen päähenkilöt? Minkälaisen kuvan te saitte
mustapartaisesta miehestä? Mitä te ajattelette Ollista
pakinoitsijana?

C.   Mitä pikkuveli ajatteli köyhistä ihmisistä? Mitä
taide oli? Mitä hän ajatteli elokuvista? Ketkä aina
tottelevat? Mikä pikkuveljestä tulee suurena? Mitä
pikkuveli ajatteli isästään? Mitä hän lupasi tehdä
isona?

D.   Pidättekö esitelmistä? Mistä asiasta haluaisitt
pitää esitelmän? Minkä esitelmän kuulitte viimeksi?
Milloin piditte viimeksi esitelmän? Mihin aikaan nukutte
tavallisesti päivällisunenne? Kenen radio tai televisio
häiritsee teitä? Kuka omistaa Amerikassa radio-ja
televisioasemat? Kuka Suomessa? Mitä te ajattelette
siitä, että radio on valtion monopolina?

Harjoituksia

A. MODEL: Minä lähden. sopia - Minun sopii lähteä.

    1. Hän tulee. täytyä
    2. He menivät kotiin. pitää
    3. Me matkustimme laivalla. onnistua
    4. Te elätte mukavasti. kelvata
    5. Sinä jäät tänne. kannattaa

    Huomatkaa: Kelpaa sinun hymyillä. You can smile. You
                                        have good reason to
                                        smile.

                Sinun kannattaa jäädä   It'll be worth your
                tänne.   while to stay here.

92

B. Vastatkaa seuraaviin kysymyksiin kielteisesti:

MODEL: Sopiiko minun nyt lähteä? -

Ei, sinun ei sovi nyt lähteä.

1. Täytyykö heidän tulla kotiin?

2. Pitikö sinun ottaa laina?

3. Onnistuiko teidän ostaa se halvalla?

4. Kannattaako meidän odottaa vielä?

C. Toistakaa seuraavat lauseet käyttämällä sopivia
sanoja oikeissa muodoissa:

MODEL: Hän heitti. minä, lumipallo, silmä - Hän
heitti minua lumipallolla silmään.

1. Minä iskin.   kaveri, nyrkki, höskät

2. Kaveri löi.   hän, puukko, selkä

3. Koira puri.   isäntä, terävät hampaat, käsi

4. Poika heitti.   veljensä, kivi, pää

Huomatkaa: Suomessa palkat maksetaan usein etukäteen,
mutta Amerikassa takakäteen.

D.1 MODEL: Hän on kaikkein kaunein tyttö. - Hän on mitä
kaunein tyttö.

1. Kirjailija oli kaikkein viisain mies.

2. Johtaja asuu kaikkein kalleimmassa talossa.

3. Hänellä on kaikkein sinisimmät silmät.

4. Sinulla on kaikkein parhaimmat mahdol-
lisuudet.

D.2 MODEL: Hän juoksi kaikkein nopeimmin. -

Hän juoksi mitä nopeimmin.

1. Koira haukkui kaikkein äänekkäimmin.

2. Tyttö lauloi kaikkein kauneimmin.

3. Isäntä tervehti meitä kaikkein ystävällisimmin.

4. Hän käyttäytyy kaikkein viehättävimmin.

Huomatkaa: Hän on mitä anteliain. He is by far the
most generous.

E. Toistakaa seuraavat lauseet käyttämällä sopivaa
annetuista sanoista:

1. Naapurini (välitti, valitti) melusta.

2. Puhelinneiti (välitti, valitti) puheluja.

3. (Valitan, välitän) suruanne!

4. (En valita, en välitä) kahvista.

5. (Valitan, välitän) vielä taloja.

6. Matti (ei välitä, ei valita) Maijasta.

7. Pekka (valittaa, välittää) hammastansa.

8. Telestar-tekokuu (välittää, valittaa) radiolähetykset.

9. Haluan (valittaa, välittää) naapurini radiosta.

10. En voi enää (valittaa, välittää) hevosia.

11. Hän tuskin enää (valittaa, välittää) Suomesta.

12. Amerikka haluaa (valittaa, välittää) maailman
kriiseissä.

F.1 MODEL: Hänestä tuli lääkäri. - Hän tuli lääkäriksi.

1. Sinusta tulee tuomari.

2. Meistä tuli opettajia.

3. Minusta tuli Amerikan kansalainen.

4. Heistä tuli sotilaita.

5. Mikä sinusta tulee isona?

F.2 MODEL: Miksi sanon häntä? isä - Sanot häntä isäksi.
          (What do I call him?   You call him father.)

1. Miksi heitä kutsutaan?   opettaja

2. Miksi sinua luultiin?   tuomari

3. Minkälaiseksi hän teki talonsa? liian suuri

4. Minkälaiseksi häntä luultiin?   rikas

5. Miksi hän sanoi Suomista?   hyvä lääkäri

6. Miksi taikuri muutti hänet?   lintu

Sanavaraston kartuttamista

parrakas = partainen

Hän on parrakas mies.

          viikset   mustache, wiskers

Parturi ajaa parran ja leikkaa tukan.

riippua

          vrt.   hirttää   to hang by the neck

Hän sai hirttotuomion.

Hänet hirtettiin aamulla aikaisin.

Mutta: Hän riiputti kanaa jaloista.

koskea

Asia ei koske minua.

Se koski häneen syvästi.

Päähäni koskee.

Hän ei ole koskenutkaan kirjaan viikkokausiin.

nähdä unta	to dream
unelmoida	to daydream
uneksia	to dream, daydream

Näin unta isästäni viime yönä.

Se oli työ, josta hän oli unelmoinut.

Hän uneksi kesästä.

Uneksin tulevaisuudesta.

Koira uneksii, kun se nukkuu.

määrätä

Lääkäri määräsi lääkkeitä.

Diplomaatti määrättiin Helsinkiin.

Määrätkää nyt auton hinta.

Hänet määrättiin maksamaan sakko.

Tähdet määräävät elämänne.

Täällä määrääkin isäntä.

määrä	amount, sum, number, quantity

koulun, yliopiston vahtimestari

talonmies (kaupunkitaloissa)	janitor
suntio	usher

portieri

lainata

Lainaan rahaa häneltä.

Lainaan rahaa hänelle.

Hän lainasi kirjan k.rjastosta.

lainanottaja, lainanantaja

pankkilaina, kiinteistölaina	(real-estate loan)
kuoletuslaina	mortgage

lainavaatteet, -kirjasto, -rahasto,

ehtiä = ennättää

Ehtikö hän junaan?

Hän ehti edelleni.

Emme ehtineet käydä kaupassa.

Hän oli jo ehtinyt odottaa meitä.

He ehtivät pelastaa tavaransa tulesta.

En ehdi nyt sitä tekemään.

kulma

näkökulma

kulmakarvat

silmäkulma

Jos katsomme asiaa minun näkökulmastani. . .

Hän pyyhki hikeä kulmiltaan.

Poika odotti kadunkulmassa.

Suora kulma on 90 astetta.

MAAILMAN MENO

(Kansantarina)

Sivutuulessa poikaansa retuuttaa kantaa
varis lahden poikki päin vastarantaa.

"Sitä varia, huh, ihan väsyttää alkaa,"
varis sanoo, "jo vanhaa siipeä, jalkaa.

Kun vanhenen pian, alan kangistua,
kai kannat sa mua, kuin minä nyt sua?"

-"En", vastaa poika, "sun jäädä annan".
-"Ketä kannat sitten?" -"Ma poikaani kannan."

Varis huokaa harmaille aatoksille:
"se on maailman meno, minkäs sille."

Lauri Pohjanpää

97

12

OKSA - INTOHIMO

Naisluonne on siitä omituinen, että se ehdottomasti vastustaa oksien poishakkaamista huvilan ympärillä olevista puista.

Jokainen huvilanomistaja on käynyt läpi monet taistelut vaimonsa kanssa tämän omituisuuden vuoksi, ja moni meistä tietää, minkälaista on tulla huvilaan vieraaksi juuri kun siellä on vireillä oksataistelu. Rouvan silmät ovat punaiset ja mies koettaa olla leikillinen.

- Täällä on ollut vähän sadetta, hän sanoo ja katsoo veitikkamaisesti rouvaansa, mutta ei uskalla mennä liian lähelle häntä. -Katsokaa nyt, onko täältä otettu liian paljon puita?

Rouva puhuu muista asioista toisten vieraiden kanssa.

- Täältä näki vettä vain vilahdukselta, selittää mies.
- Sanokaa kaikki, näkyykö vettä liiaksi?

Vieraat koettavat keksiä tasapuolisia vastauksia.

- Tämä oli kaunis paikka, ja nyt se on pilalla, huokaa rouva. - Sanokaa onko tuo autio kuja kaunis?

- Autio kuja! nauraa mies harmissaan. - Sanokaa nyt, onko tuo pieni näköala-aukko mikään autio kuja! Sanokaa!

Vieraat koettavat keksiä puolueettomia sukkeluuksia ja nauravat suonenvedontapaisesti.

- Tuossakin oli komea, mehevä oksa, kertoo rouva lyyrisesti, - se oli juuri kahvipaikan yläpuolella. Nyt minä en milloinkaan juo kahvia siellä, en milloinkaan. Minä

juon sen sisällä. Sanokaa nyt, olisiko se oksa haitannut
näköalaa! Tai oliko se laiturin edessä?

- Jos sinä saisit tahtosi perille, niin pian me tukeh-
tuisimme pensaikkoon, sanoo mies unohtaen vieraskorean
hymynsä, - olisiko se sinusta hauskaa?

- Olisi, sanoo rouva.

Vieraat purskahtavat taas voimakkaaseen ja ilottomaan
nauruun ja alkavat kysellä kalastusmahdollisuuksia.

- Kun sinä ensi kerran menet äitisi luo niin minä
poistan oksia niin paljon kuin katson hyväksi, sanoo mies
hampaittensa välistä.

- Silloin minä menen takaisin äidin luo seuraavassa
laivassa, vastaa rouva.

Nyt vieraat rautaisin käsin tarttuvat keskustelun
lankaan, niin etteivät muut kuin kaikki kuule, miten mies
mutisee: " Saat mennäkin".

Nämä taistelut kehittävät vähitellen miehessä sairaal-
loisen hakkaamisraivon. Miehessä syntyy jano, jota ei voi
sammuttaa mikään muu kuin oksat ja taas oksat.

Kun rouva jonakin aamuna herää lempeänä ja päättää
alkaa avioelämänsä aivan uudestaan, niin hän yhtäkkiä näkee
nurmikolla kokonaisen kasan koivunoksia. Hän kiitää miehensä
huoneeseen.

- Mitä nyt? Kysyy mies viattomasti sanomalehtensä
takaa. Hän läähättää kuitenkin vielä aamutyönsä jälkeen.

- Mitä sinä olet tehnyt? kysyy rouva ja osoittaa nur-
mikkoa.

- Muutamia kuivia oksia, sanoo mies.

Sitten hänellä ei kymmeneen minuuttiin ole tilaisuutta
sanoa mitään, ja sen jälkeen rouva palaa punaisena peilin

eteen miettimään, että jos lapset olisivat vähän vanhemmat
ja jos yksinäinen nainen voisi elättää itseään näinä
aikoina. . .

Annan miehille seuraavan neuvon: kun ostatte huvilan,
niin älkää antako vaimonne nähdä sitä, ennenkuin olette
karsineet pois liiat oksat.

Kersti Bergroth

Sanasto

oksa, oksan, oksaa, oksia	branch, limb, twig
intohimo	passion, mania
luonne, luonteen, luonnetta, luonteita	character, disposition, nature
nais-	woman, feminine, female (in compound words)
ehdottomasti	absolutely
vastustaa, vastustan; vastusti, vastustanut (jotakin)	to oppose, resist (someone or something)
hakata, hakkaan, hakkasi, hakannut	to cut, hew, chop
pois	off, away, out
ympärillä, ympärille, ympäriltä	around, surrounding
taistelu, taistelun, taistelua, taisteluja	fight, battle, struggle
vrt. riita, riidan, riitaa, riitoja	quarrel, dispute
vuoksi (jonkin v.)	for the sake of, because of (someone); high tide
juuri kun	just when
olla vireillä	to be kept up, going on
virittää, viritän, viritti, virittänyt	to kindle, light, tune

leikillinen	joking, jesting, playful
veitikkamainen	cunning, sly, roguish
toiset = muut	others
vilahdus, vilahduksen, vilahdusta, vilahduksia	glimpse, flash
liiaksi = liian paljon	
tasapuolinen	impartial, fair, unbiased
pilalla	spoiled, ruined
huoata, huokaan, huokasi, huoannut	to sigh, groan
autio, aution, autiota, autioita	empty, desolate, waste
kuja, kujan, kujaa, kujia	lane, walk, alley
harmissaan	disgusted, indignant
näköala	view, scenery
laituri, laiturin, laituria laitureja	pier, wharf, platform
aukko, aukon, aukkoa, aukkoja	opening, gap
puolueeton, puolueettoman, puolueetonta, puolueettomia	impartial, neutral, fair
sukkeluus, sukkeluuden, sukkeluutta, sukkeluuksia	joke, witty remark; quickness
suonenveto	cramp
komea, komean, komeaa, komeita	handsome, fine, grand
mehevä, mehevän, mehevää, meheviä	luscious, rich, juicy
lyyrinen = lyyrillinen	lyrical
haitata, haittaan, haittasi, haitannut	to harm, bother, trouble
saada perille	to get through, carry to the end
tukehtua, tukendun, tukehtui, tukehtunut (intr.)	to become suffocated, suffocate
tukehduttaa, tukehdutan, tukehdutti, tukehduttanut (tr.)	to choke, suffocate, smother

101

pensaikko, pensaikon, pensaikkoa, pensaikkoja	thicket (of bushes)
vieraskorea	lipservice, courtesy
purskahtaa nauruun	to burst into laughter
iloton	joyless, cheerless, gloomy
poistaa, poistan, poisti, poistanut	to remove, eliminate
poistua, poistun, poistui, poistunut	to leave, get away, depart
katsoa hyväksi	to choose to do, prefer to do
tarttua, tartun, tarttui, tarttunut (johonkin)	to grip, grasp, stick
tarttua kiinni	to get stuck
mutista, mutisen, mutisi, mutissut	to mutter, mumble
rautaisin käsin	with iron hands
sairaalloinen	morbid, ailing, sickly
kehittää, kehitän, kehitti, kehittänyt	to develop, generate, improve
raivo, raivon, raivoa, raivoja	madness, rage, fury
sammuttaa, sammutan, sammutti, sammuttanut (tr.)	to put out, extinguish
sammua, sammun, sammui, sammunut (intr.)	become extinguished
lempeä, lempeän, lempeää, lempeitä	mild, sweet, kind
nurmi, nurmen, nurmea, nurmia	grass, lawn
kasa, kasan, kasaa, kasoja	heap, pile
kiitää, kiidän, kiisi, kiitänyt	to speed, fly, hasten
viaton, viattoman, viatonta, viattomia	innocent, guiltless
läähättää, läähätän, läähätti, läähättänyt	to pant, breathe heavily
tilaisuus, tilaisuuden, tilaisuutta, tilaisuuksia	opportunity, chance, occasion

yksinäinen	single, lonely, solitary
karsia, karsin, karsi, karsinut	to prune, strike out
vrt. kärsiä	

Kysymyksiä

A.   Kuka halusi karsia oksia? Kuka ei halunnut ottaa
oksia pois? Mistä naisluonne on omituinen? Mikä oli
huvilalla vireillä? Millaiset rouvan silmät olivat?
Miksi ne olivat punaiset? Mitä mies koetti tehdä?
Kuinka paljon vettä näki huvilalta? Mitä mies aikoi
tehdä, kun rouva menisi äitinsä luo? Milloin rouva
aikoi mennä äitinsä luo?

B.   Millaisella paikalla huvila oli? Millainen näköala
sieltä oli? Missä huvilan asukkaat joivat kahvia?
Mitä puita kasvoi huvilan ympärillä? Minkälainen piha
huvilassa oli? Miten huvilalle matkustettiin? Kuinka
suuri perhe huvilassa asui? Mistä laiva ottaa matkus-
tajia?

C.   Mitä vieraat koettivat keksiä? Miten he nauroivat?
Mitä he kyselivät? Mihin he tarttuivat? Miten he tart-
tuivat keskustelun lankaan? Miksi he halusivat pysyä
puolueettomina? Miksi he yrittivät lyödä leikiksi
oksariidan? Mitä te olisitte tehnyt samassa tilanteessa?

D.   Kumpi teidän perheessänne määrää puutarhasta ja
puista, te vai vaimonne? (miehenne?) Minkälaisista
asioista te määräätte perheessänne? Mistä asioista
vaimonne määrää? Mikä on ominaista tai tyypillistä

naisluonteelle? Minkälainen on tyypillinen miesluonne?
Mitä tarkoitetaan puolueettomuudella? Mitkä maat olivat
puolueettomia toisen maailmansodan aikana?

Harjoituksia

A. MODEL: **Moni ajattelee näin.** - **Monet ajattelevat näin.**

    1. **Monen** mielestä se on turhaa.

    2. **Monesta** se on ikävää.

    3. **Monellakaan** ei ollut asiasta tietoa.

    4. **Moni sairastui** vaikeasti.

    5. Hän on **monessa** mukana ollut mies.

    6. **Monessa asiassa** hän on oikeassa.

    7. Hän on matkustanut **monessa** maassa.

    8. **Moni muu jäi** ilman työtä.

    9. **Moni asia olisi** toisin.

B. **Käyttäkää annetun sanan tai sanojen sopivaa muotoa**
seuraavissa lauseissa:

    1. Meillä oli eilen pastori ja pari (muu) vierasta.

    2. Tarvitaanko vielä (muu) todistuksia?

    3. Onko sinulla vielä (muu) asiaa?

    4. Tuleeko tänne vielä (muut)?

    5. Suomessa sauna on yleinen, mutta (muu) maailmassa
       sitä käytetään vähän.

    6. Olin odottanut aivan (muu, toinen) vastausta.

    7. Lähden huomenna tai jonakin (muu, toinen) päivänä
       tällä viikolla.

    8. Pyytäkööt (muut, toiset)!

    9. Antakoon sen (muut, toiset)!

   10. Kaikki (muut, toiset) paitsi te tulivat.

C. MODEL: <u>Näin hänet kymmenen minuuttia sitten.</u> - <u>En</u>
<u>ole nähnyt häntä kymmeneen minuuttiin.</u>

1. Kuulin hänestä <u>kolme päivää sitten.</u>
2. Tapasin hänet <u>vuosi sitten.</u>
3. Kirjoitin hänelle <u>kuukausi sitten.</u>
4. Soitin hänelle <u>kaksi viikkoa sitten.</u>
5. Näin hänet <u>pitkän aikaa sitten.</u>
6. Kuulin hänestä <u>vähän aikaa sitten.</u>

D.1 MODEL: <u>Vertaamme. hän, Liisa</u> - <u>Vertaamme häntä</u>
<u>Liisaan.</u>

1. sinä, tytär
2. he, amerikkalaiset
3. Matti, ystäväni
4. poika, pikkuveli

D.2 MODEL: <u>He kiittävät. te, loma</u> - <u>He kiittävät</u>
<u>teitä lomasta.</u>

1. minä, ruoka
2. me, oksat
3. isäntä, päivällinen
4. pojat, juhlat

D.3 MODEL: <u>Pidit. minä, Maija</u> - <u>Pidit minua Maijana.</u>

1. ystäväni, tyttäreni
2. pikkuveli, veljesi
3. uutinen, tosi
4. koe, vaikea

313-431 O - 68 - 8

D.4 MODEL: Luulin. Joki, tuomari - Luulin Jokea
            tuomariksi.

    1. ilma, kylmä

    2. tavara, kallis

    3. vieras, ulkomaalainen

    4. tyttö, Kirsti

E. Täydentäkää seuraavat lauseet käyttämällä sopivaa
    annettua sanaa kussakin lauseessa:

1. Sairaat viedään. . .	sairastua
2. Tyttö. . .vaikeasti.	sairaala
3. Hän. . .syöpää (cancer).	sairastaa
4. Hänellä on vaikea. . .	sairas
5. On hyvä, jos ihmisillä on. . .	sairaus
6. Kuka nyt haluaisi olla. . .	sairausvakuutus (medical insurance)

Sanavaraston kartuttamista:

vuoksi

vrt. luode = laskuvesi	low tide
vuoksi ja luode = vuorovesi	flux and reflux
vrt. luode	northwest

haitata

haitta	inconvenience, drawback
haitallinen	
Ei se mitään haittaa.	That won't do any harm, it doesn't matter at all.

106

Lääkkeellä on haitallisia sivuvaikutuksia.

Sade teki haittaa kilpailuille.

ehdottomasti

ehto	condition, provision
ehdottaa	to suggest, propose, make a motion
ehdoton	unconditional, absolute
ehdotus	

Lähden sillä ehdolla, että sinäkin tulet.

Hän ehdotti yhteistä lounasta.

En hyväksy ehdotustasi.

Hän on ehdoton mielipiteissään (in his opinion).

harmi	annoyance, bother, disgust
harmistua (johonkin)	be annoyed (with a person)
harmittaa	
harmillinen	annoying, provoking

Olipa se nyt harmin aikka!

Hän tuottaa vain harmia perheelleen.

Isä harmistui poikaan.

Häntä harmitti koko juttu.

Se oli todella harmillinen juttu.

suoni	vein, artery
koettaa suonta	to feel a pulse

Sairaanhoitajatar koetti suonta.

Huomatkaa:

Pois tieltä! Pois alta! Menkää pois!

Hän jäi pois koulusta.

poissaolo	absence, non-attendance

Hän poistui huoneesta.

13

KANSANTARINOITA JÄTTILÄISISTÄ

Ennenmuinoin asui jättiläisiä useissa paikoin Suomea.
He olivat niin pitkiä, että kun he tekivät tulet metsään,
he ensin sytyttivät puunlatvat tuleen, ja jokaiseen tuleen
meni kokonainen metsä. Kerran jättiläinen kulki Sääks-
mäeltä suoraan Mallasveden poikki, joka on hyvin syvä ja
toista peninkulmaa leveä. Kun hän oli tullut toiselle
rannalle Pälkäneen puolelle hän tunsi hiukan väsymystä ja
sanoi: " Kah, kun vesi alkoi jo nousta saapasvarsien
suista sisään".

Toinen jättiläinen istui Maarian kirkon harjalla
Turun lähellä ja paikkasi kenkiään. Hänen pikilankansa
oli niin pitkä, että se ulottui molemmin puolin maahan
asti. Sattuipa silloin, että talonpoika ajoi rattailla
tietä pitkin Turusta päin ja tarttui kiinni pikilangan
silmukkaan, juuri kun jättiläinen veti ommeltaan kiinni.
" Ohoh", sanoi jättiläinen, kun talonpoika sekä hänen
hevosensa ja rattaansa tulivat ompeleeseen, " mistähän
rikkoja pikilankaani tarttui. Mutta en minä viitsi solmua
avata." - Sitten hän naputteli vasarallaan päälle ja sanoi:
" Kyllä siihen nyt tuli vähäinen solmu."

Jättiläiset rakensivat hyvästä maksusta monta
kivikirkkoa, mutta jäljestäpäin katuivat työtään ja
koettivat hävittää ne. Jättiläinen Raisionkin kirkon
rakensi. Hän aloitti työnsä keväällä ja sai sen valmiiksi
juhannuksen aikaan. Rakennusmestari ei ollut papin mielei-
nen, ja tämä sattui eräänä yönä kuulemaan, kuinka jättiläisen

vaimo lauloi lapselleen kehtolaulua vuoren onkalossa:

" Killi kirkkoja tekee,

Nalli nauloja takoo

rahallisess' Raisionmaas! "

Mutta pappi tiesi, että hiisien mahti on nimessä, niin että se, joka tietää heidän nimensä, pääsee heistä voitolle. Seuraavana päivänä hän näki, kuinka jättiläinen ja hänen apumiehensä istuivat kirkon harjalla ja asettivat ristiä. Pappi silloin huusi heidän nimensä:

" Pois, Killi, kirkosta!"

" Pois, Nalli, harjalta!"

Kohta jättiläiset muuttuivat kahdeksi mustaksi korpiksi, jotka rääkkyen lensivät tiehensä. Jättiläinen Killi tahtoi kuitenkin kostaa. Hän kahlasi mereen ja nouti sieltä suuren kivilohkareen, jolla aikoi murskata kirkon. Kun hän ei enää löytänyt tietä sinne, hän viskasi kallionlohkareen Ruissalon edustalle, puolen peninkulman päähän Turusta. Siellä on vielä tänäkin päivänä meressä suuri kallio, jonka nimi on " Kukkarokallio", siitä syystä, että jättiläinen kantoi sitä kukkarossa selässään.

Terva oli jättiläisten mielijuomaa. Muutamat talon-pojat, jotka veivät tervaa Helsinkiin, tapasivat tiellä jättiläisen. Tämä pyysi heiltä ryypyn Suomen paloviinaa. Ei ollut hyvä kieltää; talonpojat käskivät hänen pitää hyvänää, mitä heillä oli kuormissansa. Jättiläinen nosti kolme tynnöriä perätysten huulilleen, joi niistä tervan, pyyhki partaansa ja sanoi hyvillä mielin: " Kyllä sillä on vielä hyvä makunsa. "

Maammekirjan mukaan

Sanasto

tarina	tale, story
ennen muinoin	once upon a time
jättiläinen, jättiläisen, jättiläistä, jättiläisiä	giant
latva, latvan, latvaa, latvoja	top
Sääksmäki	a village and a lake in Finland
Mailasvesi	a village and a lake in Finland
Pälkäne	a village and a lake in Finland
poikki (jonkun p.)	across
peninkulma, -kulman, -kulmaa, -kulmia	measure of distance, 6 1/4 miles
hiukan	a little, a bit
saapasvarsi, -varren, -vartta, -varsia	leg of a boot
Maaria	a village near Turku
harja, harjan, harjaa, harjoja	brush, mane, crest, peak
harju, harjun, harjua, harjuja	ridge
paikata, paikkaan, paikkasi, paikannut	to mend, patch
pikilanka, -langan, -lankaa, -lankoja	cobbler's thread
ulottua, ulotun, ulottui, ulottunut (intr.)	to reach
ulottaa, ulotan, ulotti, ulottanut (tr.)	to extend, stretch out
ratas, rattaan, ratasta, rattaita	wagon or machine wheel, cog

110

rattaat	wagon, wheels
molemmin puolin = molemmilla puolilla	
silmukka, silmukan, silmukkaa, silmukoita	loop
ommel, ompelecn, ommelta, ompeleita	seam, sewing, stitching
rikka, rikan, rikkaa, rikkoja = roska	dust particle; mote
viitsiä, viitsin, viitsi, viitsinyt	to care
naputella, naputtelen, naputteli, naputellut	to tap
vasara, vasaran, vasaraa, vasaroita	hammer
jäljestäpäin	afterwards
Raisio	a village near Turku
rakentaa, rakennan, rakensi, rakentanut	to build
rakennusmestari, -mestarin, -mestaria, -mestareita	master builder
mieleinen, mieleisen, mieleistä, mieleisiä	to one's liking
sattua, satun, sattui, sattunut	to happen, occur, take place, hit
kehto, kehdon, kehtoa, kehtoja	cradle
vuori, vuoren, vuorta, vuoria	mountain, lining
onkalo, onkalon, onkaloa, onkaloita	cave, crevice
takoa, taon, takoi, takonut	to forge, pound, beat
hiisi, hiiden, hiittä, hiisiä	the devil, " Old Nick"
mahti, mahdin, mahtia, mahteja	might, power
päästä voitolle (jostakin)	be victorious, (over something), to get the upper hand

asettaa, asetan, asetti, asettanut	to place, put, appoint
risti, ristin, ristiä, ristejä	cross
korppi, korpin, korppia, korppeja	raven
rääkkyä, rääkyn, rääkkyi, rääkkynyt = rääkyä	to croak
rääkkyen	croaking
kostaa, kostan, kosti, kostanut (jollekin jotakin)	to revenge (somebody for something)
noutaa, noudan, nouti, noutanut	to fetch, bring
kahlata, kahlaan, kahlasi, kahlannut	to wade, ford
kallio, kallion, kalliota, kallioita	rock, cliff
lohkare, lohkareen, lohkaretta, lohkareita	piece, block, boulder
murskata, murskaan, murskasi, murskannut (tr.)	to crush, break
murskautua, murskaudun, murskautui, murskautunut (intr.)	to be crushed, smashed
viskata, viskaan, viskasi, viskannut	to throw
kukkaro, kukkaron, kukkaroa, kukkaroita	purse
edusta	front
terva, tervan, tervaa, tervoja	tar
mielijuoma, -juoman, -juomaa, -juomia	favorite drink
paloviina, -viinan, -viinaa, -viinoja	cheap whiskey
kieltää, kiellän, kielsi, kieltänyt	to deny, refuse
pitää hyvänään	to accept
kuorma, kuorman, kuormaa, kuormia	load
tynnyri, tynnyrin, tynnyriä, tynnyreitä	barrel
perätysten	one after another
huuli, huulen, huulta, huulia	lip

pyyhkiä, pyyhin, pyyhki, pyyhkinyt   to wipe

hyvillä mielin   in good spirits

Ruissalo = saari Turun edustalla

vetää, vedän, veti, vetänyt   to pull, draw

painaa, painan, painoi, painanut   to press, print, weigh

työntää, työnnän, työnsi, työntänyt   to push, shove, thrust

Kysymyksiä

A.   Olivatko jättiläiset ihmisiä? Mitä he olivat?
Miltä he näyttivät? Kuinka pitkiä he olivat? Missä
he asuivat? Minkälaista perhettä heillä oli? Miten
he hankkivat rahaa? Mikä oli heidän suhteensa ihmisiin?
(Minkälaiset olivat jättiläisten ja ihmisten välit?)
Missä muissa maissa on asunut jättiläisiä paitsi Suomessa?

B.   Missä suhteessa jättiläiset muistuttavat ihmisiä?
Mitä samoja töitä he tekivät kuin ihmiset? Missä suh-
teessa jättiläiset eivät muistuttaneet ihmisiä? Missä
hiisien mahti oli? Missä Raamatun Simsonin (Sampson)
mahti oli? Miksi tarina asettaa papin jättiläistä
vastaan? Miten tarinat jättiläisistä mahdollisesti
ovat syntyneet?

C.   Mitä talonpojilla oli kuormissaan? Miksi he
veivät tervaa Helsinkiin? Mitä vietiin Suomesta
ulkomaille ennenvanhaan? Mitä tervalla ostettiin?
Mistä tervaa saatiin? Miten tervaa saatiin? Mihin
tervaa käytetään nykyään? Mistä sitä nykyään saadaan?
Kenen mielijuomaa terva oli? Missä tervaa kuljetettiin?
Mitä kuljetetaan nykyään tynnöreissä?

113

D.   Kuka paikkaa kenkänne? Paikkaatteko itse vaat-
teenne? Milloin pidätte paikattuja vaatteita? Ketkä
pitävät usein paikattuja vaatteita? Kuka paikkaa ham-
paita? Onko teillä paikkoja hampaissanne? Oletteko
koskaan ajanut hevosta? Milloin ajoitte rattailla?
Missä kahlasitte lapsena? Missä lapsenne kahlaavat
mielellään? Onko lapsillanne kahluuallas (wading pool)?
Mikä on mielijuomanne? Kuka on mielikirjailijanne?

Harjoituksia

A. MODEL: <u>Se oli toista peninkulmaa pitkä. - Se oli
           yli peninkulman (mutta ei kahta) pitkä.</u>

           1. Siellä oli <u>toistakymmentä</u> poikaa.
           2. Töissä oli <u>toista sataa</u> miestä.
           3. Sodassa kaatui <u>toistatuhatta</u> miestä.
           4. Se maksoi <u>toistakymmentätuhatta</u>.

    Huomatkaa: Hän oli siellä kolmatta päivää. (Hän oli
                siellä yli kaksi päivää.) Heitä oli <u>alun
                kolmattakymmentä</u> henkilöä. Heitä oli vähän
                yli kaksikymmentä henkilöä.

B. MODEL: Hän joi lasin maitoa. - ..'n joi <u>lasillisen
            maitoa</u>.

            1. Saanko <u>kupin sokeria</u>.
            2. Mies osti <u>tynnörin tervaa</u>.
            3. Hän pyysi heiltä <u>kannun vettä</u>.
            4. Hän toi <u>kuorma-auton tavaraa</u>.

    Mutta: Ostin litran (kilon, ryypyn) maitoa.

114

C. MODEL: Järvi oli toista peninkulmaa leveä. -
Toista peninkulmaa leveä järvi.

1. Kivi oli toista metriä paksu.
2. Kala oli toista kiloa painava.
3. Astia on toista litraa vetävä.
4. Veljeni on kolmatta metriä pitkä.

D. Kerrallinen tapahtuminen ja toistuva tapahtuminen:
MODEL: Jättiläinen viskasi kiviä. - Jättiläinen
viskeli kiviä.

1. Tyttö valmistaa matkaansa.
2. Opettaja on pudistanut päätään.
3. Paimen veisti venettä.
4. Diplomaatti oli matkustanut paljon.
5. Hän ajoi huvikseen.
6. Teini pyysi anteeksi.
7. Poika halusi pudottaa kiven.
8. Poliisi työnsi ihmisiä ovelle päin.
9. Lintu naputti ikkunaan.
10. Joku koputti oveen.

Huomatkaa: Hän harjoittaa ammattia.

Mutta: Hän harjoitteli ammattia.   He was in practical
                                      training for a trade.

Urheilija harjoitteli   . . .was training hard
kovasti.

Hän on harjoittelijana apteekissa.

115

E. MODEL: Se on kilometrin päässä täältä.

Bussi tulee kilometrin päähän täältä.

Se lähtee kilometrin päästä täältä.

1. Kotimme on lyhyen matkan. . .koulusta.
2. Muutamme lyhyen matkan. . .koulusta.
3. Hän käy koulua lyhyen matkan. . .koulusta.
4. Hänen valmistumisensa on vielä vuosien. . .
5. Siirsin lääkärissäkäyntini viikon. . .
6. Hän tulee tänne vasta tunnin. . .

vähän päästä = vähän väliä

Huomatkaa, että seuraava voidaan ilmaista kahdella tavalla:

Hän on hyvillä mielin. = Hän on hyvillään.

Poika on pahoilla mielin. = Poika on pahoillaan.

Olen pahoillani.   I am sorry.

Sanavaraston kartuttamista

Pidä hyvänäsi!   You're welcome to it!

molemmin puolin   on both sides

molemminpuolinen liikenne   two-way traffic

molemminpuolinen rakkaus =   mutual love
keskinäinen rakkaus

poikki

Hän kulki joen poikki (tai yli).

Oksa meni poikki.

Olin väsymyksestä aivan poikki.   I was all in.

Suu poikki!   Not a word out of you!

Olin poikki.   I was broke.

viitsiä

Hän ei viitsi kävellä.

He does not care to
walk because of his
laziness.

Ei viitsinyt edes sängystä nousta.

Tuskin viitsin lähteä.

Viitsittekö herättää minut kuudelta?

välittää

En nyt välitä lähteä.

I don't care to leave.

Älä välitä siitä mitä ihmiset sanovat.

Välitätkö minusta ollenkaan?

En välitä nyt kahvista.

En perusta hänestä paljon.

I don't care much about
him.

paikka

Talo sijaitsee kauniilla paikalla.

Valitsin huvilan paikan.

Hänellä on paikka joka hampaassa.

Ompelen vain paikat housunpolviin.

Hänellä oli vain väliaikainen paikka.

Se on hänelle arka paikka.

It's a sensitive subject
for him.

Paikkani ovat kipeänä.

I ache all over.

Junassa ei ole yhtään vapaata paikkaa.

Olen etsinyt sitä joka paikasta.

paikata

Paikkasin vaatteita.

Hammaslääkäri paikkaa hampaani.

Opettaja yritti paikata aukkoja
oppilaittensa tiedoissa.

latva

puun, kasvin, heinän, hiuksen latva

joen latvat

Kiipesin latvaan asti.

Sallajoen latvat alkavat Sallatunturilta.

Hiusten latvat olivat kuivat.

Mutta: tornin- ja vuorenhuippu.

huippukokous

    päälaki   the top of the head

Hän istui pöydän päässä.

Pöydän levy (pinta) oli lasia.

    Ylinnä pinkassa oli kirje.   On the top of the
                                        pile. . .

ratas

vrt.   pyörä

kellonrattaat, ajanratas

auton, junan, polkupyörän pyörä

ohjauspyörä

maailmanpyörä

Hän on vain pieni ratas yhteiskunnan
koneistossa.

Hänellä on mutteri löyhällä.
        (bolt)

      Kyllä lyöpä aseen löytää.

      Arvaa oma tilasi, anna arvo toisillekin!

      Illan virkku, aamun torkku, se tapa talon hävittää.

      Aika menee arvellessa, päivä päätä käännellessä.

      Hyvä antaa vähästänsäkin, paha ei paljostansakaan.

118

14

HERÄTYSKELLO

Poikkesimme kerran huutokauppaan ja meille kävi niin-
kuin aina käy kun joutuu huutokauppaan, että meillä oli
aivan turhanaikainen kapine kainalossamme kotiin tulles-
samme. Vaikka ei herätyskello - se oli nimittäin herätys-
kello, sitä vanhaa kyökkityyliä, jossa on niklattu pelti
ja selvä räntti numeroissa - oikeastaan olekaan niin
turhanaikainen, kun tarkemmin ajattelee. Tässäkin
tapauksessa se oli hyvä olemassa, sillä meidän piti vält-
tämättä herätä seuraavana aamuna kello kuudelta.

Illalla me vedimme herätyskellon täyteen vireeseen -
tehän hyvin tiedätte, mikä valtava voima sisältyy täyteen
vireeseen vedettyyn herätyskelloon. Ainakin me kunnioitamme
sitä yhtä paljon kuin ilmapaineporaa tai dynamiittilaatikkoa.
Laskimme siis herätyskellon hyvin varovasti pöydälle.

Mutta se ei käynyt. Ravistelimme sitä ankarasti,
mutta se oli aivan hiljaa.

Se täytyi saada käymään. Täyteen vireeseen vedetyn,
mutta käymättömän herätyskellon kanssa ei uskalla nukkua
yksikään terveydestään huolehtiva ihminen. Keskellä yötä
se voi yht'äkkiä ruveta toimimaan valtavalla ryskeellä,
ja sellainen käy hermoille.

Veimme kellon keittiöön.

- Me toimme Santralle herätyskellon, sanoimme. - Ei
suinkaan sen vuoksi, ettei Santra ilmankin heräisi, mutta
onhan kello hyvä olemassa.

- Soplihan se, sanoi Santra,- kun ei ole kissaakaan,
niin onhan edes joku mikä nakuttaa ja vikisee.

- Tämä on kyllä jo vedetty, mutta mikähän siinä on,
kun se ei ala käydä?

Santra otti herätyskellon käteensä ja tarkasteli sitä
vähän aikaa.

- Kyllä minä nämä tunnen. Niillä on omat konstinsa.
Entisessä paikassa oli sellainen herätyskello, johon piti
kerran viikossa kaataa litra paloöljyä. Sitten myöhemmin
se ei välittänyt siitäkään, mutta minä annoin sille sitten
paistisoosia. Siitä se tykkäsi.

- Jospa tämä on samaa lajia? kysyimme.

- Ei tämä sitä sorttia ole, sanoi Santra, -kyllä sen
näkee. Tämä on vielä aika nuori herätyskello. Tämä voi
olla hyvinkin sitä lajia, jonka pitää maata lappeellaan
keittokirjaa vasten, takakenossa, nähkääs.

Ja sitten Santra otti keittokirjan ja asetti herätys-
kellon takakenoon sitä vasten. Mutta se ei käynyt sit-
tenkään.

- Jospa se tarvitsee romaanin, sanoimme vaatimattomasti.

- On niitä sellaisiakin herätyskelloja, selitti Santra.
- Sen entisen paikan naapurin rouvan tytön herätyskello kävi
hyvin, kun sen etujalat pantiin unikirjan päälle. Tämä
voi käydä virsikirjaa vasten.

Loppujen lopuksi herätyskellomme alkoi käydä, kun se
pantiin etukenoon Santran Courths-Mahler-kirjastoa vasten.

Ensin se muutaman kerran rasahti ja aivan kuin aivasteli.
Sitten alkoi minuuttiviisari liikkua. Ja niin se alkoi
todella käydä.

Me lainasimme kellon Santralta siksi yöksi, koska
meidän piti herätä kuudelta.

Kello kolmen aikaan yöllä me heräsimme kamalaan meluun.
Ensin kuului räjähdys. Sitä seurasi sirkkelisahaa muis-
tuttava ääni. Ja lopuksi tuli rämlnä, joka muistutti
laivaveistämön sinköporan ääntä.

Kaiken tämän oli synnyttänyt ylenpalttisella antaumuk-
sella meidän herätyskelloime. Valitettavasti vain kolme
tuntia liian aikaisin.

Me asetimme herätyskellon jälleen kuuden kohdalle
ja nukuimme uudelleen.

Kun jälleen heräsimme oli jo kirkas päivä. Kello oli
yhdeksän. Siinä samassa alkoi herätyskellokin soida. Me
sieppasimme sen kouraamme ja veimme sen Santralle keittiöön.

Sen jälkeen emme ole käyttäneet herätyskelloa omiin
tarkoituksiimme. Mutta väliin käymme katsomassa sitä keit-
tiössä. Jokin aika sitten se riippui ylösalaisin pellin-
nuorassa - ja kävi.

- Se on sellaisella päällä, sanoi Santra. - Eilen se
vielä kävi kyljellään.

Myöhemmin se oli otettu pois pellinnuorasta ja pantu
hellan reunalle selälleen. Santra selitti, että sen pitää
saada lämmintä.

Eräänä päivänä olimme vihainen Santralle, kun päiväl-
linen oli myöhästynyt.

- Mutta meillähän on kalaa tänään, mistä minä ajat
tiedän, sanoi Santra.

- Mitä tekemistä on kalalla ja ajalla toistensa kanssa?
kysyimme.

121

313-421 O - 65 - 9

- Mitäkö tekemistä? Tämä herätyskellohan rupesi
eilen sensorttiseksi, ettei se käy enää muuta kuin paistin
käryssä, sanoi Santra.

- Mutta eihän meillä sitten voi koskaan enää olla
kalaa päivälliseksi, sanoimme.

- Ei sitä taas tiedä koska se rupeaa kalasta tyk-
käämään, sanoi Santra.

Yht'äkkiä se sitten rupesi tykkäämään kalasta. Mutta
siitä se tykkäsi vain kaksi päivää.

Kun jälleen menimme keittiöön, kiehui herätyskello
kattilassa yhdessä perunain kanssa.

- Mutta mitä ihmettä se Santra nyt! ihmettelimme.

- Minä annan sille kylvyn, sanoi Santra. - Kyllä se
sitten taas alkaa tikuttaa, kun minä kaadan vähän kahvia
sen sisuksiin.

Mutta eräänä päivänä tuli Santra meidän luoksemme hyvin
levottoman näköisenä.

- Mikähän siihen kelloon nyt on mennyt? kysyi hän.

- Mikä sillä nyt taas on?

- Ei sillä mitään. . .mutta kyllä se vaan jotain huonoa
tietää. . .se on ruvennut käymään ihan oikeassa asennossa.
Aivan kuin tavallinen kello.

Kun me sitten Santran kanssa asiaa tarkemmin tutkimme
ja ajattelimme, tulimme siihen tulokseen, ettei herätyskelloa,
joka käy ihan oikeassa asennossa, voi enää pitää meidän
talossamme. Se voi todellakin olla huono enne. Ja me
päätimme lahjoittaa herätyskellon naapurin palvelijalle.

Jälkeenpäin olemme kuulleet, että naapurin palvelija
ruokkii sitä mustikkasopalla.

Valentin

Sanasto

herättää, herätän, herätti, herättänyt (tr.)	to wake up, awake, rouse
herätä, herään, heräsi, herännyt (intr.)	to awake, wake up
herätyskello	alarm clock
poiketa, poikkean, poikkesi, poikennut	to stop at a place in passing, take a detour, deviate, diverge
huutokauppa	auction
joutua, joudun, joutui, joutunut	to get, fall into someone's hands, draw near; hurry
turhanaikainen = turhanpäiväinen = turha	unnecessary, useless
kapine, kapineen, kapinetta, kapineita	thing, object
kainalossa	under the arm
kainalo, kainalon, kainaloa, kainaloita	armpit
tullessamme = kun tulimme	
kyökki = keittiö(colloq.)	kitchen
tyyli, tyylin, tyyliä, tyylejä	style, way, form
niklattu	nickel plated
nikkeli, nikkelin, nikkeliä, nikkelejä	nickel
pelti, pellin, peltiä, peltejä	ironsheet, plate, damper
räntti, ränt:.n, ränttiä, ränttejä (colloq.)	print
vireeseen vedetty (pass. past participle)	wound
vetää vireeseen	to wind

ilmapainepora	air compressor drill
ravistaa, ravistan, ravisti, ravistanut	to shake
käymätön	unusable, unworkable
huolehtia, huolehdin, huolehti, huolehtinut	to take care of, look after
valtava, valtavan, valtavaa, valtavia	tremendous, mighty, huge
ryske, ryskeen, ryskettä, ryskeitä	crash, racket, noise
hermo, hermon, hermoa, hermoja	nerve
käydä hermoille	to be irritating
edes	at least, even
ei suinkaan	by no means, on no account certainly not
nakuttaa, nakutan, nakutti, nakuttanut	to tick, knock, rap, tap
vikistä, vikisen, vikisi, vikissyt	to squeak, whine
tarkastella, tarkastelen, tarkasteli, tarkastellut	to observe, watch closely, examine
entinen	former
konsti, konstin, konstia, konsteja	trick, means, way
paloöljy	kerosene
soosi = kastike (colloq.)	gravy, sauce
välittää, välitän, välitti, välittänyt	to care, mediate
sortti = laji (colloq.)	kind, sort
olla lappeellaan	to lie flat, lie on its flat side
takakenossa	leaning backwards
nähkääs	see!
vaatimaton	modest, unpretending, humble

124

etujalat	forelegs, forefeet
unikirja	book of dreams
virsi, virren, virttä, virsiä	hymn
loppujen lopuksi	in the end, when all was done, on top of it all
rasahtaa, rasahdan, rasahti, rasahtanut	to rustle, clatter
aivastella, aivastelen, aivasteli, aivastellut	to sneeze
viisari, viisarin, viisaria, viisareja	hand (in the clock)
räjähdys, räjähdyksen, räjähdystä, räjähdyksiä	explosion
sirkkelisaha	disk saw, circular saw
räminä, räminän, räminää, räminöitä	racket
laivaveistämö, -veistämön, -veistämöä, veistämöjä	shipyard
pora, poran, poraa, poria	drill, bore
ylenpalttinen	superabundant, over-flowing, excessive
antaumus, antaumuksen, antaumusta, antaumuksia	devotion
koura, kouran, kouraa, kouria	hand, fist
tarkoitus	purpose, intention
väliin = toisinaan	sometimes, at times
ylösalaisin	upside down, topsy-turvy
pellinnuora, -nuoran, -nuoraa, -nuoria	string of a damper
reuna, reunan, reunaa, reunoja	edge, rim
olla sellaisella päällä	to be in such a mood
kylki, kyljen, kylkeä, kylkiä	side, flank

kyljellään	on one's side
selällään	on one's back
käry, käryn, käryä, käryjä	smoky smell
kiehua, kiehun, kiehui, kiehunut	to boil
kattila, kattilan, kattilaa, kattiloita	saucepan, pot, kettle
ihmetellä, ihmettelen, ihmetteli, ihmetellyt	to wonder, marvel, be surprised
tikuttaa, (tikutan), tikutti, tikuttanut	to tick
sisus, sisuksen, sisusta, sisuksia	the inside, entrails, guts
levoton, levottoman, levotonta, levottomia	restless, disturbed
asento, asennon, asentoa, asentoja	position, posture
tulla tulokseen	to come to a conclusion
tulos, tuloksen, tulosta, tuloksia	conclusion, result, outcome
enne, enteen, ennettä, enteitä	omen
ruokkia, ruokin, ruokki, ruokkinut	to feed, fodder
mustikkasoppa, -sopan, -soppaa, -soppia	blueberry sauce
ihan = aivan	
hiipiä, hiivin, hiipi, hiipinyt	to slip, sneak

Kysymyksiä

A.   Mihin kirjoittaja poikkesi? Minkä hän huusi sieltä?
Minkälainen herätyskello se oli? Mihin kirjoittaja tar-
vitsi sitä? Mitä hän teki kellolle illalla? Kävikö
kello? Kenelle kirjoittaja antoi kellon? Saiko Santra
sen käymään? Minkälaisia kelloja Santra oli nähnyt?
Missä Santra piti herätyskelloa? Miten se herätti

kirjoittajan? Mihin aikaan se herätti hänet? Kenelle kello lopulta annettiin? Miksi se annettiin pois?

B.   Mikä huutokauppa on. Milloin olitte viimeksi huutokaupassa? Mitä tavaroita tavallisesti myydään huutokaupalla? Mikä on pakkohuutokauppa? Mikä on vapaaehtoinen huutokauppa? Mitä myydään taidehuu- tokaupoissa? Minkälaisia hintoja taidehuutokaupoissa maksetaan?

C.   Mikä unikirja on? Ketkä uskovat uniin? Uskotteko te uniin? Onko teillä määrättyjä unia, jotka ovat enteitä? Minkä kuuluisan unen Josef selitti Raamatussa? Kenen uni se oli? Kävelettekö unissanne? Miten unis- sakävelijä käyttäytyy? Miksi unissakävelijää ei saisi herättää? Oletteko nähnyt unissakävelijän?

D.   Ketkä ovat yleensä taikauskoisia? Ketkä lukevat ja uskovat horoskooppiin? Missä nykyään näkee horos- kooppeja? Mikä luku tietää pahaa onnea? Mikä viikonpäivä on onnettomuuden päivä? Mikä eläin tietää onnettomuutta? Mitkä muut asiat tietävät pahaa? Mikä on hyvä enne? Mikä on aina paha enne? Miksi ihmiset ovat vieläkin taikauskoisia? Missä taivaanmerkeissä olette syntynyt?

Harjoituksia

A.1 Mainitkaa seuraavia verbejä vastaavat substantiivit:

MODEL: herättää - herätys

1. pyhittää
2. kunnioittaa

127

3. tunnustaa
4. menestyä
5. rangaista
6. todistaa

Huomatkaa: nukuttaa - nukutus (anesthesia)

A.2 Täydentäkää seuraavat lauseet esimerkinmukaisella
tavalla:

MODEL: Ostin. . .kellon. herättää - Ostin herätys-
kellon.

1. Kouluissa ei käytetä ruumiillista. . .	rangaista
2. Virkaan tarvittiin lääkärin. . .	todistaa
3. . . .hän sai kiittää isäänsä.	menestyä
4. Pahantekijä antoi kirjallisen. . .	tunnustaa
5. . . .kesti kolme tuntia.	nukuttaa
6. Nyt tarvitaan enemmän vanhempien. . .	kunnioittaa
7. Vastasin väärin kysymykseen. . .opista.	pyhittää

B.1 Mainitkaa seuraavia substantiiveja vastaavat verbit:
MODEL: anto - antaa

1. lähtö
2. käsky
3. tulo
4. päästö
5. teko

128

6. usko

7. himo

8. lupa

B.2 MODEL: <u>Kotiin. . .on jo lähellä. lähteä -</u>

<u>Kotiinlähtö on jo lähellä.</u>

1. Opettaja antoi. . .mennä   luvata
   kotiin.

2. Kesän. . .on myöhässä.   tulla

3. Hänellä oli vielä lapsen. . uskoa

4. Se oli miehen. . .   tehdä

5. Ne jotka lopettavat   päästää
   koulun saavat. . .to-
   distuksen.

6. Keisarin. . .oli laki.   käskeä

7. Kirjailijalla c'.   tahtoa
   voimakas. . .

C.1 <u>Muodostakaa annetun sanan pohjalta ryhmäsanoja:</u>
    MODEL: <u>kirja</u> - <u>kirjasto</u>

1. saari

2. vesi

3. huone

4. kone

5. (huone) kalu

6. astia

7. sana

8. verkko

<u>Huomatkaa</u>: kone - koneisto
           huone - huoneisto

129

C.2 Täydentäkää seuraavat lauseet käyttämällä annetun
     sanan ryhmää tarkoittavaa muotoa:

     MODEL: Vietin lomaa Turun. . .saari - Vietin lomaa
             Turun saaristossa.

     1. Suomen. . .laskevat mereen.   vesi
     2. Ostimme uuden ruokasalin. .   kalu
     3. Suomen. . .on hyvin pieni.   laiva
     4. Valmistin koettani. . .   kirja
     5. Annoimme heille joululah-   astia
         jaksi. . .
     6. Muutimme uuteen. . .   huone
     7. Suomella on hyvä radio. .   verkko
     8. Jotain vikaa oli kellon. .   kone

D. Muuttakaa seuraavat lauseet kielteisiksi:

     1. Meille kävi niinkuin aina käy huutokaupassa.
     2. Käykö melu hermoille?
     3. Kellot kävivät.
     4. Sähkömoottori on käynyt sähköllä.
     5. Olut kävi tynnyrissä.
     6. Kävin kahvilla.
     7. Käy sisään!
     8. Tänään käy kova tuuli.
     9. Se kävi täydestä kuin väärä raha.
     10. Poika oli käynyt oppikoulua.
     11. Joka sunnuntai käydään kirkossa.

E. MODEL: Kissa makasi. . .selkä - Kissa makasi selällään.
     1. Hän nukkuu.   kylki
     2. Koirat makasivat.   maha

3. Poika käveli.   kädet

4. Hiivimme sisään.   varpaat

5. Mieheni seisoo.   pää

Huomatkaa: Hiivimme varpaisillamme.

F. MODEL: Hän on hyvällä päällä. -
          Hän on hyvällä tuulella.

1. Santra tuli pahalle päälle.
2. Millä päällä hän tänään on?
3. Se on nyt sellaisella päällä.

G. MODEL: Mikä hänelle on tullut? - Mikä häneen on
          mennyt? (What's happened to him? What's gone
          wrong with him?)

1. Mikä pojalle on tullut?
2. Mikä sinulle on tullut?
3. Mikä koiralle on tullut?
4. En tiedä, mikä hänelle on tullut.

Sanavaraston kartuttamista

pakkohuutokauppa	sheriff's sale
vapaaehtoinen huutokauppa	voluntary auction
hermo	
hermostua	to get nervous, lose one's nerve
hermostunut	nervous, fidgety
hermosto	nervous system
hermostuttaa	make. . .nervous

Minua hermostuttaa.

    Hän on kamalan hermostuttava   nerve racking,
    ihminen.   irritating

tarkastaa   to examine, test

    tarkka   accurate, precise

    tarkastaja   inspector, examiner,
                                 tester

    tarkkailija = tarkkaaja   observer

Muodostakaa lause, jossa käytätte kaikkia yllämainittuja
neljää sanaa.

aivastaa   to sneeze

    aivastus   sneeze

    aivastelu   continual sneezing

    aivastuttaa   cause sneezing

    Minua aivastutti.   I felt like sneezing,
                                 had the urge to sneeze.

    vrt. aivo-, aivot   brain

kylkiluu   rib

ihme   wonder, marvel, miracle

    Ihme ja kumma!   Wonder of wonders!

    Mihin ihmeeseen sinä hävisit? Where in the world did
                                 you disappear?

    Hän pelastui kuin ihmeen   He escaped as by a
    kautta.   miracle.

ihmelapsi, ihmelääke, -teko, -lääkäri

joutua

Kun joutuu huutokauppaan. . .

Poika joutui sotaväkeen.

    Mies joutui eläkkeelle.   The man was put on a
                                 pension.

"Joulu joutui jo taas Pohjolaan. . ."

    Joudu jo!   Hurry up!

Hän on joutuisa (=nopea).

    vrt. joutaa, joudan, jouti,   to have time
          joutanut

Joudatko auttamaan minua?

En jouda tänään.

vire

virittää

    Ansa oli viritetty.   The trap was set.

    Pianonvirittäjä kävi talossa.   The piano tuner visited
                         the house.

    Klubin toiminta on hyvässä   There is lively activ-
    vireessä.   ity going on in the
                         club.

    Hän pani asian vireille.   He started the thing
                         or set it going.

En ole oikein vireessä tänään.

Se on pystyssä, oikein päin,
ylösalaisin.

    Takki oli nurin.   inside out

Takki oli oikein päin.

Johtaja istui autossa selkä kenossa.
(= takakenossa)

-- Lääketehtaamme uutuus on
unipilleri, jonka avulla näemme
mainospaloja unien lomassa.

133

15

SOTA SAMMOSTA
(Kalevalan[1] runoissa 39-43)

Kalevala on tarina kahdesta kansasta eli suvusta:
Kalevalan suvusta joka asui Väinölässä, ja Pohjan kansasta,
joka asui Pohjolassa. Näiden molempien kansojen välillä
oli kilpailu, ensin rauhallinen, lopulta sotainen. Sen
vuoksi Kalevala jakaantuu kahteen osaan, ja tarina Kul-
lervosta, joka saattoi hengiltä Ilmarisen vaimon, Pohjolan
tyttären, on ikäänkuin raja-aitana molempien välillä.

Ilmarinen murehti kuollutta vaimoaan. Turhaan hän
takoi itselleen vaimon hopeasta ja kullasta; tällä ei
ollut sydäntä, millä osoittaa vastarakkautta. Turhaan hän
ryösti entisen vaimonsa nuoremman sisaren Pohjolasta; tämä
häntä vihasi ja siksi Ilmarinen muutti hänet linnuksi. En-
tinen ystävyys Väinölän ja Pohjolan välillä oli muuttunut
vihaksi; näiden kesken syttyi verinen sota.

Väinämöinen ja Ilmarinen päättivät ryöstää Sammon, joka
oli tehnyt Pohjolan rikkaaksi. Matkalla Pohjolaan he
kuulivat kuinka vene rannalla valitti, että muut veneet

---

[1]Kalevala on Suomen kansalliseepos. Sen päähenkilöinä
ovat suuret tietäjät, vanha viisas Väinämöinen ja seppä
Ilmarinen sekä nuori Lemminkäinen. Louhi on Pohjolan emäntä,
jolla on kauniita tyttäriä. Kullervo on orjan poika ja saa
traagisen lopun. Sampo on ihmekone, jonka seppä Ilmarinen
on takonut ja antanut Louhelle maksuksi hänen tyttärestänsä.
Se jauhaa rahaa ja rikkautta. Udutar, Ukko ja Iki-Turso
olivat henkiä, joihin Kalevalan ihmiset uskoivat.

saavat käydä sotia ja tuoda rahoja. Urhot päättivät silloin matkustaa meritse. Heidän seuraansa liittyi Lemminkäinen, joka aina toivoi urotöitä ja seikkailuja.

Nuo kolme urhoa saapuivat Pohjolaan ja vaativat osansa Sammosta. Louhi ei sitä antanut, vaan kutsui Pohjolan kokoon varjelemaan aarrettansa. Silloin Väinämöinen otti kanteleensa ja lauloi Pohjolan väen uneen. Urhot ryöstivät Sammon, veivät sen veneeseensä ja soutivat kaikin voimin kotiansa kohti. Matkalla Lemminkäinen alkoi laulaa kovalla äänellä. Siitäpä kurki heräsi, lensi Pohjolaan ja herätti Pohjolan väen. Louhi säikähti, kun hän näki että Sampo oli poissa. Hän rukoili Udutarta seulomaan utua merelle, mutta Väinämöinen löi sen miekallaan halki. Nytpä pauhahti aalto, puna putosi Ilmarisen poskilta ja veneen vieressä nosti Iki-Turso merestä hirveännäköistä päätään. Väinämöinen tarttui tätä korviin ja pakotti hänet iäksi päiväksi painumaan meren syvyyteen. Ukko lähetti kamalan rajutuulen; laineet hakkasivat alusta, veivät mukanaan kanteleen ja olivat niellä koko veneen. Väinämöinen oli yhä neuvokas ja tyyni. Hän asetteli tuulta, ja vene kulki vakavasti eteenpäin kuohuja myöten.

Pahin vaara oli vielä edessä. Pohjolan sotaurhot ajoivat Louhen johdolla pakenevia takaa ja melkein saivat heidät kiinni. Siinä alkoi nyt molemmin puolin kummallinen ja hirmuinen taistelu voimakkailla taikakeinoilla. Väinämöinen taikoi salakallion, johon Pohjolan vene tarttui ja lensi poikki. Louhi muuttautui suunnattoman suureksi kotkaksi, jolla oli sata miestä siiven alla. Tämä lensi urhojen maston nenään, Lemminkäinen löi miekallaan sitä ja Väinämöinen iski melalla sen kynnet muruiksi. Pohjolan

miehet putosivat mereen, mutta kotka tarttui kiinni Sampoon,
joka särkyi kappaleiksi ja ajelehti muruina meren pinnalla.
Siitä tulivat meri ja Suomen rannat ikipäiviksi rikkaiksi.
Louhi palasi Pohjolaan. Hän ei saanut Sammosta muuta kuin
kannen. Ja nuo kolme urhoa tulivat hekin kotiinsa tuoden
Sammon muruja mukanaan.

Maammekirjan mukaan

Sanasto

kilpailu, kilpailun, kilpailua, kilpailuja	competition, contest
jakaantua, jakaannun, jakaantui, jakaantunut (intr.)	to be divided, branch
jakaa, jaan, jakoi, jakanut (tr.)	to divide
saattaa hengiltä	to cause death, kill
ikäänkuin	as if, as though, just like
aita, aidan, aitaa, aitoja	fence
murehtia, murehdin, murehti, murehtinut	to grieve, worry, mourn
vastarakkaus, -rakkauden, -rakkautta, -rakkauksia	reciprocal love
ryöstää, ryöstän, ryösti, ryöstänyt	to abduct, rob, loot
kesken (meidän keskemme)	between, (among us); unfinished
verinen	bloody, gory
käydä sotaa	carry on war, wage war
meritse	by sea (adverbial form which is restricted to a few words)
seura, seuran, seuraa, seuroja	company, association

136

liittyä, liityn, liittyi, liittynyt (intr.)	to join, ally, attach
liittää, liitän, liitti, liittänyt (tr.)	to join, attach
liitto, liiton, liittoa, liittoja	league
urotyö	heroic deed
seikkailu, seikkailun, seikkailua, seikkailuja	adventure
urho, urhon, urhoa, urhoja	brave warrior, hero
miekka, miekan, miekkaa, mi·kkoja	sword
kantele, kanteleen, kanteletta, kanteleita = kannel, kantelen, kannelta, kantelia	Finnish musical instrument, kind of zither
kutsua kokoon	to call together, summon
varjella, varjelen, varjeli, varjellut	to protect, guard
aarre, aarteen, aarretta, aarteita	treasure
laulaa uneen	to sing (or charm) to sleep
soutaa, soudan, souti, (sousi) soutanut	to row
soudella, soutelen, souteli, soudellut	to row about, paddle about
kaikin voimin	with all might, strength, power
kohti (jotakin k.)	toward; per
kurki, kurjen, kurkea, kurkia	crane
säikähtää, säikähdän, säikähti, säikähtänyt	to become frightened
säikäyttää, säikäytän, säikäytti, säikäyttänyt	to scare, frighten, startle
utu, udun, utua, utuja	mist, haze
seuloa, seulon, seuloi, seulonut	to sift

137

halki	through
pauhahtaa, pauhahti, pauhahtanut	to roar suddenly
aalto = laine	wave, billow
pakottaa, pakotan, pakotti, pakottanut	to force, compel; ache, pain
pakk ., pakon, pakkoa, pakkoja	compulsion, force
iäksi päiväksi	forever, eternally
painua, painun, painui, painunut (intr.)	to sink, go down, be pressed
vrt. painaa, painan, painoi, painanut (tr.)	to press, print, weigh
syvyys, syvyyden, syvyyttä	depth, profoundness
syvä, syvän, syvää, syviä	deep
rajutuuli	severe windstorm
alus, aluksen, alusta, aluksia	vessel, boat, craft, foundation, ground
olivat niellä = melkein nielivät	were about to swallow, almost swallowed
neuvokas	smart, resourceful, ingenious
tyyni, tyynen, tyyntä, tyyniä	clam
asetella, asettelen, asetteli, asetellut = asettaa, asetan, asetti, asettanut	to calm, still, set right
kuohu, kuohun, kuohua, kuohuja	swell
myöten (jotakin myöten)	along (along something)
vaara, vaaran, vaaraa, vaaroja	danger, peril, hill
johto, johdon, johtoa, johtoja	leadership, lead, wire, plumbing
paeta, pakenen, pakeni, paennut	to flee, escape, run away
taistella, taistelen, taisteli, taistellut	to fight, to battle

voimakas	strong, powerful
molemmin puolin (instruct.)	
taikoa, taion, taikoi, taikonut	conjure, use magic
salakallio	hidden rock
kotka, kotkan, kotkaa, kotkia	eagle
siipi, siiven, siipeä, siipiä	wing
masto, maston, mastoa, mastoja	mast
nenä, nenän, nenää, neniä	point, tip, end, nose
mela, melan, melaa, meloja	steering oar
iskeä, isken, iski, iskenyt	to strike, hit
iskeä silmää	to wink at
kynsi, kynnen, kynttä, kynsiä	claw, finger nail
muru, murun, murua, muruja	crumb, bit, fragment
kappale, kappaleen, kappaletta, kappaleita	piece, bit
ajelehtia, ajelehdin, ajelehti, ajelehtinut	to be adrift, drift, float
pinta, pinnan, pintaa, pintoja	surface, level
töllistellä, töllistelen, töllisteli, töllistellyt	to gape, gaze, stare
tyytyä, tyydyn, tyytyi, tyytynyt	to be contented, satisfied
kyynel, kyynelen, kyyneltä, kyyneliä	tear
huolimatta (jostakin huolimatta)	in spite of, despite
ryppy, rypyn, ryppyä, ryppyjä	wrinkle, furrow
orja, orjan, orjaa, orjia	slave

Kysymyksiä

A.   Mikä tarina Kalevala on? Missä Kalevalan suku
asui? Mikä oli näiden molempien kansojen välillä? Kuinka
moneen osaan Kalevala jakaantuu? Mikä on raja-aitana

139

näiden osien välillä? Mitä Ilmarinen murehti? Mistä
hän teki vaimon itselleen? Mitä kultavaimolla ei ollut?
Kenet Ilmarinen ryösti Pohjolasta? Miksi Ilmarinen
muutti tämän linnuksi? Keiden kesken syttyi verinen
sota?

B.   Mitä Väinämöinen ja Ilmarinen päättivät tehdä?
Miten he matkustivat Pohjolaan? Kuka liittyi heidän
seuraansa? Mitä urhot tekivät kun he saapuivat
Pohjolaan? Mitä Louhi silloin teki? Miten Väinämöinen
nukutti Pohjolan väen? Mitä urhot nyt tekivät? Kuka
herätti Pohjolan väen unesta? Mitä Louhi nyt teki?
Millä Louhi ja Väinämöinen kävivät taistelua? Kuka sai
Sammon?

C.   Minkä kuvan saitte Sammosta? Minkälainen se oli?
Missä se oli? Kenen se oli? Kuka oli sen tehnyt? Mitä
se teki? Mitä sille tapahtui? Mikä se oli? Mitä Sampo
symbolisoi? Mitä muita kansalliseepoksia tunnette
paitsi " Kalevalan" ? Minkä maan eepos on " Odysseijan
harharetket" ? Mitkä ovat sen päätapahtumat. Minkä
esikuvan mukaan Longfellow kirjoitti kirjansa "Hiawatha"?
Mistä " Hiawatha" kertoo?

D.   Matkustatteko mieluummin maitse vai meritse? Pidät-
tekö seikkailuromaaneista? Oletteko koskaan ollut
laulukilpailuissa? Mistä kilpailuista pidätte? Mikä
on teidän suurin aarteenne? Oletteko koskaan etsinyt
aarretta? Käyttääkö vaimonne seulaa? Onko teidän
pakko opiskella suomea? Kuka pakottaa teidät opis-
kelemaan suomea? Jos saisitte taikoa, mitä haluaisitte

taikoa? Onko teillä purjevene? Kuinka korkea masto siinä on?

Harjoituksia

A. Valitkaa sopiva sana kussakin lauseessa ja toistakaa lauseet:

1. Väinämöinen otti kanteleensa ja lauloi Pohjolan väen (suohon, uneen, mereen).

2. Ilmarinen muutti toisen vaimonsa (kalaksi, linnuksi, karhuksi).

3. Kullervo (saattoi, tuotti, aiheutti) Ilmarisen vaimon hengiltä.

4. Siitäpä (kotka, kurki, korppi) heräsi ja lensi Pohjolaan.

5. Louhi rukoili Udutarta (tekemään, seulomaan, heittämään) utua merelle.

6. Väinämöinen taikoi salakallion, (jolle, johon, jossa) Pohjolan vene tarttui.

7. Louhi (muutti, muuttui, muuttautui) kotkaksi.

8. Väinämöinen iski melalla sen kynnet (muruina, muruiksi, muruille).

9. Sampo särkyi (kappaleina, kappaleiksi, kappaleisiin).

B.1 MODEL: He soutivat kaikilla voimilla. - He soutivat kaikin voimin.

1. Tähteä ei näe paljaalla silmällä.

2. Vedän kahdella kädellä.

3. Hän kuuli omilla korvillansa.

4. Tarkkailemme ympäristöämme avoimilla silmillä.

5. Fonetiikka voi monella tavalla palvella käytäntöä.

141

B.2 MODEL: <u>Joesta pääsee yli jalat kuivina</u>. -
             <u>Joesta pääsee yli kuivin jaloin</u>.

1. Hän töllisteli ihmisiä <u>silmät pyöreinä</u>.
2. Leski istui <u>silmät kuivina</u>.
3. Hän tuli kouluun <u>pää paljaana</u>.
4. Hiihtäjät tulivat <u>posket punaisina</u>.
5. Hän tyytyi osaansa <u>mieli iloisena</u>.

B.3 MODEL: <u>Hän kertoi siitä silmät itkussa</u>. -
             <u>Hän kertoi siitä itkussa silmin (t. itkusilmin)</u>.

1. Äiti kuunteli <u>silmät kyynelissä</u>.
2. Siitä huolimatta hän kulki <u>pää pystyssä</u>.
3. Hän on aina <u>suu naurussa</u>.
4. Isä mietti <u>otsa rypyssä</u>.
5. Osaan sinne vaikka <u>silmät ummessa</u>.

<u>Huomatkaa</u>: matkustamme <u>jalan</u>, mutta paljain jaloin
                 vrt.   yksin, hyvin, kovin, väärin, pahoin

C. MODEL: <u>Hän matkustaa merta pitkin</u>. - <u>Hän matkustaa</u>
            <u>meritse</u>.

1. Haluan matkustaa <u>maata pitkin</u>.
2. Tavarat menevät <u>rautatietä pitkin</u>.
3. Sinne on lyhyt matka <u>maantietä pitkin</u>.
4. Tukit viedään <u>vesiä pitkin</u>.

D. MODEL: <u>Laineet melkein nielivät hänet</u>. -
            <u>Laineet olivat niellä hänet</u>.

1. Aallot <u>melkein hukuttivat</u> sen.
2. <u>Melkein lensin</u> istualleni.

142

3. He melkein saivat heidät kiinni.

4. Melkein unohdin koko asian.

5. Hän melkein maksoi väärän laskun.

6. Rouva melkein putosi ikkunasta.

Huomatkaa: Hän oli vähällä hukkua. Olin vähällä pudota.

Huomatkaa: Ilmarinen muutti hänet linnuksi.

Poika rupesi autonkuljettajaksi.

Hän tuli lääkäriksi.

Menen sinne viikoksi.

Anna anteeksi.

E. Käyttäkää sopivinta sanaa annetuista sanoista seuraa-
vissa lauseissa:

1. Ilmarinen. . .hänet linnuksi.   muuttautui

2. Hän . . .linnuksi.   muutti

3. Louhi. . .kotkaksi.   muuttui

4. Hän. . .yhtäkkiä ystävälliseksi.

5. Elämä. . .häntä.

6. Lappalainen. . .pohjoisemmaksi.

7. Paholainen. . .mieheksi.

F. MODEL: Rakennusmestari ei ollut papin mieleinen.
          Rakennusmestari ei ollut papille mieleen.

1. Sampo oli Louhen mieleinen.

2. Kangas ei ollut mieleiseni.

3. Kultavaimo ei tullut Ilmarisen mieleinen.

4. Miniä ei ollut hänen mieleisensä.

5. Mikä näistä on mieleisesi?

Huomatkaa: Sain mieleiseni paikan.
            Hän yrittää olla mieliksi kaikille (tai
            kaikkien mieliksi).

Sanavaraston kartuttamista

pakottaa

    pakollinen   required, demanded

Kukaan ei pakota minua siihen.

Hammastani pakottaa.

Hänen oli pakko myydä talonsa.

Hänellä on pakollinen koe.

pakkohuutokauppa

    pakkopaita   straitjacket

    vrt.   pako   escape

painaa

    paino   weight

    painava   heavy

    painajaisuni, painajainen   nightmare

    kirjapaino   print (shop)

kirjanpainaja

Hän painaa 70 kiloa.

Hän painaa kirjoja.

Hän on 50 kiloa painava.

Hän painoi asian mieleensä.

Lumi painaa puiden oksia.

Se ajatus painaa minua.

Siihen täytyy olla painavat syyt.

Hän näki painajaisunta.

salata   to keep secret, conceal

salaa, salainen, sala-

Hän kävi kylällä salaa isältään.

    Salainen asiamies.   Secret agent.

Kaiken sen hän teki salassa.

Parhaat salapoliisiromaanit ovat englantilaisia.

kynsiä, kynsin, kynsi, kynsinyt   to scratch, claw

   kyntää, kynnän, kynti, kyntänyt   to plow

takoa

vrt. taikoa

Minä taon rautaa.

Taoin pöytään herkullisen illallisen.

kohti

Keväällä muuttolinnut lentävät pohjoista kohti.

Syksyllä ne lentävät etelää kohti.

Saimme puoli kiloa sokeria kuukaudessa
·henkeä kohti.

Parkkeeraus (paikoitus) maksaa dollarin päivässä autoa kohti.

   Se putosi kohtisuoraan.   perpendicularly, at
                                   right angle

kesken

Työ on kesken.

keskeneräinen työ

·Keskeneräistä työtä ei pidä näyttää herroille eikä narreille.

Huutokauppoja

145

16

KAIVO

Talvipäivä puolessa on vasta,
Hyökkäystä ei, vain tykkitulta:
viuhuu sirpaleet ja roiskuu multa.
Alla maan on tyyntä, kodikasta;
haavoissaan vaan joku hiljaa huokaa:
veljet, vesitilkka tuokaa-.

Korsun yllä tykkien soi jyry,
kaivotietä pyyhkii luotipyry
päivin sekä öin, ja polun päässä
kaivon partaalla on verta jäässä-
kaivon luona luoti tapas[1] monta
liian janoista ja maltitonta.
Janoos älä täällä vettä pyydä,
astiaas vain mustaa lunta syydä,
sitäkään jos löydät enää maasta-
niin sen peittää pirstat, savu, saasta.
Iltaan kestä vain, niin lääkkeen saavat
kurkut kuivat, vihlovaiset haavat.

Haavoissaan vain joku hiljaa huokaa:
veljet, vesitilkka tuokaa-.

---

[1]Runoissa ja arkikielessä voidaan loppuvokaali jättää
pois, esim. tapas = tapasi, janoos = janoosi, partaall' =
partaalla.

Lähtee mies, kun vettä pyytää veikko,
tuskissansa huokuva ja heikko,
lähtee, koska veljellä on jano,
enempää ei mieti eikä sano.
Käteensä hän sieppaa vesikannun,
juoksee yli myllerretyn mannun,
häipyy sekaan viuhinan ja tuiskeen
kuullen korvissaan vain avunkuiskeen.

Tykit jyskyttävät korsun suuta,
viipyy vesimies - ei mitään muuta.
Haavoissaan vain joku hiljaa huokaa:
veljet, vesitilkka tuokaa-.

Päivä hämärtyy, ja vihdoin kuullaan,
kaivon partaall' että mies on suullaan,
verta valunut on kaivoon, josta
yksikään ei enää vettä nosta.
Verta pulpahtavat suonet lähteen
verta valuvaiseen iltatähteen.

Haavoissaan vain joku hiljaa huokaa:
veljet, vesitilkka tuokaa-.

                              Yrjö Jylhä

147

LUOKKAJAKO[1]

Kovilla penkeillä puhuen, nauraen,
itkien, hoilaten,
ovissa kulkien,
laukkuja avaten, sulkien,
syöden ja juoden,
kaikille tilansa suoden
- matkustaa kolmas luokka näin. . .

Samettisohvilla torkkuen, kuorsaten,
lukien, miettien,
jalkoja siirrellen,
lehtiöön lukuja piirrellen,
tyhjyyttä itäen,
paikkansa tiukasti pitäen
- matkustaa toinen eteenpäin. . .

Valentin

---

[1]Luokkajako tarkoittaa tässä rautatievaunujen jakoa
toiseen ja kolmanteen luokkaan. Nykyään Suomessa käytetään
vain ensimmäistä ja toista luokkaa.

Sanasto

hyökkäys, hyökkäyksen, hyökkäystä, hyökkäyksiä — attack, charge, invasion, assault

tykkituli — artillery fire

viuhua, (viuhun), viuhui, viuhunut — to whiz, whistle

sirpale, sirpaleen, sirpaletta, sirpaleita — splinter, fragment, shell

roiskua, roiskun, roiskui, roiskunut — be spattered around, splash

multa, mullan, multaa, multia — earth, soil

kodikas — cozy, snug

haava, haavan, haavaa, haavoja — wound, sore

tilkka, tilkan, tilkkaa, tilkkoja — drop

korsu, korsun, korsua, korsuja — dugout

jyry, jyryn, jyryä, jyryjä — rumble

luotipyry — the whirling of bullets

luoti, luodin, luotia, luoteja — bullet

polku, polun, polkua, polkuja — path, trail, track

parras, partaan, parrasta, partaita — edge, rim, brink, verge

partaalla — at or on the edge, verge, brink

päivin = päivisin, päivällä

maltiton, maltittoman, maltitonta, maltittomia — impatient, rash

syytää, syydän, syyti, syytänyt — to throw, scoop

syyttää, syytän, syytti, syyttänyt — to accuse, blame

peittää, peitän, peitti, peittänyt (tr.) — to cover, disguise

peittyä, peityn, peittyi, peittynyt (intr.) — to become covered

149

pirsta, pirstan, pirstaa, pirstoja	debris, shattered remnant, splinter
savu, savun, savua, savuja	smoke, fume
saasta, saastan, saastaa, saastoja	filth, dirt
vihloa, (vihlon), vihloi, vihlonut	to smart, have shooting pains
veikko, veikon, veikkoa, veikkoja	brother, fellow
tuska, tuskan, tuskaa, tuskia	pain, torment, agony
huokua, huoun, huokui, huokunut	to breathe faintly
heikko, heikon, heikkoa, heikkoja	weak, feeble
kannu, kannun, kannua, kannuja	can, jug, pot
myllertää, myllerrän, myllersi, myllertänyt	to stir up, bring chaos, cause confusion
myllerretty (pass. past participle)	devastated
mantu, mannun, mantua, mantuja = maa	earth, ground
häipyä, häivyn, häipyi, häipynyt	to disappear
seassa, seasta, sekaan (jonkin s.)	among
sekaantua, sekaannun, sekaantui, sekaantunut (intr.)	to mix, get mixed up, meddle
tuiske, tuiskeen, tuisketta, tuiskeita	whirl, rush
kuiske, kuiskeen, kuisketta, kuiskeita	whisper
jyskyttää, jyskytän, jyskytti, jyskyttänyt	to pound, thump
viipyä, viivyn, viipyi, viipynyt (intr.)	to delay
hämärtyä, (hämärryn), hämärtyi, hämärtynyt	to grow dark, dim
hämärä	twilight; dusky, not clear
valua, (valun), valui, valunut	to flow, stream, drip

150

pirsta, pirstan, pirstaa, pirstoja	debris, shattered remnant, splinter
savu, savun, savua, savuja	smoke, fume
saasta, saastan, saastaa, saastoja	filth, dirt
vihloa, (vihlon), vihloi, vihlonut	to smart, have shooting pains
veikko, veikon, veikkoa, veikkoja	brother, fellow
tuska, tuskan, tuskaa, tuskia	pain, torment, agony
huokua, huoun, huokui, huokunut	to breathe faintly
heikko, heikon, heikkoa, heikkoja	weak, feeble
kannu, kannun, kannua, kannuja	can, jug, pot
myllertää, myllerrän, myllersi, myllertänyt	to stir up, bring chaos, cause confusion
myllerretty (pass. past participle)	devastated
mantu, mannun, mantua, mantuja = maa	earth, ground
häipyä, häivyn, häipyi, häipynyt	to disappear
seassa, seasta, sekaan (jonkin s.)	among
sekaantua, sekaannun, sekaantui, sekaantunut (intr.)	to mix, get mixed up, meddle
tuiske, tuiskeen, tuisketta, tuiskeita	whirl, rush
kuiske, kuiskeen, kuisketta, kuiskeita	whisper
jyskyttää, jyskytän, jyskytti, jyskyttänyt	to pound, thump
viipyä, viivyn, viipyi, viipynyt (intr.)	to delay
hämärtyä, (hämärryn), hämärtyi, hämärtynyt	to grow dark, dim
hämärä	twilight; dusky, not clear
valua, (valun), valui, valunut	to flow, stream, drip

nostaa, nostan, nosti, nostanut	to draw, hoist, lift
pulpahtaa, (pulpahdan), pulpahti, pulpahtanut	to spring up, pop up
suoni, suonen, suonta, suonia	vein, artery
lähde, lähteen, lähdettä, lähteitä	spring, fountain, well, source, origin
luokka	class
jako, jaon, jakoa, jakoja	division; distribution; sharing
hoilata, hoilaan, hoilasi, hoilannut	to yell, shout, bowl
puhuen	talking
suoda, suon, soi, suonut	to allow, grant, let
sametti, sametin, samettia, sametteja	velvet
torkkua, torkun, torkkui, torkkunut	be drowsy, doze off
kuorsata, kuorsaan, kuorsasi, kuorsannut	to snore
siirtää, siirrän, siirsi, siirtänyt (tr.)	to move, transplant
siirtyä, siirryn, siirtyi, siirtynyt (intr.)	to move
siirellä, siirtelen, siirteli, siirrellyt	move frequently
lehtiö, lehtiön, lehtiötä, lehtiöitä	notebook, pad
piirtää, piirrän, piirsi, piirtänyt	to draw, design
tyhjyys, tyhjyyden, tyhjyyttä, tyhjyyksiä	emptiness, void
itää, (idän), iti, itänyt	to sprout, germinate
tiukka, tiukan, tiukkaa, tiukkoja	tight, firm, strict
kääriä, käärin, kääri, käärinyt	to wind, wrap, fold up
järki, järjen, järkeä, järkiä	reason, wits, brains
olla päissään	to be intoxicated, drunk

151

Kysymyksiä

A.   Missä miehet olivat? Mitä kello oli? Missä miehet asuivat? Miksi he asuivat maan alla? Mistä he hakivat vettä? Miksi kaivotie oli vaarallinen? Missä moni mies kaatui? Mitä ei saanut pyytää janoon? Minkälaista lumi oli? Miksi se oli mustaa? Milloin vasta voi saada vettä? Mitä haavoittunut pyysi? Keneltä hän pyysi vettä? Miksi hän pyysi vettä? Mitä toveri teki? Minkä hän sieppasi käteensä? Milloin hän tuli takaisin? Tuliko hän takaisin? Mistä hänet löydettiin? Mitä oli tapahtunut kaivolle? Kuka nosti vettä kaivosta sen jälkeen?

B.   Kuinka monta luokkaa on Suomen rautateillä? Minkälaiset sohvat olivat toisessa luokassa? Miten ihmiset matkustivat toisessa luokassa? Mitä he tekivät? Missä ihmiset istuivat kolmannessa luokassa? Miten he matkustivat? Missä luokassa oli hauskempi matkustaa? Miksi?

C.   Kuka omistaa rautatiet Amerikassa? Kuka omistaa .\e Suomessa? Millainen luokkajako on Amerikan rautateillä? Kuinka monta luokkaa on nykyisin matkustajalentokoneissa? Kuinka monta luokkaa on tavallisesti matkustajalaivoissa? Mikä ero oli toisen ja kolmannen luokan välillä Suomen rautateillä? Mikä ero on ensimmäisen ja turistiluokan välillä lentokoneissa? Missä luokassa te tavallisesti matkustatte?

152

Harjoituksia

A. MODEL: <u>Miten kolmas luokka matkusti? puhua - Se</u>
<u>matkusti puhuen</u>.

1. Miten he kulkivat? nauraa
2. Miten hän puhui? hoilata
3. Miten lapset matkustivat? itkeä
4. Miten aika kuluu nopeasti? syödä
5. Miten he istuivat sohvilla? torkkua
6. Miten oppii asioita? lukea

B. MODEL: <u>Miten toinen luokka matkusti? - pitää paikkansa</u>
<u>Se matkusti pitäen paikkansa</u>.

1. Miten hän kuoli? kärsiä tuskia
2. Miten hän pysyy kunnossa? leikata nurmea
3. Miten hän istui siellä? kaataa kahvia
4. Miten he istuivat? muistella vanhoja
5. Miten hän nousi ylös? kääriä hihansa

Huomatkaa: Hän ylitti joen <u>uimalla</u>. He crossed the
river by swimming.

Tulin työhön <u>kävelemällä</u>.

C. MODEL: <u>Sinne ehtii kävelemällä</u>. - <u>Sinne ehtii kävellen</u>.

1. Ei tästä <u>nauramalla</u> mitään tule.
2. Hän vastasi <u>kiittämällä</u> kaikkia.
3. Mies pyysi vettä <u>kuiskaamalla</u>.
4. <u>Lentämällä</u> olisitte jo perillä.
5. Asiat selviävät <u>puhumalla</u>.
6. He paransivat sairauksia <u>rukoilemalla</u>.

312-631 O - 66 - 11

7. Hän ylitti joen uimalla.

8. Väinämöinen pysäytti Louhen taikomalla.

9. Teinit hankkivat ruokansa laulamalla.

D. MODEL: Mies makasi. haava - Mies makasi haavoissaan.

1. Sinä puhuit. uni

2. Hän kertoi uutisen. ilo

3. He huusivat. tuska

4. Eläimet eivät ole. täysi järki

5. Hän juoksi. kuuma

6. Ajaja jäi junan alle. pää

7. Ehdotan asiaa. tosi

8. He tulivat kotiin. jano

Vrt. Käyn siellä mennen tullen (= meno-ja tulomatkalla).

Sanvaraston kartuttamista

maa	earth, land, globe, country, estate, ground, soil
multa	soil, rich soil
(ruokamulta)	(rich soil, top soil)
vrt. tomu, pöly	dust
loka, loan, lokaa	mud, wet soil
rapa, ravan, rapaa	mud, wet soil
vrt. sakka	dregs, sediment
olla loassa, ravassa	be muddy

Kasvimaa tarvitsee hyvää ruokamultaa.

Pyyhi pölyt!

154

parras

olla perikadon partaalla	be on the verge of ruin
olla hermoromahduksen partaalla	be on the verge of a nervous breakdown
olla haudan partaalla	be on the brink of death
parrasvalot	footlights, limelight
vrt. reuna (pöydän reuna)	edge (edge of the table)
reunojaan myöten täynnä	full up to the rim

tuska

Hän kärsi kovia tuskia.	He suffered from sharp pain, terrible torment or agony.
Hän menehtyi tuskiinsa.	He succumbed to pain, died of pain.
Hänellä oli tuskanhiki otsalla.	He perspired from tension, worry or trouble.
synnytystuskat	throes of childbirth
omantunnontuskat	pangs of conscience
sieluntuskat	mental agony
helvetintuskat	torments of hell
kuolemantuskat	pangs of death, death agony
vrt. särky, säryn, särkyä, särkyjä	ache, pain

hammassärky, päänsärky, korvasärky

Hän tunsi sietämätöntä särkyä selässään.

sietämäton	unbearable
särkeä	to break, crush; ache, pain

sydäntä särkevä näky

Päätäni, hammastani särkee.

kipu, kivun, kipua, kipuja   pain, ache

kurkkukipu, reumaattiset kivut

 Hänellä on sydän kipeänä.   His heart is heavy
                or troubled.

 Hänellä on sydänvika (t. vikaa He has something
 sydämessä).   wrong with his heart.

Hänen kurkkunsa on kipeä.

Onko hänellä kipuja?

.vrt. pakotus, pakottaa

Päätäni, hammastani pakottaa.

Tunsin pakotusta hampaassani.

saasta   " filthy-dirty", foul
              matter.

 lika, lian, likaa   dirt, filth, soil,
              uncleanliness

Astiat ovat likaiset.

Kädet ovat likaiset

Likaiset vaatteet

saastainen = epäpuhdas

saastaiset henget, saastainen kylä

Saastainen roisto!

 saastua   to become polluted,
              desecrated

 saastuttaa   to pollute, contaminate,
              desecrate

Kotitehtävä

Laatikaa lyhyt kertomus runon " Kaivo" tapahtumasta, ja
esittäkää se omin sanoin.

17

PAKANALLISTEN SUOMALAISTEN JUMALAT

Pakanalliset suomalaiset uskoivat, että kullakin
luontokappaleella oli oma henkensä. Nämä henget olivat
kukin jumalia, tasa-arvoisia toistensa kanssa. Vain
harvat kohosivat toistensa yläpuolelle vallassa ja tär-
keydéssä. Niinpä pakanuuden ajan loppupuolella oli
maataviljelevien suomalaisten tärkein jumala UKKO. Hän
hallitsi pilvien kulkua, ukkosta, lunta, rae- ja vesisadetta.
Häntä ei kukaan voinut vastustaa: runojen mukaan pilvi
oli hänen paitansa, salama hänen nuolensa, ja hän näkyi
joskus taivaanrannalla siniset sukat jalassa. Häntä
palvottiin alkukesällä uhripidoissa, joissa juotiin " Ukon
malja" .

Ukon puolison nimi oli RAUNI ja häntä kuviteltiin
jyristäjäksi, kun taas Ukko oli sateen antaja.

Ilmojen haltija oli ILMARINEN, joka teki sekä tyynen
sään että myrskyn ja oli matkamiesten suojelija.
Suomalaiset runot sanoivat häntä suureksi sepoksi. Kas-
vullisuutta vallitsivat Karjalassa RONKOTEUS, rukiin antaja,
PELLONPEKKO, ohran kasvattaja, VIRANKANNOS, kauran kaitsija
sekä ÄGRÄS, herneiden ja kaalin suojelija.

Veden haltijan nimi oli AHTI, joka toi vedestä kaloja:
VEDEN EMÄ oli samoin kalojen vallitsija, johon kalastaja
suhtautui kunnioittaen. Järvissä ja merissä nähtiin myös
v e d e n n e i t o, joka suki ihania hiuksiaan tai viet-
televä n ä k k i.

Vanhojen runollisten loitsujemme mukaan metsän kuningas
oli vanha ruskeapartainen TAPIO, jolla oli päässä korkea
havuhattu ja yllä naavaturkki. Hänen asuntonsa oli kaunis
M e t s o l a, jossa Tapiolla oli kolme linnaa ja raha-aitta,
jonka kultaista avainta hänen vaimonsa MIELIKKI kantoi vyöl-
lään. Tältä pyysi metsästäjä hyvää metsäonnea, ja jos näki
hänet vihaisena, rumissa vaatteissa, kävi metsästys huonosti;
mutta jos näki hänet " onnenvaatteissa", silloin hän oli
varma onnestaan. Sillä kaikki metsäneläimet olivat
Tapion karjaa. M e t s ä n n e i t o eli m e t s ä n -
p i i k a oli edestä kuin kaunis nainen, mutta takaa kuin
laho puu.

Mutta metsässä oli myös hiisi, jonka valtaan ihminen
toisinaan voi joutua; silloin sanottiin, että ihminen oli
" hiiden peitossa" tai " metsän peitossa" . Metsässä
asusti niinikään pienikokoista h i i d e n v ä k e ä,
jolla oli omat polkunsa. Mutta jotkut tarinat väittävät,
että hiidet olivat väkeviä jättiläisiä, joita ukkosen
jumala ahdisti. Tiedemiehet arvelevat, että hiisi kuitenkin
alkuaan oli Hiisi- nimisen pyhäkön haltija.

Paitsi näitä oli monta muuta sekä hyvää että pahaa
olentoa, jotka milloin auttoivat milloin vahingoittivat
ihmisiä. Talossa, navetassa, myllyssä, saunassa ja riihessä
asui h a l t i j a, jota länsi-Suomessa usein sanottiin
t o n t u k s i.

Ihmisen henki yksistään oli vapaa. Viisas ihminen
voi hallita luontoa ja lumota henkiolennot sanan voimalla.
Hän voi nostaa tauteja ja karkottaa niitä. Hän voi parantaa
raudan, tulen, veden ja käärmeen " vihat". Hän voi lumota

158

karhun, niin ettei se käynyt hänen karjansa kimppuun. Tätä
kaikkea varten hänen tuli tietää tautien, esineitten,
aineitten ja eläinten synnyt. Syntysanat tiedossaan hän
oli kaiken hallitsija, paitsi kuoleman, jota hän ei voinut
lumota, koska ei tietänyt sen syntyä.

Suomalaisten pakanallinen jumalanpalvelus oli hyvin
yksinkertaista. Heillä oli pyhiä puita. Ehkä heillä myös
oli epäjumalankuvia. He palvelivat jumaliaan rukouksilla
ja uhreilla, joita perheenisä, perheenäiti tai tietäjät
toimittivat.

Maammekirjan mukaan

Sanasto

pakanallinen	heathenish, paganish
kukin, kunkin, kutakin	each (one), every man
luontokappale	creature, animal
tasa-arvoinen	equal
harva, harvan, harvaa, harvoja	few, rare; thin, coarse
hallita, hallitsen, hallitsi, hallinnut	to rule, reign, govern
pilvi, pilven, pilveä, pilviä	cloud
ukkonen, ukkosen, ukkosta, ukkosia	thunder, thunderstorm
raesade, -sateen, -sadetta, -sateita	rain with hail
salama, salaman, salamaa, salamoita	lightning, thunderbolt
nuoli, nuolen, nuolta, nuolia	arrow, dart
vrt. nuolla, nuolen, nuoli, nuollut	to lick

palvoa, palvon, palvoi, palvonut	worship, adore
uhripidot, -pitoja	celebration honoring a god
malja, maljan, maljaa, maljoja	bowl, cup, chalice
kuvitella, kuvittelen, kuvitteli, kuvitellut	to imagine, picture, fancy
jyristäjä, jyristäjän, jyristäjää, jyristäjiä	one who causes thundering
haltija	sprite, fairy; owner, holder
suojelija	patron, protector
seppo = seppä, sepän, seppää, seppiä	blacksmith, smith
runo, runon, runoa, runoja	poem
kasvullisuus, kasvullisuuden, kasvullisuutta, kasvullisuuksia	vegetation, vegetable growth
kaitsea, kaitsen, kaitsi, kaitsenut	to tend, protect, guard
emä, emän, emää, emiä	mother (poetic or animal m.), as prefix = mother, original, first
suhtautua, suhtaudun, suhtautui, suhtautunut (johonkin)	to take or have an attitude (towards)
neito = neitonen	maid, maiden
sukia, suin, suki, sukinut	to comb, brush, groom
hius, hiuksen, hiusta, hiuksia	hair (of the human head)
vietellä, viettelen, vietteli, vietellyt	to entice, seduce
näkki, näkin, näkkiä, näkkejä	water sprite
loitsu, loitsun, loitsua, loitsuja	magic formula, charm, spell
havu, havun, havua, havuja	conifer sprig
yllä = päällä	on, above

naava, naavan, naavaa, naavoja	beard moss
turkki, turkin, turkkia, turkkeja	furcoat, fur
Turkki	Turkey
aitta, aitan, aittaa, aittoja	shed for provisions and supplies, larder
avain, avaimen, avainta, avaimia	key
piika, piian, piikaa, piikoja	maid, hired girl
laho, lahon, lahoa, lahoja	rotted, decayed
hiiden peitossa	hidden or concealed by evil spirit
asustaa = asua	
niinikään	likewise, in like manner, also
väkevä, väkevän, väkevää, väkeviä	strong, mighty
arvella, arvelen, arveli, arvellut	have an opinion, suppose
pyhäkkö, pyhäkön, pyhäkköä, pyhäkköjä	shrine, sacred place, sanctuary
olento, olennon, olentoa, olentoja	being, creature
vahingoittaa, vahingoitan, vahingoitti, vahingoittanut (tr.)	to injure, damage
mylly, myllyn, myllyä, myllyjä	mill
riihi, riihen, riihtä, riihiä	threshing and drying house
tonttu, tontun, tonttua, tonttuja	hobgoblin
lumota, lumoan, lumosi, lumonnut	to cast a spell, charm, enchant
tauti, taudin, tautia, tauteja	disease, sickness, illness
karkottaa, karkotan, karkotti, karkottanut	to drive away, expel, dispel
karata, karkaan, karkasi, karannut	to flee, escape

161

käärme, käärmeen, käärmettä, käärmeitä	snake, serpent
vihat, vihoja	eruption, inflammation, breaking out (illness)
viha	hate, anger
käydä kimppuun	to attack, assail
hallitsija, hallitsijan	ruler, sovereign
kuolema, kuoleman, kuolemaa, kuolemia	death
yksinkertainen	simple, plain
epäjumalankuva	idol, graven image
uhri, uhrin, uhria, uhreja	offering, sacrifice
tietäjä, tietäjän, tietäjää, tietäjiä	wise man, prophet

Kysymyksiä

A.   Mitä pakanalliset suomalaiset uskoivat? Kuka oli heidän tärkein jumalansa? Mitä hän teki? Minkä haltija Ilmarinen oli? Ketkä olivat veden haltijoita? Miten kalastaja suhtautui Veden Emään? Minkä mukaan Tapio oli metsän kuningas? Minkälainen Tapio oli? Missä hän asui? Keneltä metsästäjä pyysi metsästysonnea? Mistä hän tiesi, miten metsästys kävisi? Missä vielä oli haltijoita?

B.   Minkälainen ihmisen henki oli? Keitä pakanalliset suomalaiset palvoivat? Miten he palvelivat jumaliaan? Kuka oli kuitenkin kaiken hallitsija? Mitä ihminen ei voinut lumota? Miksi? Mitä ihminen voi parantaa? Mitä ihminen voi nostaa? Minkä voimalla ihminen voi hallita

162

luontoa? Kuka toimitti uhreja perheessä?

C.   Mihin Amerikan intiaanit uskoivat ennenkuin heistä
tuli kristittyjä? Minkälaista heidän pakanallinen
jumalanpalveluksensa oli? Minkälaisia epäjumalankuvia
heillä oli? Olivatko he tasa-arvoisia jumaliensa
kanssa? Olivatko heidän jumalansa tasa-arvoisia tois-
tensa kanssa? Kuka toimitti jumalanpalveluksen ja
uhrit? Oliko heillä tietäjiä? Mikä sija rituaalisilla
tansseilla oli heidän uskonnossaan? Missä jumalan-
palvelus toimitettiin?

D.   Selittäkää miten oma uskonto- tai kirkkokuntanne
toimittaa jumalanpalvelusta? Mihin se uskoo? Onko
siinä ihminen tasa-arvoinen jumalan kanssa? Onko ihmisen
henki vapaa? Onko ihmisen tahto vapaa? Onko ihminen
kuoleman hallitsija? Onko ihminen kaiken hallitsija?
Minkä voimalla ihminen voi parantaa tauteja? Kuka
toimittaa uhreja? Kuka toimittaa jumalanpalveluksen?

Harjoituksia

A.1 MODEL: Poika ei puhunut. - Poika oli puhumaton.

  1. Et kiittänyt.
  2. En ajatellut.
  3. Hänen tekonsa ei kuole.
  4. Mies ei pelkää.
  5. Kangas ei pala.
  6. Jumala ei näy.
  7. Hänen silmänsä eivät näe.

163

A.2   MODEL: Postia ei jaettu.   -   Posti oli jakamaton.

1.   Ruokaan ei koskettu.
2.   Heitä ei tunnettu.
3.   Kirjeeseen ei vastattu.
4.   Lehteä ei luettu.
5.   Laskuja ei maksettu.
6.   Töitä ei tehty.

Huomatkaa: Siitä paikasta ei voi mennä.(Siihen paik-
           kaan ei voi mennä).- Se on menemätön paikka.

B.   MODEL: Näin kirjeitä, jotka olivat ilman nimeä.   -
              Näin nimettömiä kirjeitä.

1.   Tapasin miehen, joka on ilman työtä.
2.   Kävelin kadulla, jossa ei ollut lunta.
3.   Tulin kotiin päivänä, jolloin ei ollut pilviä.
4.   Lähetimme kotiin oppilaat, jotka olivat ilman
     kirjoja.
5.   Hän ei pidä vieraista, jotka eivät kiitä.
6.   En usko asioihin, jotka eivät näy.
7.   Minulla on paljon töitä, joita en ole tehnyt.
8.   Hän kertoo aina juttuja, joita ei voi uskoa.
9.   Hänellä on suru, jota ei voi sanoa.

C.   MODEL: He rakastivat toinen toistansa.   -   He rakas-
              tivat toisiansa.

1.   Veljet tunsivat heti toinen toisensa.
2.   He pitävät toinen toisestansa.
3.   Lapset olivat aivan toinen toisensa näköisiä.
4.   He saivat ne toinen toiseltansa.

164

5. He vierailivat toinen toisessansa.

6. Me uskomme toinen toiseemme.

7. Antakaa ne toinen toisellenne.

8. Me tunnemme toinen toisemme.

D. Valitkaa oikea muoto kukin-sanasta jokaiseen lauseeseen ja toistakaa lauseet:

1. Henget olivat. . .jumalia.   kunkin

2. Heidän. . .nimensä oli taululla.   kunakin

3. Olin siellä. . .päivänä.   kukin

4. He pyysivät. . .vierasta   kuhunkin
   auttamaan.

5. Ruokaa annettiin. . .lapselle.   kustakin

6. He saivat kirjeen. . .pojalta.   kussakin

7. Hän pani rahaa. . .kirjeeseen.   kultakin

8. Opettaja kuuli vain hyvää. . .   kullekin
   oppilaastaan.

9. Mies oli asunut. . .hotellissa   kutakin
   vain päivän.

Huomatkaa: kukin = itsekukin

E. MODEL: Pane takki päällesi. - Pane takki yllesi.

1. Pojalla oli puku päällänsä.

2. Riisu vaatteet lapsen päältä.

3. Tapiolla oli turkki päällä.

4. Otin turkin päältäni.

Huomatkaa: Järven yllä oli utua.

            Yllämainittu esimerkki on oppikirjasta.

            Ylläolevan todistaa oikeaksi. . .

            Aurinko paistoi korkealla yllämme.

F. MODEL: <u>Hän tuli sisään. sukat, jalka</u> -
            <u>Hän tuli sisään sukat jalassa</u>.

    1. Poika söi.   hattu, pää
    2. Rouva meni ostoksille.   laukku, käsi
    3. Lapsi nukkui.   kengät, jalka
    4. Sotilas taisteli.   miekka, käsi

                    Sanavaraston kartuttamista

Juon maljanne!

    Mutta: Aamiaiseksi syömme   We eat toast.for
            paahtoleipää.   breakfast.

<u>yksistään</u> = yksin

Yksistään bensiini maksaa jo paljon.

Bensiini yksin maksaa jo paljon.

Huomatkaa: He menivät sinne kaksistaan (=kahdestaan=kaksin).
            Menimme sinne kolmistaan (=kolmestaan=kolmisin).

emäkallio, emäkasvi, emäkaupunki

    lentokoneiden emälaiva   aircraft carrier

    emälammas   ewe

    Se on oikein emävalhe.   That's a whopper of a
                                   lie.

<u>arvella</u>

    vrt. arvata, arvaan, arvasi,   to guess, presume
          arvannut

    arvaus   guess, conjecture

    arvoitus   riddle, puzzle, mystery

    vrt. arpa, arvan, arpaa,   lot, die
          arpoja

166

| arpajaiset | lottery |
| arvonta | raffle |

G. **Täydentäkää seuraavat lauseet käyttämällä annettuja sanoja:**

1. Hän voitti päävoiton. . .   arpa

2. . . .tapahtui poliisimes-   arvella
   tarin läsnäollessa.

3. Suomessa myydään paljon   arvata
   raha. . .

4. Mitä sinä. . .tästä   arpajaiset
   ehdotuksesta?

5. Sinä. . .oikein; se oli   arvoitus
   oikea vastaus.

6. Hän on minulle ja muille   arvonta
   täydellinen. . .

harva

harva se päivä   nearly every day

Hän kävi siellä harva se päivä.

Monet ovat kutsutut, mutta harvat
valitut.

harvaan asuttu alue	thinly-populated area
harvapuheinen, -sanainen	chary or sparing of words.
harventaa taimia	to thin seedlings

pakana   pagan, heathen

pakanuus   heathenism, paganism

ukkonen = ukkosilma   thunderstorm

Nyt ukkostaa.   A thunderstorm is brewing.

18

RAHALLA ON PITKÄ HISTORIA

Suomen rahapaja aloitti toimintansa sata vuotta
sitten. Ensi kerran siellä sulatettiin hopeaa elokuun
13 p:nä 1864 ja kuparia syyskuun 6 p:nä. Ensimmäinen
rahalähetys, 30 000 kuparista penninrahaa, toimitettiin
Suomen Pankkiin lokakuun 25 p:nä. Jo sitä ennen oli markan
rahojen lyöminen aloitettu, mutta työ edistyi hitaasti,
sillä työväki oli tottumatonta. Joulukuun 8 p:nä kirjoitti
rahapajan johtaja Solden äidilleen, että ensimmäiset sata
hopeamarkkaa oli valmistettu lokakuun 5 p:nä. Yhden niistä,
kiiltävän ja kauniin, hän lupasi lähettää vaatimattomana
joululahjana äidilleen. Mutta vasta seuraavana vuonna,
tammikuun lopulla v.1865, ensimmäiset hopeamarkat 75 000 kpl,
toimitettiin rahapajasta Suomen Pankkiin.

Vaihdonvälineenä rahaa on kulttuuripiirissämme käytetty
noin 25oo vuotta. Suomen sana RAHA on todennäköisesti
alkuaan tarkoittanut turkiseläimen nahkaa. Turkikset olivat
Suomessa vaihdonvälineinä esihistoriallisena aikana, kun
käytiin kauppaa vierailta mailta tulleiden kauppamiesten
kanssa.

Jaloja metalleja oli jo sitä ennen käytetty vaih-
tovälineinä etelässä mm. harkkoina, sormuksina ja maljak-
koina. Tämmöisen esineen arvo voitiin kuitenkin saada
selville vain punnitsemalla sekä tutkimalla minkälaista
metalliseos oli, toisin sanoen miten paljon siinä oli
jaloja metalleja.

Kun älyttiin ruveta valmistamaan aina samankokoisia,
-muotoisia ja -painoisia sekä metalliseokseltaankin tarkoin

312-421 O - 68 - 12

samanlaisia jalometallikappaleita, joiden laadun takasi
virallinen leima, oli keksitty raha. Mikäli voitiin
luottaa hallitukseen tai hallitsijaan, joka oli rahan
leimauttanut, sitä ei tarvinnut tarkemmin tutkia. Sen
arvo oli muutoinkin selvä.

Ensimmäiset leimatut rahat, mitkä tunnetaan, val-
mistettiin Vähässä Aasiassa, Lyydian valtakunnassa, jonka
nimekkäin kuningas oli rikkaudestaan kuuluisa Kroisos.
Nämä rahat olivat munanmuotoisia. Herodotoksen mukaan ne
valmistettiin " valkoisesta kullasta", kulta- ja
hopeaseoksesta, jota meidän aikanamme sanotaan elektroniksi.

Kun Vähässä Aasiassa saadaan luonnosta suoraan täl-
laista metalliseosta, aikaisemmin pidettiin todennäköisenä,
ettei Lyydian rahapajassa valmistettu erityistä rahametallia,
vaan " valkoista kultaa" käytettiin rahojen valmistuksessa
siinä muodossa, missä sitä luonnosta saatiin. Siihen ei
kuitenkaan enää uskota, sillä Lyydian rahat ovat kyllä
verrattain samanpainoisia, mutta niiden metalliseos vaihtelee
suuresti; kultapitoisuus niissä on säännöllisesti pienempi
kuin luonnossa.

Näitä elektronirahoja alettiin Lyydiassa valmistaa jo
ennen kuningas Kroisoksen aikaa. Leimana niissä oli oikealle
suuntautuva leijonanpää.

Toisenkin tyyppisiä rahoja on ollut käytössä, mutta jo
varsin varhain tuli yleisimmäksi nykyinen tyyppi.

Hilkka Leino

170

Sanasto

rahapaja, -pajan, -pajaa, -pajoja	mint
paja	blacksmith shop
toiminta, toiminnan, toimintaa, toimintoja	function, work, activity, action
sulattaa, sulatan, sulatti, sulattanut (tr.)	to melt, fuse, smelt
sulaa, sulan, suli, sulanut (intr.)	to fuse, melt, thaw
kupari, kuparin, kuparia, kupareita	copper
lähetys, lähetyksen, lähetystä, lähetyksiä	shipment, consignment, mission, broadcast, transmission
toimittaa, toimitan, toimitti, toimittanut	dispatch, prepare, deliver
edistyä, edistyn, edistyi, edistynyt	to progress
tottumaton, tottumattoman, tottumattomaa, tottumattomia	inexperienced, unaccustomed
tottua, totun, tottui, tottunut	to get used to, become accustomed
kiiltää, kiillän, kiilsi, kiiltänyt	to shine, glitter
alkuaan	originally, initially
väline, välineen, välinettä, välineitä	medium, means, tool
väli, välin, väliä, välejä	intervening space, gap, relation
kulttuuri, kulttuurin, kulttuuria, kulttuureja	culture, civilization
todennäköinen	probable, likely, plausible
tarkoittaa, tarkoitan, tarkoitti, tarkoittanut	to mean
turkiseläin	furred animal

171

nahka, nahkan, nahkaa, nahkoja	pelt, skin, leather, hide
esihistoriallinen	prehistoric
käydä kauppaa	carry on trade
jalo, jalon, jaloa, jaloja	precious, noble
metalli, metallin, metallia, metalleja	metal
harkko, harkon, harkkoa, harkkoja	bar, ingot
sormus, sormuksen, sormusta, sormuksia	ring
maljakko, maljakon, maljakkoa, maljakkoja	vase
arvo, arvon, arvoa, arvoja	value
saada selville	to find out
punnita, punnitsen, punnitsi, punninnut (tr.)	to weigh
tutkia, tutkin, tutki, tutkinut	to analyze, test, examine
tutkinto, tutkinnon, tutkintoa, tutkintoja	examination
seos, seoksen, seosta, seoksia	alloy, mixture
sekoittaa, sekoitan, sekoitti, sekoittanut (tr.)	to mix, blend, stir, confuse
sekainen, sekaisen, sekaista, sekaisia	mixed, muddy, troubled
toisin sanoen (ts.)	in other words
älytä, älyän, älysi, älynnyt	to get the meaning, understand
paino, painon, painoa, painoja	weight, press
tarkoin = tarkasti	exactly, accurately
laatu, laadun, laatua, laatuja	quality, brand
taata, takaan, takasi, taannut	to guarantee
leima, leiman, leimaa, leimoja	coinage, stamp, impression

mikäli	provided, if, as far as
luottaa, luotan, luotti, luottanut (johonkin)	to trust, confide (in someone)
hallitus, hallituksen, hallitusta, hallituksia	government, reign, rule, regime
leimauttaa, leimautan, leimautti, leimauttanut	have coined, stamped, visaed
Vähä-Aasia	Asia Minor
nimekäs, nimekkään, nimekästä, nimekkäitä	noted, well known
rikkaus	richness, wealth
verrattain	comparatively, relatively
vaihdella, vaihtelen, vaihteli, vaihdellut	to vary, be changing
vaihtaa, vaihdan, vaihtoi, vaihtanut (tr.)	to change
vaihtua, vaihdun, vaihtui, vaihtunut (intr.)	to change, become changed
kultapitoisuus, -pitoisuuden, -pitoisuutta, -pitoisuuksia	contents in gold
säännöllisesti	as a rule, regularly
suuntautua, suuntaudun, suuntautui, suuntautunut	to be directed, face, turn
leijona, leijonan, leijonaa, leijonia	lion
toisen tyyppinen	of a different kind
tyyppi, tyypin, tyyppiä, tyyppejä	type
käyttö, käytön, käyttöä, käyttöjä	use, operation
nykyinen, nykyisen, nykyistä, nykyisiä	present day, contemporary

173

Kysymyksiä

A.   Minkälainen historia rahalla on? Milloin Suomen rahapaja aloitti toimintansa? Milloin ensimmäinen rahalähetys toimitettiin Suomen Pankkiin? Mitä rahalähetys sisälsi? Milloin markan rahojen lyöminen oli aloitettu? Minkälaista työväki oli? Kuka oli rahapajan johtaja? Miten työ edistyi? Mitä oli valmistettu lokakuun 5 p:nä? Mitä johtaja Solden lupasi lähettää joululahjaksi äidilleen? Milloin toimitettiin e: simmäiset hopeamarkat Suomen Pankkiin?

B.   Mitä suomen sana " raha" alkuaan tarkoitti? Mitkä olivat vaihdonvälineinä esihistoriallisena aikana? Kuinka kauan rahaa on käytetty vaihdonvälineenä länsimaisessa kulttuuripiirissämme? Minkä muotoisia olivat ensimmäiset rahat? Missä niitä ensin käytettiin? Mikä oli niiden metalliseos? Minkälainen leima niissä oli? Minkä tyyppisiä rahoja käytettiin myöhemmin? Minkä tyyppisiä rahoja käytetään nykyään?

C.   Mikä on kallein metalli? Mitkä metallit ovat halpoja? Mistä metalleja saadaan? Mistä metalleista tehdään sormuksia? Mitä metallia käytetään kattoihin (katto=roof)? Mitä metalleja näette tässä huoneessa? Minkä metallien seos pronssi on? Entä messinki? Mistä metallista tehdään terästä? Mihin terästä käytetään?

D.   Missä on Yhdysvaltain rahapaja? Minkä arvoisia metallirahoja käytetään Yhdysvalloissa? Minkä kokoisia

174

ne ovat? Minkä painoisia ne ovat? Minkä muotoisia ne
ovat? Mitä metallia ne ovat? Mikä on hopeadollarin
hopeapitoisuus? Milloin dollari laskettiin liikkeelle?
Milloin paperirahaa alettiin käyttää? Minkä arvoisia
seteleitä on nykyään liikkeessä? Mikä ero on shekillä
ja setelillä? Mikä leima on puolen dollarin rahassa?

Harjoituksia

A. MODEL: Lapsi on nukkunut. - nukkunut lapsi

1. Poika on juossut.
2. Tyttö on istunut hiljaa.
3. Mies on tullut ulkomailta.
4. Ihmiset ovat asuneet täällä.
5. Miehet ovat käyneet sotaa.
6. Oppilaat ovat opiskelleet suomea.

B. Täydentäkää seuraavat lauseet käyttämällä annettuja
sanoja:

1. En nähnyt vasta. . .vierasta.   tullut
2. Tämä on tänne. . .asukkaan postia. muuttanut
3. Häntä pidetään kentälle. . .   jäänyt
    miehenä.
4. . . .talosta ei ollut mitään   palanut
    jäljellä.
5. . . .lapsessa oli korkea kuume.   sairastunut
6. En usko. . .jumalaan.   kuollut
7. Äkkiä. . .ihmisellä on   rikastunut
    vaikeuksia.
8. Sain sen. . .ystävältäni.   matkustanut

175

9. Neuvoin tietä hyvin. . .herralle.   pukeutunut

10. Luulin häntä. . .oppilaaksi.   luntannut (cheated)

C. Muuttakaa monikkoon seuraavat lauseet:

1. Onnittelemme vastavalmistunutta lääkäriä.

2. Puhuimme Valtoihin muuttaneesta miehestä.

3. Kunnioitan sodassa kaatuneen muistoa.

4. Luulin häntä Karjalassa asuneeksi isännäksi.

5. Hän ei jatka tappiota tuottanutta liikettänsä.

6. He eivät voineet asua palaneessa talossa.

7. Ostin tavaraa taloon tulleelta kauppiaalta.

D. MODEL: Pojan nimi on Pekka.

   Poika on juossut.

   Juosseen pojan nimi on Pekka.

1. Puhuimme tytöstä.
   Tyttö oli istunut hiljaa.

2. Tapasit miehen.
   Mies oli tullut ulkomailta.

3. Kuulimme ihmisistä.
   Ihmiset olivat asuneet täällä.

4. Tapasimme kauppiaat.
   Kauppiaat olivat tulleet vierailta mailta.

5. Kuulitko onnettomuudesta?
   Onnettomuus tapahtui eilen.

6. Poika tuli sodasta miehenä.
   Poika oli muuttunut.

E. MODEL: Tunnen perheen.

   Perhe oli myynyt talonsa.

   Tunnen talonsa myyneen perheen.

176

1. Luotamme hallitsijaan.
   Hallitsija oli leimauttanut rahan.

2. Maksoimme miehille.
   Miehet auttoivat meitä.

3. Puhuin pojasta.
   Poika oli nähnyt hänen miehensä.

4. Kuulin tämän ystävältäni.
   Ystäväni oli lopettanut työnsä.

5. Kysyin tietä oppilailta.
   Oppilaat olivat opiskelleet suomea.

6. Kiitän ystäviä.
   Ystävät pitivät sanansa.

Huomatkaa seuraavan lauseen rakenne:

. . .käytiin kauppaa vierailta mailta tulleiden kauppamiesten kanssa.

. . .käytiin kauppaa. . .kauppamiesten kanssa.

tulleiden kauppamiesten kanssa

vierailta mailta tulleiden kauppamiesten kanssa

. . .käytiin kauppaa kauppamiesten kanssa, jotka olivat tulleet vierailta mailta.

Vastatkaa seuraaviin kysymyksiin ylläannetun lauseen mukaan:

Mitä käytiin?

Kenen kanssa käytiin kauppaa?

Minkälaisten kauppamiesten kanssa?

Mistä tulleiden?

F. MODEL: Ne ovat samanlaisia. metalliseos - Ne ovat metalliseokseltaan samanlaisia.

1. Hän on vilkas. luonne

177

2. Olet normaali. paino
3. Poika on Pekka. nimi
4. Hän on vielä nuori. ikä
5. Auto on kohtuullinen. hinta
6. Tuo mies on ulkomaalainen. näkö
7. Hän on räätäli. ammatti

Sanavaraston kartuttamista

nimekäs	
rahakas	wealthy man
mahakas	pot bellied, big bellied
vitsikäs	
ansiokas	worthy, deserving
arvokas	valuable, dignified
vaihdokas	changeling
nousukas	upstart, newly rich

G. Täydentäkää seuraavat lauseet ylläannetuilla sanoilla:

1. . . .mies osaa kertoa hauskoja juttuja.
2. . . .korut pidettiin kassakaapissa.
3. . . .on noussut äkkiä köyhästä rikkaaksi.
4. . . .on iso maha.
5. Tieteellinen teos oli erittäin. . .
6. . . .vaihdettiin lapsena.

väline
työvälineet = työkalut

178

meedio

Spiritistisissä istunnoissa henget
puhuvat meedion välityksellä.

toimitus   editorial staff

    toimittaja   editor, supplier,
                                        deliverer

    toimi   occupation, position,
                                        job

    tyhjäntoimittaja   idler, loafer, loiterer

historioitsija   historian, historio-
                                        grapher

leimata

    tavaramerkki   mark, brand name

Mitä merkkiä autosi on?

    merkitä polttomerkillä tai   to brand
    poltinraudalla

    Hän leimasi koko jutun   . . .lie, untruth. . .
    valheeksi.

Hänet leimattiin pahantekijäksi.

karaatti   carat, karat

    platina   platinum

    sinkki   zinc

    tina   tin

    teräs   steel

    lyijy (vrt. lyijykynä)   lead

    pronssi = kuparia ja tinaa   bronze
    sisältävä metalliseos.

    messinki = kuparia ja sinkkiä   brass
    sisältävä metalliseos

    vaski = kupari tai pronssi

179

19

Pilviä taivaanrannalla

Kuunnelma

(Lyhennelmä)

Kirjoittanut Erkki Koivusalo

Henkilöt:

Ritva, Kaukon vaimo

Kauko, Karin ystävä

Eino, ystävien kesken " Eikka", Karin entinen huonetoveri

Kari, liikennelentäjä, saanut jo näytelmän alkaessa surmansa
lento- onnettomuudessa

Tapahtuma-aika: nykyaika

Tapahtumapaikka: lentokentän ravintola sekä monet paikat,
joihin siirtymät johdattavat kuulijan.

Ravintolan kohinaa ja ääniä, tanssimusiikkia.

Ritva: Kauko, sinulla on sittenkin tahra takissasi!
Tuossa, vasemman taskun yläpuolella. . .

Kauko: Älä tuijota sitä! Ihmiset voivat vielä huomata
sen.

Eino: Aina te molemmat jaksatte kinastella. (Hiljaa
Kaukolle:) Katso vähän alemmaksi, niin näet sen.

Kauko (puoliääneen): Se on verta! Ei sitä kukaan
huomaa. Helppohan sinun on olla, kun tahra on minun
takissani!

Eino: Älä kiihdy, Kauko, eihän kukaan tiedä, mitä se on.
Ja jos tietäisikin, niin mitä sitten? Eihän sinua ole
murhasta etsintäkuulutettu.

Ritva: Että meidän pitikin juuri tänään lähteä matkalle!

Eino: Ja teidän kahden pitäisi näihin aikoihin jo olla
mannermaalla. Mutta tässä me vain istumme kolmisin.

180

Kauko: Minuun se onnettomuus nyt ei vaikuttanut, mutta
Ritva ei halunnut sen jälkeen enää lähteä. Ritva oli melkein
h.steerinen. Mutta tietysti me vielä lähdemme. Vaikka
huomispäivänä.

Ritva: Mutta laivalla!

Kauko: Vaikka laivalla. Mutta sinähän se halusit len-
tää.

Ritva: En lennä tämän jälkeen enää koskaan!

Eino: Älä ota noin raskaasti, Ritva. Kaikessa lii-
kenteessä sattuu joskus onnettomuuksia. Laivojakin menee
pohjaan.

Ritva: Mieluummin hukun laivan mukana kuin palan len-
tokoneessa. Oh. . .se oli kauheata!

Eino: Sinun ei olisi pitänyt jäädä katselemaan sitä.

Ritva: Enhän minä aavistanut mitään, ennenkuin kuulin
jyrähdyksen ja näin liekkien nousevan koneen raunioista.
Seisoin kuin halvaantuneena. Silloin en vielä tietänyt,
että sitä ohjasi Kari. . .oli hyvä etten tietänyt. Muuten
olisin pyörtynyt.

Kauko: Se toinen. . .se matkustaja, se oli paljon
pahemman näköinen kuin Kari. Kun vedin häntä esiin, sain
tämän tahran takkiini.

Eino: Hän sai surmansa silmänräpäyksessä.

Ritva: Mikä lohdutus. Entä Kari sitten? Kari ei
kuollut heti. Hänellä oli hirvittävät tuskat.

Äänettömyys.

Kauko: Kari oli aina vähän omituinen. Ja silloin
kun vedin hänet esiin sirpaleiden keskeltä, hän oli tajuis-
saan, mutta puhui aivan merkillisiä.

Eino: Sellaisen onnettomuuden jälkeen puhuu jokainen
sekavia.

Kauko: Ei, Kari tunsi minut. Mutta sitten hän alkoi
puhua pilvistä, t a i v a a n r a n t a a k i e r -
t ä v i s t ä p i l v i s t ä. . .Ajattelin heti, että pilvet
aiheuttivat onnettomuuden. Mutta missään ei näkynyt yhtään
pilveä, kaikkialla oli kirkasta. Aamusumukin oli hälvennyt.

Eino: Koko jutussa on jotain omituista.

Ritva: Miksi niin?

Eino: Kukaan ei ymmärrä onnettomuuden syytä.

— —

Kauko: Mihin lopputulokseen lautakunta tuli?

Eino: Huomasitko sinä, että sekä Kari että koneen ainoa matkustaja olivat molemmat murskaantuneessa keulassa?

Kauko: Mutta sehän on itsestään selvä. Sellainen syöksy suoraan metsään heittää matkustajankin ohjaamoon.

Eino: Unohdat oven. Sen, josta mennään ohjaamoon. Ovi oli paikoillaan.

Ritva: Matkustaja oli siis ohjaamossa?

Eino: Niin oli.

Kauko: Mutta silloinhan on kaikki selvää! Matkustaja aiheutti onnettomuuden.

Eino: Niin uskotaan. Mutta minä en usko tuohon teoriaan ollenkaan.

Kauko: Miksi et? Sehän on ainoa ratkaisu.

Eino: Ajattele itseäsi sen matkustajan asemassa. Olisitko sinä koskenut ohjauslaitteisiin tai kaasuvipuun?

Kauko: Ee-en. Ainakin luulen, etten olisi koskenut.

Eino: Eikä sitä tehnyt tuo onneton matkustajakaan. Hän ei ollut aikaisemmin lentänyt - muuten hän olisi tietänyt, että pääsy ohjaamoon on laskun ja nousun aikana kielletty. Mutta hän ei sitä tietänyt, ja siksi hän joko uteliaisuudesta tai pelosta astui ohjaamoon juuri startin pahimmassa vaiheessa.

Kauko: En ymmärrä. . .miten se olisi aiheuttanut onnettomuuden?

Eino: Minulla on näkemys kaikesta.

Ritva: Anna kuulua!

Eino: Se on pitkä juttu.

— —

Siirtymä Karin huoneeseen. Radiota väännetään hermostuneesti asemalta toiselle.

Kari: Täällähän on riivatun lämmin. Täytyy heittää takki pois. (Riisuu takin päältään.)

Lyhyt äänettömyys.

Kari: Kuuletko. .kuuletko, tuolla ylhäällä on taas kone?

Eino: Ei siellä mitään ole. Minä en kuule muuta kuin musiikkia. Ja se tulee tuosta radiosta.

Kari: Se tulee lähemmäksi. . .

Musiikkiin sekaantuu hitaasti voimistuvaa moottorin jyrinää.

Eino: En minä kuule mitään.

Kari (sulkee radion): Etkö kuule! Sehän lentää tästä aivan matalalta. . .

Eino: Olisit antanut radion olla auki. Minä kuuntelin musiikkia. Nyt en kuule mitään. (Syöksyy ikkunan luo ja avaa sen.)

Kari: Joko nyt kuulet? Sen moottori käy huonosti. . .

Eino: Minä en kuule mitään, en yhtään mitään. Avaa itse vaikka kaikki ikkunat.

Kari: Sinulla on . . . sinulla on korvissasi vikaa. Äänihän voimistuu hetki hetkeltä.

Jyrinä voimistuu, moottori käy epätasaisesti.

Eino: No, jos sinä kerran kuulet sen. . .Mutta mikä kone? Ei ainakaan liikenne- eikä yksityinen kone.

Kari: Ehkä se on sotilaskone. . .Niillä on varmasti yölentoharjoitukset.

Eino: Minä otan siitä heti selvän.

Kävelee toiseen huoneeseen. Oven sulkeuduttua vaimenee jyrinä kokonaan.

Eino (puhelimeen): Halloo. . .saanko lentoasemalle. . . päivystävä upseeri. Kiitos! Sinäkö se olet? Terve, Eikka täällä. Ei kai teillä nyt ole yölentoharjoituksia? Eikö. . .

183

no, kuuluuko siellä koneen surinaa? Ei. . .olin kuulevinani
koneen äänen juuri äsken. . .Niin, erehdys varmasti. Ei
muuta. Kiitos! Tervel (Sulkee puhelimen ja kävelee Karin
huoneeseen. Äänettömyys. Hiljaisuudessa kuuluu vain kellon
raksutus ja Karin epätasainen hengitys.) Kari, mikä sinua
oikein vaivaa?

Kari: En tiedä, kuulin sen syöksyvän alas. . .

Eino: Mutta yhtään konetta ei ole ilmassa.

Kari: Aavistin sen. . .Mutta minä. . .minä kuulin
moottorin jyrinää! Ja kone sai moottorivian! Siitä ei
pääse yli eikä ympäri.

Eino: Kummallista. Mutta sen täytyy johtua hermoista.
Se ei voi olla muuta. Mene lääkärin puheille! Kerro hänelle
kaikki.

Kari: En mene.

Eino: Niin, mutta etkö käsitä että sinä olet lopussa.
Hermot - sinä tarvitset lomaa.

Kari: Ei minun hermoissani mitään vikaa ole.

Eino: Missä sitten? Aivoissako?

Kari: Ee-ei. Koko juttu on aivan yksinkertainen.
Äänet, joita minä kuulin, ne olivat ennustus.

Eino: Mitä ne olivat?

Kari: E n n u s t u s.

- -

Siirtymätauko.

Kauko: En ymmärrä. . .mitä tapahtui silloin?

Eino: Joku kosketti arvattavasti Karin olkapäätä. Hän
käänsi päänsä salamannopeasti ympäri. Hänen takanaan seisoi
koneen ainoa matkustaja! Kari erehtyi. . .se erehdys maksoi
hänen henkensä. Kuolema yllätti hänet kuitenkin, mutta toi-
sin kuin hän odotti.

- -

184

Kauko kilistää lasia toisten kanssa. Samalla hetkellä
lentää ravintolan yli liikennekone jyrisevin moottorein.

Ritva: Tuo jyrinä. . .mistä se tulee?

Lyhyt äänettömyys.

Eino (käheästi): Kone Keski-Euroopasta kello kaksikym-
mentä.

Ritva: Niin. . .niin tietysti. Malja Karin muistolle!

Kauko: Malja niille pilville, joita ei näkynyt missään.

Sanasto

lyhennelmä	abridgment
kuunnelma, kuunnelman, kuunnelmaa, kuunnelmia	radio play
toveri, toverin, toveria, tovereita	mate, comrade, companion
saada surma, surman, surmaa, surmia	to die suddenly (from an accident
siirtymä, siirtymän, siirtymää, siirtymiä	change (of scene in a play, shift
johdattaa, johdatan, johdatti, johdattanut	to lead, guide
kohina, kohinan, kohinaa, kohinoita	hum, rush, roar, noise
tahra, tahran, tahraa, tahroja	stain, spot, smear
tuijottaa, tuijotan, tuijotti, tuijottanut	to stare, gaze
kiihtyä, kiihdyn, kiihtyi, kiihtynyt	to get excited, grow more intense, flare up
jaksaa, jaksan, jaksoi, jaksanut	to be able, have strength enough
kinastella, kinastelen, kinasteli, kinastellut	to keep arguing or bickering
murha, murhan, murhaa, murhia	murder
etsintäkuulutettu	wanted (for murder)

312-431 O - 68 - 13

mannermaa	continent
kauhea, kauhean, kauheaa, kauheita	horrible, terrible, awful
aavistaa, aavistan, aavisti, aavistanut	to have a presentiment
jyrähdys	sudden rumble, thunder, roar
jyrinä	(continuous) rumble, roll (of sound), thunder
halvautua = halvaantua	to become paralyzed
liekki, liekin, liekkiä, liekkejä	flame, blaze
näin liekkien nousevan = näin, että liekit nousivat	
raunio, raunion, rauniota, raunioita	wreckage, ruin, pile of stones
pyörtyä, pyörryn, pyörtyi, pyörtynyt	to faint
silmänräpäys, -räpäyksen, -räpäystä, -räpäyksiä	twinkling of an eye, moment
lohdutus, lohdutuksen, lohdutusta, lohdutuksia	consolation, comfort
hirvittävä	dreadful, horrible, awful
hirvittää, hirvitti, hirvittänyt	to terrify
äänettömyys	stillness, silence
olla tajuissaan	to be conscious
sekava, sekavan, sekavaa, sekavia	confused, incoherent
aiheuttaa, aiheutan, aiheutti, aiheuttanut (tr.)	to cause, bring on
aiheutua, aiheutui, aiheutunut (jostakin) (intr.)	be caused, spring (from something)
hälvetä, hälveni, hälvennyt (intr.)	be dispelled, be dispersed

186

hälventää, hälvennän, hälvensi, hälventänyt (tr.)	to dispel, disperse
syy, syyn, syytä, syitä	cause, reason, fault
tärsky, tärskyn, tärskyä, tärskyjä	jolt, (shake-up) smash-up
tutkijalautakunta	investigating committee, jury at an inquest
selvittää, selvitän, selvitti, selvittänyt	to solve explain, settle, disentangle
vrt. selvä	clear, sober, understandable
keula, keulan, keulaa, keuloja (laivan)	bow, head, prow; fore (part)
syöksy, syöksyn, syöksyä, syöksyjä	plunge, dive, rush, dash
syöksyä maahan (lentokone)	to crash (airplane)
syöksyä, syöksyn, syöksyi, syöksynyt	to rush, dash, gush
kuulin sen syöksyvän alas = kuulin, että se syöksyi alas	
ohjaamo, ohjaamon, ohjaamoa, ohjaamoja	pilot's cockpit, wheelhouse
asemassa (jonkun a.)	in place of
koskettaa, kosketan, kosketti, koskettanut	to touch
kaasuvipu, -vivun, -vipua, -vipuja	throttle
onneton, onnettoman, onnetonta, onnettomia	unfortunate, unlucky, unhappy
ollenkaan	at all, in the least
ratkaisu, ratkaisun, ratkaisua, ratkaisuja	solution, result, key to the issue
uteliaisuus	curiosity, inquisitiveness
pelko, pelon, pelkoa, pelkoja	fear, dread

vaihe, vaiheen, vaihetta, vaiheita	stage, phase, period
näkemys, näkemyksen, näkemystä, näkemyksiä	conception, vision, intuition
vääntää, väännän, väänsi, vääntänyt (tr.)	to turn, wind, twist
vääntyä, väännyn, vääntyi, vääntynyt (intr.)	to turn, twist, wind, warp
riivata, riivaan, riivasi, riivannut	to possess, bewitch
riivattu	possessed (with the devil)
voimistua, voimistun, voimistui, voimistunut	to become stronger, gain in strength
hetki hetkeltä	moment by moment
hetki, hetken, hetkeä, hetkiä	moment, instant
vika, vian, vikaa, vikoja	fault, defect, trouble
yksityinen, yksityis-	private, personal, sporadic
oven sulkeuduttua = senjälkeen kun ovi oli sulkeutunut	
vaimeta, vaimenen, vaimeni, vaimennut =	
vaimentua (intr.)	to quiet down, be muffled
vaimentaa, vaimennan, vaimensi, vaimentanut (tr.)	to muffle, quiet, still, mitigate, quell
ottaa selvä (tai selville)	to find out
päivystää, päivystän, päivysti, päivystänyt	to be on duty (for a day or night)
erehtyä, erehdyn, erehtyi, erehtynyt	to make a mistake or error of judgment.
erehdys, erehdyksen, erehdystä, erehdyksiä	mistake, error

hengitys, hengityksen, hengitystä	breathing, respiration
ennustus, ennustuksen, ennustusta, ennustuksia	prediction, prophecy
arvattavasti	supposedly, presumably
olkapää	shoulder
yllättää, yllätän, yllätti, yllättänyt	to surprise, take unawares, by surprise
kilistää, kilistän, kilisti, kilistänyt	clink, jingle
käheä, kähëan, käheää, käheitä	hoarse, husky

Kysymyksiä

A.   Missä kuunnelmat esitetään? Missä näytelmät esitetään? Mikä on tämän kuunnelman tapahtumapaikka? Mikä on tämän kuunnelman tapahtuma- aika? Mistä tämä kuunnelma kertoo? Kuka on päähenkilö? Ketkä ovat muita henkilöitä? Kuka oli Karin entinen huonetoveri? Minne Ritvan ja Kaukon piti matkustaa? Mitkä maat ovat mannermaalla? Miten Ritva halusi matkustaa? Miksi?

B.   Mitä Karille oli tapahtunut? Mikä oli aiheuttanut onnettomuuden? Minkälainen sää oli? Mitä lentäjä oli näkevinään? Kuinka monta matkustajaa oli koneessa? Ketkä saivat surmansa lento-onnettomuudessa? Mitä Kari oli nähnyt aikaisemmin? Minne Erkki pyysi Karia menemään? Miksi Kari ei mennyt lääkäriin? Missä vika ehkä oli? Mitä Kari itse ajatteli?

C.   Ohjaatteko itse lentokonetta? Minkälaista lentokonetta olette ohjannut? Minkälaisia ovat yksityis-

189

koneet yleensä? Kuinka monta moottoria niissä on? Min-
kälaisia ovat liikennekoneet nykyisin? Kuinka monta
moottoria niissä on? Missä ohjaaja istuu lennon aikana?
Mikä on ohjaamon ja matkustaja-osaston välillä?
Istuvatko matkustajat keulassa? Millä lentokonetta
ohjataan? Milloin on pääsy ohjaamoon kielletty? Mitä
tapahtuu, jos kone saa moottorivian?

D.   Milloin lensitte viimeksi? Minkälaisella koneella
lensitte? Kuka ohjasi konetta? Minkä lentoyhtiön se
oli? Mistä kone nousi ilmaan? Mille kentälle se las-
keutui? Mitä tapahtui nousun aikana? Mitä tapahtui
laskun aikana? Pelottiko teitä? Mistä ja mihin te len-
sitte? Kauanko matka kesti?

                        Harjoituksia

A.1 MODEL: Kuulin, että se syöksyi alas. -
             Kuulin sen syöksyvän alas.

             1. Näin, että se putosi alas.
             2. Uskoin, että se tuli alas.
             3. Sanoin, että se pääsee alas.
             4. Luulin, että se laskeutuu alas.

A.2 MODEL: Näimme, että hän juoksee. - Näimme hänen
             juoksevan.

             1. Kuulin, että puhuitte suomea.
             2. Uskoin, että sinä tulet takaisin.
             3. Hän luuli, että nukuimme.
             4. Tiesittekö, että Pekka on koulussa.

                            190

5. He sanoivat, että olen kotona.

6. Luulin, että tuot ruokaa.

A.3 MODEL: Luulen, että tunnen hänet. -

Luulen tuntevani hänet.

1. Sanoitko, että luet kirjaa?

2. Uskomme, että saamme paperit.

3. Hän luuli, että hän näkee isänsä.

4. Tiesittekö, että voitatte päävoiton.

5. He sanoivat, että he maksavat laskun.

A.4 MODEL: Näin, että liekit nousivat koneesta. -

Näin liekkien nousevan koneesta.

1. Huomaatte, että aurinko on ylhäällä
koko yön.

2. Kuulin, että linnut lauloivat.

3. He eivät sano, että nämä ovat väärin.

4. Kaikki näkivät, että he olivat
amerikkalaisia.

5. Luulin, että olette suomalainen.

Yllämainittua rakennetta (partisiippirakennetta) ei
käytetä kielteisessä muodossa eikä yksipersoonaisista ver-
beistä. Kieltolauseissa pääverbi kielletään, esimerkiksi:

Luulen ennättäväni ajoissa. - En luule ennättäväni
ajoissa.

Vrt.

Te näette, että aurinko ei laske. - Te näette auringon
olevan laskematta.

Näen, että hän ei puhu. - Näen hänen olevan puhumatta.

191

B. MODEL: Luulin, että kuulin jotakin. -

Olin kuulevinani jotakin.

1. Luulin, että näin sinut eilen.
2. Luulit, että tunsit hänet.
3. Hän näki unta ja luuli olevansa taivaassa.
4. Luulin, että olin ajoissa asemalla.

C. MODEL: He olivat ikään kuin he nukkuisivat. -

He olivat nukkuvinaan.

1. Pojat olivat ikään kuin he ajaisivat autoa.
2. Pikkulapset olivat ikään kuin he lukisivat.
3. Tytöt olivat ikään kuin he olisivat
   opettajia.
4. Hän oli ikään kuin hän olisi elefantti.
5. Lapset olivat ikään kuin he istuisivat.

Huom: Hän on olevinaan.   He thinks a great deal
                                 of himself.

D. MODEL: Hän teki sen. uteliaisuus - Hän teki sen

uteliaisuudesta.

1. Mies ei puhunut asiasta. pelko
2. He kutsuivat vieraan. erehdys
3. Vakooja antoi tietoja. maksu
4. Hän poltti talonsa. viha
5. Hän uhrasi kaikkensa. rakkaus

E. MODEL: Tie tuli paremmaksi hetki hetkeltä.

1. askel
2. päivä

192

3. tunti

4. vuosi

Vrt.: Mies mieheltä he tarttuivat aseisiin.

Ylipäällikkö tarkasti joukot rivi riviltä.

Poliisi tarkasti alueen talo talolta.

F. **Valitkaa sopiva sana annetuista sanoista ja käyttäkää kutakin lausetta täydellisenä.**

MODEL: Vallitsi syvä äänettömyys.   (ääni, äänetön, äänettömyys.)

Ei kuulunut ääntäkään.

Kaikki oli äänetöntä.

1. Oli tapahtunut vakava. . .   (onni, onneton, onnettomuus.)

Ystävät olivat. . .

. . .onnettomuudessa oli, että kukaan ei saanut surmaansa.

2. Hänellä oli vielä. . .   (toivo, toivoton, toivottomuus.)

Hän ei ollut aivan. . .

Hän ei jäänyt. . .valtaan.

3. Hän astui ohjaamoon. . .   (pelko, peloton, pelottomuus.)

Ohjaaja ei suinkaan ollut. . .

. . .pelastaa joskus tilanteen.

193

Sanavaraston kartuttamista

saada surmansa

surma

Hän sai surmansa auto-onnettomuudessa.

Ohjaaja ja koneen matkustaja saivat heti surmansa.

Surman enkeli (angel) tappoi yhtenä yönä kaikki Egyptin esikoiset (first born).

Uusi lumi on vanhan lumen surma.

Musta surma (bubonic plague) raivosi Euroopassa 1300-luvulla.

surmata

Hän surmasi kimppuunsa hyökänneen koiran.

Mies surmasi vastustajansa miekallaan.

Surmasi lapsensa.

tappaa

tappava vauhti

Atomipommi tappaa kaiken elollisen.

Hän tappoi itsensä (ampui itsensä, hukutti itsensä, teki itsemurhan).

teloittaa   to execute

Amerikassa teloitetaan vielä ihmisiä sähkötuolissa.

Hänet hirtettiin auringon noustessa.

mestata (giljotiinilla)

Lontoon Tornissa mestattiin monta kuninkaallista henkilöä.

Ranskassa mestattiin giljotiinilla tuhansia ihmisiä.

surmanajo, -lento, -hyppy, -isku

surma-ase

mantere = manner   mainland, continent

    mannermainen   continental

    mannerjäätikkö   continental glacier

Minua hirvittää ajatella sitä.	I dread to think of it.
Se hirvittää minua.	It frightens me, it makes me shudder.
hirviö	monster, monstrosity
hirveä	dreadful, frightful
taju, tajun, tajua	consciousness, sense
huumorintaju	sense of humor
tajuton	unconscious
alitajunta	subconsciousness
tajuta	
aihe	theme, subject, reason, cause
aiheeton	groundless, baseless, unjustified
koskea	
Hän ei koskenutkaan lasiin.	He didn't even touch the glass.
Asia ei koske minua.	The matter doesn't concern me.
Koskeeko se kovasti?	Does it hurt much?
Hampaaseeni koskee.	I have a toothache.
Se koski häneen kipeästi.	It hurt him deeply.
äänenvaimentaja	muffler
vaimea	subdued, quiet, muffled
käsitys	comprehension, under-standing
käsite	concept, idea, notion, opinion
käsitellä	to handle, deal with, manipulate
vrt. käsi	

Kotitehtävä

A.   Kertokaa tästä lento-onnettomuudesta sanomaleh-
tiuutisen muodossa, toisin sanoen niin yksinkertaisesti
ja lyhyesti kuin mahdollista.

B.   <u>Käyttäkää sopivia muotoja seuraavissa lauseissa:</u>

Häntä on etsintäkuulutettu (murhalta, murhasta, murhaan).

Onnettomuus ei vaikuttanut (minua, minulle, minuun).

Pilvet aiheuttivat (onnettomuutta, onnettomuuden, onnet-
tomuudeksi).

Lautakunta tuli (lopputulokseksi, lopputulokseen,
lopputuloksena).

Ohjaamoon mennään (ovelta, ovesta, ovessa).

En usko ollenkaan (tuota teoriaa, tuohon teoriaan,
tuon teorian).

Olisitko sinä koskenut (kaasuvipua, kaasuvivun,
kaasuvipuun)?

Pääsy (ohjaamossa, ohjaamosta, ohjaamoon) on nousun
aikana kielletty.

Sehän lentää tästä (matalasta, matalalta, matalassa).

Sen täytyy johtua (hermoilta, hermoista, hermoissa).

-- Ja siinä menee sitten se suihkukone, jonka
sinä näit kadulla!

20

ERIKOISTAUTEJA

Tapasin kaupunginvoudin konttorissa vanhan tuttavani,
hra Kaukomieli Iin.

- Kas päivää! Miten voit? kysyin minä.

- Kiitos, sanoi Ii, kyllähän minä muuten hyvin voin,
mutta olen ollut kovasti terve.

- Niinkö! Huolensa kullakin.

- Ajattelehan! Kahteenkymmeneen vuoteen en ollut
sairastanut. Terveyteni alkoi herättää huomiota. Kaikki
olivat yhtä mieltä siitä, että se oli luonnotonta
nykyaikana, jolloin lääketiede on niin pitkälle kehittynyt
ja niin tavattoman paljon aivan uusiakin tauteja on kek-
sitty. Tällainen pitkällinen terveys oli niin outoa ja
epänormaalia, että se aivan varmaan oli merkki siitä, että
minua vaivasi jokin vakava sairaus. Huolestuneet omaiseni
ja kaikki ystäväni kehottivat minua viipymättä menemään
lääkärille. Ja että varminta oli kääntyä erikoislääkärin
puoleen.

No, käännyinhän minä.

Ensimmäinen erikoistohtori, jonka puoleen käännyin,
totesi, että hermoni olivat kokonaan pilalla. Se seikka,
että itse en ollut huomannut mitään vaan kuvittelin olevani
terve, oli merkki siitä, että hermovikani oli huolestuttavaa
laatua. Tämä erikoislääkäri oli nimittäin hermolääkäri.

Varmuuden vuoksi käännyin muittenkin erikoislääkärien
puoleen.

Maksalääkäri löysi minussa uuden huolestuttavan taudin.
Maksassani oli jokin - mikä lie ollut partisiippisuffiksi -

joka saattoi puhjeta likviditeetti - pumpernikkeliksi millä
hetkellä tahansa. Mutta saatto! olla puhkeamattakin, jolloin
olisin mennyttä miestä.

Seuraava tohtori tiesi, että imusuoniverkostossani oli
latentti katalyyttinen monokkeli, joka vaati voimakasta ja
pitkäaikaista valohoitoa. Hän oli valohoitospesialisti.

Nenäerikoistohtori vaati, että nenäluuni oli puhkais-
tava, muuten hän ei vastaisi seurauksista.

Sydänlääkäri totesi, että sydämessäni oli läppä, joka
merkitsi varmaa tuhoani, jos sattuisin saamaan suonten kalk-
keutumisen ja aivohalvauksen. Minun oli hankittava enemmän
liikuntoa ja ponnistelua, mutta varottava rasitusta. Kirur-
gin luo minut kannettiin paareilla - en uskaltanut enää
kävellä, ties mitkä paikkani saattoivat olla siinä kunnossa,
että koska tahansa hajoaisin kadulle. Kirurgi totesi
lapaluussani pienen huomaamattoman epämuodostuman. " Se ei
tosin haittaa, mutta paras on kuitenkin suorittaa leikkaus.
Aivan vaaraton. Parin kolmen viikon kuluttua se on täysin
ennallaan."

" Epämuodostumako?"

" Eikä kuin lapaluu. Mikäli ei mitään tapahdu."

Juoksin omin jaloin pakoon, ennenkuin mitään tapahtui.
Sekaannuksissani ryntäsin vielä aivan umpimähkään ensim-
mäisen tohtorin luo, jonka tielläni löysin.

Tämäpä tohtori ei terveydentilastani ymmärtänyt mitään.
Eikä tietänyt mitään.

Sattui olemaan viisaustieteen tohtori.

Olli

.198

Sanasto

erikois-	special (in compound words)
kaupunginvouti, -voudin, -voutia, -vouteja	town bailiff
tuttava, tuttavan, tuttavaa, tuttavia	acquaintance
vrt. tuttu, tutun, tuttua, tuttuja	
huoli, huolen, huolta, huolia	anxiety, worry, concern
herättää huomiota	to draw attention, make conspicuous
lääketiede	medicine, medical science
kehittyä, kehityn, kehittyi, kehittynyt (intr.)	to develop, evolve
kehittää, kehitän, kehitti, kehittänyt (tr.)	to develop, generate, improve
outo, oudon, outoa, outoja	strange, odd, unfamiliar
epänormaali, -normaalin, -normaalia, -normaaleja	abnormal
tavattoman	unusually, enormously, exceedingly
vaivata, vaivaan, vaivasi, vaivannut (jotakin)	to trouble, pester, ail, hurt, pain
huolestua, huolestun, huolestui, huolestunut	to (get) become anxious or worried
huolestuttava (present pass. participle)	alarming, causing anxiety
kehottaa, kehotan, kehotti, kehottanut	to urge, request, ask
viipymättä	without delay, promptly

199

kääntyä jonkun puoleen	to turn to, approach someone
kääntyä, käännyn, kääntyi, kääntynyt (intr.)	to turn, change, be converted
seikka, seikan, seikkaa, seikkoja	fact, matter, incident
varmuuden vuoksi	for assurance
maksa, maksan, maksaa, maksoja	liver
vrt. maksaa, maksan, maksoi, maksanut	to pay, cost
mikä lie ollut = mikä lienee ollut	what could it have been
partisiippisuffiksi	participial suffix
puhjeta, puhkean, puhkesi, puhjennut	to burst, break out
olla puhkeamatta	not to burst, not to break out
pumpernikkeli	kind of ginger bread
likviditeetti	liquidation
olla mennyttä miestä	to be beyond all hope, to be done for
imusuoni	lymphatic
verkko, verkon, verkkoa, verkkoja	net (work), web
verkosto, verkoston, verkostoa	network
latentti, latentin, latenttia, latentteja	latent
katalyyttinen	catalytic
monokkeli, monokkelin, monokkelia, monokkeleja	monocle
luu, luun, luuta, luita	bone
valohoito, -hoidon, -hoitoa, -hoitoja	treatment with light
seuraus, seurauksen, seurausta, seurauksia	consequence, outcome
puhkaista, puhkaisen, puhkaisi, puhkaissut	to piece, puncture, lance

läppä, läpän, läppää, läppiä	valve, tongue
tuho, tuhon, tuhoa, tuhoja	peril, destruction, ruin
suonten kalkkeutuminen	hardening of the arteries, arteriosclerosis
aivo, aivon, aivoa, aivoja	brain
halvaus, halvauksen, halvausta, halvauksia	stroke, paralysis, apoplexy
vrt. halvaantua, halvautua	
rasitus, rasituksen, rasitusta, rasituksia	strain, burden
liikunto, liikunnon, liikuntoa	motion, movement
ponnistaa, ponnistan, ponnisti, ponnistanut	to exert, strain, make an effort
ponnistella, ponnistelen, ponnisteli, ponnistellut	make exertions
ponnistelu = ponnistus	exertion, struggle
kirurgi, kirurgin, kirurgia, kirurgeja	surgeon
paarit, paareja (pl)	stretcher, bier
ties = kuka tiesi	
tahansa	(so) ever
koska tahansa	at any time, whenever
hajota, hajoan, hajosi, hajonnut (intr.)	to fall to pieces, disperse, be spread or scattered
hajottaa (tr.)	
todeta, totean, totesi, todennut	to establish, prove, confirm, state
lapaluu	shoulder blade, blade bone

201

huomaamaton	unnoticeable, inconspicuous
epämuodostuma, -muodostuman, -muodostumaa, -muodostumia	deformity, malformation
tosin	really, indeed, to be sure
leikkaus, leikkauksen, leikkausta, leikkauksia	operation, cutting, clipping
ennalleen	as before, unchanged
sekaannuksissani	in my confusion
sekaannus, sekaannuksen, sekaannusta, sekaannuksia	confusion, mixup, bewilderment
juosta pakoon	take to one's heels, run away
rynnätä, ryntään, ryntäsi, rynnännyt	to rush, dash, attack
umpimähkään	at random, haphazardly
viisaustiede = filosofia	philosophy
viisaustieteen tohtori = filosofian tohtori (fil.tri)	Ph.D

Kysymyksiä

A.   Kenet pakinoitsija tapasi? Missä hän hänet tapasi?
Mikä huoli pakinoitsijalla oli? Kuinka pitkään hän ei
ollut sairastanut? Mikä alkoi herättää huomiota? Mistä
kaikki olivat yhtä mieltä? Millainen on lääketiede
nykyään? Mitä on keksitty paljon? Mistä pitkällinen
sairaus oli merkkinä? Mitä huolestuneet omaiset kehottivat pakinoitsijaa tekemään? Kenen puoleen he kehottivat häntä kääntymään?

B. Kenen puoleen pakinoitsija ensin kääntyi? Mitä tämä totesi? Minkälaista laatua hänen hermovikansa oli? Mikä oli merkki siitä? Keiden muiden erikoislääkärien puoleen pakinoitsija kääntyi? Ketkä löysivät vikaa hänestä? Mitä hänen oli tehtävä? Mitä hänen oli varottava? Mitä piti leikata? Mitä nenätohtori vaati? Kenen luo hän vielä ryntäsi? Mitä tämä tohtori tiesi terveydentilasta? Miksi hän ei tietänyt mitään?

C. Onko teidän sydämessänne läppä? Mitä tekemistä sillä on terveytenne kanssa? Onko nenäluunne puhkaistu? Ketkä saavat suonten kalkkeutumista? Minkälaiset oireet (oire-sympton) sillä on? Minkälaiset oireet on aivohalvauksella? Millä sairaita kannetaan? Mitkä ovat ruumiin tärkeimmät verkostot? Minkälainen on terveydentilanne tällä hetkellä? Ovatko omaisenne huolestuneita teistä? Miten voitte? Mikä on normaali ruumiinlämpö? Milloin teissä viimeksi oli kuumetta? Mitä te teette, jos teissä on kuumetta?

Harjoituksia

A. Verratkaa seuraavia ilmaisuja toistensa kanssa:

MODEL: työtä tekevä mies - tehtävä työ (työ, joka täytyy tehdä)

1. ruokaa laittava tyttö - laitettava ruoka (ruoka, joka täytyy laittaa)

2. kirjettä kirjoittava poika - kirjoitettava kirje (kirje, joka täytyy kirjoittaa)

3. nenäluuta puhkaiseva lääkäri - puhkaistava nenäluu
   (nenäluu, joka täytyy puhkaista)

B. Verratkaa seuraavia ilmaisuja keskenänsä:

MODEL: luettu kirja - luettava kirja

1. kirjoitettu kirje
2. puhuttu asia
3. ajateltu vastaus
4. puhkaistu nenäluu
5. haettu tavara
6. jaetut lahjat

C. Verratkaa keskenään seuraavia muotoja:

MODEL: hankkiva - hankittava

1. varova
2. pyytävä
3. harrastava
4. harjoittava
5. etsivä
6. matkustava
7. ymmärtävä
8. muuttava
9. lukeva

D. MODEL: Minun täytyi hankkia liikuntoa. -
          Minun oli hankittava liikuntoa.

1. Hänen täytyi varoa rasitusta.
2. Lääkärin piti puhkaista nenäluu.
3. Sinun täytyi harjoittaa urheilua.

204

4. Meidän täytyi hankkia huvila.

5. Poikien täytyi etsiä pallo.

6. Miesten täytyi matkustaa.

7. Teidän täytyi ymmärtää.

8. Asukkaiden täytyi muuttaa.

E. MODEL: Haluaisin kylmää juomista. -

        Haluaisin kylmää juotavaa.

1. Onko kotona mitään syömistä?

2. Pojallani ei ole mitään tekemistä.

3. Oliko hänellä mitään kysymistä?

4. Oppilaalla ei ollut enää mitään oppimista.

5. Toin teille vähän lukemista.

6. Se antaa paljon ajattelemista.

7. Hänellä ei ollut siihen mitään sanomista.

8. Onko puhtaaksi kirjoittamista?

Huomatkaa seuraavien sanontojen merkitys:

Se on ymmärrettävää.	It's understandable.
Se on arveluttavaa.	It's risky, questionable.
Se on toivottavaa.	It's desirable.
Se on valitettavaa.	It's regrettable, deplorable, unfortunate.

F. MODEL: Mikä hyvänsä kelpaa. - Mikä tahansa kelpaa.

1. Kuka hyvänsä voi käydä siellä.
2. Olen kotona milloin hyvänsä tuletkin.
3. Sellaista voi sattua kenelle hyvänsä.
4. Hän tulee toimeen missä hyvänsä.
5. Isä voi palata minä hetkenä hyvänsä.
6. Osta se keneltä hyvänsä.

G.   MODEL: Se on normaalia.   -   Se on epänormaalia.

1. Toivo antaa uutta voimaa.
2. Juhlat olivat viralliset.
3. Tämä tuoli on mukava.
4. Hän istui siinä mukavasti.
5. Se asia on varma.

Asia jäi hänelle epäselväksi.

Sanavaraston kartuttamista

yleislääkäri   general practitioner

korva-, kurkku- ja nenälääkäri

silmälääkäri = silmäspesialisti

psykiatri = mielitautien erikoislääkäri

hermolääkäri (colloq.)

   sisätautilääkäri = sisätauti-   internist
   spesialisti

maksalääkäri, sydänlääkäri (colloq.)

naistautilääkäri = gynegologi

obstetrikko = synnytyslääkäri (colloq.)

lastenlääkäri

   ihotautilääkäri   skin specialist

Vastatkaa seuraaviin kysymyksiin:

1. Kuka suorittaa leikkaukset?
2. Mikä lääkäri hoitaa maksan ja sydämen?
3. Kuka tutkii lapset?
4. Kuka on erikoistunut mielitauteihin?
5. Kenen puoleen käännytte silmäsairauksissa?
6. Jos teillä on "mätää poskiontelossa" (pus in the sinuses = sinusitis) kenen puoleen käännytte?

206

kääntyä

Hän kääntyi selin.

Hiha kääntyi nurin.

Hän kääntyi kristinuskoon.

Kaikki kääntyy vielä hyväksi.

Asia on kääntynyt eduksemme.

Talvi kääntyy kevääksi.

Auto kääntyi ajotielle.

kalkki	lime, calcium; communion cup
kalkita	to whitewash, lime
kalkkiviiva	chalk line (in sport- fields)

tulla toimeen

Se tulee toimeen vähällä ruualla.

Millähän sekin perhe tulee toimeen?

Englannin kielellä tulee toimeen kaikkialla maailmassa.

Rouva ei tule toimeen kenenkään kanssa.

Kotitehtävä

Muodostakaa lauseita, joissa käytätte sanoja valitettavasti, ymmärrettävästi, toivottavasti, arveluttavasti, esim.

Laiva kallistui arveluttavasti.   The ship listed pre-
cariously.

-- Raha ei merkitse kaikkea
tässä maailmassa. Täytyy
olla myös lompakko, jossa sitä
säilytetään.

21

A. PAREMPI KATSOA KATUA KUIN KATUA

Ihmisen suurin onnettomuus näin liikenneviikon näkökulmasta on epäilemättä se hetki, jolloin hän oppii kävelemään.

Pieni lapsi, joka muinaisaikaisen sanonnan mukaan konttaa " äitinsä hameenhelmoissa", vaikka todellisuudessa ylettyy niihin nykyään vasta 12-vuotiaana, ei kontatessaan koskaan ole jäänyt auton alle.

Virkamiehet ja valiokunnat, jotka puolestaan tyytyvät vain istumaan, löytävät myös perin harvoin itsensä auton alta.

Vankikarkurit, huippu-urheilijat ja muut juoksijat eivät ole jääneet auton alle vielä milloinkaan.

Lentomekaanikot, pikkulinnut, kenraalit ja maaherrat, jotka ovat tottuneet lentämään, joutuvat myös vain yhdessä tapauksessa sadasta auton alle.

Ja kuorma-auton kuljettajat, ministerien rouvat, pääjohtajat ja pirssiautoilijat, jotka ajavat autolla kaiken päivää, eivät yleensä pääse toistensa alle yrittämälläkään.

Näin ollen jää vain kaksi ammattiryhmää ja yhteiskuntaluokkaa, jotka saavat tässä maassa jakaa keskenään kaikki auton alla-olemisen riemut.

Toinen on automonttööri, joka ryömii vapaaehtoisesti auton alle, jotta apupoika saa kaataa öljyä hänen korvaansa tai litistää hänen nenänsä kytkimen väliin.

Ja toisena on suuri vapaaehtoisten ryhmä, me jalankulkijat nimittäin, joilla myöskin on suuri kaipuu löytää itsemme silloin tällöin auton alta.

Muinaiset suomalaiset, joilla myös oli ratkaistavinaan moninaiset liikennepulmat, viettivät myös liikenneviikkoja aikoinaan. Sitä todistavat muun muassa seuraavanlaiset liikenneohjeet Suomen kansan sananlaskuissa:

- Parempi katsoa katua kuin katua.

- Ei kysyvä tiedä, mihin eksyy.

- Auta miestä mäessä, niin elät vielä mäen alla.

Nämä ovat kaikki hyviä ohjeita, eikä niiden merkitystä voida kieltää Suomen kansan liikennevaiston kehittämisessä vuosituhansien aikana.

Mutta nykyaikainen maailmankansalainen, joka kaikilla muillakin aloilla tekee parhaansa päästäkseen eroon vanhoista tunnustetuista arvoista, haluaa myös suhteessa liikennekuriin luoda omat, demokraattiseen vapauteen pohjautuvat ohjeensa. Siinä mielessä tarjoamme lukijakunnan käytettäväksi seuraavat kuusi kultaista sääntöä liikennekulttuurin edistämiseksi.

1. Varo jalkakäytäviä, sillä tapaturmatilastojen mukaan ainakin 50 ihmistä vuodessa jää lastenvaunujen alle.

2. Älä koskaan tungeksi valkoisin viivoin merkityille suojateille, jotta naiset ja lapset sopisivat sinne, vaan ylitä katu niiden vierestä.

3. Kadunkulmauksessa seisten oppii parhaiten liiken-nesäännöt, koska siitä voi seurata katuyleisön liikehtimistä kaikilla neljällä ilmansuunnalla.

4. Kadunkulmauksia oikaistaessa yritä muistaa vanhaa Euklideen väittämää, että lyhyin matka kahden pisteen välillä on näitä pisteitä yhdistävä suora.

5. Jos pimeässä näet, että auto lähestyy sytytetyin lyhdyin, ohjaa huoletta kulkusi suoraan lyhtyjen väliin.

Ainahan on mahdollisuus, että sieltä yhden auton sijasta tulee kaksi moottoripyörää.

6. Mutta ennenkaikkea, osta itsellesi auto, sillä silloin voit olla varma, että jouduitpa kadulla mihin kommellukseen tahansa, niin aina jäät päällimmäiseksi.

Näissä merkeissä toivotamme lukijakunnalle ja muille poliisin käsiin joutuneille hyvää liikenneviikkoa.

Arijoutsi

Parempi katsoa kuin katua.
Ei kysyvä tieltä eksy.
Auta miestä mäessä, älä mäen alla.

Sanasto

onnettomuus, onnettomuuden, onnettomuutta, onnettomuuksia	misfortune, bad luck, accident
näkökulma, näkökulman, näkökulmaa, näkökulmia	angle of vision
epäilemättä	no doubt, undoubtedly
näin	thus, in this way
sanonta, sanonnan, sanontaa, sanontoja	saying, expression
kontata, konttaan, konttasi, kontannut	to creep, crawl, go on all fours
kontatessaan = kun hän konttaa (act. II inf. + -ssa)	while crawling
hameenhelma, -helman, -helmaa, -helmoja	skirt hem, lap
todellisuus, todellisuuden, todellisuutta, todellisuuksia	reality, fact
ylettyä, yletyn, ylettyi, ylettynyt (johonkin)	to reach, extend (somewhere)

210

kontatessaan	while creeping
valiokunta, -kunnan, -kuntaa, -kuntia	committee
puolestaan, puolestani, jne.	again, on the other hand
perin harvoin	extremely seldom
vanki, vangin, vankia, vankeja	prisoner
karkuri, karkurin, karkuria, karkureja	run away, fugitive, deserter
huippu, huipun, huippua, huippuja	top ranking, summit, peak
mekaanikko, mekaanikon, mekaanikkoa, mekaanikkoja	machinist, mechanic
kenraali, kenraalin, kenraalia, kenraaleita	general
maaherra (läänin päämies)	governor (of an administrative district)
pirssi = taksi	taxi
näin ollen	in this way
ammattiryhmä, -ryhmän, -ryhmää, -ryhmiä	trade group
yhteiskunta	society, commonwealth
keskenään	between, among themselves
riemu, riemun, riemua, riemuja	joy, delight, rejoicing
monttööri, monttöörin, monttööriä, monttööreitä	machinist, machine expert
ryhmä, ryhmän, ryhmää, ryhmiä	group, set
ryömiä, ryömin, ryömi, ryöminyt	to creep
vapaaehtoisesti	voluntarily
litistää, litistän, litisti, litistänyt	to flatten

211

kytkin, kytkimen, kytkintä, kytkimiä	clutch, coupling, switch
väliin (jonkin v.)	(in) between
jalankulkija	pedestrian
silloin tällöin	now and then, occasionally, at times
kaipuu, kaipuun, kaipuuta, (kaipuita)	desire, longing
ratkaistavana	to be settled or solved
moninainen	various, manifold
pulma, pulman, pulmaa, pulmia	dilemma, problem, predicament
eksyä, eksyn, eksyi, eksynyt	to go astray, lose one's way
ohje, ohjeen, ohjetta, ohjeita	instruction, advice, guidance
merkitys, merkityksen, merkitystä, merkityksiä	meaning, sense, significance
vaisto, vaiston, vaistoa, vaistoja	instinct
kansalainen	citizen
päästäkseen eroon (I inf. + translat.)	in order to get rid of
tunnustettu	recognized
kuri, kurin, kuria	discipline, correction
vapaus, vapauden, vapautta, vapauksia	freedom, liberty
pohjautua, pohjaudun, pohjautui, pohjautunut	to be based on
lukijakunta, -kunnan, -kuntaa, -kuntia	circle of readers, the reading public
käytettäväksi	for the use or disposal of
edistää, edistän, edisti, edistänyt	to further, forward, advance

varoa, varon, varoi, varonut	to look out, take care
suojatie	pedestrian crossing
tapaturma, -turman, -turmaa, -turmia	casualty, accident
tilasto, tilaston, tilastoa, tilastoja	statistics
lastenvaunut, -vaunuja (pl)	baby carriage
tungeksia, tungeksin, tungeksi, tungeksinut	to crowd
viiva, viivan, viivaa, viivoja	line, stroke, dash
merkitä, merkitsen, merkitsi, merkinnyt	to mark
ylittää, ylitän, ylitti, ylittänyt	to cross, surpass
seistä = seisoa	
(kadun) kulmaus, kulmauksen, kulmausta, kulmauksia	intersection
liikehtiä, liikehdin, liikehti, liikehtinyt	to move, stir, become active
oikaista, oikaisen, oikaisi, oikaissut	to take a short cut, correct
oikaistaessa = kun oikaistaan (pass. II inf. + -ssa)	
väittämä, väittämän, väittämää, väittämiä	theorem, argument
suora, suoran, suoraa, suoria	straight; line
lyhty, lyhdyn, lyhtyä, lyhtyjä	light, lamp, lantern
ohjata, ohjaan, ohjesi, ohjannut	to steer lead, pilot, direct
huoletta	safely, without hesitation
sijasta (jonkin sijasta)	in place of, instead of
ennenkaikkea	above all things, first of all
kommellus, kommelluksen, kommellusta, kommelluksia	complication, entanglement
päällimmäinen	topmost, uppermost

213

1 Kuoppa

8 Avattava silta

14 Vaara = Lossi

2 Tienmutka

9 Avattava silta risteävällä tiellä

15 Vartioimaton rautatien tasoristeys

3 Tienmutka ja sen muoto

10 Tietyö

16 Vartioitu rautatien tasoristeys

4 Tienmutka ja sen muoto

11 Lapsi

17 A B C Rautatien tasoristeyksen lähestymismerkit

5 Tienristeys

12 Raitiotien tasoristeys

18 Rautatien tasoristeyksen etumerkki

6 Tienristeys ja sen muoto

13 Muu vaara

19 Yhden raiteen risteysmerkki

7 Kapeneva tie

20 Useamman raiteen risteysmerkki

---

21 Ajoneuvolla ajo kielletty

29 Tulliasema

36 Pysähtyminen kielletty

43 Nopeusrajoituksen päättyminen

22 Kielletty ajosuunta

30 Moottoripyörällä ajo kielletty

37 Pysähtyminen kielletty kuorma-autolla 150 metrin matkalla

44 Etuajo-oikeutettu risteys

23 Kielletty kääntymissuunta oikealle

31 Polkupyörällä ajo kielletty

38 Ajoneuvon suurin sallittu paino

45 Etuajo-oikeutettu risteys 100 metrin päässä

24 Kielletty kääntymissuunta vasemmalle

32 Pysäköiminen kielletty

39 Suurin sallittu akselipaino

46 Etuajo-oikeutettu risteys, liikenneympyrässä ajaville etuajo-oikeus

25 Moottoriajoneuvon ohittaminen kielletty

33 Pysäköiminen kielletty 10 minuuttia pitemmäksi ajaksi

40 Suurin sallittu leveys

47 Pakollinen pysähtyminen etuajo-oikeutetussa risteyksessä

26 Moottoriajoneuvolla ajo kielletty

34 Pysäköiminen henkilöautolla ja moottoripyörällä kielletty

41 Suurin sallittu korkeus

48 Pakollinen pysähtyminen liikenneympyrään tultaessa

27 Kuorma-autolla ajo kielletty

35 Pysäköinti rajoitettu 30 minuuttiin klo 8-18. Muina aikoina ei rajoitusta

42 Suurin sallittu ajonopeus

28 Ajo kielletty muulla moottoriajoneuvolla paitsi moottoripyörällä

Sanasto

varoittaa, varoitan, varoitti, varoittanut	to warn, caution
varoitus, varoituksen, varoitusta, varoituksia	warning, caution
kuoppa, kuopan, kuoppaa, kuoppia	hole, pit, dimple
mutka, mutkan, mutkaa, mutkia	bend, curve
risteys, risteyksen, risteystä, risteyksiä	crossing of roads, intersection
kaveta, kapenen, kapeni, kavennut	to narrow (down)
silta, sillan, siltaa, siltoja	bridge
risteävä	crossing, intersecting
tasoristeys	level crossing
lossi, lossin, lossia, losseja	ferry
vartioida, vartioin, vartioi, vartioinut	to guard, watch, patrol
raide, raiteen, raidetta, raiteita	rail, track
ajoneuvo = kulkuneuvo	vehicle
kielto, kiellon, kieltoa, kieltoja	prohibition
kieltäytyä, kieltäydyn, kieltäytyi, kieltäytynyt (intr.)	to refuse
ohittaa, ohitan, ohitti, ohittanut	to pass, overtake
tulli, tullin, tullia, tulleja	custom (s)
pysäköidä, pysäköin, pysäköi, pysäköinyt	to park
pysäköimispaikka = paikoituspaikka	parking place
rajoittaa, rajoitan, rajoitti, rajoittanut (tr.)	to restrict, limit
rajoittua, rajoitun, rajoittui, rajoittunut (intr.)	to be limited, confined, restricted

215

sallia, sallin, salli, sallinut	to permit, allow
sallittu	allowed, permitted
akselipaino	axle weight
etuajo-oikeus	right-of-way
ympyrä, ympyrän, ympyrää, ympyriä	circle
vrt. piiri	
pakollinen, pakollisen, pakollista, pakollisia	forced, compulsory
tultaessa	on coming
tiedotus, tiedotuksen, tiedotusta, tiedotuksia	information, communication, notice
ajorata, -radan, -rataa, -ratoja	lane, driveway, drive
vrt. ajokaista	
ryhmittyä, ryhmityn, ryhmittyi, ryhmittynyt (intr.)	to group, get into groups
ryhmitys	grouping
yhtäjaksoinen	continuous
kohdata, kohtaan, kohtasi, kohdannut	to meet
paikallisliikenne	local traffic
kaukoliikenne	long-distance bus or train transportation
linja-auto	interurban bus

Kysymyksiä

A.   Missä vietetään liikenneviikkoa? Mikä hetki on
ihmisen suurin onnettomuus? Mitä pieni lapsi tekee van-
han sanonnan mukaan? Milloin hän vasta ylettyy äitinsä
hameenhelmoihin? Mitkä tyytyvät vain istumaan? Ketkä
ovat hyviä juoksijoita? Mitä lentomekaanikot ja pikku-

linnut ovat tottuneet tekemään? Miksi maaherrat " len-
tävät"? Ketkä ajavat autolla kaiken päivää? Mikä
ammattiryhmä on työssä auton alla? Ketkä jäävät auton
alle, koska heillä ei ole autoa?

B.   Ketkä myös viettivät liikenneviikkoja? Mitkä siitä
todistavat? Mitä nämä ohjeet ovat kehittäneet? Mistä
nykyaikainen maailmankansalainen haluaa päästä eroon?
Mitä hän haluaa luoda, kun on kysymys liikennekurista?
Mitä ohjeita pakinoitsija tarjosi lukijoille? Mitä piti
varoa? Miksi? Mihin ei saanut tungeksia? Miksi? Mistä
katu täytyy ylittää? Missä on parasta seisoa? Miten on
paras oikaista kadunkulmauksia? Mikä on paras keino
välttää auton alle joutumista? Miksi? Kenelle pakinoit-
sija toivotti hyvää liikenneviikkoa?

C.   Milloin te opitte liikennesäännöt? Milloin saitte
ajokortin? Millainen on ajokoe kotivaltiossanne? Oliko
teidän käytävä autokoulu? Kuinka kauan autokoulu yleensä
kestää? Kuinka paljon se maksaa? Miten oppikoulussa
opetetaan ajamaan autoa? Minkämerkkinen auto teillä on?
Minkä vuoden mallia se on? Kuka korjaa autonne, jos
siihen tulee vika? Oletteko ajanut moottoripyörää?
Minkälaisesta moottoripyörästä pidätte? Ketkä ajavat
moottoripyörää? Minkälaista on ajaa kuorma-autoa? Min-
kälaista on ohjata lentokonetta?

D.   Mistä näkökulmasta te katselette liikennettä, autoi-
lijan vai jalankulkijan näkökulmasta? Mikä ero näillä
on? Mitä tarkoitetaan liikenneviikolla? Kuka pitää yllä

217

212-421 O - 68 - 15

liikennekuria? Miten liikennekuria pidetään yllä? Mikä
kehittää liikennevaistoa? Minkälainen on liikennekult-
tuuri Washingtonissa? Minkälainen se on Helsingissä?

Harjoituksia

A. MODEL: Opiskelen suomea.
Haluan puhua sitä. - Opiskelen suomea puhuak-
seni sitä.

1. Teen työtä.
Haluan hankkia rahaa.

2. Syömme.
Haluamme elää.

3. Luette kieliä.
Haluatte puhua niitä.

4. Myitte autonne.
Haluatte ostaa suuremman.

5. Hän matkusti.
Hän halusi nähdä maailmaa.

6. Pojat harjoittelivat.
He halusivat voittaa.

B. MODEL: Hän tekee työtä, jotta hän saisi rahaa. -
Hän tekee työtä saadakseen rahaa.

1. Urheilija harjoitteli, jotta hän voittaisi.

2. Menin Amerikkaan, jotta opiskelisin siellä.

3. Myittekö autonne, jotta ostatte suuremman?

4. Säästämme lomapäiviämme, jotta voimme mat-
kustaa Eurooppaan.

5. Sanoit sen, jotta kehuisit itseäsi.

6. He kävivät autokoulua, jotta oppisivat
ajamaan.

C. Huomatkaa, että tulla-, mennä-, lähteä-, ja jäädä-verbien yhteydessä sama asia voidaan ilmaista seuraavilla tavoilla:

MODEL: **Menin Amerikkaan opiskelemaan.** -
Menin Amerikkaan opiskellakseni.

1. Tulimme kotiin lepäämään.
2. Hän meni naapuriin juttelemaan.
3. Jäit kotiin laittamaan ruokaa.
4. He menivät kaupunkiin ostamaan auton.
5. Tulin tänne puhumaan kanssasi.

Huomatkaa: I infinitiivin pitempää muotoa käytetään
vain aktiivissa:

Odotettiin kotona, jotta nähtiin, miten tilanne kehittyi.

Kaikki odottivat kotona nähdäkseen, miten tilanne kehittyi.

Verratkaa seuraavia lauseita keskenään:

Kysymys on ratkaistava.

Kysymys on ratkaistavana.

Puku on tehtävä.

Puku on tehtävänä.

Asia on tutkittava.

Asia on tutkittavana.

Tämä luku on nyt luettava.

Tämä luku on nyt luettavana.

D. MODEL: **Ministeri ratkaisee parhaillaan tärkeää kysymystä.**
- **Ministerillä on ratkaistavana tärkeä kysymys.**

1. Tuomari tutkii parhaillaan vaikeaa juttua.

219

2. Sinä luet parhaillaan mielenkiintoista kirjaa.

3. Hän kirjoittaa parhaillaan artikkelia.

4. Myymme parhaillaan autoamme.

Huomatkaa: Minulla on monta paikkaa käytävänä.

Hänellä oli monta asiaa kerrottavana.

Siellä oli nähtävänä monenlaista tavaraa.

Tarjoamme käytettäväksi, myytäväksi, ostettavaksi, syötäväksi jne.

Saimme käytettäväksi, kokeiltavaksi, hoidettavaksi, jne.

E. Täydentäkää seuraavat lauseet käyttämällä aikoinaan-ilmaisua:

1. Nurmi oli. . .kuuluisa juoksija.

2. Harrastin urheilua. . .

3. Kirjoitimme runoja. . .

4. Olitte. . .aktiiviurheilija.

5. Sinähän matkustit paljon. . .

F. Täydentäkää seuraavat lauseet käyttämällä puolestaan - ilmaisua:

1. Minä. . .myönsin sen oikeaksi.

2. Hän. . .ei osannut sanoa mitään.

3. Me. . .tyydymme puoleen hintaan.

4. Sinä. . .lisäsit öljyä tuleen.

5. Pekka. . .piti parhaana olla poissa.

G. Vastatkaa seuraaviin kysymyksiin annetuin sanoin:

MODEL: Miten auto lähestyy? sytytetyt lyhdyt. -
Auto lähestyy sytytetyin lyhdyin.

1. Miten suojatiet on   valkoiset viivat
   merkitty?

2. Miten autot ajavat   pysäköimisvalot
   kaupungissa?

3. Miten autot ajavat   kaukovalot
   maanteillä?

4. Millaisin valoin te   lähivalot
   ohitatte auton?

H. MODEL: <u>Miten oppii liikennesäännöt? seisoa kadunkulmassa</u>

   - <u>Kadunkulmassa seisoen oppii liikennesäännöt.</u>

   1. Miten voi ylittää   varoa autoja
      kadun?

   2. Miten voi säästää   oikaista kadun-
      aikaa?   kulmauksia

   3. Miten voi menettää   jäädä auton alle
      henkensä?

Sanavaraston kartuttamista

<u>kaiken päivää</u> = koko ajan, alusta loppuun

Kaiken aikaa tuli uusia vieraita.

Lapsi itki kaiken yötä.

Matkustaja nukkui kaiken matkaa.

Joutsen (swan) on rauhoitettu kaiken vuotta.

<u>perin harvoin</u> = aniharvoin

perin juurin, perin pohjin

Hän etsi talon perinpohjin, mutta ei
löytänyt kukkaroa.

Hän oli perin juurin kyllästynyt.   He was thoroughly fed
                                     up.

221

kolmivuotias hevonen,

nelivuotias poika

seitsenvuotias oppilas,

kymmenvuotias

yksivuotias (mieluummin yksitalvinen eläimistä puheenollen)

kaksivuotias

Mutta: kaksivuotinen kurssi, kolmivuotinen keskikoulu,

kahdeksanvuotinen oppikoulu, yksivuotinen kasvi,

monivuotinen kasvi.

"Minusta tuntuu ihan siltä, Irene, että tämän
kartan sininen viiva ei sittenkään ole Porin
pikatie."

22

KUINKA TURISTEILLE ON KERROTTAVA SUOMESTA

Yhä useammin kuulee maassamme vierailevien ulkomaisten
turistien valituksia maamme kohtuuttomasta kalleudesta. Tämä
valitus kohdistuu lähinnä hotelleihin ja ravintoloihin, sillä
ovathan -takseja lukuunottamatta- kulkuneuvojemme tariffit
hyvin kohtuulliset.

Toisaalta maamme hotelli- ja ravintola-alan johtavat
edustajat ovat vertailevin tutkimuksin osoittaneet, että
heidän edustamansa ensiluokkaiset liikeyritykset eivät ole
lainkaan sen kalliimpia kuin Pariisin ja New Yorkin parhaat
hotellit ja ravintolat, monissa tapauksissa jopa halvempia.

Onko Suomi sitten turistimaana kallis vai ei? Tässä
asiassa tuskin kumpikaan osapuoli puhuu perättömiä. Ja näin
näyttäisikin siltä että molempien, vastakkaisten totuuksien
täytyy olla voimassa samanaikaisesti! Tämä kummallinen
asiantila on jopa mahdollinen, sillä ulkomaiset turistimme
harhautuvat vahingossa, tietämättömyyttään ja taitamatto-
muuttaan, aivan liian usein ostamaan sellaisia palveluksia
hotelleiltamme ja ravintoloiltamme, jotka ovat heidän
kukkarolleen aivan liian kalliita, vaikka halvempiakin olisi
tarjolla. On muistettava, että entisaikojen harvalukuisten
miljonäärituristien sijalle ovat astuneet työläisten ja
pikkuvirkailijoiden satatuhantiset turistijoukot, joilla ei
ole halua eikä varoja maksaa yöpymisistään eikä aterioistaan
liikaa. Tuntematta olojamme ja taitamatta kieliämme he tekevät
muitakin kalliiksi käyviä erehdyksiä. Ja kun omat hotellin-
pitäjämme ja ravintoloitsijamme puhuvat palvelustensa kohtuul-
lisista hinnoista, he jättävät laskelmiensa ulkopuolelle

juuri kaikki ne,. jotka tyhmyyttään ja kokemattomuuttaan ovat
joutuneet maksamaan enemmän kuin olisi ollut välttämätöntä.

Meillä tarvittaisiin kerran vuodessa ilmestyvä Suomen
hotelli- ja ravintolaopas. Se voisi tietenkin sisältää myös
tietoja nähtävyyksistä, taide-elämän kesäisistä tapahtumista
(tai niiden puutteesta), kulttuuriviikoista ja huvituksista
sekä aikatauluja ym. Mutta luotettavat ohjeet ja tiedot
hotelleista ja ravintoloista muodostaisivat opaskirjasen
rungon.

Suomen hotelli- ja ravintolaoppaan pitäisi ensinnäkin
sisältää - käyttöohjeensa lisäksi - erinäisiä leikillisesti
esitettyjä mutta rehellisiä neuvoja turisteille. Ehkä vähän
seuraavaan tapaan:

Katuliikenne ei Helsingissäkään ole erityisen vilkas
autojen kokonaismäärän mukaan arvioituna, mutta se on hengen-
vaarallisesti organisoitu. Sodassakin ovat ensimmäiset päivät
rintamalla vaarallisimmat. Samoin Helsingin liikenteessä.
Olkaa varovaisia nimenomaan alussa. Myöhemmin huomaatte, että
täälläkin liikenteellä on omat sääntönsä. Onhan meillä jopa
" liikennekulttuurin" käsite, josta useimmissa muissa maissa ei
tiedetä mitään.

Taksit ovat kovin kalliita. Niiden kuljettajat ovat
ehdottoman luotettavia mutta usein valitettavasti epäkohteliaita.
He eivät kuitenkaan odota saavansa juomarahaa.

Suomalaisten hotellien vuoteet ovat tavallisesti hyvin
kapeita mutta muissa suhteissa vallan hyviä. Jos sattuisitte
jossakin halvassa hotellissa saamaan muodoltaan riippumattoa
muistuttavan vuoteen, voitte siivoojalta melkoisen varmasti

saada siihen sopivan vaneripohjan, jonka avulla säästytte
unettomilta öiltä ja selkävaivoilta.

Suomessa ei yleensä milloinkaan sisällytetä hotellin
vuorokausimaksuun täysihoitoa, ei edes varhaisaamiaista.
Lähes jokaisella hotellilla on kuitenkin oma ravintolansa.
Mutta vaihtelunhalunne tyydyttämiseksi ja myös kukkaronne
edun vuoksi suosittelemme muiden ruokapaikkojen käyttämistä.
Helsingissä on kymmenittäin halpoja pikkuravintoloita, joista
monien keittiö on korkeata luokkaa. Missään tapauksessa ei
ole syytä nauttia aamiaista hotellissa, koska lähimmässä
kahvilassa saa paremman kahviaamiaisen puoleen hintaan.
Kahvi on Suomessa yleensä aina erinomaista. Sen sijaan on
hyvin vaikea onnistua saamaan kunnollisesti valmistettua
teetä.

Ravintoloissa kannattaa aina pitäytyä kello 12-14
tarjoiltavaan kiinteähintaiseen lounaaseen ja kello 16-19
tarjoiltavaan päivälliseen. A la carte-hinnat ovat korkeat
kuten monissa muissakin maissa. Ja noiden erikoisannosten
pitkällinen odottaminen käy jokaisen asiakkaan hermoille.
Tarjoilu on yleensä aina hidasta. Mutta se ei ole tarkoitettu
henkilökohtaiseksi loukkaukseksi teille. Juomarahat sisälly-
tetään ravintoloissa ja hotelleissakin aina laskuun. Niiden
prosenttimäärät on vahvistettu erityisin säädöksin eivätkä
riipu tarjoilun nopeudesta eikä henkilökunnan ystävällisyydestä
tai kielitaidosta.

Aterian päätteeksi ei ravintolassa pidä missään tapauksessa
tilata kahvia. Kannattaa kävellä lähimpään kahvilaan ja juoda
vasta siellä kuppi todella hyvää kahvia. Säästö: 75%.

225

Kaikkialla Suomessa voi vaaratta nauttia juotavaksi
tarjottua vettä. Tosin se tuodaan eteenne lämpimänä. Mutta
pienestä maksusta voitte toisinaan saada siihen jäätä.

Erinomainen pöytäjuoma on niin sanottu (alkoholiton)
I luokan olut, jota tarjoillaan kaikkialla. Nimen
ensiluokkaisuus ei nimittäin tarkoita I luokan ravintoloita.
Jonkin toisen väärinkäsityksen vuoksi sitä kutsutaan myös
pilsneriksi. - Joskus teille ehdotetaan pöytäjuomaksi kaljaa.
Sitä kannattaakin kerran kokeilla, jos luulette, että
ulkomainen vatsanne on lujaa tekoa.

Ilmo Hela

Sanasto

valitus, valituksen, valitusta, valituksia	complaint
kohtuuton, kohtuuttoman, kohtuutonta, kohtuuttomia	unreasonable, excessive
kohdistua, (kohdistun), kohdistui, kohdistunut	be directed, affect
lukuunottamatta	omitting, disregarding, excluding
toisaalta	on the other hand
edustaja, edustajan, edustajaa, edustajia	representative, agent
heidän edustamansa liikeyritykset = liikeyritykset, joita he edustivat	
vertailla, vertailen, vertaili, vertaillut	to compare
tutkimus, tutkimuksen, tutkimusta, tutkimuksia	study, research, investigate
osapuoli	party concerned
perätön	groundless, untrue

226

puhua perättömiä	tell nonsense, tell lies
vastakkainen	opposite, contradictory on the opposite side, contrary
olla voimassa	to be valid, prevail, be in force, be in effect
harhautua, harhaudun, harhautui, harhautunut	to be misled, lose one's way
tietämättömyyttään	for their ignorance
taitamattomuus	lack of skill, inexperience
taitaa, taidan, taisi, taitanut	to know, can, may
tarjolla	available
entisaika	times gone by, olden times
harvalukuinen	few in number
työläinen	worker, workman
varat, varoja (pl.)	means, funds, resources
liikaa = liian paljon = liiaksi	too much, excessively
tuntematta (III inf. + tta)	without knowing
yöpyä, yövyn, yöpyi, yöpynyt	to spend a night
taitamatta	without knowing how to
olot	conditions, circumstances, state of things
saamaton	inefficient, incapable
laskelma, laskelman, laskelmaa, laskelmia	calculation, estimate
tyhmyys, tyhmyyden, tyhmyyttä, tyhmyyksiä	stupidity
kokemattomuus	inexperience
kokea, koen, koki, kokenut	to experience, undergo
välttämätön	imperative, necessary
ilmestyä, ilmestyn, ilmestyi, ilmestynyt	to be published, appear
opas, oppaan, opasta, oppaita	guide

227

sisältää, (sisällän), sisälsi, sisältänyt	to include, contain
nähtävyys	something worth seeing, sight
puute, puutteen, puutetta, puutteita	lack, want, shortage
huvitus, huvituksen, huvitusta, huvituksia	amusement, entertainment
runko, rungon, runkoa, runkoja	frame (work); trunk
erinäinen	certain, specified
hengenvaarallinen	dangerous to life, perilous
rintama, rintaman, rintamaa, rintamia	the front
nimenomaan	particularly, expressly
käsite, käsitteen, käsitettä, käsitteitä	conception, idea
epäkohtelias	impolite, discourteous
juomaraha	tip(s)
riippumatto	hammock
siivooja	charwomen, maid
vaneripohja, -pohjan, -pohjaa, -pohjia	plywood bottom
säästyä, säästyn, säästyi, säästynyt (joltakin)	to be spared (from something, be saved
uneton, unettoman, unetonta, unettomia	sleepless
selkävaiva, -vaivan, -vaivaa, -vaivoja	backache
sisällyttää, sisällytän, sisällytti, sisällyttänyt	to include
täysihoito	board and room
vaihtelu, vaihtelun, vaihtelua, vaihteluja	change, variation
tyydyttää, tyydytän, tyydytti, tyydyttänyt	to satisfy
etu, edun, etua, etuja = etuisuus	interest, advantage

228

erinomainen	excellent, extraordinary
pitäytyä (= pysyttäytyä), pitäydyn, pitäytyi, pitäytynyt (johonkin)	to stick to, remain fixed
kiinteä	fixed, firm, immovable, stationary
pitkällinen	lengthy, long, prolonged
henkilökohtainen	personal, individual
loukkaus, loukkauksen, loukkausta, loukkauksia	insult, violation offense injury, hurt
vahvistaa, vahvistan, vahvisti, vahvistanut	confirm, endorse, strengthen
säädös, säädöksen, säädöstä, säädöksiä	rule, ordinance, decree, edict, statute
päätteeksi	as a finishing touch, in conclusion
säästö, säästön, säästöä, säästöjä	saving
väärinkäsitys	misunderstanding
luja, lujan, lujaa, lujia	firm, steady, strong, hard, solid
teko, teon, tekoa, tekoja	make, doing, act, deed, action
vaaratta (abess.)	without danger
poikkeus, poikkeuksen, poikkeusta, poikkeuksia	exception
poliitikko	politician

Kysymyksiä

A.   Mistä Suomessa vierailevat turistit yleensä valittavat? Mitä he valittavat? Mitkä varsinkin ovat kalliit? Mitä mieltä ravintola- ja hotellialan edustajat ovat? Miten he voivat sen osoittaa? Miksi turistit maksavat enemmän kuin

229

olisi välttämätöntä? Ketkä ovat astuneet entisaikojen
miljonäärituristien tilalle? Mitä Suomessa tarvitaan
turisteja varten? Mitä opaskirjasen tulisi sisältää?

B.   Mitä opaskirjanen kertoisi Helsingin katuliikenteestä?
Mitä se kertoisi vuokra-autojen kuljettajista? Minkälaisia
voivat hotellien vuoteet olla? Mitä on hyvä tietää hotellien
ravintoloista? Mitä opaskirjanen kertoisi kahviaamiaisesta ja
yleensä kahvista? Minkälaista on yleensä Suomessa tarjottu
juomavesi? Mitä te tiedätte pöytäjuomista Suomessa? Mitä
Washingtonin opaskirjanen kertoisi katuliikenteestä? Mitä
se kertoisi juomarahoista?

C.   Minkälainen on Suomen elintaso? Minkälainen se on
Amerikassa? Minkälainen on Suomen hintataso Amerikkaan
verrattuna? Missä maissa olette matkustanut turistina?
Mitä voitte sanoa näiden maiden hotelleista, junista ja
teistä? Mitä Amerikassa yleensä sisältyy hotellilaskuun?
Miten juomarahat maksetaan Suomen hotelleissa ja ravintolois-
sa?   Mikä on tavallisin pöytäjuoma Amerikassa? Mikä
Suomessa? Mikä ero on hotellilla ja motellilla? Asutteko
mieluummin Hilton-hotellissa vai maan omissa hotelleissa
kun matkustatte ulkomailla? Miksi?

Harjoituksia

A.1 MODEL: Et saa mitään ilman rahaa. - Et saa mitään rahatta.

        1. Vettä voi juoda ilman vaaraa.
        2. Joet ovat vielä ilman asuntoa.
        3. Ilman ystäviä on ikävä olla.
        4. Ilman työtä ei tule toimeen.
        5. Hän ei voi nähdä ilman silmälaseja.

A.2 MODEL: He matkustivat maassamme. - He matkustivat maassamme
              He eivät tunne olojamme.   tuntematta olojamme.

        1. Hän käveli kadulla.
            Hän ei nähnyt mitään.

        2. Mies lähti ravintolasta.
            Hän ei maksanut laskuaan.

        3. Me vietimme kesälomaamme.
            Emme tehneet työtä.

        4. Sinä matkustit Helsingin kautta.
            Et yöpynyt siellä.

        5. Sanoin sen.
            En ajatellut.

B. MODEL: Hän tuli sisälle.   -Hän tuli sisälle kenenkään
            Kukaan ei huomannut.   huomaamatta.

        1. Pojat kävivät meillä.
            En tiennyt sitä.

        2. Ymmärrän sen.
            Sinun ei tarvitse sanoa.

        3. Varas tuli yöllä.
            Me emme kuulleet sitä.

        4. Joulupukki oli käynyt.
            He eivät nähneet häntä.

231

C. Huomatkaa seuraavat passiiviset muodot:

MODEL: Hän tuli.   - Hän tuli odottamatta.
        Häntä ei odotettu.

        1. Koira pääsi sisään.
            Sitä ei nähty.

        2. Rahat löytyivät.
            Niitä ei etsitty.

        3. Astuin huoneeseen.
            Minua ei huomattu.

D. Muuttakaa seuraavat lauseet 'jäädä näkemättä' muotoon:

MODEL: Matkaa ei tehty.   - Matka jäi tekemättä.

        1. Rahoja ei saatu takaisin.

        2. Kirjettä ei lähetetty.

        3. Kaupassa ei käyty.

        4. Amerikkaa ei nähty.

Mutta: Minä en nähnyt Amerikkaa. Amerikka jäi minulta näkemättä.

Huomatkaa: Ei ollut päivääkään satamatta.
            Sanomatta paras!
            Sen tietää sanomattakin! (Sen tietää, vaikka ei
                                      sanotakaan.)

232

E. Käyttäkää sopivia annettuja sanoja seuraavissa lauseissa:

1. Turisti valittaa (kahvista, kahvia, kahviksi).
2. Valitus kohdistuu (hinnoiksi, hintoihin, hinnoille).
3. Ulkolaiset vertaavat kahvia (omaansa, omallensa, omaksensa).
4. Me tyydymme (sille, siihen, siksi).
5. Kirjailija pitäytyy (teoriassansa, teoriaansa, teoriallensa).
6. Hotellin johto vahvisti (säännöksi, säännön, sääntöön).
7. Säästytte (selkävaivoilta, selkävaivoista, selkävaivoitta).

F. MODEL: Hän teki sen, koska hän oli tietämätön. -
Hän teki sen tietämättömyyttään.

1. Sanoin sen, koska olin ymmärtämätön.
2. Turistit maksavat, koska he ovat kokemattomia.
3. Ihmiset ovat vaiti, koska he eivät kiitä.
4. Hän ei pääse eteenpäin, koska hän on saamaton.
5. Tyttö lähti kotoa, koska hän oli tyytymätön.

Verratkaa seuraavia lauseita:

Mies möi talonsa pahuuttansa.
Hän auttoi heitä hyvyyttänsä.
Hyvää hyvyyttäni sen tein! = Tein sen pelkästä hyvyydestä.

G. Täydentäkää seuraavat lauseet annetulla sanalla:

MODEL: Heitä tuli paikalle. kymmenen
Heitä tuli paikalle kymmenittäin.

1. ....ihmisiä tuli kuulemaan.   joukko
2. ....lintuja kuoli nälkään.   tuhat

233

3. ....pakolaisia ylitti rajan.   sata
4. Eläimet menivät erkkiin....   pari
5. Kilpailijat lähetettiin matkaan.... kaksi

<u>Huomatkaa</u>: kuukausittain, päivittäin, vuosittain

Lapsilisä maksetaan kuukausittain.

He saivat päivittäin maitoannoksensa.

Vuosittain muuttaa maasta yli tuhat henkeä.

Sanavaraston kartuttamista

<u>siivo</u>   decent, proper, condition

   siivota, siivoan, siivosi   to clean, put in order
   siivonnut

   siivoton   untidy, unkempt, indecent

   siivottomuus

     Huone oli pahassa siivossa.

     Siivo nuori mies saa paikan.

     Hän puhuu siivottomuuksia.

<u>osapuoli</u>   one who takes part,
                                            ill-treated by fortune,
                                            luckless

   sukupuoli   sex
   äitipuoli   stepmother
   lapsipuoli   stepchild
   silmäpuoli   one eyed
   jalkapuoli   one legged (person)

Kolmantena osapuolena tieasiassa oli kunta.

Tarina, jossa toisena osapuolena on metsästäjä ja toisena metsänneito.

Ruotsinvallan aikana Suomi oli aina lapsipuolen asemassa.

234

säätö   vrt.   <u>säädös</u>

  pelin säännöt, kieliopin säännöt

  matematiikan säännöt

      Ei sääntöä ilman poikkeusta.

      Säädös on yleensä aina lailla määrätty, lakimääreinen.

  jälkisäädös = testamentti

<u>loukkaus</u>

                    to insult, hurt

  loukata

                    to get insulted, hurt, injured

  loukkaantua

  Hänen käyttäytymisensä loukkaa meitä kaikkia.

  Poliitikot eivät saa loukkaantua; heidän täytyy olla loukkausten
  yläpuolella.

  Poika loukkaantui vaikeasti onnettomuudessa.

<u>kirjanen</u> = <u>pieni kirja</u>

  tyttönen, poikanen

  lentolehtinen   leaflet, dodger

  keiju, keijukainen   fairy

  pienokainen

  kukkanen

<u>taitaa</u>   (vanhahtavaa tyyliä, rajoitettu käyttö)

= <u>osata</u>: Minkä nuorena oppii sen vanhana taitaa.

= <u>voida</u>: Mitäpä minä sille taidan, että hän käy siellä.

= <u>on mahdollista</u>: Taitaa tulla sade.

                Taitaisi olla parasta olla kotona.

  vrt. tuntea, tietää, osata

235

23

SUUTARI IHMISTUNTIJANA

Suutari eli jalkinetehtailija on erittäin tärkeä henkilö yhteiskunnassa. Yleensä on tehty se huomio, että suutarit ovat taipuvaisia politikoimaan ja erikoisesti he ovat innostuneita yhteiskunnallisista kysymyksistä. Suutarin pöydän päällä riippuu hänen vedellä täytetty lasipallonsa, jota hän käyttää valonsäteiden keskittämiseksi sellaiseen paikkaan, missä tarkkaa työtä tarvitaan. Tämä suutarin lasipallo on muuten pienoismaailma, jossa näkee ulkona olevan kadun kävelijöineen ja kulkijoineen ja senvuoksi on suutari tottunutkin, samalla kun hän tekee työtään, tarkastamaan maailmaa pienoiskoossa. Mutta paitsi sitä, että suutarit ovat kehittyneet politiikan ja yhteiskuntaelämän ymmärtäjiksi, on heistä myös kehittynyt taitavia ihmistuntijoita.

Olemme joskus aikaisemmin kertoneet kuuluisista kengistämme, mutta emme tulleet maininneeksi, että meillä on puolikengät, jotka ostimme Tampereelta eräänä kesänä. Näiden kenkien anturat ja korot olemme saaneet monet kerrat uusia, mutta niiden pälliset ovat aivan hyvässä kunnossa. Huomasimme tässä äskettäin, että kenkämme ovat taas puolipohjattavat, ja lähdimme siis hovisuutarimme mestari Anturaisen puheille.

Täällä kääntyi keskustelumme pian suutarin ammattiin ja mestari Anturainen huomautti meille, ettei tavallinen ihminen voi ensinkään käsittää, kuinka paljon suutari tietää. Näistä

toimittajan kengistä minä esim. näen, sanoi hän, että toimit-
tajaa on vaivannut viikonpäivät pahanlainen jalkakolotus.

- Ohoh, sanoimme me, puheessa on kyllä perää, mutta
mistä mestari sen päättelee?

- Asia on aivan yksinkertainen. Toimittajan kantapäät
kuluvat tavallisesti ulkokulmastaan niin, että sisäpuoli on
melkein kulumaton, mutta nyt on kantapäiden sisäpuolikin
kulunut ja siitä syystä minä päättelen, että toimittajan on
täytynyt kävellä viimeaikoina eri lailla kuin ennen. Ja kun
minä katselen näitä kenkiä lähemmin, niin huomaan, että
toimittaja on harppinut jalat harallaan, ja niin ei kävele
kukaan muu kuin se, jolla on leiniä jaloissaan.

Nyt sattui, että meillä oli mukanamme viiden hengen
kengät, sillä olimme saaneet mukaamme myös naapureiden kenkiä.
Otimme siis joukosta sironpuoleisen naisen kengän ja kysyimme
mestari Anturaiselta, mitä tämä kenkä hänelle kertoo.

Mestari Anturainen silmäili kenkää hetken aikaa ja
sanoi, että tämä nainen on saanut paljon kärsiä uskonsa
tähden.

- Hän uskoo nimittäin, että hän voi kävellä 36 numeron
kengissä, mutta itse asiassa hänellä pitäisi olla 37 1/2
numeron kenkä. Siitä syystä on tämä päällysnahka tällä
tavalla pullistunut ja tuolta kohtaa aivan repeämässä, niin-
kuin näette. Nämä kengät ovat aivan uudet, mutta siitä huo-
limatta niistä on vuori täältä takaa aivan särkynyt. Tämä
riippuu siitä, että kenkien omistaja aina sopivassa tilai-
suudessa ottaa kengät pois jalastaan ja siitä syystä hän myös
kuluttaa paljon sukkia. Koska kengät ovat näin pienet,

237

täytyy hänen kulkea kantapäillään, ja senvuoksi ovat kanta-
tapäät näin kuluneet, vaikka kengät ovat melkein uudet. Minä
voisin muuten sanoa, että näiden kenkien omistaja on viime
aikoina ollut hyvin hermostunut eikä ole tahtonut tulla
toimeen missään. Hän on ollut olevinaan sairas ja mielel-
lään makaillut paljon. Tämän hän on tehnyt senvuoksi, ettei
hänen tarvitsisi pitää kenkiä jalassaan.

Meidän täytyi tunnustaa, että mestari Anturainen oli
löytänyt selityksen erääseen hyvin salaperäiseen taudin-
tapaukseen, sillä kenkien omistaja oli tosiaankin ollut
viime aikoina sairaalloinen eikä hänen taudistaan lääkäri-
kään saanut selvää. Nyt me tiesimme, että paras lääke oli
37 1/2 numeron kengät. Ojensimme Anturaiselle eräät val-
tavan suuret miesten kengät. Anturainen silmäili niitä
hetken aikaa ja sanoi sitten, että antura on irtaantunut
ompeleestaan senvuoksi, että kenkä on usein kastunut ja
usein kuivunut.

- Kun on näin kuiva kesä, niin eipä juuri luulisi, että
kenkiään saa märäksi muuten kuin Savisuon poikki kulkiessaan,
sillä siellä on tosiaankin yhdessä paikassa tie rapakolla.
Nämä kengät ovat vieläkin märät, ja aivan oikein, tuossahan
on Savisuon savea. Näillä kengillä on viime yönä kuljettu
Savisuon poikki.

- Sitäpaitsi haisevat nämä kengät kovin tervalta ja
niinkuin näette, on sekä anturoihin että päällisiin tart-
tunut tervaa. Savisuon takana on Savilampi, jossa toimit-
tajan rysät ovat.

- Haa, sanoimme me, mestarin ei tarvitse enää jatkaa.

Me aloimme nimittäin aavistaa, minkätakia meidän rysis-
sämme ei viime aikoina ollut ollut edes kalan pyrstöä.

Tatu Valkonen

Sanasto

ihmistuntija	judge of human nature
suutari, suutarin, suutaria, suutareita	shoemaker, cobbler; dud
jalkineet, (pl)	footwear
tehtailija	manufacturer, maker
huomio, huomion, huomiota, huomioita	observation, attention, heed
taipuvainen	inclined, disposed
politikoida, politikoin, politikoi, politikoinut	to talk or play politics
innostua, innostun, innostui, innostunut (i. jostakin t. johonkin)	to become inspired, develop enthusiasm
innostaa, innostan, innosti, innostanut	to inspire, create enthusiasm
yhteiskunnallinen	civil, social, communal
täyttää, täytän, täytti, täyttänyt	to fill, fulfill
säde, säteen, sädettä, säteitä	ray, beam, radius
keskittää, keskitän, keskitti, keskittänyt (tr.)	to concentrate, centralize
keskittyä, keskityn, keskittyi, keskittynyt (intr.)	to concentrate
pienoismaailma	microcosm, microcosmos
kävelijöineen (-ne + poss. suff., komitat.)	with its walkers
taitava	skillful, expert in

239

mainita, mainitsen, mainitsi, maininnut	to mention, to say
tulimme maininneeksi	we happened to mention
puolikengät	low shoes
antura, anturan, anturaa, anturoita	sole
korko, koron, korkoa, korkoja	heel, interest
päällinen	upper; cover, slip
kunto, kunnon, kuntoa, kuntoja	order, condition, share
äskettäin	recently, lately
puolipohja	half sole
puolipohjata, -pohjaan, -pohjasi, -pohjannut	to half-sole, resole
hovi, hovin, hovia, hoveja	court
hovisuutari (colloq.)	one's favorite shoe-maker
kääntää, käännän, käänsi, kääntänyt	to turn, translate
tavallinen	usual, common, general
huomauttaa, huomautan, huomautti, huomauttanut	to remark, point out
kolotus, kolotuksen, kolotusta, kolotuksia	ache, pain
puheessa on perää	there's truth in the talk (rumor)
kantapää	heel of a shoe or foot
kulua, kulun, kului, kulunut (intr.)	to wear out, be worn
kuluttaa, kulutan, kulutti, kuluttanut (tr.)	to wear, use
lailla = tavalla	in some way, in some manner

harppia, harpin, harppoi, harppinut = harpata, harppaan, harppasi, harpannut	take long strides, stride
harallaan	spread out, wide apart
leini	rheumatism, gout
vrt. reumatismi	
siro, siron, siroa, siroja	pretty, small, light
sironpuoleinen	rather pretty
silmäillä, silmäilen, silmäili, silmäillyt	to eye, look
itse asiassa	in actual fact
pullistua, pullistun, pullistui, pullistunut (intr.)	to become distended, become expanded, puff out
pullistaa, pullistan, pullisti, pullistanut (tr.)	to distend, expand
huolimatta	in spite of, regardless
särkyä, (säryn), särkyi, särkynyt (intr.)	to break, crack
särkeä, särjen, särki, särkenyt (tr.)	to break, crush, smash
sopiva	suitable, fitting, convenient
tulla toimeen	to get along, get on, earn one's living
Hän ei ole tahtonut tulla toimeen.	It has been hard for her to get along.
makailla = maata	to lie down, rest
selitys, selityksen, selitystä, selityksiä	explanation, account
salaperäinen	mysterious, secretive
irtaantua = irtautua, irtaudun, irtautui, irtautunut = irrota, irtoan, irtosi, irronnut (intr.)	to get loose, be detached

241

vrt. irrottaa, irrotan, irrotti, irrottanut (tr.)	to loosen, detach, make free
kastua, kastun, kastui, kastunut	to get wet
kastella, kastelen, kasteli, kastellut	to water, wet, sprinkle
kulkiessa = kun kulkee	
märkä, märän, märkää, märkiä	wet
rapakko, rapakon, rapakkoa, rapakkoja	mudhole, puddle
savi, saven, savea	clay
suo, suon, suota, soita	marsh, swamp
haista, haisen, haisi, haissut (joltakin)(intr.)	to have a smell or odor, stink
haistaa, haistan, haistoi, haistanut (tr.)	to smell, sniff
rysä, rysän, rysää, rysiä	bow net, drum net
pyrstö, pyrstön, pyrstöä, pyrstöjä	tail of a fish or bird

Kysymyksiä

A.   Mitä suutarit ovat taipuvaisia tekemään? Mistä he ovat innostuneita? Missä suutarin lasipallo riippui? Mistä se riippui? Mitä suutari näki lasipallossansa? Miksi suutarit ovat kehittyneet? Mitä heistä on kehittynyt? Miksi? Missä koossa suutari näki maailman lasipallossansa? Kuka on teidän hovisuutarinne? Kuinka usein annatte hänen panna kenkiinne puolipohjat? Mistä teidän suutarinne on innostunut? Millainen ihmistuntija hän on?

B.   Minkä takia nainen oli saanut kärsiä? Minkä numeron kengät hänellä oli? Minkä numeroiset kengät hänellä

242

olisi täytynyt olla? Mitä kengälle oli tapahtunut? Mitä
kenkien omistaja aina sopivassa tilaisuudessa teki? Mitä
hän kulutti paljon? Minkälainen hän oli ollut viime ai-
koina? Mitä hän oli ollut olevinaan? Mitä häh oli mie-
lellään tehnyt? Miksi? Miten suutari voi tietää kaiken
tämän hänestä?

C.   Kuka on innostunut yhteiskunnallisista asioista?
Mihin yhteiskunnallisiin asioihin olette itse innostunut?
Jos olisitte poliitikko, mikä olisi poliittinen ohjel-
manne? Mihin yhteiskunnallisiin kysymyksiin haluaisitte
keskittyä? Oletteko taipuvainen politikoimaan? Kenen
täytyy olla hyvä ihmistuntija? Kenen täytyy ymmärtää
politiikkaa ja yhteiskuntaelämää? Kenen kanssa poliitikot
eivät tahdo tulla toimeen? Ketkä käyttävät ihmistun-
temusta hyväkseen? Kenellä muulla on lasi tai kristalli-
pallo paitsi entisajan suutarilla?

D.   Kuinka kuiva kesä viime kesä oli? Milloin jouduitte
kastelemaan jalkanne? Pidättekö kalastuksesta? Millai-
sesta kalastuksesta pidätte? Onko teillä rysiä? Milloin
kävelitte viimeksi suolla? Minkälaista on kävellä suol-
la? Missä päin Amerikkaa on paljon soita? Missä päin
Suomea on paljon soita? Minkälainen maa on parasta vil-
jelysmaata? Kenen kanssa teidän on vaikea tulla toimeen?
Mitkä täytyy tervata tai maalata keväisin?

243

Harjoituksia

A. Huomatkaa, että seuraavaa muotoa käytetään aina moni-
   kossa, vaikka merkitys olisi yksiköllinen. Se vastaa
   kysymykseen "mikä mukana", "minkä kanssa". (komitatiivi)

   MODEL: Poika tuli koulusta kirjat mukana. -
   Poika tuli koulusta kirjoineen.

   1. Isä meni sotaan ase mukana.
   2. Läksimme retkelle eväät mukana.
   3. Lähdetkö Saksaan perhe mukana?
   4. Tulen illalla ystävä mukana.
   5. Talvi on tullut pitkät yöt mukana.
   6. Metsästäjä menee kaikki koirat mukana.

B. MODEL: Tulen vaimoni kanssa. - Tulen vaimoineni.

   1. Presidentti matkusti puolisonsa kanssa
      (seurassa).
   2. Menin Saksaan perheeni kanssa.
   3. Hän muutti maasta sukulaistensa kanssa.
   4. Tulen illalla ystäväni kanssa.
   5. Isä meni työhön poikansa kanssa.

C. MODEL: Satuin sanomaan asian. - Tulin sanoneeksi asian.

   1. Satuin mainitsemaan sen.
   2. Hän sattui tekemään virheen.
   3. He sattuivat ostamaan vanhan hevosen.
   4. Satuit loukkaamaan häntä.
   5. Satuimme kuuntelemaan radiota.

   Huomatkaa: Tuli istutuksi liikaa ravintoloissa.

D. **Valitkaa kussakin lauseessa yksi tai useampia annetun**
   sanan muotoja ja toistakaa lauseet täydellisinä:

   1. Kengät haisevat (tervalta, tervalle, tervaksi).
   2. Tervaa on tarttunut (kengälle, kenkään, kengällä).
   3. Sain kenkäni suolla (märäksi, märkänä, märkään).
   4. Hän tuli sen (sanonut, sanoneena, sanoneeksi).
   5. Antura on irtaantunut (ompeleessa, ompeleesta, ompeleeseen).
   6. Vien kengät (suutariin, suutarille, suutarissa).
   7. Suutari päätteli sen (kengiltä, kengillä, kengistä).
   8. Kenkien korjaus riippuu (suutarista, suutarilta, suutarissa).
   9. Lasipallo riipui (katosta, katolta, katossa).

E. MODEL: Ruoka ei tahdo kelvata lapselle. -
           Ruoka ei ota kelvatakseen lapselle.

   1. Kenkä ei tahdo mennä jalkaan.
   2. Uni ei tahtonut tulla.
   3. Työ ei tahtonut sujua.
   4. Ruoho ei tahtonut kasvaa.

Huomatkaa:	Tie on rapakolla.	The road is very muddy.
	Järvi (järven jää) on vesillä.	There is water on the ice of the lake. The ice on the surface of the lake is melting.
	Käteni ovat rakoilla.	My hands are blistered.
	Olet aivan kananlihalla.	You are cold. (Your skin is covered with goose pimples.)

245

Vrt.   hän nukkuu kyljellään, ovi on
       selällään jne.

Sanavaraston kartuttamista

kengät

aamutossut = tohvelit   slippers

kumitossut, tennis-, balettitossut

Hän on tohvelin alla.   He's tied to a woman's
                                               apron strings.

tohvelisankari   henpecked husband

huopatossut   felt boots

kerta

Kaksi kertaa kaksi on neljä $(2 \times 2 = 4)$.

Se on kolme kertaa pienempi.

Kerta kerralta yritys parani.

Olipa kerran ukko ja akka. . .

Puheenjohtaja valitaan joka kerraksi erikseen.

Olen sanonut siitä senkin seitsemät   . . .countless times. . .
kerrat.

Selvisin vielä sillä kerralla.

Ensi kerralla kun tapaamme, saat sen.

innostua

Hän innostui tuumaan (suunnitelmaan).

Hän innostui asiasta kovasti.

päällä (on tässä) yläpuolella

Pöydän yläpuolella riippui lamppu.

huomata

huomauttaa   to remark, point out

huomautus   remark, reminder

246

huomaamaton	
huomattava	noticeable, noted
huomioida	to observe
politiikka	politics
poliitikko	politician
poliittinen	political, politic

Hyvä poliitikko on mies, josta aina puhutaan.

Politiikka on likaista peliä.

Asia muodostui poliittiseksi kysymykseksi.

keskitys	concentration, focusing
keskitysleiri	concentration camp
keskittyä = keskittäytyä (johonkin)	to concentrate

Olimme keskellä vihollisen tykistökeskitystä.

Tässä melussa on vaikea keskittyä työhön.

kulutus	wearing away, consumption
kulunut	worn out, threadbare
kuluttaja	consumer
kuluessa (jonkin ajan kuluessa)	in the course of time
"rapakon takana"	"in America"

Terveisiä täältä rapakon takaa.

tarkka	accurate, thrifty
tarkkailija	observer
tarkkaan = tarkasti	attentively, accurately
tarkastaa	to examine, inspect
tarkastaja	inspector

24

DIPLOMAATTI PYYSI SUOMEEN EIKÄ OLE KATUNUT PÄÄTÖSTÄÄN

Suomessa kolmen vuoden ajan Yhdysvaltain suurlähetystön lehdistöavustajana toiminut Mr. James O. Mays matkustaa perheineen näinä päivinä maastamme siirtyäkseen uusiin tehtäviin Washingtonissa. Hän päättää samalla yli yksitoista vuotta kestäneen ulkomaanpalvelun, jonka eräänä miellyttävimmistä vaiheista hän pitää oleskeluaan Suomessa, johon hän itse aikoinaan pyysi siirtoa.

- Oletteko koskaan kat' nut siirtopyyntöänne?

- En minä eikä liioin perheenikään, vastasi Mr. Mays.

- Oikeastaan Suomi ei ollut Mary-vaimolleni eikä minulle tuntematon maa. Asemapaikkani oli v. 1952 Länsi-Saksa ja päätimme vaimoni kanssa silloin lähteä polkupyörämatkalle neljään Skandinavian maahan. Eräs tapaus laivamatkalla Tukholmasta Turkuun ehkä oli ratkaiseva, vaikka ei ainoa syy siirtopyyntööni.

- Siihen aikaanhan ei laivaliikenne Ruotsin ja Suomen välillä ollut niin vilkasta kuin nykyisin. Meille ei jäänyt hyttipaikkoja, joten vietimme yön kansimatkustajina. Vieressämme kannella oli suomalainen tyttö, jolla oli mukanaan kitara. Olimme molemmat kiinnostuneita kansanmusiikista, joten kielivaikeuksista huolimatta saimme tytön laulamaan meille suomalaisia kansanlauluja, joiden avulla matkastamme muodostui unohtumaton elämys.

- Kun saavuimme Turkuun, suomalainen neitonen yritti työntää minulle viidensadan markan seteliä. Yritin kovasti

248

estellä ja kaksi kertaa työnsin setelin takaisin. Silloin
puuttui keskusteluun eräs suomalainen mies, joka selitti,
että neitonen ansaitsi työpaikassaan hyvin, ihaili Amerikkaa
ja koska olimme ensimmäiset amerikkalaiset, jotka hän oli
tavannut, halusi nyt lahjoittaa rahan. Emme voineet muuta
kuin kiittää. Jos tämä v:n 1952 laivatuttavuus sattuu luke-
maan nämä rivit, olisin kiitollinen, jos hän ottaisi yhteyden
minuun aivan lähipäivinä ennen lähtöäni Yhdysvaltoihin.

VAIHEIKAS ELÄMÄ

Mr. Mays on ehtinyt matkustaa paljon muuallakin kuin
Skandinaviassa. Suoritettuaan sanomalehtitutkinnon koti-
valtionsa Georgian yliopistossa ja toimittuaan lehtialalla
hän oli mukana toisessa maailmansodassa ollen kolme vuotta
Englannissa, josta hän myös löysi puolisonsa.

Normandian maihinnousu näytteli suurta osaa hänen
sotatoimissaan, koska hän kuului yksikköön, joka hoiti kul-
jetuksia Englannin ja maihinnousupaikan välillä, joten hän
kävi Normandiassa useasti.

Toimittuaan jälleen sodan päätyttyä lehtialalla hän v.
1950 liittyi amerikkalaisen sotilaallisen avun järjestön
tiedotuspalveluun, jolloin hän, asemapaikkanaan Länsi-Saksa,
joutui matkustamaan laajalti Euroopassa sekä Afrikassa ja
Lähi-Idässä. V. 1956 hän siirtyi Yhdysvaltain tiedotuspal-
velun tehtäviin, toimien Israelissa kaksi vuotta ja Parii-
sissa viisi vuotta.

315-431 O - 68 - 17

AKTIIVINEN SUOMI

- Suomi on osoittautunut paljon aktiivisemmaksi maaksi
kuin mitä olin odottanut, kertoi Mr. Mays.

- Vaikka Suomen väkiluku on vain vähän suurempi kuin ko-
tivaltioni Georgian, on tääl.ä kolme kertaa enemmän sanoma-
lehtiä. Täällä oleskeluni aikana on myös televisioiden lu-
pamäärä kasvanut ehkä lopullista rajaa lähelle. Yleisenä
havaintona voin vain todeta suomalaisten olevan erittäin
luku- ja tiedonhaluista kansaa.

- Olen matkustanut laajalti maassanne ja käynyt useim-
pien tärkeiden maaseutulehtien toimituksissa. Minua on
ilahduttanut täällä tekemäni havainto, joka pätee myös
Yhdysvalloissa. Maaseutulehtien toimituksissa sanotaan samoin
kuin Yhdysvaltain vastaavissa lehdissä: " Älkää unohtako,
ettei Helsinki (Washington) ole koko maa, vaan täällä kui-
tenkin on varsinainen ka isa. "

Vaikka Mr. Mays lähtee nyt Suomesta, kappale Suomea
kulkee heidän mukanaan. Mrs. Mary Mays on hankkinut tulevaan
kotiin Washingtonissa, suomalaisia, nimenomaan pohjalaisia
vanhoja tuoleja, arkkuja sekä käsitöitä. Poika Stewart, joka
opiskelee ensimmäistä vuottaan amerikkalaisessa yliopistossa
ei unohda suomalaista yleisurheilua, jota hän oli oppimassa
Kuortaneella.[1] Vanhin tytär Angela on opiskellut viime syksyn
Helsingin yliopistossa ja kutsuu aikaa onnellisimmaksi opis-
kelukaudekseen. Nuorin tytär, 12-vuotias Pipkin on puoles-
taan oppinut hiihtämään ja vie suomalaiset sukset mukanaan
Amerikkaan.

Helsingin Sanomat

---

[1]Kuortaneen Urheiluopistolla.

Sanasto

päätös, päätöksen, päätöstä, päätöksiä	decision, ruling, resolution
lehdistö, lehdistön, lehdistöä lehdistöjä	newspaper press; (tree) leaves
avustaja, avustajan, avustajaa, avustajia	attaché, assistant, contributor
toimia, toimin, toimi, toiminut	to act, work, operate, function
tehtävä, tehtävän, tehtävää, tehtäviä	job, task, duty
miellyttävä, miellyttävän, miellyttävää, miellyttäviä	pleasant, pleasing, delightful
oleskelu, oleskelun, oleskelua, oleskeluja	stay, dwelling, sojourn
siirto, siirron, siirtoa, siirtoja	transfer, move
pyyntö, pyynnön, pyyntöä, pyyntöjä	request, petition
(eikä) liioin	nor, (not). . .either (neither)
tuntematon, tuntemattoman, tuntematonta, tuntemattomia	unknown, unfamiliar, strange, unexplored
polkupyörä	bicycle, tricycle
ratkaiseva, ratkaisevan, ratkaisevaa, ratkaisevia	decisive
ratkaista, ratkaisen, ratkaisi, ratkaissut	to decide, determine
vilkas, vilkkaan, vilkasta, vilkkaita	busy, lively, live, sprightly
hytti, hytin, hyttiä, hyttejä	cabin, stateroom
kitara, kitaran, kitaraa, kitaroita	guitar
kiinnostua, kiinnostun, kiinnostui, kiinnostunut (jostakin)	to become interested in, be attracted

251

vaikeus, vaikeuden, vaikeutta, vaikeuksia	difficulty, trouble, hardship
avulla (jonkin avulla)	with the help of something
elämys, elämyksen, elämystä, elämyksiä	experience, something one has lived through
unohtumaton	unforgettable
seteli, setelin, seteliä, seteleitä	paper money
estellä, estelen, esteli, estellyt	to try to prevent, hinder, offer excuses
puuttua, puutun, puuttui, puuttunut (johonkin)	to interfere, get mixed in, lack
ihailla, ihailen, ihaili, ihaillut	to admire
tuttavuus, tuttavuuden, tuttavuutta, tuttavuuksia	acquaintance
ottaa yhteys	to contact
vaiheikas	eventful, full of changes
suoritettuaan (past passive participle + partit. + poss. suff.)= (senjälkeen) kun hän oli suorittanut	
suorittaa tutkinto	to pass an examination
ala, alan, alaa, aloja	field, career, profession, area
toimittuaan = kun hän oli toiminut	having worked
puoliso, puolison, puolisoa, puolisoja	spouse, mate
maihinnousu	landing, descent, going on shore
yksikkö, yksikön, yksikköä, yksikköjä	unit, singular
kuljetus, kuljetuksen, kuljetusta, kuljetuksia	transportation

252

apu, avun, apua	aid, help, assistance, helping hand
vrt. avu, avun, avua, avuja	virtue, merit, gift, talent
järjestö, järjestön, järjestöä, järjestöjä	organization
lupa, luvan, lupaa, lupia	permission, license, leave
tekemäni = jonka olen tehnyt	
havainto, havainnon, havaintoa, havaintoja	observation, perception,
lukuhaluinen	desirous of (or eager for) reading
laaja, laajan, laajaa, laajoja	extensive, wide, expansive
päteä, (päden) päti, pätenyt	to be valid, hold good or true
vastaava	corresponding, one who is responsible
varsinainen	real, true, proper, original, actual
hankkia, hankin, hankki, hankkinut	to acquire, get, earn, gain, win
arkku, arkun, arkkua, arkkuja	trunk, chest, locker, coffin, casket
yleisurheilu	track and field athletics
Kuortane	a county in Finland, Pohjanmaa
onnellinen	happy
hiihtää, hiihdän, hiihti, hiihtänyt	to ski
suksi, suksen, suksea, suksia	ski

Kysymyksiä

A.   Kuinka kauan maisteri Mayes oli toiminut Suomessa?
Mikä maisteri Mayes oli? Kenen palveluksessa hän oli?
Minne hän nyt siirtyi? Minkä hän päätti? Miten hän sai
siirron Suomeen? Missä muissa maissa hän oli ollut
toimessa? Kenen palveluksessa hän oli Pariisissa? Min-
kälaiseksi maaksi Suomi osoittautui hänestä? Minkälaista
kansaa suomalaiset olivat? Mitä hän sanoi Suomen leh-
distöstä?

B.   Milloin Normandian maihinnousu tapahtui? Missä
maailmansodassa se tapahtui? Kuka johti maihinnousua?
Mistä maihinnousijat lähtivät? Miten he ylittivät Eng-
lannin kanaalin? Minkälaista osaa kuljetuksia hoitava
yksikkö näytteli maihinnousussa? Milloin tapahtui mai-
hinnousu Englantiin? Kuka sen teki? Miten he ylittivät
Englannin kanaalin? Miten tämä maihinnousu onnistui?

C.   Millaisesta musiikista olette kiinnostunut? Min-
kämaalaisia kansanlauluja tunnette? Mitä suomalaisia
kansanlauluja tunnette? Millaisesta kirjallisuudesta
olette kiinnostunut? Millaisiin tehtäviin haluaisitte
siirtyä, jos voisitte vaihtaa alaa? Miksi? Mistä löy-
sitte puolisonne? Minkälaisista huonekaluista pidätte?
Onko teillä antiikkihuonekaluja? Minkälaisista
käsitöistä vaimonne on kiinnostunut? Mistä urheilusta
poikanne on kiinnostunut? Mitä itse harrastatte?

D.   Missä viroissa olette toiminut? Millä aloilla
olette toiminut? Minä virkailijana olette toiminut?

254

Mitä tutkintoja olette suorittanut? Missä suorititte
nämä tutkinnot? Missä sodassa olitte mukana? Mihin
yksikköön kuuluitte? Mihin taisteluun otitte osaa?
Mikä vaihe on näytellyt suurta osaa elämässänne? Mikä
matka on muodostunut teille unohtumattomaksi elämykseksi?
Millä tapauksella on ollut ratkaiseva vaikutus nykyisen
alanne valitsemiseen?

Harjoituksia

Huomatkaa seuraava lauseenrakenne:

Suomessa kolmen vuoden ajan Yhdysvaltain suurlähetystön leh-
distöavustajana toiminut Mr. Mays matkustaa. . .

Kuka matkustaa?	Mr. Mays matkustaa
Minkälainen (mikä) Mr. M?	Toiminut Mr. M.
Missä toiminut?	Suomessa toiminut.
Kuinka kauan toiminut?	Kolmen vuoden ajan toiminut.
Minä toiminut?	Lehdistöavustajana toiminut.
Minkä lehdistöavustajana?	Yhdysvaltain suur- lähetystön lehdistö- avustajana.

Suomessa. . . . .toiminut Mr. Mays. . .

. . . . .kolmen vuoden ajan toiminut Mr. M. . .

. . . . .lehdistöavustajana toiminut Mr. M. . .

. . . . .Yhdysvaltain suurlähetystön lehdistöavustajana
toiminut Mr. M. . .

Huomatkaa: suoritettuaan = hänen suoritettuansa = hän oli
             suorittanut = senjälkeen kun hän oli suorittanut

255

toimittuaan = hänen toimittuaan = hän oli
toiminut = senjälkeen kun hän oli toiminut

Kun hän oli suorittanut sanomalehtitutkinnon
kotivaltionsa Georgian yliopistossa ja toiminut
lehtialalla, hän oli mukana toisessa maailman-
sodassa. . .

A. Muuttakaa seuraavat sanat esimerkin mukaiseen muotoon
(past passive participle, partitive):

MODEL: ostaa - ostettua

1. tehdä
2. viedä
3. antaa
4. myydä
5. oppia
6. lopettaa
7. tilata
8. selittää
9. kuolla
10. nousta

B. MODEL: (Senjälkeen) kun hän oli suorittanut tutkinnon,
hän meni työhön. - Suoritettuaan tutkinnon hän
meni työhön.

1. Kun hän oli toiminut lehtialalla, hän
meni sotaan.
2. Hän muutti maasta, kun hän oli myynyt
talonsa.

256

3. Nautimme kirjoista vasta, kun olemme oppineet lukemaan.

4. Ette voi koskaan unohtaa Lappia, kun kerran olette ollut siellä.

5. Auttaisitko minua, kun olet lopettanut työsi.

6. He lähtivät heti, kun olivat tilanneet liput.

7. Toimittaja meni ulos, kun hän oli lopettanut artikkelinsa.

C. MODEL: Olimme iloisia, kun he olivat suorittaneet tutkintonsa. - Olimme iloisia heidän suoritettuaan tutkintonsa.

1. Lähdimme kotiin, kun hän oli pitänyt puheensa.

2. He aikovat mennä kalaan, kun olet noussut ylös.

3. Te ymmärrätte asian, kun olen sen selittänyt.

4. Ymmärsin asian, kun opettaja oli selittänyt sen.

5. Otimme kissan, (senjälkeen) kun koira oli kuollut.

6. Kun hän oli lopettanut soittonsa, ihmiset antoivat hänelle rahaa.

7. Kun he olivat syöneet, emäntä korjasi ruuat pois.

8. Kun ihmiset kuulivat asiasta, syntyi kaikenlaisia juttuja.

9. Äiti valmisti päivällisen, kun Pekka oli tullut.

Huom. Passiivissa käytetään aina sivulausetta,
esim.

Kun työ oli tehty, väki pääsi kotiin.
Vrt. Isännän tehtyä työn, väki pääsi
kotiin. = Kun isäntä oli tehnyt
työn, väki pääsi kotiin.

D.1 MODEL: palvella - palvelu

1. seikkailla
2. vaihdella
3. urheilla
4. kokeilla
5. oleskella
6. ponnistella
7. ihailla
8. puhella
9. tapella
10. ajatella

D.2 Täydentäkää seuraavat lauseet käyttämällä palvelu-muotoa
kustakin annetusta sanasta:

1. Ravintoloitsijat puhuvat. . .   palvella
   korkeista hinnoista.

2. Pohjolan sotaurhot joutuivat   seikkailla
   suureen. . .

3. Pidän vuodenaikojen. . .   vaihdella

4. Kuortaneella on. . .opisto.   urheilla

5. Asiaton. . .alueella ehdot-   oleskella
   tomasti kielletty.

2.6 Lääkäri käski välttämään. . .   ponnistella

2.7 Hänen. . .oli vilpitöntä.   ihailla

2.8 Tilaan kauko. . .Tampereelle.   puhella

2.9 Juhlat päättyivät. . .   tapella (to fight)

2.10 Monien. . .jälkeen hän   kokeilla
     lopulta onnistui.

2.11 Suunnitelma vaatii paljon. . . ajatella

Sanavaraston kartuttamista

pyyntö

vrt.   pyynti, kalanpyynti = kalastus

riistanpyynti = metsästys

pyytää kalaa = kalastaa

pyytää anteeksi

pyytää armoa

Pyydän häntä kylään tai kahville.

päteä

Tämä sääntö pätee aina.

Tuomio pätee.

Sopimus pätee vain määräajan.

Vain pätevät hakijat otetaan   Only qualified
huomioon.   applicants. . .

Pätevyysvaatimukset ovat. . .   Qualifications are. . .

huolia

Emme huoli puhua siitä.

En huoli huonoa tavaraa.

Kukapa sitä enää huolisi.

Älä nyt huoli (=sure) itseäsi kuoliaaksi.

puuttua

En puutu tähän asiaan.

    Kohtalo puuttui asioiden   Fate, Providence. . .
    kulkuun.

Isä ei puuttunut lasten kasvatukseen.

Armeijalta puuttui aseita ja ammuksia.

    Kokous ei ole päätösvaltainen;   There is no quorum. . .
    puuttuu kahta jäsentä.

Joku puuttuu joukostamme.

Häneltä puuttui vaadittu pätevyys.

Summasta puuttuu 10 markkaa.

    Yhdysvaltain Tiedonantotoimisto   U.S. Information Agency

apu

    avu

    avustus

    avustaja   assistant

    avustaa   to assist

Hänen parhaita avujaan on tunnollisuus.

Johtajalta vaaditaan monia henkilökohtaisia avuja.

Luontaiset musikaaliset avut.

kappale (=luku)   chapter, paragraph

Luetaanpa seuraava kappale.

kiusankappale, harminkappale

Siitä se-nyt tuli oikea kiusankappale.

Tusinassa on 12 kappaletta.

    kappaletyö   piece work

vrt.   urakkatyö

Huom. Suomi Seuran Floridan   Florida Chapter of Fin-
       piirijärjestö tai paikal-   landia Foundation
       lisjärjestö.

       kappale   copy

Kauppakirja kirjoitettiin kahtena kappaleena.

alkuperäiskappale, arkisto-, kaksois-,
kirjasto-, lahja-, vaihto-, museo- ja kantakappale

Olen iloinen siitä.   I am happy about it.

He elivät onnellisina

elämänsä loppuun asti.

Hän on onnellinen avioliitossaan.

lupa

Lapsilla on tänään lupa koulusta.

Tein sen lääkärin luvalla.

Radiolupamaksu kohoaa taas.   ·

Televisiolupia lunastettu jo puoli miljoonaa.

       Seurueella oli lupa vain   . . .deer. . .
       kahteen hirveen.

Lapsille on luvassa uusi kelkka.

Kotitehtävä

   Laatikaa lyhyt sanomalehtihaastattelu itsestänne. Ker-
tokaa siinä maasta, josta tulitte viimeksi. Verratkaa
kysymyksessä olevaa maata kotivaltioonne.

       Kauttakulku kielletty.
       Tupakanpoltto kielletty.
       Pääsy asiattomilta kielletty.

261

25

T I E T O L I I K E N N E

Tietoliikenteen[1] vanhin muoto on postiliikenne. Jo
Rooman valtakunnassa oli säännöllinen, järjestetty postin
kuljetus. Tämä oli mahdollista, koska maassa oli hyvin
rakennettu, laaja tieverkko, sivistystaso oli korkealla ja
valtakunnan olot olivat pitkään rauhalliset. Roomanvallan
hajottua sivistys alkoi rappeutua, tientekotaito unohtui
eikä postiliikennettäkään tarvittu. Vasta habsburgilainen
keisari Maksimilian I aloitti uudelleen säännöllisen, jär-
jestetyn postinkuljetuksen antaessaan v. 1505 italialaissyn-
tyiselle Janetto Tassisille oikeuden harjoittaa keisarin
suojeluksessa postinkuljetusta Itävallasta Euroopan muihin
maihin.

Suomessa keskiajalla jalka- tai ratsupolkuja liikkuvat
matkustajat kuljettivat myös kirjeitä paikkakunnalta toiselle.
Kun Kustaa Vaasan aikana oli rakennettu suuria, pääteitä,
alkoi säännöllisempi postinkuljetuskin. Aluksi sitä hoitivat
rättärit eli kyytimiehet, myöhemmin perustettiin pääteiden
varsille kievareita, joiden velvollisuutena oli kuninkaan
läheteille antaa vapaa kyyti ja majoitus. Läheteillä oli
kirjeitään varten sananviejänrasia eli postbössa. Tässä
yhteydessä posti-sana ensimmäisen kerran esiintyy Suomessa.

Suomen julkinen postilaitos perustettiin 6.9.1638, jol-
loin hyväksyttiin Tukholman-Käkisalmen linjalle postitaksa.

---

[1]Tietoliikenne on tiedonantojen perille toimittaminen
postin, puhelimen, lennättimen tai radion välityksellä.

Samoihin aikoihin perustettiin postilinjoja myös Helsingistä
Hämeenlinnaan, Turusta Tornioon ja Viipurista Inkerinmaalle.
Postinkuljetuksesta huolehtivat värvätyt talonpojat, joiden
tehtävänä oli kuljettaa posti seuraavaan postitaloon. Tehtä-
västään he saivat aluksi vain verohelpotuksia, mutta myöhemmin
myös palkkaa. Ruotsinvallan aikana perustettiin maahan 40
postikonttoria.

Maan tultua liitetyksi Venäjään lakkautettiin postitalon-
pojan tehtävät v. 1846 ja postinkuljetus järjestettiin koko
maassa tapahtuvaksi kyytihevosilla. Kun maan ensimmäinen
rautatie valmistui, alettiin postia kuljettaa myös rautateitse.
Ensimmäinen uusi postitoimipaikka perustettiin vasta v. 1852
Joensuuhun.

Kaikissa maissa postinkuljetusta vaikeuttivat epäyhte-
näiset postimaksut. Englannissa otettiin vuonna 1840 käyttöön
sekä postimerkki että kirjekotelo, joiden molempien käyttö
nopeasti levisi muihin maihin ja helpotti kunkin maan sisäistä
postinkuljetusta.

Suomessa otettiin käyttöön jo v. 1845 yhtenäinen 10
kopeekan postimaksu maassa kuljetettavalta postilta ja samana
vuonna myös 10 ja 20 kopeekan leimaiset postikotelot. Varsi-
naiset postimerkit otettiin käyttöön v. 1856, jolloin laskett-
tiin liikkeelle ensimmäiset 5 ja 10 kopeekan postimerkit.

Ensimmäisen kansainvälisen postisopimuksen teki Suomi
Ruotsin kanssa v. 1868, jolloin sovittiin näiden maiden
välisestä postinkuljetuksesta.

USA:n aloitteesta oli jo v. 1863 kutsuttu koolle
kansainvälinen neuvottelukokous eri maiden välisten posti-
yhteyksien parantamiseksi. Kokouksessa sovittiin periaatteessa

yhteiset suuntaviivat postinkuljetuksen kehittämiseksi, mutta
vasta v. 1874 perustettiin Yleinen postiliitto. Venäjän
edustamana suuriruhtinasmaana Suomi liittyi postiliiton
jäseneksi. Maailmanpostiliitto, joksi nimi v. 1949 muutettiin,
toimii postimaksujen yhtenäistämiseksi, saman turvan takaami-
seksi kuljetettavalle postille kaikissa jäsenmaissa sekä yhte-
näisen maailmanpostialueen luomiseksi.

Vaikka venäjänvallan aikana v. 1890 annettu postimanifesti[1]
jarruttikin maan postilaitoksen kehitystä, perustettiin vuosi-
sadan alussa kuitenkin lukuisia uusia postitoimipaikkoja.
Postilaitoksen voimakas kasvu alkoi kuitenkin vasta itsenäi-
syyden aikana. Postilaitosta kehitettäessä on pyritty paitsi
laajentamaan postiverkkoa ja parantamaan ulkomaisia yhteyksiä
myös nopeuttamaan kuljetusta. Rautatiet oli jo otettu postinkul-
jetukseen, ja v. 1921 perustettiin ensimmäinen postiautolinja.
Lentoteitse alettiin postia kuljettaa v. 1923, jolloin maahan
perustettiin ensimmäinen lentoyhtiö, ja v. 1949 otettiin
käyttöön ns. ilmakirjeet.

Postilaitos yhdistettiin lennätinlaitokseen v. 1927,
jolloin perustettiin Suomen posti- ja lennätinlaitos.

Hilkka Leino

---

[1]Postimanifesti on vuoden 1890 laiton hallinnollinen säädös,
jolla Suomen postilaitos alistettiin (was subjugated) Venäjän
sisäasiainministeriön alaiseksi.

Sanasto

tietoliikenne	public communication service
säännöllinen	regular, scheduled, orderly, fixed
järjestää, järjestän, järjesti, järjestänyt	to organize, arrange, adjust
sivistystaso	cultural level
pitkään = kauan (aikaa)	for a long time, long
rappeutua, rappeudun, rappeutui, rappeutunut	fall into decay, deteriorate, degenerate
antaessaan = kun hän antoi t. antaa (II inf. + iness.)	
suojelus, suojeluksen, suojelusta	protection, patronage
Itävalta	Austria
ratsu, ratsun, ratsua, ratsuja	saddle horse, mount
kyytimies	stagecoach driver, relay driver
velvollisuus, velvollisuuden, velvollisuutta, velvollisuuksia (jtkn kohtaan)	duty, obligation
lähetti, lähetin, lähettiä, lähettejä	messenger, emissary
kyyti, kyydin, kyytiä, kyytejä	convenience by stage or relays, ride, lift
majoitus, majoituksen, majoitusta, majoituksia	accommodation, billeting
sananviejä	bearer of a message, messenger
rasia, rasian, rasiaa, rasioita	box (round box)
esiintyä, esiinnyn, esiintyi, esiintynyt	to appear, make one's appearance, perform, occur, exist
julkinen, julkisen, julkista, julkisia	public, official

265

hyväksyä, hyväksyn, hyväksyi, hyväksynyt	to approve, endorse, sanction, pass, accept
taksa, taksan, taksaa, taksoja	rates, list of rates, tariff, fare
värvätä, värvään, värväsi, värvännyt	to enlist, recruit, canvass
helpotus, helpotuksen, helpotusta, helpotuksia	reduction, relief, easement
vero, veron, veroa, veroja	tax, impost, duty
lakkauttaa, lakkautan, lakkautti, lakkauttanut (tr.)	to abolish, do away with, discontinue, stop
lakata, lakkaan, lakkasi, lakannut (intr.)	to stop, discontinue, varnish, seal
rautateitse	by rail
postitoimipaikka = postikonttori	
vaikeuttaa, vaikeutan, vaikeutti, vaikeuttanut	to make difficult or hamper
epäyhtenäinen	heterogeneous, incongruous, non-uniform
yhtenäinen	uniform, unified, coherent, conforming
yhtenäistää, yhtenäistän, yhtenäisti, yhtenäistänyt	to make uniform, unify, make coherent
kirjekotelo, -kotelon, -koteloa, -koteloja = kirjekuori	envelope
levitä, leviän, levisi, levinnyt (int.)	to spread, extend, gain ground
levittää, levitän, levitti, levittänyt (tr.)	to spread, expand, widen
helpottaa, helpotan, helpotti, helpottanut	to facilitate, ease, relief, soothe
sisäinen	inner, inward, internal
kopeekka	kopek (1/100 of a ruble)
laskea liikkeelle	to issue, put in circulation
kansainvälinen, -välisen, -välistä, -välisiä	international

266

sopimus, sopimuksen, sopimusta, sopimuksia	agreement, contract
välinen	inter, located between
aloite, aloitteen, aloitetta, aloitteita	initiative
koolle, koolla	together, assembled
neuvottelukokous, -kokouksen, -kokousta, -kokouksia	conference
kokous	meeting, assembly, gathering, conference
periaate, -aatteen, -aatetta, -aatteita	principle
suuntaviiva	line of direction
Venäjän edustama	represented by Russia
suuriruhtinas, -ruhtinaan, -ruhtinasta, -ruhtinaita	grand duke
liittyä jäseneksi	become a member (in an association)
taata, takaan, takasi, taannut	to guarantee, stand security
takaaminen vrt. takaus	guarantee (the act of guaranteeing)
turva, turvan, turvaa	protection, safeguard, safety
manifesti = julkinen tiedoksianto	manifesto
jarruttaa, jarrutan, jarrutti, jarruttanut	hold back, obstruct, break, apply the breaks
lukuisa, lukuisan, lukuisaa, lukuisia	numerous, frequent
itsenäisyys, itsenäisyyden, itsenäisyyttä	independence, autonomy
kehitettäessä = kun kehitetään	
laajentaa, laajennan, laajensi, laajentanut (intr.)	to expand, widen, extend
nopeuttaa, nopeutan, nopeutti, nopeuttanut	to speed up
yhtiö, yhtiön, yhtiötä, yhtiöitä	company
lentoyhtiö	air line (company) flying service

ilmakirje

yhdistää, yhdistän, yhdisti,
yhdistänyt (joku johonkin) (tr.)

lennätinlaitos

talousmaantieto = talousmaantiede

airgram

to unite (with or to)
combine, join

telegraph service,
telegraph

economic geography

Kysymyksiä

A.   Mikä on tietoliikenteen vanhin muoto? Minkälainen
oli Rooman valtakunnan postinkuljetus? Miten se oli
mahdollista? Milloin sivistys alkoi rappeutua? Mitä
keisari Maksimilian teki? Miten Suomessa kuljetettiin
postia keskiajalla? Milloin alkoi säännöllinen postinkuljetus?
Ketkä sitä hoitivat? Milloin Suomen postilaitos perustettiin?
Ketkä huolehtivat tällöin postinkuljetuksesta? Mitä he saivat
maksuksi tehtävästänsä?

B.   Milloin postimerkki otettiin käytäntöön? Missä maassa
se otettiin käytäntöön? Minkäarvoinen oli Suomen ensimmäinen
postimerkki? Mitä sitä ennen oli käytetty Venäjän vallan
aikana? Kenen kanssa Suomi teki ensimmäisen kansainvälisen
postisopimuksen? Kenen aloitteesta kutsuttiin koolle kansain-
välinen neuvottelukokous? Mikä perustettiin v. 1874? Miksi
sen nimi myöhemmin muutettiin? Milloin alkoi Suomen posti-
laitoksen voimakas kasvu?

C.   Milloin Amerikan postilaitos perustettiin? Millainen
oli intiaanien tietoliikenne? Kuka omistaa Yhdysvalloissa
postilaitoksen? Ketkä huolehtivat postinjakelusta? Mitä
posti kuljettaa nykyään? Millä eri tavoin voitte lähettää
kirjeitä postissa? Minkälaiset ovat postitaksat Amerikassa
Suomeen verrattuna? Missä on lähin postitoimisto? Käyte-
täänkö Amerikassa postisäästöpankkia ja postisiirtoliikettä?
Kuinka nopea on postin kulku Amerikassa? Minkälaiset ovat
ulkomaiset yhteydet?

D.   Keräättekö postimerkkejä? Kenellä on kuuluisa postimerk-
kikokoelma? Oletteko koskaan ollut työssä postissa? Mihin
aikaan päivästä posti kannetaan kotiinne? Kuinka monta kertaa
päivässä posti kannetaan Washingtonissa? Kuka kantaa posti-
paketit Amerikassa? Entä Suomessa? Minkä ministerin alainen
on Amerikan postilaitos? Mitä voitte sanoa sen kannattavuudesta?
Mitä tekisitte postilaitoksen parantamiseksi, jos olisitte
Yhdysvaltain postiministeri?

Harjoituksia

A. MODEL: Hiihdin paljon, kun olin Suomessa. -
          Hiihdin paljon ollessani Suomessa.

        1. Näitkö hänet, kun tulit työhön?
        2. Hän käy pankissa, kun hän menee kotiin.
        3. Kävimme Stockmannilla, kun ostimme laseja.
        4. He tapasivat toisensa, kun he asuivat samassa talossa.
        5. Käytittekö suomea, kun asuitte Helsingissä?

269

6. Isä luki kirjaa, kun hän odotti minua.

7. Ihmiset tunsivat hänet heti, kun he näkivät hänet.

8. Luther huomasi katolisen kirkon puutteet, kun hän teki Rooman-matkan.

B. MODEL: Lentäjä on saanut surmansa, kun näytelmä alkaa. -

Lentäjä on saanut surmansa näytelmän alkaessa.

1. Kuuntelimme hiljaa, kun opettaja selitti asiaa.

2. Kun mieheni oli sodassa, asuin kotona.

3. Kun äiti laittoi ruokaa, pidin silmällä lapsia.

4. Kun isäni kalasti, nukuin veneessä.

5. Kun pohjalaiset suuttuvat, heidän raivollaan ei ole rajoja.

C. MODEL: Vietimme juhlaa, kun palasit. -

Vietimme juhlaa sinun palatessasi.

1. Kaukopuhelu tuli, kun olit ulkona.

2. Kun asuimme Suomessa, poikamme opiskeli suomea.

3. Vieraat lähtivät, kun hän nukkui.

4. Kun kuuntelen musiikkia, kukaan ei saa puhua.

5. Kun he saapuivat maaliin, voittaja oli jo perillä.

D. MODEL: Kokous kutsuttiin koolle. parantaa yhteyksiä -

Kokous kutsuttiin koolle yhteyksien parantamiseksi.

1. Kokouksessa sovittiin   kehittää postinkuljetusta
   suuntaviivat.

2. Laki säädettiin   luoda yhtenäinen postiverkosto.

3. Edelleen toimitaan.   edistää postilaitosta.

4. On tehty yrityksiä   lopettaa sota
5. Postimerkit laskettiin liikkeelle.   helpottaa kuljetusta.

   Verratkaa: Keskityttiin sodan lopettamiseen.
               Puhuttiin kuljetuksen helpottamisesta. jne.

E. MODEL: Liitto toimii kehittääkseen oloja. -
            Liitto toimii olojen kehittämiseksi.

            1. Suomi teki postisopimuksen parantaakseen yhteyksiä.
            2. Suomi kehitti postilaitosta nopeuttaakseen kuljetusta.
            3. Eduskunta sääti lain laajentaakseen postilaitosta.
            4. Se työskentelee yhtenäistääkseen postimaksut.
            5. Venäläiset toimivat jarruttaakseen kehitystä.

                    Sanavaraston kartuttamista

italialaissyntyinen

       suomalais-, ruotsalais-, englantilais-, saksalaissyntyinen
       vrt. suomalais-englantilainen sanakirja

kyyti

    Menen häntä kyytiin.   I'm going to see him off
    Menen häntä saattamaan.
    'antaa kyytiä jollekin'   tell somebody off
    antaa kyyti jollekin   to give a lift or ride to
                                    somebody

                            271

maja

    majoittaa

    majoitusmestari

    majanmuutto

    majapaikka

    majatalo, vrt. matkustajakoti

hut, cottage, lodging

to lodge, quarter, canton

quartermaster

moving

inn, lodging house

sisäinen

    Maan sisäisistä asioista päättää hallitus.

    Puolueen (party) sisäiset riidat.

    Kaupungin sisäinen liikenne.

    Aineen sisäinen rakenne eli kokoomus.

    sisäinen minämme

    Hän nauraa sisäistä naurua.

    vrt. kaukainen, läheinen, etäinen sukulainen

    Johtaja piti hyvää huolta alaisistansa.

    Tuo viereinen talo on myytävänä.

    Sotien sisäiset ja ulkoiset syyt.

yksi, yhden

    yhteinen

    yhdistää

    yhdistyä

    yhdistys

    yhteiskunta

    yhteensä

    yhtiö

common, in common

to unite, join

become united

association

society, commonwealth

together, altogether

company

272

puutavara-, vakuutus-, perhe-, osakeyhtiö

yhtiötoverit, -kumppanit, -kokous, -velka, yhtiöpääoma

liikkua

Matkustajat liikkuvat jalkapolkuja (pitkin).

   vrt. Hän on maailmaa paljon matkustanut.

Hän liikkuu kerjuulla, kaupalla.

Vanhus ei enää pääse liikkumaan.

Kadulla liikkuminen klo 21:n jälkeen kielletty.

    viedä sanaa, viedä viestiä

    sananviejä

    ulkonaliikkumiskielto   curfew

posti

paloposti, vesiposti	hydrant
lähettää postitse	
postilokero	post office box
postilaatikko	mailbox
postivirkamies = postivirkailija	post office clerk
postimies	mailman, mail carrier
postinkantaja	
postiosoitus	postal money order
postisiirto	postal check service
postiluukku	post office window; mail slot in the door of a house or apartment

273

26

OIKEUSMINISTERI JA FANNY HILL

1700-luvun kuuluisasta englantilaisesta ilotyttötarinasta Fanny Hillistä on valmistunut kaksi suomennosta. Toinen on juuri markkinoitu Ruotsiin. Toisen tekijä, kirjailija Saarikoski, odottaa oikeusministerin lausuntoa siitä, onko Fanny Hilliä pidettävä pornografisena vai ei. Kirja on ruotsinkielisenä vapaasti saatavana Suomen kirjakaupoista.

Toimittaja:

Oikeusministeri J. O. Söderhjelm, aiotteko ottaa kantaa Fanny Hilliin?

Oikeusministeri:

Oikeusministeri voi ottaa johonkin kirjaan kantaa vain yhdessä mielessä, nimittäin panemalla takavarikkoon ja nostamalla syytteen.

Toimittaja:

Mitään etukäteislausuntoa ette siis anna?

Oikeusministeri:

En. Meillähän ei ole sensuuria, se on perustuslaissa kielletty. Jos minä puuttuisin kirjoihin ennen niiden ilmestymistä, se olisi sensuuria. Ymmärrän kyllä hyvin, että kustantaja on monesti kiusallisessa asemassa, kun hän pohtii, kannattaako vai ei ottaa riski jonkin siveelliseltä kannalta ehkä arveluttavan teoksen julkaisemisesta.

Minulle on jo ennen Salaman juttua[1] Myklen ajoista lähtien
silloin tällöin länetetty kirjoja ennen niiden julkaisemista
lausunnon antamista varten. Sitä minä en kuitenkaan ole
voinut tehdä.

Toimittaja:

Fanny Hillin ruotsinkielistä laitosta ei meillä ole
takavarikoitu. Voidaanko tätä pitää oikeusministeriön
kannanottona myös kirjan suomenkieliseen laitokseen nähden?

Oikeusministeri:

Minä en puhu nyt Fanny Hillistä, mutta haluan vain sanoa,
että jonkin kirjan siveellisyys ja epäsiveellisyys ei riipu
siitä, millä kielellä se on julkaistu. Ainoa kirja, jonka
minä olen siveellisistä syistä koskaan pannut takavarikkoon,
on Henry Millerin Kravun kääntöpiiri. Myös kirjallisuuden
siveellisyyttä valvova lautakunta puolsi toimenpidettä
osaksi silläkin perusteella, että kirjan suomennos oli
määrätietoisesti tehty niin kauheaksi. Voin mainita, että
Gunnar Henrikson, joka on lautakunnan jäsen ja joka ei
yleensä pidä takavarikoinneista, sanoi lukeneensa saman
kirjan tanskaksi ja oli sitä mieltä, että suomenkielinen
laitos oli jotakin aivan muuta. Haluan erityisesti korostaa,
että periaatteessa kirja on sama minkäkielisenä tahansa,
mutta mikäli se jollekin kielelle käännettäessä määrätie-
toisesti sävytetään tietyllä tavalla, käännös voidaan
havaita siveellisyyttä loukkaavaksi, vaikkei alkuteos
sitä ehkä olisikaan. Kuten sanoin, Kravun kääntöpiiri

---

[1]Salaman juttu viittaa kirjailija Hannu Salamaan, jota
vastaan nostettiin syyte jumalanpilkasta (blasphemy)
hänen kirjassaan " Juhannustanssit".

275

on ainoa siveellisistä syistä takavarikoimani teos. Minähän
aikoinani vapautin Myklen[1] takavarikosta, mutta ollessani
lomalla sijaiseni pani sen takavarikkoon.

Toimittaja:

Tiedän kyllä, että oikeusministeri ei ole ollut aloitteen-
tekijänä näissä asioissa, sen uskallan sanoa teidän kunniak-
senne.

Oikeusministeri: (Suo,eata naurua.)

Toimittaja:

Saanen lopuksi tehdä seuraavan tuikintayrityksen: jos
edellytetään, että Saarikosken tekemä Fanny Hillin suomennos
on samansävyinen kuin kirjan ruotsinnos, se voitaneen analo-
gisesti päätellä ei-pornografiseksi teokseksi?

Oikeusministeri:

Tuota täytyy pitää toimittajan omana johtopäätöksenä.
Minä en ole sellaista sanonut.

                                        Suomen Kuvalehti

---

[1]Myklellä tarkoitetaan tässä kirjailija Myklen teosta
" Punainen rubiini".

Sanasto

ilotyttö	prostitute, streetwalker
vrt. katunainen	
suomennos, suomennoksen, suomennosta, suomennoksia	Finnish translation
markkinoida, markkinoin, markkinoi, markkinoinut	to market, sell
lausunto, lausunnon, lausuntoa, lausuntoja	statement, opinion
oikeusministeri, -ministerin, -ministeriä, -ministereitä	minister of justice (attorney general)
vrt. oikeus	justice, court
kanta, kannan, kantaa, kantoja	stand, foot, base, heel
ottaa kantaa (johonkin)	take a definite stand
kannanotto	taking a position, stand
takavarikoida, takavarikoin, takavarikoi, takavarikoinut = panna takavarikkoon	to confiscate, seize
takavarikko, takavarikon, takavarikkoa, takavarikkoja	confiscation seizure
syyte, syytteen, syytettä, syytteitä	indictment
syytös, syytöksen, syytöstä, syytöksiä	accusation, charge
nostaa syyte (jotakin vastaan)	to sue a person
etukäteislausunto	statement made in advance
etukäteen	in advance, beforehand
perustuslaki	constitution
laki, lain, lakia, lakeja	law
puuttua johonkin asiaan	to interfere with the matter
ilmestyminen	forthcoming, coming up
kustantaja, kustantajan, kustantajaa, kustantajia	publisher
monesti = monta kertaa	

277

kiusallinen	annoying, troublesome
pohtia, pohdin, pohti, pohtinut	to deliberate, ponder
kannattaa, kannatan, kannatti, kannattanut	to pay, be profitable, support, afford
riski, riskin, riskiä, riskejä	risk, chance, strong, vigorous
siveellinen	moral, ethical
siveellisyys	morality, morals, ethics
epäsiveellisyys = siveettömyys	immorality
arveluttava	doubtful, questionable
vrt. arvella	to think, believe
teos, teoksen, teosta, teoksia	work, piece of work
julkaiseminen	publishing, revealing
varten (jotakin varten)	for (something), for the purpose
sanoi lukeneensa = sanoi, että hän oli lukenut	
laitos, laitoksen, laitosta, laitoksia	edition, institute, establishment
nähden (johonkin nähden)	with regard to something, as for
Kravun kääntöpiiri	the Tropic of Cancer
vrt. rapu, ravun, rapua, rapuja	crab,
valvoa, valvon, valvoi, valvonut	to supervise, keep an eye on, be awake, keep watch
lautakunta	board, committee
puoltaa, puollan, puolsi, puoltanut	be in favor of, side with
toimenpide, toimenpiteen, toimenpidettä, toimenpiteitä	action, measure
ryhtyä toimenpiteisiin	to take action
ryhtyä, ryhdyn, ryhtyi, ryhtynyt	to commence, start
osaksi	partly

peruste, perusteen, perustetta, perusteita	grounds, basis, reason
määrätietoisesti	purposefully
jäsen, jäsenen, jäsentä, jäseniä	member, limb
olla (jotakin) mieltä	to have an opinion
erityisesti	especially, particularly
korostaa, korostan, korosti, korostanut	to emphasize, stress
korostus, korostuksen, korostusta, korostuksia	emphasis, stress, intonation
sävyttää, sävytän, sävytti, sävyttänyt	to characterize, feature
sävy, sävyn, sävyä, sävyjä	tone, style, character
tietty (tietää)	certain, given, specific
havaita, havaitsen, havaitsi, havainnut	to find, observe, see
loukata, loukkaan, loukkasi, loukannut	to insult, hurt
loukkaantua, loukkaannun, loukkaantui, loukkaantunut	to feel insulted, get hurt, get injured
vaikkei = vaikka ei	though (not), although(not)
vapauttaa, vapautan, vapautti, vapauttanut (tr.)	to free, absolve, liberate
vapautua, vapaudun, vapautui, vapautunut (intr.)	to be freed, be liberated
sijainen, sijais-	deputy, substitute
takavarikoimani teos = teos, jonka olen takavarikoinut	
suopea, suopean, suopeaa, suopeita	favorable, kind
saanen tehdä	I may make
tulkinta, tukinnan, tulkintaa, tulkintoja	interpretation
edellyttää, edellytän, edellytti, edellyttänyt	to presume, suppose
Saarikosken tekemä	made (done) by Saarikoski
päätellä, päättelen, päätteli, päätellyt	to draw conclusions, conclude

279

se voitaneen päätellä

johtopäätös

that can (may) be perhaps
considered

conclusion, deduction

Kysymyksiä

A.   Minkäkielinen Fanny Hill-romaani alkuaan oli? Kuinka
monta suomennosta siitä on valmistunut? Minne toinen on
myyty? Kuka on toisen tekijä? Mitä kirjailija odottaa?
Minkäkielisenä kirja on vapaasti saatavissa Suomessa?
Miten suomalaiset voivat lukea sen suomeksi? Millä tavalla
oikeusministeri voi ottaa kantaa kirjoihin? Mitä hän voi
tehdä ennen kirjojen ilmestymistä? Mitä hän voi tehdä
kirjojen ilmestymisen jälkeen? Kenen täytyy ottaa riski
kirjan ilmestymisestä?

B.   Mikä on perustuslaissa kielletty? Miksi oikeusministeri
ei voi antaa etukäteislausuntoa? Mikä elin valvoo kirjojen
siveellisyyttä Suomessa? Mistä kirjan siveellisyys ei riipu?
Minkä kirjan oikeusministeri on pannut takavarikkoon? Minkä-
lainen sen suomennos oli? Minkälainen kirjan alkuteos oli?
Minkä yrityksen toimittaja teki? Kenen johtopäätöksenä sitä
piti pitää? Miksi?

C.   Mitä Yhdysvaltain perustuslaissa sanotaan sensuurista?
Mitä siinä sanotaan kirjallisuuden siveellisyydestä? Minä
aikoina sensuuria käytetään tavallista enemmän? Milloin
Yhdysvaltain perustuslaki laadittiin? Kuka sen laati? Kenellä
on oikeus takavarikoida kirjoja Amerikassa? Kuka voi nostaa

syytteen kirjan takavarikosta? Kuka valvoo perustuslakia
Yhdysvalloissa? Kuka valitsee oikeusministerin? Kuka on
nyt oikeusministerinä?

D.   Millä leveysasteilla on Kravun kääntöpiiri? Minkä lauta-
kunnan jäsen olette? Minkä seuran jäsen olette? Kuinka kauan
olette ollut tässä laitoksessa? Oletteko suopea nykyajan
nuorisolle? Mikä sävyttää nuorison käyttäytymistä? Mitä
nuoriso haluaa korostaa pukeutumisellaan? Keitä nuorison
käyttäytyminen loukkaa? Kuka haluaa puoltaa nuorisoa? Mihin
johtopäätökseen tulitte tämän haastattelun perusteella Fanny
Hillin suomennoksen takavarikoimisesta? Mistä päättelette
sen?

Harjoituksia

Verratkaa seuraavia lauseita toisiinsa:

Näen, että hän tulee.   Näen hänen tulevan.

Näen, että hän on tullut.   Näen hänen tulleen.

Näin, että tulit.   Näin sinun tulevan.

Näin, että olit tullut.   Näin sinun tulleen.

Huom. Tämä rakenne, joka korvaa objektina olevan että-lauseen,
voi esiintyä vain huomaamista, ajattelemista tai sanomista
merkitsevien verbien kanssa.

A. MODEL: Oikeusministeri sanoi, että hän oli kuullut asiasta. -
Oikeusministeri sanoi kuulleensa asiasta.

1. He kertoivat, että he olivat käyneet stadionilla.

2. Sanoinhan, että olin siellä.

3. Väitätkö, että tiesit sen koko ajan?

4. Uskoimme, että olimme olleet oikeassa.

5. Tiesittekö, että olitte tehnyt virheen?

6. Luulin, että hän oli voittaja.

B. MODEL: Hän tietää, että minä olen auttanut häntä. -
Hän tietää minun auttaneen häntä.

1. Luulitteko, että sota oli syttynyt?

2. Kuulin, että Pekka on palannut kotiin.

3. He tiesivät, että olitte ostaneet liput.

4. Huomasimme, että poika oli juossut tiehensä.

5. Hän sanoi, että olin tehnyt oikein.

6. Kuulimme, että hän oli lopettanut työn.

Muuttakaa 'näen hänen tulevan' muodot 'näen hänen tulleen'
muodoiksi (akt. I partisiippi akt. II partisiipiksi).

C. MODEL: Näin hänen tulevan. - Näin hänen tulleen.

    1. Kuulin sinun laulavan.

    2. Uskotko hänen lähtevän.

    3. Sanoin tekeväni sen.

    4. Sanoit myyväsi autosi.

    5. Hän huomasi juoksevansa hitaasti.

    6. Lehdet kirjoittivat presidentin antavan lausunnon.

Huomatkaa: Emme usko, että hän ymmärsi sen.
                Emme usko hänen ymmärtäneen sitä.

D. Täydentäkää seuraavat lauseet annetun sanan sopivalla muodolla:

    1. Poliisi pani tavarat (takavarikkoon, takavarikolle, takavarikoksi).

    2. Oikeusministeri vapautti kirjan (takavarikolta, takavarikosta, takavarikkoa).

    3. (Tästä, tältä, tässä) päätellen sota ei ole kaukana.

    4. Hän vetää joka (asialta, asiaan, asiasta) johtopäätöksiä.

    5. Hän ei ryhtynyt (mihinkään toimenpiteisiin, millekkään toimenpiteille, miksikään toimenpiteiksi).

    6. Ministeri ei halunnut ottaa kantaa (siitä, siihen, siinä).

    7. Äiti ei halunnut puuttua nuorison (asiat, asioille, asioihin).

283

Sanavaraston kartuttamista

äänensävy, värisävy

Hän puhui vihaisella äänensävyllä.

suomentaa = kääntää suomeksi

saksantaa = kääntää saksaksi

ruotsintaa = kääntää ruotsiksi, jne.

markkinat (pl.)	fair
vrt. näyttely	show, fair
maatalousnäyttely	country fair
karjanäyttely	cattle show
talvimarkkinat, syysmarkkinat	

syyte	indictment
syyttää	to accuse, charge
syyttäjä	prosecutor, accuser
syyllinen	culprit, guilty
syy	cause, reason, fault
vrt. syytää	to throw

Yleisenä syyttäjänä toimi nimismies.

Hänet todettiin syylliseksi.

ilmestyä	to be published, appear, make one's appearance
ilmestys	revelation, vision
vrt. julkaista	to publish

Uuden Testamentin viimeinen kirja on Johanneksen ilmestys.

Taivaalle ilmestyi outo valo.

Lehti ilmestyy neljänä numerona vuodessa.

Kirjan on julkaissut WSOY.

kustantaa   to pay the cost, publish

    kustannukset   expense, cost

    kustannusyhtiö   publishing house

    kustannusarvio   estimate of cost

sija, sijan, sijaa, sijoja   place, space, room

    sen sijaan = sen sijasta   instead

    sijoittaa   to place, invest

  vrt. sika, sian, sikaa, sikoja pig, hog

    sijaisopettaja, sijaiskärsijä

Hänen sydämessään ei ollut sijaa rakkaudelle.

Leikki sijansa saakoon!

Hän sijoitti kaikki säästönsä   He invested all his savings
osakkeihin.   in stocks and bonds.

kanta

    leivän kanta   crust of bread   (last piece)

    kantapää   heel

kannattaa   to support, pay

    kantaa

    kannattaja

    kantaja   plaintiff, bearer, porter

    kannatus

Silloin kannattaa ostaa kun hinnat ovat halvat.

Sillan kannattajapylväs murtui.

Asemalla ei ollut yhtään kantajaa.

Kuka on kantajana jutussa?

Asialta puuttuu täysin kannatus.

Jää ei kanna vielä autoa.

285

Hän ei kanna kaunaa.   He doesn't bear a grudge
                               (against a person).

Millä kannalla olette tässä asiassa?
Mikä on teidän kantanne tästä asiasta?
Teidän kannanottonne on tärkeä.

Kotitehtävä

Etsikää tästä kappaleesta kaikki oikeudessa käytettävät
sanat ja laatikaa niistä oikeuskertomus. (Esim. nostaa
syyte, kantaja, syyllinen, takavarikoida, jne.)

Hollantilainen Johan Verkerk on kuvannut suomen adjektiiveja
seuraavalla tavalla: (Viikkosanomat)

Katko-nainen

Kiinto-nainen

Harvasa-nainen

Haja-nainen

286

27

LÄMPÖMITTARI

- Ruuvi putosi! huusi ystäväni ja huonetoverini Kalle
Niemeläinen klo 11-15.

Tietenkään hän ei yhden ruuvin putoamista huutanut niin
kauan. Niitä putosi useampia.

Syynä tilanteeseen oli epävakainen talvi, joka oli
väliin sitä ja väliin tätä, toisinaan sekä sitä että tätä
ja joskus ei sitä eikä tätä.

Kun aamulla loi katseensa ulos ikkunasta, ja ulkona
näytti jatkuvasti vallitsevan herttainen kesäsää ja kun
sitten kevätvaatteisiin pukeutuneena meni ulos, vallitsikin
siellä kiljuva pakkanen, ja kun sen mukaisesti meni ulos
kahdet villasukkaparit jalassa ja kolmas kaulassa, olikin
miltei heinähelle.

- Ei minun terveyteni kestä tuollaisia yllätyksiä, sanoi
Niemeläinen. - Ei ihminen ole mursu!

- Ei, mutisin minä, -varsinkin sinua katsellessa johtuu
mieleen pikemminkin aasi.

- Sanoitko jotakin?

- Sitä minä vain, että kyllä meidän tosiaankin on hankit-
tava ikkunaamme lämpömittari.

Lämpömittari hankittiin heti parin kuukauden kuluttua.
Se oli jokseenkin kaunis. Lasinen. Siinä oli kaksi pidiket-
tä. Ne olivat raudasta tai ehkä nikkelistä. Missään tapauk-
sessa ne eivät olleet kullasta. Sitä paitsi niissä oli
neljä ruuvinreikää ikkunaan kiinnittämistä varten. Mukana
seurasi 4 ruuvia.

Niemeläinen avasi ikkunan.

- Jos lämpömittarin kiinnittää ikkunan puitteeseen, niin se ikkunaa avattaessa kulkee ikkunan mukana ja särkyy seinään, sanoi hän. - Paras, että ruuvaat lämpömittarin tuohon ikkunanpuoliskojen väliseen välipuuhun.

- Minäkö! En voi mitenkään kurkottautua niin pitkälle ulos ikkunasta. Pyörryttää. Kuudennessa kerroksessa! Mahdotonta! Putoaisin heti. Se olisi kamala onnettomuus.

- Epäilemättä. Siinä tapauksessa, että joku syytön ohikulkija sattuisi jäämään alle. No, kyllä minä ruuvaan. Tänne meisseli ja ruuvit ja itse hökötys!

- Tosiaankin melkoinen korkeus, totesi Niemeläinen. - Tästä putoaa, ellei pidä lujasti kiinni toisella kädellä.

Hän piteli toisella kädellään kiinni ikkunanpuitteista ja yritti toisella pidellä lämpömittaria ja ruuvimeisseliä. Ruuveja hän piti suussaan.

Toiminta tällaisissa olosuhteissa oli ymmärrettävästi sangen hankalaa. Vaikka ikkuna oli auki, nousi selkääni hiki sitä katsellessani.

Hetken kuluttua oli Niemeläinen pudottanut kadulle kaikki ruuvit yhtä lukuun ottamatta. Sen hän oli niellyt.

Hän lähetti minut ostamaan tusinan ruuveja lisää. Ne riittivät puoleksi tunniksi. Yksi niistä oli silloin ruuvattu kiinni. Toiset pudonneet. Ostin varmuuden vuoksi ruuveja lisää 2 litraa.

Niemeläisen onnistui - otettuaan välillä tarpeelliset manaus- ja sättimispaussit - pudottaa, paitsi ruuveja, vasara, puhelinluettelo ja stiftihampaansa.

288

Lopulta hän pudotti ruuvimeisselinkin, mutta silloin
-uskomatonta mutta totta - viimeinenkin ruuvi oli tullut
kiinnikierretyksi.

Niemeläinen ylpeili ja kehuskeli nyt niin, että pahaa
teki, ja ihaili vinosti kiinniruuvattua lämpömittaria.

Mutta hän kalpeni yrittäessään sulkea ikkunan. Ikkunaa
ei voinut sulkea. Välipuuhun kiinnitetty lämpömittari oli
tiellä.

- Mielestäni tämä suuri puuha oli jokseenkin turha,
sanoin minä. -Jos kerran ikkuna on pidettävä avoinna,olisi
sen voinut pitää avoinna ilman lämpömittariakin. Kun ikkuna
on yötä päivää avoinna, voi ulkona olevan ilman laadun
arvioida huoneessa ilman lämpömittaria.

Niemeläinen sai jonkinlaisen kohtauksen, joka pakotti
minut äkkiä poistumaan kaupungille.

Mennessäni kadulla näin, että hän oli ryhtynyt ruuvaa-
maan lämpömittaria jälleen irti.

Palatessani parin tunnin kuluttua en uskaltanut katsoa
ylöspäin. Niemeläinen arvattavasti jo taas ruuvasi lämpömit-
taria uudelle paikalle, joten olisin voinut saada ruuvin sil-
määni.

Pelkoni oli kuitenkin aiheeton. Ei sieltä pudonnutkaan
ruuveja. Sieltä putosi lämpömittari.

Olli

289

Sanasto

lämpömittari, - mittarin, - mittaria,
- mittareita

thermometer

ruuvi, ruuvin, ruuvia, ruuveja

screw

ruuvata, ruuvaan, ruuvasi,
ruuvannut (r. auki)

to screw, (unscrew)

klo = kello

tietenkään

of course not, by no
means

vrt. tietenkin

of course, certainly

tilanne, tilanteen, tilannetta,
tilanteita

situation, state of
affairs

epävakainen

changeable, unsteady,
fickle

katse, katseen, katsetta, katseita

look, glance, gaze

herttainen

sweet, lovely, nice

kiljua, kiljun, kiljui,
kiljunut

to howl, yell, scream

pakkanen

freezing cold, frost

mukaisesti (jonkin mukaisesti)

in accordance with,
in conformity to

miltei = melkein

heinähelle = heinäkuunhelle

heat of the hottest
month, July

yllätys, yllätyksen, yllätystä,
yllätyksiä

surprise

mursu, mursun, mursua, mursuja

walrus

johtua (jonkun) mieleen

to come to a person's
mind, occur to a
person

johtua (jostakin)

to be caused by, arise
from, follow from

pikemmin

rather, quicker,
sooner

aasi, aasin, aasia, aaseja

donkey, ass, jackass

kuluttua (jonkin ajan k.)

after (after a cer-
tain time)

jokseenkin

fairly, quite, rather

pidike, pidikkeen, pidikettä, pidikkeitä	clamp, catch, hook
reikä, reiän, reikää, :eikiä	hole
kiinnittää, kiinnitän, kiinnitti, kiinnittänyt	to fasten, attach, mortgage
puitteet pl.	frame, framework, sash
puolisko, puoliskon, puoliskoa, puoliskoja	half, window, sash
melkoinen = melko suuri	
kurkottautua, kurkottaudun, kurkottautui, kurkottautunut = kurottautua (intr.)	to stretch
kurottaa = kurkottaa (tr.)	to stretch out, extend
pyörryttää, pyörrytti, pyörryttänyt	to feel or make dizzy, daze
minua pyörryttää -	I feel dizzy
avattaessa = kun avataan	
kamala, kamalan, kamalaa, kamaloita	terrible, ghastly, frightful
syytön, syyttömän, syyttömää, syyttömiä	innocent, guiltless
jäädä alle	be run over, remain underneath
ruuvimeisseli	screwdriver
meisseli, meisselin, meisseliä, meisselejä	chisel
hökötys, hökötyksen, hökötystä, hökötyksiä	the whole " caboodle!!
lujasti	firmly, hard, steadfastly
pitää lujasti kiinni	to cling, have a firm hold
pidellä, pitelen, piteli, pidellyt	to hold, (cling)

291

sangen	very, exceedingly
olosuhteet	circumstances, conditions
hankala, hankalan, hankalaa, hankaloita	awkward, inconvenient
tusina, tusinan, tusinaa, tusinoita	dozen
paussi = tauko	pause, rest
manaus, manauksen, manausta, manauksia	curse, calling forth of spirits, terrible oath
manata, manaan, manasi, manannut	to conjure, swear, curse; summon
sättiminen, sättimis-	scolding, upbraid
stiftihammas = nastahammas	crown (tooth)
ylpeillä, ylpeilen, ylpeili, ylpeillyt	to be proud of, take pride in
kehuskella, kehuskelen, kehuskeli, kehuskellut	to brag, talk big, boast
kehua, kehun, kehui, kehunut	to praise, compliment, boast
teki pahaa	it turned his stomach
kalveta, kalpenen, kalpeni, kalvennut	to turn pale, lose color
kalpea	pale
puuha, puuhan, puuhaa, puuhia (colloq.)	work, effort, trouble
arvioida, arvioin, arvioi, arvioinut	to evaluate, appraise, figure out
avoinna = auki	
kohtaus, kohtauksen, kohtausta, kohtauksia	fit, spell, attack; meeting
turvavyö	safety belt, seatbelt

Kysymyksiä

A.   Mikä mies oli Kalle Niemeläinen? Mitä ystävykset
päättivät hankkia? Miksi he päättivät hankkia lämpömit-
tarin? Kuinka monennessa kerroksessa he asuivat? Kuka
rupesi panemaan lämpömittaria paikoilleen? Mihin se pan-
tiin? Kuinka kauan sen kiinniruuvaaminen kesti? Millä
ruuvit ruuvataan? Kuka meni ostamaan lisää ruuveja?
Miksi? Kuinka paljon hän osti? Mitä Niemeläisen onnis-
tui pudottaa? Miksi ikkunaa ei voitu sulkea? Mikä
lopulta putosi kadulle?

B.   Millainen on epävakainen sää? Missä kaupungissa on
usein epävakainen sää? Millaisiin vaatteisiin pukeu-
tuneena menette ulos, jos on kaunis kesäsää? Mitä panet-
te päällenne, jos on kiljuva pakkanen? Kuinka monta
astetta pakkasta täytyy olla ennenkuin on kiljuva pak-
kanen? Mistä te tiedätte kuinka monta astetta lämmintä
on? Mistä lämpömittari on tehty? Mihin se voidaan
kiinnittää? Millä se kiinnitetään ikkunan puitteisiin?
Minkä periaatteen mukaan lämpömittari toimii?

C.   Millä mitataan kuumetta? Mikä on normaali ruumiin-
lämpö? Kuinka korkeassa kuumeessa soitatte jo lääkäril-
le? Kuinka korkea kuume pyörryttää teitä? Kuinka kor-
keilla paikoilla teitä pyörryttää? Pyörryttekö helpolla?
Milloin pyörryitte viimeksi? Milloin ihminen yleensä
kalpenee? Milloin tekee pahaa? Milloin ihmiset saavat

293

kohtauksia? Minkälaisia kohtauksia ihmiset voivat
saada? Mitä tarkoitetaan perhekohtauksella? Mikä oli
kuuluisa valtiomiesten kohtauspaikka Amerikassa?

D.   Minkälaisen kurssin puitteissa tapahtuu suomenkielen
opiskelunne? Pysyykö opetus kokonaan kurssikirjojen
puitteissa? Millaisissa ulkonaisissa puitteissa koulunne
toimii? Minkälaiset olivat jonkin juhlan ulkonaiset
puitteet? Missä puitteissa Yhdysvaltain ulkoministeriön
toiminta tapahtuu? Mitkä kysymykset eviät kuulu tämän
luvun puitteisiin?

Harjoituksia

A. Muuttakaa seuraavat kun-lauseet passiiviseen avattaessa-
muotoon.

MODEL: Kun ikkunaa avataan, se kulkee ikkunan mukana. -
        Ikkunaa avattaessa se kulkee ikkunan mukana.

    1. Kun lähdettiin, satoi lunta.
    2. Kun tultiin perille, paistoi aurinko.
    3. Kun paperia valmistetaan, käytetään paljon
        puuta.
    4. Kun mentiin asemalle, otettiin taksi.
    5. Kun luetaan lehtiä, istutaan mukavasti.
    6. Kun noustaan ja laskeudutaan, käytetään
        turvavöitä.

B. Muuttakaa seuraavat aktiiviset lauseet passiiviin:

MODEL: Mennessäni työhön näin lunta satavan. -
        Työhön mentäessä nähtiin lunta satavan.

294

kohtauksia? Minkälaisia kohtauksia ihmiset voivat
saada? Mitä tarkoitetaan perhekohtauksella? Mikä oli
kuuluisa valtiomiesten kohtauspaikka Amerikassa?

D.   Minkälaisen kurssin puitteissa tapahtuu suomenkielen
opiskelunne? Pysyykö opetus kokonaan kurssikirjojen
puitteissa? Millaisissa ulkonaisissa puitteissa koulunne
toimii? Minkälaiset olivat jonkin juhlan ulkonaiset
puitteet? Missä puitteissa Yhdysvaltain ulkoministeriön
toiminta tapahtuu? Mitkä kysymykset eviät kuulu tämän
luvun puitteisiin?

Harjoituksia

A. Muuttakaa seuraavat kun-lauseet passiiviseen avattaessa-
muotoon.

MODEL: Kun ikkunaa avataan, se kulkee ikkunan mukana.   -
         Ikkunaa avattaessa se kulkee ikkunan mukana.

  1. Kun lähdettiin, satoi lunta.

  2. Kun tultiin perille, paistoi aurinko.

  3. Kun paperia valmistetaan, käytetään paljon
    puuta.

  4. Kun mentiin asemalle, otettiin taksi.

  5. Kun luetaan lehtiä, istutaan mukavasti.

  6. Kun noustaan ja laskeudutaan, käytetään
    turvavöitä.

B. Muuttakaa seuraavat aktiiviset lauseet passiiviin:

MODEL: Mennessäni työhön näin lunta satavan.   -
         Työhön mentäessä nähtiin lunta satavan.

294

1. Palatessamme emme uskaltaneet katsoa ylös.

2. Avatessasi ikkunaa pudotit ruuvin.

3. Kirjoittaessani päiväkirjaa muistin kaikki tapahtumat.

4. Syödessään he kuuntelivat radiota.

5. Tullessanne kotiin tapaatte hänet.

C. MODEL: Katsellessamme lentokonetta se syöksyi alas -
Lentokonetta katseltaessa se syöksyi alas.

1. Korjatessamme ikkunaa kaikki ruuvit putosivat.

2. Lähtiessämme satoi.

3. Heidän myydessään taloa hinnat laskivat.

4. Odottaessamme junaa se tuli.

Verratkaa seuraavia muotoja keskenään:

suljettava ovi - suljettaessa ovea

puhdistettava takki - puhdistettaessa takkia

korjattavat kengät - korjattaessa kenkiä

muutettava suunnitelma - muutettaessa suunnitelmaa

D. Huomatkaa seuraavien yksipersoonaisten verbien käyttö:
(että-lause on subjektina.)

MODEL: Näyttää, että ulkona vallitsee kaunis ilma. -
Ulkona näyttää vallitsevan kaunis ilma.

1. Tuntuu, että se on kallis.

2. Kuuluu, että hän tuli kotiin.

3. Näkyy, että tuli vieraita.

4. Näyttää, että isäntä on kotona.

E. **Täydentäkää seuraavat lauseet käyttämällä sopivaa annetun
sanan muotoa:**

1. Huusin (avun, avuksi, apua).

2. Syynä (siinä, siihen, sille) oli kova pakkanen.

3. Pidikkeet olivat (raudasta, rautaa, raudalta).

4. Lämpömittari kiinnitetään (ikkunalle, ikkunaan,
   ikkunalla).

5. Hän piteli kiinni (ikkunanpuitteilla, ikkunanpuit-
   teista, ikkunanpuitteissa).

6. (Selässäni, selästäni, selkääni) nousi hiki sitä
   katsellessani.

7. Hän pudotti ruuvit (yhden, yhtä, yksi) lukuunottamat-
   ta.

8. Ne riittivät (puoli tuntia, puoleksi tunniksi,
   puolta tuntia).

9. Ruuvi oli tullut (kiinnikierretty, kiinnikierretyksi,
   kiinnikierrettynä).

10. Hän ihaili (sitä, sen, se).

11. Olisin voinut saada ruuvin (silmälleni, silmääni,
    silmässäni).

12. Kohtaus pakotti minut (poistua, poistumaan, pois-
    tetuksi).

Sanavaraston kartuttamista

ruuvi

Hänen päässään on jokin ruuvi   He has a screw loose.
löyhällä.

puitteet

Asia täytyy nähdä oikeissa puitteissa.

Koulun puitteissa tapahtuva urheilutoiminta.

Opetus pysyi oppikirjan puitteissa.

Näissä puitteissa yritys on mahdoton.

Asia ei kuulu tämän kokouksen puitteisiin.

Kaivon puitteet olivat lahot.

Se tekee hyvää.

Se teki pahaa.

Ihan vatsasta teki pahaa!

mittari

kuume-, matka-, nopeus-, kaasu- ja sähkömittari

    valotusmittari   exposure meter

    maanmittari   surveyor

korkeusmittari

mittarilento = sokkolento

Myyjä mittasi maitoa, kangasta.

George Washington valmistui maanmittariksi.

Lämpömittarissa käytetään elohopeaa tai spriitä.

    elohopea   quick silver

    Vrt.   ilmapuntari   barometer

Huomatkaa:

kahdet parit kintaita

kolmet housut päällekkäin

neljät sukat jalassa

Hän on käynyt täällä senkin seitsemät kerrat.

kohtaus

Vrt.   kohdata = tavata

Kolmannen näytöksen ensimmäinen kohtaus.

    Hänellä on kohtauksia.   He's having fits.

Hän saa taudinkohtauksia tavan takaa.

312-421 O - 68 - 20

Kohtauspaikaksi määrättiin ei-kenenkään maa.

Hän kohtasi vastoinkäymisiä.

He kohtasivat toisensa sovitulla paikalla.

mennä pyörryksiin = pyörtyä	to faint, swoon
pyörtyminen	fainting
pyörrytys	dizziness
Minua pyörryttää.	I feel dizzy
Jo pelkkä ajatus pyörrytti häntä.	The mere thought made her dizzy.

varma	sure, certain, positive
varmuus	certainty, confidence
varmistaa	to make sure

Oletko varmistanut paikkavarauksemme?

Osasto varmisti selustamme.	The unit guarded our rear.
kiväärin varmistin	safety catch of a rifle
varmistautua jostakin	to make sure of, confirm something

Haluan ensin varmistautua asiasta.

luoda

Alussa Jumala loi taivaan ja maan.

Tämä kokous luo historiaa.

Loimme lunta ajotieltä.

Käärme (snake) luo nahkansa joka vuosi.

Aurinko luo säteensä maahan.

Hän loi katseensa maahan.

Luotakoon aluksi lyhyt katsaus maan luonnonrikkauksiin.

luomiskertomus

vrt. luodata, luotaan, luotasi, luodannut	to sound, take soundings, fathom (marine)

28

SUOMEN SYRJÄISIMMÄSSÄ KYLÄSSÄ

Inarin[1] pitäjässä on kylä nimeltä L i s m a. Se on
kaikkein syrjäisin paikkakunta koko Suomessa. On monin
verroin helpompaa pistäytyä vaikkapa Berliinissä kuin
Lismassa. Ja huomattavasti turvallisempaa. Lisäksi matka
Berliiniin tulee usein halvemmaksikin. Mutta siitä huolimat-
ta kannattaa käydä Lismassa.

M i s s ä   L i s m a   o n

Lisma kuuluu siis Inarin pitäjään. Se sijaitsee mah-
tavan erämaan keskellä, Keski-Lapista länteen. Seutu on
korkeata ylänköä, vedenjakajaa. Ivalojoki lähtee Lisman-
kairasta, kohti koillista. Inariin on matkaa toistasataa
kilometriä. Kittilään riittää saman verran taivaltamista.
Lisma on niin eristetyllä alueella kuin vain voi kuvitella:
naapurikyliä ei käytännöllisesti katsoen edes ole. Ei ole
tietä, ei mitään muutakaan mikä välimatkoja lyhentäisi.
Posti on näihin saakka kannettu kerran tai kaksi kertaa kuu-
kaudessa. Jokin aika sitten posti tuli kylään kerran kah-
dessa kuukaudessa. Yhteen taloon saattoi olla postinkantajalla
52 kiloa postia. Lukemista ensi hätään.

---

[1]Inari, Lismankaira, Kittilä, Enontekiö, Petsikko ja
Näkkäläjärvi ovat paikannimiä.

Hannun Jouni, Salkkovuora, Aalto, Nils Juhani Sara,
Paavo Eimiö ja Kekkonen ovat henkilönnimiä.

Poronliha halvempaa kuin perunat

Lismassa on neljä taloa, kaikki hirsistä rakennettu.
Hirret ovat petäjää: kuusi katoaa maisemakuvasta Lisman
korkeuksilla. Kylässä on 33 asukasta. He kaikki elävät
poronhoidosta, vaikka hiukan myös metsästellään ja kalastel-
laan. Mutta toimeentulo saadaan poroista. Lisma on lei-
päparajan[2] pohjoispuolella. Siellä ei menesty edes peruna.
Lismalaisten lihakeitossa on vain pari kolme perunaa. Loput
on poronlihaa: kieliä ja paistin palasia. Jauhot haetaan
keväisin joko Inarin kirkolta tai Kittilästä. Kyläläiset
ostavat keväisin koko vuoden muonan yhdellä kertaa ja ajavat
sen pororaidoilla Lismaan. Jos muonanhakumatka jää keväällä
tekemättä, ei sitä hevin tehdä muulloinkaan. Hevosta ei
voida käyttää kesäisin, sillä erämaa on paikoin hyvinkin
soista.

Verraton poikamies

Lisman kylän vanhin poikamies on Hannun Jouni, oikealta
nimeltään Jouni Kitti. Hän on 67-vuotias, reippaassa kun-
nossa. Varmaankin hän ottaisi vielä vaimon, mutta kylällä
ei ole enää naimaikäisiä naisia. Olisi Hannun Jouni aikai-
semminkin jo vaimon ottanut, mutta:

- En ole huomannut. Elämä on vilahtanut niin nopeasti
että en ole kerinnyt. Nykyisin useasti tuntuu siltä, että

---

[2]Leipäraja tarkoittaa rajaa, jonka pohjoispuolella vil-
jakasvit eivät menesty ilmastollisista syistä. Vrt. puu-
raja, vesiraja.

saiai vaimokin olla. Mutta kun en aikoinani arvannut hank-
kia niin nyt saan olla yksin.

Kekkonen ei tahtonut rahaa

Sodan jälkeen, vuonna 1945, kävi Lismassa muuan seik-
kailija, taitava petkuttaja. Hän esitteli itsensä minis-
teriksi ja ilmoitti nimekseen Aalto. Ministeri Aalto lupasi
lismalaisille kaikenlaisia etuisuuksia, kehui teettävänsä
kylään tien ja jakoi maat uudelleen, paremmin. Muuan isäntä
sai 3000 ha lisää maata. Eräältä toiselta taas palsta
pieneni. Ministeri mainitsi, että rahan arvo romahtaa -
olisi viisasta ostaa valtion obligaatioita. Poromiehet
pyysivät ministeriä ottamaan heidän rahansa ja vaihtamaan ne
obligaatioihin. Ministeri otti rahat. Paljon muutakin hän
otti, eleli leveästi kylässä jonkin aikaa ja lähti sitten
poromiesten saattamana pois. Eikä häntä ole sen koommin
näkynyt, vaikka poliisikin on yrittänyt tavoittaa.

- Kekkonen oli sentään ihan oikea presidentti. Vaikka
melkein samanlaiset vaatteet hänellä oli kuin sillä väärällä
ministerillä. - Vaan ei Kekkonen kaikkia kyytimaksujaan ole
maksanut, vaikka niin luvattiinkin. Kunnantoimistosta ne
piti saada, mutta saamatta ovat jääneet, presidentin kyydit-
semisrahat. Mutta ei Kekkonen sentään rahaa tahtonut, niin-
kuin se väärä ministeri. Ja lieneekö sentään pahuuttaan
kyytejään jättänyt maksamatta.

Ei ole leikkiä elämä

Lismassa luistaa juttu. Mutta elämä on kovaa. Pitkät
etäisyydet koetaan joka päivä. Ilmasto on ankara. Aina

ollaan yksin. Käveleminen on osa elämää. Kun miehet läh-
tevät porometsään[1], he kävelevät päivän, kävelevät kaksi
päivää, kävelevät viikkokausia. Talvisin he hiihtelevät
erämaita kuukausia, kokoavat ja paimentavat poroja, jahtaavat
susia, yöpyvät lumimyrskyissä jäätävien vuomien varjossa,
syövät pelkkää poronlihaa ja juovat kahvia. Rumat hallava-
turkkiset porokoirat seuraavat heitä pitkillä erämaakier-
roksilla.

Atomia veressä

Lismassa asuu mies, jolla on nimissään varsin erikoinen
Suomen ennätys: hän on maan radioaktiivisin mies. Novaja
Zemljan atomikokeiden saastelaskeuma on tavoittanut Lisman
ja kaikkein suurimmat saasteluvut on löydetty Nils Juhani
Sarasta. Pari kolme vuotta sitten lukemia mitattiin ja Nils
Juhani todettiin radioaktiivisimmaksi. Onneksi Novajan
atomikokeet on nyt lopetettu.

Miten saaste on Nils Juhaniin vaikuttanut?

Jaa, sanovat kyläläiset. Nils Juhani on kylän riskein
mies, pisin ja komein. Hän on 32-vuotias, parhaassa iässä,
kovin kävelijä ja hiihtäjä. Nytkin on vartioimassa Enonte-
kiön vastaista poroaitaa.

Eikö Nils Juhania voisi tavata? No, se käynee päinsä,
tuumitaan. Nils Juhani on ollut erämaassa vasta pari viik-
koa. - Minä luulen että hän on Petsikossa. - Siellä var-
masti. - Parissa kolmessa päivässä Nils Juhanin tavoittaa,

---

[1]olla porometsässä = paimentaa poroja tuntureilla ja
metsässä.

302

kun on niin lähellä. Mutta jos ei oli⊔i Petsikossa, niin
eipä kannattaisi lähteä hakemaan radioaktiivista poromiestä.
Ei ollut aikaa lähteä erämaahan, kyläläiset sanoivat.

- On sitä atomia meidänkin veressä. Saattaa olla enem-
mäkin kuin Nils Juhanilla. Me kun ei käyty sitä mittautta-
massa. Nils Juhani kävi Inarissa.

Kaleidoskooppi[1] ja Salkkovuora

Näkkäläjärven talossa oli radio auki; kuunneltiin Kalei-
doskooppia. Paavo Einiö puhui ja soitteli levyjä. Beatlesit
elämöivät hetken. Sitten Hannun Jouni ryhtyi kertomaan Salk-
kovuorasta. Oli ilta, aivan pimeää sekä ulkona että sisällä.
Salkkovuora oli ollut vanha erikoinen ihminen, salaperäinen
kuin piru itse, kehveli. Hän oli ollut viisas ja kummallinen,
noita aivan.

Veti siinä Salkkovuora voiton Kaleidoskoopista. Ilta
tuli ja sauna lämmitettiin. Juotiin kahvit, saunottiin.
Sitten pantiin nukkumaan. Tuuli ulvoi ⊔lkona, sumuinen
raskas tuuli. Se tuli koillisesta. Nyt se oli puhdasta
radioaktiivisesta saasteesta. Mutta se oli kuitenkin yhtä
armoton kuin ennenkin. Ulkoa kuului tasainen läpsähtelevä
ääni. Hannun Jouni mutisi peitteittensä alta, että poron-
talja siellä myrskyssä läpsähtelee aitan seinää vasten.

- Tai sitten on Salkkovuora taas liikkeellä.

Suomen Kuvalehti

---

[1]Kaleidoskooppi on Yleisradion ohjelmanumeroita.

Sanasto

syrjäinen, syrjäisen, syrjäistä, syrjäisiä	remote, distant, outsider
pistäytyä, pistäydyn, pistäytyi, pistäytynyt	to drop in
monin verroin helpompaa	many times easier
turvallinen	safe
mahtava, mahtavaa, mahtavan, mahtavia	mighty, powerful, domineering
mahtaa, mahdan, mahtoi, mahtanut	to be able, have power; may, can
erämaa	wilderness, desert
ylänkö, ylängön, ylänköä, ylänköjä	highland(s), upland
vedenjakaja	watershed
kaira, kairan, kairaa, kairoja	wild track (of Lapland); drill (tool)
koillinen, koillisen, koillista, koillisia	northeast, northeasterly
riittää, riitän, riitti, riittänyt	to be enough, be adequate
taival, taipaleen, taivalta, taipaleita tai taipale, taipaleen, taipaletta, taipaleita	stretch of road, distance
eristää, eristän, eristi, eristänyt	to isolate, insulate, block off
kantaa, kannan, kantoi, kantanut	to carry, bear
hätä, hädän, hätää	emergency, necessity, need, distress
hirsi, hirren, hirttä, hirsiä	log
petäjä=mänty	
toimeentulo	living, livelihood, support
jauho, jauhon, jauhoa, jauhoja	flour

muona, muonan, muonaa	food, provisions
pororaito, -raidon, -raitoa, -raitoja	file (caravan) of reindeer
hevin = hevillä	easily, readily
soinen = suoperäinen	marshy, swampy
verraton	incomparable, unequaled
poikamies (vrt. vanhapoika)	bachelor, unmarried man
reipas, reippaan, reipasta, reippaita	vigorous, cheerful, sprightly
naimaikäinen	of a marriageable age
vilahtaa, vilahdan, vilahti, vilahtanut	to dash by, glance past
keritä, kerkiän, kerkisi, kerinnyt = kerjetä, kerkeän, kerkesi, kerjennyt	to have time (to do something)
vrt. keritä, keritsen, keritsi, kerinnyt	to shear, clip
muuan = eräs	
seikkailija	adventurer
petkuttaja	imposter, deceiver
etuisuus = etu	
teettää, teetän, teetti, teettänyt	to cause to be done or made
palsta, palstan, palstaa, palstoja	lot (piece of land); newspaper column
romahtaa, romahdan, romahti, romahtanut	to collapse, crash down
elellä, elelin, eleli, elellyt	to lead a life (free from care), " be on easy street!!
sen koommin	ever since
sentään	for all that, however, still, yet

kunnantoimisto	county office
hän lienee jättänyt	he may have left
pahuus	wickedness
leikki	play, joke, fun
luistaa, luistan, luisti, luistanut	to go easily, slide, slip
etäisyys, etäisyyden, etäisyyttä, etäisyyksiä	distance
ankara, ankaran, ankaraa, ankaria	severe, strong
koota, kokoan, kokosi, koonnut	to gather, collect
jahdata, jahtaan, jahtasi, jahdannut	to chase, hunt
susi, suden, sutta, susia	wolf
vuoma = uoma	riverbed
varjo, varjon, varjoa, varjoja	shade, shadow
hallavaturkki	pale gray-colored fur
kierros, kierroksen, kierrosta, kierroksia	circuitous route, round turn, revolution
tavoittaa, tavoitan, tavoitti, tavoittanut	to try to reach, catch, hold of, catch up
saastelaskeuma	fallout (radioactive)
vastainen (jonkin vastainen)	on the side of or against something
vrt. vastakkainen	opposite, contrary
mittauttaa, mittautan, mittautti, mittauttanut	to cause to be measured or surveyed
mitata, mittaan, mittasi, mitannut	to measure, take the measure
käydä päinsä	to be possible
se käynee päinsä (present potential)	it may be possible
tuumia, tuumin, tuumi, tuuminut	to think, consider, deliberate

elämöidä, elämöin, elämöi, elämöinyt	to be noisy, raise a racket
piru	devil
kehveli	(mild) swear word
noita, noidan, noitaa, noitia	warlock, witch, wizard
vetää voitto = voittaa	to gain or win a victory
voitto, voiton, voittoa, voittoja	victory, conquest, profit, gain
ulvoa, ulvon, ulvoi, ulvonut	to howl, roar, scream
läpsähdellä, läpsähteli, läpsähdellyt	to flap, snap, smack
talja, taljan, taljaa, taljoja	hide, skin, hoisting tackle, pulley

Kysymyksiä

A.   Mihin pitäjään Lisma kuuluu? Minkä keskellä se sijaitsee? Minkälaisella seudulla se sijaitsee? Kuinka pitkä matka on Lismasta Inariin ja Kittilään? Mitkä ovat Lisman naapurit? Kuinka usein posti kannetaan Lismaan? Minkälaiset ovat tiet Lismaan? Kuinka suuri on Lisman kylä? Miten kyläläiset tekevät ostoksensa? Minkälaista on erämaa Lisman ympärillä? Miksi ihmiset asuvat Lismassa?

B.   Ketkä hoitavat poroja? Missä porot ovat talvisin? Kesäisin? Minkälaista on olla "porometsässä". Missä poromiehet yöpyvät? Mitä he syövät? Mitä he juovat? Mitkä seuraavat heitä erämaankierroksilla? Miten poromiehet liikkuvat paikasta toiseen? Mitä naiset tekevät sillä aikaa kun miehet ovat porometsässä?

C.   Mitä tarkoitetaan atomikokeilla? Ketkä suorittivat
Novaja Zemljan atomikokeet? Mikä aiheuttaa radioaktii-
visen saasteen? Miten se vaikuttaa ihmisiin? Miten se
vaikuttaa eläimiin? Miten se vaikuttaa kasvullisuuteen?
Miten Yhdysvallat suorittaa atomikokeita? Milloin ato-
mipommi keksittiin? Milloin sitä käytettiin ensimmäisen
kerran? Millä radioaktiivista saastetta voidaan mitata?
Mihin muuhun tarkoitukseen geiger-mittaria käytetään?

D.   Mikä on Yhdysvaltain syrjäisin paikkakunta? Missä
se sijaitsee? Mihin valtioon se kuuluu? Minkälaista
seutua se on? Mistä asukkaat saavat toimeentulonsa?
Kuinka usein posti kannetaan sinne? Minkälaiset ovat
tiet siellä? Mitä kulkuneuvoja siellä käytetään? Olet-
teko radioaktiivinen? Oletteko koskaan käynyt mittaut-
tamassa radioaktiivisuuttanne? Minkälainen on geigermit-
tari?

Harjoituksia

A. Käynee -muoto (akt. potentiaalin preesens, tunnus -ne)
ilmaisee, että jokin on mahdollista, luultavaa tai toden-
näköistä. Se on etupäässä kirjallinen ilmaus, jota pu-
hekielessä yhä enemmän korvaa taitaa olla-ilmaus (tai-
taa + I inf.) ja ehkä, kai, -han, -hän, -pa, -pä.

MODEL: Hän taitaa tehdä työn valmiiksi ajoissa. -
        Hän tehnee työn valmiiksi ajoissa.

        1. Taidan mennä yksin.
        2. Taidat haluta levätä.

308

3. Taidamme maksaa koko velan.

4. Taidatte käydä vielä Lismassa.

5. Pojat taitavat laittaa auton.

Huomatkaa: olla-verbin potentiaalin preesens on seuraa-
vanlainen: lienen, lienet, hän lienee,
lienemme, lienette, he lienevät.
Esim. Mikä hän lienee (lie) miehiään!

B. MODEL: Mahtavatko he tietää asiaa? - Tietänevätkö he
asiaa?

1. Mahdatteko uskoa edes Jumalaan?

2. Mahdammeko asua täällä kauempaa?

3. Mahdatteko olla illalla kotona?

4. Mahtavatko he koskaan tulla takaisin?

5. Mahtaako hän osata olla vaiti?

6. Kuka sen mahtaa tietää?

Huomatkaa: tullemme

mennemme

kuullemme

C. Muuttakaa seuraavat lauseet kielteisiksi:
MODEL: He tehnevät asian helpoksi. - He eivät tehne
asiaa helpoksi.

1. Hän mennee pian Suomeen.

2. Voinet tulla mukaan.

3. Poliisi saanee rikolliset kiinni.

4. Tuntenemme ehkä hänet.

5. Saanen sanoa, mitä ajattelen.

309

D. Potentiaalia käytetään myös passiivissa.

Esim. Asiasta puhuttaneen.

MODEL: Työ saadaan ehkä valmiiksi. - Työ saataneen valmiiksi.

1. Kuten ehkä muistetaan, hän asui täällä.
2. Tarvitaanko täällä ehkä apua?
3. Ehkä tästä joskus lähdetään.
4. Asiasta kuullaan ehkä vielä.
5. Taidetaan tästä lähteä.
6. Mahdetaankohan siellä koskaan käydä?

E. Muuttakaa seuraavat lauseet kielteisiksi:

MODEL: Huomenna pistäydyttäneen Berliinissä. - Huomenna ei pistäydyttäne Berliinissä.

1. Työtä tehtäneen sunnuntaina.
2. Tänne tultaneen takaisin.
3. Nyt saataneen olla yksin.
4. Ruoka ostettaneen keväisin.

F. Muuttakaa seuraavat aktiiviset lauseet passiiviin:

MODEL: Tietänemme asian. - Asia tiedettäneen.

1. Korjauttanet radion.
2. Myynen talon.
3. He saanevat asian selville.
4. Hallitus pannee asian hyllylle.
5. Ottanette osaa kokoukseen.

Huomatkaa: He lienevät vieraita siellä. -
             Siellä oltaneen vieraita.

310

Huomatkaa yksipersoonainen ilmaus:

Kannattaa pitää mielessä. - Kannattanee pitää mielessä.

G. Käyttäkää seuraavia pre - ja postpositiota oikeiden
päätteiden kanssa ja toistakaa lauseet:

1. Saari sijaitsee (meri) keskellä.
2. Lisma sijaitsee keskellä (erämaa).
3. Hän kulki kohti (pohjoinen).
4. Se tuli suoraan (me) kohti.
5. Olin siellä (joulu) saakka.
6. He kävelivät (laituri) saakka.
7. Apua oli haettava (pääkaupunki) saakka.
8. Vierailimme Suomessa (vuosi) sitten.
9. Sitten (viimenäkemisemme) et ole yhtään muuttunut.
10. Porontalja läpsähteli (seinä) vasten.
11. Se tapahtui vasten (tahtoni).
12. Hän seisoi (sateenvarjo) alla.

H. Käyttäkää seuraavia lauseita panemalla kussakin
lauseessa annettu sana sopivaan muotoon.

1. Talot ovat (hirret) rakennettu.
2. Hirret ovat (petäjä).
3. Kuusi katoaa (maisemakuva).
4. Kaikki elävät (poronhoito).
5. Toimeentulo saadaan (porot).
6. Jauhot haetaan (Inari).
7. Koko vuoden muona ajetaan (Lisma).

311

I. **Käyttäkää seuraavissa lauseissa sopivaa sanaa annetuista sanoista:**

MODEL: **pieni, pienetä (pienentyä), pienentää**

Tyttö on. . .   Tyttö on pieni.

Velka. . .   Velka pienenee.

Ompelija. . .vaatteet   Ompelija pienentää
                                vaatteet.

1. **lyhyt, lyhetä (lyhentyä), lyhentää**

   Matka on . . .

   Hyvä seura. . .matkaa.

   Matka. . .

2. **suuri, suureta (suurentua), suurentaa**

   Puhun. . .tuloista.

   Valokuvaaja. . .kuvia.

   Tulojen. . .elintaso nousee.

3. **pitkä, pidetä (pidentyä), pidentää**

   Kesän. . .päivinä kasvit kasvavat nopeasti.

   Päivä. . .juhannukseen asti.

   Äiti. . .hameen.

Huomatkaa: Lukemista ensi hätään!   Reading material
                                       for those who are
                                       urgently in need
                                       of it.

Juomista ensi hätään. = Juomista ensi janoon.

Syömistä ensi hätään. = Syömistä ensi nälkään.

Sanavaraston kartuttamista

kohti, vrt.   vastaan

   vastaantuleva liikenne   traffic coming from the
                                   opposite direction

312

Tuuli puhalsi vastaan koko ajan.

Kaivoa kaivettaessa tuli kallio vastaan.

Hän tuli kadulla minua vastaan.

Menen vierasta asemalle vastaan.

Neuvottelussa osapuolet tulivat toisiaan puolitiehen vastaan.

He olivat ehdotustani vastaan.

vrt.   vastoin. Vastoin tapojani kävelin työhön.

Vastoin yleistä käsitystä hän olikin petkuttaja.

syrjä   edge, border

   teräväsyrjäinen   sharp edged

   panna syrjään   to set aside

   syrjiä   to discriminate, shun

   rotusyrjintä   race discrimination

Tähän ei syrjäisillä ole mitään sanomista.

Luullaan, että lapsipuolta aina syrjitään.

pistäytyä

   pistää   to prick, stab, put

   pistää esiin   to project

   pistin   bayonet, sting

   pistos   stitch, prick, sharp
                                     pain

pistää = panna (colloq.)

Mihin sinä sen pistit?

turva   shelter, protection

   turvata (jotakin joltakin)   to protect (something
                                       from something)

   turvata (johonkin)   to trust (in somebody)

   turvallisuusneuvosto   Security Council

turvaistuin, turvavyö

313

koillinen

kaakko, kaakkois-, kaakkoinen	southeast
lounas t. lounainen, lounais-	southwest, south-westerly
luode, luoteis-, luoteinen	northwest
vrt. pakovesi, nousuvesi	low tide, high tide
vuoksi = nousuvesi	high tide
luode	low tide
tehdä taivalta = taivaltaa	generally to walk or to make a strenuous trip (without modern conveniences)

Kylään on neljännestunnin taival.

Hiihtäjät lähtivät viimeiselle taipaleelle (osuudelle).

Hän taivalsi kotia kohti.

Parasta lähteä taas taipaleelle.

hätä

merihätä	distress at sea
hätäillä	to be anxious, worry, be too hasty
hätääntyä	to get alarmed, grow anxious

Mihin sinulla on sellainen hätä?

Hänellä ei ole mitään hätää.	He has nothing to worry about.

Hänellä on hätä kädessä. =

Hänellä on hätää myydäkin.	He's in distress.

kadota

vrt.   hävitä

Häneltä katosi koira.

Hän kadotti koiransa.	He lost his dog(s).
hävitä sukupuuttoon	to become extinct

Hän hävisi pelissä, kilpailussa.

Poika hävisi tietymättömiin.   The boy disappeared
                                 without a trace.

naida, nain, nai, nainut =

mennä naimisiin   to marry, get married

naimattomuus   unmarried state,
                                 celibacy

kunta   county (rural)

vrt. kunto   condition

kunnallisvaalit   county elections

kunnanlääkäri   general practitioner
                                 employed by the county

kunnansairaala   county hospital

vrt. seurakunta   parish, congregation

johtokunta   board of directors

pitäjä = maalaiskunta; joskus
alueeltaan aivan ama kuin samannimi-
nen seurakunta, esim. Pielavesi =
Pielaveden seurakunta t. kunta.

Missä kunnossa veljesi on?

Talo on huonossa kunnossa.

Kaikki on kunnossa.   Everything is OK!

Lisma on Inarin kunnassa.

mahtaa

Asialle ei mahda mitään.

Minkäs paremmalleen mahtaa.

Lääkärit eivät mahtaneet taudille mitään.

Matka mahtoi olla hauska.

Mahtaako isä tulla?

315

29

TIESITTEKÖ, ETTÄ

vuosina 1906-64 Suomi saavutti olympialaisissa yhteensä 101 kulta-, 92 hopea- ja 108 pronssimitalia?

sanomalehtien kokonaislevikki Suomessa v. 1966 oli 2.100.000 kpl.ja samana vuonna ilmestyi yli 1500 eri aikakauslehteä?

v. 1966 Suomessa oli 36 vakinaista teatteria ja näiden lisäksi yli 8000 amatööriteatteriseuraa? Vuosittain esitetään Suomen teattereissa n. 20 000 näytelmää.

50% Suomessa ilmestyvästä tietokirjallisuudesta myydään työväestölle?

teatterikautena 1963-64 40% Suomessa esitetyistä näytelmistä oli suomalaisia, 11% ranskalaisia, 16% englantilaisia, 14% amerikkalaisia, 4% venäläisiä, 3% skandinaavisia ja 12% muita?

Akateeminen Kirjakauppa Helsingissä on maailman suurin kirjakauppa?

melkein poikkeuksetta jokaisessa suomalaisessa kodissa on kirjakaappi tai kirjahylly?

Suomi antoi äänioikeuden naisille ensimmäisenä maana Euroopassa ja toisena koko maailmassa heinäkuun 20. päivänä 1906? (Uusi Seelanti oli ensimmäinen.)

Suomen 60 000 järveä peittävät 9% koko maan alueesta ja järviseudulla 20-50 maa-alueesta?

71% Suomen alueesta on metsän peittämää?

Suomen rannikoilla on 30 000 meren saarta?

Suomi on Islannin jälkeen maailman pohjoisin valtio?

v. 1908 - 1950 julkaistiin "Suomen kansan vanhat runot" 33 osana, laajin teos, mitä koskaan on julkaistu yhdellä kielellä?

Suomi käytti puolustusmenoihin v. 1964 2% kansantuotosta, kun vastaava prosentti oli Sveitsissä 3,5 ja Jugoslaviassa 7,5?

Joka kesä myönnetään Suomessa Kansainvälinen Sibelius-palkinto, 75 000 mk, jollekin ansioituneelle säveltäjälle? Sen ovat saaneet mm. Paul Hindemith ja Dmitri Shostakovitch.

Talvisodassa v. 1939-40, joka kesti 101 päivää, Suomi yksinään torjui Venäjän hyökkäykset ja yritykset vallata maan, mutta sen oli taivuttava pakkorauhaan, jossa se menetti mm. maa-alueita Venäjälle?

Suomessa on pareittain kirkollisia juhlapäiviä, jotka ovat aina kirkkopyhiä ja vapaapäiviä? Näitä ovat joulu ja tapaninpäivä, pääsiäispäivä ja pääsiäismaanantai, helluntai ja helluntaimaanantai. Uudenvuodenpäivä, loppiainen, pitkäperjantai, helatorstai ja pyhäinmiestenpäivä ovat muita ylimääräisiä kirkollisia juhlapäiviä.

Suomi on saanut kaksi Nobel-palkintoa: F. E. Sillanpää kirjallisuuden ja A. I. Virtanen kemian palkinnon?

kuolemanrangaistus rauhan aikana poistettiin 2.12.1949?

Suomen tappiot toisessa maailmansodassa kaatuneina ja haavoittuneina nousivat 7% koko väestöstä?

Suomi oli ainoa toiseen maailmansotaan osallistuneista
eurooppalaisista valtioista Ison Britannian ja Venäjän li-
säksi, joka ei joutunut vihollisen miehittämäksi?

Suomessa on Euroopan suurin kuparikaivos, Outokumpu?

Suomen ja Neuvostoliiton välillä on voimassa Ystävyys-ja
avunantosopimus, joka tehtiin v.1948?

Suomen puolustamisessa pääpaino on puolustussodalla, ja kaik-
ki aselajit saavat koulutusta sissisotaa varten?

Suomi hyväksyttiin Yhdistyneiden Kansakuntien (YK:n) jäsenek-
si v.1955?

toisen maailmansodan jälkeen Suomi maksoi Neuvostoliitolle
sotakorvauksia yli 500 milj. dollarin arvosta ja asutti
400 000 pakolaista Neuvostoliitolle luovutetulta alueelta?

Suomi on koko maailman lukutaitoisin kansa? (UNESCO 1953)

Suomi ensimmäisenä maailmassa sääti lain kaikille kansakou-
lujen oppilaille annettavasta kouluateriasta?

v.1923 Suomessa hyväksyttiin laki täydellisestä uskonnonva-
paudesta?

kirkossakäyminen Suomessa ei ole sosiaalinen tapa vaan ilmaus
henkilökohtaisesta uskonnollisesta tarpeesta ja uskosta?

Suomen radio- ja televisiotoiminta samoin kuin alkoholipi-
toisten juomien myynti on valtion monopolina?

yli 60% Suomen tukkilaisista on riippumattomia pientilallisia
eli pienviljelijöitä?

Suomessa julkaistaan vuosittain n.3 000 uutta kirjaa joko
suomalaista tai käännöskirjallisuutta, väkilukuun verrattuna

318

huomattava määrä?

Suomen evankelis-luterilaisella kirkolla on lähetyskenttiä
Ambomaalla, Tanganjikassa, Formosalla, Jerusalemissa, Länsi-
Pakistanissa ja Japanissa?

Suomen valtio antoi eläkkeen Sibeliukselle tämän vielä ol-
lessa suhteellisen nuori?

suomalaiset ovat irlantilaisten jälkeen maailman kovimpia
syöjiä. Heidän päivittäinen kaloriamääränsä on 3330, irlan-
tilaisten 3480?

Sanasto

saavuttaa, saavutan, saavutti, saavuttanut	to achieve, get, catch up with
olympialaiset, olympialaisten (pl)	Olympic games
yhteensä	in total, put together, altogether
pronssi, pronssin, pronssia, pronsseja	bronze, brass
mitali, mitalin, mitalia, mitaleja	medal, medallion
levikki, levikin, levikkiä, levikkejä	circulation
vakinainen	permanent, ordinary
tietokirjallisuus	informative literature, nonfiction
äänioikeus, -oikeuden, -oikeutta, -oikeuksia	right to vote, suffrage
metsän peittämä = jonka metsä peittää (agenttipartisiippi)	
puolustus, puolustuksen, puolustusta, puolustuksia	defense, excuse

puolustaminen	defending
kansantuotto	national product
ansioitunut, ansioituneen, ansioitunutta, ansioituneita	well deserving, meritorious
torjua, torjun, torjui, torjunut	to ward off, prevent, defend against
vallata, valtaan, valtasi, vallannut	to conquer, occupy
taipua, taivun, taipui, taipunut	to resign, submit, yield
pakkorauha	enforced peace
muun muassa, mm.	among other things
parittain = pareittain	in pairs, in couples
tapaninpäivä	St. Stephen's Day, Boxing Day
pääsiäinen, pääsiäis-	Easter
helluntai	Whitsunday
loppiainen	Epiphany
pitkäperjantai	Good Friday
helatorstai	Ascension Day
pyhäinmiestenpäivä = pyhäinpäivä	All Saints Day (the first Saturday in November
ylimääräinen	special, additional, extra
kuolemanrangaistus	capital punishment, death penalty
tappio, tappion, tappiota, tappioita	loss, defeat
kaatua, kaadun, kaatui, kaatunut (intr.)	to fall, be killed (in war)
kaataa, kaadan, kaatoi, kaatanut (tr.)	to overturn, tip over, chop down, pour

osallistua (johonkin), osallistun, osallistui, osallistunut = ottaa osaa	to take part (in something), participate
vihollinen	enemy, foe, adversary
miehittää, miehitän, miehitti, miehittänyt	to occupy, to man
kaivos, kaivoksen, kaivosta, kaivoksia	mine, pit
vrt. miina	mine (military term)
aselaji, -lajin, -lajia, -lajeja	branch of military service
ase, aseen, asetta, aseita	weapon, firearm, tool
sissi, sissin, sissiä, sissejä	guerrilla, partisan
yhdistyä, yhdistyn, yhdistyi, yhdistynyt (intr.)	to unite, be united
korvaus, korvauksen, korvausta, korvauksia	reparation, compensation, return
asuttaa, asutan, asutti, asuttanut (tr.) vrt. asua (intr.)	to settle, populate
luovuttaa, luovutan, luovutti, luovuttanut	to give, to let a person have
säätää, säädän, sääti, säätänyt	to ordain, decree, order
säätää laki	to make a law
täydellinen	complete, perfect
ilmaus, ilmauksen, ilmausta, ilmauksia	manifestation, expression
tarve, tarpeen, tarvetta, tarpeita	need, want
alkoholipitoinen	containing alcohol, alcoholic
tukkilainen	logger, lumberjack
riippumaton	independent, self-supporting

pientilallinen .	owner of a small farm, small freeholder
pienviljelijä	small farmer
eläke, eläkkeen, eläkettä, eläkkeitä	pension
suhteellinen	relative, proportional
kova	hearty, hard, firm, loud
päivittäinen	daily
Ambomaa	Ovamboland (in SW Africa)
Ystävyys -ja avunantosopimus	Finnish-Soviet Agreement of Friendship and Mutual Assistance.

Kysymyksiä

A.   Mikä on Amerikassa " kaikkein suurin" ? Mitä tapahtui " kaikkein ensimmäiseksi" Amerikassa? Mikä on maailman eteläisin valtio? Mikä on Amerikan suurin kaivos? Kuinka monta prosenttia kansantulosta käytetään täällä puolustusmenoihin? Ketkä ansioituneet amerikkalaiset ovat saaneet Nobel-palkinnon? Milloin on Amerikassa parittain lomapäiviä? Kenen julkaisema on " Time" lehti? Kuinka suuri on sen levikki? Missä ·valtioissa on kuolemanrangaistus vielä voimassa? Miten se pannaan täytäntöön?

B.   Mitkä olivat amerikkalaisten tappiot Viet Namissa? Missä maassa käytiin sissisotaa? Mitä tarkoitetaan sissisodalla? Missä lajeissa Amerikka on saanut eniten kultamitaleja? Milloin olympialaiset olivat viimeksi

322

Yhdysvalloissa? Missä kaupungissa ne olivat? Onko
Yhdysvalloissa yleinen ja yhtäläinen äänioikeus? Kenellä
on oikeus äänestää? Mistä maista tuli tänne pakolaisia
toisen maailman sodan jälkeen? Ketkä asuttivat Amerikan?
Ketkä Amerikka asutti?

C.   Kuinka monta teatteria New Yorkissa täytyisi olla,
jotta siellä olisi suhteellisesti yhtä paljon teattereita
kuin Suomessa? Kuinka monta näytelmää siellä pitäisi
esittää vuodessa? Kuinka suuri pitäisi sanomalehtien
levikin olla, jotta se olisi suhteellisesti yhtä suuri
kuin Suomessa? Kuinka paljon Yhdysvaltain pitäisi maksaa
sotakorvauksia, jos se maksaisi suhteellisesti yhtä pal-
jon kuin Suomi joutui maksamaan? Kuinka paljon pako-
laisia sen pitäisi asuttaa asuttaakseen suhteellisesti
yhtä paljon kuin Suomi joutui tekemään? Kuinka kovia
syöjiä amerikkalaiset ovat? Mikä on heidän päivittäinen
kaloriamääränsä?

Harjoituksia

Huomatkaa seuraavat rakenteet:

vihollisen vasta miehittämä maa =   country recently occu-
maa, jonka vihollinen on miehit-   pied by the enemy
tänyt

takavarikoimani teos = teos, jonka   book confiscated by me
olen takavarikoinut

A. Muuttakaa seuraavat joka-lauseet vihollisen miehittämä-
   muotoon:

323

MODEL: Tämä on suomennos, jonka Saarikoski teki. -

         Tämä on Saarikosken tekemä suomennos.

         1. Suomi oli suuriruhtinasmaa, jota Venäjä
             edusti.

         2. Pidin sitä kirjana, jonka hän oli kirjoit-
             tanut.

         3. Kuulimme työstä, jonka olit saanut.

         4. Oletko saanut kirjeen, jonka lähetin?

         5. Lapsi luki kirjaa, jonka äiti oli ostanut.

B. MODEL: Pidin häntä tyttönä, jonka tunsin. -

         Pidin häntä tuntemanani tyttönä.

         1. Kerro nyt uutiset, jotka kuulit.

         2. Me tuomme kirjat, jotka lupasimme.

         3. He saavat palkan, jonka he ansaitsevatkin.

         4. Isä näytti autoa, jonka hän oli ostanut.

         5. Kertokaa nyt maista, jotka näitte.

         6. Kalastajat myivät kalat, jotka he olivat
             saaneet.

C. Vastatkaa seuraaviin kysymyksiin käyttämällä kuhunkin
    vastaukseen annettuja sanoja esimerkin mukaisessa muo-
    dossa:

    MODEL: Mistä väristä pidät? hän valitsee -

         Pidän hänen valitsemastansa väristä.

         1. Mikä kirja voitti kilpailun? sinä kirjoitit

         2. Mistä autosta puhuit? minä myin

         3. Minkälaisista lauluista nautitte? hän laulaa

         4. Minkä talon ostitte? hän rakensi

         5. Mille jutuille naurat? te kerroitte

324

D. Muuttakaa seuraavat passiivimuodot vihollisen miehittämä-
muotoon:

   MODEL: Luettu kirja oli mukava. minä – (Minun) luke-
   mani kirja oli mukava.

   1. Saavutettuja kultamitaleja oli 101. Suomi
   2. Takavarikoidusta kirjasta aina puhutaan.
      oikeusministeri
   3. Tehty johtopäätös oli oikea. toimittaja
   4. Puollettu toimenpide hyväksyttiin.
      lautakunta
   5. Puhun nähdystä unesta. minä

E. Sanokaa seuraavien alleviivattujen sanojen vastakohdat:

   1. vakinainen teatteriseura   ....
   2. ammattilaisurheilija   ....
   3. laaja teos   ....
   4. tappiot   ....
   5. menettää alueita   ....
   6. puolustussota   ....
   7. poikkeus   ....
   8. yhdistyä   ....
   9. täydellinen   ....

F. Käyttäkää seuraavissa lauseissa sopivaa sanaa kustakin
   kahdesta valittavana olevasta sanasta:

   1. . . .takaisin Suomeen.   kaivan
   2. . . .juuret maasta.   kaipaan

   3. Hän. . .ystäviänsä.   kaivoi
   4. Mies. . .kaivoa.   kaipasi

325

5. Nainen. . .omaa kotia.   on kaivanut

6. Matti. . .ojaa koko   on kaivannut
   elämänsä.

Sanavaraston kartuttamista

poiketa, poikkean, poikkesi,   turn off, drop in,
poikennut   differ

   poikkeuksellinen   exceptional

Ei sääntöä ilman poikkeusta.

Laiva poikkesi reitiltänsä.

Se poikkesi joka satamassa.

Poikkesin tullessani kaupassa.

Hän poikkeaa kaikista muista edukseen.

vrt.   pistäytyä, käydä, mennä

Pistäydyin kaupassa.

Kävin kaupassa.

Menin kauppaan.

levikki

   leveä   broad

   levitä (intr.)   spread

   levittää (tr.)   to spread, widen

   vrt.   laaja   wide, extensive

   laajentaa   to expand, widen

Meidän on levitettävä tietä.

Matkustaminen laajentaa kokemuspiiriä.

Lehti on laajalle levinnyt.

   vrt.   suppea   concise, narrow

puolustaa   defend, protect

puolustaja

   puolustusvoimat   defense forces

puolustusasianajaja	attorney for the defense
puoltaa, puollan, puolsi, puoltanut	to be in favor, to side with

Puollan lakiehdotusta.

vrt.   kannattaa

Kannatan lakiehdotusta.

vrt.   puoli

ansio	earnings, merit, credit
ansaita	to earn, deserve
ansioitua	to earn credit
ansiokas	deserving, worthy

Hän ansaitsee hyvin uudessa paikassaan.

Hän on erittäin ansioitunut tiedemies.

rangaista	to punish, chastise ,
rangaistus	punishment, penalty
rankaisu = rankaiseminen	the act of punishing, penalization
rangaistuslaitos	penal institution
vrt. kuritushuone	penitentiary
Hän sai 5 vuotta kuritushuonetta.	He got 5 years hard labor.

pakkotyö

kaatua

kaataa

kaatumatauti	epilepsy
kaatumatautinen	epileptic

Hän kaatoi kermaa kahviinsa.

Älä kaada tätä puuta.

He kaatoivat pöydät kumoon.

Poika kaatui juostessaan.

Serkkuni kaatui jatkosodassa.

Savolaiset asuttivat ruotsalaismetsät.

Suomi asutti Karjalan siirtoväen.

kaivos

vrt. kaivo

kaivaa, kaivan, kaivoi, kaivanut	to dig, excavate
kaivata, kaipaan, kaipasi, kaivannut	to long for, lack, be without
kaivaus-, kaivaukset (pl.)	excavation, digging

Joka toiselle kuoppaa kaivaa, se itse
siihen lankeaa.

Kaipasin aurinkoa.

Talo kaipaa korjausta.	The house needs repairing
Tässä kaivataan hyviä neuvoja.	Good advice is needed.

pako, paon, pakoa, pakoja	flight, escape
paeta, pakenen, pakeni, paennut	to flee, run away
päästä pakoon	to escape
maanpako	exile

Kuningas oli maanpaossa.

Rikollinen pakeni paikalta.

Hän on aina valmis kertomaan paostansa.

328

SUOMEN KANSALLISLAULU

MAAMME

J.L.Runeberg 1846   Fredrik Pacius 1848

Oi, maamme, Suomi, synnyinmaa, soi sana kultainen!

Ei laaksoa, ei kukkulaa, ei vettä, rantaa rakkaampaa,

kuin kotimaa tää pohjoinen, maa kallis isien.

312-421 O - 68 - 22

30

ERÄS NELJÄSLUOKKALAINEN

Janne oli koulun neljännellä luokalla, kun hänessä tapahtui tärkeä muutos. Siihen saakka musiikki tuskin oli merkinnyt hänelle enempää kuin kenelle hyvänsä muulle herraspojalle. Hän oli saanut jonkinlaista pianonsoiton opetusta jo viiden ikäisenä, ja silloin oli kohta ilmennyt, että pojalla oli luontaiset taipumukset musiikkiin. Mutta sitä ei kukaan ihmetellyt. Niin oli perheen muillakin lapsilla, Lindalla ja Christianilla. Nämä olivat kuulleet soittoa ja laulua pienestä pitäen, ja heidän musiikillinen sukuperintönsä ulottui laajalle niin isän kuin äidinkin puolella. Joitakin vuosia myöhemmin pianonopetus muuttui säännölliseksi, ja jo kymmenen ikäisenä Janne laati ensimmäiset omat sävellyksensä. Niistä on säilynyt viululle ja sellolle kirjoitettu pizzicato " Vesipisaroita," ja tiedossa on myös " Täti Evelinin elämä sävelinä", joka oli perheen piirissä pidetyn ensimmäisen sävellyskonsertin ohjelmana. Näitä Jannen pieniä yrityksiä ei kukaan liioin osannut ottaa kovin vakavasti. Niitä pidettiin vain lahjakkaan lapsen mielitekoina.

Mutta keväällä 1880, Jannen ollessa neljäntoista ikäinen, hänen musiikinharrastuksensa äkkiä sai aivan uuden luonteen. Tuskin sitä enää saattoi harrastukseksi sanoakaan. Hän oli saanut ruveta opiskelemaan viulunsoittoa kapellimestari Gustaf Levanderin johdolla, jota silloin pidettiin Hämeenlinnan parhaana viulunopettajana, ja siitä lähtien musiikki muuttui pojalle väkeväksi elämykseksi, mahdiksi, joka

otti hänet kokonaan valtaansa. Kaikki muut harrastukset me-
nettivät tyystin viehätyksensä, ja koulunkäyntikään ei otta-
nut sujuakseen. Seuraavana talvena hän unohti läksyt ja lu-
vut siinä määrin, että jäi viidennelle luokalle. Mitäpä his-
toria ja maantieto merkitsivät luistavan skaalan tai hyvin
sointuvan arpeggion rinnalla.

Hajamielinenkin hän oli kuin professori. Eräänä iltana
kun hänen äidillään oli rouvakutsut ja vieraat parhaillaan
istuivat salissa kahvikupin ääressä, avautui ovi ja Janne
astui sisään ilman housuja, yllään pelkkä lyhyt päiväpaita.
Keskustelu oli juuri sattunut pysähtymään, eikä Janne huo-
mannut ketään. Syvissä aatteissa hän kulki lattian poikki
ja istahti flyygelin ääreen improvisoimaan. Kukaan ei hiis-
kunut sanaakaan, ja vähän aikaa soitettuaan Janne paitaressu
vaelsi takaisin huoneeseensa huomaamatta vieläkään mitään
merkillistä.

Hän haaveili nyt, että hänestä kerran tulisi suuri viu-
luntaituri, joka saisi ihmisten sydämet värähtelemään sävel-
ten voimalla. Se oli enemmänkin kuin haave, sillä siihen
liittyi väkevä kunnianhimo, joka piti Jannea vallassaan mel-
kein vuosikymmenen. Hän tiesi itsekin hyvin olevansa liian
vanha. Viulutaiturin oli aloitettava jo aivan lapsena. Li-
säksi hänellä oli ruumiillinen vamma, joka vaikeutti soittoa.
Kahdentoista ikäisenä hän oli vioittanut oikean käsivartensa
hypätessään veneestä maihin. Kesti tavattoman kauan, ennen-
kuin se parani, ja koko iäksi se jäi vähän lyhyemmäksi kuin
vasen käsivarsi. Mutta sekään ei Jannea lannistanut. Sitä
sitkeämmin hän ponnisteli ja harjoitteli melkein aamusta il-
taan.

Viulunsoitto vei hänet kamarimusiikin pariin. Kotonakin hän sai sitä harjoittaa, sillä Linda soitti pianoa ja pikkuveli selloa. Jannen innostavassa johdossa sisarustrio kehittyi niin taitavaksi että sai esiintyä muuallakin kuin kodin piirissä. Alussa nuorten soittajien ohjelmassa oli pelkkiä klassillisia teoksia, Haydnia, Mozartia ja Beethovenia, mutta myöhemmin myös romantikkoja, Schubertia, Schumannia, Mendessohnia ja Brahmsia. Janne perehtyi näissä musiikki-illoissa perusteellisesti suurten mestarien teoksiin ja heidän kirjoitustapaansa. Se oli kallisarvoista opetusta tulevalle säveltäjälle.

Yhtä tärkeitä olivat ne kvartetti-illat kodin ulkopuolella, joihin hänet kutsuttiin sitä useammin, mitä taitavammaksi hän kehittyi viulunsoittajana ja kamarimuusikkona. Hän hoiti tavallisesti toista viuluääntä, mutta joskus ensimmäistäkin. Erityisesti hän viihtyi kunnanlääkäri Theodor Tigerstedtin kodissa, ja tämä puolestaan piti paljon lahjakkaasta Janne Sibeliuksesta, joka oli aina valmis avustamaan, milloin häntä tarvittiin. Tigerstedt oli mainio pianisti ja joutui tuon tuostakin säestämään vierailevia taiteilijoita. Silloin hän aina otti Jannen lehdenkääntäjäksi. Tämä pääsi siten kaikkiin parhaisiin konsertteihin ilmaiseksi ja sai jo poikana tutustua moneen kuuluisaan esiintyjään. Hän käänsi lehteä Pauline Luccallekin, jonka eksklusiiviseen wieniläiseen salonkiin hän oli joutuva kymmenisen vuotta myöhemmin nuorena musiikinopiskelijana.

Jannen kouluvuosien sävellykset olivat tietenkin sisällykseltään oppilastöitä, ihailtujen mestarien merkeissä syntyneitä kokeiluja. Mutta muutamissa oli sittenkin havait-

332

tavissa eräitä omintakeisia piirteitä. Jo kymmenvuotiaana
hän oli Vesipisaroissaan tarjonnut kuulijoilleen pienen yl-
lätyksen laatimalla kappaleen kolmannen osan hieman erilai-
seksi kuin ensimmäisen, ja tämä pyrkimys itsenäiseen keksin-
tään alkoi ilmetä hänen poikavuosiensa sävellyksissä sitä
selvemmin, mitä vanhemmaksi hän varttui. Se näkyi nimeno-
maan sellaisissa kappaleissa, jotka ilmeisesti olivat luon-
nontunnelmien inspiroimia. Luonto oli hänelle jo silloin
alituinen innostuksen lähde. Värit, äänet ja tuoksut, tuulen
henkäys, linnun laulu ja metsän kohina muuttuivat hänen sie-
lussaan säveliksi.

Santeri Levas

Sanasto

ilmetä, ilmenee, ilmeni, ilmennyt	to appear, be revealed, be evident, show
luontainen	natural, inborn
taipumus, taipumuksen, taipumusta, taipumuksia (johonkin)	aptitude, bent (for something)
pitäen (jostakin, siitä pitäen)	since, (ever since)
perintö, perinnön, perintöä, perintöjä	inheritance, legacy
laatia, laadin, laati, laatinut	to draw up, make
sävellys, sävellyksen, sävellystä, sävellyksiä	composition
säilyä, säilyn, säilyi, säilynyt (intr.)	to be preserved, keep
säilyttää, säilytän, säilytti, säilyttänyt (tr.)	to preserve, conserve, keep up
viulu, viulun, viulua, viuluja	violin

sello, sellon, selloa, selloja	cello
pisara, pisaran, pisaraa, pisaroita	drop
mieliteko	liking, fancy, desire
harrastus, harrastuksen, harrastusta, harrastuksia	hobby
vrt. äkkiä	all of a sudden, suddenly, immediately
kapellimestari	conducter of an orchestra, bandmaster
ottaa valtaan	to capture, seize, carry away
tyystin = täysin	thoroughly, completely
viehätys, viehätyksen, viehätystä	charm, attraction
sujua, (sujun), sujui, sujunut	to go on, progress, advance
skaala	scale
sointua, soinnun, sointui, sointunut	to harmonize, sound
hajamielinen	absentminded, preoccupied
kutsut, pl.	party, entertainment
kutsu, kutsun, kutsua, kutsuja	invitation, call, summons
ääressä, -stä, ääreen	at, close to, beside
ääri, äären, äärtä, ääriä	limit, bound, edge, verge, brim
aate, aatteen, aatetta, aatteita	thought, idea, notion
istahtaa, istahdan, istahti, istahtanut, vrt. istua	to sit down for a while
flyygeli, flyygelin, flyygeliä, flyygeleitä	grand piano

hiiskua, hiiskun, hiiskui, hiiskunut	to utter a sound, make a sound
paitaressu, -ressun, -ressua, -ressuja	tot, little one
vaeltaa, vaellan, vaelsi, vaeltanut	to wander, ramble, tramp
haaveilla, haaveilen, haaveili, haaveillut	to muse, dream
viuluntaituri	virtuoso, violinist
värähdellä, värähtelen, värähteli, värähdellyt = värähtää	to quiver, tremble
haave, haaveen, haavetta, haaveita	fancy, illusion, phantasm
kunnianhimo	ambition
vamma, vamman, vammaa, vammoja	physical injury
vioittaa, vioitan, vioitti, vioittanut	to injure, damage, hurt
käsivarsi, -varren, -vartta, -varsia	arm
maihin, (maissa, maista) vrt. maa, maat	ashore, on shore
lannistaa, lannistan, lannisti, lannistanut (tr.)	to dishearten, discourage
lannistua, lannistun, lannistui, lannistunut (intr.)	to become disheartened, grow discouraged
sitä	so much the. . .
sitkeä, sitkeän, sitkeää, sitkeitä	persevering, tough
säestää, säestän, säesti, säestänyt	to accompany
vrt. säästää, säästän, säästi, säästänyt	to save, spare
parissa, parista, pariin	among
kamarimusiikki	chamber music

sisarukset, sisarus-	children of the same parents
sisarustrio, -trion, -trioa, -trioja	trio of brothers and sisters
romantikko, romantikon, romantikkoa, romantikkoja	romanticist, romantic person
perehtyä, perehdyn, perehtyi, perehtynyt	to become familiar with, get acquainted
kallisarvoinen	valuable, precious
viihtyä, viihdyn, viihtyi, viihtynyt	to be happy, thrive, enjoy
muusikko	musician
avustaa, avustan, avusti, avustanut	to assist, aid, support
mainio	excellent, fine, splendid
salonki, salongin, salonkia, salonkeja	salon, parlor
kokeilu, kokeilun, kokeilua, kokeiluja	experimenting, experimentation
sisällykseltään	as to (its) contents
omintakeinen	independent, original
keksintä, keksinnän, keksintää = keksiminen	inventing
vrt. keksintö, keksinnön, keksintöä, keksintöjä	invention, discovery
varttua, vartun, varttui, varttunut	to grow, develop
tuoksu, tuoksun, tuoksua, tuoksuja	scent, fragrance, odor
henkäys, henkäyksen, henkäystä, henkäyksiä	breath, puff
tunnelma, tunnelman, tunnelmaa, tunnelmia	sentiment, feeling, atmosphere

336

sävel, sävelen, säveltä,   tune, melody, note
säveliä = sävele, säveleen,
sävelettä, säveleitä

Kysymyksiä

A.   Milloin Janne (Jean) Sibelius aloitti musiikilliset
harrastuksensa? Milloin ensi kerran ilmeni, että Jan-
nella oli luontaiset taipumukset musiikkiin? Milloin
hän oli saanut pianonsoiton opetusta? Kuka perheessä
oli musikaalinen paitsi Janne? Minkälainen oli heidän
musiikillinen sukuperintönsä? Milloin Janne laati ensim-
mäiset omat sävellyksensä? Mille soittimelle ne oli kir-
joitettu? Minä Jannen sävellysyrityksiä pidettiin?

B.   Milloin Jannen musiikinharrastus sai aivan uuden
luonteen? Mitä hän oli saanut ruveta opiskelemaan?
Kenen johdolla hän sai opiskella? Mitä tapahtui Jannen
koulunkäynnille? Minkälainen Jannen muisti oli? Mikä
tapahtuma todistaa hänen hajamielisyydestään? Miksi hän
halusi tulla? Mikä vaikeutti viulunsoittoa? Missä
yhtyeessä Janne soitti viulua? Minkälaista musiikkia
sisarustrio soitti?

C.   Mitä klassillisia teoksia Sibeliusten sisarustrio
soitti? Mitä romantikkoja he lisäsivät ohjelmaansa?
Mihin Janne perehtyi näissä musiikki-illoissa? Minkä-
laista opetusta se oli tulevalle säveltäjälle? Minkälai-
sia Jannen kouluvuosien sävellykset olivat? Mitä oli
kuitenkin havaittavissa muutamissa niistä? Mihin Janne
alkoi pyrkiä sävellyksissään? Mistä Janne sai inspiraa-

337

tionsa? Mitkä ilmiöt ja tunnelmat muuttuivat hänen
sielussaan säveliksi?

D.   Miten hyvin tunnette Sibeliuksen musiikkia? Mistä
kappaleista pidätte erityisesti? Kuinka monta Sibeliuk-
sen sinfoniaa tunnette? Minkälaisesta musiikista yleen-
sä pidätte? Mitä soitinta itse soitatte? Minkälainen
levysoitin teillä on? Mitä klassillisia levyjä teillä
on? Kuka on maailmankuulu viulutaiteilija? Kuka on
kuuluisa amerikkalainen pianisti? Mikä musiikki on kaik-
kein uudenaikaisinta? Minkälaisessa orkesterissa olette
soittanut? Mikä on ns. Sibeliuspalkinto? Ketkä amerik-
kalaiset ovat saaneet sen? Mikä on ehkä kuuluisin Si-
beliuksen sävellyksistä? Minkä maan kansallislaulu se
on? Mikä on Suomen kansallislaulu? Kuka sen on sävel-
tänyt?

Harjoituksia

Verratkaa seuraavia lauseita keskenään;

Teen työn.	I do the work.
	I shall do the work.
Olen tekevä työn.	I am to do the work.
	I shall do the work.
Olin tekevä työn.	I was to do the work.

Huomatkaa: Olen tekevä- ja olin tekevä-muotoa, joka on kir-
jallista ja ylätyyliä, käytetään yleensä vain
yksikössä.

338

A. MODEL: Hän tuomitsee eläviä ja kuolleita. -
Hän on tuomitseva eläviä ja kuolleita.

1. Syyllinen saa rangaistuksen.
2. Te kuulette tästä.
3. Pekka Miettinen maksaa tästä 200 mk.
4. Tämä tilaisuus säilyy aina muistossa.
5. Tämä maa näkee voitonpäivän.
6. Hän tulee suuressa kunniassaan.

B. MODEL: Hän on itkevä kauan kotiaan. - Hän oli itkevä
kauan kotiaan.

1. Sibelius on joutuva wieniläiseen salonkiin.
2. Olen tapaava hänet vielä kerran.
3. Olet kuuleva vielä meistä.
4. Tämä kokemus on oleva suureksi hyödyksi.
5. Se erehdys on maksava heille paljon.
6. Hän on oleva kuuluisa.

C. Muuttakaa seuraavat lauseet esimerkin mukaiseen muotoon:
MODEL: Jotain voidaan nähdä. - Jotain on nähtävissä.

1. Mitään ei voida tehdä.
2. Voidaanko presidenttiä tavata?
3. Voidaanko tuoreita vihanneksia saada?
4. Voiko tuon hevosen ostaa?
5. Tätä asiaa ei voida selittää.
6. Muutamissa voitiin havaita omintakeisia
piirteitä.

339

D. Lukekaa seuraavasta osastosta ääressä, vieressä, lähellä
ja rinnalla sanojen käytön esimerkit ja täydentäkää seu-
raavat lauseet:

1. Opettaja pani Maijan istumaan Pekan. . .

2. Hän istui kirjoituspöytänsä. . .ja kirjoitti myöhään
   yöhön.

3. Satamassa oli laiva laivan. . .

4. Kalle juoksi niin nopeasti että Pekka ei pysynyt. . .

5. Hän lähti sotaan suoraan työnsä. . .

6. Heidän kotinsa olivat. . .toisiaan.

7. Aivan talomme. . .rakennettiin uusi talo.

8. Äiti halusi asua. . .lapsiansa.

9. Tämä on oppikirjan. . .käytettäväksi tarkoitettu
   harjoituskirja.

10. Nuori sinä olet vielä minun. . .

E. Täydentäkää seuraavat lauseet käyttämällä sanoja parissa,
kesken, välillä ja joukossa.

1. Ukkoa sanottiin kylän. . .Kalleksi.

2. Meidän. . .ei ole pelkureita.

3. Olen mieluummin. . .kuin yksin.

4. Hän vietti iltaansa perheen. . .

5. Jätin hänet kahden. . .koiransa kanssa.

6. Se liikennöi Tampereen ja Hämeenlinnan. . .

7. Sibelius oleili mielellään luonnon. . .

8. Hyvä yhteisymmärrys vallitsi heidän. . .

9. Yhteys maan eri osien. . .oli hyvä.

10. Hän kuului parhaimpien. . .

340

Sanavaraston kartuttamista

<u>ääressä</u>, <u>vieressä</u>, <u>lähellä</u>, <u>rinnalla</u>

<u>ääressä</u> = aivan lähellä, aivan vieressä

Hän istuutui pianon ääreen (soittaakseen).

Vietettiin iltaa oluen ääressä. (olutta juoden.)

Syötiin lujasti kun ruuan ääreen päästiin.

istua jonkun sairasvuoteen ääressä, vieressä.

<u>vieressä</u>

Aivan vierestäni kaatui toveri.

Tien vieressä oleva rakennus.

Talo talon vieressä.

puhua asian vierestä

laulaa nuotin vierestä = " epäpuhtaasti"

<u>rinnalla</u>

A yritti päästä B:n rinnalle.

Kenraali ratsasti adjutantti rinnallaan.

Kuljette niin nopeasti etten pysy rinnalla.

Kuolema riisti vaimon hänen rinnaltaan.

Opiskelun rinnalla suoritettu ansiotyö.

<u>lähellä</u>

Kotini lähellä kasvaa koivuja.

He olivat lähellä toisiaan.

Läheltä ja kaukaa tuli vieraita.

<u>pienestä pitäen</u> = jo lapsesta alkaen

alusta alkaen

<u>parissa</u>, <u>kesken</u>, <u>välillä</u>, <u>joukossa</u>

parissa = seurassa, joukossa, keskuudessa

Perheen, ystävien, lasten parissa.

Kuvauksia luonnonkansojen parista.

Hänen parissaan ei tule ikävä.

Hänet nähtiin yhä useammin viinapullon parissa.

kesken (vain postposit. etupäässä ihmisistä) = keskuudessa,
parissa, joukossa.

Roomalaisten kesken oli tapana. .

Kansan kesken vallitsevat käsitykset.

. . .maassa rauha ihmisten kesken.

Näin meidän kesken sanoen. .

vrt. kesken sotaa, kesken vuotta

Minulla on paljon töitä kesken.

joukossa (postposition tavoin)

lasten joukossa. . .perheen joukossa

Emme siedä joukossamme petturia.

Tule joukkoomme.

Hän on ensimmäisten joukossa.

välillä

asemien välille pysähtynyt juna

Löysin kukkaroni työpaikan ja asunnon väliltä.

Täällä suo, tuolla tunturi ja välillä kangasmaata.

Naapurusten välillä oli vanhaa vihaa.

Isän ja pojan välillä käyty keskustelu.

Suomen ja Englannin välillä solmittu kauppasopimus.

Kello 10 ja 16 välillä.

sävel

säveltäjä

> säveltää, sävellän, sävelsi   to compose
> säveltänyt

pianisti
    sellisti   cellist
    violisti = alttoviulunsoittaja   violist

sonaatti   sonata
    sinfonia   symphony
    ooppera   opera
    operetti   light opera
    laulunäytelmä   musical comedy, musical

kvartetti
kvintetti
sekstetti

inspiraatio = innoitus   inspiration
    improvisaatio   improvisation
    improvisoida   to improvise

sävelasteikko   scale (musical)
    vrt. vaaka, vaa'an,   scale
          vaakaa, vaakoja
    suomu, suomus   scale (of fish or
                                 reptile)

Kauppias mittaa sokerin vaa'alla.
Kalaa siivottaessa sen suomukset
lensivät pitkin ja poikin.

    metsän humina, kohina,   (onomatopoetic words
    suhina, kuiske   referring to the sounds
                              of the forest)

kehittää
kehittyä
kehitysmaa, kehitysapu
Amerikka antaa kehitysapua kehitysmaille.
kehitysmaat = alikehittyneet maat

343

31

UUSI TEORIA LAJIEN SYNNYSTÄ

Napojen vaihtuminen synnyttää uusia lajeja.
Viimeksi näin tapahtui 700 000 vuotta sitten.
Silloin ihminen ilmestyi kuvaan. Nyt pohjois-
napa on jälleen muuttamassa paikkaa. Radikaa-
li muutos tapahtuu muutaman sadan tai tuhan-
nen vuoden kuluttua. Kuinka silloin käy ih-
misen?

Darwinista saakka on tutkijoita jatkuvasti ihmetyttänyt,
miksi joinakin aikoina maapallon historiassa uusia eläinla-
jeja syntyy ja vanhoja katoaa. On esitetty monenlaisia se-
lityksiä: ilmaston muutoksien vaikutuksia lienee epäilty
pääsyyllisiksi. Nyt on kuitenkin New Yorkin Columbia-ylio-
piston tutkijaryhmä Bruce Heezenin johdolla esittänyt uuden
ja varsin yllättävän teorian: muutoksiin on syynä maapallon
magneettisten napojen ajoittainen vaihtuminen päinvastaisik-
si.

Kesällä 1960 pidettiin Helsingissä suuri kansainvälisen
geofysiikan vuoden konferenssi. Monien uusien teorioiden
joukossa oli myös tutkimustulos, jonka mukaan maan magneet-
tinen kenttä on vaihtanut useita kertoja suuntaansa: nykyi-
nen pohjoisnapa on ollut etelänapa ehkä useitakin kertoja.
Tämä saatiin selville tutkimalla magnetismin esiintymistä
eri kivilajeissa. Viimeisin napojen vaihtuminen lienee ta-

pahtunut n.700 000 vuotta sitten.

Heezen tutki 10-20 m:n mittaisia maanäytteitä, jotka oli
nostettu Tyynen meren pohjasta. Hän vertasi toisiinsa näyt-
teissä olevia elämän jäännöksiä sekä samoissa kohdissa
löytyviä magnetismin esiintymisiä. Hän huomasi, että useat
pieneliöiden muodot syntyivät äkkiä 2,5 miljoonaa vuotta
sitten ja säilyivät sellaisinaan lähes pari miljoonaa vuotta.
Kuitenkin n.700 000 vuotta sitten varsin lyhyessä ajassa
eräät lajit katosivа : kokonaan ja aivan uusia syntyi tilalle.
Lajien muuttuminen puolestaan osui yksiin maan magnetismin
kääntymisen kanssa. 2,5 miljoonaa v , a sitten magnetismi
kääntyi kuten 700 000 vuotta sitten. Johtopäätökseksi tuli
siis, että eläin- ja kasvikunnassa tapahtuvat muutokset oli-
vat syy-yhteydessä magnetismin vaihtelujen kanssa.

Vielä parikymmentä vuotta sitten edellä selostetut ha-
vainnot ja niistä vedetyt johtopäätökset olisivat tuskin
saaneet järkevää selitystä. Nyt selitys on kuitenkin hyvin
lähellä - tekokuiden ansiosta.

Samaisen Helsingin konferenssin aikana v.1960 selostet-
tiin osanottajille myös toista huomattavaa löytöä, jonka oli
tehnyt amerikkalainen fyysikko James A. Van Allen. Hänen
suunnittelemansa mittalaitteet olivat paljastaneet v.1958
maata ympäröivän säteilyvyöhykkeen, joka sai hänen mukaansa
nimen Van Allenin vyöhyke. Mittauksen suoritti ensimmäinen
amerikkalaisten lähettämä Explorer-tekokuu. Vyöhykettä tai
vyöhykkeitä (niitä on ainakin kaksi) on sen jälkeen tutkittu
varsin perusteellisesti eri tekokuiden avulla. Vyöhykkeen
muodostaa suuri joukko maapallon magneettikentän vangitsemia
atomin osasia, protoneja ja elektroneja. Nämä hiukkaset

345

312-431 O - 66 - 22

liikkuvat kierukan muotoisia ratoja maapallon navalta navalle pitkin magneettikentän voimaviivoja. Vyöhyke ulottuu noin 300-400 km:n päästä maapallosta useiden kymmenien tuhansien kilometrien päähän. Hiukkasten nopeus on varsin suuri, joten säteily on voimakasta ja ihmisille vaarallista - avaruusmat-kaajien on kuljettava kentän läpi mahdollisimman nopeasti.

Van Allenin kenttä on vaarallisuudestaan huolimatta myös hyödyllinenkin, sillä se on eräänlainen näkymätön suojamuuri maapallon ympärillä. Lähinnä auringosta sinkoaa vähän väliä hiukkaspilviä, jotka saattavat aiheuttaa vahinkoa maan eläin- ja kasvikunnalle maahan saakka päästessään. Van Allenin vyöhyke kuitenkin vangitsee suurimman osan säteilystä ja ilmakehä vaimentaa loput, joten maan eläjät eivät joudu hiuk-kaspommituksen kohteeksi.

Mutta entäpä jos Van Allenin vyöhyke katoaa? Siinäpä se, väittää Bruce Heezen. Hänen teoriansa mukaan maan magneettikentän napaisuuden vaihdos jättää maapallon joksikin aikaa kokonaan ilman magneettikenttää. Silloin katoaa Van Allenin kenttäkin ja avaruuden hiukkaset pääsevät rauhassa pommittamaan maan pintaa ja sen asukkaita. Seurauksena saat-taa olla lajien tuhoutumista ja toisien lajien syntymistä. Vanhastaanhan tiedetään, että säteily aiheuttaa soluissa muutoksia ja seurauksena saattaa olla mutaatioita, entisen lajin muuttumista aivan toisenlaiseksi. Muutokset saattavat olla kielteisiä, jolloin laji katoaa, mutta myös myönteisiä, jolloin laji menestyy entistä paremmin.

Ihminen ilmestyi maapallon historiaan - 700 000 vuotta sitten-edellisen magneettikentän muutoksen jälkeen. Ihmisen

346

aivojen suuri koko saattaa siten hyvinkin olla tuolloin sat-
tuneen mutaation tulos.

Entä onko odotettavissa uusi magneettikentän vaihtuminen?
On, väittävät tutkijat. Magneettikenttä on heikentynyt ja
pohjoisnapa " vaeltaa". Muutos on mahdollinen muutaman sadan
tai tuhannen vuoden kuluttua. Kuinkahan sitten käy ihmisen?

Osmo A. Wiio
Suomen Kuvalehti

Sanasto

laji, lajin, lajia, lajeja	species, kind, sort
tutkija, tutkijan, tutkijaa, tutkijoita	scientist, researcher
maapallo	earth, globe
lienee epäilty (pass. potent. perfect)	
syyllinen	culprit, guilty
ajoittainen	sporadic, intermittent
päinvastainen	reverse, opposite, contrary
mittainen (jonkin m)	measuring
näyte, näytteen, näytettä, näytteitä	specimen, sample, proof
Tyyni Meri (Tyyni Valtameri)	Pacific Ocean
jäännös, jäännöksen, jäännöstä, jäännöksiä	relic, remains, remnant, balance (math)
lienee tapahtunut (akt. potent. perfect)	may have taken place
esiintymä, esiintymän, esiintymää, esiintymiä	occurrence; deposit (geol.)
eliö, eliön, eliötä, eliöitä	organism
pieneliö	micro-organism

347

sellaisenaan	as such
puolestaan	again, on the other hand
osua yksiin	to coincide
osua, osun, osui, osunut	to hit (a target), happen, fall on
järkevä	sensible, reasonable
eläinkunta	animal, animal kingdom
kasvikunta	vegetable, vegetable kingdom
syy-yhteys, -yhteyden, -yhteyttä, -yhteyksiä	causal connection
vetää johtopäätös	to conclude, draw a conclusion
tekokuu	satellite (man-made celestial body)
ansiosta (jonkin a)	(it) deserves credit (for something)
samainen = sama	the same, the very
laite, laitteen, laitetta, laitteita	device, instrument, contrivance
paljastaa, paljastan, paljasti, paljastanut (tr.)	to reveal, disclose, uncover, unearth, unmask
paljastua, paljastun, paljastui, paljastunut (intr.)	to become bare, become exposed, uncoverer
säteily, säteilyn, säteilyä, säteilyjä	radiation; emission
vyöhyke, vyöhykkeen, vyöhykettä, vyöhykkeitä	belt, zone, range
vangita, vangitsen, vangitsi, vanginnut	to capture, arrest
osanen	small part, particle

hiukkanen	particle, fragment
kierukka, kierukan, kierukkaa, kierukoita	spiral, coil
voimaviiva	line of force
rata, radan, rataa, ratoja	track, orbit, course
päässä, -stä, päähän	at a distance
vrt. pää	head, end
matkaaja = matkustaja	
eräänlainen	a kind of, some kind of
suojamuuri, -muurin, -muuria, -muureja	protecting wall, defensive wall
suojata, suojaan, suojasi, suojannut	to protect, shelter, guard
singota, sinkoan, sinkosi, singonnut = singahtaa (intr.)	be hurled (into air)
singota = sinkauttaa (tr.)	to hurl, fling, send flying
ilmakehä, -kehän, -kehää, -kehiä	atmosphere
napaisuus, napaisuuden, napaisuutta, napaisuuksia	polarity, positivism and negativism of an electrode
pommitus, pommituksen, pommitusta, pommituksia	bombardment, bombing
kohde, kohteen, kohdetta, kohteita vrt. kohtio	object, target pole, electrode (Physics)
tuhoutuminen	destruction, extermination
vanhastaan	of old, from ancient times
solu, solun, solua, soluja	cell, cellule
tuolloin	at that time, then

Kysymyksiä

A.   Kenen esittämä on ensimmäinen kuuluisa teoria lajien
synnystä? Mikä synnyttää lajeja uuden teorian mukaan?
Mitkä ovat maapallon navat? Milloin ihminen ilmestyi
maapallolle? Kenen esittämä on uusi teoria lajien syn-
nystä? Mikä on syynä lajien muutoksiin hänen mukaansa?
Miten tämä on saatu selville? Mitä Heezen tutki? Mil-
loin useat pieneliöiden muodot syntyivät? Milloin monia
lajeja katosi ja uusia syntyi tilalle? Minkä kanssa
lajien muuttuminen osui yksiin?

B.   Mikä on ns. Van Allenin vyöhyke? Mikä suoritti sen
mittauksen? Kuka keksi sen? Minkä avulla on näitä
vyöhykkeitä tutkittu sen jälkeen? Mitkä muodostavat
vyöhykkeen? Mitä pitkin nämä hiukkaset liikkuvat? Kuin-
ka pitkän matkan päähän maapallosta vyöhyke ulottuu?
Millainen on hiukkasten nopeus? Millainen on tästä joh-
tuva säteily? Mitä hyötyä on maapallolle Van Allenin
vyöhykkeestä? Mikä on seurauksena, jos Van Allenin
vyöhyke katoaa?

C.   Selittäkää, millainen on seuraleikki " Kivikuntaan,
kasvikuntaan tai eläinkuntaan". Millainen on valheenpal-
jastuskone? Mitä johtopäätöksiä sen toiminnasta voi
vetää? Mihin sitä käytetään? Missä ihmiset joutuvat
radioaktiivisen säteilyn kohteiksi? Pidättekö fysiikas-
ta? Ketkä joutuvat matkustamaan Van Allenin vyöhykkeen
läpi? Mitä tarkoitetaan magneettisella kentällä? Mitä
radioaktiiviset säteet voivat saada aikaan?

350

D.   Minkä puolesta olette valmis taistelemaan? Mitä
puolestanne ette voi hyväksyä? Kuka on aina sanansa
mittainen? Kehen vertaisitte presidentti Kekkosta? Kei-
tä presidenttejä voisitte verrata toisiinsa? Missä mie-
lessä? Mitä tarkoitetaan satelliittivaltioilla? Missä
satelliittivaltiossa olette matkustellut? Mikä teitä
ihmetyttää suomen kielessä? Mikä on yleensä syynä sodan
syttymiseen?

Harjoituksia

A. Muuttakaa seuraavat potentiaalin preesensin muodot
potentiaalin perfektiksi:

MODEL: Lienen väärässä siinä asiassa. - Lienen ollut
väärässä siinä asiassa.

    1. Tehnen sen.
    2. Ostanette talon.
    3. Tietäneekö kukaan tätä asiaa?
    4. Kuullemme siitä silloin.
    5. Vienet hänet mukanasi. -
    6. Lienette vieraita täällä.
    7. Pekka lienee hyvä urheilija.
    8. En liene huonompi kuin muut.

B. Muuttakaa seuraavat lauseet kielteisiksi:

MODEL: Lajit lienevät syntyneet 700 000 vuotta sitten. -
Lajit eivät liene syntyneet 700 000 vuotta sitten.

    1. Napojen vaihtuminen lienee tapahtunut silloin.

351

2. Lienen tuntenut hänet.

3. Lienet kuullut hänestä.

4. Hän lienee ollut kotona.

5. Lienette tavannut hänet.

C. MODEL: Asia tutkittaneen. - Asia lienee tutkittu.

1. Laki hyväksyttäneen.

2. Siitä keskusteltaneen.

3. Ehdotusta vastustettaneen.

4. Kauppa päätettäneen.

5. Häntä ei tunnettane.

6. Syyllistä ei saatane kiinni.

D. Muuttakaa seuraavat aktiiviset lauseet passiiviin:
   MODEL: Hän lienee tehnyt työn valmiiksi. -
   Työ lienee tehty valmiiksi.

1. Lienemme olleet siellä joskus.

2. Lienet kuullut hänestä.

3. Lienen nähnyt joitakin papereita.

4. Lienette saaneet jo palkkanne.

5. He lienevät lopettaneet jo työnsä.

E. Toistakaa seuraavat lauseet käyttämällä kullekin lauseel-
   le annetun sanan yhtä tai useampaa sopivaa muotoa:

1. (Siihen, siinä, sillä) on syynä kuivuus.

2. Talo ilmestyi (näkyviin, näkyvissä, näkyvistä).

3. Ihminen ilmestyi (maapalloon, maapallolle, maapal-
   lolla).

4. Häntä on epäilty (syyllinen, syylliseksi, syyllisenä).

5. Navat vaihtuvat (päinvastaiset, päinvastaisiksi, päinvastaisina).

6. Tämä saatiin (selväksi, selville, selviksi) tutkimalla magnetismia.

7. Hän vertasi (toisiinsa, toisillensa, toistensa kanssa) elämän jäännöksiä.

8. Aivan uusia lajeja syntyi (tilalle, tilalla, tilaan).

9. Selitys on lähellä tekokuiden (ansiolla, ansiosta, ansiolta).

10. Maan eläjät eivät joudu hiukkaspommituksen (kohteeseen, kohteeksi, kohteena).

11. Vyöhykkeitä on tutkittu eri tekokuiden (avussa, avulla, avusta).

12. Kuinkahan sitten käy (ihmiselle, ihmisen, ihminen)?

F. Täydentäkää seuraavat lauseet käyttämällä suluissa olevia sanoja sopivissa muodoissa:

1. Tein sen (sinä puolesta).

2. (Minä puolesta) en siitä välitä.

3. (Te puolesta) olitte samaa mieltä.

4. Kukaan ei voi elää elämää (toinen puolesta).

5. Kuolla voi (maa puolesta).

6. (Maa puolesta) pitää yllä kasvillisuutta.

7. (Me puolesta) olemme uuden teorian kannalla.

8. Hän teki mitä voi (minä puolesta).

Sanavaraston kartuttamista

pohjoisnapa
etelä-, magneettinen- ja maantieteellinen napa

syntyisin, syntyään, syntyjään   Finnish by birth
suomalainen

    ennen Kristuksen syntymää, eKr.   B. C.

    jälkeen Kristuksen syntymän,   A. D.
    jKr.

    Olen syntynyt Suomessa.   I was born in Finland.

Huomatkaa seuraavat diminutiivimuodot:

osa – osanen

hiukka – hiukkanen

poika – poikanen

neito – neitonen

kukka – kukkanen

tekosyy   pretext, pretense,
                                             excuse

    tekohengitys   artificial respiration

    tekohampaat   denture, false teeth

    tekonahka = keinonahka   imitation leather

    tekopyhä   hypocritical

    keinotekoinen   artificial

säde
    röntgensäde   X-ray

    sädehoito   X-ray treatment

hiukan   a little, very little
    hiukkasen   a pinch, trifle

tuho   ruin, destruction

    tuhota, tuhoan, tuhosi,   to destroy, ruin,
    tuhonnut   demolish

    tuhoutua   to be ruined, destroyed,
                                       wrecked

    tuhoisa   disastrous, fatal

Tuho perii koko kansan.

Omat hävittäjämme tuhosivat viisi viholliskonetta.

Kaupunki tuhoutui maanjäristyksessä.

Tuhoisa tulipalo raivosi Karttulassa.

solu

soluttaa (tr.)	to cause to slide or glide; to form a cell in an organization
soluttautua (intr.)	to infiltrate, gain a foothold
solutus	infiltration, forming organized cells
solua	to slide, glide

Jokaiseen tehtaaseen perustettiin kommunistinen solu maanalaista työtä varten.

Puheeseen oli solutettu kumouksellista propagandaa.

Mies solutti ruutia pyssyn piippuun.

Hän alkoi tungoksessa soluttautua ulko-ovea kohden.

Kommunistien yrittämä armeijan solutus-työ.

Tukit soluivat hiljalleen jokea alas.

paljas	bare, uncovered, bald
valheen paljastuskone = valheen ilmaisin	lie detector

paljas iho, paljaat käsivarret

Hän kulkee paljain jaloin, paljain päin.

Hän on paljaspäinen, hänellä on paljas pää.

Puut seisovat paljaina.

Yövyimme paljaan taivaan alla.

32

TUKHOLMASSA 13.7. 1926

Lähtiessään heinäkuussa 1926 Ruotsin pääkaupunkiin Paavo
Nurmi[1] oli valittanut olevansa ylikunnossa liian kovan kevät-
harjoituksen jälkeen ja tarvitsevansa pari viikkoa lepoa.
Hän joutui kuitenkin suorittamaan ruotsalaisen Edvin Widen
kanssa taistelun, joka lienee yhä kuuluisin 3000 m:n histo-
riassa.

Nurmi oli suunnitellut aikataulun, jonka mukaan mm. puo-
limatkan oli mentävä 4.08,0 ja lopputuloksen oli oltava
8.17,0. Mutta nytpä tuli kilpailuun mukaan muuan " paha-
henki", ruotsalainen Nisse Eklöf, joka ilmeistä kiusaa teke-
mällä sekoitti alkumatkasta Paavon laskelmat. Kun Wide oli
johtanut ensimmäisen kierroksen, meni Eklöf keulaan, mutta ei
suinkaan vauhtia parantaakseen, vaan sitä jarruttaakseen.
Nurmi huomasi sen ja lähti oitis kaarteessa pyrkimään ohi,
mutta silloinkos Eklöf pinnisti ja koetti juoksuttaa Nurmea
ulompaa rataa. Kun Nurmi sitten suoralla sivulla meni joh-
toon, Eklöf teki jälleen kaarteen alkaessa äkillisen syöksyn
hänen ohitseen ja alkoi heti sen jälkeen lyödä " pakkia".
Nurmi sai vauhtinsa säilyttääkseen taas juosta kaarteen hänen

---

[1]Paavo Nurmi (synt.1897) urheilija, nykyisin liikemies.
Hän oli keski-ja pitkien matkojen juoksujen maailmanmestari
1920-luvulla. Hän voitti 10 000 metrin ja maratonjuoksun
Antwerpenin olympialaisissa 1920, 1500, 3 000, 5 000 ja mara-
tonjuoksun Pariisissa 1924 ja 10 000 metriä Amsterdamissa
1928. Hänellä oli nimissään 24 virallista maailmanennätystä
mailista maratoniin. V. 1952 Paavo Nurmi juoksi viimeisen
kerran olympialaisissa tuodessaan olympiatulen Helsingin
stadionille.

sivullaan. Tällainen "pistintaistelu" toistui 6-7 kertaa
viiden ensimmäisen kierroksen aikana. Nurmi näytti pahasti
suutahtavan Eklöfin harvinaisen epäurheilijamaisen teon
johdosta ja lähti lopulta hänet uuvutettuaan painamaan las-
kemattoman kovaa vauhtia. Lujat nykäykset, joilla Nurmi oli
koettanut päästä Eklöfin ohi, olivat vieneet ensimmäisen puo-
liskon liian nopeasti - 4.05,0. Wide juoksi silloin kolman-
tena, mutta sivuutti pian väsyneen Eklöfin. Nurmi painoi
kaasua vihapäissään ja jätti Wideä kierros kierrokselta,
kunnes kellon soidessa viimeiselle kierrokselle väliä oli
kokonaista 25 metriä.

    Mutta tuo suutuksissa pidetty vauhti ja alkumatkan
nykivä tempo olivat käydä Nurmelle kohtalokkaiksi ennen maa-
linauhan katkeamista.

    Juoksijat ovat ratkaisevan kierroksen ensimmäisessä kaar-
teessa. Nurmi painaa selkä höyryten kuin veturi; Wide oi-
koilee puutuvia käsivarsiaan. Välimatka on edelleen 25
metriä - ei, odotahan, olenko katsonut väärin? Se näyttää
lyhyemmältä. Mitä kummaa! Lyheneekö se todella? Miehet
kääntyvät takasuoralle. Tuhat tulimmaista! Silmäni eivät
enää valehtele. Välimatka lyhenee! Se on enää 20 metriä.
Wide sahaa jäykin käsivarsin yhä tiuhempaan. Viimeisen kaar-
teen alkaessa väliä on enää 15 metriä. Yleisö nousee sei-
somaan, ja kamalan huudon palava katku pölähtää yli kentän.
Loppusuora on alkamassa. Nyt vasta Wide lähenee täyttä vauh-
tia tuhansien ihmisten kiljunnan kiidättämänä. Paavo katsoo
yksivakaana taakseen, mutta ei lisää vauhtia. Onko hän kuit-
ti. . .metrit matelevat hitaasti hänen altaan. . .mutta Wide
porhaltaa suu ammollaan kohti vuosikautisten unelmiensa täyt-

357

tymystä . .50 metriä vielä jäljellä. . .Wide puhaltaa jo ihan
Paavon niskaan. . .eroa on vain pari metriä! Stadion vajoaa
altani, huutojen hyökylaineet lyövät ylitseni, suljen sil-
mäni ja antaudun - tässä tapauksessa en halua olla " silmin-
näkijänä" todistamassa.

Yksi, kaksi, kolme, neljä. . .lasken tylsistyneenä it-
sekseni sisäkentällä maalin luona. Sekunnit vierivät raskaas-
ti kuin Sisyfoksen työntämät kiven järkäleet.

Sitten - sitten tuli vihdoin kaiken loppu. Taivas re-
pesi stadionsoikulan yllä, muurit hajosivat ja tornikello
läppäsi pudotessaan. Myrsky, valtameren pauhua hirvittävämpi,
reuhtoi ja raastoi minua kaiken katoavaisen kurimuksessa.
Jostakin erotan sanoja: heja Wide, heja. . .

Kun vihdoin avaan silmäni, näen Paavon kävelevän poikki
nurmikon noutamaan villanuttuaan. Hän on synkän ja mustanpu-
huvan muotoinen. Hän sylkäisee äkäisesti. Lähestyn häntä ja
kysyn hiljaa: Kuinka kävi? - " Voitin", hän murahtaa,
" mutta aika ei tullut hyvä."

Sillä tavalla syntyi Paavo Nurmen 3000 m:n ME 8.20,4.
Widen aika oli 8.20,8. Hän oli maalissa ollut yhä lähes
kaksi metriä jäljessä.

Martti Jukola

Sanasto

olla ylikunnossa

to be " overtrained",
exhausted from strenu-
ous physical training
or exercise

suorittaa, suoritan, suoritti, suorittanut	to perform, accomplish, carry out
suunnitella, suunnittelen, suunnitteli, suunnitellut	to plan, design, intend
ilmeinen	obvious, apparent
kiusa, kiusan, kiusaa, kiusoja	mischief, annoyance
oitis = heti	at once, immediately, right away
kaarre, kaarteen, kaarretta, kaarteita	curve, bend
pinnistää, pinnistän, pinnisti, pinnistänyt	to exert, strain, stretch
ulkorata (ulompi, uloin)	outer track
vrt. sisärata (sisempi, sisin)	
lyödä " pakkia" = jarruttaa	to slow down, hold back (colloq.)
pistin, pistimen, pistintä, pistimiä	bayonet, stinger
suutahtaa, suutahdan, suutahti, suutahtanut	to flash in anger, flare up
harvinainen	rare, occurring rarely
uuvuttaa, uuvutan, uuvutti, uuvuttanut (tr.)	to exhaust (a p's strength), tire out, wear out
uupua, uuvun, uupui, uupunut (intr.)	to become exhausted or tired, be short of
nykäys, nykäyksen, nykäystä, nykäyksiä = nykäisy	sudden spurt, jerk, pull, twitch
nykäistä, nykäisen, nykäisi, nykäissyt	to jerk, pull, touch
vihapäissä	in anger, in a fit of rage
jättää	to increase the lead (sport), leave

suutuksissa	in anger
maalinauha	finishing line
katkaista, katkaisen, katkaisi, katkaissut (tr.)	to snap off, break
katketa, katkean, katkesi, katkennut (intr.)	to break, be broken
höyrytä, höyryän, höyrysi, höyrynnyt	to steam, be steaming
oikoilla, oikoilen, oikoili, oikoillut	to stretch, straighten
oikoa, oion, oikoi, oikonut	to stretch, correct, set right
puutua, puudun, puutui, puutunut (intr.)	to grow numb, get stiff; grow wood
puuduttaa, puudutan, puudutti, puuduttanut (tr.)	to be numb, stun, administer a (local) anesthetic
vrt. puuttua, puutun, puuttui, puuttunut	
edelleen = vielä	
tuhat tulimmaista	" thunder and lightning"
valehdella, valehtelen, valehteli, valehdellut	to lie, tell a lie
sahata, sahaan, sahasi, sahannut	to saw, run stiffly
jäykkä, jäykän, jäykkää, jäykkiä	stiff, rigid, taut
tiuha = tiheä	frequent, dense, thick
katku, katkun, katkua, katkuja	smell, stink, stench
pölähtää, pölähdän, pölähti, pölähtänyt = pöllähtää	to belch forth; come unexpectedly
kiidättää, kiidätän, kiidätti, kiidättänyt (tr.)	to give speed to, hasten

vrt. kiitää	
yksivakaa = yksivakainen	grave, serious
kuitti, kuitin, kuittia, kuitteja	completely exhausted; receipt, voucher
madella, matelen, mateli, madellut	to crawl, creep
vrt. matelija	reptile, reptilian
porhaltaa, porhallan, porhalsi, porhaltanut	to rush, dash
ammollaan	agape, wide open
täyttymys, täyttymyksen, täyttymystä, täyttymyksiä	fulfillment
puhaltaa, puhallan, puhalsi, puhaltanut	to blow, puff
niska, niskan, niskaa, niskoja	back of the neck
vajota, vajoan, vajosi, vajonnut	to sink
hyökylaine	surge, breaker, roller
antautua, antaudun, antautui, antautunut	to yield, surrender, to give oneself up
(jollekin t. johonkin)	take up, engage in
silminnäkijä	eyewitness
tylsistyä, tylsistyn, tylsistyi, tylsistynyt = tylsyä (intr.)	become dull, be inert
vieriä, vierin, vieri, vierinyt = vieryä (intr.)	to roll, turn round and round
järkäle, järkäleen, järkälettä, järkäleitä	block
revetä, repeän, repesi, revennyt	to tear, split, be rent
repiä, revin, repi, repinyt = repäistä (tr.)	to tear, rend
soikula, soikulan, soikulaa, soikuloita = soikio	oval, ellipse
muuri, muurin, muuria, muureja	wall; fireplace

313-421 O - 68 - 24

hajottaa, hajotan, hajotti, hajottanut (tr.)	to scatter, spread out, dissolve
läpätä, läppään, läppäsi, läpännyt	to toll
pauhu, pauhun, pauhua, pauhuja = pauhina	roar
reuhtoa, reuhdon, reuhtoi, reuhtonut	to tug and pull, struggle (in order to get loose)
raastaa, raastan, raastoi, raastanut	to rend, grate, drag along
katoavainen	perishable, mortal
kurimus, kurimuksen, kurimusta, kurimuksia	pit, whirlpool, abyss
erottaa, erotan, erotti, erottanut (tr.)	to distinguish, separate, discharge
erota, eroan, erosi, eronnut (intr.)	to part, separate, divorce
nuttu, nutun, nuttua, nuttuja	jacket, coat
synkkä, synkän, synkkää, synkkiä	gloomy, murky
mustanpuhuva	blackish, dark
sylkäistä, sylkäisen, sylkäisi, sylkäissyt	to spit
äkäinen	cross, angry, offended, ferocious
murahtaa, murahdan, murahti, murahtanut	to grumble, snarl
murista, murisen, murisi, murissut	to growl, snarl, murmur
ME = maailmanennätys	world record

Kysymyksiä

A.   Mikä mies oli Paavo Nurmi? Minkälaisia matkoja hän
juoksi? Mihin olympialaisiin hän osallistui? Kuinka

362

monta maailmanennätystä hänellä oli? Mitä hän teki myö-
hemmin? Mitä hän teki Helsingin olympialaisissa? Mil-
loin Tukholman olympialaiset olivat? Miksi Paavo Nurmea
kutsuttiin?

B.   Mitä Nurmi oli valittanut ennen kilpailuja? Miksi
hän oli ylikunnossa? Milloin ihminen on alikunnossa?
Mitä Nurmi tarvitsi? Minkä matkan hän juoksi? Minkä-
laisen aikataulun Nurmi oli suunnitellut? Miksi hän oli
suunnitellut aikataulun? Minkä ennätyksen Nurmi halusi
tehdä? Mitä Eklöf yritti tehdä? Miten Eklöf onnistui
Nurmen jarruttamisessa?

C.   Kenen nimissä on nykyinen 3000 m:n maailmanennätys?
Kuinka monta maailmanennätystä Paavo Nurmella oli? Miksi
ennätykset paranevat vuosi vuodelta? Mikä ero on Suomen-
ennätyksellä ja maailmanennätyksellä? Missä urheilula-
jissa Yhdysvallat on tehnyt eniten ennätyksiä? Missä
urheilulajissa Yhdysvallat on saanut eniten kultamita-
leja? Kuka on nyrkkeilyn raskaansarjan maailmanmestari?
Mikä mies oli Cassius Clay? Mitkä ovat suosituimmat ur-
heilulajit Amerikassa ja Suomessa?

D.   Mitä urheilua olette itse harrastanut? Mihin kil-
pailuihin olette osallistunut? Minkälaisia matkoja olet-
te juossut? Missä olympialaisissa olitte mukana? Missä
seuraavat kesäolympialaiset ovat? Missä viimeiset tal-
violympialaiset olivat? Milloin olympialaiset olivat
viimeksi Yhdysvalloissa? Missä olympialaiset ensin al-
koivat? Mitä olympialaisten säännöt sanovat urheilijain

363

ammattilaisuudesta? Mitä ne sanovat penkkiurheilusta?

Harjoituksia

A. Muuttakaa seuraavat lauseenvastikkeet sivulauseiksi:

MODEL: Eklöf teki syöksyn kaarteen alkaessa. -
Eklöf teki syöksyn, kun kaarre alkoi.

    1. Nurmi lähti hänet uuvutettuaan painamaan
       kovaa vauhtia.

    2. Lähtiessään Ruotsiin Nurmi valitti sitä.

    3. Voittaja saapui maaliin ihmisten huutaessa.

    4. Välimatka lyheni Widen tavoittaessa Nurmea.

    5. Suomi riemuitsi Ruotsin hävitessä.

    6. Kellon soidessa viimeiselle kierrokselle
       väliä oli 25 metriä.

B. MODEL: Nurmi oli valittanut olevansa ylikunnossa. -
Nurmi oli valittanut, että hän oli ylikunnossa.

    1. Nurmi oli valittanut tarvitsevansa lepoa.

    2. Nurmi näytti suutahtavan.

    3. Näen Paavon kävelevän.

    4. Näin Paavon katkaisevan maalinauhan.

    5. Kuulin katselijain huutavan.

    6. Uskoin Paavon voittaneen.

    7. Kuulin ennätyksen syntyneen.

C. Muuttakaa seuraavat jotta-lauseet lauseenvastikkeiksi:
MODEL: Eklöf meni keulaan, jotta hän jarruttaisi
vauhtia. - Eklöf meni keulaan jarruttaakseen
vauhtia.

1. Nurmi sai juosta hänen rinnallaan, jotta hän voi säilyttää vauhtinsa.

2. Nurmi taisteli kovasti, jotta hän voittaisi.

3. Nurmi painoi kaasua, jotta hän jättäisi Widen.

4. Paavo käveli poikki nurmikon, jotta hän noutaisi nuttunsa.

Huomatkaa: jotta-sanan tilalla voi olla että, sentähden että tai siksi että yllämainitunlaisissa lauseissa.

D. Käyttäkää alleviivattuja postpositioita ja prepositioita sopivien päätteiden kanssa:

1. Nurmi oli ylikunnossa (kevätharjoitus) jälkeen.

2. Hän joutui juoksemaan (Wide) kanssa.

3. (Aikataulu) mukaan matkan oli mentävä nopeasti.

4. Eklöf syöksyi (hän) ohitse.

5. Tämä toistui monta kertaa (kierros) aikana.

6. Nurmi koetti päästä (Eklöf) ohi.

7. Nurmi suutahti (Eklöfin teko) johdosta.

8. Palava katku pölähtää yli (kenttä).

9. Metrit matelevat (hän) alta.

10. Hyökylaineet lyövät (minä) ylitse.

11. Taivas repesi (stadion) yllä.

12. Paavo käveli poikki (nurmikko).

13. Wide porhaltaa kohti (unelmiensa täyttymys).

E. MODEL: Räätäli tekee takin. johtaja - Johtaja teetättää takin räätälillä.

1. Nurmi juoksee. Eklöf

365

2. Eklöf uupuu. Nurmi

3. Hevonen vetää puut. isäntä

4. Poika maksaa laskun. isä

5. Rahapaja lyö rahaa. valtio

Verratkaa: Minua pelottaa. - Minä pelkään. - Se pelottaa minua.

F. MODEL: Melu oli hirvittävämpi kuin valtameren pauhu. - Melu oli valtameren pauhua hirvittävämpi.

1. Nurmi oli nopeampi kuin Wide.

2. Se on kuuluisampi kuin Nurmen juoksu.

3. Tyttö on etevämpi kuin veljensä.

4. Tämä pöytä on kalliimpi kuin tuo.

G.1 MODEL: Koira murisi. - Koira murahti.

1. Ukkonen jyrisi.

2. Hiekka pölisi.

3. Koneen runko vapisi.

G.2 MODEL: Mies virkkoi jotakin. - Mies virkahti jotakin.

1. Paikalle lensi lintunen.

2. Tyttö hyppäsi ojan yli.

3. Nauroimme itseksemme.

4. Kissa kiersi ympäri.

Vastaavasti: istua-istahtaa
katsoa-katsahtaa jne.

H. Käyttäkää kullekin lauseelle annetun sanan sopivaa muotoa seuraavissa lauseissa:

1. (Puolimatkan, puolimatka, puolimatkaa) oli mentävä 4.08.0.

2. (Lopputulos, lopputuloksen, lopputulosta) oli oltava 8.17.0.

3. Hän jätti (Widen, Wideä, Widestä) kierros kierroksel- ta.

4. Wide jäi (Nurmesta, Nurmea, Nurmen) kaksi metriä.

5. Miehet kääntyvät (takasuoralle, takasuoralta, takasuoraan).

6. Stadion vajoaa (allani, altani, alleni).

Huomatkaa: Aika ei tullut hyvä. The time did not turn out to be good.

           Takki tuli ahdas. The coat turned out too tight.

           Jälki tuli huono.

           vrt. Takki tuli ahtaaksi.

           Poika tuli suureksi.

Sanavaraston kartuttamista

yhä enemmän   more and more

    yhä paremmin   better and better

    yhä uudelleen   again and again

    Mutta: Hän oli yhä jäl- He was still behind.
        jessä.

ylikunto

vrt. alikunto = alakunto

    Hän on alakunnossa. He's in poor condition, ailing.

nykiä, nyin, nyki, nykinyt to nibble, jerk; touch

    Kala nykii.   The fish is nibbling.

    En nykinytkään (nykäis- I didn't even touch it.
    sytkään).

jäykkäkouristus	tetanus, lockjaw

uupua

Minulta uupuu 5 markkaa.

Summasta uupui melkein puolet.

Hän uupui jo puolimatkassa.

kuitata	to receipt, settle (a matter, bill, debt)

Kuittasin laskun maksetuksi.

Nyt olemme kuititl

Ei sitä voi rahalla kuitata.

Hän kuittasi huomautuksen olankohautuksella.

puhaltaa	to blow, steal (slang)
tylsä	dull, obtuse
tylsistää	to make dull
soikea	oval, elliptical
pyöreä	round
ympyrä, ympyränmuotoinen	circle, (circular)
neliö	square
nelikulmainen	four cornered
nelikulmio	quadrangle
kolmio	triangle
kadotus	doom, damnation, con-demnation
olla kadoksissa	to be missing or lost
joutua kadoksiin	to get lost
löytyä kadoksista	to be recovered, be found

katku

vrt. haju, tuoksu, löyhkä

33

KIVIKAUDEN KANSA ASUTTAA SUOMEN

Maamme ensimmäiset asukkaat ovat eläneet Pohjoisen Jää-
meren rannoilla. Täällä on asunut ihmisiä jo jääkauden ai-
kana, jolloin maamme muut osat olivat joko jään tai veden
peittämät. Vain Kannas ja osa Itä-Suomea muodostivat sel-
laisen maaharjanteen, jota pitkin nämä alkuasukkaat ilmeises-
ti siirtyivät pohjoisille asuinsijoilleen. Jäämeren ranni-
kon ilmasto oli siihen aikaan paljon lämpimämpi kuin nykyi-
sin, joten sen asujaimet saattoivat verraten siedettävissä
olosuhteissa hankkia toimeentulonsa metsästyksellä ja kalas-
tuksella.

Noin 9 000 vuotta takaperin ilmaantui ihmisasutusta
Etelä -Suomeenkin. Mm. Antrean Korpilahdesta on löydetty
suohon hautautuneita verkonkappaleita, luu-, savi- ja kivie-
sineitä. Muiden samantapaisten esinelöytöjen perusteella on
voitu todeta, että maamme asutus on näihin aikoihin ollut
keskittyneenä Suomenlahden rantamille varsinkin Lohjanselän
molemmille puolille ulottuen heikompana Laatokan Karjalaan,
sisämaahan ja Pohjanlahden puolelle.

Tämän ajan ihmiset valmistivat aseensa ja työkalunsa
kivestä. Siitä lohkaistiin kirveen, taltan tai keihään kär-
jen muotoisia kappaleita, joita sitten karkeasti hiottiin.
Itä-Suomessa käytettiin kiviesineiden raaka-aineena Aunukses-
sa tavattavaa viheriäliusketta. Se oli niin hyvää, että
siitä valmistettuja aseita vietiin laajalti maamme ulkopuo-
lellekin.

Aikaa myöten kivikauden ihmiset oppivat uusia tarve-
esineiden valmistustapoja. Saviastioiden valmistustaidon
keksiminen oli niin huomattava edistysaskel, että kokonaisen
uuden sivistysmuodon katsotaan tällöin alkaneen. Ensim-
mäiset saviastiat olivat kookkaita, pyöreä- tai suippopohjaisia,
reunasta pohjaan saakka koristeltuja.

Kivikausi kesti maassamme vuosituhansien ajan. Kivikau-
den asukkaat eivät ole esi-isiämme, vaikkakin on todennäköis-
tä, että he ainakin jo kivikauden myöhemmissä vaiheissa ovat
olleet suomalais-ugrilaisten kansojen jäseniä. Kuitenkin jo
tällöin syntyivät ne sivistysyhteydet ja kehityslinjat, jotka
ovat olleet määräävinä maamme myöhempien vaiheiden aikana.
Esi-isiemme maahantuloa edelsi tosin vielä eräs välivaihe
maamme sivistyskehityksessä, pronssikausi.

PRONSSI SYRJÄYTTÄÄ KIVEN

Lounais-Suomen ja Pohjanmaan rannikolla sekä Ahve-
nanmaalla tavataan merelle antavilla kukkuloilla ja kal-
lionhuipuilla monin paikoin suuria kiviröykkiöitä, joita
kansa nimittää hiidenkiukaiksi. Nämä kiviröykkiöt eivät
ole kuitenkaan hiisien kokoamia, niinkuin entisaikaan uskot-
tiin, vaan ihmiskätten työtä. Ne ovat sen ajan muistomerk-
kejä, jolloin metallit syrjäyttivät kiven maamme muinaisten
asukkaiden tarve-esineiden raaka-aineena. Pronssi oli ensim-
mäinen metalli, joka tällöin saapui maahamme.

Pronssikaudeksi kutsutulta ajalta on säilynyt varsin vä-
hän muinaismuistoja, joten tietomme siitä ovat hyvin suppeat.
Kuitenkin on voitu todeta, että nämä hiidenkiukaat ovat prons-
sikauden ihmisten hautoja. Ruumiit poltettiin, luut koot-

tiin ja pantiin hautaan. Vainajan viereen asetettiin joita-
kin tarve-esineitä, kuten aseita ja koruja. Haudan peitteek-
si ladottiin kiviröykkiö, joka oli sitä suurempi mitä huomat-
tavampi henkilö vainaja oli ollut. Hautapaikkojen valinta
meren ääreltä viittaa siihen, että pronssikauden ihmiset oli-
vat merenkulkijoita. Löydetyt pronssiesineet osoittavatkin
tämän käsityksen oikeaksi. Kirveet, miekat ja tikarit, joita
pronssikauden esineistä on eniten löydetty, ovat samanlaisia
kuin Skandinaviassa, Pohjois-Saksassa ja Venäjällä esiintyvät
vastaavat esineet. Niitä on tuotu maahamme kaupan välityk-
sellä tai sitten osaksi täällä valmistettukin ulkomaisten
esikuvien mukaan.

RAUDAN VOITTO

Rooman kauppa Pohjois-Euroopan kanssa.

Kristuksen syntymän jälkeisellä vuosisadalla Rooman
keisarikunta kehittyi mahtavimmilleen. Rooman legioonat yl-
läpitivät rauhaa ja järjestystä sen valtavilla alueilla suo-
jaten keisarikunnan rajoja raakalaiskansojen hyökkäyksiltä.
Jättiläisvaltakunnan mahtia kohtaan tunnettu kunnioitus sai
sen rajanaapurit pysyttelemään rauhassa keskenäänkin, jottei
Rooma saisi aihetta puuttua heidän asioihinsa.

Myös taloudellisesti Rooma kehittyi pisimmälle toisella
vuosisadalla Kristuksen syntymän jälkeen. Maanviljelys ku-
koisti ja Rooman maakunnissa kehittyi laaja teollisuus.
Tämä synnytti puolestaan vilkkaan kaupankäynnin, joka ulotet-
tiin laajalle keisarikunnan ulkopuolelle. Rooman teollisuus-
tuotteet ja Italian viinit olivat hyvin haluttuja barbaari-
kansojen keskuudessa. Ostamansa tavarat he maksoivat joko

omilla tuotteillaan tai sellaisilla kauempana asuvilta kan-
soilta ostamillaan tavaroilla, joilla Roomassa oli kysyntää.
Varsinkin Itämeren rannikolta saatu meripihka oli Roomassa
hyvin haluttua, sillä roomalaiset pitivät sitä jalokivien
arvoisena. Myös turkikset alkoivat saada yhä lisääntyvää
menekkiä. Turkiksien tärkeimmät tuottajat olivat kaukaiset
Pohjois-ja Itä-Euroopan maat, joissa niiden harvan asutuksen
vuoksi oli vielä suuria, turkiseläimiä vilisevia metsiä.
Tällä tavoin maamme astuu historiaan tämän aikakauden erään
kaikkein halutuimman ja kalleimman kauppatavaran tuottajana.
Tällä seikalla tuli olemaan hyvin määräävä vaikutus maamme
kehitykseen.

Tauno Kuosa
Jokamiehen Suomen historia

Sanasto

harjanne, harjanteen, harjannetta,   ridge
harjanteita = harju, harjun, harjua,
harjuja

asujain, asujaimen, asujainta,
asujaimia = asukas

sietää, siedän, sieti, sietänyt   to bear, endure, stand,
                                          put up with

ilmaantua, ilmaannun, ilmaantui,   to appear, make one's
ilmaantunut   appearance

hautautua, hautaudun, hautautui,   to be or get buried.
hautautunut = hautaantua (intr.)

vrt. haudata, hautaan, hautasi,
     haudannut

työkalu, -kalun, -kalua, -kaluja   tool

lohkaista, lohkaisen, lohkaisi,   to break off or loosen,
lohkaissut   flake off, cleave,
                                          split

372

rantamat = rannikko

kirves, kirveen, kirvestä, kirveitä	axe
taltta, taltan, talttaa, talttoja	chisel
keihäs, keihään, keihästä, keihäitä	spear, javelin, lance
kärki, kärjen, kärkeä, kärkiä	point, tip
karkea, karkean, karkeaa, karkeita	coarse, rough, brutal, harsh
hioa, hion, hioi, hionut	to grind, polish, cut (diamond)
vrt. hiota, hikoan, hikosi, hionnut = hikoilla, hikoilen, hikoili, hikoillut	to sweat, perspire
raaka-aine	raw material
raaka, raa'an, raakaa, raakoja	raw, unfinished, brutal, crude
tavata, tapaan, tapasi, tavannut	to find, meet, catch up
liuske, liuskeen, liusketta, liuskeita = liuskakivi	slate (geol.)
esine, esineen, esinettä, esineitä	object, article, thing
edistysaskel, -askeleen, -askelta, -askeleita	improvement, forward step
askel, askelen, askelta, askelia = askele, askeleen, askelta, askeleita	step
kookas, kookkaan, kookasta, kookkaita	big, large, tall, stately
suippo, suipon, suippoa, suippoja	tapering, pointed, peaked
edeltää, edellän, edelsi, edeltänyt (jotakin)	to precede (something)
syrjäyttää, syrjäytän, syrjäytti, syrjäyttänyt	to supersede, force aside, set aside

merelle antava	facing the sea
kukkula, kukkulan, kukkulaa, kukkuloita	hill, height, pinnacle
röykkiö, röykkiön, röykkiötä, röykkiöitä	pile, heap
kiuas, kiukaan, kiuasta, kiukaita	fireplace made with loose cobblestones
muinaismuisto	archeological remains, ancient monument
suppea, suppean, suppeaa, suppeita	concise, terse, condensed
hauta, haudan, hautaa, hautoja	grave, tomb, sepulcher
vainaja	the deceased, the late
korut (pl)	jewelry, personal ornaments
latoa, ladon, latoi, latonut	to pile, heap up; set type
valinta, valinnan, valintaa, valintoja	selection, choice, option
viitata, viittaan, viittasi, viitannut	to point at, indicate, imply, refer
käsitys, käsityksen, käsitystä, käsityksiä	opinion, belief, idea
tikari, tikarin, tikaria, tikareita	dagger, stiletto
kauppa	commerce, trade, store
välityksellä (jonkin v.)	through the mediation (of someone)
mahtavimmillaan	at its height
ylläpitää = pitää yllä	to maintain, keep up
raakalainen, raakalais-	barbarian
kunnioitus, kunnioituksen, kunnioitusta	respect, reverence, veneration

374

pysytellä, pysyttelen, pysytteli, pysytellyt (intr.)	to keep
aihe, aiheen, aihetta, aiheita	cause, reason, theme, subject
kukoistaa, kukoistan, kukoisti, kukoistanut	to flourish, thrive, blossom
tuote, tuotteen, tuotetta, tuotteita	product
tuotteet (pl.)	produce (n)
kysyntä, kysynnän, kysyntää	demand
meripihka, -pihkan, -pihkaa, -pihkoja	amber
menekki, menekin, menekkiä	market, sale, run
tuottaa, tuotan, tuotti, tuottanut	to produce, cause, yield
vilistä, vilisen, vilisi, vilissyt (intr.)	to swarm, be crowded with

Kysymyksiä

A.   Milloin Suomi asutettiin? Millä paikoilla ensim-
mäiset ihmiset siellä asuivat? Mitä pitkin alkuasukkaat
siirtyivät Jäämeren rannoille? Millaiset olivat ilmas-
tolliset olosuhteet Jäämeren rannikolla siihen aikaan?
Miten asukkaat hankkivat toimeentulonsa? Milloin ilmaan-
tui asutusta Etelä-Suomeen? Minkä perusteella on voitu
todeta maamme asutuksen ikä ja laajuus? Mistä kivikausi
on saanut nimensä? Kuinka kauan sitä kesti maassamme?

B.   Mikä kausi edelsi rautakautta? Mitkä ovat prons-
sikauden muistomerkkejä Suomessa? Mikä oli ensimmäinen
metalli, joka tuli maahamme? Mitä hiidenkiukaat olivat

alunperin? Miten vainajat haudattiin pronssikaudella?
Miksi hiidenkiukaat ovat meren rannalla? Mitä esineitä
on eniten löydetty pronssikaudelta? Missä muualla on
esiintynyt vastaavia esineitä? Miten nämä esineet ovat
tulleet Suomeen?

C.   Millainen Rooman keisarikunta oli toisella vuosisa-
dalla j.Kr? Mikä asema silloisella Pohjois-Euroopalla
oli Rooman vallan rinnalla? Mitkä pitivät yllä rauhaa
ja järjestystä? Mitä rajanaapurit tekivät? Kuinka pit-
källe Rooma kehittyi taloudellisesti toisella vuosisadal-
la? Millainen oli maanviljelys? Millainen oli Rooman
teollisuus? Mitä nämä synnyttivät? Mitkä Rooman tavarat
olivat haluttuja? Missä ne olivat haluttuja? Millä
barbaarikansat ostivat Rooman tuotteita? Mitä pidettiin
jalokivien arvoisena? Mitkä saivat lisääntyvää menekkiä?

D.   Millaista asutusta oli Pohjois-Amerikassa kivikauden
aikana? Millainen oli jääkausi Pohjois-Amerikassa? Min-
kälaisia pronssikauden esinelöytöjä on täällä tehty?
Ketkä olivat Amerikan alkuasukkaat? Milloin Amerikan
nykyinen asujaimisto siirtyi tänne? Minkälaisia tarve-
esineitä ja aseita intiaanit käyttivät? Miten he hauta-
sivat vainajansa? Miten intiaanit hankkivat toimeentu-
lonsa? Mikä arvo turkiksilla oli Kolumbuksen aikana?
Mikä arvo niillä on nykyään? Mikä arvo meripihkalla on
nykyään Amerikassa? Millä seikoilla on ollut määräävä
vaikutus Amerikan kehitykseen?

Harjoituksia

A. Toistakaa seuraavat lauseet käyttämällä lukukappaleessa
   mainittuja alleviivattujen sanojen synonyymejä:

   1. Kansa kutsuu niitä hiidenkiukaiksi.
   2. Kannas ja Itä-Suomi muodostivat harjun.
   3. Alkuasukkaat muuttivat asuinsijoilleen.
   4. Asukkaat hankkivat toimeentulonsa metsästyksellä.
   5. He hankkivat elatuksensa kalastuksella.
   6. He asettuivat Suomenlahden rannikolle.
   7. Muinoin uskottiin hiisiin.
   8. Pronssi tuli maahamme.
   9. 100 vuotta sitten elämä oli toisenlaista.
   10. Tällä asialla on määräävä vaikutus maahamme.

B. Toistakaa seuraavat lauseet käyttämällä sopivaa tai
   sopivia annetun sanan muotoja:

   1. He hankkivat toimeentulonsa (metsästyksestä,
      metsästyksellä, metsästyksin).
   2. Ihmisasutusta ilmaantui (Suomessa, Suomeen, Suomelle).
   3. Esineet hautautuivat (suossa, suolle, suohon).
   4. Asutus keskittyi (rannikolla, rannikolle, rannikos-
      sa).
   5. Se ulottui (sisämaalle, sisämaassa, sisämaahan).
   6. Asutus ulottui Pohjanlahden (puoleen, puolelle,
      puolessa).
   7. (Uusi sivistysmuoto, uutta sivistysmuotoa, uuden
      sivistysmuodon) katsotaan tällöin alkaneen.
   8. (Maahantulon, maahantulo, maahantuloa) edelsi prons-
      sikausi.

377

9. Kansa nimittää niitä (hiidenkiukaat, hiidenkiukaita, hiidenkiukaiksi.

10. Aseita asetettiin vainajan (vierelle, vieressä, viereen).

11. Haudan (peitteeksi, peitteelle, peitteeseen) ladottiin kiviröykkiö.

12. (Siihen, sen, sitä) viittaa paikkojen valinta.

13. Löydetyt esineet osoittivat käsityksen (oikeana, oikeaksi, oikea).

14. Rooma sai aihetta puuttua heidän (asioillensa, asioitansa, asioihinsa).

C. MODEL: Sää oli parhain. - Sää oli parhaimmillaan.

    1. Rooman valtakunta oli mahtavin.

    2. Suomen tuonti oli suurin.

    3. Vihannekset olivat kalleimmat.

    4. Kevät on kaunein.

    5. Valtion velka oli pienin.

D. Vastatkaa alempana annettuihin kysymyksiin seuraavan lauseen sanoilla: (Huomatkaa, että vastaukset ovat melkein aina samassa sijassa kuin kysymykset.)

" Rooman legioonat ylläpitivät rauhaa ja järjestystä sen valtavilla alueilla suojaten keisarikunnan rajoja raakalaiskansojen hyökkäyksiltä ".

1. Mitä legioonat ylläpitivät?

2. Kenen legioonat?

3. Miten legioonat ylläpitivät?

4. Mitä suojaten?

5. Minkä rajoja suojaten?
6. Miltä suojaten?
7. Kenen hyökkäyksiltä suojaten?
8. Missä legioonat ylläpitivät rauhaa?
9. Minkälaisilla alueilla?
10. Kenen alueilla?

E. " Ostamansa tavarat he maksoivat omilla tuotteillaan tai
   sellaisilla kauempana asuvilta kansoilta ostamillaan ta-
   varoilla, joilla Roomassa oli kysyntää."

1. Mitkä he maksoivat?
2. Minkälaiset tavarat he maksoivat?
3. Millä he maksoivat?
4. Minkälaisilla tuotteillaan he maksoivat?
5. Minkälaisilla tavaroillaan he maksoivat?
6. Keneltä he olivat ostaneet tavarat?
7. Minkälaisilta kansoilta ostamillaan tavaroilla. . .?
8. Missä asuvilta kansoilta ostamillaan tavaroilla he
   maksoivat?

F. Käyttäkää sopivia annettuja sanoja seuraavissa lauseissa:

1. . . .oli kova; aallot olivat   kaupankäynti
   vuorenkorkuisia.

2. . . .suoritettiin heti rau-   merenkäynti
   hanteon jälkeen.

3. Kunnanlääkäri on. . .   kylänkäynti

4. Lääkäri ei tee. . .   kirkonkäynti

5. . . .on vähentynyt koko   kotikäynti
   maassa.

379

6. . . .ulkomaitten kanssa on   rajankäynti
   vilkasta.

7. Mies ei pitänyt vaimonsa. . .   sairaskäynti

Sanavaraston kartuttamista

villistä

    vrt. villitä, villitsen,   to make wild, incite,
        villitsi, villinnyt   excite

pihka   gum, pitch

olla pihkassa = olla rakastunut johonkin (colloq.)

Poika pihkaantui tulisesti tyttöön.

Poika rakastui tulisesti tyttöön.

saunankiuas, riihenkiuas

Kukkula on ympäristöstään selvästi erottuva (10-25 m korkea)
jyrkähkö mäki.

Vuori on vähintään 50 metriä korkea aina maailman korkeimpiin
paikkoihin saakka.

Tunturi on puurajan yläpuolelle kohoava pyöreälakinen vuori
Fennosskandiassa.

Mäki on kukkulan ja vuoren välinen korkea paikka.

Vaara on kokonaan metsän peittämä mäki tai vuori varsinkin
Fennosskandiassa.

kookas = isokokoinen, isokasvuinen
vrt. suuri, iso
kookas mies, kookas hevonen, kookasta metsää

380

kausi = sesonki   season

hiihtokausi, huvi-, konsertti-, uinti-,
teatteri-, oopperakausi

vuorokausi, kuukausi

Hän itki päiväkausia.

Vuosikausia hän odotti.

    Yökaudet hän on juoksussa.   He stays out all night.

pulakausi, lama-, lasku-, loistokausi

jääkausi, rauta-, kivi-, pronssikausi

    vrt. vanha aika   ancient times

    keskiaika   Middle Ages

    uusi aika   modern times

    valistuksen aika   the Age of Enlighten-
                                ment

    vrt. keski-ikä   middle age

Hän oli keski-ikäinen mies.

M R

PYYDÄMME TEITÄ YSTÄVÄLLISESTI SAAPU-
MAAN MIKA JÄRVISEN JA TYTTÄREMME RAI-
JAN VIHKIÄISIIN OTANIEMEN KAPPELISSA

26. 2. 1967 | KLO 14.30

JA TÄMÄN JÄLKEEN HÄÄKAHVILLE MORSIA-
MEN KOTIIN.

            MAJ-LIS JA KAUKO NIKAMA

34

SUOMALAINE:! KANSAKOULULAPSI

Käydessäni niillä kansakouluilla, jotka tulivat tutki-
mukseni kohteeksi, koetin myös mahdollisuuden mukaan saada
aikaan läheisen kosketuksen oppilaisiin. Ja vaikka aluksi
nämä vähän vieroksuivat, yleensä sukeutui pian keskustelu.
Erityisesti oli helppo päästä tutustumisen alkuun koulun
pihalla ennen työn alkamista tai sitten välitunneilla tai
luokassa oppilaille antamieni kirjallisten tehtävien jälkeen.

L a p s i o n k o u l u t o i m e s s a k i n k a i k-
k e i n k a n s a i n v ä l i s i n o s a. Kunkin yhteis-
kunnan eri suuntiin tapahtuva kasvatus ei vielä ole muovannut
häntä niin erilaiseksi kuin aikuiset ovat. Kuitenkin olisi
väärin luulla, että kansakouluun tuleva lapsi olisi ilman
kasvatusta ja ilman tottumuksia, jotka eri maissa ovat jonkin
verran erilaisia. Kun esim. pohjoismaalainen ja erityisesti
suomalainen aikuinen pukeutuu huomattavan hillitysti, ei
suomalaisen kansakoulun oppilaan puku ole likikään yhtä niuk-
ka iloisista väreistä. Tämä on helppo todeta, sillä olen ot-
tanut värivalokuvat kaikista luokista, joissa olen suorit-
tanut tutkimuksia, ja nehän taas on valittu niin, että ne
edustavat keskimääräistä suomalaista kansakoulua. S u o-
m a l a i n e n k a n s a k o u l u l a p s i o n s i i s
v a a t e t u k s e n s a v ä r i n p u o l e s t a
h u o m a t t a v a s t i k a n s a i n v ä l i s e m p i
k u i n s u o m a l a i n e n a i k u i n e n y l e e n-
s ä. Silti suomalaisen kansakoululapsen puvun väreissäkin

on omaa kansallista erikoisuutta.

Kun Suomessa välitunti seuraa joka lukutuntia ja kun
silloin oppilaat aina menevät ulos kylmään ilmaan ja kun
lisäksi välitunnin aikana luokissa tuulee kuin merenmyrskys-
sä, oppilaiden tulee olla lämpimästi puettuja. Erilaisen
vaatetuksen tarve niin lyhyin väliajoin vaikuttanee sen, että
lapset istuvat luokissa melkein samoin puettuina kuin ovat
pihalla välitunnilla. Kun poika tulee ulkoa sisään, hän
heittää lakkinsa ja kintaansa tai lapasensa naula':koon ja
menee luokkaan. Päällystakkia korvaavat villapaidat seuraa-
vat tunnille. Näin lapsen pukeutuminen luokassa on usein
ehkä liiankin lämmin, kun se taas ulkona, nimenomaan niillä
oppilailla, jotka eivät halua tarpeeksi liikkua ja leikkiä,
lienee liian ohut. Tottumus on kuitenkin toinen luonto ja
karaisee oppilastakin kestämään sitä, mikä tottumattomalle
olisi liikaa. Niinpä edelläolevaa ei ole pidettävä arvoste-
luna, vaan erilaisuuden toteamisena.

Suomalainen kansakoululapsi on yleensä karaistunut ja
voimakas. Tätä vaikutelmaa voi lisätä sekin, että koulun-
käynti alkaa ilmeisesti pitkien koulumatkojen vuoksi vuotta
myöhemmin kuin Yhdysvalloissa. Lasten fyysilliseen kuntoon
vaikuttaa varmaan edullisesti myös kaikkien päivittäin saama
kouluateria, mikä kuitenkin on eri kouluilla jonkin verran
eriarvoinen. Suomihan ensimmäisenä maailmassa sääti lain
kaikille kansakoulujen oppilaille välttämättä annettavasta
kouluateriasta. Lain säännöksen toteuttaminen varmaan vielä
tarvitsee paljon lisätyötä, jotta se kaikkein edullisimmin
palvelisi tarkoitustaan. Miten lapsille saataisiin talvel-
lakin vihanneksia, hedelmiä tai niitä vastaavia juureksia, on

eräs näistä harkintaa aiheuttavista kysymyksistä.

Suomalainen kansakoululainen käyttäytyy yleensä erittäin hyvin. Hän tulee luokkaan sotilaallista järjestystä muistuttavassa rivissä, seisahtuu pulpettinsa viereen, ottaa virsikirjansa ja odottaa opettajan saapumista. Opettajalle pojat kumartavat ja lyövät kantapäänsä yhteen, tytöt niiaavat. Kaikki lapset nousevat seisomaan, kun vieras tulee luokkaan tai lähtee luokasta. Niin ikään oppilas nousee seisomaan, kun joku tulee tarkastamaan hänen työtään. Ojentaessaan karttakepin tai liidun opettajalle pojat kumartavat, tytöt niiaavat, vieläpä lähtiessään mustan taulun luota suoritettuaan tehtävänsä. Opettajaa oppilas puhuttelee arvonimellä. Vain ensiluokkalaiset erehtyvät sanomaan häntä äidiksi tai tädiksi. Opettaja itsekin puhuu hämmästyttävän usein " opettajasta."

Tästä käy ilmi, että Suomen kansakoulu tahtoo ennen kaikkea kasvattaa oppilasta hyvään käytökseen. Tietysti voisi kysyä, onko se käytös, jota joissakin kouluissa tällöin vaaditaan, enää nykyisen yhteiskunnan edellyttämä. Syvät kumarrukset ja niiaukset aikuisten maailmassa saattaisivat nykyisin tuntua liioittelulta. Saattaa olla se vaara olemassa, että koulu opettaa tänään käytöstapaa, jonka aikuisten yhteiskunta on hylännyt ja joka tulevaisuuden yhteiskunnassa, johon lapset kasvatetaan, on vieläkin oudompi. Mutta tällaisia ajatuksia voi tulla mieleen jokaisen maan kouluissa eivätkä ne minunkaan mieleeni ole ensi kertaa Suomessa johtuneet.

Suomen kansakouluista puuttuu useimmiten akvaario, jossa oppilailla olisi nähtävänä ja hoidettavana kaloja, kotiloita,

384

kilpikonnia tai muita eläimiä. Vastaavasti terraariot ovat
harvinaisia. Sitä vastoin ei ole harvinaista, että luokan
ikkunoilla on hyvin hoidettuja kauniita kukkia.

Mutta sitten pääasiaan. Millä tasolla suomalainen kan-
sakoululapsi on lukemisessa, jota erikseen olen koettanut
selvittää? Olen kuunnellut erityisesti ensiluokkalaisten
osaamista, samoin neljäsluokkalaisten. Ylimpien luokkien
osalta tehtävä on ollut vaikeampi, koska useissa tapauksissa
näytti siltä, kuin lasten lukutaito heikkenisi kansakoulun
viimeisinä vuosina. Tälle aluksi kummastuttavalle seikalle
löytyi kuitenkin luonnollinen selitys. Neljännen luokan jäl-
keen parhaat lukijat siirtyvät oppikouluun, jos sellainen
vain paikkakunnalla on. Sen tähden kansakoulun ylimmät luo-
kat ovat lahjoiltaan hyvin erilaista ainesta, ja niiden ver-
taaminen esim. amerikkalaisiin vastaaviin luokkiin voisi
tuottaa virheellisen tuloksen, koskapa Amerikassa kaikki
lapset ovat tuolloin vielä samassa koulussa. Tästä syystä
tutkimus on rajoittunut pääasiassa lasten lukutaidon tasoon
ensimmäisellä ja neljännellä luokalla.

Olen antanut neljänsillä luokilla lapsille määräajassa
äänettömästi luettavan tekstin, jonka avulla voidaan mitata,
miten nopeasti ja oikein ymmärtäen lapset voivat lukea.
Tässä kirjassa en esitä tieteellistä selvitystä tuloksesta,
mutta ylimalkaisesti saatan sanoa, että suomalaisten lasten
lukutaito on hyvä. Tietysti siihen on vaikuttanut suomen-
kielen yksinkertainen kirjoitustapa ja sen sanavaraston kan-
sanomaisuus. Jos kielessä olisi paljon vierasperäisiä lai-
nasanoja ja jos kieltä kirjoitettaisiin toisin ja luettaisiin
toisin, kuten englannin kieltä, niin lukemisen oppiminen

olisi hitaampaa ja lukeminen vähemmän sujuvaa.

Mutta vaikka tämänkin ottaa huomioon, on sanottava, että suomalainen kansakoulunoppilas on koulutyössä kyvykäs ja hyviin tuloksiin pystyvä. Ja vaikka tuloksista on annettava rajoittamaton kiitos opettajille, ei silti voida kieltää sitäkään, että suomalaisten kotien asenne lukutaitoon nähden on paljon enemmän merkitsevä kuin tavallisesti luullaan. Oppilaathan saavat Suomen kansakoulussa kotitehtäviä heti ensi kouluvuodesta alkaen ja kotitehtävien onnistuminen edellyttää myös kodin myönteistä suhtautumista lukutaidon hankkimiseen. Se, että kirkko jo kauan sitten on vaatinut suomalaisilta lukutaitoa, ja se, että moni esi-isistämme ja esiäideistämme on aikoinaan ankarasti hikoillut tuon vaikean taidon oppimisessa, on nyt huomattavasti helpottamassa Suomen kansakoulun työtä ja tuottamassa korkeatasoisia tuloksia.

Ensiluokkien lukutaito on tietysti heikompi keväälläkin kuin neljänsien luokkien. Kuitenkin ensimmäisellä luokalla on jo syksystä saakka oppilaita, jotka osaavat hyvin lukea sisältä. Tämä on yhtenä vihjeenä siihen, että Suomen kansakoulu voisi alkaa lasten aikaisemmassa iässä, jos käytännölliset seikat antaisivat myöten. Mutta sehän on jo uusi ongelma.

Taimi Maria Ranta

Sanasto

saada aikaan	to bring about, do, create
päästä alkuun	to get started, get under way

vieroksua, vieroksun, vieroksui, vieroksunut (jotakin)	to be shy of, feel like a stranger
sukeutua, sukeutui, sukeutunut	to ensue, arise, spring from
koulutoimi	public educational system
toimi, toimen, toimea, toimia	employment, job
muovata, muovaan, muovasi, muovannut	to shape, form, mould, fashion
tottumus, tottumuksen, tottumusta, tottumuksia	custom, habit
hillitä, hillitsen, hillitsi, hillinnyt	to restrain, check, repress
likikään = läheskään	not nearly, not half
niukka, niukan, niukkaa, niukkoja	scanty, skimpy, meager
keskimääräinen	average
silti	however, yet, still, anyhow
kinnas, kintaan, kinnasta, kintaita = lapanen	mitten
naulakko, naulakon, naulakkoa, naulakkoja	rack
korvata, korvaan, korvasi, korvannut	to substitute, compensate, indemnify
ohut, ohuen, ohutta, ohuita	thin
karaista, karaisen, karaisi, karaissut	to harden, make hard
karaistua, karaistun, karaistui, karaistunut	to become hardened or seasoned
arvostella, arvostelen, arvosteli, arvostellut	to criticize, rate, grade
vaikutelma, vaikutelman, vaikutelmaa, vaikutelmia	impression, impulse

edullinen	profitable, advantageous, favorable
säännös, säännöksen, säännöstä, säännöksiä	regulation
toteuttaa, toteutan, toteutti, toteuttanut	to carry out, carry into effect, realize
juures, juureksen, juuresta, juureksia	edible root (e.g., turnip, potato)
vrt. juuri	
harkinta, harkinnan, harkintaa	deliberation, reflection
harkita, harkitsen, harkitsi, harkinnut	to deliberate, consider
käyttäytyä, käyttäydyn, käyttäytyi, käyttäytynyt	to behave, conduct
seisahtua, seisahdun, seisahtui, seisahtunut	to stop, halt, come to a stop
pulpetti, pulpetin, pulpettia, pulpetteja	student desk (in school)
kumartaa, kumarran, kumarsi, kumartanut	to bow, stoop
niiata, niiaan, niiasi, niiannut	to curtsy
keppi, kepin, keppiä, keppejä	stick, rod, cane
puhutella, puhuttelen, puhutteli, puhutellut	to address, speak
arvonimi	title
käytös, käytöksen, käytöstä	behavior, manners
liioitella, liioittelen, liioitteli, liioitellut	to exaggerate
hylätä, hylkään, hylkäsi, hylännyt = hyljätä, hylkään, hylkäsi, hyljännyt	to reject, cast out, abandon
kotilo, kotilon, kotiloa, kotiloita	mollusk, gastropod

kilpikonna, -konnan, -konnaa, -konnia	turtle, tortoise
kummastuttaa, kummastutti, kummastuttanut	to surprise, astonish
kummastua, kummastun, kummastui, kummastunut	to be surprised
terraario	terrarium
tieteellinen	scientific
aines, aineksen, ainesta, aineksia	material, stuff
ylimalkainen	general, approximate, rough
kansanomainen	common to or characteristic of the traits of the people
vierasperäinen	of foreign origin
ottaa huomioon	take into account, bear in mind
kyvykäs	able, capable
pystyä (johonkin)	to be capable or skillful in (something)
asenne, asenteen, asennetta, asenteita	attitude
suhtautuminen	stand, attitude
lukea sisältä = lukea sujuvasti	to read well, fluently
vihje, vihjeen, vihjettä, vihjeitä	hint, intimation, clue
antaa myöten = antaa periksi	to concede, yield, give in
ongelma, ongelman, ongelmaa, ongelmia	problem, enigma, puzzle
kuten	as

Kysymyksiä

A.   Mitkä olivat kirjoittajan tutkimuksen kohteina?
Mitä hän yritti saada aikaan kouluilla? Milloin hän
yritti saada aikaan kosketuksen oppilaisiin? Mitä op-
pilaat aluksi tekivät? Mikä yleensä pian sukeutui? Mis-
sä oli helppo päästä tutustumisen alkuun? Milloin oli
helppo päästä tutustumisen alkuun? Mikä muovaa aikuiset
erilaisiksi? Mitä ilman ei kansakouluun tuleva lapsi
ole?

B.   Miten yleensä pohjoismaalaiset pukeutuvat vaatetuk-
sensa värien puolesta? Miten suomalainen aikuinen pu-
keutuu? Minkälaisia värejä suomalainen kansakoululapsi
käyttää vaatetuksessaan? Kuinka usein Suomen kouluissa
on välitunti? Missä lapset ovat välitunnilla? Minkä-
laiset vaatteet pojilla on koulussa? Mitä yleensä on
sanottava lasten pukeutumisesta koulussa? Missä iässä
kansakoulu alkaa Suomessa? Miksi se alkaa vuotta myö-
hemmin kuin Yhdysvalloissa? Missä lapset syövät lounaan?
Millainen on suomalainen koululounas?

C.   Miten suomalainen kansakoululapsi käyttäytyy? Mi-
ten hän tulee luokkaan? Mihin hän pysähtyy? Minkä hän
ottaa käteensä? Miten hän tervehtii opettajaa? Milloin
lapset nousevat seisomaan? Milloin pojat kumartavat?
Mitä tytöt tekevät kun he ojentavat liidun opettajalle?
Miten oppilas puhuttelee opettajaa? Kenestä opettaja
itsekin usein puhuu? Mihin kansakoulu tahtoo kasvattaa
lasta?

D.   Millainen on suomalaisten lasten lukutaito? Mil-
lainen on suomenkielen kirjoitustapa? Missä tapauksessa
lukemisen oppiminen on hidasta? Millainen on englannin-
kielen kirjoitustapa? Miten kodin suhtautuminen vaikut-
taa lasten lukutaitoon? Mikä on ollut kirkon suhtautu-
minen koko kansan lukutaitoon? Mitä luokkia kirjoittaja
tutki? Mihin neljännen luokan jälkeen monet oppilaat
siirtyvät Suomessa?

Harjoituksia

A. Toistakaa seuraavat lauseet käyttämällä yhtä tai useampaa
annetun sanan sopivaa muotoa:

1. Yhteiskunta muovaa lapsen (erilaisena, erilaiseksi,
    erilainen).

2. Hän pääsi tutustumisen (aluksi, alkuun, alulle).

3. (Päällystakin, päällystakista, päällystakkia) korvaa-
    vat villapaidat heitetään naulaan.

4. Rivi muistuttaa (sotilaallista järjestystä, sotilaal-
    lisen järjestyksen, sotilaalliseksi järjestykseksi).

5. Lapset odottavat (opettaja, opettajan, opettajaa).

6. Oppilas puhuttelee opettajaa (arvonimellä, arvoni-
    meltä, arvonimin).

7. Kansakoulu kasvattaa lasta (hyvään käytökseen, hyväl-
    le käytökselle, hyväksi käytökseksi).

8. Ne johtuivat (mielessäni, mieleeni, mielelläni).

9. Hän on (hyvillä tuloksilla, hyviksi tuloksiksi,
    hyviin tuloksiin) pystyvä.

10. Voimme verrata niitä (vastaaviin luokkiin, vastaavil-
    le luokille, vastaavin luokin).

391

11. Suomi sääti lain lapsille (annettavasta ateriasta, annettavan aterian, annettavaa ateriaa).

12. Syvät kumarrukset tuntuvat (liioittelusta, liioitteluksi, liioittelulta).

13. (Kansakouluista, kansakouluilta, kansakouluilla) puuttuu akvaario.

14. Tutkimus on rajoittunut (alimmille luokille, alimpiin luokkiin, alimmissa luokissa).

B. **Käyttäkää seuraavissa lauseissa annettuja verbejä tulee-verbin asemesta:**

MODEL: **Työt tulee tehdä huolella. pitää -**

Työt pitää tehdä huolella.

    1. Oppilaiden tulee olla   täytyy
       lämpimästi puettuja.

    2. Sinun tulee kuunnella   täytyy
       vanhempiasi.

    3. Sodanvaaraa ei tule   pitää
       liioitella.

    4. Hänen tuli ottaa   pitää
       asioistansa selvää.

    5. Hevonen ymmärsi, että   pitää
       nyt tuli mennä.

C. **Käyttäkää kuin- ja kuten-sanoja seuraavissa lauseissa riippuen siitä kumpi on sopivampi ilmaisu.**

1. Ilma on lämpimämpi. . .eilen.

2. Me. . .kaikki veronmaksajat olemme tyytymättömiä.

3. Hänellä on tumma tukka. . .äidilläänkin.

4. Tulin paljon aikaisemmin. . .sinä.

5. Setelistömme on. . .tunnettua, jatkuvasti vain kasvanut.

392

6. Enemmän. . .tuhat sivua käsittävä teos.

7. Se eteni hitaasti. . .etana.

8. Olkoon. . .haluat.

9. Aivan. . .tahdotte.

10. Hän juoksi yhtä nopeasti. . .minä.

11. Poika eli yhtä vanhaksi. . .hänen isänsä.

vrt. jotenkuten, mitenkuten

joten	so that
jotenkuten	in some way, somehow, so-so

Hän tuli jotenkuten toimeen.

Hän puhuu mitenkuten englantia.

Huomatkaa monikkomuoto:

neljännet luokat, neljänsillä luokilla

ensiluokat, ensiluokilla

D. Muuttakaa seuraavat lauseenvastikkeet kun-lauseiksi:

MODEL: Tutustuin oppilaisiin käydessäni kouluilla. -

Tutustuin oppilaisiin kun kävin kouluilla.

1. Pojat kumartavat ojentaessaan karttakepin.

2. Tytöt niiaavat lähtiessään taulun luota.

3. Hiihtäjä pyysi vettä tultuaan maaliin.

4. Luettuamme läksymme menimme ulos.

5. Suoritettuaan tehtävänsä he lähtevät.

6. Nurmen katkaistua maalinauhan yleisö hurrasi.

7. Söimme isän tultua kotiin.

312-421 O - 68 - 26

Sanavaraston kartuttamista

karaista

Seppä karaisee takomansa puukot panemalla
hehkuvan raudan kylmään veteen.

vrt. kovettua

Savesta tehty astia kovettuu polttouunissa.

Leipä oli kovettunut aivan kovaksi.

vrt. verisuonten kalk- kiutuminen	hardening of the arteries

ohuet vaatteet

Seinät ovat ohuet.

vrt. laiha, solakka

laiha poika

Viisi lihavaa ja viisi laihaa lehmää.

Hän oli solakka vartaloltaan.	She had a slim figure.

käydä ilmi

ilmianto	information, denuncia- tion
antaa ilmi	to inform, denounce

Viattomia kansalaisia ilmiannettiin hallitukselle.

Koko ajan pelättiin kätyrejä ja ilmiantoja.

matelija

käärme	snake
kyykäärme	viper
tarhakäärme	grass snake, ringed snake

kilpikonna

kilpi	shield, coat of arms

nimikilpi   signboard, doorplate

konna   toad; scoundrel, jail-
             bird, villain

saada aikaan

Hänen matkansa oli turha, sillä hän ei
saanut mitään aikaan.

Hän on hyvin aikaansaapa (saava) ihminen.

Myrsky aikaansai häiriöitä.

muovailuvaha   modeling clay

 muoviteollisuus   plastic industry

Taiteilija muovaa savea mielensä mukaan.

muovautua

Puhuttelin poikaa.

Miksi häntä puhutellaan?

Opettaja kutsui oppilaan puhutteluunsa.

Puhuttelen häntä neidiksi.

Minua kummastuttaa koko asia.

Kummastuttava ilmiö.

Hän kummastui uutista (tai uutisesta.)

Pojallani on hyvä toimi pankissa.

Viime kesänä maassamme vallitsi
täystyöllisyys.

Talvisin on paljon työttömyyttä.

saarnastuoli   pulpit

kirjoituspöytä

Luokassa on kaksikymmentä pulpettia
ja opettajan pöytä.

Sota-aikana sai tavaraa ostaa tiskin alta.

Kauppias levitti tavarat tiskille.

Maa on suoperäistä.

Niitty on vesiperäistä maata.

Työ on tehty leväperäisesti.   The work has been done
                                 in a slovenly manner
                                 (carelessly).

Hän on kyvykäs nuori mies.

Teen sen parhaan kykyni mukaan.

Hänellä on luontaiset kirjalliset kyvyt.

Poika menetti liikuntakykynsä.

esiintymis-, arvostelu-, huomio-, liikunta-,
osto-, työ-, tuotanto-, lämmönjohto-,
veronmaksukyky.

esiintymis-, kilpailu-, huomio-, kehitys-,
liikunta-, maksu-, työkykyinen

Kotitehtävä

A.   Valmistakaa lyhyt esitys, jossa vertailette suoma-
       laisten ja amerikkalaisten lasten käyttäytymistä luokassa.

B.   Valmistakaa lyhyt esitys Yhdysvaltain koulujärjes-
       telmästä. Verratkaa sitä Suomen koulujärjestelmään.

Kutsu:

       Hallitusneuvos ja Rouva Eino Toivosella on kunnia
       kutsua Professori ja Rouva A. O. Ketonen päiväl-
       liselle kotiinsa keskiviikkona maaliskuun 7 p:nä
       klo 20.

       Smoging tai
       ilman kunniamerkkejä.

                                                    V.p.

35

VALMISMATKA AVARUUTEEN

Mitä pitemmiksi miehitetyt avaruuslennot käyvät,
sitä "inhimillisemmiksi" ne myös muuttuvat. Kun
avaruudessa ollaan vuorokausikaupalla ja kun aluk-
sesta lähdetään välillä kävelylle, järjestelyissä
on kiinnitettävä erityistä huomiota ruokailuun, pu-
kuihin ja muuhun sellaiseen. Seuraavassa esitellään
John W. Youngin ja Michael Collinsin Gemini-10-len-
non erikoislaatuisia mukavuuksia.

MATKAVALMISTELUT

Toistaiseksi lähtö avaruusmatkalle ei ole yhtä yksin-
kertainen kuin lähtö "maalliselle" valmismatkalle. Saa-
mansa perusteellisen yleiskoulutuksen lisäksi John W. Young
ja Michael Collins valmistautuivat huolellisesti nimenomaan
tätä Gemini-10-lentoa varten. He kävivät planetariumissa
tutkimassa taivaankappaleiden järjestystä - ilmeisesti osa-
takseen paremmin nauttia matkan aikana avautuvista näköa-
loista. He sovittelivat pukuja ja varusteita, kokeilivat
istuimia ja harjoittelivat käyttämään katapultti-istuimia.
Pienessä erikoiskammiossa totuteltiin olemaan ja toimimaan
painottomassa tilassa. Ns. simuloidun lennon aikana har-
joiteltiin poistumista aluksesta erilaisissa tilanteissa.
Koko ajan heidän kimpussaan hääri joukko lääkäreitä - ei
suinkaan rokottamassa kuten tavallisia valmismatkalaisia,
vaan tekemässä monenlaisia tutkimuksia.

PAIKKAVARAUKSET

Gemini-alus on kartionmuotoinen, 5,5 metriä pitkä ja
yläosastaan halkaisijaltaan 3 metriä. Sen kaksi tärkeintä
osaa ovat laskeutumiskapseli ja liitinkappale. Kapselissa,
joka on 3,3 metriä korkea ja juuressa halkaisijaltaan 2,25
metriä, on kolme pääosaa: kohtaamis- ja talteenotto-osa,
laskeutumiskontrolli ja hytti. Hyttiosassa ovat vierekkäin
istuvat lentäjät, heidän kojeensa ja säätölaitteensa. Kum-
mankin istuimen yläpuolella on luukku. Tässä miehistöosas-
tossa on titaanirunko, jonka sisällä ilmanpaine on normali-
soitu. Vadin muotoinen lämpösuoja muodostaa hyttiosaston
suuremman pään.

PUKEUTUMINEN MATKALLA

Geminin pääohjaajan 10,4 kiloa painavassa puvussa on
viisi kerrosta: jatkuvaan käyttöön tarkoitettu aluspuku,
valkoista puuvillaa, jossa vyötärön ympärillä taskut lääke-
tieteellisen tutkimus-laitteiston säilyttämiseksi; sininen
nailoninen pehmikekerros; musta nailoninen painepuku; nai-
lonverkkokerros, joka pitää painepuvun koossa ja säilyttää
sen muodon; valkoinen päällimäinen kerros korkeata kuumuutta
sietävästä nailonista. Ohjaajan puvun neljä sisintä kerrosta
ovat samat kuin pääohjaajankin puvussa. Lisäksi ohjaaja
käyttää käsivarsiensa ja ylävartalonsa suojana seuraavia ker-
roksia: seitsemän lämpöeristyskerrosta, kaksi nailonista
mikrometeoroidikerrosta sekä yksi korkeata kuumuutta kestä-
västä nailonista valmistettu kerros. Aluksen ulkopuolella
tapahtuvaa toimintaa varten ohjaajalla on irrotettava lippa,

jonka voi kääntää kasvolevyn eteen; lippa on kultapäällystei-
nen ja suojaa silmiä auringolta. Kasvolevy antaa suojan
iskuja ja mikrometeoroideja vastaan. Ennen aluksesta poistu-
mista ohjaaja vetää käsiinsä parin eristettyjä pukuhansikkaita.
Kun hytistä poistetaan paine, puku tulee itsestään paineiseksi
ja kehittää happea.

MATKATAVARAT

Aluksen ulkopuolella avaruudessa tapahtuvaa hengittä-
mistä varten ohjaajalla on rintakehänsä päällä yli 22 kiloa
painava suorakulmainen laatikko, joka toimii hengitysyhteyte-
nä avaruuskävelijän ja aluksen välillä. Laitteessa on mm.
lämmönvaihdin ilman viilentämistä varten sekä puolen tunnin
happilaite hätätilannetta varten. 15 metriä pitkä yhdyskaa-
peli, jota avaruuskävelijä käyttää, käsittää mm. hapensaanti-
johdon, koekaapelin ja sähkövaijerin yhteydenpitoa varten.
Happijohtoa suojaavat lämpötilan vaihteluilta aluminoidut
mylar-kerrokset ja koko kaapelia ympäröi valkoinen nailon-
kerros. Yhdyskaapeli on kiinnitetty siten, ettei se mene
kiemuralle eikä joudu liian lähelle raketteja.

MATKAN KESKEYTTÄMINEN

Gemini-aluksessa on kolme pelastusmahdollisuutta. Maan
tasolla ja voimalennon 50 ensimmäisen sekunnin aikana sekä
laskun aikana maan ilmakehässä voidaan käyttää katapultti-
istuimia sekä henkilökohtaisia laskuvarjoja.

Kun moottori on määrätty sammutettavaksi, voidaan käyt-
tää kaikkia neljää jarruraketttia samanaikaisesti.

399

Kolmas tapa on irtautuminen laukaisualuksesta OAMS-rakettien välityksellä ja sen jälkeen normaali laskeutuminen tietokoneen avulla.

Katapultti-istuimiin ja laskuvarjoihin on kiinnitetty pelastustarvikkeita sisältävä pakkaus, joka painaa noin 11,5 kiloa. Jokaista astronauttia varten on seuraavat tarvikkeet: 1,5 kiloa juomavettä; machete-veitsi, 165 X 90 sentin suuruinen vene sekä happipullo sen täyttöä varten; meriankkuri; värimerkit; nailoninen aurinkolakki; pelastusvalo; sähkölamppu; merkkipeili; kompassi; ompeluvarusteet; 4,2 metriä nailonsiimaa; pumpulipalloja ja sytytin; vedenpuhdistustabletteja; vihellyspilli; voimaparistoja; pelastusradio; suuntauslähetin sekä äänen lähetin ja vastaanotin; suolanpoistopakkaus, jossa tarpeeksi tabletteja makeuttamaan 4,5 litraa merivettä; lääkepakkaus joka sisältää piristyslääkkeitä, särkylääkkeitä, pahoinvointitabletteja, antibiootteja, aspiriinia sekä ruiskeita kipujen ja pahoinvoinnin torjumiseksi.

NÄHTÄVYYDET JA RETKET

Kenties mielenkiintoisin nähtävyys koko matkan aikana on ns. vanha Agena, joka on ollut noin 400 kilometrin korkeudessa avaruudessa jo viime maaliskuusta lähtien. Gemini-10-alus menee noin puolen metrin päähän tästä Agenasta ja seuraa sitä sen radalla maan ympäri. Tässä vaiheessa on tilaisuus tehdä noin 55 minuuttia kestävä erikoisretki. Käsikäyttöisen raketin avulla päästään vanhan Agenan luo noutamaan matkamuistoja.

MATKAMUISTOESINEET

Avaruudessa leijailee mikroskooppisen pieniä pölyhiuk-
kasia, joita tutkimalla voidaan saada selvyyttä aurinkokunnan
ja avaruuden synnyn ja kehityksen ongelmiin. Näitä hiukkasia
kutsutaan mikrometeoroideiksi - erotukseksi aurinkokunnan
kiinteistä kappaleista, meteoroideista.

Viime maaliskuusta lähtien avaruudessa kiertäneessä
Agenassa on pieni metallilaatikko mikrometeoroidien kerää-
mistä varten. Sen pinnalla on useita postimerkin kokoisia
metallilevyjä, jotka on peitetty emulsioilla. Avaruuden
pölyhiukkaset kiinnittyvät näihin emulsioihin.

Gemini-10-lennon eräänä tarkoituksena on noutaa tämä
vanhan Agenan matkamuistokokoelma. Lisäksi myös Gemini-aluk-
sessa on pieni laatikko avaruuspölyn keräämiseksi; se ava-
taan aina kunkin lepovaiheen ajaksi.

Osmo A. Wiio
Suomen Kuvalehti

Sanasto

kohokohta	climax, highest point, culmination
valmismatka	all inclusive tour
inhimillinen	humane, human
vuorokausikaupalla	for many days and nights
järjestely	arrangement; organiza- tion
kiinnittää huomiota (johonkin)	to pay attention (to something

401

mukavuus, mukavuuden, mukavuutta, mukavuuksia	convenience
koulutus, koulutuksen, koulutusta	training, schooling
toistaiseksi	for some time (to come), for the present, until further notice
järjestys	order
maallinen	earthly, worldly
sovittaa, sovitan, sovitti, sovittanut(tr.)	to fit, reconcile, settle
istuin, istuimen, istuinta, istuimia	seat, see
vrt. istua	
kammio, kammion, kammiota, kammioita	chamber, cell
hääriä, häärin, hääri, häärinyt (jonkin kimpussa)	to bustle or hustle about someone, be busy with something
rokottaa, rokotan, rokotti, rokottanut	to vaccinate, inoculate
matkalainen = matkamies = matkustaja	
kartio, kartion, kartiota, kartioita	cone
paikkavaraus	reservation (of a seat)
halkaisija	diameter, cleaver, splitter
liitin, liittimen, liitintä, liittimiä = liitoskappale	joining piece, coupling
vrt. liittää, liitän, liitti, liittänyt	
talteenotto	recovery, taking in for safekeeping
hytti, hytin, hyttiä, hyttejä	cabin, (stateroom)

koje, kojeen, kojetta, kojeita	instrument, apparatus
luukku, luukun, luukkua, luukkuja	hatch, shutter, trap door, ticket window
titaani	titanium
paine, paineen, painetta, paineita	pressure, compreusion
vrt. paino	
miehistö	crew., rank and file
vati, vadin, vatia, vateja	basin, bowl, dish
pehmike, pehmikkeen, pehmikettä, pehmikkeitä	padding, softening material
pitää koossa	to hold together
sisin, sisimmän, sisintä, sisimpiä	innermost
vyötärö, vyötärön, vyötäröä, vyötäröjä = vyötärys	waist
vrt. liivit	waist
vartalo, vartalon, vartaloa, vartaloja	body, figure, statue, trunk
päällysteinen	covered, surfaced (with)
eristää, eristän, eristi, eristänyt	to insulate, separate
lippa, lipan, lippaa, lippoja	visor, eyeshade of a cap
isku, iskun, iskua, iskuja	blow, stroke, hit
levy, levyn, levyä, levyjä	plate, record, disk, sheet (of metal)
itsestään	by itself, automatical- ly, spontaneously
hansikas, hansikkaan, hansikasta, hansikkaita	glove
happi, hapen, happea	oxygen

vrt. happo, hapon, happoa	acid
rintakehä	chest, thorax
suorakulmainen	right angled, rectangular
lämmönvaihdin	heat regulator
viileä, viileän, viileää, viileitä	cool
hätätilanne	case of emergency
kaapeli, kaapelin, kaapelia, kaapeleja	cable
vaijeri, vaijerin, vaijeria, vaijereita	wire (strong, thick wire)
pelastaa, pelastan, pelasti, pelastanut (tr.)	to rescue, save, salvage
pelastua, pelastun, pelastui pelastunut = pelastautua (intr.)	to be rescued, be saved, get out
laskuvarjo	parachute
pelastus, pelastuksen, pelastusta	rescue, delivery, salvation
laukaisualus	launching craft
X = kertaa	
tietokone	computor
sentti (cm)	centimeter, cent
tarvikkeet (pl.)	supplies, stuff, materials
ankkuri, ankkurin, ankkuria, ankkureja	anchor
täyttö = täyttäminen	filling
siima, siiman, siimaa, siimoja	(fishing) line
pumpuli = puuvilla	cotton
sytytin, sytyttimen, sytytintä, sytyttimiä	lighter, igniter, primer

404

vrt.   sytyttää (sytytin)

vihellyspilli	whistler
paristo	battery
suuntauslähetin	directional transmitter
vastaanotin	radio, receiver
makeuttaa, makeutan, makeutti, makeuttanut	to sweeten
piristyslääke	stimulant, stimulus
särkylääke	painkiller
pahoinvointi, -voinnin, -vointia	nausea, indisposition
ruiske, ruiskeen, ruisketta, ruiskeita	injection, hypodermic
käsikäyttöinen	hand-driven, manually operated
pöly, pölyn, pölyä, pölyjä	dust
leijailla, leijailen, leijaili, leijaillut	to float, hover, glide (in air)
leija, leijan, leijaa, leijoja	kite
aurinkokunta	solar system
kokoelma, kokoelman, kokoelmaa, kokoelmia	collection
erotukseksi (jostakin)	as distinguised from (something)

Kysymyksiä

A.　Mitkä ovat Geminin pääohjaajan puvun viisi kerrosta?
Kuinka monta kerrosta on ohjaajan puvussa? Miksi ohjaa-
jalla on enemmän suojelevia kerroksia puvussaan kuin
pääohjaajalla? Miksi kasvolevyä käytetään? Mitä ohjaa-
jan puvulle tapahtuu kun hytistä poistetaan paine? Min-
kä avulla avaruuskävelijä hengittää? Mitä avaruuskäve-
lijän yhdyskaapeli käsittää? Kuinka monta pelastusmah-
dollisuutta on Geminissä? Mitä tekemistä tietokoneella
on aluksessa? Mikä on mielenkiintoisin nähtävyys ava-
ruudessa? Mitä voi tuoda matkamuistona avaruudesta
maahan?

B.　Mitä täytyy tehdä merivedelle, ennenkuin sitä voi
juoda? Mitä lääkkeitä otatte, jos teitä väsyttää tai
nukuttaa? Mitä otatte, jos teillä on kovia kipuja?
Mikä lääke auttaa päänsäryssä? Mitä voi tehdä pahoin-
voinnin torjumiseksi? Millä voitte antaa äänimerkkejä?
Millä annetaan valomerkkejä? Mihin nailonsiimaa käyte-
tään? Kuinka suuri pelastusvene on jokaista avaruuslen-
täjää varten? Millä pelastusvene täytetään? Miksi sitä
ei täytetä puhaltamalla? Millä laivat antavat merkkejä
toisillensa?

C.　Mitkä pelastustarvikkeet ovat tarpeen merellä?
Mitä lääkkeitä on lääkepakkauksessa? Mitä muita pelas-
tustarvikkeita on avaruusmatkaajilla? Miten avaruusmat-
kan Gemini-aluksessa voi keskeyttää? Minkälainen näköala
on avaruusaluksesta? Minkä avulla voi tehdä erikoisret-

kiä avaruudessa? Minkälaisia turistioppaita on tarjolla
avaruudessa? Mitä leijailee aina avaruudessa? Miksi
näitä hiukkasia kutsutaan? Mikä meteoroidi on? Mikä on
meteori?

D.   Millainen on Euroopassa tarjottu va¿.ai¿ma¿ka New
Yorkiin? Mitä matkavalmisteluja matka¿li¿jc. ¿arvitsee?
Miten hän voi tehdä paikkavaraukset? ¿i¿e¿, ¿¿in voi kes-
keyttää seuramatkan? Kuinka paljon matka.¿avaroita hänel-
lä saa olla? Mitkä ovat tärkeimmät nähtävyydet ja ret-
ket? Mitä hän voi ostaa matkamuistoina? Kuinka kauan
matka kestää ja milloin se on? Kuinka paljon se maksaa?
Onko sillä perhealennusta?

Harjoituksia

A. Muuttakaa seuraavat lauseet joka-lauseiksi:

MODEL: Saamansa perusteellisen yleiskoulutuksen lisäksi
        miehet saivat erityiskoulutusta. - Miehet sai-
        vat erityiskoulutusta perusteellisen yleiskoulu-
        tuksen lisäksi, jonka he olivat saaneet.

    1. Oppilaille antamieni kirjallisten tehtävien
        jälkeen oli helppo tutustua.

    2. Kaikkien päivittäin saama ateria on ilmainen.

    3. Nykyisen yhteiskunnan edellyttämä käytös on
        erilainen.

    4. Lasten aikaisin oppima lukutaito auttaa
        opetusta.

    5. Opettajien vaatima ja opettama käytöstapa on
        hyväksytty.

Verratkaa toisiinsa seuraavia itse-sanan käyttötapoja:

Luotan itseeni.

Hän puhui itsestään koko ajan.   (refleksiivinen käyttö)

Saimme tavata itse marskin.   (itse pääsanan edellä
ei taivu)

Saimme tavata marskin itsensä.   (itse pääsanan jäljessä
taipuu ja saa poss.
suff.)

Tuokaa syytetty itse!   (nom. tai nom. kaltai-
nen sija säilyy pääsa-
nan jäljessä; ei poss.
suffiksia.)

B. MODEL: Peseydyn. - Pesen itseni.

    1. Lapsi pukeutui.

    2. He hukuttautuivat.

    3. Pudottaudu köyden varaan!

    4. Valmistauduimme pahimman varalle.

Huomatkaa, että passiivimuodot ovat ilman possessiivisuf-
fiksia.

Esim. Luotetaan itseen.

    Tehtiin vahinko itselle.

C.1 MODEL: Saimme tavata itse marskin. - Saimme tavata
marskin itsensä.

    1. He lähtivät itse vihollista vastaan.

    2. Näimme itse kuninkaan.

    3. Hän antoi kauppakirjan itse minulle.

    4. Kuulin sen itse oppilailta.

C.2 MODEL: Itse me tapasimme marskin. - Me itse tapasimme
marskin.

1. Noutakaa itse syyllinen tänne.
2. Itse he ruokkivat hevoset.
3. Hänestä tuli itse pääjohtaja.
4. Itse sinä sanoit sen.
5. Ratkaiskaa itse arvoitus.

Huomatkaa: Se on minun oma kirjani.

Se on minun itseni kirjoittama kirja.

Se on minun oma kirjoittamani kirja.

D. Toistakaa seuraavat lauseet käyttämällä itse-sanaa sopivissa muodoissa:

1. Tänä aamuna puin (itse) nopeasti.
2. Tytöt ajattelivat vain (itse).
3. Haluaisin nähdä (itse) omistajan.
4. Maksoimme talon myyjälle (itse).
5. Teen sen (itse).
6. Hän näkee vain (itse), ei muita.
7. Sinä pidät vain (itse).
8. Pesen aina autoni (itse).
9. (Itse) johtaja osti arpoja.

E. MODEL: Lentäjät istuvat vierekkäin. - Lentäjät istuvat
vieretysten.

1. Sotilaat marssivat rinnakkain.
2. Rakastavaiset istuivat sylikkäin.
3. Isä ja poika kulkivat peräkkäin.

409

4. Hän latoi kirjat päällekkäin.

5. Juomalasit voi panna sisäkkäin.

Mutta: allekkain tai alakkain = alatusten

F. Toistakaa seuraavat lauseet käyttämällä kullekin lauseelle annettua sanaa sopivassa muodossa:

1. Nyt tarjolla valmismatka (avaruus)!

2. On kiinnitettävä erityistä huomiota (ruokailu).

3. He nauttivat (näköalat).

4. Joukko lääkäreitä hääri heidän (kimppu).

5. Aluspuku on tarkoitettu (jatkuva käyttö).

6. Nailon sietää (korkea kuumuus).

7. Lippa suojaa silmiä (aurinko).

8. Puku tulee itsestään (paineinen).

9. Se toimii (hengitysyhteys) avaruuskävelijän ja aluksen välillä.

10. Moottori on määrätty (sammutettava).

11. Lääkepakkaus sisältää lääkkeitä kipujen (torjuminen).

12. Pölyhiukkaset kiinnittyvät (emulsiot).

Huomatkaa seuraavat substantiivit:

(liittää) liitin (vrt. liittäjä)

(johtaa) johdin (johtaja)

(vastaanottaa) vastaanotin (vastaanottaja)

(lähettää) lähetin (lähettäjä)

(istua) istuin (istuja)

(vetää) vedin (vetäjä)   handle, animal teat

vetimet pl. (colloq.)   equipment

G. Täydentäkää seuraavat lauseet annettuja verbejä vastaa-
villa substantiiveilla:

1. Putket kiinnitettiin. . .llä.   liittää

2. . . .na käytetään enimmäkseen   johtaa
   kuparilankaa.

3. Vakoojalla oli sekä. . .että. . . lähettää
                                       vastaanottaa

4. Lehmän. . .olivat kipeät.   vetää

5. Urheilukalastajalla oli   " vetää"
   hienot. . .

6. Paavin. . .on Roomassa.   istua

Huom. ukkosjohdin (tai ukkosenjohdatin)

H. MODEL: Isä osti tavaraa kiloittain. - Isä osti
           tavaraa kilokaupalla.

   1. Hänellä oli taloja tusinoittain.
   2. Kauppias myi nauhaa metreittäin.
   3. Puita myytiin syleittäin.
   4. Marjoja ostettiin litroittain.

Mutta: Isä osti tavaraa arviokaupalla.

Hän oli kaupungissa vuorokausikaupalla, päivä-, vuosi-,
viikko- ja tuntikaupalla.

Sanavaraston kartuttamista

Vihollinen hyökkäsi kimppuumme.

Kaikki pojat olivat kissaparan kimpussa.

Pois kimpustani!

Kukat oli sidottu kimppuihin (kimpuiksi).

Pane tämä talteen ensi vuotta varten.

Hänellä on vielä muisti tallella.

Talletan rahat pankkiin.

Avasin pankissa talletustilin.

koko

Juhla kesti koko päivän.

Niitä on kolmea kokoa.

Ryhmä on nyt koossa.

Kokosimme kaikki voimat vihollista vastaan.

Eduskunta kokoontuu istuntosaliin.

Tämä on luotettava kokoomateos.

Hän kokoilee ensipainoksia.

Kokous alkoi täsmällisesti.

typpi, typen, typpeä	nitrogen
vetypommi	hydrogen bomb
järjestää	to put in order, organize, arrange
järjestellä	
järjestö	organization
järjestäytyä (intr.)	to organize
järjestäjä	
järjestysluku	ordinal number

Hän on viides järjestyksessä.

Hän kääri hihansa ylös. — He rolled up his sleeves.

Hän kääri lahjat pakettiin.

He kääriytyivät huopiinsa ja nukkuivat.

isorokko	smallpox
rutto	bubonic plague

tuhkarokko	measles
vihurirokko	German measles
vesirokko	chicken pox
sikotauti	mumps

Hän vietti yönsä puun juurella.

Runoilija istui neidon jalkain juuressa.

Mutta: Tyvestä puuhun noustaan.

Hän puhui itseksensä

Hän otti siitä itseensä.	She was offended by it.
itseohjaava	with automatic steering
itsekäs	selfish
itsekkyys	selfishness
itserakas	egoistic, self-important

Kotitehtävä

Valmistakaa lyhyt esitys Yhdysvaltain tähänastisista avaruuslennoista.

Vastaus:

Professori ja Rouva A. O. Ketonen kiittävät kun-
nioittavasti Hallitusneuvos ja Rouva Eino Toi-
vosta heidän ystävällisestä kutsustaan päiväl-
liselle maaliskuun 7 p:nä klo 20. He noudat-
tavat sitä mielihyvin.

(He valittavat suuresti, etteivät aiemman lupauk-
sensa vuoksi voi sitä noudattaa.)

Käytöksen Kultainen Kirja

36

S O T I L A S P O I K A[1] J A H A L K O S O U V I

Näin havahduttiin itsenäisyyspäivään Lehtopurossa.
Aune Miettinen, pienviljelijän vaimo heräsi ensin. Tuli piti
panna uuniin, sillä ovelta työntyi sisään vihaista viimaa.
Emäntä Miettinen kulki lattian poikki, sieppasi uunin alta
sylyksen halkoja ja pudotti ne lieden eteen. Sitten hän al-
koi kiskoa irti tuohta.

Sivustavedettävän seinänpuoleisella reunalla teki pien-
viljelijä Tauno Miettinen heräämistä. Tänään ei ollut asiaa
valtion töihin, pidettiin juhlapäivänä tätä maanantaita.
Miettisen käsi kopaisi housunkaulusta, toinen haparoi tupak-
kalaatikossa, löysi illallisen natsan ja nosti sen suupie-
leen, raapaisi tulen. Tuvassa oli nyt kaksi palavaa pistet-
tä: lieden valkea ja isännän hehkuva savukkeenpää.

- Menetkö viemään Kasuriseen halkoja? Isäntä ei vastan-
nut. Tottakai hän menee Kasuriseen, milloinka sitten, ellei
tänään. Täytyy nykäistä traktorilla kymmenen kuutiota Pel-
lonperästä Kasurisen pihaan, sirkkelöidä. Valoisan aikana se
on tehtävä.

Vaimo lähti navettaan, meni luokkina vesisankoineen.

Lapset heräsivät. Vanhin tytär, Liisa, ei ole enää mi-
kään lapsi, vaan puolikasvuinen. Tuskin saa silmänsä auki,

---

[1]Sotilaspoika on runo runokokoelmasta " Vänrikki Stoo-
lin tarinat", jonka Johan Ludvig Runeberg kirjoitti Suomen
sodasta v. 1808-10.
" Mun isän oli sotamies
ja nuori, kauniskin. . "

niin on jo lennättämässä kahvikuppeja pöytään ja kolisuttamas-
sa hellanrenkaita. Isän paikalle Liisa vie korvallisen kahvi-
kupin.

- Mun isän oli sotamies. . .laulaa ensiluokkalainen Mat-
ti. Isäntä vilkaisee poikaa ja häntä naurattaa. Pojalla on
pullea maha, joka aina kekottaa paidan ja housun välissä
paljaana.

- jaa nuoorii kauniskin. . .laulaa Matti.

- Sun isäs oli k. rpraali. . .pistää isäntä väliin ja
sanoo sitten, että Matti saa lähteä Kasurilaan halkosouviin.
Poika peittää nopeasti mahansa ja alke : roa kenkiään muu-
rilta.

Metsässä on päivä vielä aivan varpaillaan. Puiden lomas-
sa ei edes kajota, latvuksissa on jo hiukan valoa. Miettinen
ajattelee, että valtion työt päättyvät jouluksi, sitten jou-
taa napsimaan eukolle hellapuita pinoksi asti. Liekö puilla
mitään keitettävää sitten enää, kun tilikausi päättyy.

Päivälliseksi on tirripaistia ja keitinperunoita. Isän-
tä on tienannut Kasurisessa kolme kymppiä.

Aterian jälkeen hän ottaa lehden ja heittäytyy pitkäl-
leen sivustavedettävään. Hän lukee kunniamerkkien saajat.
Joukossa on yksi tuttava, kylän entinen opettaja. Hän lukee
runon isänmaalle, ja katsoo runon yläpuolella olevaa kuvaa.
Siinä joku tyttö sytyttää kynttilää. Hän ajattelee, että
siinä täytyisi olla Artun kuva. Arttu kaatui sodassa, tyttö
ei ollut silloin vielä syntynytkään. Lehti putoaa isännän
kasvoille ja hän nukkuu. Mattia naurattaa, kun lehti kohoi-
lee isän hengittäessä ja hän lukee samalla sarjakuvia lehden

takasivulta.

- Hattunsa muistan töyhtöineen ja kulmakarvat. . .Matti
laulaa, mutta äiti sanoo: - Anna olla muistamatta, isäs
makaa. . .

Illalla neljä Miettistä ajaa traktorilla Kasurilaan.
F..usuivat sinne töllöttämään.[1] Ihmisjono valuu kuvaruudussa
Kekkosia kohti. Kasurisen emäntä huomauttaa, että naisilla
on toinen olkapää paljaana ja Miettisen emäntä sanoo, että
se on muotia. Matti kuiskaa Pentille jotain, joka alkaa:

- Katso, mitkä tiss. . .Miettisen emäntä tukistaa Mattia,
mutta Kasurisen emäntä antaa sille omenan.

Kasurisen isäntä puhuu Miettisen isännälle leimikosta,
joka pitäisi kaataa. Miettinen tulee sen todennäköisesti
kaatamaan, kunhan lopettaa valtiolla. He eivät vilkaisekaan
kuvaruutuun eivätkä puhu itsenäisyydestä. He puhuvat kauan
ja sitkeästi haloista.

Kun Miettiset ovat palanneet Kasurisesta, repäisee
emäntä lehdestä sen sivun, missä ovat kunniamerkkien saajat
ja työntää sen sytykkeeksi lieteen. Sitten hän riisuutuu ja
menee sivustavedettävään. Isäntä jää istumaan keinutuoliin
ja hänen savukkeensa hehkuu viimeisenä elonmerkkinä sam-
muvasta itsenäisyyspäivästä. Tauno Miettinen istuu ja pohtii,
riittääkö valtion töitä vielä kahdeksi viikoksi.

                                    Elina Karjalainen
                                    Suomen Kuvalehti

---

[1]Suomen itsenäisyyspäivä on joulukuun 6. päivänä. Sil-
loin on Presidentin linnassa suuret juhlat, jotka televisioi-
daan.

416

Sanasto

halko, halon, halkoa, halkoja	piece or stick of wood, firewood
souvi, souvin, souvia, souveja (colloq.)	work, job (to be done)
havahtua, havahdun, havahtui, havahtunut	to wake up, awaken, be stirred (into action)
vrt. herätä	
puro, puron, puroa, puroja	brook, creek
lehto, lehdon, lehtoa, lehtoja	grove
uuni, uunin, uunia, uuneja	heating stove, oven
vihainen	angry
työntyä, työnnyn, työntyi, työntynyt (intr.)	to push one's way
sylys, sylyksen, sylystä, sylyksiä	armful
syli, sylin, syliä, sylejä	full stretch of a person's arms; lap, fathom (6 feet)
liesi, lieden, liettä, liesiä	range, cooking stove
kiskoa, kiskon, kiskoi, kiskonut	to pull, strip, jerk, extort
tuohi, tuohen, tuohta, tuohia	birch bark
sivustavedettävä (sänky)	extendable sofa bed
tehdä heräämistä	to be in the process of awakening
kopaista, kopaisen, kopaisi, kopaissut (colloq.)	to feel, catch, touch
kaulus, kauluksen, kaulusta, kauluksia	collar
housunkaulus	trouser waist
haparoida, haparoin, haparoi, haparoinut	to grope (after), feel one's way

417

illallinen	evening (adj.); supper
natsa, natsan, natsaa, natsoja	cigarette stub or stump
suupieli	corner of the mouth
raapaista, raapaisen, raapaisi, raapaissut	to strike (a match), scratch, claw, graze
valkea	fire (dial.), light, white
hehkua, hehkun, hehkui, hehkunut	to glow, be red hot, burn
tottakai	of course
sirkkelöidä, sirkkelöin, sirkkelöi, sirkkelöinyt	to saw with a disk saw
vrt. sirkkeli (saha)	
luokki, luokin, luokkia, luokkeja	collar bow, curved piece of wood
luokkina	stooped, bent down
sanko, sangon, sankoa, sankoja = ämpäri	pail, bucket
kolisuttaa, kolisutan, kolisutti, kolisuttanut	to make rattle or clatter
kolista = kolistella	to rattle
hellanrengas	ring of a range
korvallinen	with the handle or "ear"; area, close to the ear
vilkaista, vilkaisen, vilkaisi, vilkaissut (jotakin)	to glance (at something) have a glance
pullea, pullean, pulleaa, pulleita	plump, chubby, roundish
maha, mahan, mahaa, mahoja	belly, abdomen, stomach
kekottaa, kekotan, kekotti, kekottanut (colloq.)	to be visible above the surroundings

418

paljas, paljaan, paljasta, paljaita	bare, naked, uncovered, bald
pistää = panna (colloq.)	to put, prick, project
varpaillaan = varpaisillaan	on tiptoe
varvas, varpaan, varvasta, varpaita	toe
lomassa = välissä	
kajottaa, kajotan, kajotti, kajottanut	to dawn, gleam, be dimly visible
latvus, latvuksen, latvusta, latvuksia	leafy head of a tree top, crown
joutaa, joudan, jouti, joutanut	to have time, find time, be free
napsia, napsin, napsi, napsinut	to snap, cut with one stroke
eukko, eukon, eukkoa, eukkoja	wife, old married woman (coll.)
pino, pinon, pinoa, pinoja	pile, stack
tilikausi	pay period, fiscal period
tirripaisti (colloq.)	fried pork fat
tienata, tienaan, tienasi, tienannut = (colloq.)	to earn
hankkia	
kymppi	ten-mark coin or bill
heittäytyä, heittäydyn, heittäytyi, heittäytynyt (intr.)	to throw (oneself), be lulled
heittäytyä pitkälleen tai pitkäkseen	to throw flat
kunniamerkki	decoration, order, badge, honor
kynttilä	candle

kohoilla, kohoilen, kohoili, kohoillut	to move up and down
sarjakuva = kuvasarja	serial cartoon
töyhtö, töyhdön, töyhtöä, töyhtöjä	crest, feather, plume, tuft
kulmakarvat	eyebrows
töllöttää, töllötän, töllötti, töllöttänyt	to gape, gaze, stare, watch TV (coll.)
Anna olla muistamatta!	Let it be forgotten!
jono, jonon, jonoa, jonoja	line, queue, row
kuvaruutu, -ruudun, -ruutua, -ruutuja	TV screen
tukistaa, tukistan, tukisti, tukistanut	to pull or jerk a person's hair
leimikko	area of timber marked for cutting
leimata, leimaan, leimasi, leimannut	to stamp, mark, brand
repäistä, repäisen, repäisi, repäissyt	to rend, tear, pull off
sytyke, sytykkeen, sytykettä, sytykkeitä	kindling
keinutuoli	rocking chair
keinu, keinun, keinua, keinuja	swing
sammua,(sammun), sammui, sammunut (intr.)	to go out (fire, light), be extinguished

Kysymyksiä

A.   Milloin on Suomen itsenäisyyspäivä? Miten sitä juhlitaan? Millainen ilma silloin tavallisesti on? Miten valoisaa on silloin Suomessa? Mitä presidentti jakaa itsenäisyyspäivänä ansioituneille kansalaisille? Miten pienviljelijä Tauno Miettinen juhli itsenäisyyspäivää? Miten lehdet ottivat itsenäisyyspäivän huomioon?

B.   Millainen perhe Tauno Miettisellä oli? Miten Miettinen hankki toimeentulonsa? Millainen tila hänellä oli? Mitä hän myi? Mitä emäntä Miettinen teki? Millainen hella (liesi) hänellä oli? Millainen tupa (tupakeittiö) heillä oli? Millä Miettiset ajavat naapuriin? Mikä sivustavedettävä on?

C.   Milloin on Yhdysvaltain itsenäisyyspäivä? Miten sitä virallisesti juhlitaan? Miten Mississipin maanviljelijä juhlii heinäkuun neljättä? Miten Yhdysvaltain presidentti juhlii heinäkuun neljättä? Kenelle myönnetään silloin kunniamerkkejä? Millainen sää on silloin Amerikassa? Miten valoisaa on heinäkuun neljäntenä päivänä täällä? Miten te itse juhlitte heinäkuun neljättä?

D.   Milloin oli Suomen sota? Keiden välinen sota se oli? Kuka sen voitti? Kenelle Suomi joutui rauhanteossa? Kuka kirjoitti kuuluisan runokokoelman " Vänrikki Stoolin tarinat" ? Milloin oli Vapaussota? Keiden välinen se oli? Kuka sen voitti?

Harjoituksia

Verratkaa keskenään seuraavia ilmaisuja:

Anna olla muistamatta!

Ole muistamatta!

Älä muista!

A. MODEL: Älä sano! - Anna olla sanomatta!

    1. Älkää tehkö!

    2. Ei myydä!

    3. Älkööt puhuko!

    4. Älä syö!

    5. Älkää viekö!

    6. Ei tuoda!

B. MODEL: On parasta lähteä. - On parasta olla lähtemättä.

    1. Hänen piti puhua.

    2. He saivat syödä.

    3. Aikomukseni on matkustaa maalle.

    4. Onko viisasta soittaa poliisille?

    5. Hän aikoi ottaa velkaa.

C. MODEL: Hän ei aikonut puhua. - Hän aikoi olla puhumatta.

    1. Emme halunneet tehdä työtä.

    2. Ei ole viisasta kutsua lääkäriä.

    3. Et aikonut ostaa mitään.

4. Ette saanut syödä ettekä juoda.

5. Kuka ei halua nukkua?

D. Täydentäkää seuraavat lauseet:

MODEL: <u>Tuo mies on . . .vieraamme.</u> <u>ilta -</u>
<u>Tuo mies on illallinen vieraamme.</u>

1. Ajattelen vieläkin. . .   aamu
tapahtumaa.

2. Kukahan se. . .kävijä   yö
oli?

3. Hänelle kävi kuin. . .   kerta
miehelle.

4. Hän teki sen. . .päähän-   hetki
pistosta.

5. Liukas tie oli. . .   vaara

6. Sain kortin. . .tut-   kesä
tavuudeltani.

Verratkaa: Se on kovin <u>jokapäiväinen</u> asia.

Tuoko <u>eilinen</u> tapahtuma?

<u>Vuotuinen</u> veroilmoitus on taas laadittava.

Sanavaraston kartuttamista

ensiluokkalainen Matti = ensimmäisen luokan oppilas Matti

ensiluokkainen hotelli = ensiluokan hotelli.

Esitys oli ensiluokkainen.

Kasurinen = Kasuristen talon nimi.

Tuotko Kasurisesta halkoja?

He ovat Miettisessä käymässä.

uuni

Joka huoneen nurkassa oli puilla lämmitettävä uuni.

Leivät paistetaan uunissa.

Puuhella, sähkö-, kaasuhella tai

puuliesi, sähköliesi, kaasuliesi.

Kiinan muuri.

Kaupunkia ympäröi korkea muuri.

Joutaako tämä kirja sinulta lainaksi?

En jouda nyt tulemaan töiltäni.

Mitä joutavia!

Älä joutavia sure!

Hän on ollut joutilaana koko kesän.

Poika oli jouten.

Jonotimme lippuja puoli päivää.

Seisoimme jonossa odottamassa, että ovet avattaisiin.

Vankijono eteni hitaasti.

koho, ongenkoho   float,

Vakan kansi oli kohollaan.

Kissa kohotti päätään.

Savu kohosi pystysuoraan ilmaan.

Taikina oli hyvin kohonnutta.

kohokartta = reliefikartta

vrt.   korkokuva

Paidan kaulus oli rikki.

Koiran panta pidettiin aina valmiina.

sänky = vuode

Hän on vuoteen omana.

Hän otti vuoteensa ja käveli.

Ostimme kaksoissängyt.

Panin lapset vuoteeseen (tai sänkyyn tai nukkumaan).

vrt. kukkapenkki	flowerbed
kerrostuma	layer, bed (of earth, etc.)

Nuorella parilla oli päästävedettävä puusänky.

Hänellä on kokoonpantava telttasänky.

KOULUATERIAT HELSINGISSÄ

Kansakoulut
28.11.--3.12.1968

I ryhmä

MAANANTAI:
  ruisrouhepuuro,
  maito, leipä.
TIISTAI:
  vitapuuro, maito, leipä.
KESKIVIIKKO:
  hernekeitto, maito, leipä.
TORSTAI:
  makkarakeitto,
  maito, leipä.
PERJANTAI:
  vehnärouhevelli.
LAUANTAI:
  vehnähiutalepuuro,
  maito, leipä.
Yhtenä viikonpäivänä jaetaan
makkaravoileipä ja kahtena
viikonpäivänä voita.

II ryhmä

MAANANTAI:
  ruisrouhepuuro,
  maito, leipä.
TIISTAI:
  kaalikeitto, maito, leipä.
KESKIVIIKKO:
  hernekeitto, maito, leipä.
TORSTAI:
  vitapuuro, maito, leipä.
PERJANTAI:
  pinaattikeitto.
LAUANTAI:
  kalakeitto, maito, leipä.
Yhtenä viikonpäivänä jaetaan
makkaravoileipä ja kahtena
viikonpäivänä voita.

312-421 O - 68 - 28

425

37

SORTOVUODET[1]

Mutta tällä hetkellä kansamme tulevaisuutta varjosti
raskaasti mahtavan sortajan hahmo. Bobrikovia[2] pidettiin
maassamme kaiken pahan ruumiillistumana. Niin kauan kuin
hän sai johtaa maamme hallintoa, ei paremmasta tulevaisuu-
desta ollut toiveitakaan. Kun yritykset hänen poissiirtämi-
sekseen - yritykset, joita oli tehty etenkin maahamme ta-
vattoman suopeasti suhtautuneen leskikeisarinna Maria Feo-
dorovnan, tsaarin äidin, välityksellä - olivat epäonnistu-
neet, katsottiin ainoaksi keinoksi Bobrikovin väkivaltainen
raivaaminen pois tieltä. Tämän monella taholla suunnitellun
teon suoritti nuori virkamies Eugen Schauman.

Schaumanin isä oli kenraali ja senaattori, joka oli
suorittanut huomattavan virkauran mm. Venäjällä palvelles-
saan. Isänmaallisessa kodissa kasvaessaan nuori Eugen omak-
sui aito runebergiläisen ihanteellisen isänmaan rakkauden.
Mutta jaloluonteinen nuorukainen oli valmis osoittamaan aat-
teittensa kestävyyden myös käytännössä. Pitkällisen harkin-
nan jälkeen hän päätyi ajatukseen, että hänen velvollisuuten-
sa oli sortajan poisraivaaminen. Mutta poliittinenkin murha
oli hänen mielestään rikos. Tämän vuoksi hän päätti hyvittää

---

[1]Sortovuodet: ns. ensimmäinen sortokausi oli Suomen his-
toriassa v. 1899-1905, ja toinen sortokausi v. 1907-1914.
Venäjän keisarina oli tsaari Nikolai II.

[2]Bobrikov oli Suomen kenraalikuvernööri ja samalla kei-
sarin henkilökohtainen edustaja Suomessa.

tekonsa omalla hengellään.

Kesäkuun 16. päivänä v.1904 Schauman päätti toteuttaa
päätöksensä senaatin rakennuksessa, jonne Bobrikovin piti
tulla täysistuntoa seuraamaan. Hän oli huolellisesti valmis-
tautunut yritykseensä mm. kehittämällä muutenkin hyvää ampu-
mataitoaan jatkuvilla harjoituksilla. Kun Bobrikov saapui
senaattiin kello ll:n tienoilla, odotti Schauman häntä toisen
kerroksen käytävässä. Sanaakaan sanomatta hän ampui maamme
vihamiestä kohti kolme laukausta. Kaksi ensimmäistä luotia
kimposi takaisin kenraalin kunniamerkeistä ja univormun na-
peista. Kolmas murskautui sotilasvyön messinkisolkeen ja
sirpaleet tunkeutuivat kenraalin vyötäisiin. Mutta haavoit-
tumisestaan huolimatta Bobrikov jatkoi tyynesti kulkuaan se-
naatin istuntosaliin ikäänkuin mitään ei olisi tapahtunut.
Kun laukauksien hälyttämiä rakennuksessa olijoita ryntäsi
paikalle, ampui Schauman kaksi laukausta sydämeensä ja kaatui
kuolleena maahan.

Bobrikov pääsi omin voimin senaatin istuntosaliin. Mut-
ta kohta haavoittuminen alkoi tuntua. Kiireen kaupalla pai-
kalle saadut lääkärit totesivat, että vain nopealla leikkauk-
sella Bobrikov oli ehkä pelastettavissa. Omasta toivomuk-
sestaan Bobrikov kuljetettiin venäläisen sotilassairaalan
asemesta Kirurgiseen sairaalaan, jossa tohtori R. W. Faltin
leikkasi hänet. Potilaan iän ja haavojen vaikeuden takia
leikkaus ei auttanut, ja kello 1 seuraavana yönä kenraaliku-
vernööri kuoli.

Kenraalikuvernöörin ruumiinsiunaus suoritettiin Helsin-
gissä, mistä vainaja ennen kuulumattomin upein sotilaallisin

427

juhlamenoin saatettiin Pietariin.[1] Täällä itse keisari
kunnioitti hautajaistilaisuutta läsnäolollaan. Sen sijaan
itsensä uhranneen isänmaanystävän viimeinen matka johti yön
pimeydessä Malmin hautausmaalle, minne hänet vain kaikkein
läheisimpien sukulaisten läsnäollessa haudattiin rivihautaan
puolihumalaisten ja töykeästi käyttäytyvien poliisien valvoes-
sa toimitusta. Hautakumpukin tasoitettiin, jottei kukaan
saattaisi löytää sen miehen viimeistä leposijaa, joka oli
vapauttanut maansa sortajasta. Vasta kun valtiolliset olot
jälleen vapautuivat, siirrettiin Eugen Schaumanin maalliset
jäännökset Porvoon hautausmaalla olevaan sukuhautaan kansa-
kunnan pääosan osoittaessa kunnioitustaan.

Eugen Schaumanin teko sai suurimmassa osassa kansaa
vaitavan helpotuksen tunteen aikaan. Myöntyväisyyssuunnan
miehet eivät sitä kuitenkaan hyväksyneet, vaan leimasivat
sen rikokseksi. Kiihkovenäläisissä se herätti tietenkin
suunnatonta raivoa. Vaikka Schauman mm. keisari-suuriruh-
tinaalle osoittamassaan kirjeessä, missä hän liikuttavin sa-
noin rukoilee tätä peruuttamaan laittomat toimenpiteensä,
vakuutti olevansa yksin tekonsa takana, joutuivat hänen omai-
sensa siitä kärsimään. Mm. hänen vanha isänsä raahattiin
vankeuteen, mistä hän vasta kuukausia myöhemmin vapautui.
Toisaalta maltilliset venäläiset pitivät Bobrikovin kohtaloa
vain johdonmukaisena tuloksena Venäjän hallituksen typerästä
politiikasta, mikä oli ajanut lainkuuliaiset suomalaiset epä-
toivoisiin tekoihin.

---

[1]Pietari on nykyinen Leningrad.

428

Schaumanin teko ei sinänsä pysähdyttänyt sortotoimen-
piteitä. Mutta Bobrikovin kuolema muodostui kuitenkin kään-
nekohdaksi, minkä jälkeen sorto alkoi heikentyä. Schaumanin
uhri ei siten ollut turha. Ihanteellisella uhrautuvaisuudel-
laan hän on hankkinut pysyvän sijan historiassamme.

Tauno Kuosa
Jokamiehen Suomen historia

Sanasto

sortovuodet	years of oppression, lawlessness
sortaa, sorran, sorti, sortanut (tr.)	to oppress, keep in subjection
sortua, sorrun, sortui, sortunut (intr.)	to fall, collapse, be overthrown
tulevaisuus	future
varjostaa, varjostan, varjosti, varjostanut	to overshadow, shade, shadow
vrt. varjo	
hahmo, hahmon, hahmoa, hahmoja	figure, shape, form
ruumiillistuma	embodiment, incarnation
hallinto, hallinnon, hallintoa	administration
poissiirtäminen	transfer
etenkin	especially, particularly
leski, lesken, leskeä, leskiä	widow, widower
epäonnistua	to fail, be unsuccessful
väkivaltainen	violent, forcible
taho, tahon, tahoa, tahoja	quarter, direction
senaattori	senator

senaatti	Senate
virkaura = virkamiesura	civil service career
ura, uran, uraa, uria	career, path, groove, rut
omaksua, omaksun, omaksui, omaksunut	to embrace, adopt, make one's own
runebergiläinen	idealistic, patriotic
ihanteellinen	idealistic, ideal
jaloluontoinen = jaloluonteinen	of noble character
kestävyys	perseverance, durability, strength
päätyä, päädyn, päätyi, päätynyt (johonkin)	to come, be led (to something)
rikos, rikoksen, rikosta, rikoksia	crime
hyvittää, hyvitän, hyvitti, hyvittänyt	to atone, make. .good, compensate
täysistunto, -istunnon, -istuntoa, -istuntoja	joint assembly
huolellinen	careful, attentive
muuten	otherwise, else
tienoo, tienoon, tienoita, tienoita	neighborhood, vicinity, region
tienoilla (jonkin t.)	somewhere in the neighborhood
vihamies	enemy, foe
vrt. vihollinen	
laukaus, laukauksen, laukausta, laukauksia	shot
kimmota, kimpoan, kimposi, kimmonnut	to ricochet, bounce, be springy
vrt. kimmoke	ricochet

430

nappi, napin, nappia, nappeja	button, stud, link
messinki, messingin, messinkiä	brass
solki, soljen, solkea, solkia	buckle, clasp, brooch
tunkeutua, tunkeudun, tunkeutui, tunkeutunut (intr.)	to penetrate, force one's way into
tunkea, tungen, tunki, tunkenut (tr.)	to push, shove, crowd
vyötäiset	waist, loins
hälyttää, hälytän, hälytti, hälyttänyt	to alarm, sound the alarm
kiireenkaupalla	hastily, in a great hurry
toivomus	wish, desire
vrt. toivo	
asemesta (jonkin a.)	in place of, instead of (something)
leikata, leikkaan, leikkasi, leikannut	to operate, cut, prune, crop
potilas, potilaan, potilasta, potilaita	patient, sick person
kuvernööri	governor
ennenkuulumaton	unheard-of, unprecedented
upea, upean, upeaa, upeita	grand, magnificent, impressive
läsnäolo	presence
isänmaanystävä	patriot
hautausmaa	cemetery, burial ground
läheinen	close friend, relative
töykeä, töykeän, töykeää, töykeitä	harsh, rough, blunt
puolihumalainen	tipsy, half drunk

toimitus	ceremony, performance, editorial staff
kumpu, kummun, kumpua, kumpuja	mound, small hill
tasoittaa, tasoitan, tasoitti, tasoittanut	to level, even, smooth
leposija	resting place
kansakunta	nation, people
myöntyä, myönnyn, myöntyi, myöntynyt	to submit, consent, assent
myöntyväisyyssuunta	policy of submissiveness
kiihkeä, kiihko-	fanatical
liikuttava	moving, touching
peruuttaa, peruutan, peruutti, peruutvanut	to revoke, repeal, cancel, back
laiton, laittoman, laitonta, laittomia	illegal, unlawful
vankeus, vankeuden, vankeutta, vankeuksia	imprisonment, captivity
maltillinen	moderate, sober, tolerant
kohtalo, kohtalon, kohtaloa, kohtaloja	lot, fate, share, destiny
johdonmukainen	logical, consistent
typerä = tyhmä	
lainkuuliainen	law abiding, loyal
epätoivoinen = toivoton	
sinänsä	as such, as it is
käännekohta	turning point, crisis
heikentyä, heikennyn, heikentyi, heikentynyt (intr.)	to weaken, grow weaker, subside

432

heikentää, heikennän, heikensi, heikentänyt (tr.)	to weaken
siten	thus, so
uhrautuvaisuus	willingness to make sacrifices

Kysymyksiä

A.   Minä Bobrikovia pidettiin Suomessa? Mistä ei ollut toiveitakaan hänen hallitessaan? Mitkä yritykset olivat epäonnistuneet? Kenen apua oli siihen etsitty? Mikä katsottiin ainoaksi keinoksi? Kuka suoritti tämän teon? Mikä Eugen Schauman oli? Mikä hänen isänsä oli? Minkälainen Eugen Schauman oli luonteeltaan? Mikä hänen velvollisuutensa oli? Mikä hänen mielestään poliittinenkin murha oli? Miten hän päätti hyvittää tekonsa?

B.   Minä päivänä Schauman aikoi toteuttaa päätöksensä? Miksi Bobrikov tuli Senaattiin tuona päivänä? Miten Schauman oli valmistautunut yritykseensä? Missä Schauman odotti Bobrikovia? Mitä hän teki nähdessään Bobrikovin? Mitä Bobrikoville tapahtui? Miksi muita ihmisiä ryntäsi paikalle? Mitä Schauman silloin teki? Miten Bobrikov yritettiin pelastaa? Onnistuttiinko siinä? Minä Eugen Schaumannia pidetään Suomessa?

C.   Milloin olivat sortovuodet Suomen historiassa? Mikä oli Bobrikovin asema Suomessa? Kenelle Suomi kuului? Minkälainen oli Bobrikovin suhtautuminen Suomeen? Miten tsaarin äiti, Maria Feodorovna, suhtautui Suomeen?

Mitä suomalaiset ajattelivat Bobrikovista? Mitä eri
poliittisia suuntia oli silloin Suomessa (Venäjällä)?
Mitä Schauman kirjoitti keisarille? Mihin tekoon Venäjän
typerä politiikka lopulta ajoi suomalaiset?

D.   Ketkä Yhdysvaltain presidenteistä on salamurhattu?
Oliko Eugen Schaumanin teko salamurha? Mikä ero oli
Bobrikovin ja Kennedyn murhalla? Miksi Schaumania pide-
tään kansallissankarina? Miksi Kennedyn murhaajaa ei
pidetä kansallissankarina? Oliko Eugen Schauman yksin
tekonsa takana? Mistä tiedetään, että kysymyksessä ei
ollut salaliitto? Minkälainen salaliitto oli Lincolnin
murhan takana? Onko teidän mielestänne poliittinen murha
rikos?

Harjoituksia

A. Vastatkaa alempana oleviin kysymyksiin tarkasti seuraavan
lauseen sanoilla:

" Sensijaan itsensä uhranneen isänmaanystävän viimeinen
matka johti yön pimeydessä Malmin hautausmaalle. . ."

1. Minne matka johti?
2. Minkä hautausmaalle matka johti?
3. Milloin matka johti?
4. Minkä pimeydessä matka johti Malmin hautausmaalle?
5. Millainen matka johti?
6. Kenen matka johti?
7. Millaisen isänmaanystävän matka johti hautausmaalle?
8. Kenet uhranneen isänmaanystävän matka?

B. Vastatkaa samalla tavalla alempana oleviin kysymyksiin
seuraavan lauseen sanoilla:

". . .minne hänet vain kaikkien läheisimpien sukulaisten
läsnäollessa haudattiin rivihautaan puolihumalaisten ja
töykeästi käyttäytyvien poliisien valvoessa toimitusta."

1. Kenet haudattiin?
2. Mihin hänet haudattiin?
3. Milloin hänet haudattiin?
4. Kenen läsnäollessa?
5. Millaisten sukulaisten läsnäollessa?
6. Miten läheisimpien sukulaisten?
7. Keiden valvoessa hänet haudattiin?
8. Mitä valvoessa?
9. Minkälaisten poliisien valvoessa toimitusta?
10. Miten käyttäytyvien poliisien?
11. Ja vielä millaisten poliisien valvoessa toimitusta?
12. Minne hänet haudattiin?

C. Toistakaa seuraavat lauseet käyttämällä suluissa olevaa
sanaa sen sopivassa muodossa:

1. (Bobrikov) pidettiin kaiken pahan ruumiillistumana.
2. Ei ole toiveita (parempi tulevaisuus).
3. Leskikeisarinna suhtautui suopeasti (maamme).
4. Bobrikovin raivaaminen tieltä pois katsottiin (ainoa
   keino).
5. Nuori Eugen Schauman omaksui (ihanteellinen isänmaan-
   rakkaus).
6. Hän päätyi (ajatus), että hänen oli raivattava Bob-
   rikov pois tieltä.

435

7. Hän hyvitti tekonsa (oma henki).

8. (Paikka) saadut lääkärit totesivat hänet vakavasti haavoittuneeksi.

9. Bobrikov kuljetettiin suomalaiseen sairaalaan (oma toivomus).

10. Itse keisari kunnioitti hautajaisia (läsnäolonsa).

11. Schauman vapautti maansa (sortaja).

12. He leimasivat sen (rikos).

13. Se ajoi lainkuuliaiset suomalaiset (epätoivoiset teot).

14. Bobrikovin kuolema muodostui (käännekohta).

15. Hän on hankkinut pysyvän sijan (historiamme):

D. Toistakaa seuraavat lauseet käyttämällä sopivaa sanaa kullekin ryhmälle annetuista sanoista:

1. Pojat. . .itsensä luukusta ulos.   tunkea
2. Poliisi. . .väkijoukon halki.   tunkeutua

3. Luodin vaikutus alkoi. . .   tuntea
4. Minä. . .että olin haavoittunut.   tuntua

5. Päiväkirja. . .elokuun viimei-   päätyä
   senä päivänä.
6. Olen. . .tähän tulokseen.   päättyä
7. Me. . .työt lauantaina.   päättää
8. Mitä sinä. . .tehdä?

9. Haavoittuminen. . .kohtalokkaaksi.   osoittaa
10. Mikään ei. . .haudan paikkaa.   osoittautua

11. Schauman. . .kuolleena maahan.   kaataa
12. Hänet. . .oman aseen luoti.   kaatua

13. Tsaarinaikainen Venäjä. . .   sortaa
    Suomea.

14. Tsaarinvalta. . .Venäjällä.   sortua

15. Hän. . .,että hänen unel-   todeta
    mansa olivat. . .   toteutua

16. Lentokone. . .täydellisesti.   murskata

17. Luoti. . .messinkisoljen.   murskautua

18. Me. . .matkaamme.   jatkaa

19. Matkamme. . .   jatkua

E. MODEL: <u>Te onnistuitte kaikessa.</u> - <u>Te epäonnistuitte</u>
          <u>kaikessa.</u>

    1. Olen luonteeltani <u>käytännöllinen</u>.

    2. Kaikki lapset olivat <u>musikaalisia</u>.

    3. Hän oli hyvin <u>naisellinen</u>.

    4. Siinä teit <u>oikeudenmukaisesti</u>.

    5. Ostin <u>mukavat</u> tuolit.

    6. He palvoivat <u>jumalaa</u>.

    7. Se asia on <u>varma</u>.

Vrt. ei-kristitty, ei-länsimainen

<u>Huomatkaa seuraavat merkityserot:</u>

epätoivoinen

mutta: toiveikas, toivorikas   hopeful

epäsikiö   monstrosity

mutta: sikiö   embryo, fetus, brat

epäuskoinen   unbelieving,
                                      sceptical, unbe-
                                      liever

437

| uskovainen | believer, devout |
| uskonnollinen | religious, piously inclined |

Sanavaraston kartuttamista

maltillinen

maltti

maltiton

maltillisuus

Rehtori osoitti suurta maltillisuutta neuvotellessaan oppilaitten kanssa.

Hän on maltiton kuin nuori varsa.

Tämä toimi vaatii harkintakykyä ja maltillisuutta.

kuuliainen — obedient

tottelematon	disobedient, undutiful
totella	to obey, pay heed to
tottelevainen	obedient

Kuuliaiset alamaiset tervehtivät kuningastaan iloiten.

Koira juoksi kuuliaisesti isäntänsä rinnalla.

Kuuliainen, tottelevainen lapsi, oppilas, palvelija.

Hän on tottelevainen kuin opetettu koira.

Harjoittaa, kouluttaa, opettaa tottelevaisuuteen.

Opaskoiriksi koulutettavien tottelevaisuusharjoitukset.

Koira totteli annettua käskyä.

Esimies käskee ja alainen tottelee.

vihamies, vihollinen

Antilla ei ollut ystäviä jos ei vihamiehiäkään.

Kissa ja koira ovat ainaiset vihamiehet.

438

Miksi pitäisi isän ja pojan vihamiehinä erota?

Mutta: Vihollisen hyökkäys lyötiin takaisin.

Saksan viholliset toisessa maailmansodassa.

taho

luotettavalta taholta	from a reliable source
asiantuntevalta taholta	from a reliable source

Luoteja tuli joka taholta.

siunata, siunaan, siunasi, siunannut	to bless, say grace, to read a burial service
siunailla, siunailen, siunaili, siunaillut	to utter exclamations or oaths, swear (misuse names referring to the Lord)
siunaus	
haudata, hautaan, hautasi, haudannut	to bury, lay to rest
hautautua, hautaudun, hautautui, hautautunut	to bury oneself (e.g. among books, etc.)
hautaus	burial
hautajaiset pl.	funeral
hautaustoimisto	funeral home

ruumis

In medical usage ruumis refers to the corpse, i.e. dead body

vrt. keho, kehon, kehoa, kehoja	keho refers to the living human body
ruumisarkku	casket, coffin

439

isänmaa	native land, fatherland
isänmaallinen	patriotic
isänmaanrakkaus	patriotism
laki, lain, lakia, lakeja	law; ceiling, top
laillinen	lawful, legal, according to law
lakimies = juristi	lawyer, solicitor, jurist
vanki, vangin, vankia, vankeja	prisoner
va..:ila, vankilan, vankilaa, vankiloita	prison, jail
vangita, vangitsen, vangitsi, vanginnut	to arrest, imprison

Kotitehtävä

A.   Laatikaa etusivun sanomalehtiuutinen Bobrikovin murhasta a) pietarilaiseen lehteen, b) helsinkiläiseen lehteen.

B.   Haastatelkaa a) Bobrikovin murhan silminnäkijää, b) Kirurgisen sairaalan lääkäriä, tohtori R. W. Faltinia.

Merkkipäivänäni minulle osoittamastanne

huomaavaisuudesta sydämellisesti kiittäen

Matti Meikäläinen

38

SINERGASIAN MERIMIEHISTÄ KYMMENEN LÖYTYI KUOLLEINA

Uumaja, 19.12. (RL) Kymmenen hukkuneen merimiehen ruumiit löytyivät myrskyn laannuttua maanantaina aamupäivällä Uumajan[1] edustalta. Merenkurkussa[2] karille ajaneen 1.100 tonnin kreikkalaisen rahtialuksen Sinergasian haaksirikosta ja kolmetoistajäsenisen miehistön järkyttävästä kohtalosta saatiin tieto kokonaisen vuorokauden jatkuneen epätietoisuuden jälkeen.

Sunnuntaiaamuna alukselta saadussa viimeisessä viestissä oli pyydetty apua miesten saamiseksi pois vuotavasta laivasta. Vaikka kovan eteläisen lumimyrskyn vuoksi pelastustoimiin ei voitukaan ryhtyä, rannalla elätettiin kuitenkin miesten selviytymisestä toivoa.

Maanantaiaamun valjetessa verraten tyynenä saatiin pahimmille epäilyille vahvistus. Lövögrundetin matalikolle ajautunut kreikkalaisalus oli nyt pahoin romuksi hakkautunut hylky, joka rikkonaisena oli vain 3,2 meripeninkulman päässä Bredskärin luotsiasemalta, mistä luotsit aamulla ensimmäisinä lähtivät veneillään hylylle.

Ruotsin laivaston helikopteri ja kaksi pelastusalusta olivat onnettomuuspaikalla kello 8.30, jolloin etsiskelyt

---

[1]Uumaja on kaupunki Ruotsissa.

[2]Merenkurkku on Perämeren ja Selkämeren välillä oleva Pohjanlahden osa.

saattoivat alkaa. Iltaan mennessä oli löydetty jo kymmenen ruumista, joista yksi löytyi jäätyneestä hylystä, seitsemän helikopterin avulla merestä. Kaksi oli ajautunut pelastus-liiveissä Uumajan ulkosatamaan Holmsundin lauttarantaan, mihin haaksirikkoutuneesta aluksesta on matkaa yhdeksän kilometriä. Ruumiita ei ole vielä pystytty tunnistamaan, mutta selvänä pidetään, että ne ovat Sinergasian miehistöä.

Sunnuntai elettiin Uumajassa tuskaisen epätietoisuuden vallassa. Kun kreikkalaisalus lauantaina iltapäivällä ensimmäisen kerran oli antanut SOS-merkkejä, ilmoittanut saamastaan koneviasta ja ajelehtimisestaan avuttomana myrskyn kourissa, lähti pelastusristeilijä Grängesberg paikalle, koska pieni hinaaja ei myrskyn vuoksi kyennyt merelle.

Pian laivasta kuitenkin ilmoitettiin, että ankkuri kiinnittyi pohjaan ja alus pysähtyi Lövögrundetin karikon eteläpuolelle. Konevian vuoksi apua silti tarvittiin.

Kun pelättiin, että ankarassa, yli 10 boforin[1] lumimyrskyssä ankkuri ei pidä ja että myrskyn kiintyessä miesten saaminen aluksesta käy mahdottomaksi, miehistöä pyydettiin siirtymään pelastusalukseen. Aluksen väki jäi kuitenkin laivaansa pelastusaluksen lähtiessä pois paikalta.

---

[1]Bofori eli beaufort on tuulen nopeuden mitta, jota Suomessa yksinomaisesti käytetään. Numerot tarkoittavat maileja tunnissa.

0	1	2	3	4	5	6	7	8
0-1	1-3	4-7	8-12	13-18	19-24	25-31	32-38	39-46

9	10	11	12
47-54	55-63	64-75	yli 75

Sunnuntaiaamuna aluksen radio vielä toimi ja antoi ilmoituksen, että ankkuriketju oli katkennut ja että laiva oli ajautunut pohjoispuolellaan olleelle Lövögrundetin karikolle ja saanut vuodon. Samalla radiosanomassa pyydettiin apua miehistön saamiseksi pois aluksesta.

Vaikka rannalla oltiin täysissä valmiusasemissa helikopteri Söderhamnissa, pelastusalukset, poliisi, palokunta ja kaikki pelastuspartiot valmiina - mitään ei kovassa myrskyssä voitu tehdä. Voitiin vain odottaa jonkinlaisia merkkejä haaksirikkoutuneilta, mutta koko päivän vallitsi onnettomuusaluksen ympärillä vain myrskyn ankaruus.

- Illalla kello 23 havaittiin Holmsundin autolauttasataman rannassa kaksi pelastusvyötä ja silloin alettiin olla jo varmoja, että pahin on tapahtunut. Toivorikkaimmat toivat vieläkin esille mahdollisuuden vöiden irtoamisesta myrskyn kourissa kamppailevasta laivasta ilman, että sen tarvitsisi merkitä miehistön tuhoa.

MAANANTAINA KOLKKO TOTUUS

Maanantaiaamuna oli etelätuuli tauonnut, lumisade lakannut ja Merenkurkun pahin myrsky moniin vuosikymmeniin - Bredskärin luotsin kertoman mukaan ankarin ainakin 40 vuoteen - laantunut. Luotsit kertoivat todenneensa tällöin hylyn olevan Lövögrundetin matalikolla vain 3-4 kilometrin päässä rannasta, 3,2 meripeninkulman päässä omasta asemastaan ja noin yhdeksän kilometrin päässä Holmsundin satamasta.

Kahtia hajonneesta, aavemaisesta hylkyromusta, jota meri huuhtoi, löytyi jäätynyt ruumis, jota arveltiin aluksen kap-

443

teeniksi, joka näin olisi käynyt kamppailuaan luonnon kylmiä
voimia vastaan viimeiseen saakka. Yhtään ruumista ei kuiten-
kaan vielä ole tunnistettu ja etsintöjä kateissa olevien löy-
tämiseksi jatketaan tiistaina.

Järkyttävin löytö tehtiin rannalla helikopterin havai-
tessa jäätyneen miehen, joka jäljistä päätellen oli elossa
selvinnyt rantaan. Hän ei ollut kuitenkaan havainnut sadan
metrin päässä olevaa kalastajamökkiä, vaan oli jäätynyt lumi-
hankeen.

Runsaasti yleisöä ja autoja kerääntyi päivän kuluessa 18
kilometrin päässä kaupungista olevaan Holmsundiin, jossa mur-
heellisena nähtävänä oli monenlaista laivasta irronnutta ja
lumisohjun mukana rantaan ajautunutta romua.

LIIKENNE MYRSKYN JÄLKEEN VÄHITELLEN OMIIN UOMIINSA

Rautatieliikenne kärsi pahiten sunnuntaisen paikoitellen
yli kymmenen boforin voimalla raivonneen myrskyn tuhoista,
joiden koko laajuus paljastui maanantain kuluessa. Vahin-
koja ryhdyttiin välittömästi korjaamaan ja esimerkiksi lii-
kenne saatiin iltaan mennessä sujumaan lähes normaalisti.
Myrsky kaasi maanantain vastaisena yönä eri puolilla Poh-
jois-Karjalaa huomattavan määrän runkoja, kaukovalintayh-
teyksiä oli poikki laajalla alueella Kymenlaaksoa, vaikeat
jääolot ovat rysäyttäneet Kotkan meriliikenteen melkein ko-
konaan ja maantieliikenne oli aamupäivällä etenkin Helsin-
gissä kaaoksessa.

Lumimyrskyn häiritsemä liikenne saatiin maanantaina lähes normaaliksi. Rautateiltä kerrottiin, että kello 17 lähtien kaikki henkilöjunat pääsivät lähtemään ajallaan Helsingistä ja ainoastaan Kouvolan kautta liikennöivät junat olivat runsaasti myöhässä. Tavarajunat sitä vastoin ovat myöhässä ja useita vuoroja on jouduttu peruuttamaan.

Aamulla parikymmentä minuuttia myöhässä olleet lentovuorot sujuivat iltapäivällä normaalisti ja maantieliikenteessä ei maanantain kuluessa sattunut pahoja ruuhkia. Liikkuvasta poliisista kerrottiin edelleen, ettei suuria onnettomuuksia ollut sattunut.

Rannikkoradion kertoman mukaan tilanne merellä oli rauhallinen. Vaikeat jääolot pysäyttivät maanantaina miltei kokonaan Kotkan meriliikenteen. Voimakas tuuli sulki siellä avatut uomat niin nopeasti, etteivät laivat pystyneet kulkemaan.

Jäänmurtaja Voima lähti iltapäivällä Helsingistä auttamaan Kotkan tilannetta. Sisu oli maanantaina Haminassa. Voiman arveltiin saapuvan Kotkaan myöhään illalla, joten tilanne siellä helpottunee jo yön aikana.

Kova tuuli kuljetti sunnuntaina ja maanantaina jäitä rannikolta ulospäin Perämerellä. Jäätilanne helpottui melkoisesti mm. Vaasan, Pietarsaaren ja Raahen satamissa. Kemiin sen sijaan ajautui lisää jäitä.

Laivaliikenne sujui suurimmalta osaltaan hyvin ja esimerkiksi Ariadne ja Bore III saapuivat Helsinkiin aivan aikataulun mukaan. Myrskyn kourissa lienee ollut noin kolmekymmentä suomalaisalusta, joista yksikään ei lähettänyt hätäsanomaa.

445

TURKU PUHDISTUU LUMESTA

Turku, 19.12. (N) Turun kaupungin puhṭaanapitolaitoksella on ollut kiireinen yö ja maanantaipäivä. Autot ovat katurakennusosaston höyläysautojen jäljessä puhdistaneet katuja melkein koko yön. Iltapäivään mennessä oli lunta siirretty kaduilta noin 3.000-4.000 kuutiometriä, mutta läheskään kaikkia katuja ei vielä ollut ehditty puhdistaa.

KATTOJA LENSI KOTKASSA

Kotka, 19.12. (L) Kymenlaakson rannikkoseudulla ja itäisellä Uudellamaalla selvittiin myrskyn kourista ilman suuria vahinkoja. Voimakkaimmin tuuli puhalsi Kotkan seudulla, jossa muutamista rakennuksista irtosi kattopeltejä. Puita kaatui pitkin rannikkoa.

Norjalaisalus Tourcoing, joka sunnuntaina ajelehti Kotkan rantaan, ei saanut keveästä pohjakosketuksesta vaurioita. Haminan satamassa ei sunnuntaina voitu kiinnittää laituriin kahta suurta alusta kovan tuulen vuoksi. Kova lumipyry haittasi maanantaina lastaustöitä Haminan ja Kotkan satamissa.

Uusi Suomi

Sanasto

laantua, laannun, laantui, laantunut (intr.)	to calm, become calm, quiet down
rahtialus = rahtilaiva	freighter, cargo steamer
haaksirikko, -rikon, -rikkoa, -rikkoja	shipwreck, wreck

järkyttävä	shocking, soul stirring, upsetting
järkyttää, järkytän, järkytti, järkyttänyt (tr.)	to shake up, disturb, upset
epätietoisuus, -tietoisuuden, -tietoisuutta	uncertainty, dubiousness
viesti, viestin, viestiä, viestejä	message, relay, signal
vuotaa, vuodan, vuosi (vuoti), vuotanut	to leak, have a leak, seep, flow
selviytyä, selviydyn, selviytyi, selviytynyt	to get out, pull out, manage, escape alive, survive
valjeta, valkenee, valjennut	to dawn, grow lighter
epäily, epäilyn, epäilyä, epäilyjä	apprehension, suspicion, doubt
vahvistus, vahvistuksen, vahvistusta, vahvistuksia	confirmation, strength-ening, sanction, en-dorsement
matalikko, matalikon, matalikkoa, matalikkoja	shallow place, shoal
romu, romun, romua, romuja	scrap, junk
hakkautua, hakkaudun, hakkautui, hakkautunut (intr.)	to be battered, chopped
hylky, hylyn, hylkyä, hylkyjä	wreck, derelict
rikkonainen = rikkinäinen	broken, tattered
meripeninkulma	nautical mile
luotsi, luotsin, luotsia, luotseja	pilot
etsiskely, etsiskelyn, etsiskelyä, etsiskelyjä	search, inquiry
mennessä (johonkin mennessä)	up to, before
pelastusliivit (pl.)	life belt

447

lautta, lautan, lauttaa, lauttoja	ferry (boat), raft, float
tunnistaa, tunnistan, tunnisti, tunnistanut	to identify, recognize
vrt. samastaa, samastan, samasti, samastanut	to identify
risteilijä	cruiser
hinaaja	tug, tugboat
karikko	range of rocks, reef
vrt. riutta, (koralliriutta)	reef (coral reef)
ilmoitus	report, notice
ketju, ketjun, ketjua, ketjuja	chain
vuoto, vuodon, vuotoa, vuotoja	leak, leakage, seepage, discharge
valmius, valmiuden, valmiutta	(state of) readiness, preparedness
palokunta	fire brigade, fire department
partio, partion, partiota, partioita	patrol, guard, scouting
haaksirikkoutua, haaksirikkoudun, haaksirikkoutui, haaksirikkoutunut	to be shipwrecked
toivorikas = toiveikas	hopeful
tuoda esille	to express, bring forth, reveal, disclose
kolkko, kolkon, kolkkoa, kolkkoja	grisly, dreary, dismal
tauota, taukoan, taukosi, tauonnut (intr.)	to cease, stop, die down
kahtia	in two, in two halves
aavemainen	ghastly, ghostly
huuhtoa, huuhdon, huuhtoi, huuhtonut	to wash, rinse, douche

olla kateissa	to be missing, be lost
etsintä = etsiskely	search, inquiry
jälki, jäljen, jälkeä, jälkiä	footprint, trace, track, trail
elossa	alive
lumihanki, -hangen, -hankea, -hankia	snowdrift, hardened snow
mökki, mökin, mökkiä, mökkejä	hut, cottage, cabin
runsas, runsaan, runsasta, runsaita	abundant, plentiful, ample
kerääntyä, keräännyn, kerääntyi, kerääntynyt (intr.)	to gather, collect, assemble
kerätä, kerään, keräsi, kerännyt (tr.)	to collect, gather, accumulate
murheellinen	tragic, sad, mournful, grieved
sohju, sohjun, sohjua = sohjo	(snow or ice) sludge
uoma = vuoma	
paikoitellen	at places, sporadically
laajuus	extensiveness, extent
korjata, korjaan, korjasi, korjannut	to repair, mend, remedy
kaaos, kaaoksen, kaaosta, kaaoksia	chaos
liikennöidä, liikennöin, liikennöi, liikennöinyt	to run, maintain traffic
lentovuoro	scheduled flight
vuoro, vuoron, vuoroa, vuoroja	turn, shift
ruuhka, ruuhkan, ruuhkaa, ruuhkia	congestion (of traffic, logs), jam
hätäsanoma = SOS	signal of distress

katkoa, katkon, katkoi, katkonut	to snap off, break off, sever
käynnistyä, käynnistyi, käynnistynyt = lähteä käyntiin	to get started, start
savotta, savotan, savottaa, savottoja	place of work in the woods
kangas, kankaan, kangasta, kankaita	moor, pine barren; fabric, cloth
runnella, runtelen, runteli, runnellut	to batter, mangle, maim, crush
kaivaa esille	to dig out
kinos, kinoksen, kinosta, kinoksia	drift
läpäistä, läpäisen, läpäisi, läpäissyt	to go through, pass, pierce, penetrate
joskin	even though, even if
puhdistaa, puhdistan, puhdisti, puhdistanut (tr.)	to clean
puhdistua (jostakin) (intr.)	to get cleared of (something), become clean
varuskunta	garrison
puhtaanapitolaitos	sanitation department
höylätä, höylään	to plane, smooth off, shave
kuutio (metri)	cubic (meter), cube
kosketus	contact, touch, connection
vaurio, vaurion, vauriota, vaurioita	damage, injury, harm
lastaus	loading, lading

Kysymyksiä

A.   Mikä laiva joutui haaksirikkoon? Missä se haaksi-
rikkoutui? Kuinka suuri sen miehistö oli? Miksi Siner-
gasia teki haaksirikon? Kuinka kova lumimyrsky vallitsi
silloin? Mistä tuuli kävi? Milloin alus pyysi ensim-
mäisen kerran apua? Missä tilassa laiva silloin oli?
Miksi miehistö ei lähtenyt vielä laivasta? Milloin saa-
tiin viimeinen viesti laivalta? Miten miehistön kävi?
Milloin myrsky taukosi? Millainen myrsky se oli ollut?
Mitä laivalle oli tapahtunut?

B.   Mitä luotsit tekevät? Kuinka kaukana hylky oli
Bredskärin luotsiasemalta? Kenen helikopteri oli onnet-
tomuuspaikalla? Ketkä olivat täysissä valmiusasemissa
rannalla? Miksi laiva ajautui karikolle? Miksi se ei
käyttänyt koneitaan? Miksi pelastusalukset eivät läh-
teneet merelle auttamaan laivaa? Kuka oli jäänyt lai-
vaan? Miksi kapteeni lähtee viimeisenä laivasta?

C.   Mitä vahinkoa lumimyrsky aiheutti junaliikenteelle?
Miten myrsky saa aikaan sähköhäiriöitä? Miten se kat-
kaisee puhelinyhteyksiä? Mitä tekemistä lumimyrskyllä oli
metsätöiden kanssa? Millaiset olivat jääolosuhteet
satamissa? Miksi valtio antoi sotilaiden auttaa puhdis-
tustöissä?

D.   Kuinka usein Washingtonissa on lumimyrsky? Mitä
silloin tapahtuu liikenteelle? Miksi autot eivät kulje?
Miksi katuja ei puhdisteta lumesta? Miten ihmiset pää-

451

sevät työhön? Millä tavalla lumimyrsky voi olla vaa-
rallinen? Kuinka paljon bensiiniä on hyvä pitää autossa
talvella? Minkälaiset renkaat täytyy talvella olla au-
tossa? Mitä erityisiä liikennesääntöjä on voimassa lumi-
myrskyn aikana? Milloin olitte viimeksi lumimyrskyssä?
Missä? Minkälainen myrsky se oli?

Harjoituksia

A. Muuttakaa seuraavissa lauseissa lauseenvastikkeet sivu-
   lauseiksi:

   MODEL: Kymmenen hukkuneen merimiehen ruumiit löytyivät
           myrskyn laannuttua Uumajan edustalta. - Kun
           myrsky oli laantunut, kymmenen hukkuneen meri-
           miehen ruumiit löytyivät Uumajan edustalta.

   1. Myrskyn kiihtyessä miesten saaminen aluk-
      sesta käy mahdottomaksi.

   2. Aluksen väki jäi kuitenkin laivaansa pelas-
      tusaluksen lähtiessä pois paikalta.

   3. Luotsit olivat kertoneet todenneensa tällöin
      hylyn olevan matalikolla.

   4. Järkyttävä löytö tehtiin rannalla helikopterin
      havaitessa jäätyneen miehen.

   5. Maanantaiaamun valjetessa saatiin pahimmille
      epäilyille vahvistus.

   6. "Voiman" arveltiin saapuvan Kotkaan myöhään
      illalla.

   7. Varavoima asema ei ollut käynnistynyt häiriön
      sattuessa.

   8. Puhelinliikenne oli lamassa myrskyn kaadett a
      puita linjojen päälle.

B. Muuttakaa seuraavat partisiippirakenteet sivulauseiksi:

MODEL: Karille ajaneen kreikkalaisaluksen haaksirikosta
saatiin tieto. - Kreikkalaisaluksen haaksiri-
kosta, joka (alus) oli ajanut karille, saatiin
tieto.

1. Haaksirikosta saatiin tieto kokonaisen vuoro-
kauden jatkuneen epätietoisuuden jälkeen.

2. Sunnuntaiaamuna alukselta saadussa viimeises-
sä viestissä oli pyydetty apua.

3. Nähtävänä oli monenlaista laivasta irronnutta
romua.

4. Nähtävänä oli lumisohjun mukana rantaan ajau-
tunutta romua.

5. Viisi senttiä lunta satoi sunnuntaina alka-
neen myrskyn aikana.

C. Muuttakaa seuraavat agentti-partisiippirakenteet sivu-
lauseiksi:

MODEL: Se oli ilmoittanut saamastaan koneviasta. -
Se oli ilmoittanut koneviasta, jonka se oli
saanut.

1. Lumimyrskyn häiritsemä liikenne saatiin
normaaliksi.

2. Myrskyn metsille aiheuttamat tuhot havaitaan
huomattaviksi.

3. Myrskyn avaamia uusia savotoita on eri puolil-
la Karjalaa.

4. Pohjakosketuksen aiheuttamia vaurioita havait-
tiin aluksessa.

5. Sähköhäiriöiden pimentämiä kaupunginosia oli
kolme.

453

Huom.   Luotsin kertoman mukaan myrsky oli ankarin. . .

         Asemapäällikkö Rekolan kertoman mukaan. . .

         Kertomasi mukaan. . .

D. Toistakaa seuraavat lauseet käyttämällä suluissa olevaa
   sanaa sopivassa muodossa:

   1. Apua oli pyydetty miehistön (saaminen) pois laivasta.
   2. (Pelastustoimet) ei voitu ryhtyä.
   3. Rannalla elätettiin toivoa miesten (selviytyminen).
   4. Kreikkalaisalus oli hakkautunut (romu).
   5. (Ilta) mennessä oli löydetty kymmenen ruumista.
   6. Pidetään (selvä), että ne olivat Sinergasiasta.
   7. Alus oli ilmoittanut (konevika ja ajelehtiminen).
   8. Ankkuri kiinnittyi (pohja).
   9. Miesten pelastaminen käy (mahdoton).
   10. Aluksen väki jäi (laiva).
   11. Laiva oli ajautunut (karikko).
   12. Myrsky oli ankarin (neljäkymmentä vuotta).
   13. (Ruumis) arveltiin aluksen kapteeniksi.
   14. Etsintöjä kateissa olevien (löytäminen) jatkettiin.
   15. (Jäljet) päätellen hän oli selvinnyt elossa rantaan.

E. Toistakaa seuraavat lauseet käyttämällä suluissa olevia
   sanoja kunkin postposition vaatimassa muodossa:

   1. Tieto saatiin (epätietoisuus) jälkeen.
   2. (Lumimyrsky) vuoksi ei pelastustoimiin voitu ryhtyä.
   3. Se oli (kolme meripenin: ilmaa) päässä (ranta).
   4. Etsiskelyt olivat käynnissä (ilta) saakka.

5. Apua tarvittiin (konevika) vuoksi.

6. Pelastusalus lähti pois (paikka).

7. Myrskyn ankaruus vallitsi (alus) ympärillä.

8. Hän oli käynyt kamppailua luonnon (kylmät voimat) vastaan (viimeinen) saakka.

9. Siellä oli (lumisohju) mukana rantaan ajautunutta romua.

Sanavaraston kartuttamista

haaksirikkoutua = tehdä haaksirikko =

joutua haaksirikkoon = kärsiä haaksirikko

haaksi, haahden, haahtea (runotyyliä)	boat, vessel
rikki	broken; sulphur, brimstone

huuhtoa

Aallot huuhtoivat laivan kantta.

Peskää vaate lämpimässä saippuavedessä ja huuhtokaa se kahdessa vedessä.

viestittää

viestimies, -joukot

viestijuoksu	relay (race)
viestikapula	relay-race baton

kari, karikko

matalikko	shallows
särkkä, (hiekkasärkkä)	bank, (sandbank)
riutta, (koralliriutta)	reef, (coral reef)

luotsi

vrt.	lentokoneen ohjaaja	pilot

luotsata laivaa, mutta: ohjata lentokonetta

luotsiasema, -vene, -laiva

pelastaa

pelastautua

pelastusarmeija

pelastusrengas	life preserver
pelastusliivit (pl.)	life belt, life preserver

tunnistaa

vrt.   samaistaa, tunnustaa

Hän tunnisti ruumiin pojakseen.

Hän tunnusti rikoksensa.

Hän samaistaa itsensä alkuasukkaiden kanssa.

partio

partiojärjestö

partiopoikajärjestö, partiotyttöjärjestö

hiihto-, kaukopartio

sotilaspartiohiihto

kade = kateus	envy
kade = kateellinen	envious

kadehtia = olla kateellinen

olla kateissa = olla kadoksissa to be missing

vrt.   kate

Hänen sanoillaan ei ole katetta.

Hän maksaa kateettomalla shekillä.

Kateus (kade) vie kalat merestä.

Tavarani ovat aina kateissa.

Mies kadehti kaikkia parempiosaisia.

Poika oli tälle kateellinen.

tauota

    vrt.   lakata   to stop, cease; wax,
varnish

Kello lakkasi käymästä.

Puhe taukosi.

    Mutta: Lakkasin lattian.   I varnished the floor.

Hän lakkasi ja sinetöi kirjeen.

    Vrt.   Lakaisin lattian.   I swept the floor.

    aselepo   cease-fire, armistice,
truce

sujua

Häneltä sujuu työ hyvin.

Matka sujui hyvin.

Hyvinhän se sujuu!

Hän lukee sujuvasti.

Kokous on peruutettu.

Hän peruutti autonsa ajotielle.

Peruutan perättömät puheeni.

Kenen vuoro.

Jokainen saa vuorollaan.

Lentovuoro Tukholmaan on peruutettu.

vuorokausi, vuorolaiva, vuorovesi

vuorotellen, vuoronperään

Lentokoneen moottorit käynnistyivät.

Hän käynnisti moottoreita.

Auto lähti käyntiin.

Koneet ovat käynnissä. Kokous on käynnissä.

312-431 O - 68 - 30

39

IHMINEN - KONE

Mitähän se merkinnee, ajattelin, kun Hendersson, eräs pääkonttorin nuorimpia konttoristeja, tuli ilmoittamaan itse johtajan haluavan minua puheilleen. Se oli hämmästyttävä uutinen. Hendersson ei tiennyt mitään, minulla itselläni ei ollut aavistustakaan. Mutta jotakin mullistavaa oli tapahtunut tai tulisi pian tapahtumaan, se oli varmaa. Olin vain yksi kaikkein vähäpätöisimpiä osasia Bruun ja kumpp. konepajojen jättiläiskoneistossa ja minun kutsumiseni johtajan puheille oli yhtä käsittämätöntä, kuin jos hän olisi kutsunut luokseen mutterin tai hammaspyörän sorvistani.

Luulenpa, että sydämeni pamppaili hieman astuessani johtajan huoneeseen. Se oli suuri, valoisa huone, täynnä kirjoja, papereita, karttoja, kaappeja. Pöydän takana istui suuri mies, kaljupäinen, korkeaotsainen, ja kirjoitti. Minun tuloni ei häirinnyt häntä vähääkään. Sain odottaa ja ajatella. Täällä siis toimivat yhdet maan tärkeimmistä aivoista, ajattelin. Täällä, tässä huoneessa päätettiin kriitillisinä ajankohtina tuhansien ihmisten kohtalosta. Mikä vaivainen kummitus onkaan kansanvallan idea tästä huoneesta katsottuna. Se on raukka vain, luu, joka heitetään onnen kuvitelmaksi nälkäisille koirille. Täällä on todellinen hallitsija, kiljuva kapitaali, työn herra. Työn herra! Vielä nytkin se on yksin täällä, minä tunnen sen, vaikka me suurella ylpeydellä kirjoitamme valistuksen, kansanvaltaisuuden ja vapauden vuosiluvun: tuhattayhdeksänsataakaksikymmentäkahdeksan.

Vihdoin putosi kynä kolahtaen pöydälle, paperit työnnettiin syrjään ja korviani tervehti kuin pasuunain ääni haudasta:

- Kolkka, mitä?

- Niin, herra johtaja.

Suuri mies nojautui taapäin tuolissaan. Minua katselivat kirkkaat, lapsellisen kirkkaat, kylmät, uteliaat, harmaat silmät. Katselivat kuin jostakin kaukaa, ehkä kuin tulevaisuudesta, ehkä kuin ikuisuudesta. - Jumalan tai saatanan silmät, ajattelin. Pasuunain ääni haudasta puhui:

- Sanotaan, että olette taitavimpia mekaanikkojamme, mitä? En vastannut. Mitä olisin voinut vastata. Seisoin ja odotin. Pasuunain ääni haudasta jatkoi:

- Tarvitsen teitä, jos sitoudutte työskentelemään kuusi kuukautta tapaamatta muita ihmisiä kuin minua. Satatuhatta markkaa, mitä?

- Ajattelin, että jumalan avulla olin tullut niin yksinäiseksi ja kodittomaksi kuin ihminen voi tulla vain asuessaan kaupungissa ja että kuuden kuukauden yksinäisyys voisi olla minulle yhtä hyväksi kui satatuhatta markkaakin. Ellei tässä nyt ole minun elämäni suuri tilaisuus, ei sitä sitten ole olemassakaan. Satatuhatta markkaa! Herra jumala, sehän on kokonainen vuori, joka vieritetään minun vakaumukseni ylitse. Tuntuu kuin vapisisin sen painon alla. Mitä hän tarkoittaa?

- En käsitä, sopersin, en käsitä.

Hän hymyili. Kylmät terässilmät hymyilivät. Hän puhui. Pasuunain ääni haudasta puhui:

459

- Keksintö, kone, salaisuus.

Hän selitti: Kuusi kuukautta työtä yksinäisyydessä. Koneen
rakentamista, uuden keksinnön, joka on pidettävä salassa.
Samaa työtä, jota olen tehnyt tänäänkin, jota olen tehnyt
aina. Ero on vain siinä, etten saa tavata ketään, en puhua
kenenkään kanssa, en kirjoittaa kenellekään. Tämä uusi kone,
jonka olemassaoloa maailma ei saa vielä aavistaa, on nielevä
minut täydellisesti kuudeksi kuukaudeksi. - No, mitä?

- No mitä! Kiljuvan kapitaalin terässilmät tuijottivat
minuun uteliaina. Tänä hetkenä tapahtui jotakin ratkaisevaa.
Sadantuhannen paino /yöryi vakaumuksieni yli. Enkö minä ol-
lut joskus tuntenut, kuinka minun sieluni murhataan hammas-
rattaiden välissä. Mutta enkö minä myös elämäni ihanimpina
hetkinä ollut uneksinut koneesta, joka on täydellinen. Täy-
dellisempi kuin ihminen, jolla on ruumis. Niin täydellinen
kuin pelkkä ajatus, unelma teräksestä, jolla on meidän kai-
puutamme sielu. Ehkä tämä oli juuri se. Ehkä juuri tänä
hetkenä oli syntymäisillään maailman vapahtaja, jota ihmisen
aivot ovat kokeneet synnyttää muinaisuuden hämärästä asti.

Siitä hetkestä alkaen tunsin kaikkialla vaanivien sil-
mien ja korvien läsnäolon. Tiesin että minun täytyi punnita
jokainen sanani, jokainen käteni liike. Salaisuus oli las-
kettu päälleni. Olin myynyt itseni ja omistaja piti huolta
tavarastaan.

Joka päivä ajoi kiljuvan kapitaalin auto portilleni.
Hän tarkasti työni ja antoi uudet määräykset. En tiennyt,
mikä tästä oli tuleva. Suunnitelma oli valmiina vain hänen
aivoissaan, ja minä olin vain osa koneistoa, jota hän hallit-

℮

460

si. Koneisto teki työn, hän ajatteli. Niin olivat osat jae-
tut tässä maailmassa. Kehityksen tähden, sanotaan. Nyt, kun
vaatimukset ovat niin suuret, täytyy myös työn tulosten olla
suuret. Mutta koska olin joutunut tässä jaossa sille puolel-
le kuin olin joutunut, puhui tyytymättömyys rinnassani. Vaa-
timukset kasvavat, ne ovat nyt, ovat aina olleet, tulevat
aina olemaan suuremmat kuin niiden pitäisi olla. Tämä ei ole
oikea tie. Tyytymättömyys ei kuole, kun sen toivomukset täy-
tetään. Se kasvaa, se kasvaa aina. Se on jo tuonut meidät
tänne, missä olemme, ja se on vievä meidät sinne, mihin olem-
me menossa: järjettömyyteen. Ei siis olisi mitään syytä kil-
pailla sen kanssa.

Mutta kone, jota rakensin. Mikä se oli? Pelkkää me-
kaniikkaako? Huippusaavutus, joka tuli sysäämään maailman-
markkinoille tuotteitaan kymmenen kertaa lyhyemmässä ajassa
kuin entiset koneet. Tuotteet halpenevat, ja nekin, jotka
tähän mennessä eivät ole voineet niitä ostaa, saavat nyt
tilaisuuden siihen ja saavat myös pettymyksekseen kokea,
kuinka vähäksi aikaa he tulevat niistä onnellisemmiksi. Sel-
laisia ovat kaikki koneet olleet tähän asti. Ainoa hyöty
niistä on ollut, että itsellämme on nyt yhtä kiire kuin ko-
neillakin. Me olemme koettaneet tehdä niitä kaltaisiksemme,
mutta ne tekevätkin meidät kaltaisikseen.

Johtaja on haltioissaan. Kaksikymmentä henkilöä kut-
suvieraita oli seuraamassa, kun aamupäivällä panin koneen
käyntiin. Vieraat seisoivat sen ääressä vaiteliaina, häm-
mästyneinä, pettyneinä. Joku kakisteli kuuluvasti kurkkuaan.
Joku pyyhki hikeä otsaltaan.

461

Johtajan viittauksesta tartuin kahden tuuman läpimittaiseen nelikulmaiseen teräskankeen ja ojensin sen pään koneen kuoressa olevaan aukkoon. Kone alkoi imeä sitä sisäänsä ja neljän minuutin kuluttua oli viiden metrin pituinen kanki kadonnut. Suuren konehallin syvässä hiljaisuudessa kuului kuumien metalliesineiden nopea tipahteleminen koneen toiselle puolelle. Johtaja viittasi vieraitaan katsomaan, ja koko ryhmä liikahti jännittyneenä, hätäisenä, vaieten. Minäkin katsoin. Siellä oli kasa punaisena hehkuvia vasaroita. Hienoja, täsmällisiä vasaroita.

- Hyvä jumala, kuiskasi joku käheästi.

- Vasaroita, äänsi joku toinen selvästi ällistyneenä, pettyneenä.

Johtaja tarttui erääseen kampiin, joka pisti esiin koneen kyljestä, ja väänsi sitä hieman. Sitten hän viittasi minulle. Työnsin jälleen teräskangen koneen kitaan. Kone nielaisi sen, ja taas kuului kuumien esineiden pehmeä tippuminen. Kumarruin katsomaan: Kampiakseleita. Yksisilinterisen polttoöljymoottorin kampiakseleita.

Kutsuvieraiden joukon läpi kulki kuin sähkötärähdys. Kaikki liikehtivät, mutisivat, kiljuivat, nauroivat. Muudan suuri, kaljupäinen mies tunkeutui aivan johtajan eteen ja huusi nyrkit pystyssä:

- Piru sinut vieköön, Vahlroos, tuo keksintö olisi minun, jos olisin saanut teräksen kuumenemaan ilman eri uunia.

- Sähkö, ystäväni, sähkö, hymyili johtaja loistaen.

462

- Sähkö! Suuri mies ähkyi, tarttui päähänsä ja syöksyi ulos. Hän oli maan suurimman rautayhtiön teknillinen johtaja.

Konetta ei enää koeteltu, mutta johtaja selitti sen voivan puristaa raudan ja teräksen melkein mihin muotoon tahansa. Nykyisin se sisälsi kaksikymmentä erilaista muottia, mutta niitä voitiin lisätä rajattomasti. Se tulee lisäämään tuotannon välintään viisikymmenkertaiseksi.

Lopuksi meidät valokuvattiin, kone, johtaja ja minut. Viimeistään aamulehtien palstoilla olemme kaikkien nähtävinä. Vieraat poistuivat kiihkeän mielialan vallitessa.

Vielä samana iltana sain nostaa palkkani, satatuhatta markkaa. Se ei ole paljon, mutta aivan kylliksi, jotta kykenen sijoittamaan itseni uudelle paikalle yhteiskunnallisessa koneistossa. Se on avaava suuren kuilun minun ja tuon koneen väliin ja minä ehkä tulen kunnioittamaankin sitä joskus sen erinomaisten ansioiden vuoksi.

Toivo Pekkanen

Sanasto

konttoristi, konttoristin, konttoristia, konttoristeja	office clerk
aavistus, aavistuksen, aavistusta, aavistuksia	notion, presentiment, foreboding
mullistaa, mullistan, mullisti, mullistanut	to turn upside down, upset, stir
vähäpätöinen	insignificant, unimportant
kumpp. = kumppani	
koneisto	machinery, mechanism

hammaspyörä = hammasratas	cogwheel, toothed wheel
sorvi, sorvin, sorvia, sorveja	(turning) lathe
pamppailla, pamppailen, pamppaili, pamppaillut	to throb, beat (heart), pant
otsa, otsan, otsaa, otsia	forehead, brow
kriitillinen = kriittinen	crucial, critical
vaivainen	miserable, wretched
kummitus	ghost, monster
kuvitelma	illusion, fancy, imagination
kapitaali = pääoma	capital
valistus, valistuksen, valistusta	enlightenment, civilization
kansanvalta	democracy
kolahtaa, kolahdan, kolahti, kolahtanut	to thump, thud, rap, knock
pasuuna, pasuunan, pasuunaa, pasuunoita	trumpet
vetopasuuna	trombone
ikuisuus, ikuisuuden, ikuisuutta	eternity
saatana	Satan
sitoutua, sitoudun, sitoutui, sitoutunut	to pledge one's word, undertake, obligate
työskennellä = tehdä työtä	
koditon	homeless
olla olemassa	to exist
vierittää, vieritän, vieritti, vierittänyt (tr.)	to roll, tumble, shoot
vyöryä, vyöryn, vyöryi, vyörynyt = vieriä (intr.)	to roll, be rolling
vakaumus, vakaumuksen, vakaumusta	conviction

vapista, vapisen, vapisi, vapissut = vavista, vapisen, vapisi, vavissut	to tremble, shudder, shiver
teräs, teräksen, terästä, teräksiä	steel
sielu, sielun, sielua, sieluja	soul
murhata, murhaan, murhasi, murhannut	to murder
tuijottaa, tuijotan, tuijotti, tuijottanut	to stare
uneksia, uneksin, uneksi, uneksinut (jostakin)	to dream, muse (about something)
vapahtaja, vapahtajan, vapahtajaa	saviour, deliverer
muinaisuus, muinaisuuden, muinaisuutta	ancient times, antiquity
vaania, vaanin, vaani, vaaninut	to lurk, watch, pry
portti, portin, porttia, portteja	gate, gateway
tyytymättömyys	dissatisfaction, discontent
järjettömyys	absurdity, irrationality, nonsense
sysätä, sysään, sysäsi, sysännyt	to thrust, give a push, shove
hyöty, hyödyn, hyötyä	use, benefit, profit
kaltainen (jonkin k.)	like, resembling (something)
olla haltioissaan (jostakin)	to be exultant over (something)
voi!	alas!
vaitelias, vaiteliaan, vaiteliasta, vaiteliaita	reticent, silent, discreet

kakistella, kakistelen, kakisteli, kakistellut	to clear one's throat, hawk
viittaus, viittauksen, viittausta, viittauksia	sign, motion
hiki, hien, hikeä	sweat, perspiration
kyetä, kykenen, kykeni, kyennyt	to be able, be capable
kuori, kuoren, kuorta, kuoria	crust, shell, peeling
kuoria, kuorin, kuori, kuorinut	to peel
kanki, kangen, kankea, kankia	pole, bar, stick, rod
imeä, imen, imi, imenyt	to suck
tipahdella, tipahteli, tipahdellut = tippua (intr.)	to drop
vaieta, vaikenen, vaikeni, vaiennut	to become silent, cease speaking
ällistyä, ällistyn, ällistyi, ällistynyt	to be dumbfounded, stupefied
kampi, kammen, kampea, kampia	crank, h..ndle
kuiskata, kuiskaan, kuiskasi, kuiskannut	to whisper
kita, kidan, kitaa, kitoja	mouth, gape, gap, jaws
kampiakseli, -akselin, -akselia, -akseleja	crankshaft
kumartua, kumarrun, kumartui, kumartunut	to bow down, stoop down
silinteri, silinterin, silinteriä, silinterejä	cylinder, tophat
polttoöljymoottori	(internal) combustion engine
tärähdys, tärähdyksen, tärähdystä, tärähdyksiä	shock, concussion
muudan = muuan = eräs, joku	
ähkyä, ähkyn, ähkyi, ähkynyt	to groan, moan

puristaa, puristan, puristi, puristanut	to press, squeeze
muotti, muotin, muottia, muotteja	mould, form, shape
:ieliala	state of mind
kylliksi	enough, sufficient(ly)
kuilu, kuilun, kuilua, kuiluja	breach, gulf, cleft, shaft
tiputtaa, tiputan, tiputti, tiputtanut	to drip

Kysymyksiä

A.   Missä kirjoittaja oli työssä? Mikä hän oli ammatil-
taan? Mitä hän sitoutui tekemään? Mitä hän ajatteli
kansanvallasta? Mihin hän sitä vertasi? Mikä oli todel-
linen hallitsija? Minkälaisesta koneesta hän oli unek-
sinut? Mitä täydellinen kone pystyisi tekemään? Mitä
tapahtui noiden kuuden kuukauden aikana? Kuka oli suun-
nitellut koneen? Minkälainen se oli, kun se valmistui?
Miksi kirjoittaja tunsi pettäneensä työtoverinsa ja it-
sensä?

B.   Millainen oli Yhdysvaltain koneteollisuus v. 1928
nykyiseen verrattuna? Millainen oli tuotannon laajuus
silloin? Millainen se on nyt? Kuinka monelle työnteki-
jälle koneteollisuus tarjosi silloin työtä? Kuinka mo-
nelle se tarjoaa työtä nyt? Missä ovat Yhdysvaltain suu-
rimmat konepajat? Miten massatuotanto on mahdollista?
Mikä sija siinä on automatisoinnilla? Miten automati-
sointi vaikuttaa työläisten asemaan? Miten massatuotanto

vaikuttaa tuotteiden hintoihin?

C.   Mitä tarkoitetaan kapitalistisella yhteiskunnalla?
Mikä erottaa sen sosialistisesta yhteiskunnasta? Kuka
on kapitalisti? Mikä valtio on sosialistinen valtio?
Missä määrin Ruotsi on sosialisoitu? Voiko kapitalis-
tinen valtio olla ns. hyvinvointivaltio?

Harjoituksia

A. Jos tulla-verbin yhteydessä on pass. II partisiippi, voi-
daan käyttää kahta eri ilmaisumuotoa:

MODEL: Työ tuli tehdyksi. - Työ tuli tehtyä.

    1. Asia tuli sanotuksi.
    2. Ei tullut muistetuksi sitä.
    3. Juhlat tulivat juhlituiksi.
    4. Juhliin tuli mennyksi.
    5. Tuli ostetuksi huono hevonen.

Vrt. Minun tuli tehdyksi työ.

Vaikka tuli tehtyä-muotoa näkeekin paljon, ensinmainittu
muoto on suositeltavampi.

B. MODEL: Tein sen. hän, viittaus - Tein sen hänen viit-
          tauksestansa.

    1. Menimme sinne.   isä, pyyntö
    2. Lähetimme sanan.   te, käsky
    3. Tulin tänne.   minä (oma), tahto
    4. Kutsuit hänet.   me, toivomus
    5. He myivät talon.   minä, vaatimus

468

C. MODEL: Hänellä on samanlainen luonne kuin isällä. -
            Hänellä on samankaltainen luonne kuin isällä.

            1. Sinunlaisesi ei pitäisi yrittääkään.
            2. Matti on aina laisensa.
            3. Sellaisten on taivasten valtakunta.
            4. Hän on aivan äitinsä lainen.

    Huom. Seura tekee kaltaiseksensa.
           Tuo olisi hyvin hänen kaltaistaan.
           He ovat täysin toistensa kaltaisia.

    Huomatkaa: -lainen on usein lieventävä pääte kuten
                -puoleinen ja -hko

    Esim. ankaranlainen = ankaranpuoleinen = ankarahko

D. MODEL: Kuri oli ankarahko. - Kuri oli ankaranlainen.

            1. Ilta oli ikävähkö.
            2. Olut oli väkevähköä.
            3. Hän raahasi painavahkoa laukkua.
            4. Pekka on nuorehko opettajaksi.

E. MODEL: Sain kuulla uutisen. minä, pettymys. -
            Sain pettymyksekseni kuulla uutisen.

            1. hän, ilo
            2. sinä, suru
            3. he, harmi
            4. me, riemu
            5. te, närkästys
                (resentment)

469

Huomatkaa monikko: Täällä toimivat <u>yhdet</u> tärkeimmät <u>aivot</u>.

yhdet sakset, housut, kengät, kaksoset

Ostin vain yhdet sakset.

Hänellä oli vain yhdet housut.

Otin mukaani vain kahdet kengät.

Hänellä oli kolmet kaksoset.

Sanavaraston kartuttamista

<u>kuiskata</u>

kuiskaaja (teatterissa)	prompter
kuiskaus	whisper
kuiske, kuiskailu	whispering

On kuulunut kuisketta, että hän eroaisi.

Sana kuului enää heikkona kuiskauksena.

<u>nostaa palkka</u>

vrt.   korottaa palkkaa

Hän nostaa säännöllistä palkkaa.

Nostan palkkani päätoimistosta.

Työnantaja korotti palkkaa.

Hän sai palkankorotuksen.

<u>kapitaali</u> = pääoma

kapitalistinen

kapitalisti

vrt.   työtätekevä

sosialistinen

sosialisti

Marxin kuuluisa teos "Pääoma" on tehnyt monesta sosialistin.

taapäin = taaksepäin

kita (eläimistä ja vain alatyylissä ihmisistä)

Leijonankita

Tykit syytivät tulta kidastansa.

Kita kiinni!

Tuki kitasi!   Shut up!

Mutta: joutua suden suuhun.

        joutua surman suuhun.

Olkapää meni sijoiltaan.

Pyssy olalle vie!

Hänellä oli reppu selässä.

Jättiläinen kantaa hartioillaan maapalloa.

hartiahuivi

Painijalla oli hartiat matossa.

Hän istui pää hartioitten välissä.

On helppo siirtää vastuu toisten hartioille.

Hän on jättäytynyt yhteiskunnan hartioille.

Lapset saavat kylliksensä leikkiä.

Hän on niin nälkiintynyt, ettei näytä saavan kyllikseen
ruokaa.

Kotitehtävä

A.   Laatikaa lyhyt yhteenveto eli tiivistelmä tästä
        "Ihminen - kone" novellista.

B.   Millä eri tavoin tuleva tapahtuminen (futuuri) on
        ilmaistu tässä lukukappaleessa? Mainitkaa ainakin kolme
        esimerkkiä kustakin tavasta.

40

TASAVALLAN PERUSTAJA K. J. STÅHLBERG

Ståhlbergin ura yliopistomiehenä alkaa lupaavasti. 28-
vuotiaana hän on molempien oikeuksien tohtori. Väitöskirja-
aiheena hänellä on " Irtolaisuus Suomen lain mukaan" ja
vastaväittäjänä kuuluisa auktoriteetti R. F. Hermanson. Hän
toimii hallinto-oikeuden ja kansantalouden apulaisena ja hoi-
taa rikosoikeuden oikeushistorian professorin virkaa, mutta
siirtyy 33-vuotiaana protokollasihteerin tehtäviin Keisaril-
lisen Senaatin siviilitoimituskuntaan. Tässä virassa häneen
kohdistui poliittinen isku, joka tuli suoraan ylimmästä pai-
kasta. Ståhlberg kieltäytyi soveltamasta perustuslain vas-
taista vuoden 1901 asevelvollisuusasetusta ja sai lähteä.
Sortovuodet olivat alkaneet.

Hän oli ensimmäinen virkamies, joka erotettiin siitä
syystä, että noudatti Suomen perustuslakia.

Nuoren protokollasihteerin kohtalokas päätös ei ollut
satunnainen päähänpisto. Se oli tietyn mielensuunnan mukai-
nen teko, osa laajempaa poliittista ohjelmaa, jota sanottiin
passiiviseksi vastarinnaksi. Hän oli jo syvällä aikakautensa
julkisessa elämässä. Hän lukeutui nuorsuomalaiseen puoluee-
seen, Päivälehden ympärille keräytyneiden nuorten radikaalien
ryhmään; joukon tunnetuimpia nimiä olivat Juhani Aho, Eero
Erkko, Arvid Järnefelt, Kasimir ja Eino Leino. Ståhlberg oli
piirin oikeusoppinut teoreetikko, artikkelimies, akateeminen
intellektuelli; hänessä yhtyivät tiedemies, poliitikko,
journalisti. Ajan aallot löivät ankarasti. Kolme suurta

kysymystä oli hievahtamatta yhteiskunnan keskellä ja varjosti
näköalaa: kielikysymys, suhtautuminen venäläiseen virkaval-
taan ja työväenkysymys. Keskimmäinen oli kohtalonkysymys,
joka erotti ja yhdisti ihmisiä; suhteessa siihen ratkesivat
molemmat muut. Toisaalta elettiin loistavan kulttuuritahdon,
suomalaisen sivistyksen sankariaikaa; taiteet ja kirjallisuus
saavuttivat kestäviä tuloksia.

Entinen Senaatin protokollasihteeri ja molempien
oikeuksien tohtori istuu Helsingin Rahatoimikamarin kanslia-
apulaisen vaatimattomassa virassa. Mutta hän viihtyy erino-
maisesti, on alkavan keski-iän parhaissa voimissa; käyttää
ajanmukaiseen tapaan viiksiä, täysipartaa ja kultasankaisia
nenäkakkuloita. Suuret kysymykset ovat hänelle täysin selvät.
Vastarintatahtonsa hän on teossa osoittanut, suomenmielisenä
hän laatii ensimmäisen suomenkielisen kertomuksen Helsingin
kunnallishallinnosta; tehtävä on siitä merkillinen, että
ennen kuin pääsi työhön käsiksi, oli luotava ensin suomen-
kielinen virkasanasto. Ja työväenasiain lautakunnan sihtee-
rinä hän paneutuu suoraa päätä käytännöllisten työväen-
kysymysten pariin. Myöhemmin todetaan, että useilla hänen
laatimillaan sosiaalipoliittisilla esityksillä tuli olemaan
perustavaa laatua oleva merkitys.

Valtiollinen tilanne huipistuu suurlakkoon[1] v. 1905;
kansa liikehtii eri tahoilla keisarikuntaa; Bobrikov on mur-

---

[1]Suurlakko tarkoittaa Venäjällä ja Suomessa v. 1905 toi-
meenpantua yleistä valtiollista lakkoa. Muuten mieluummin
käytetään sanaa yleislakko.

473

hattu. Marraskuun hämärissä luotsilaiva "Eläköön" tuo keisa-
rillisen julistuskirjan, jossa luvataan yhdistymis-, paino-
ja kokoontumisvapaus sekä yleinen ja yhtäläinen äänioikeus.
Vapaammat tuulet puhaltavat.

Leo Mechelin muodostaa senaatin, ja Rahatoimikamarin
kanslia-apulainen astuu sen jäseneksi kauppa- ja teollisuus-
toimituskunnan päällikkönä. Nykyisen kielenkäytön mukaan
Ståhlbergista tulee vallassa olevan hallituksen ministeri.
Hänen tehtäviinsä kuuluvat kauppa-, työ- ja sosiaaliset asiat.
Nuoruudestaan huolimatta Ståhlberg on ainoa, joka antaa tälle
hallitukselle väriä ja voimaa.

Työväkeä koskevissa kysymyksissä häntä pidetään radikaa-
lina; hän ajaa kollektiivisia työehtosopimuksia ja välitysme-
netelmää lakkojen ja työriitaisuuksien sattuessa. Ja hänen
senaattorikautensa huomattavimmaksi tapaukseksi muodostuu
hänen eroamisensa. Eduskunta ei hyväksynyt hänen esitystään
uudeksi väkijuomalainsäädännöksi, vaan vaati täydellistä
kieltolakia.

Asian ratkaiseva käsittely tapahtui Vanhassa Palokun-
nantalossa lokakuun 31. p:nä 1907. Seuraavana päivänä
Ståhlberg jätti eroanomuksensa. Se oli poliittisen ja psyko-
logisen realismin mestarinäyte; hän pani alulle käytännön,
joka Suomen valtiollisessa elämässä merkitsi parlamentarismin
soveltamista hallituksen ja eduskunnan välisiin suhteisiin.
Mitä eroamisen syyhyn tulee, niin neljännesvuosisataa myö-
hemmin kansa itse suurella äntenenemmistöllä kukistaessaan
kieltolain osoitti Ståhlbergin olleen oikeassa. Laatiessaan
silloin ehdotuksen uudeksi alkoholilaiksi hän saattoi lain

perusteluiksi lause lauseelta siirtää sen arvostelun kiel-
tolain todennäköisestä vaikutuksesta, jonka hän vuonna 1907
oli antanut.

Ja niin alkoi tsaarivallan ja Suomen suuriruhtinaskunnan
viimeinen vuosikymmen, yksikamarisen aika. Se on suurten
toiveiden, sitkeän uurastuksen, suurten pettymysten aika.
Historiassa sen nimeksi on jäänyt toinen sortokausi. Kuuden
vuoden kuluessa maailman demokraattisin kansaneduskunta hajo-
tetaan viisi kertaa ja viisi kertaa toimitetaan uudet vaalit.
Ståhlberg on mukana lähes kaikissa. Eroaminen senaatista on
tavattomasti lisännyt hänen arvovaltaansa. Hän on nuorsuo-
malaisen puolueen johtaja, hallinto-oikeuden professori.
Tieteellinen koulutus ja asiallisuuden intohimo tekevät hä-
nestä loistavan valiokuntamiehen. Hän on perustuslakivalio-
kunnan puheenjohtaja ja v. 1914 eduskunnan puhemies. Hän
luennoi Yliopistossa ja suorittaa kuulusteluja. Suuren teok-
sen "Suomen hallinto-oikeuden" ensimmäinen osa ilmestyy v.
1913 ja kahta vuotta myöhemmin toinen osa.

Elämä on lakikorkeudessaan; samana vuonna hän täyttää
viisikymmentä vuotta. Lehdissä on kuvia, tunnustuksen sanoja
lausutaan. " Ylioppilaslehti" toteaa, miten hänen kansan-
valtaisuutensa ja edistysmielisyytensä ovat synnyttäneet
syvää vastakaikua nuorissa ylioppilasmielissä. Seurahuonees-
sa pidetään kansalaispäivälliset. Kaikki on tunnustavaa,
myönteistä, mutta tuskin korkeimman asteen seurapiirijuhlin-
nan tavanomaisista muodoista eroavaa. K. J. Ståhlberg kulkee
arvossa pidettynä politiikkona ja tiedemiehenä professor
emerituksen viimeistä luentoa kohti.

Silloin tapahtuu räjähdys, jota seuraa valtava ket-
jureaktio. Eletään vuotta 1917. Venäjällä on puhjennut
maaliskuun vallankumous. Muutamassa päivässä Suomenkin asema
muuttuu täydellisesti. Kuukauden loppupuolella Ståhlberg
käy Pietarissa eduskunnan lähettämän valtuuskunnan jäsenenä;
matkan tulos on tärkeä; valtuuskunta tuo mukanaan väliaikai-
sen hallituksen antaman julistuskirjan, joka palauttaa Suomen
itsehallinnon. Jos itsevaltias oli juoksuttanut eduskuntaa
oikkujensa mukaan, niin nyt eduskunnasta tulee poliittisen
elämän keskeinen näyttämö. Ja juuri parlamentaarikkona Ståhl-
berg on valttia.

Historialla on nyt kiire. Kansa on asetettu temppelin
harjalle. Vapautuneet voimat etsivät uomia. Sosiaalidemok-
raatti Oskari Tokoi muodostaa senaatin. Heinäkuun 18. p:nä
eduskunta julistautuu korkeimman vallan haltijaksi. Kolme-
toista päivää myöhemmin Venäjän väliaikainen hallitus jul-
kaisee manifestin, jolla eduskunta hajotetaan ja uudet vaalit
määrätään toimeenpantavaksi. Vaalitaistelu käydään äärim-
mäisen kiihtyne_ssä olosuhteissa. Uudessa eduskunnassa so-
siaalidemokraattien kuuden äänen enemmistö putoaa kuudentois-
ta äänen vähemmistöksi. Jatkuvasti ollaan suurten ratkaisu-
jen kynnyksellä. Syksy 1917 tulee synkkänä ja sateisena.
Mellakoita, mielenosoituksia. Sosiaalidemokraattis-porvaril-
linen senaatti vaihtuu porvarilliseksi senaatiksi, jonka joh-
dossa on P. E. Svinhufvud. Kansa on jakautumassa kahteen
leiriin; molemmin puolin hankitaan aseita ja harjoitetaan
joukkoja.

Tapausten rytmi kiihtyy; seuraa päivämääriä, jotka ka-
jahtavat kuin nyrkiniskut. Marraskuun 7. p:nä kukistuu

476

Kerenskin väliaikainen hallitus ja bolsevikit nousevat valtaan. Joulukuun 6. p:nä julistautuu Suomi itsenäiseksi tasavallaksi. Tammikuun 28. p:nä alkaa kansalaissota ja päättyy toukokuun 16. p:nä 1918. Suuri ratkaisu on tapahtunut; syksyn jännitys on purkautunut; ja mieliala maassa on toisenlainen kuin kukaan puolta vuotta aikaisemmin olisi voinut kuvitella. Riemua, tuskaa, raunioita, villi·, sankarihautoja, teloitettujen hautoja, vapautta, keskitysleirejä, iloa. nälkää, varmuutta, epävarmuutta, toivoa, toivottomuutta. Pahaenteisemmin lienee alkanut harvan maan itsenäisyys. Perusta oli kuitenkin laskettu.

Täydellä syyllä voidaan puhua ståhlbergilaisesta valtiotaidosta; sen reaalisena pohjana on niiden perusteiden tunteminen, joiden varassa olemassaolomme itsenäisenä kansakuntana lepää. Ei ole olemassa mitään kiinteätä ja muuttumatonta kansallista perusluonnetta, mutta sen sijaan ovat olemassa tietyt aineelliset ja henkiset edellytykset, jotka määräävät kansan pyrkimysten laadun. Kansanedustajana Ståhlberg lausui eduskunnassa kesällä 1918: " . . .mutta sen kokoisen ja sellaisen kansan kuin meidän kansamme on, on luullakseni kuitenkin etsittävä varsinaiset tehtävänsä sisäisen, sivistyksellisen, yhteiskunnallisen ja taloudellisen kehityksen alalla."

Matti Kurjensaari

Sanasto

hallinto-oikeus	administrative law, court of administration
oikeus, oikeuden, oikeutta, oikeuksia	court, justice, right
väitöskirja	dissertation, thesis
irtolaisuus	vagrancy, vagabondage
vastaväittäjä	opponent
soveltaa, sovellan, sovelsi, soveltanut	to apply, adapt
asevelvollisuus	conscription, compulsory military service
satunnainen	random, accidental, occasional
vrt. sattua	
päähänpisto, -piston, -pistoa, -pistoja	impulse, fancy, notion
vastarinta, -rinnan, -rintaa	resistance, opposition
lukeutua, lukeudun, lukeutui, lukeutunut (johonkin)	to count (oneself) among, identify with (a certain group)
hievahtaa, hievahdan, hievahti, hievahtanut	to move, stir
hievahtamatta	firmly, without stirring
sankari, sankarin, sankaria, sankareita	hero, heroic
kanslia, kanslian, kansliaa, kanslioita	office(s) in a governmental department
rahatoimikamari = rahatoimisto	revenue office, finance office

478

ajanmukainen	up to date, in conformity with the requirements of the times
viikset (pl.)	moustache, whiskers
kultasankainen	with golden frame or rim
nenäkakkulat	pince-nez
päästä käsiksi	to start, get hold of, seize, put one's hands on
paneutua, paneudun, paneutui, paneutunut (johonkin)	to go deep into, be absorbed in (something)
suoraa päätä	straightway, headlong, directly
huipistua, huipistui, huipistunut = huipentua (intr.)	to culminate, taper, reach climax
vrt. huippu	
suurlakko, -lakon, -lakkoa, -lakkoja	general strike
vrt. yleislakko	
hämärä, hämärän, hämärää	dim light, twilight; dusky, obscure
eläköön	hurrah, long live!
riitaisuus	dispute, controversy, disagreement
välitysmenetelmä	method of mediation
väkijuoma	alcoholic drink, intoxicating liquor
kieltolaki	prohibition act
anomus, anomuksen, anomusta, anomuksia	petition, request, application
käsittely	handling, treatment

mestarinäyte	specimen of skill, masterpiece
panna alulle = aloittaa	
kukistaa, kukistan, kukisti, kukistanut (tr.)	to overthrow, abolish, subdue
kukistua, kukistun, kukistui, kukistunut (intr.)	to fall, be overthrown, be overturned
perustella, perustelen, perusteli, perustellut	to state the reason or motive
sitkeä, sitkeän, sikeää, sitkeitä	persevering, persistent, tough
uurastus, uurastuksen, uurastusta	hard work, industry, toil
asiallisuus	adherence to facts, relevance, objectivity, pertinence
valiokunta	committee, commission
kuulustelu	examination, hearing, trial
tunnustus	recognition, acknowledgement, confession
lakikorkeus	culmination, ceiling (aviation)
kansanvaltaisuus	democracy, the democratic nature
edistys, edistyksen, edistystä	progress, advancement
vastakaiku, -kaiun, -kaikua, -kaikuja	response, sympathy, resonance, echo
vallankumous	revolution
ketjureaktio	chain reaction
valtuuskunta	delegation, commission
väliaikainen	temporary, provisional

palauttaa, palautan, palautti, palauttanut	to restore, return, bring back
itsevaltias	autocrat, despot
oikku, oikun, oikkua, oikkuja	whim, freak
juoksuttaa, juoksutan, juoksutti, juoksuttanut	to cause to run, draw off, tap (liquid)
valtti, valtin, valttia, valtteja	trump
kynnys, kynnyksen, kynnystä, kynnyksiä	threshold, doorstep
mellakka, mellakan, mellakkaa, mellakoita	tumult, uproar, riot
porvarillinen	bourgeois, middle class
leiri, leirin, leiriä, leirejä	camp, encampment
nyrkki, nyrkin, nyrkkiä, nyrkkejä	fist, clenched fist
purkautua, purkaudun, purkautui, purkautunut (intr.)	to find outlet, erupt, burst out
teloittaa, teloitan, teloitti, teloittanut	to execute, shoot
keskitysleiri	concentration camp
pahaenteinen	evil bod g, ominous
laskea perusta	to lay the foundation
kiinteä, kiinteän, kiinteää, kiinteitä	stationary, firm, solid
aineellinen	materialistic
.henkinen	mental, intellectual, spiritual
hengellinen	spiritual, religious
pyrkimys, pyrkimyksen, pyrkimystä, pyrkimyksiä	endeavor, aspiration, aim

Kysymyksiä

A.   Kuka oli Suomen tasavallan perustaja? Mikä Stålberg
oli siirtyessään protokollasihteeriksi Keisarilliseen
Senaattiin? Mistä tapahtumasta lasketaan sortovuodet
alkaneeksi? Miksi Stålberg erotettiin? Mihin puoluee-
seen Stålberg lukeutui? Mitkä kysymykset olivat varjos-
tamassa valtiollista näköalaa? Miten Stålberg osoitti
vastarintatahtonsa sortovuosien alussa? Mikä ministeri
hänestä tuli? Mitä hän suositteli työväenkysymyksissä?
Mitä mieltä Stålberg oli kieltolaista? Mihin hänen kan-
tansa johti hänet?

B.   Millainen oli tsaarivallan viimeinen vuosikymmen
1907-17 Suomessa? Millainen oli Suomen eduskunta sil-
loin? Mitä osaa Stålberg näytteli siinä? Miten maalis-
kuun vallankumous Venäjällä muutti Suomen asemaa? Miten
se johti Suomen itsenäisyysjulistukseen?

C.   Mitä voitte sanoa stålbergilaisesta valtiotaidosta?
Minkä perusteiden varassa Suomen itsenäinen olemassaolo
lepää hänen mukaansa? Mistä Suomen on etsittävä varsi-
naiset tehtävänsä kansakuntana? Ketä amerikkalaista val-
tiomiestä Stålberg valtiomiehenä muistuttaa? Miksi?

D.   Kuka on Yhdysvaltain tasavallan perustaja? Kuka
laati Yhdysvaltain perustuslain? Minkä sodan ylipääl-
likkönä George Washington oli? Milloin kieltolaki oli
voimassa Amerikassa? Miten siihen suhtauduttiin? Miten
kieltolain kävi? Miksi Yhdysvaltain virallinen kieli on

englanti eikä ranska tai joku muu kieli? Mitä eri puo-
lueita on Yhdysvalloissa? Mihin puolueeseen te lukeudut-
te? Mitä radikaaleja poliittisia ryhmiä on tällä hetkel-
lä Yhdysvalloissa? Mitkä lehdet ovat heidän äänenkannat-
tajiansa?

Harjoituksia

A. MODEL: Millainen on se, joka ei opi (tai ei ole oppinut)?
Hän on oppimaton.

    1. Millainen on se, joka ei ymmärrä?
    2.   joka ei ajattele?
    3.   joka ei varo?
    4.   joka ei näy?
    5.   joka ei puhu?
    6.   joka ei horju?
    7.   joka ei kiitä?
    8.   joka ei väsy?
    9.   joka ei vaadi?
    10.   joka ei syö?

B. MODEL: Millaiset ovat ne, joita ei ole huomattu?
Ne ovat huomaamattomat.

    1. Millaiset ovat ne, joita ei ole maalattu?
    2.   joita ei ole maksettu?
    3.   joita ei ole painettu?
    4.   joita ei ole tunnettu?
    5.   joita ei ole tarkastettu?

6.   joita ei ole syöty?

7.   joita ei ole juotu

8.   joita ei ole tehty?

9.   joita ei ole väärennetty?

10.   joita ei ole nähty?

C. MODEL: **Millaisia ovat ne, joita ei voida arvata?**

           Ne (he) ovat arvaamattomia.

           1. Millaisia ovat ne, joita ei voida auttaa?

           2.   joita ei voida kieltää?

           3.   joita ei voida käsittää?

           4.   joita ei voida mitata?

           5.   joita ei voida peruuttaa?

           6.   joita ei voida sanoa?

           7.   joita ei voida uskoa?

           8.   joita ei voida voittaa?

           9.   joita ei voida lahjoa?

           10.   joita ei voida saavuttaa?

D. **Täydentäkää seuraavat lauseet käyttämällä tekemätön -**

    muotoa:

    1. Olen ollut siellä. . .kerrat.   lukea

    2. En pidä. . .päätöksistä.   peruuttaa

    3. Hän juoksi. . .hyvän ajan.   uskoa

    4. . . .taideteoksista saa maksaa paljon. väärentää

    5. . . .lihassa ei ole tarkastusleimaa.   tarkastaa

    6. Hän jätti jälkeensä. . .laskuja.   maksaa

    7. He muuttivat vielä. . .taloon.   maalata

8. Me taistelimme. . .periaatteidemme   horjua
   puolesta.

9. En lähettänyt kutsua. . .naapureil-   kiittää
   leni.

10. . . .sotilaasta on tehty elokuva.   tuntea

11. Jokainen saa katua. . .sanojaan.   ajatella

12. Hän uurasti. . .   väsyä

13. Pidin häntä. . .ajajana.   varoa

14. Mu timme. . .hotelliin.   vaatia

15. Suomi oli kuuluisa. . .virkamie-   lahjoa
    histään.

E. Toistakaa seuraavat lauseet käyttämällä suluissa olevaa
   sanaa yhdessä tai useammassa sopivassa muodossa:

1. Isku kohdistui (hänet, häneen, häntä).

2. Hän siirtyi (paremmalle toimelle, paremmaksi toimek-
   si, parempaan toimeen).

3. Suhtautuminen (venäläisiin, venäläisten, venäläisil-
   le) oli elintärkeä kysymys.

4. Elettiin (pula-aikana, pula-aikaa, pula-ajat).

5. Suuret kysymykset ovat (hänestä, hänelle, hänellä)
   täysin selvät.

6. Odotahan, kunhan pääsen (sinulle, sinun, sinuun)
   käsiksi.

7. Hän paneutuu tarmokkaasti (asiassa, asialle, asiaan).

8. Tilanne huipistui (lakkoon, lakoksi, lakolle).

9. Stålberg astui hallituksen (jäsen, jäsenenä, jäse-
   neksi).

10. Hän pani (aluksi, alulle, alulla) käytännön, josta
    tuli ohjenuora.

11. Sovellammme tätä menetelmää raudan (valmistamisessa,
    valmistamiseen, valmistamiseksi).

485

12. Mitä (tämä asia, tähän asiaan, tälle asialle) tulee, se on järjestyksessä.

13. Hän laati ehdotuksen (uuden lain, uudeksi laiksi, uudelle laille).

14. Hänen puheensa synnyttivät (syvän vastakaiun, syväksi vastakaiuksi, syvää vastakaikua) ylioppilaissa.

15. Hän julistautui (kuningas, kuninkaaksi, kuninkaana).

16. Vaalit määrättiin (toimitetuksi, toimitettavana, toimitettavaksi).

17. Äänten enemmistö putosi (vähemmistö, vähemmistöön, vähemmistöksi).

F. **Huomatkaa, että verbit kuten esimerkiksi estää, välttää, välttyä, säästyä, lakata, heretä, pidättyä ja kieltäytyä käyttävät tekemästä -tyyppistä muotoa.**

Pankaa seuraavassa sulkumerkeissä annettu verbi yllämainitunlaiseen muotoon:

MODEL: **Mies kieltäytyi (tehdä) sitä. - Mies kieltäytyi tekemästä sitä.**

1. Estimme heidät (tapella).
2. Vältin (katsoa) häntä silmiin.
3. Vältyin (joutua) harhaan.
4. Säästyin (mennä) kauppaan.
5. Tyttö lakkasi (itkeä).
6. Herkesi (tuulla).
7. Hän pääsi (sanoa) totuutta.
8. Pidättäydyin (sanoa) mielipidettäni.

Vrt. Hän tulee uimasta.

Sanavaraston kartuttamista

itsevaltias

vrt. yksinvaltias, monarkki

rajaton yksinvaltias eli despootti

Me Aleksanteri Kolmas, Jumalan Armosta koko Venäjänmaan Keisari ja Itsevaltias.

Calvin ohjasi Genevan kirkkoa itsevaltiaasti.

Vallankumouksen tasa-arvoisuudesta yksinvaltiaaksi kohonnut Napoleon.

Kapteeni oli laivassaan yksinvaltias.

Vaikka USA on maailman suurin puuvillantuottaja, se ei kuitenkaan yksinvaltiaasti hallitse markkinoita.

Vrt. diktaattori, henkilö, joka jossain valtiossa on ottanut tai saanut rajattoman vallan. Historiallisesti: Rooman diktaattorit.

Diktaattorit Benito Mussolini ja Adolf Hitler.

Hän on poikajoukon johtaja ja takapihojen diktaattori.

ajaa asiaa

asianajaja

Hän ajoi omia etujaan.

Hän ajoi tahtonsa läpi (toteen).

Vanha moottori ajaa saman asian kuin uusikin.

Pelko ajoi minut liikkeelle.

irtolainen

irtonainen = irrallaan oleva

irti	loose, free, clear, off
irrottaa (tr.)	to loose, loosen
irrottautua, vrt. irtautua, irtaantua, irrota (intr.)	to get loose

Pusero, jossa on irtonainen kaulus.

Pöytä ja sen irtonainen lisälevy.

Hän kiersi lampun irti.

Päästä irti!

Tuvassa oli ilo irti.

Hän ei voinut irrottaa katsettaan tytöstä.

Laiva irrottautui laiturista.

Suomi irtautui Venäjästä. = Suomi erosi (katkaisi välinsä) Venäjästä.

Lehdet irtosivat puista.

irtohampaat, -kaulus, -lehti, -parta, -tukka, -päällinen, -vuori, -ripset

Se meni irtopoikki.

Vrt. tekohampaat, tekotukka, tekoparta

olla valttia

Hyvä kielitaito on aina valttia.

Mäenlaskun voitti Norjan valtti Birger Ruud.

Puhujan on lyötävä paras valttinsa pöytään viimeiseksi.

väittää

väite

väitellä

väittää vastaan

Tuo väitteesi ei pidä paikkaansa.

Hänen kanssaan ei kannata väitellä.

Hän väittelee pian tohtoriksi.

Hän väittää vastaan joka asiassa.

Siellä on kuuma väittely käynnissä.

soveltaa

sovellutus

soveltua

Teoria täytyy soveltaa käytäntöön.

Lakipykälää voidaan soveltaa tähänkin kohtaan.

Se soveltuu hyvin maamme oloihin.

tilaisuuteen soveltuva puhe.

Huom. ulkonaisesti   for external application

Voidelkaa kipeää kohtaa lääkkeellä.

sanka   handle

pannun sanka, ämpärin sanka

paneutua

Hän paneutui asiaan, kysymykseen.

Koeta paneutua hänen asemaansa.

Hän paneutui vuoteeseen.

Hän paneutui maata, levolle, makuulle. = Hän pani maata.

Hän paneutui maata viljelemään.

riippumaton = ei lukeudu mihinkään puolueeseen

     vrt. riippumatto   hammock

edistyspuolue, edistysmielinen

vallankumous

     vrt. kierros (vauhtipyörän k.) revolution
     vrt. vallankaappaus.   coup d'etat

Vaali kumottiin.

Hallitus kumosi huhun.

Ranskan vallankumous.

Sotilasjuntta pani toimeen vallankaappauksen.

313-431 O - 68 - 32

41

A. HÖLMÖLÄISILLE KASVAA KITKERÄÄ SUOLAA

Talvella kerran rupesi Hölmölästä loppumaan suola.

Siitä suola-asiasta kun hölmöläiset sitten keskenään neuvoa pitivät, niin jopa keksivätkin keinon, joka heidän mielestään oli sangen viisaasti ajateltu.

Näin hölmöläiset nimittäin päättivät ja kaikessa seurakunnassaan tiettäväksi julistivat:

" Koska suolaa suunnattoman suurella vaivalla ja rahan menetyksellä ynnä paljon aikaa hukkaamalla on kaukaa meren rannalta kaupungista täytynyt ostaa ja tänne hevosella vedättää, niin tehtäköön nyt sillä tavalla, että me hölmöläiset tästälähin omine suoloinemme toimeen tulemme ja elämme. Päätetty on nyt sen tähden niin, että minkä verran itsekullakin vielä suolaa hallussansa on, se siemeneksi talteen otettakoon ja yhteiseen peltoon kylvettäköön, jotta siitä syksyllä monenkertaisen suolasadon korjata saamme."

Niin sitten tapahtuikin, että Hölmölän väki kevään tultua rupesi tekemään suolatoukoa.

Hölmölän suuri yhteinen pelto kuokittiin, ja kun se oli saatu kuokituksi, niin ruvettiin kokkareista multaa möyhentämään pitkäpiikkisellä äkeellä. Mutta koska äes oli ylen raskas ja hankala vetää ja kun se alinomaa harasi vastaan, keksittiin aivan oivallinen keino tämän asian auttamiseksi. Äes käännettiin selälleen niin että piikit joutuivat ylöspäin. Ja nythän äes olikin vallan köykäinen ja mukava vetää, kun eivät piikit pitäneet vastaan. Se vain oli vähän ikävää, että sen päällä ei äestäjä nyt ajaessaan voinut istua.

Suola sitten kylvettiin peltoon. Kylvön tehtyä var-
rottiin, katseltiin ja kaipaeltiin, ottaisiko suolansiemen
kunnolla itääksensä. Ja väkevää maata kun oli pelto, niin
vallan pian se rupesikin viheriöitsemään. Lykkäsi näet run-
saasti kaikenkaltaista rikkaruohoa, paraasta päästä polt-
tiaisen ituja ja rautanokkosen taimia.

" Jopa ihanasti joutuu suolaheinä!" huusivat hölmöläi-
set tämän vihannan vihreyden nähdessään.

Päivänä muutamana kuitenkin tapahtui onnettomuus. Pääsi
näet jostakin hevonen sinne suolapeltoon irralleen juoksen-
telemaan ja kalliita oraita tuhoamaan.

Joku yritti kiireenvilkkaa juosta pellolle hevosta pois
hätyyttämään, mutta silloinkos toisilta hölmöläisiltä äläkkä
pääsi:

" Pois pellolta! Hullu olet, kun pellon sotket ja lai-
hon tallaat! Pahoja jälkiä tulee ja kallis vilja hämääntyy!"

Tuli nyt äijien tuumiskeltavaksi kiperänkapera ja kape-
rankiperä, mutkallinen kysymys, että kuinka se villitty he-
vonen saataisiin ajetuksi pois niin taitavasti, ettei ajaja
samalla tallaisi peltoa.

Tuumiskeltiin, tuumiskeltiin.

Kokonainen ruokaväli[1] kun oli tuumiskeltu, niin tehtiin
senkaltainen päätös, että haettakoon tukevat paarit, hevosen-

---

[1]Ruokaväli = rupeama, tarkoittaa aamiaisen ja päivällisen
tai päivällisen ja illallisen välistä työaikaa maalla.

karkoittaja nouskoon paareille seisomaan ja neljä vahvaa
miestä kantakoon sitten hevosenkarkoittajaa niillä paareilla
pitkin peltoa. Sillä tavalla tehden ei hevosenkarkoittajan
tarvinnut askeltakaan pellolla astua ja jaloa kasvullisuutta
tallata.

Niinkuin oli päätetty, niin myös tehtiin. Paareilla
kantaa ketkutettiin pellolla hevosenkarkoittajaa, joka raippa
kourassa hosui hevosta. Sillä siitäkin pulmasta päästiin.

Suolavilja se vain yhä rehevämmäksi kasvoi minkä kerkisi
ja jopa rupesi kukoistamaankin. Silloin lähetettiin tarkka
mies maistamaan, että joko kuinkakin suolaiselta maistunee.
Se ymmärtäväinen mies kun nokkosen lehtiä maistella maiskut-
teli, niin heti huusi:

" Kyllä on suolaista! Ai, ai, oikein huulia polttaa ja
kieltä kirveltää! Väkevää on suola! "

Suurella puukellolla silloin soitettiin kaikki väki
kokoon kuulemaan ilosanomaa, että suolaheinä on ankarassa
suolan teossa.

Kun sitten syksymmällä arveltiin, että suola oli tar-
peeksi tuleentunutta, Hölmölän seurakunnan väki riensi jou-
kolla suolasatoa korjaamaan. Mutta kun talkooväki ruohoon
tarttui, niin se pisteli käsiin ja poltteli hyppysiä, niin-
kuin nokkosten tapana on. Poltteli niin pahasti, että antoi-
vat jäädä korjaamatta mokoman äkäisen suolasadon. Toiset
syyttivät suolan siemenen olleen huonoa, toiset moittivat,
että suolavilja oli päästetty kypsymään liian suolaiseksi.

Olli

492

Sanasto

hölmöläinen — one of the tribe of simpletons

hölmö, hölmön, hölmöä, hölmöjä — simpleton, stupid, witless

kitkerä, kitkerän, kitkerää, kitkeriä — bitter, pungent

pitää neuvoa — to consult, confer, deliberate

hukata, hukkaan, hukkasi, hukannut — to lose, waist, spend

vedättää, vedätän, vedätti, vedättänyt — have pulled or hauled

tehtäköön (pass. imperative) — let (it or them) be done

tästälähin = tästälähtien — hereafter, from now on

itsekukin = kukin — each, every

siemen, siemenen, siementä, siemeniä — seed

sato, sadon, satoa, satoja — harvest, yield, return

kylvää, kylvän, kylvi, kylvänyt — to sow

korjata sato — to harvest

tehdä touko(j)a — to do spring sowing

kuokkia, kuokin, kuokki, kuokkinut — to hoe

kokkare, kokkareen, kokkaretta, kokkareita — clod, lump, clot

möyhentää maata — to stir or break up the soil

piikki, piikin, piikkiä, piikkejä — tooth, spike, thorn, prick, prickle

äes, äkeen, äestä, äkeitä — harrow

493

ylen = sangen (humoristista tyyliä)

alinomaa	constantly, perpetually
harata (vastaan), haraan, harasi, harannut	to struggle (against), rake
vallan = aivan	excellent, fine, splendid

oivallinen

köykäinen = kevyt

vartoa, varron, vartoi, vartonut (dial.) = odottaa

kaipaella = kaipailla, kaipailen, kaipaili, kaipaillut	to be missing, feel the loss
lykätä, lykkään, lykkäsi, lykännyt	to push, shove, postpone
rikkaruoho	weed(s)
polttiainen	nettle, small ant
paraasta päästä = parhaasta päästä	foremost, in the first place, principally
itu, idun, itua, ituja	sprout, shoot, bud

vrt. . itää

nokkonen, nokkosen, nokkosta, nokkosia	nettle
taimi, taimen, taimea, taimia	seedling, plant
vilja joutuu	the grain is ripening
vihanta, vihannan, vihantaa, vihantia	green, verdant, fresh
oras, oraksen, orasta, oraksia	shoot, sprout

kiireenvilkkaa = kiireesti

hätyyttää, hätyytän, hätyytti, hätyyttänyt	to chase, attack, assail
äläkkä, äläkän, äläkkää = älinä	bellowing, bawling, hullabaloo

sotkea, sotken, sotki, sotkenut	to tread, mix, entangle, confuse
laiho, laihon, laihoa, laihoja	growing crop
tallata, tallaan, tallasi, tallannut	to trample, tread, stamp
hämääntyä, hämäännyn, hämääntyi, hämääntynyt	to be put out, become puzzled or embarrassed
tukeva	steady, firm, stable, strong
äijä, äijän, äijää, äijiä = ukko	
kiperänkapera = kaperankiperä	intricate, complicated
villitä, villitsen, villitsi, villinnyt	to make wild, incite
paarit, paareja pl.	stretcher, bier
karkoittaa = karkottaa	
ketkutella = ketkuttaa	to rock, sway, swing, wag
raippa, raipan, raippaa, raippoja	whip, lash, rod
koura, kouran, kouraa, kouria	hand
hosua, hosun, hosui, hosunut	to beat, strike, gesticulate
rehevä, rehevän, rehevää, reheviä	flourishing, thriving
maistaa, maistan, maistoi, maistanut	to taste
maiskuttaa, maiskutan, maiskutti, maiskuttanut	to smack, clack
kirvellä, kirvelen, kirveli, kirvellyt	to smart, ache
tuleentua, tuleentui, tuleentunut	to ripen, become ripe (crops)
rientää, riennän, riensi, rientänyt	to speed, hurry, hasten

talkoot, talkoo-	harvest bee, work party
pistellä, pistelen, pisteli, pistellyt	to sting, prick, smart
hyppyset, hyppysiä (pl.)	fingers, fingertips
kypsyä, kypsyn, kypsyi, kypsynyt	to ripen, mature, mellow
mokoma	such, such as that, a pretty specimen of. . .
moittia (jotakin jostakin)	to blame or reprove (a p. for something)

B. MAON AJATUSTEN AVULLA YLÖS HEIKOISTA JÄISTÄ

Hongkong, 14.12. (Reuter) Mao Tse-tungin ajatukset inspiroivat mahtavan pelastusoperaation päivänä, jolloin muuan punakaartilainen vajosi Pekingissä heikkoihin jäihin, on uutistoimisto Uusi Kiina kertonut.

Tapaus sattui marraskuun lopulla Pekingin länsiosassa sijaitsevassa kansanpuistossa.

Punakaartilaiset, jotka edellisenä päivänä olivat ottaneet osaa suureen paraatiin Mao Tse-tungin kunniaksi, maleksivat ympäriinsä rannalla.

Yht'äkkiä avunhuudot kaikuivat järven poikki ja vedessä kamppaili punakaartilainen, jonka painoa ei ohut jää ollut kestänyt.

Uusi Kiina kertoi, että mieleen välähtivät puheenjohtaja Maon sanat: " Kaikkien vallankumouksellisten rivien ihmisten on huolehdittava toisistaan."

Noin sata henkeä, punakaartilaisia ja muita, juoksi jäälle vaarasta välittämättä. Monissa kohdin ohut jääpeite murtui ja monet pelastajat joutuivat jäisen veden varaan.

" Ankara kylmyys kouristi heidän sydäntään ja salpasi heidän henkensä", Uusi Kiina sanoi. " Heidän jäsenensä jäykistyivät. Silti kukaan ei luopunut yrityksestä, koska he olivat aseistautuneet Mao Tse-tungin ajatuksin. "

Joukko punakaartilaisia rohkaisi rannalta käsin vedessä kamppailevia tovereitaan esittämällä lainauksia Maon teoksista.

" Olkaa päättäväisiä", he karjuivat. " Älkää pelätkö mitään uhrausta ja kestäkää kaikki vaikeudet saavuttaaksenne voiton. "

Uutistoimiston mukaan nuori punakaartilainen Hsing Junfa huomasi voimiensa ehtyvän. " Hän kuuli lainauksen Maon teoksesta ja sai heti uusia voimia."

Kesti yli tunnin ennen kuin kaikki jäihin vajonneet oli saatu kuiville.

Uusi Suomi

Sanasto

punakaarti, -kaartin, -kaartia, -kaarteja	red guard
paraati, paraatin, paraatia, paraateja	parade
maleksia, maleksin, maleksi, maleksinut	to loiter about, hand around
kaikua, (kaiun), kaikui, kaikunut	to echo, resound, sound
välähtää, (välähdän), välähti, välähtänyt	to flash
vallankumouksellinen	revolutionary, revolutionist

497

murtua, murrun, murtui, murtunut	to break down, be crushed
joutua veden varaan	to fall into a lake or sea
kouristaa, kouristan, kouristi, kouristanut	to squeeze, wring
salvata, salpaan, salpasi, salvannut	to choke, bar, block up
jäykistyä, jäykistyn, jäykistyi, jäykistynyt	to become stiff, stiffen
aseistautua, aseistaudun, aseistautunut (intr.)	to arm, equip with arms
aseistaa (tr.)	to arm
rohkaista, rohkaisen, rohkaisi, rohkaissut	to encourage
rannalta käsin	from the shore
päättäväinen	resolute, determined, firm
karjua, karjun, karjui, karjunut	to roar, bawl, yell, bellow
uhraus, uhrauksen, uhrausta, uhrauksia	sacrifice
vrt. uhri	
ehtyä, (ehdyn), ehtyi, ehtynyt	to get exhausted, wane
lainaus, lainauksen, lainausta, lainauksia	quotation, lending, loaning, borrowing
saada kuiville	to pull to dry ground
vara, varan, varaa, varoja, vara-	support, reserve, chance

Kysymyksiä

A.   Keitä hölmöläiset olivat? Missä he asuivat? Min-
kälaisia tekoja he tekivät? Miksi he toimivat aivan mie-
lettömästi? Millaisiin tuloksiin he aina päätyivät?
Mitä he nyt päättivät kasvattaa? Miten suolasato onnis-
tui? Miten hölmöläiset muokkasivat pellon? Miten he kar-
koittivat hevosen pellolta? Miten kävi suolan maistajal-
le?

B.   Mihin punakaartilainen vajosi? Missä hän vajosi
heikkoihin jäihin? Kuka kertoi tapahtumasta? Milloin
tapaus sattui? Mitä punakaartilaiset olivat tehneet
edellisenä päivänä? Mitä he nyt tekivät? Mitä yht'äkkiä
tapahtui? Kenen sanat välähtivät kaikkien mieleen?
Kuinka monta henkeä juoksi rannalle? Mitä tapahtui jääl-
le heidän allansa? Miltä heistä tuntui? Mitä miehet
rannalta käsin tekivät? Kuinka paljon se auttoi veden
varaan joutuneita? Milloin kaikki jäihin vajonneet saa-
tiin kuiville?

C.   Mistä suolaa saadaan? Miten sitä saadaan merivedes-
tä? Mikä on maailman suolaisin meri tai järvi? Missä on
suolakaivoksia? Mihin suolaa käytetään? Missä osissa
ihmisruumista on suolaa? Mitä tapahtuu haaksirikkoutu-
neelle, jos hän juo suolaista merivettä? Miten ihminen
voi juoda merivettä? Kuinka tarpeellista suola on ih-
miselle?

D.   Ketkä ovat Amerikan hölmöläisiä? Missä he asuvat?
Minkälaisia tekoja he tekevät? Mikä kirja kertoo heistä?
Missä hölmöläistarinat ovat syntyneet? Miten ne ovat
syntyneet? Mitä tarkoittaa suullinen perimätieto? Mai-
nitkaa, mitkä kuuluisat runoelmat tai eepokset ovat säi-
lyneet suullisena perimätietona sukupolvesta toiseen?
Mihin kansalliseepokseen hölmöläissadut kuuluvat?

                        Harjoituksia

Verratkaa seuraavia muotoja keskenään:

        pääte/tään   pääte/ttäköön

        anne/taan   anne/ttakoon

        saa/daan   saa/takoon

        teh/dään   teh/täköön

        tul/laan   tul/takoon

A. MODEL: Työ tehdään. - Työ tehtäköön!

            1. Kirja luetaan.

            2. Kotiin tullaan ajoissa.

            3. Hänet viedään sairaalaan.

            4. Miestä kannetaan paareilla.

B. Muuttakaa seuraavat aktiivin imperatiivimuodot passiiviin:

    MODEL: Hän tehköön työn. - Työ tehtäköön!

            1. Isäntä kylväköön viljan!

            2. Ottakaamme siemen talteen!

            3. Kuoki maa!

            4. Kertokaa hölmöläisistä lapsille!

                            500

5. Hän lukekoon lehden!

6. He menkööt kotiin!

Huom: Kylvön tehtyä (vanhentunut muoto). = Kun kylvö
oli tehty.

C. Tekoa voidaan usein ilmaista kahdella verbillä, jolloin
pääverbi on infinitiivissä ja kuvaileva verbi taipuu.

Esim. Hevosen karkoittajaa kantaa ketkutettiin.

MODEL: Hevosen karkoittajaa kantaa ketkutettiin.
Hevosen karkoittajaa kannettiin ketkuttaen.

1. Mies maistella maiskutteli lehtiä.
2. Hölmöläinen ajaa hosui hevosta.
3. Kello soida läppäsi.
4. Nurmi juosta höyrysi.
5. Huudon katku levitä pölähti kentälle.
6. Wide juosta porhalsi kohti maalia.

D. MODEL: Annoimme kirjan jokaiselle osanottajalle (erik-
seen). - Annoimme kirjan itsekullekin osanot-
tajalle.

1. Hän puhuu hyvää jokaisesta.
2. Jokainen pitäköön huolta omista tavaroistaan.
3. Kymmenen taloa, joista jokaisessa asuu neljä
perhettä.
4. Jokaisen kuukauden viimeisenä päivänä.

Sanavaraston kartuttamista

käsin

He rohkaisivat tovereitaan rannalta käsin.

Hän hoitaa kirjeenvaihdon kotoa käsin.

Taistelua jatkettiin linnakkeesta käsin.

käsinkirjoitettu kirje

käsinmaalattua lasia

käsinkoskematta pakattua

He hyökkäsivät kaupunkiin etelästä käsin.

Mistä käsin nyt tuulee? = Mistä päin nyt tuulee?

neuvo

neuvoa, neuvonantaja

neuvoja, maatalousneuvoja, kalastus-, metsä-, asutusneuvoja

neuvokas, neuvoton

Hän hukkasi kukkaronsa. = Hän kadotti kukkaronsa.

Pekka tuhlasi kaikki rahansa.

Tuhlaajapoikavertaus on Raamatun tunnetuimpia vertauksia.

Hän menetti rahansa ja tavaransa korttipelissä.

Me hävisimme pelin.

Mies katosi kotoaan teille tietymättömille.

Lentokone hävisi yhtäkkiä näkyvistä.

toukokuu

Miesväki on touonteossa.

kuokka

kuokkavieras   uninvited guest at a
                                                party

Ei niin pieniä pitoja ettei kuokkavieraita.

piikarit, piikkikengät

piikkikasvi

piikikäs, piikitellä

piikkilanka

Asia lykättiin seuraavaan kokoukseen.

Hän sai vuoden lykkäystä kutsunnassa.

Äiti lykkäsi lastenvaunuja. (colloq.)

Hukkunutta harattiin (naarattiin) koko päivä.

Sateen jälkeen on kasvimaa harattava.

Perunat ovat idulla ennen kylvämistä.

Ruis on oraalla. (Koko pelto on oraalla.)

Peruna on taimella.

Ruislaiho ei vielä ole tähkällä.

Lämpimässä kellarissa perunat itävät.

vara

Sodan varalta rakennettiin pommisuojia.

Oli veden varassa kymmenen tuntia.

Hän pani kaiken yhden kortin varaan.

Hänellä ei ole varaa menettää paikkaansa.

vrt.   varat, varakas

Hallituksella ei ole tähän tarvittavia varoja.

Hänellä on varakkaat vanhemmat.

aseistaa

   aseistariisuminen   disarmament

Kapinalliset riisuttiin aseista.

Mielenosoitus päättyi aseelliseen yhteenottoon.

42

TUOMIOKELLO

On hiljainen, talvinen, kuutamoinen yö. Tippuu lunta alahisilta taivahilta, ja lumihiutaleiden läpi paistaa sappinen[1] kuu.

Maantienvarren Jussi Huttunen on pistäytynyt pihalle pirtistään ja käynyt yhdellä tiellään hevoselleen heiniä heittämässä. Hevonen on alkanut niitä purra rouskutella. Mutta yhtäkkiä on se lakannut puremasta ja kuulostanut. Sitten on se taas alkanut rouskuttaa, mutta taas pysähtynyt ja kuulostanut uudelleen, ja silmä on pimeässä vihreälle välähtänyt. Jussi on ajatellut, että mitähän se siinä, ja on pannut tallin oven kiinni ja lähtenyt menemään pirttiin.

Mutta silloin kuulee hän sen itsekin. Se on joku kellossa ajava, maantiellä kaukana, toisella puolen järven. Kenellähän lienee niin isoääninen kello? Tuntuu ajavan alas mäkeä aika vauhtia, koska niin remputtaa. Saapas nähdä, kääntyykö tienhaarassa isoa maantietä vai lähteekö tännepäin kirkkotietä?

Tännepäin se kääntyy. . . Ei ole tämän pitäjän herroilla kellään sen äänistä kelloa. Maantienvarren Jussi tuntee kaikki oman pitäjän aisakellot. . . Sehän mölisee niinkuin jokin ruokakello. . . Lienee joku pitkän matkan takalainen.

---

[1]Sappi tarkoittaa tässä auringon tai kuun toisella tai molemmilla puolilla toisinaan näkyvää erityisen valoisaa kohtaa. (sapenkarvainen = sapenvärinen)

Ja oli siinä vähän muutakin outoa tuossa tulijassa ja
sen kulussa. Jussi tunsi kaikki tiet ja tienkäänteet ja mäet
ja tiesi, että sillä paikalla, mistä sen ääni nyt kuuluu on
vastamäki, pitkä, jyrkkä törmä, jota ei tavallinen ihminen
juosten aja. Mikä hurja lieneekin, joka ajaa laukalla vas-
tamaatkin?

Eikä se kuitenkaan tunnu siltä kuin laukalla ajaisi.
Pikemmin se silloin lähenisi. Se soipi myöskin liian sään-
nöllisesti vuoroin kumpaankin laitaan eikä niinkuin taval-
lisesti aisakellossa, jossa kieli aina sattuu vain yhteen
laitaan.

Ei se ikinä ole oikea aisakello. . . Nyt se yhtäkkiä
lakkaa soimasta, lakkaa kolmeen läppäykseen kuin kirkonkello
jumalanpalveluksen loputtua. Ei kuulu mitään koko maailmassa,
lumi putoilee vain, ja ruuna alkaa taas rouskuttaa tallissa.

Olipa mikä oli. . .ei tainnut olla mitään. . .saattoivat
uniset korvat vain valehdella. Jussille tulee vilu paitahi-
hasillaan, ja hän menee tupaan ja heitäikse vuoteelleen.

Mutta tuskin on hän silmänsä ummistanut, kun koira ka-
vahtaa pöydän alta ja töytää ulos ja alkaa ulvoa. Samassa
kuuluu avonaisesta ovesta kellon ääni entistä selvemmin. Jus-
si sukaisee turkin ylleen ja kengät jalkaansa ja menee ulos.
Rakki vuoroin haukkuu ja vuoroin ulvoo ja juoksee tallin taa,
palaa sieltä häntä koipien välissä ja vikisee, sitten taas
rähisee maantielle päin.

- Vait! - Siit!

Nyt se soipi aivankuin kirkonkello:

- Pim! Pim! Pom, pom! - Pim, pim! Pom, pom! - Pim,
pom! - Pim- pim- peli-pim!

312-421 O - 68 - 33

Soipi milloin harvasteeseen, milloin nopeasti laidasta laitaan, milloin läpäten kuin tanssin tahdissa, kuin polkan tahdissa.

Mutta eihän kukaan voi ajaa kirkonkello aisassa! Kenen aisa se semmoisen kellon kestäisi! Ei se oikea ajaja. . .muu ajaja mikä lie. . .ja mikä lie tuo sappikin kuun ympärillä. .

Se tulee yhä likemmä, kuuluu välistä heikommin metsän takaa, mutta aukealta paikalta taas kahta kovemmin. Mäen takana se kuuluu kuin maan alta, mäen päälle päästyään taas kuin puitten latvojen yli.

Se on kirkon kello, oikea kirkonkello, mutta soittaja, joka sillä tanssin tahtia helistää kuin mitä helvetin ral- latusta, ei ole oikea soittaja. . .

Jussia alkaa värisyttää, vaikka on turkki yllä. . .hä- nelle tulee hätä, sitä suurempi kuta likemmäksi se tulee. . .

Jos se on tuomiokello. . .jos se soittaa hänen viimeistä päiväänsä. . .tulee häntä hakemaan?

Ejkä Jussi saa salatuksi itseltään, minne se tulee häntä hakemaan.

Maantie kulkee aivan hänen peltonsa alaitse, ja siitä mennessään se hänet ottaa. . . Nyt se on törmän päällä, ja törmän alla on tienhaara pellon yli pihaan. . .

Kaikki hänen pahat tekonsa sukeltavat hänen mieleensä. Hän on tehnyt vääryyttä matkamiehille, punninnut heiniä vää- rällä puntarilla, pettänyt hevoskaupoissa, vetänyt nenästä velkamiehiään, ei ole tarvitsevia milloinkaan auttanut, lyönyt kostosta kirveellä naapurin lehmää selkään, syöttänyt elukoil- laan salaa toisten niittyjä, puhunut valansa päälle oikeuden

506

edessä vähemmän kuin tiesi, ollut ilkeä vaimolleen, piessyt
häntä. , .

Nyt se laskee mäen päältä, tuossa tuokiossa on täällä. .
pim - pom - pim - pom! pim peli. . .pim peli!. . .nyt se
tulee omansa ottamaan. . .ei ennätä mitään sovittaa. . .ei
saada anteeksi edes akaltaan. . .se kyllä antaisi, jos ennät-
täisi pyytää. . .vaan ei ehtisi senkään kanssa kaikkia sel-
vittää. . .voi, voi, kun edes kaatuisi käänteen vierussa!

Hän lankee lyhyessä turkissaan polvilleen pihamaalle
tallin ja navetan väliseen solaan, iskee kätensä yhteen, lu-
paa parantua, lupaa hyvittää kaikki, joka asian, nekin, joita
ei nyt edes muistakaan. . .akkansa ennen kaikkea.

Nyt se on mäen alla. . .kello mouruaa aivan kamalasti,
nyt se kääntyy. . .eihän käännykään. . .ohi ajaakin. . .Toivo
hytkähyttää rintaa. . . Mutta jos vielä tulee toista tietä,
isoa tietä, kujaa myöten?

Ei tule sitäkään, ohi ajaa senkin. Ei tullutkaan häntä
ottamaan!

Vielä vapisee hän koko ruumiissaan, vielä on hän polvil-
laan lumessa, mutta syntein ja pahojen tekojen tulva on
tyrehtynyt, ei muistu enää uusia mieleen, ja vanhat ovat kuin
sovitetut.

Hän nousee ylös ja tointuu tointumistaan.

Eikö olisi osannut taloon? Vai olisiko rukousta säi-
kähtänyt? Vai eikö ollut aikonutkaan tulla? Muualle olikin
ehkä matkalla, muita ottamaan?

Kello kuuluu ajavan salmen jäälle, jonka toisella puo-
lella on pappila ja kirkko. Se soi yhä, pommittaa ja pimmit-

507

tää, mutta Jussi kuuntelee sitä yhä rauhallisemmin, siirtyypä
vielä solasta pirtin perään paremmin kuullakseen ja nähdäk-
seen. Musta möhkäle liukuu hiljalleen tietä pitkin. On se
niin kuin olisi hevonen ja reki. . .mutta saattaahan se pa-
holainen vaikka miksi muuttua. Katsohan kuinka säikäytti!
Turhaan hälytti, luulin tulevan, eikä tullutkaan. . . Saapa
nähdä, nouseeko kirkon törmästä, vaiko pappilaan?

Pappilan törmästä nousee! Pappia meneekin ottamaan,
itseään rovastia!

Jussin rinnassa hytkähtää hyvästä mielestä. Sen kun
viepi, niin vieköön! Mutta tappelu siitä tulee, ennen kuin
saa sen ison miehen. . .pitäisikö mennä auttamaan?

Mutta kello on lakannut soimasta pappilan alla, eikä se
pihaan noustessakaan mitään virka, ei kuulu muuta kuin liis-
tereslan[1] ratinaa. Sitten se katoo nurkan taa ja kaikki on
hiljaa. Eikä Jussi pääse selville siitä, jäikö se taloon vai
ajoiko läpi pihan.

Aamulla varhain lähtee hän pappilaan ja näkee liiterin
edessä reen, jonka keskellä on kaksi pylvästä ja pylväiden
päällä riippuu poikkitangossa iso kello, kirkon kello, se
uusi kello. Renki on juuri vetämässä rekeä ja kelloa liit-
teriin.

- Kuuliko se Jussi mennä yönä mitään? kysyi renki.
- En ole kuullut.

---

[1]Liisteet = irtonainen reen pohja, liistereki.

Resla = reen kori, jossa on istumanoja.

508

- Olisipa tämän pitänyt kuulua.

Ja renki lyömään kieltä kellon laitaan, kahakäteen. . .
pim - pom. . .pim - pom!

Jussi Huttunen kuuli sen jälkeen monta kertaa kellon soivan tapulissa, johon se sitten asetettiin. Mutta ei se enää koskaan tuntunut hänen kohdalleen soivan, niin kuin oli sinä kuutamoyönä soinut. Soipahan vain niin kuin muutkin kirkonkellot, ja muistuttihan se, niin kuin ne aina tekevät ja niin kuin niiden tuleekin tehdä, että kerranhan sinunkin Jussi Huttunen, kuoleman pitää, kerran tilille töistäsi joutuman. Mutta niinhän se soipi kaikille muillekin, eikä hänelle enemmän kuin muillekaan, muistuttaen kaikkia ihmisiä yhteisesti eikä ketään erittäin. Sillä eihän hän ollut sen suurempi syntinen kuin muutkaan, ja mitäpä se siis hänelle enemmän kuin heillekään? Olipa hän tainnut olla vallan niin kuin höperryksissään silloin kun antoi säikäyttää itsensä kaikkia syntejään anteeksi anomaan. Eikähän se ollut mikä tuomiokello, tavallinen kirkonkello vain. Liekö tuota ollenkaan koko tuomiokelloa, jonka sanovat lähdön edellä soivan jokaisen korvaan. Mutta jos olisikin ja vaikka se olisi ollutkin se kello ja vaikka olisi taloon tullutkin - minkäpähän olisi mahtanut! Olisi siinä kovalle otettu, ennen kuin sen matkaan seisovilta jaloilta lähdettiin. . .on hän semmoinen poika, joka ei turhista säiky.

Eikä se tuomiokello enää toista kertaa soinutkaan Jussin kohdalla. Sillä se soipi vain kerran kunkin ihmisen elämässä.

Juhani Aho

509

Sanasto

tuomio, tuomion, tuomiota, tuomioita	judgment, sentence
alahinen = alainen	low, subordinate, under the jurisdiction of
hiutale, hiutaleen, hiutaletta, hiutaleita	flake
sappi, sapen, sappea, sappia	sun dog, gall, bile
tienvarsi, -varren, -varttá, -varsia = tienvieri	side of the road, roadside, wayside
pirtti, pirtin, pirttiä, pirttejä = tupa	living room of a farmhouse
rouskutella, rouskuttelen, rouskutteli, rouskutellut	to crunch
kuulostaa, kuulostan, kuulosti, kuulostanut	to listen, sound
vrt. kuulua	
talli, tallin, tallia, talleja	stable
remputtaa, remputan, remputti, remputtanut	to pound, limp, drag
tienhaara	fork of a road
aisa, aisan, aisaa, aisoja	shaft, pole
aisakello	sleigh bell
mölistä, mölisen, mölisi, mölissyt	to bawl, bellow
takalainen = takainen	
koommin	almost (dialectal)
sen koommin	ever since
käänne, käänteen, käännettä, käänteitä	curve, bend, turn, change
vastamäki	uphill road

jyrkkä, jyrkän, jyrkkää, jyrkkiä	steep, precipitous; strict
törmä, törmän, törmää, törmiä	slope, bank, hill
hurja = hurjimus	madcap, daredevil, reckless
laukalla	at a gallop
laukata, laukkaan, laukkasi, laukannut	to gallop
ikinä	ever
läppäys, läppäyksen, läppäystä, läppäyksiä	tolling
ruuna, ruunan, ruunaa, ruunia	gelding
Hän on paitahihasillaan.	He's in his shirt-sleeves.
vilu, vilun, vilua	chill(s), chilliness, cold
vrt. vilustua	
heitäikse = heittäytyä (intr.)	to throw (oneself)
ummistaa, ummistan, ummisti, ummistanut	to close, shut
kavahtaa, kavahdan, kavahti, kavahtanut	to start, jump, beware
töydätä, töytään, töytäsi, töydännyt	to dash, dart, rush
töytäistä, töytäisen, töytäisi, töytäissyt	to push, thrust, shove
ulvoa, ulvon, ulvoi, ulvonut	to howl, bawl
sukaista, sukaisen, sukaisi, sukaissut	to put on quickly, do quickly
rakki, rakin, rakkia, rakkeja	cur
haukkua, haukun, haukkui, haukkunut	to bark, yelp, call bad names

koipi, koiven, koipea, koipia	leg, shank
rähistä, rähisen, rähisi, rähissyt	to make a racket, fuss, wrangle, brawl
harvasteeseen = harvakseen	slowly, at long intervals, rarely, now and then
kahta	double, twice
vrt. kaksi, kahta	
helvetti, helvetin, helvettiä, helvettejä	hell .
rallatus, rallatuksen, rallatusta, rallatuksia	frivolous song, lilting
rallattaa, rallatan, rallatti, rallattanut	to sing freely or carelessly
värisyttää, värisytti, värisyttä.yt	make shiver, tremble or shudder
salata, salaan, salasi, salannut	to keep secret, conceal
puntari, puntarin, puntaria, puntareita	steelyard, scale (for weighing)
vrt. vaaka, vaa'an, vaakaa, vaakoja	
vetää nenästä	fool a person
kosto, koston, kostoa, kostoja	revenge
elukka, elukan, elukkaa, elukoita = eläin (colloq.)	animal
niitty, niityn, niittyä, niittyjä	meadow, field of hay, pasture
vala, valan, valaa, valoja	oath, vow
ilkeä, ilkeän, ilkeää, ilkeitä	nasty, spiteful, wicked
piestä, pieksen, pieksi, piessyt = pieksää, pieksen, pieksi, pieksänyt	to beat, whip, lash
tuossa tuokiossa	in no time, in a twinkle
ennättää, ennätän, ennätti, ennättänyt	to have time, be in time

512

vieru, vierun, vierua, vieruja = vieri (dial.)	slope, edge, side
langeta, lankean, lankesi, langennut	to fall, prostrate
sola, solan, solaa, solia	space between two buildings, pass
mouruta, mouruan, mourusi, mourunnut	to bellow, bawl, rumble
hytkähyttää = hytkähdyttää	to give a jolt or jog
tulva, tulvan, tulvaa, tulvia	flood, torrent, influx
tyrehtyä, tyrehtyi, tyrehtynyt (intr.)	to cease to flow, stop
tyrehdyttää, tyrehdytän, tyrehdytti, tyrehdyttänyt (tr.)	to stop
tointua, toinnun, tointui, tointunut (jostakin)	to recover (from something)
säikähdyttää = säikäyttää	
salmi, salmen, salmea, salmia	sound, strait(s)
pappila, pappilan, pappilaa, pappiloita	parsonage, vicarage, rectory
möhkäle, möhkäleen, möhkälettä, möhkäleitä	chunk, lump, clod
rovasti	honorary title given to a minister of the Lutheran Church of Finland
liisteresla = liistereki	sleigh
ratista (ratisen), ratisi, ratissut	to creak, grate, crack
ratina, ratinan, ratinaa	grating sound, cracking
pylväs, pylvään, pylvästä, pylväitä	post, pillar, column
tanko, tangon, tankoa, tankoja	pole, staff, bar

513

poikkitanko	crossbar
renki, rengin, renkiä, renkejä	farmhand
liiteri, liiterin, liiteriä, liitereitä	shed
mennä = menneenä	bygone, past, last
kahakäteen = kahdakäteen	in two different directions
tapuli, tapulin, tapulia, tapuleita (kello) (lauta)	(bell) tower, pile (of lumber)
joutua tilille jostakin	to be held accountable (for something)
erittäin = erityisesti	
höperryksissä	confused, bewildered, perplexed
anoa, anon, anoi, anonut (jotakin)	to petition, ask (for something)
lähtö, lähdön, lähtöä, lähtöjä	departure, leaving
ottaa kovalle, koville, lujalle	to have a hard time, be hard pressed

Kysymyksiä

A, Minä vuodenaikana tämän novellin tapahtumat tapahtuvat? Mihin aikaan vuorokaudesta? Millainen oli sää? Mitä Jussi Huttunen oli tekemässä? Kuka kuuli kellon äänen ensin? Millainen ääni se oli? Mitä outoa oli tuossa äänessä? Miten se soi? Miksi tavallinen ihminen ei voi ajaa kirkonkello aisassa? Mikä ajajan täytyi olla? Mitä tuomiokello soittaa? Minne se tulee Jussia hakemaan? Mitä Jussi pelkää?

B.   Miten hevonen käyttäytyy, kun se kuulee kellon äänen? Mitä koira tekee kuullessaan kellon soivan? Miksi eläimet käyttäytyivät epätavallisesti? Mitä eläinten käyttäytyminen merkitsi? Millainen kellon ääni oli aisakelloon verrattuna? Miltä Jussista tuntui, kun hän kuuli tuomiokellon äänen?

C.   Mitä pahoja tekoja Jussi Huttunen oli tehnyt? Millä hän oli punninnut heiniä? Ketä hän oli vetänyt nenästä? Keitä hän ei ollut koskaan auttanut? Mitä hän oli tehnyt kostosta naapurin lehmälle? Mitä hän oli tehnyt oikeudessa? Miten hän oli kohdellut vaimoaan? Mitä Jussi Huttunen lupasi nyt tehdä? Kenet hän lupasi ensin hyvittää? Miksi Jussi yht'äkkiä muuttui? Kuinka kauan hänen parannuksensa kesti? Milloin tuomiokello soi ihmiselle? Kuinka usein se soi kullekin ihmiselle?

Harjoituksia

A. Toistakaa seuraavat lauseet käyttämällä sulkumerkeissä olevaa sanaa sopivassa muodossa:

1. Yhtäkkiä se on lakannut (purra).
2. Jussi on käynyt hevoselleen heiniä (heittää).
3. Hän on lähtenyt (mennä) pirttiin.
4. Joku ajaa (kello) kaukana maantiellä.
5. Se lakkaa (kolme läppäystä) kuin kirkonkello.
6. Se soipi säännöllisesti vuoroin (kumpikin laita).
7. Hän heittäytyy (vuode).
8. Hän lankee (polvensa) pihamaalle.

9. Hän on (polvensa) lumessa.
10. Uusia syntejä ei muistu enää (mieli).
11. Jussin rinnassa hytkähtää (hyvä mieli).
12. Kello asetettiin sitten (tapuli).
13. Jussi joutuu (tili) (työnsä).

Pitää kuoleman-muotoa (-ma, -mä + -n) käytetään ilmaisemaan
pakkoa ja velvollisuutta, vanhemmiten myös tulevaa tekemistä,
kirjallisessa ja vanhoillisessa tyylissä.

Esim. Kerran sinunkin pitää kuoleman.   Some day you too
                                         will have to die.

B. MODEL: **Minun pitää lähteä. - Minun pitää lähtemän.**

    1. Heidän pitää tietää se.
    2. Kaikkea meidän piti nähdä.
    3. Tuota sinunkin piti kuulla.
    4. Kuka tietää mitä tästä piti tulla?
    5. Mitä minun piti sanoa?

C. Muuttakaa seuraavat aktiiviset lauseet passiivisiksi:

    MODEL: **Kerran sinunkin pitää kuoleman. - Kerran pitää
    kuoltaman.**

    1. Heidän pitää tekemän sovinto.
    2. Sinun pitää hänet ylentämän.
    3. Hänen pitää näkemän, kuka soittaa.
    4. Mitä sinun piti sanoman?

D. MODEL: Hän tointuu. - Hän tointuu tointumistaan.

    1. Sinä puhuit.

    2. Lapsi itki.

    3. Me nauroimme.

    4. He kirjoittivat.

E. Täydentäkää seuraavat lauseet panemalla sulkumerkeissä
olevat sanat esimerkin mukaiseen muotoon:

MODEL: Jussi oli (paitahiha). - Jussi oli paitahihasil-
laan.

    1. Hän juoksi ulos (yöpaita).

    2. Olet vielä (sukka).

    3. Tulin juhlaan (pikkutakki).

    4. Kaikki lapset olivat (uimapuku).

    5. Janne tuli sisään (paita).

Huomatkaa monikon käyttö:

Hän oli höperryksissä (pyörryksissä, juovuksissa, suu-
tuksissa, nukuksissa).

Vrt.   Se oli kauan unohduksissa (kadoksissa).

Vrt.   Tein sen nälissäni (janoissani, epätoivoissani,
viluissani, iloissani vihoissani, harmissani).

F. Täydentäkää seuraavat lauseet edellä annetuilla sanoilla:

    1. Serkku on. . .sukulainen.

    2. Veli on. . .sukulainen.

    3. . . .syyt vaikuttivat valtion hajanaisuuteen.

    4. . . .syyt olivat päätekijöinä.

5. Tuli pitkän matkan. . .vieraita (= pitkämatkalaisia).
6. Viiden hehtaarin. . .maapala.
7. Tulvan. . .maa.
8. Ulkoministeriön. . .osasto.
9. Isäntä ja. . .
10. Lääkettä käytetään vain. . .
11. Hän joutui naurun. . .
12. Koira töytäisi. . .
13. Kruununperijä on. . .syntyperää.
14. Tämä on veljesten. . .asia.
15. Tulee mies meren. . .ei tule turpehen. . .

Sanavaraston kartuttamista

takainen (= takalainen)

läheinen

alainen

alhainen

ylhäinen

eteinen

sisäinen

ulkoinen

ulkonainen

kaukainen

välinen

ala	area, ground, career, place
alaikäinen	under age
vrt. täysi-ikäinen	of age (21 years in Finland)

518

alahuone	House of Commons
vrt. ylähuone	House of Lords
törmätä, törmään, törmäsi, törmännyt	to collide, run into, dash against
törmäys	bump, knock, rush
yhteentörmäys	collision, clash
törmäillä (colloq.)	to make a fool of oneself
kostaa	to revenge
kostautua	revenge oneself
kostaja	revenger
kostotoimenpiteet	reprisals
vrt. kostea	damp
kosteus	dampness
kostua	to get damp
vannoa vala	to take an oath
tehdä väärä vala	to commit perjury
vieriä	to roll, cave in
vierustoveri	person next to
vierustalla (jonkun vierustalla)	at the side of, near
sopu, sovun, sopua	accord, harmony
sovinto	conciliation, concord
sovitus	adaptation, reconciliation
sovittelija	arbitrator
sovitella	to adjust, modify, arbitrate

519

höperö

    vanhuudenhöperö   crazy, cracked, senile

<u>tili</u>   account

    tilintarkastus   audit of books

    tilille pano   deposit

    tililtä otto   drawing from one's account

    vrt.   kirjanpitäjä   accountant

    tilivuosi   fiscal year

yhdellä tiellään = samalla kertaa

SUOMALAISIA ARVOITUKSIA

1. Kädetön, jalaton
   seinää nousee,
   kiukaalle pääsee?

2. Ei huku vedessä
   ei pala tulessa
   eikä mahdu maan rakoon?

3. Elää maailman alusta
   maailman loppuun asti
   ei koskaan viidettä
   viikkoa näe?

4. Lahdet kaidat, niemet
   pitkät, kalliot nenässä
   nienten?

5. Pojat sotaa käyvät,
   isä vasta syntymässä?

6. Ensin nahka nyljetään,
   sitten villat keritään?

7. Hakee, hakee,
   eikä soisi löytävänsä?

Vastaukset: 1. Taikina pytyssä tai tiinussa, 2. Nimi,
3. Kuu, 4. Sormen välit, sormet ja kynnet, 5. Kipunat tulta
iskettäessä, 6. Kenkä tai saapas riisutaan ensin, sitten sukka,
7. Verkonpaikkaaja retkiä

43

TUTKIJAN ASEMA

Väitetään, että tieteenharjoittajia ja tutkijoita on tänä päivänä 90% kaikkien aikojen yhteenlasketusta määrästä. Olipa tämän arvion laita miten tahansa, jokainen voi helposti todeta, että yliopistojen ja korkeakoulujen sekä erilaisten tutkimuslaitosten kasvu on erityisesti toisen maailmansodan jälkeen ollut suorastaan räjähdysmäinen. Masentavaa kuitenkin on, että ihminen ei tästä sinänsä ilahduttavasta kehityksestä saa kiittää yksinomaan positiivisia ominaisuuksiaan. Kieltää näet ei voi, että kylmä sota ja siihen liittyvä kilpavarustelu ovat näytelleet ratkaisevaa osaa. Tämä ei sinänsä ole mitään uutta historian kulussa, mutta nyt ovat mittasuhteet sellaiset, että samalla kun tieteen avaamat häikäisevät tulevaisuuden näkymät loistavat edessämme, myös täydellisen tuhon varjo on läsnä.

Teollisuuden, maaviljelyn ja talouden alalla ei mikään tehokas ja tarkoituksenmukainen kehitys ole mahdollista ilman tieteellistä tutkimusta. Tästä seuraa, että tutkijoiden sana tulee yhä merkittävämmäksi ja samalla kysymys tutkijan asemasta nykyaikaisessa yhteiskunnassa saa yhä enemmän painavuutta.

Poliittiset hallitukset joutuvat kaikkialla yhä enemmän turvautumaan tieteellisiin neuvonantajiin. Olosuhteet eri maissa ovat kuitenkin hyvin erilaisia. Vähemmän kehittyneissä maissa on molemminpuolinen epäluulo esteenä hyvän yhteistoiminnan aikaansaamiseksi, mistä tietysti kaikki saavat kär-

siä. Mitä nimenomaan meidän maahamme tulee, jättävät olomme
tässä suhteessa paljon toivomisen varaa.

Monet tutkijammr suhtautuvat poliitikkoihin tietyllä
epäluulolla. Ajatellaan ja väitetään, että he toimivat
yksinomaan omien rajoittuneiden henkilö-ja puoluepoliittisten
intressiensä ohjaamina ja vähät välittävät toimenpiteistä,
jotka eivät takaa välitöntä menestystä äänestäjämassojen suo-
siosta kilvoiteltaessa. Poliitikot puolestaan eivät luota
tutkijoiden arvostelukykyyn, vaan pitävät heitä ahdasmielisi-
nä spesialisteina, jotka eivät yleensä pysty näkemään asioi-
den kokonaisuutta ja joiden on vaikea käsittää että on olemas-
sa muutakin tärkeätä kuin vain heidän oma alansa ja heidän
omat suunnitelmansa.

Tällaisiin ennakkoluuloihin on kummallakin taholla ollut
kyllä aihetta, mutta ne eivät saisi jäädä kohialokkaaksi es-
teeksi. Valtiovallan ja tutkijoiden tehokas yhteistoiminta
on kaikissa olosuhteissa ehdottoman välttämätöntä maan edun
kannalta.

On aivan selvää, että tutkijoiden muuttunut asema yhteis-
kunnassa merkitsee uusia vaatimuksia. Nämä vaatimukset saat-
tavat usein olla suorastaan ristiriidassa itse tutkijan työn
kanssa. Tutkija on individualisti, hänen työnsä on suurin
piirtein samanlaista kuin taiteilijan. Mikään muu ei johda
tulokseen kuin oman tien ankara seuraaminen. Ei ole suinkaan
outoa, että etevät tutkijat ovat hyvin usein melkein epäso-
siaalisuuteen saakka itsepäisiä. Neuroottisuus on niin ikään
tavanomainen ilmiö, ja epäsuopean kriittinen asennoituminen
toisten tutkijoiden työhön ja saavutuksiin varsin yleistä.
Näissä oloissa on tutkimuksen rahoittamisesta vastuussa ole-

vien politiikkojen tai muiden kansalaisten vaikea käyttää
tutkijoiden asiantuntemusta ilman muuta hyväkseen.

Vaikkei ole syytä kuvitella, että tieteenharjoittajien
perusluonteessa tapahtuisi tulevaisuudessa muutoksia, on pe-
rusteltua aihetta toivoa, että kitkattoman yhteistyön mahdol-
lisuudet olojen kehittyessä huomattavasti kasvavat. Oma mer-
kityksensä on myös ryhmätyöskentelyllä, joka saa yhä keskei-
semmän sijan ja jonka tiedemiehen sosiaal'ista sopeutuvuutta
kasvattava vaikutus on erittäin suuri. Missään tapauksessa
yhteiskunnalla ei ole varaa olla käyttämättä tutkijoiden ar-
vostelukykyä ja asiantuntemusta.

On ilmeistä, että tutkijoita kohtaan osoitettu luottamus
kohottaa heidän yleistä vastuuntuntoaan. Jos poliittiset
johtajat itse vapautuvat ennakkoluuloistaan ja todella osoit-
tavat antavansa arvoa tieteelliselle asiantuntemukselle he
tulevat saamaan vastakaikua tutkijoiden taholta, jotka tule-
vat käsittämään asemansa toisin kuin silloin, kun he epätoi-
voisesti saavat taistella omien suunnitelmiensa toteuttamisen
puolesta ymmärtämättömyyttä ja omahyväistä kylmäkiskoisuutta
vastaan.

Tutkimustyön asema ja merkitys yhteiskunnassa on senlaa-
tuinen, ettei se saisi joutua puoluekiistojen kohteeksi.
Mutta politiikot eivät tämän takia saisi menettää mielenkiin-
toansa. Kaikkien täytyy oppia tunnustamaan se tosiasia, että
ilman tehokasta tieteellistä tutkimustyötä maamme vaurastu-
minen on mahdotonta ja että ilman sitä emme pysty tarjoamaan
kansallemme sellaista hyvinvointia, jonka asetamme tavoitteek-
semme. Kukaan ei tietenkään voi vaatia ratkaisuvallan siir-
tämistä maan poliittisilta johtajilta tutkijoiden käsiin, mut-

ta hyvällä syyllä voidaan edellyttää, että poliitikot pyrki-
sivät kaikin voimin toteuttamaan tieteellisten asiantuntijoi-
den perusteltuja esityksiä, vaikkakaan ne eivät kelpaisi päi-
vänpoliittisiksi taisteluaseiksi.

Paavo Ravila

Sanasto

räjähdysmäinen	explosion-like
masentaa, masennan, masensi, masentanut (tr.)	discourage, depress
masentua, masennun, masentui, masentunut (intr.)	to become discouraged, lose heart
yksinomaan	solely, entirely, exclusively
näet	you see, you know
vrt. nähdä, näen, näki, nähnyt	
varustelu, varustelun, varustelua, varusteluja	armament, equipping, preparations
kilpa, kilvan, kilpaa, kilpoja, kilpa-	competition, race, competitive
häikäisevä, häikäisevän, häikäisevää, häikäiseviä	brilliant, dazzling
läsnä	present, at hand, on the spot
tarkoituksenmukainen	serving the purpose, appropriate
merkittävä	significant
painavuus, painavuuden, painavuutta	weight, heaviness
turvautua, turvaudun, turvautui, turvautunut (johonkin)	to resort to, fall back on, hold to (something)

epäluulo, -luulon, -luuloa, -luuloja	suspicion, mistrust
mitä. . .tulee (johonkin)	as to, as for, in regard to (something)
toivomisen varaa	room for improvement
kilvoitella, kilvoittelen, kilvoitteli, kilvoitellut (jostakin)	to endeavor to gain, vie for something, contend, contest
arvostelukyky	judgment, discernment
kyky, kyvyn, kykyä, kykyjä	ability, capability, talent
ahdasmielinen	narrow minded
ahdas, ahtaan, ahdasta, ahtaita	cramped, crowded, too small
ennakkoluulo	prejudice, bias
ristiriita, -riidan, riitaa, -riitoja	contradiction, controversy, conflict
suurin piirtein	in general, in broad outline
itsepäinen	stubborn, obstinate, self-willed
tavanomainen	common, habitual, customary
rahoittaa	to finance, furnish the capital
vaikkei = vaikka ei	
työskentely	working, work
keskeinen, keskeisen, keskeistä, keskeisiä	central, essential
sopeutuvuus, sopeutuvuuden, sopeutuvuutta	adaptability, conformability
luottamus, luottamuksen, luottamusta	confidence

525

kohottaa, kohotan, kohotti, kohottanut (tr.)	to raise
kohota, kohoan, kohosi, kohonnut (intr.)	to raise, be promoted, rise, go up
omahyväinen	self-satisfied, self-complacent
kylmäkiskoisuus	coolness, indifference, unconcern
vaurastua, vaurastun, vaurastui, vaurastunut	to prosper
hyvinvointi, -voinnin, -vointia	welfare, prosperity
tavoite, tavoitteen, tavoitetta, tavoitteita	aim, objective, goal
kelvata, kelpaan, kelpasi, kelvannut	to be good enough, serve

Kysymyksiä

A.   Millainen on yliopistojen ja korkeakoulujen kasvu
ollut viime aikoina? Kuinka paljon on nykyisin tieteen-
harjoittajia kaikkiin aikoihin verrattuna? Mitä ihmiset
saavat kiittää tästä kehityksestä? Millä tavalla kilpa-
varustelu on vaikuttanut tutkimustyön kasvuun? Millä ta-
valla sodat ovat vaikuttaneet lääketieteeseen? Mikä on
uutta meidän ajallemme, kun vertaamme tutkimustyötä ennen
ja nyt? Mitä tarkoitetaan kun puhutaan läsnäolevasta
täydellisestä tuhosta?

B.   Mikä merkitys tieteellisellä tutkimuksella on kan-
santalouden alalla? Mainitkaa esimerkkejä tutkimustyön
merkityksestä teollisuuden, maanviljelyn ja liike-elämän
alalta. Mainitkaa esimerkkejä siitä, miten poliittisessa

elämässä käytetään hyväksi tieteellistä tutkimustyötä.

C.   Minkälaiset ovat tutkijain ja poliitikkojen keski-
näiset välit? Miksi tutkijat suhtautuvat poliitikkoihin
epäluuloisesti? Miksi poliitikot eivät luota tutkijain
arvostelukykyyn? Millainen on ahdasmielinen spesialisti?
Millainen tutkijan on oltava? Millaisia etevät tutkijat
usein ovat? Millä tavalla tutkijain kriitillinen asen-
noituminen toisten tutkijain työhön vaikuttaa tutkimus-
työn rahoittamiseen? Mitä tapahtuu, jos tutkimustyö joutuu
puoluekiistojen kohteeksi?

D.   Mitä tarkoitetaan valtiojohtoisella kulttuuripoli-
tiikalla? Missä maissa sitä harjoitetaan? Millainen
asema tutkimustyöllä on Yhdysvalloissa? Millä tieteen-
aloilla Yhdysvallat on koko maailman kärjessä? Millä
aloilla se ei ole kärjessä? Mikä on Fulbright-stipendi?
Mikä on Asla-rahasto?

Harjoituksia

A. Toistakaa seuraavat lauseet käyttämällä sulkumerkeissä
olevia sanoja sopivissa muodoissa:

1. Ihminen saa kiittää (kehitys) (positiiviset ominaisuu-
   det).
2. Tästä voitosta saan kiittää (hyvä onneni).
3. Kilpavarustelu liittyy (kylmä sota).
4. Hallitukset joutuvat turvautumaan (neuvonantajat).
5. Heikko turvautuu (vahva).

6. Kaikki saavat kärsiä (epäluulo).

7. Mitä tulee (meidän maamme) olomme jättävät paljon (toivominen) varaa.

8. Tutkijat suhtautuvat (politiikot) tietyllä epäluulolla.

9. En välitä (hänen tekonsa).

10. Suomalaiset eivät luottaneet (venäläiset).

11. On ollut aihetta (nämä syytökset).

12. Poistamattomat kivet jäävät (este) tielle.

13. Ne pysyvät (este) tiellä.

14. Yhteistoiminta on välttämätön maan edun (kanta).

15. Vain oman tien seuraaminen johtaa (tulos).

16. Hän kyyditsi meidät (ovi) saakka.

17. Epäsuopea asenne (tutkimustyö ja saavutukset) on hedelmätön.

18. Käytän sitä (hyvä).

19. Annamme arvoa (tieteellinen asiantuntemus).

20. Tutkimustyön asema on joutunut puoluekiistojen (kohde).

21. Asetamme hyvinvoinnin (tavoitteemme).

22. Valta siirtyy politiikkojen (kädet).

23. Ne eivät kelpaa (päivänpoliittiset taisteluaseet).

B. Muodostakaa räjähdysmäinen -sanan kaltaisia adjektiiveja seuraavista kantasanoista ja käyttäkää sopivaa sanaa annetuissa lauseissa: aave, tyttö, vaisto, kettu, satu, neste, mies.

1. . . .puut loivat varjoja kuutamossa.

2. Naisurheilija oli liian. . .ollakseen nainen.

3. Öljy on. . .polttoaine.

4. Vanhanakin hänellä oli. . .vartalo.

528

5. Hänellä on. . .viaton naama.

6. Broadway. . .iltavalaistuksessa oli kuin unta.

7. Hänen tekonsa oli. . .

Huomatkaa adjektiivi kantasanana:

arkamainen   timid, faint hearted

halpamainen   mean, vile, foul

pikkumainen   finicky, pedantic, mean

turhamainen   vain, frivolous

C. Korvatkaa seuraavissa lauseissa lauseenvastikkeet sivu-
lauseilla:

1. He toimivat omien intressiensä ohjaamina.

2. Ne eivät takaa menestystä äänestäjien suosiosta
kilvoiteltaessa.

3. Yhteistyön mahdollisuudet olojen kehittyessä huomat-
tavasti kasvavat.

4. Poliittiset johtajat osoittavat antavansa arvoa
asiantuntemukselle.

5. Tieteen avaamat häikäisevät tulevaisuuden näkymät
loistavat edessämme.

Sanavaraston kartuttamista

kohottaa

Hän kohotti hiukan kulmakarvojansa.

Kohota lasisi ja juo!

Kohotin padan kantta.

Kohottakaamme eläköön- huuto isänmaalle!

Hiiva kohottaa taikinan.

529

Sääli kohotti vedet pojan silmiin.

Joulukuusi on omiaan kohottamaan tunnelmaa.

Kohottavaa lukemista kodeille!

kohota (= nousta)

Hissi kohosi neljänteen kerrokseen.

Sukellusvene kohosi pinnalle.

Joen ylle alkoi kohota sumua.

Potilas kohosi kyynärpäiden varaan.

Mieleen kohoaa kuvia lapsuudesta.

Taikina kohosi hyvin.

nousta

Hän nousi ratsaille.

Hän nousi aidan yli.

Lentokone syöksyi maahan heti ilmaan noustuaan.

Joukot nousivat maihin aamun sarastaessa.

Nousee myrsky (sade, tuuli, tuisku).

Aurinko nousee.

Verot ja hinnat nousevat.

laita

    Mies yli laidan!   Man overboard!

    laitahyökkääjä   outside forward (soccer term)

laitakaupunki, laitatuuli

veneen laidat

    Koska asian laita on näin. . .   That being the case. . .

Miten hänen laitansa on?

Miten on terveytenne laita?

pysyä

Hän pysyy entisellä kannallaan.

Sotilaamme pysyivät asemissaan.

Pysy asiassa!

Jaksatko pysyä mukana?

Pysy poissa kapakasta.

Hän ei voi pysyä pystyssä.

Ruotsi pysyi puolueettomana.

Hän on mies, joka pysyy sanassaan.

Ovi ei pysy kiinni.

Se oli ja pysyi kadoksissa.

jäädä (jatkaa jo alkanutta olotilaa)

Jää tänne!

Vain yksi jäi eloon.

Hän jäi ilman päivällistä.

Se jäi minulta huomaamatta.

Työmme jäi kesken.

Asia jääköön sikseen.

Tuo jää häneltä tekemättä.

Jäin hänelle vielä 10 dollaria velkaa.

Jää hyvästi!

Hän jäi nuorena orvoksi.

Siihen se asia jäi.

viipyä (aina aika kysymyksessä)

Tule viipymättä!

Hän ei viipynyt kauan ennenkuin hän saapui perille.

Missähän hän viipyy näin kauan?

Hän viipyy siellä yön.

Tavarantoimitus näyttää viipyvän.

44

ROTUSUHTEISTA SUOMESSA

Ellei oteta lukuun yksittäisten vierasrotuisten hen-
kilöiden esiintymisen synnyttämiä tilanteita, rajoittuu ro-
tukysymys Suomessa koskemaan kolmea vähemmistöryhmää. J u u-
t a l a i s i a on Suomessa n.1500, l a p p a l a i s i a
n.2300 ja m u s t a l a i s i a n.4000 henkeä. - Tutkimuk-
sellisesti ovat rotuasenteet tosin meilläkin löydettävissä;
samansukuisiin ilmiöihin kuuluu myös kieliryhmien välinen
kamppailu, jossa entisten ryhmien eroavuuden kulttuurinen
puoli on korostuneesti esillä. Rotuselkkausten puhkeamisen
estää vähemmistöjen pienuuden lisäksi se, etteivät nämä ryhmät
taloudellisesti kilpaile "valkoisen" kantaväestön kanssa -
muualla juuri taloudelliset syyt herkästi johtavat räjäh-
dysmäisiin purkaumiin. Tämä rotuongelmille luonteenomainen
piirre on vaimentuneena havaittavissa myös Suomen entisten
vähemmistöjen vaiheissa.

LAPPALAISET

Rodullisesti lappalaiset ovat erillinen ryhmä, jonka
alkuperää ei täsmällisesti tunneta. Kuolassa, Suomessa ja
Skandinaviassa lappalaiset ovat liikuskelleet jo ennen nykyis-
ten kansojen näille alueille siirtymistä. Eräät tutkijat
otaksuvat lappalaisten olevan Skandinavian alkuasukkaita,
ikivanhaa arktista perua, ja protolappalaisten alkuperä on

kytketty vanhaan komsakulttuuriin.[1] Lappalaisten kieli kuuluu
kuitenkin kiistattomasti suomalais-ugrilaisiin kieliin. Siksi
on toisaalta selitetty, että lappalaiset ovat kantasuomalais-
ten[2] kanssa kosketuksiin jouduttuaan unohtaneet alkuperäisen
tuntemattoman äidinkielensä ja omaksuneet suomalais-ugrilai-
sen kielen. Toisaalta taas on selitetty heidän mahdollisesti
olevan sukua samojedeille ja siirtyneen kohti länttä samaan
aikaan kuin muut suomensukuiset kansat, kuitenkin koko ajan
näiden pohjoispuolella pysytellen, ja kosketus on siten ollut
varsin pitkäaikainen.

Menneinä vuosisatoina lappalaiset ovat asuma-alueillaan
joutuneet vetäytymään yhä kauemmas pohjoiseen etelästä käsin
leviävän kiinteän asutuksen tieltä. Vielä ajanlaskumme alus-
sa kuului koko nykyinen Suomi heidän liikkumapiiriinsä. Juu-
ri Suomessa vetäytyminen onkin ollut alueellisesti laajinta.
Pirkkalaiset[3] ja karjalaiset verottivat lappalaisia aina
1200-luvun lopulta 1600-luvulle saakka. Tämän toiminnan
eräät muodot olivat selvästi kolonialistisia. Sittemmin on
suomalaisten ja lappalaisten suhde parantunut, eikä Suomen
osalta tunneta sellaisia lappalaisten orjuuttamisen muotoja,

---

[1]Komsakulttuuri on vanhin kivikaudenaikainen pohjois-Fen-
noskandiassa (Jäämeren rannalla aina Kuolan niemimaalle saak-
ka) esiintynyt kulttuuri.

[2]Kantasuomalaiset olivat Itämeren suomalainen kantakansa,
jossa vielä olivat yhdessä mm. suomalaiset ja virolaiset.

[3]Pirkkalaiset olivat yläsatakuntalaisia talonpoikaiskaup-
piaita, joilla keskiajalla oli hallussaan kaupankäynti lap-
palaisten kanssa sekä veronkanto Ruotsin ja Suomen Lapissa.

joita Ruotsissa esiintyi erityisesti 1600-luvulla pakotettaessa lappalaisia kuljetuspalveluun pohjoisilla malmialueilla. Seka-avioituminen on ollut yleistä ja väestön kosketus sovinnollinen. Leviävä suomalaisasutus on kaventanut lappalaisten laidunmaita, mutta esiintyneellä kitkalla ei ole ollut roturistiriitojen leimaa. Lappalaisten asema vähemmistönä on katsottu uhatuksi lähinnä eräiden kulttuurikysymysten alalla. V:sta 1932 toiminut Lapin Sivistysseura sekä sodan jälkeen perustettu lappalaisten oma organisaatio Samii Liitto ovat sekä pyrkineet tähdentämään Lapin kulttuurin muotojen vaalimisen merkitystä että kehittämään lappalaisten sivistysoloja. Lapin kielen turvaamiseksi kouluissa on suoritettu erityisjärjestelyjä ja radiossa on esitetty lapinkielistä ohjelmaa.

JUUTALAISET

Juutalaisten kanta-asutus saapui Suomeen Venäjältä v. 1799. Ensimmäisen suvun jäsenet olivat kauppiaita, käsityöläisiä ja urakoitsijoita; viimeksi mainitut osallistuivat mm. Haminan ja Kotkan vallitustöihin. Suku siirtyi v. 1870 Haminasta Viipuriin, jonne - samoin kuin Helsinkiin ja Turkuun - juutalaista asutusta oli syntynyt myös kotiseutujen sotilaiden asettuessa näihin kaupunkeihin. Osittain elinkeinoasetuksen ohjaamina, osaksi pääoman puutteen vuoksi juutalaiset antautuivat laajassa mitassa vanhojen vaatteiden kaupusteluun. Ennen pitkää heidän liiketoimintansa keskittyi kaupunkien rakentamiin ja vuokralle tarjoamiin rivipuoteihin, joiden avulla koetettiin estää kaupustelijain kuljeskelu ja keskittää rihkaman myynti. Suomalainen väestö oppi sittemmin tunte-

maan juutalaiset juuri narinkkojen (ven. rynok-tori) halti-
joina. Varallisuutensa ja alkuaikoina vähäisen yleissivistyk-
sensä lisäydyttyä juutalaiset siirtyivät vähitellen myös uu-
sien vaatteiden kauppaan, ja vielä nykyisi~kin heistä huomat-
tava osa toimii valmisvaatealalla.

Suomessa voidaan havaita 1800-luvun puolivälistä lähtien
myös a n t i s e m i t i s m i n ilmauksia. Niinpä valtio-
päivillä käytiin kiivaita keskusteluja pyrittäessä muuttamaan
vanhoja juutalaislakeja, jotka yhä tulkitsivat kaikkea vie-
rasta kohtaan tunnettua yleistä epäluuloisuutta. Eräät val-
tiopäivämiehet vastustivat ankarasti juutalaisten päästämistä
maahan.

Juutalaiskysymys Venäjän vallan aikana oli voimakkaasti
politisoitunut. Pyrittiin estämään etenkin Venäjän juuta-
laisten enempi sijoittuminen maahan. Niinpä juutalaisväestön
kasvu olikin varsin hidasta; ajoittain heidän määränsä jopa
aleni.

Sittemmin juutalaisten asema maassamme helpottui, ja v.
1917 eduskunta myönsi juutalaisille täydet kansalaisoikeudet.
Kuten yleisesti muuallakin, esiintyy myös Suomessa yhä sil-
loin tällöin juutalaisvastaisia kannanottoja. Vastaavasti
on juutalainen väestönaines etenkin kielellisen ja uskonnol-
lisen yhtenäisyytensä puitteissa melko eristynyt. Jokapäi-
väisessä elämässä ei kitkaa mainittavasti ilmene. Suomen
virallinen politiikka taas on saanut sekä omilta juutalaisil-
tamme että Israelin valtiolta tunnustusta siitä, ettei sodan-
aikaisen Saksan ehdotuksiin juutalaisten luovuttamisesta
suostuttu.

MUSTALAISET

Maamme mustalaisväestön pulma on vähemmistökysymyksis-
tämme selvimmin rotuongelma. Mustalaisia on ollut maassamme
jo viidettä vuosisataa - varhaisin merkintä on vuodelta 1515,
jolloin muuan seurue palautettiin Tallinnasta Suomeen. Vaikka
heimon kosketus muissa maissa eläviin rotuveljiin on ollut
varsin vähäinen, on se laajassa mitassa säilyttänyt myös poik-
keavat fyysiset tuntomerkkinsä. Osaksi tämä on ollut
sisäryhmäavioliittoisuuden tiukan noudattamisen, osaksi muun
väestön harjoittaman torjunnan tulosta. Mustalaisia on eten-
kin heidän liikkuvan elintapansa ja kiinteän työn vieroksun-
tansa, heidän aiheuttamansa taloudellisen rasituksen ja heimon
suuren rikollisuuden vuoksi kohdeltu paarialuokkana. Heimo
on kuitenkin tähän osaansa sopeutunut; sen samastuminen Suomen
väestöön on voimakkaampi kuin sen itsesamastuminen kansainvä-
lisen mustalaisten rodullisen ryhmän kanssa. Vaikka heimon
elämänolosuhteet yleisten mittapuiden mukaan ovat kurjat,
katsoo romaanien enemmistö heimoa kohdeltavan vähintään
tyydyttävän hyvin, ja samoin enemmistö toteaa etenkin sosiaa-
lihuollon sodanjälkeisen tehostumisen parantaneen heimon elä-
mänolosuhteita. Erillisenä ryhmittymänä, " samana pahnana"
pysyttäytymistä arvostetaan edelleen.

Toisaalta heimon rakenne on tuntuvasti muuttunut, eten-
kin siksi, että Karjalan " tummat" joutuivat siirtoväkenä
etsimään itselleen uudet asuinsijat.

Kiinteän asumismuodon omaksuneiden osuus on nyt n.38%,
suuri osa mustalaisista on sijoittunut kaupunkeihin - yksino-
maan pääkaupunkiin noin 400 henkeä - endogamian vaatimus on

536

löyhentynyt, oman kielen taito vähentynyt ja kokonaisyhteisön
sivistysnormien omaksuminen jonkin verran lisäytynyt. Tästä
huolimatta ovat mustalaisten edellytykset sosiaaliseen nou-
suun yhtenäisenä ryhmänä varsin vähäiset. Heimokulttuurinsa
muodoissa pitäytyvän kaupunkilaisen romaanin on miltei mah-
dotonta löytää työpaikkaa, maaseudun romaanin jopa asuntoakin.
Ensiksi mainittuun seikkaan on osittain syynä romaanien tot-
tumattomuus ja ammattikoulutuksen puutteellisuus, jälkimmäi-
seen heimon elintapa ja molempiin väestön torjuvien ennak-
kokäsitysten ja ajatuskliseiden voimakkuus. Kokonaisyhteisön
talousolojen, asuinmuotojen jne. muuttuminen on kuitenkin mi-
tätöntänyt ne yhteiskuntaa hyödyttäneet tehtävät - eläinkau-
pan, kengityksen, parannustoiminnan jne. - joita mustalaiset
ennen suorittivat ja joiden valossa mustalaisten ja valta-
väestön kesken vallitsi eräänlainen symbioottinen suhd·. Mi-
käli mustalaisongelmaa ei lähivuosina kyetä ratkaisemaan, ai-
heuttanee heimo yhteiskunnan pohjakerroksiin sulautuneena en-
tistäänkin vaikeampia pulmia sosiaalityöntekijöille.

                                        Raino Vehmas

                            Sanasto

rotu, rodun, rotua, rotuja   race, stock, breed
vähemmistö   minority
juutalainen   Jew, Jewish
mustalainen = romaani   Gypsy
vrt. romaani   novel, Gypsy, Romany
kamppailu, kamppailun, kamppailua, struggle, battle, fight
kamppailuja

312-421 () - 68 - 35

selkkaus, selkkauksen, selkkausta, selkkauksia	conflict, clash, entanglement, trouble
estää, estän, esti, estänyt (joku jostakin)	to prevent, hinder, impede
kantaväestö	basic or original population, core of population
herkkä, herkän, herkkää, herkkiä	sensitive, susceptible, delicate
purkauma, purkauman, purkaumaa, purkaumia	outbreak, outburst, eruption
vrt. purkautua, purkaa	
piirre, piirteen, piirrettä, piirteitä	feature, trait, point
täsmällinen	precise, exact, punctual
otaksua, otaksun, otaksui, otaksunut	to suppose, presume, assume
ikivanha	very ancient, pristine, primeval
arktinen	arctic
peru, perun, perua, peruja	origin, inheritance, legacy
kytkeä, kytken, kytki, kytkenyt (johonkin)	to tie, couple, chain, connect
perua, perun, perui, perunut	to back out, cancel, retract
kiistattomasti	indisputably, unquestionably
vetäytyä, vetäydyn, vetäytyi, vetäytynyt	to move, withdraw, step aside, retreat
verottaa, verotan, verotti, verottanut	to impose taxes on, to tax
sittemmin	afterwards, later on, ever since

orjuuttaa, orjuutan, orjuutti, orjuuttanut	to enslave
avioitua, avioidun, avioitui, avioitunut	to be married, marry
malmi, malmin, malmia, malmeja	ore
seka-avioituminen = -avioliitto	mixed marriage
sovinnollinen	peaceful, conciliatory, harmonious
kaventaa, kavennan, kavensi, kaventanut	to narrow off, reduce
vrt. kapea, kaveta	
laidun, laitumen, laidunta, laitumia	pasture, grazing ground
kitka, kitkan, kitkaa, kitkoja	friction (phys.)
uhata, uhkaan, uhkasi, uhannut	to threaten, menace
tähdentää, tähdennän, tähdensi, tähdentänyt (jotakin)	to emphasize, lay stress (upon)
vaalia, vaalin, vaali, vaalinut	to take tender care, attend, nurse
vrt. vaali, vaalin, vaalia, vaaleja	election
urakoitsija	contractor
vallitustyö	work of entrenchment, fortification
kiivas, kiivaan, kiivasta, kiivaita	vehement, quick tempered, violent
asettua, asetun, asettui, asettunut (intr.)	to settle, place, calm
asetus, asetuksen, asetusta, asetuksia	(law) statute(s), ordinance
puoti = kauppa = kauppapuoti	shop, store
rihkama, rihkaman, rihkamaa	trinkets, haberdashery

539

kansalaisoikeudet	civil rights
vrt. kansalaisuus	citizenship
valtiopäivät (pl.)	diet, session of parliament
heimo, heimon, heimoa, heimoja	tribe, clan, family (bot.)
tulkita, tulkitsen, tulkitsi tulkinnut	to interpret, expound, explain
poikkeava	differing, deviating, exceptional
rikollisuus	criminality
paaria	pariah
noudattaa, noudatan, noudatti, noudattanut	to follow, obey, pay heed, to have brought or fetched
sopeutua, sopeudun, sopeutui, sopeutunut (intr.)	to adapt, adjust, conform
mittapuu	yardstick, standard, gauge
kohdella, kohtelen, kohteli, kohdellut	to treat, deal with
kurja, kurjan, kurjaa, kurjia	miserable, wretched
sosiaalihuolto, -huollon, -huoltoa, -huoltoja	social welfare
tehostua, tehostui, tehostunut	to become more effective, be intensified
pahna, pahnan, pahnaa, pahnoja	litter, farrow
vrt. pahnat (pl.) (colloq.)	straw (as a bed)
rakenne, rakenteen, rakennetta, rakenteita	structure
siirtoväki	evacuated population, evacuees

löyhentyä, löyhentyi, löyhentynyt = löyhtyä = löyhetä	to get loose, slacken, relax
mitätöntää =	
mitätöidä, mitätöin, mitätöi, mitätöinyt	to annul, cancel
vrt. tehdä tyhjäksi	
hyödyttää, hyödytän, hyödytti, hyödyttänyt	to benefit, profit, be of use
kengitys = kengittäminen	shoeing of a horse
vrt. kengittää	
sulautua, sulaudun, sulautui, sulautunut	to become merged, become absorbed, melt into, fuse
sisäryhmäavioliittoisuus	endogamy

Kysymyksiä

A.   Mitkä ovat Suomen rodulliset vähemmistöryhmät? Kuin-
ka paljon kutakin ryhmää esiintyy Suomessa? Minkäsukui-
siin ilmiöihin kieliryhmien välinen kamppailu on lasket-
tava? Mikä osuus taloudellisilla syillä on rotuongelmien
syntymiseen? Mikä on lappalaisten alkuperä? Mihin kie-
liin lapin kieli kuuluu? Mitä tästä on päätelty? Mil-
lainen on ollut lappalaisten ja suomalaisten suhde ennen
nykyistä aikaa? Millainen se on nykyisin? Millainen oli
ruotsalaisten ja lappalaisten suhde 1600-luvulla? Mikä
oikeus pirkkalaisilla oli lappalaisiin nähden? Mihin toi-
menpiteisiin on ryhdytty lappalaisten kulttuurin säilyt-
tämiseksi? Mikä on lapin kielen asema Suomessa nykyään?

B.   Mistä juutalaiset ensin tulivat Suomeen? Milloin he
asettuivat asumaan Suomeen? Mitä he ensin tekivät? Missä
töissä he olivat? Miten juutalaisten asema Suomessa muut-
tui Suomen itsenäistymisen jälkeen? Millaiset ovat juu-
talaisten ja kantaväestön välit nykyään? Millainen on
Suomen virallinen politiikka juutalaisiin nähden?

C.   Kuinka kauan mustalaisia on ollut Suomessa? Mikä on
heidän alkuperänsä? Miksi mustalaiset ovat säilyttäneet
selvät rodulliset tuntomerkkinsä Suomessa, vaikka heidän
kosketuksensa heimolaisiinsa on ollut vähäistä? Minkälai-
set ovat mustalaisten elintavat? Miksi heitä on Suomessa
kohdeltu paarialuokkana? Mitä rakenteellisia muutoksia on
heimossa tapahtunut toisen maailmansodan jälkeen? Mitä
tiedätte mustalaisten ammattitaidosta ja koulutuksesta?
Mitä on tapahtunut heidän aikaisemmille ammateillensa ku-
ten hevoskaupalle, kengitykselle jne.? Miltä näyttävät
tulevaisuuden näkymät mustalaisten kohdalla?

D.   Mitkä ovat Yhdysvaltain vähemmistöryhmät? Millaisia
rotuongelmia on täällä ilmennyt? Mitkä tekijät ovat vai-
kuttaneet näiden ongelmien syntyyn? Mikä on rotuongelmien
historiallinen tausta Yhdysvalloissa? Kuka poisti nee-
keriorjuuden? Kuka on neekeri? Mitä mieltä olette seka-
avioliitoista? Mikä on mielestänne rotuongelmien ratkaisu?

542

Harjoituksia

A. Toistakaa seuraavat lauseet ja käyttäkää sulkumerkeissä olevia sanoja sopivissa muodoissa:

1. Otimme sinut (luku).

2. Kysymys rajoittuu (kolme ryhmää).

3. Kieliryhmien kamppailu kuuluu (rotuilmiöt).

4. Ajanlaskumme alussa kuului koko Suomi heidän (liikkumapiirinsä).

5. Pirkkalaiset verottivat lappalaisia 1200-luvun (loppu) 1600 -(luku) saakka.

6. Ruotsalaiset pakottivat lappalaiset (kuljetuspalvelu) pohjoisilla malmialueilla.

7. (Vuosi) 1932 lähtien toiminut Lapin Sivistysseura on pyrkinyt (kehittää) Lapin sivistysoloja.

8. Kouluissa on suoritettu erityisjärjestelyjä lapin kielen (turvaaminen).

9. Urakoitsijat osllistuivat (vallitustyöt).

10. He asettuivat asumaan (nämä kaupungit).

11. Perheet antautuivat (maanviljely).

12. Liiketoiminta keskittyi (rivipuodit).

13. He antautuivat (laaja mitta) vaatteiden kaupusteluun.

14. Vihollinen antautui (me).

15. Opimme tuntemaan heidät (rehelliset kauppiaat).

16. Heimo on sopeutunut (osansa).

17. He ovat sijoittuneet asumaan (kaupungit).

18. Heidän edellytyksensä (sosiaalinen nousu) ovat vähäiset.

19. He pitäytyvät heimokulttuurin (muodot).

20. Heimo voi sulautua (yhteiskunnan pohjakerrokset).

B. Muodostakaa esimerkin mukaisia lauseita annetuista sanois-
ta:

MODEL: Romaani, vaikea, saada työtä. - Romaanin on vai-
kea saada työtä.

    1. Sinä, vaikea, tulla.

    2. Minä, paras, lähteä.

    3. Me, ikävä, hävitä kilpailu.

    4. Poika, tukala, vaieta.

    5. Opettaja, tarpeetonta, puhua siitä.

    6. Hän, raskasta, kantaa murhe.

    7. Te, myöhäistä, tehdä mitään.

C. Käyttäkää sopivia annettuja sanoja seuraavissa lauseissa:

    1. Hallituksella täytyy olla   **vähemmistö**
       eduskunnan. . .takanaan.

    2. Suomessa on ollut useita. . .   enemmistö
       hallituksia.

    3. Eduskunnassa istuu. . .puhemie-   vasemmisto
       hestä oikealla.

    4. Puhemiehestä vasemmalla istuu. .   oikeisto

    5. Ylioppilaat kuuluvat maan. . .   älymystö

    6. Suomen. . .äidinkieli oli viime   parhaimmisto
       vuosisadalla ruotsi.

    7. Tiedemiesten. . .oli koolla No-   sivistyneistö
       bel-palkinnon jaossa.

D. Mainitkaa seuraavien sanojen kantasanat ja käyttäkää sa-
noja lauseissa: laivasto, miehistö, koneisto, tykistö,
vuoristo, papisto, aatelisto, kirjasto, luusto.

E. Muodostakaa vastaavia muotoja seuraavista kantasanoista:

puu, saari, nimi, kuusi, oppi, maa, sana, verkko, väki.
Käyttäkää näitä lauseissa.

F.1 Käyttäkää sopivia annettuja sanoja seuraavissa lauseissa:

1. Suomessa nähdään. . .   yksittäinen
   auringonpimennys.

2. Runossa toistuvat. . .lop-   ajoittainen
   pusoinnut.

3. Kuului kolme. . .laukausta.   päivittäinen

4. Istuimme. . .tuoliriveissä.   parittainen

5. Selässä sillä oli. . .vaalea   asteittainen
   juova.

6. . . .maantärähtelyt tuntuivat osittainen
   voimistuvan.

7. Hänen. . .ruoka-annoksensa oli perättäinen
   riittämätön.

8. . . .patjojen rivit täyttivät lomittainen
   lattian.

9. Tehtaan laajentuminen oli. . . pitkittäinen

F.2 1. Valtio myöntää siihen tar- vaara
      vittavat. . .

   2. Tehtävän. . .rajoitti vapaaeh- vaarallisuus
      toisten lukua.

   3. Varokaa. . .!   varat

   4. Kroisos oli kuuluisa. . ,   varallisuus

F.3 1. Hän. . .näkyvistä.   havaita

   2. Poika. . .ottelun.   häipyä

   3. Me. . .oudon valoilmiön.   hävitä

545

Sanavaraston kartuttamista

Viidettä vuosisataa = yli neljä vuosisataa, mutta ei viittä.

mitätön = vähäpätöinen

sulaa

sula

sulata = sulattaa

Lumi sulaa.

Sula metalli valui muottiin.

Aurinko sulattaa lumen.

rotu

Avioliitto vierasrotuisten ja -uskoisten kanssa on uskallet-
tua.

Meillä on puhdasrotuinen pystykorva.

Hän kasvattaa rotuhevosia.

Rotusyrjintää tavataan monessa Euroopan maassa.

purkaus

Vesuvius toimii taas; tulivuoren purkaus alkoi eilen.

Penelope purki yöllä kankaan, jonka hän päivällä oli kutonut.

Purin talonkaupat.

Kauppa purkautui.

Lapsen kinnas purkautuu peukalosta.

Juna lähtee täsmälleen klo 12.

Tilit täsmäsivät.

En saa kassaa täsmäämään.

Hän on sitten epätäsmällinen.

vero

tulovero, omaisuusvero, liikevaihtovero

veronmaksaja, -kantaja, veroprosentti, veroilmoitus

verotus

urakkatyö   piecework, contract work

orja, orjuus, maaorjuus

valli, vallittaa

Antauduin musiikin lumoihin.

Kaupunki antautui pitkän piirityksen jälkeen.

Hän antautui maanviljelijäksi.

Hän ei antautunut väittelyyn.

rikos, rikollinen, rikosoikeus

tehdä rikos

rikkoa, rikon, rikkoi, rikkonut

rikkoa lakia, astioita.

    lakonrikkuri   strikebreaker, scab

Uusi palvelijamme ei koskaan riko astioita; hän oli aikaisemmin työssä ammustehtaassa.

vaali, yleisistä koko maata käsittävistä vaalitoimituksista

käytetään tavallisimmin monikkoa, esim!

valitsijamiesten vaalit, kansanedustajien vaalit, julkiset

vaalit, salaiset vaalit, kunnallisvaalit, valtiolliset eli

valtiopäivävaalit

45

A. TYÖMARKKINAJÄRJESTÖJEN PALKKAPOLITIIKASTA JA SEN KEINOISTA

Palkkapolitiikan suuntaviivat

Työmarkkinajärjestöjen harjoittama palkkapolitiikka laa-
jasti käsitettynä sisältää paitsi toiminnan palkkaperusteiden
ja muiden työehtojen kollektiiviseksi määräämiseksi myös sel-
laisen toiminnan, joka tähtää palkkojen määräytymisen talou-
dellisten ja sosiaalisten puitteiden muuttamiseen tai säilyt-
tämiseen ennallaan. Tämä pätee etenkin sellaisten työmark-
kinoiden keskusjärjestöjen kuin STK:n ollessa kysymyksessä.

Niinpä vuonna 1956 hyväksytyissä STK:n säännöissä tode-
taan järjestön tarkoituksena olevan paitsi hoitaa työnantajien
järjestäytymistä ja työsuhteiden kehittämistä koskevia tehtä-
viä myös " seurata työsuhteita ja talouselämää koskevan lain-
säädännön kehitystä, tehdä aloitteita sen uudistamiseksi tai
muuttamiseksi sekä neuvoa ja ohjata työnantajia ja heidän
järjestöjään sen soveltamisessa." Ammattiyhdistysliike
Suomessa on perinteellisesti muodostanut työväenliikkeen yhden
toimintamuodon. Vuoden 1956 säännöissä SAK:n tarkoituksena
ilmoitetaankin olevan " toimia palkkatyöntekijöiden taloudel-
listen etujen valvomiseksi sekä heidän yhteiskunnallisen ja
sivistyksellisen tasonsa kohottamiseksi ja turvaamiseksi".
Tämän yleisesti muotoillun tarkoituksen toteuttamiseksi SAK:n
tehtäväksi on asetettu mm. kansanvaltaisen yhteiskuntajär-
jestyksen tukeminen, sosiaalisen ja muun työntekijöitä kos-
kevan lainsäädännön kehittäminen ja taloudellisen kansanval-
lan toteuttamisen edistäminen.

Työmarkkinoiden keskusjärjestöt ovatkin toimineet paitsi
alaistensa liittojen palkkapolitiikan neuvonantajina ja koor-
dinoijina sekä taisteluyksikköjen pääesikuntina myös painos-
tusryhminä. Kun keskusjärjestöjen merkitys palkkapolitiikas-
sa on lisääntynyt, on niiden toimesta alettu kiinnittää yhä
enemmän huomiota sellaisiin seikkoihin kuin esimerkiksi kan-
santulon jakaantumiseen, työvoiman kysyntään ja tarjontaan
vaikuttaviin toimenpiteisiin, hintapolitiikkaan, verotuspoli-
tiikkaan. Palkkaratkaisuja ei ole voitu enää toisen maail-
mansodan jälkeen tarkastella vain yhden hyödykkeen tai tuo-
tannonhaaran kannalta, vaan laajoja työntekijäryhmiä koskevien
sopimusten ollessa kysymyksessä ongelmat ratkaisujen vaikutuk-
sista talouspolitiikan keskeisiin tavoitteisiin ovat nousseet
esille.

Kun seuraavassa kiinnitetään huomio vain työehtosopimus-
politiikan ja palkkaperusteiden määräämisen yhteydessä sovel-
lettuihin periaatteisiin ja keinoihin, on syytä kuitenkin
pitää mielessä, että työmarkkinajärjestöillä on tietyissä
rajoissa mahdollisuus vaikuttaa niihin puitteisiin, joissa
palkkaperusteiden vahvistaminen tapahtuu ja että nuo mahdol-
lisuudet ovat olleet toisen maailmansodan jälkeen suuremmat
kuin maailmansotien välisenä aikana. Mutta lisäksi on syytä
korostaa, että lainsäädäntötoimenpiteet saattavat myös täy-
dentää tai eräissä suhteissa korvata työehtosopimukset. Eten-
kin 1920-luvulla voitiin panna merkille, että lainsäädäntötoi-
min pyrittiin säätelemään kysymyksiä, joita olisi vaihtoehtoi-
sesti voitu järjestää myös työehtosopimuksilla. Myös toisen
maailmansodan jälkeen on vastaavaa esiintynyt, mutta lisäksi

on tullut esiin ongelma työehtosopimusten sisältämien mää-
räysten yleistämisestä lainsäädännön avulla.

Työnantajien politiikan periaate, josta on
pyritty pitämään tinkimättä kiinni, on ollut, että työnan-
tajan oikeutta " johtaa ja jakaa työtä sekä ottaa palveluk-
seen ja siitä erottaa henkilöitä siitä riippumatta, ovatko he
ammatillisen järjestön jäseniä vai ei", millään sopimuksella
ei saa kaventaa. Tämän avulla on siis suljettu pois järjes-
täytymispakko[1] työnsaannin edellytyksenä. Toiseksi työnan-
tajien politiikka on tähdännyt mahdollisimman suuren jous-
tavuuden aikaansaamiseen palkkaperusteiden määräämisessä.
Maailmansotien välisenä aikana tämä merkitsi käytännössä,
että palkkaperusteita pyrittiin nostamaan ja laskemaan suh-
dannemuutosten mukaisesti, että kieltäydyttiin vahvistamasta
palkkaperusteita työehtosopimuksin, että tähdennettiin palk-
kojen differentioimisen merkitystä ja että minimipalkkoja
koskevia lainsäädäntöehdotuksia vastustettiin. Toisen maail-
mansodan jälkeen työnantajapolitiikassa on mm. korostettu,
että palkkojen indeksisidonnaisuus on liian mekaanista palk-
kapolitiikkaa ja että ns. solidaarinen palkkapolitiikka,
markkamääräiset palkkojen korotukset vetävät " palkkahaita-
rin" kiinni tuottavuutta alentavasti.

Ammattiyhdistysliikkeen palkkapo-
litiikassa on ensinnäkin lähdetty siitä, että reaaliansioiden
nousun tulisi tapahtua lähinnä nimellispalkkoja nostamalla ja

---

[1]Järjestäytymispakko = pakko kuulua ammattiyhdistykseen,
jotta voi saada työpaikan.

että saavutetut reaaliansiot eivät saisi laskea. Muuttuneita
institutionaalisia oloja heijastaa tällöin se, että maailman-
sotien välisenä aikana nimellispalkat sekä laskivat että nou-
sivat, kun toisen maailmansodan jälkeen nimellispalkat ovat
olleet jäykkiä alaspäin. Hintojen nousuja käytettiin maail-
mansotien välisenä aikana palkkojen korotusten perusteluna,
mutta toisen maailmansodan jälkeen ammattiyhdistysliike on
tiukasti pitänyt kiinni palkkojen indeksisidonnaisuudesta.
Tästä yleislinjasta on kuitenkin ollut poikkeuksia. Maailman-
sotien välisenä aikana graafisen alan palkat olivat sidotut
hintaindeksiin. Toisen maailmansodan jälkeen palkkojen indek-
sisidonnaisuus oli jonkin aikaa ns. puoliautomaattinen, ja
SAK:n vaatimuksesta on reaaliansioita kohennettu myös hinta-
tukipalkkioiden avulla.

Palkkojen korotuksia on perusteltu myös työn tuottavuu-
dessa tapahtuneella kohoamisella, mutta tuottavuussidonnaista
palkkapolitiikkaa ei tutkimusajanjaksona ole sovellettu.
SAK:n vuoden 1956 edustajakokouksessa todettiin kuitenkin
seuraavaa: "Viime vuosien palkkapolitiikan suurin periaat-
teellinen saavutus on se, että ammattiyhdistysliikkeen ponnis-
tuksilla on voitu hankkia yleisempikin hyväksyminen sille,
että reaalipalkkojen on seurattava kansantulon nousua ja työn
tuottavuudessa tapahtuvaa kehitystä."

Suomen ammattiyhdistysliikkeen johto ei ole tutkimuksen
kohteena olevana ajanjaksona toiminut ainoastaan työntekijöi-
den palkka- ja työehtokysymysten asianajajana, vaan sen toi-
mintaa on sävyttänyt myös sosialistien traditio. Käsitys työ-
väenluokan olemassaolosta, sen etujen samankaltaisuudesta,
veljeydestä, on näet heijastunut ammattiyhdistysliikkeen palk-

kapolitiikassa. Pyrkimyksenä ei ole ollut ainoastaan kasvat-
taa palkkatulojen osuutta kokonaistuloista, vaan myös supistaa
palkkaeroja työntekijöiden piirissä. Taustalla on ollut is-
kulause " kukin kykyjensä mukaan, kullekin tarpeittensa mu-
kaan". Toisen maailmansodan aikana sovellettu palkkasäännös-
tely nojasi myös " solidaarisen palkkapolitiikan" periaattee-
seen, ja toisen maailmansodan jälkeen ammattiyhdistysliike
pyrki parantamaan etenkin palkka-asteikon alapäässä olevien
asemaa. Tähän on liittynyt vaatimus " samasta työstä sama
palkka". Näiden periaatteiden soveltaminen on kuitenkin tuot-
tanut tulkintavaikeuksia ja järjestöjen sisäisiä hankauksia
ammattitaitoisten ja ammattitaidottomien välillä. Lisäksi
voidaan panna merkille, että korkean työllisyyden vallitessa
solidaarisen palkkapolitiikan nimissä tehtyjen markkamääräis-
ten korotusten vastapainona on ollut markkinavoimien aiheut-
tama tendenssi maksaa " kullekin kykyjensä mukaan".

Timo Helelä

Sanasto

työmarkkinat, työmarkkina- (pl)   labor market

ennallaan = entisellään

STK = Suomen Työnantajain Kes-
kusliitto

SAK = Suomen Ammattiyhdistysten
Keskusliitto

uudistaa, uudistan, uudisti,   to reform, renew, repeat,
uudistanut   update

ammattiyhdistysliike   trade union movement

muotoilla, muotoilen, muotoili,
muotoillut

to formulate, shape,
pattern

pääesikunta

general staff, staff of
the commander-in-chief

painostusryhmä

pressure group

tarjonta, tarjonnan, tarjontaa

supply

verotus, verotuksen, verotusta

taxation, assessment

haara, haaran, haaraa, haaroja

branch, fork (of a road)

hyödyke, hyödykkeen, hyödykettä,
hyödykkeitä

commodity or product,
useful service

kannalta (jonkin k.)

from the point of view
(of something)

työehtosopimus, -sopimuksen,
-sopimusta, -sopimuksia

agreement on terms of
work

lainsäädäntö, -säädännön,
-säädäntöä

legislation, lawmaking

täydentää, täydennan, täydensi,
täydentänyt

to supplement, complete,
amend

panna merkille

to pay notice to, take
notice of

säädellä, säätelen, sääteli,
säädellyt

regulate, adjust

vaihtoehtoinen

alternative

yleistää, yleistän, yleisti,
yleistänyt

to generalize

tinkiä, tingin, tinki, tinkinyt

to bargain, haggle,
compromise

tinkimättä

unconditionally

ottaa palvelukseen

to employ, hire

erottaa palveluksesta

to discharge or termi-
nate employment

edellytys, edellytyksen,
edellytystä, edellytyksiä

condition, presupposi-
tion, premise

312-421 O - 68 - 36

joustavuus	elasticity, resilience
suhdanne, suhdanteen, suhdannetta, suhdanteita	conjuncture, trend of the economic situation
mukaisesti = mukaan	
indeksisidonnaisuus	
korotus, korotuksen, korotusta, korotuksia	raise, increase, elevation
haitari, haitarin, haitaria, haitareja = hanuri	accordion
reaaliansio = reaalipalkka	real wages
nimellispalkka	nominal wage
sitoa, sidon, sitoi, sitonut	to bind, tie
kohentaa, kohennan, kohensi, kohentanut	to improve, straighten out; stir up (fire)
tukipalkkio	subvention
tuottavuus	productivity, productiveness
saavutus	achievement, accomplishment
asianajaja	attorney (at law), counsel, solicitor
samankaltaisuus	similarity, likeness
supistaa, supistan, supisti, supistanut	to reduce, limit, cut down
säännöstely	regulating, rationing
säännöstellä, säännöstelen, säännösteli, säännöstellyt	to regulate, ration
asteikko, asteikon, asteikkoa, asteikkoja	scale, gauge, graduation
hankaus, hankauksen, hankausta, hankauksia	friction, rubbing, chafing
ammattitaitoinen	skilled
työllisyys	employment

B. TUTKIMUS TEOLLISUUSTYÖNTEKIJÖIDEN PALKKOJEN MUUTÖKSISTA
    JA NIIHIN VAIKUTTAVISTA TEKIJÖISTÄ

Liite 7. Eräitä käsitteitä
Teollisuus, palkkasumma ja työntekijä

Ensinnä otetaan tarkastelun kohteeksi teollisuustuotan-
non käsitteeseen liittyvät ongelmat. YK:n suosituksissa ei
varsinaiseen tehd ıteollisuuteen lueta kaivostoimintaa eikä
rakennustoimintaa, ei myöskään sähkö-, kaasu- ja vesijohto-
laitoksia, jotka muodostavat oman ı: .nänsä.

Tässä tutkimuksessa on käsitt: ㅋㅋ t e o l l i s u u s
tarkoitteena se osa kansantaloutemme tuotantotoiminnasta,
joka vuosina 1909-1953 sovellettujen periaatteiden mukaisesti
on sisällytetty viralliseen teollisuustilastoon. Tämä mer-
kitsee poikkeamista YK:n edellä esitetyn suosituksen käsit-
teistöstä seuraavissa kohdin: 1) Teollisuuteen on sisälly-
tetty varsinaisen tehdasteollisuuden lisäksi kaivannaisteol-
lisuus[1] sähkö-, kaasu-, ja vesijohtolaitokset, putkijohtojen
ja sähkölaitteiden asennusliikkeet sekä rakennuspeltisepän-
liikkeet. 2) Teollisuuden piiriin ei sen sijaan ole luettu
teurastamoja, meijereitä, tullimyllyjä[2] jalkinekorjaamoja,
kustannusliikkeitä, sähkön jakelua, höyrylaitoksia, lämpökes-

---

[1]Kaivannaisteollisuus tarkoittaa kallio- tai maaperästä
tapahtuvaa mineraalien, malmin, kivi- tai maalajien kaivamis-
ta tai louhimista kaupallisiin tarkoituksiin.

[2]Tullimylly on asiakkaiden viljaa jauhava mylly. Vrt.
kauppamylly, joka itse ostaa ja myy jauhamansa viljan.

kuksia eikä maailmansotien välisenä aikana puolustuslaitoksen
tehtaita. 3) Teollisuustilaston laadinnassa noudatettujen
periaatteiden mukaan ei teollisuuteen ole luettu ns. pieniä
yrityksiä. Rajanvedossa on kiinnitetty huomiota a) työnteki-
jöiden lukumäärään, b) konevoiman määrään ja c) tuotannon
bruttoarvon suuruuteen.

   P a l k k a s u m m a a n suppeimmassa merkityksessä
sisällytetään ainoastaan työnsuorituksesta rahassa maksetut
korvaukset mukaan luettuna vuosilomapalkat ja -korvaukset,
itsenäisyyspäivän palkka ja ns. arkipyhäkorvaukset. Jos näin
saatuun palkkasummaan lisätään rahassa arvioidut luontoisedut,
päästään palkkasummakäsitteeseen, joka vastaa virallisen teol-
lisuustilaston palkkasumman laskemista koskevia ohjeita:
" Palkkoihin on otettava myös luontoisedut arvioituna verotus-
arvojen mukaan, palkkiot, tantiemit, yms. ja myöskin loma-
ajalta maksetut palkat." Jos palkkasummaan luetaan kaikki ne
kustannukset, jotka välittömästi aiheutuvat työvoiman palk-
kaamisesta, olisi otettava huomioon myös sellaiset lakisää-
teiset sosiaalimenot, kuten lapsilisämaksut[1] kansaneläkemak-
sut, sairausajan palkat, köyhäinhoitolain mukaiset elatusavut
ja erilaiset vapaaehtoisen sosiaalitoiminnan kustannukset.

   Virallisen teollisuustilaston mukaan luetaan t y ö n -
t e k i j ö i h i n nykyisin paitsi välittömästi tuotteiden

---

[1]Lapsilisä on avustus, jota valtio maksaa määräikää nuo-
remmasta lapsesta sen huoltajalle, ensi sijassa äidille.

[2]Kansaneläkkeen tarkoituksena on turvata jokainen Suo-
messa asuva työkykyinen henkilö vanhuuden ja työkyvyttömyyden
varalta.

valmistamiseen osallistuvat valmistustyöntekijät myös apuo-
sastojen työntekijät. Työntekijöiksi katsotaan myös ruumiil-
lista työtä tekevät työnjohtajat. Valmistustyöntekijöiden
lukumäärään sisältyvät myös eräät palkkaustyöntekijät sekä
sahoilla lautatarhojen työntekijät. Apuosastojen työnteki-
jöihin luetaan mm. lastaus- ja varastotyöntekijät, varsinai-
nen rakennustyövoima, koneenkäyttäjät, lämmittäjät, vartijat,
siivoojat. Käytännössä lienee tulkintaeroja esiintynyt siinä
suhteessa, mikä osa työnjohtajista on luettu työntekijöihin
ja missä määrin erilaisten apuosastojen työntekijät on sisäl-
lytetty työntekijöitä koskeviin lukuihin.

Teollisuustilastossa esiintyvä työntekijöiden lukumäärä
tarkoittaa vuosityöntekijöitä. Vuosina 1920-1938 tämä on
työntekijöiden neljännesvuosittaisen lukumäärän keskiarvo, ja
vuosina 1945-1958 se on laskettu työntekijöiden kuukausit-
taisen lukumääräkeskiarvon perusteella. Laskentamenetelmän
muuttuminen toisen maailmansodan jälkeen on tarkentanut näitä
lukuja.

Suomen Pankin julkaisu

Sanasto

ensinnä = ensiksi = ensin

suositus, suosituksen, suositusta, suosituksia	recommendation, commendation
tarkoite, tarkoitteen, tarkoitetta	purport, meaning, sense
poikkeaminen	deviation, digression
putki, putken, putkea, putkia	pipe, tube, bore
asennusliike	installation shop
asentaa, asennan, asensi, asentanut	to mount, install, fit
teurastamo	slaughterhouse, stock-yards
meijeri, meijerin, meijeriä, meijereitä	dairy
tullimylly	toll mill
höyrylaitos	steam plant
puolustuslaitos	national defense
rajanveto	setting a boundary
arkipyhä	special church holiday falling on a weekday
luontoisedut (pl.)	emoluments in kind, natural benefits
palkkio, palkkion, palkkiota, palkkioita	fee, reward, bonus, commission
välittömästi	directly, immediately
lakisääteinen	legal, fixed by law
kansaneläke, -eläkkeen, -eläkettä, eläkkeitä	social security, old-age pension
tapaturmavakuutus, -vakuutuksen, -vakuutusta, -vakuutuksia	accident insurance

köyhäinhoito	care of the poor, public assistance to the poor
elatusapu	help toward support or maintenance
osasto, osaston, osastoa, osastoja	department, compartment, division
ruumiillinen työ	manual labor
saha	sawmill, saw
lautatarha	lumber yard
varasto, varaston, varastoa, varastoja	store, storehouse, depot
vartija	watchman, guard
siivooja	cleaning woman, charwoman
lukea johonkin	to count among (something)
neljännes	quarter
keskiarvo	mean or average value
tarkentaa, tarkennan, tarkensi, tarkentanut	to make more accurate, adjust
laskenta, laskennan, laskentaa	calculation, computation

Kysymyksiä

A. Mitkä ovat Suomen työmarkkinoiden keskusjärjestöt? Mikä on STK:n (Suomen Työnantajain Keskusliiton) tarkoitus? Mikä on SAK:n (Suomen Ammattiyhdistysten Keskusliiton) tarkoitus? Missä tämä tarkoitus on ilmaistuna? Mitä SAK tekee tämän tarkoituksen toteuttamiseksi? Mitä se tukee? Mitä se kehittää? Mitä se pyrkii edistämään? Minä eri tekijöinä keskusjärjestöt ovat toimineet? Mihin taloudellisiin kysymyksiin on alettu kiinnittää yhä enemmän huomiota keskusjärjestöjen toimesta?

B.   Mikä on työnantajien tinkimätön periaate? Mitä tarkoitetaan järjestäytymispakolla? Mihin työnantajien politiikka on tähdännyt? Mitä työnantajat ajattelevat palkkojen indeksisidonnaisuudesta? Mitä ammattiyhdistykset ajattelevat palkkojen indeksisidonnaisuudesta? Mitä käytettiin 1920-30 luvuilla palkkojen korotusten perusteluna? Mikä on SAK:n ja työväenliikkeen keskinäinen suhde?

C.   Mikä on lainsäädännön ja työehtosopimusten välinen suhde? Millä tavalla ne täydentävät toisiaan? Millä tavalla ne korvaavat toisensa?

D.   Millä tavalla ammattiyhdistysliikkeet vaikuttavat poliittiseen elämään Amerikassa? Millä tavalla Suomessa? Mikä on SAK:ta vastaava liike Amerikassa? Mikä vastaa STK:ta Amerikassa? Mitä lakisääteisiä sosiaalimenoja on työnantajilla Yhdysvalloissa? Entä Suomessa? Kuka on työntekijä? Saatteko te vuosi- vai kuukausipalkkaa? Oletteko tuntipalkalla? Mitä lomaetuja teillä on? Kuka tekee urakkatyötä? Saatteko ylityökorvausta? Mihin ammattijärjestöön kuulutte? Onko työssänne järjestäytymispakko?

Harjoituksia

A. Ovatko seuraavat toteamukset oikein vai väärin?

1. Ammattiyhdistysliike ja työväenliike käyvät käsi kädessä Suomessa.

2. Suomessa on järjestäytymispakko työnsaannin edellytyksenä.

3. SAK muodostaa vasemmistopuolueiden selkärangan.

4. Yhdysvalloissa ei ammattiyhdistysliike aseta omia ehdokkaitaan valtiollisiin vaaleihin.

5. YK:n suosituksissa teollisuuteen on sisällytetty myös kaivosteollisuus.

6. YK:n suosituksissa tehdasteollisuuteen luetaan sähkö-, kaasu- ja vesijohtolaitokset.

7. Palkkasummaan sisällytetään vain rahassa maksetut korvaukset kuten vuosilomapalkat, itsenäisyyspäiväpalkka ja arkipyhäkorvaukset.

8. Työnjohtajia ei lueta työntekijöihin.

B. Toistakaa seuraavat lauseet ja käyttäkää sulkumerkeissä olevia sanoja sopivissa muodoissa:

1. Palkkapolitiikka sisältää (toiminta) palkkaperusteiden (määrääminen).

2. Toiminta tähtää sosiaalisten puitteiden (muuttaminen) tai (säilyttäminen) ennallaan.

3. Heidän tehtävänsä on toimia yhteiskunnallisen tason (kohottaminen) ja (turvaaminen).

4. SAK:n (tehtävä) on asetettu yhteiskuntajärjestyksen tukeminen.

5. Yhä enemmän huomiota on alettu kiinnittää (sellaiset seikat) kuin kansantulon (jakaantuminen).

6. Toimenpiteet vaikuttavat työvoiman (kysyntä) ja tarjonta).

7. Palkkaratkaisuja tarkastellaan monen tuotannonhaaran (kanta).

561

8. Ratkaisut vaikuttavat talouspolitiikan (keskeiset tavoitteet).

9. Seuraavassa kiinnitetään huomiota (periaatteet) ja (keinot).

10. Työnantajan oikeutta ottaa (palvelus) ja (se) erottaa henkilöitä ei saa kaventaa.

11. Työnantajien politiikka on tähdännyt suuren joustavuuden (aikaansaaminen).

12. Ammattiyhdistysliike on pitänyt tiukasti kiinni palkkojen (indeksisidonnaisuus).

13. Palkat ovat sidotut (hintaindeksi).

14. SAK:n (vaatimus) on reaaliansioita kohennettu myös hintatukipalkkioiden (apu).

15. Palkkojen korotuksia on perustelut myös tuoton (kohoaminen).

16. Palkkasäännöstely nojasi solidaarisen palkkapolitiikan (periaate).

17. Voidaan panna (merkki), että tilanne on parantunut huomattavasti.

18. Tarkastellaan ongelmia, jotka liittyvät teollisuustuotannon (käsite).

19. Kaivostoimintaa ei lueta (teollisuustuotanto).

20. Työntekijät osallistuvat tuotteiden (valmistaminen).

21. Se on sisällytetty (virallinen teollisuustilasto).

22. (Teollisuus) on luettu vain suuret yritykset.

C. Muuttakaa seuraavat " paitsi - myös " - ilmaisut " ei ainoastaan - vaan myös " - ilmaisuiksi:

MODEL: Keskusjärjestöt toimivat paitsi neuvonantajina myös painostusryhminä. - Keskusjärjestöt eivät ainoastaan toimi neuvonantajina vaan myös painostusryhminä.

1. Järjestön tarkoituksena on <u>paitsi</u> hoitaa jär-
   jestäytymistä <u>myös</u> seurata lainsäädännön ke-
   hitystä.

2. Lainsäädäntötoimenpiteet voivat <u>paitsi</u> täy-
   dentää <u>myös</u> korvata työehtosopimukset.

3. Työnantajalla on oikeus <u>paitsi</u> ottaa työhön
   henkilöitä <u>myös</u> siitä erottaa.

Vrt. Työnantajalla <u>on oikeus ei ainoastaan ottaa</u> työhön

   henkilöitä <u>vaan myös</u> siitä erottaa.

<u>Huomatkaa</u>: Hän jäi rahaa paitsi (=ilman).

   Sitä paitsi hän on sairas. = Sen lisäksi hän
   on sairas.

   Kaikki pojat paitsi Matti olivat läsnä.

<u>Sanavaraston kartuttamista</u>

D. <u>Käyttäkää sopivaa annettua sanaa seuraavissa lauseissa</u>:

1. Tulipalon varalta on hyvä   henkivakuutus
   olla. . .

2. Kun matkustatte, on hyvä   matkatavaravakuutus
   ottaa tavaroille. . .

3. Jos sairastutte, on hyödyl-   työttömyysvakuutus
   listä olla. . .

4. Jos työntekijä ei pysty   palovakuutus
   työhön häntä auttaa. . .

5. Kun maassa on työt-   sairasvakuutus
   tömyyttä. . .on hyödyksi.

6. Kaikilla ihmisillä tulisi   työkyvyttömyysvakuutus
   olla. . .

E. Muodostakaa seuraavan mallin mukaisia sanoja ja käyttäkää
niitä annetuissa lauseissa:

MODEL: Teurastaja teurastaa teurastamossa.

1. Ompelija ompelee. . .
2. Suutari korjaa jalkineita. . .
3. Kutoja kutoo kangasta. . .
4. Latoja latoo. . .
5. Kampaaja kampaa. . .

vakuuttaa   to insure, assure
                                             declare

Vakuutan kunnian ja omantuntoni kautta. . .
Hän vakuutti omaisuutensa.
Hän puhui vakuuttavaan sävyyn.

uudistettu painos, uudistettu käännös
    uskonpuhdistus   reformation
vrt. uusia
uusittu rikos
Hän uudisti t. uusi lehden tilauksensa.   —
Tauti on uusinut.

esikuntaupseeri
Mannerheimin pääesikunta oli Mikkelissä.

tienhaara, puunhaara, teollisuuden haara
haarakonttori, -liike, -osasto, -yhdistys
    neuvottelut työehtoso-   collective bargaining
    pimuksista

564

VÄESTÖN JAKAUTUMINEN AMMATTIRYHMIEN MUKAAN

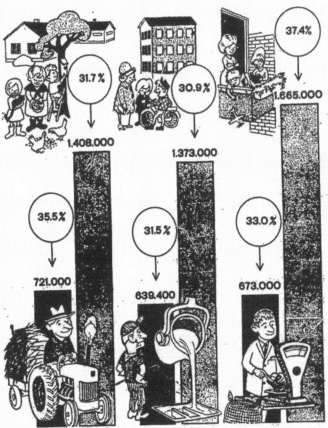

46

SEITSEMÄN VELJESTÄ

Kaksi päivää on mennyt. Lukkarin väkituvassa pöydän
ympärillä istuvat veljet, jämäten aapistoa niinkuin sanelee
heille milloin lukkari itse ja milloin hänen pieni kahdek-
sanvuotias tyttärensä. Niin he, aapiskirjat avattuina kou-
rissa, harjoittelevat lukua hartaasti, hikisillä otsilla.
Mutta ainoastaan viisi Jukolan poikaa nähdään istuvan pen-
killä pöydän takana. Missä ovat Juhani ja Timo? Tuollahan
häpeänurkassa lähellä ovea he seisovat, ja heidän tukkansa,
jossa äsken oli kiemarrellut lukkarin jäntevä koura, törröt-
tää vielä korkeassa pörrössä.

Vallan vitkaa edistyi veljesten oppi, jota ei joudut-
tanut heidän opettajansa peloittava kiinteys, vaan päinvas-
toin kangisti aina enemmän heidän haluansa ja mieltänsä.
Juhani ja Timo tunsivat tuskin enemmin kuin A:n, toisten tai-
to oli kuitenkin astunut muutaman kirjaimen kauvemmas. Mutta
huikean poikkeuksen heistä kaikista teki veli Eero, joka jo
oli jättänyt aapiston ja harjoitteli tavaamista oikein vik-
kelästi.

Ilta läheni, mutta tämän päivän kuluessa eivät olleet
veljet vielä maistaneet ruuan einettä. Sillä lukkari, joka
oli pannut heidän eväänsä takavarikkoon, koetti nälänkin pii-
nalla kiihoittaa heidän haluansa lukuun. Niinpä, kiukkuisen
nälän likistämänä, seisoi Juhani loukossansa, ravistellen
pyöreätä päätänsä, syljeskellen ja heitellen opettajansa puo-
leen mulkoilevia härän-silmiä. Mutta torkkuen seisoi hänen

rinnallansa Timo, huolimatta maailman menosta.-

- -

Tuomas. Kaikki pussit selkään ja akkunasta ulos!
Porstua tömisee.

Juhani. Onko se lukkari. Minä sivuun häntä hieman.

Tuomas. Pois! sanon minä.

Juhani. Älä astu tielleni nyt. Minä rakastan sinua,
Tuomas veljeni.

Tuomas. En päästä sinua tekemään hirmutöitä. Riennä
nyt vaan kanssani akkunasta ulos; tuollahan jo pelto-murulla
kaapaisevat toiset. Tule!

Juhani. Hellitä! Mitä pelkäät sinä hirmutöitä? Hänen
otan vaan koreasti polvilleni, nostan ylös takkinsa pitkät
liepeet ja nassielen häntä paljaalla kämmenelläni, ja totta
on tekevä tämä kämmen. Hellitä, armas veljeni, muutoin sydäm-
meni halkee kuin Korkin säkkipilli. Hellitä! sinä näet
pääni höyryy.

Tuomas. Olemmepa ikuiset vihamiehet, ellet tottele
minua nyt. Huomaa mitä sanoin.

Juhani. Mennään sitten. Mutta empä suostuisi tähän,
jos en sydämmestäni sinua rakastaisi.

He vaikenivat, viskasivat itsensä akkunasta mäelle ja
juoksivat nopeasti yli lukkarin perunapellon. Saralla kil-
kahtelivat pienet kivet, multa-kokkareet lentelivät korkealle
ilmaan, ja pian he katosivat tiheään lepistöön toisten jäl-
jessä. Silloin lukkari vihan hirmuisella muodolla rynkäs
sisään, heiluttaen kourassansa meren-ruokoista, jykevätä sau-

vaa. Korkealla, kiljuvalla äänellä hän huuteli karkureita,
mutta turhaan. Ulos lepistöstä kirmasivat veljekset, juok-
sivat yli kivisen, kallion-kieluisen tienoon, siitä halki ah-
taan katajiston, siitä yli pappilan avaran, kaisla-rantaisen
Neulaniemen niitun, viimein poikki lakean, kumisevan ahon, ja
seisoivat santaisella tiellä, Sonnimäen kaltevan nummen alla.
Ylös pitkin mukulakivistä rinnettä he astuivat ja ehdittyänsä
nummen harjulle, päättivät he rakentaa itsellensä leiriä hon-
kien juurille, kanervaiselle maalle; ja pian suitsuili· heidän
tuleltansa savu ylös puitten latvoille.

- -

    Talvi oli tullut; joulu-aattona palasi Eero kotia, jah-
tivoudin mielestä tarpeeksi oppineena ja kelvollisena opet-
tamaan veljiänsä. Ihmeteltävän kerkeästi oli hän oppinut.
Selvästi luki hän sisältä, ja aapiskirjan taisi hän ulkoa kan-
nesta kanteen, niinmyös vähänkatkismuksen. –Ja nyt, kun jou-
lu oli mennyt, alkoi luku ja puuha. Siinä opettajana istui
Eero ja oppilaisina hänen veljensä, jotka yhdestä suusta huu-
sivat kirjainten nimet, niinkuin nuorin veli heille saneli.
Yhdestä suusta he huusivat, ja mäikkyi avara pirtti. Työläs-
tä ja tuskaa täynnä oli heille tämä työ, tuskaa täynnä alussa
varsinkin; surkeasti siinä puhkailtiin ja hikoiltiin. Enimmin
kaikista ponnisteli Juhanin sisu; hartaudesta järisi hänen
leukansa; ja torkahteleva Timo, joka istui hänen rinnallansa,
sai häneltä monta vihaista nyrkin tyrkkäystä, kun taasen nyö-
kähti alas kurjan pää. - Kiusoitti myös veljeksiä, ettei
Eero aina harjoitellut opettajavirkaansa suoralla vakuudella,

568

vaan hellitteli useinkin suustansa pisteleviä kompasanoja.
Oli hän jo saanut veljiltänsä monta varoitusta, mutta mielen-
sä viehätti häntä.

Kerran eräänä talvisena päivänä, kun äkeä pakkanen oli
ulkona ja taivaan eteläiseltä reunalta paistoi melkein sätee-
tön aurinko, istuivat veljekset pirtissänsä täydessä puuhassa,
aapiskirjat kourissa. Kauas kuului heidän harras, mutta yksi-
pintainen lukunsa; ja alkoivat he nyt aapiston tällä erällä
toiseen kertaan.

Eero. A.

Muut. A.

Eero. P.

Muut. P.

Eero. Niin, A on ensimmäinen aapiston kirjain ja Ö sen
viimeinen: " A" ja " Ö", alku ja loppu, ensimmäinen ja vii-
meinen", seisoo jossain raamatunkappaleessa. Mutta niinköhän
koskaan olette kuulleet tai nähneet viimeisen ensimmäisenä,
Ö:n A:na? Onhan se hieman sukkelaakin, kun tuo pikkuinen,
tuo ennen viimeinen vaivainen on äkisti parven ensimmäisenä
kukkopoikasena, jonka puoleen muut katsovat ylös niinkuin
hunöörillä ja kunnioituksella, niinkuin jotakin isällisyyttä
kohden, vaikka tapahtuukin se vähän ympyrjäisillä silmillä.
Mutta miksi poikkeen asioihin, joista ei ole meidän tekemistä
nyt? Niin lukekaapas taas.

Juhani. Ymmärränkö tarkoitukses? Minä pelkään että ym-
märrän. Mutta opeta nyt meitä koreasti, muuten sinun peija-
kas perii.

Eero. Niin lukekaas kiltisti taas C.

Muut. C.

Eero. T.

Muut. T, E, Äffä, Kee. . .

Juhani. " Ventta holl " 1 Minä poloinen olen eksynyt.
Mutta annetaanpas mennä alusta alkaen korta vielä.

Eero. A.

Muut. A.

Eero. " A, P, C ummee nälkäpuuroo". Mitä ymmärretään
sillä lauseella, Juhani? Taidatko selittää sen?

Juhani. Koetanpa ottaa siitä pohdin. Lähtekääs vähän
kanssani ulos, te muut; sillä meillä on keskusteltavana tär-
keä asia.

Niin hän lausui, astui pihalle, ja muut seurasivat hän-
tä; ja vähän levottomalla sydämellä rupesi nyt Eero arvele-
maan, mitähän tarkoittaisi tämä heidän siirtymisensä ulos.
Astuivat he taasen pirttiin, ja tuore, koivuinen ruoska veli
Juhanin kourassa hirvitti Eeron sielua. Iskivätpä poikaan
Tuomas ja Simeoni kiinteillä kourilla; ja parastansa teki nyt
Juhanin hulja. Siinä Eero huusi, potki ja raivosi, ja pääs-
tyänsä viimein, katsoi hän ympärilleen hirmuisella, murhaa-
valla muodolla.

Juhani. Kas niin, otappas kirja kouraas taas ja opeta
meitä sievästi, junkkari, ja muista tätä löylytystä, koska
sun kanalja kieles tahtoisi tästälähin haastella pilkkasanoja.
Vai niin! Ahah! Jokos sattui? Niin, niin, nyt on käynyt
sinulle niinkuin profeetallisesti ennustin jo vuosia sitten.
Sillä " paha on viimein pilkkaajan palkka", sen voit tietää.
Ota kirjas, sanon minä, ja opeta meitä järkevällä ja siivolla

tavalla, junkkari.

Alkoi taasen luku; mutta sanelipa Eero veljillensä kirjainten nimet kovin karmealla, purevalla äänellä ja kyräävillä silmän-iskuilla. Ja niinpä jyrkeä henki Impivaaran koulupöydän ääressä vallitsi kauan, kunnes aika, mennessä muutaman päivän, lievitti jälleen Eeron äkeän mielen ja muodon. Niin harrastelivat veljekset ehtiäkseen lukemisen taitoon, ja edistyikin heidän työnsä, vaikka alussa sangen vitkaa, varsinkin Timolta ja Juhanilta.

- -

Mutta pirtissä istui Juhani, istui ihan paitasillaan, puserrellen pöydänpäässä hikeä, aapiskirja kädessä. Kovin äkeänä ja tukkaansa repien hän hieroskeli jykevälehtistä kirjaansa. Tapahtuipa tuossa usein, että hän, vihoissansa hammasta purren, melkein kyyneleitä vuodattaen, äkisti rynkäsi rahilta ylös, tempasi havutukin nurkasta kouriinsa, nosti sen korkeuteen ja paiskasi tuimasti maahan taas; ja silloin pirtti jumahti, ja keikahti miehen lyhykäinen paita. Niin hän tuolloin, tällöin iski kyntensä tukkiin; sillä suurella puuhalla juurtui aapiainen miehen aivoon. Mutta istuipa hän taasen pöydän-nokalle kertomaan vaikeata kappaletta. Ja viimeinpä, tullessa kevään, oli hänkin oppinut kirjansa kannesta kanteen; ja ylpeästi katsahtaen painoi hän sen umpeen.

- -

Mutta koska vilja oli leikattu ja kylvö tehty, läksivät veljekset eräänä lauvantai-aamuna kauan varustetulle retkel-

lensä, läksivät pappilaan provastin tutkinnon alle. Isäl-
lisesti, lempeästi kohteli heitä provasti, ja huomasi pian
suureksi iloksensa, että heidän lukutaitonsa oli moitteeton,
vieläpä yhden ja toisen vallan kiitettävä; Laurin julisti hän
parhaaksi lukijaksi Toukolan suuressa kylässä. Vieläpä huomasi
hän heidän käsityksensä uskon-opista yleiseen selväksi, vil-
pittömäksi. Sentähden, koska he viikon päästä seuraavana
sunnuntaina palasivat rippikirkosta kotiansa, oli heillä jo-
kaisella kädessä nahkakansinen uusitestamentti, provastin
lahjoittama ahkeruuden palkinnoksi. Tyytyväisinä, mutta va-
kavilla kasvoilla astuivat he pirttiinsä, jonka Tammiston
Kyösti, heidän karjanhoitajansa menneen viikon kuluessa, oli
lakaisnut ja lehdittänyt. Mutta koska he olivat atrioinneet
ja Kyösti heistä poistunut, istuivat he kukin itseksensä tut-
kistelemaan raamattua; ja syvä äänettömyys vallitsi huoneessa.

Sanasto

lukkari, lukkarin, lukkaria, lukkareja	cantor, chorister
jämätä, jämään, jämäsi, jämännyt = tankata	to read with difficulty, beat or hammer a lesson into one's head
aapisto = aakkoset, aakkosto	alphabet
aapiskirja = aapinen	ABC book, primer
häpeä, häpeän, häpeää	shame, disgrace
kiemarrella = kiemurrella	to twist and turn, be bending
jäntevä	sinewy, muscular, vigorous

törröttää, törrötän, törrötti, törröttänyt	to stand out, stand stiff
pörrössä	be tousled or mussed up, rumpled
vitkaa = vitkalleen = hitaasti	
enemmin = enemmän	
kauvemmas = kauemmaksi	
huikea	huge, enormous, very big
vikkelä = nopea	
eine, eineen, einettä = aamiainen	
eväs, eväät	food taken along on a trip or journey
piina, piinan, piinaa, piinoja	torment, torture
loukko = nurkka tai piilopaikka	
sylkeä, syljen, sylki, sylkenyt	to spit
mulkoilla, mulkoilen, mulkoili, mulkoillut	to roll one's eyes, glare
akkuna = ikkuna	
porstua = eteinen	
tömistä, tömisi, tömissyt (intr.)	to rumble (as a result of stamping of feet)
tömistää = tömistellä (tr.)	to stamp one's feet
muru = pieni kappale, palanen	
kaapaista = kapaista, kipaista = juosta nopeasti	
hellittää, hellitän, hellitti, hellittänyt (tr.)	to let go, release, loosen, cease
hellitä, heltiän, heltisi, hellinnyt (intr.)	to get loose, loosen

573

korea	showy, gaudy, beautiful
lieve, liepeen, lievettä, liepeitä	tail (of a coat)
säkkipilli	bagpipe
nassiella (harv.) = läimäytellä	
läimäyttää	to slap, whack
sarka, saran, sarkaa, sarkoja	strip of land, coarse woollen cloth
leppä, lepän, leppää, leppiä	alder
lepistö = lepikkö	alder grove
runkäs = ryntäsi	
ruoko, ru'on, ruokoa, ruokoja	reed
sauva, sauvan, sauvaa, sauvoja	cane, staff
jykevä	sturdy, robust, stout
kirmata = juosta hillittömästi t.	
valtoimena, juoksennella sinne tänne	
tienoo = seutu	
kataja	juniper
kaisla, kaislan, kaislaa, kaisloja	bulrush, reed
niittu = niitty	
lakea = tasainen, aukea	
kumista, kumisen, kumisi, kumissut	to boom, rumble, emit a hollow sound
aho, ahon, ahoa, ahoja	clearing
santa = hiekka	
mukulakivi	cobblestone, pebble
nummi, nummen, nummea, nummia = kangas	heath, moor
kanerva	heather, heath

jahtivouti (hist.)

kerkeä

mäikkyä = mäikyä = kaikua, kajahdella

kiusoittaa = kiusata, tuottaa kiusaa = ärsyttää

kompasana

yksipintainen = itsepintainen, itsepäinen

parvi, parven, parvea, parvia

kukkopoika

poloinen = parka

otan pohdin = otan selon

selko, selon, selkoa

ruoska

hulja = piiska, vitsa

siivo, siivon, siivoa, siivoja

pilkka, pilkan, pilkkaa, pilkkoja

murina

keikkua, keikun, keikkui, keikkunut

karmea

kyrätä = kyräillä = katsoa vihaisesti tai alta kulmien

jyrkeä = jyrkkä, tuima

leader of the hue and cry party

quick, willing, swift, prompt

quip, sarcastic expression

flock, swarm, bevy, shoal, school of fish

cockerel, young rooster

I'll find out

information, knowledge, clearness

whip, lash

switch, twig

proper, decent, modest, condition, state

scorn, mockery, target

grumbling, growling, snarling

to swing, be tossed up and down

harsh, bitter, rough

lievittää = lieventää	to heal, take off the sharp edge
pusertaa, puserran, pusersi, pusertanut	to squeeze, press
äkeä = äkäinen	
rahi, rahin, rahia, raheja = jakkara tai penkki	
hieroa, hieron, hieroi, hieronut	to rub, massage
paiskata, paiskaan, paiskasi, paiskannut	to throw, fling
jumahtaa = jymähtää	to boom, thunder
nokka (tässä: reuna)	bill (bird's), beak, nose, point of land
provasti = rovasti	
rippikirkko	communion service, (here: confirmation)
lakaisnut = lakaissut	
lakaista, lakaisen, lakaisi, lakaissut	to sweep
atrioida = aterioida	

Kysymyksiä

A.   Miksi Aleksis Kiveä sanotaan Suomen kansalliskirjai-
lijaksi? Mikä sija hänen teoksillaan on Suomen kirjal-
lisuushistoriassa? Mikä sija hänen tuotannossaan on
" Seitsemällä veljeksellä"? Mistä " Seitsemän veljestä"
kertoo? Mitä voitte sanoa " Seitsemän veljeksen" huu-
morista? Miltä vuosisadalta tämä romaani on? Minkälais-
ta oli elämä silloin Suomessa? Mikä laitos piti huolta

576

kansanopetuksesta? Ketkä olivat opettajina? Millainen
oli opetusmenetelmä? Minkälaisia olivat kurinpidolliset
keinot? Mitä käytettiin oppikirjana? Missä koulu toimi?
Kuka piti tutkinnon? Miksi kirkko halusi opettaa ihmisiä
lukemaan? Missä se vielä pitää huolta kansanopetuksesta?

B.   Milloin Aleksis Kivi eli? Minkälainen oli hänen
elämänsä? Missä Aleksis Kivi kävi koulua? Millaisista
oloista hän oli alunperin? Millaisissa oloissa hän kuoli?
Kuinka vanhana hän kuoli? Missä määrin Kivi sai ymmär-
tämystä elinaikanaan? Mitä kirjoja ja näytelmiä hän kir-
joitti. Missä Helsingissä on Aleksis Kiven patsas?

C.   Kuka on Amerikan kansalliskirjailija? Mitkä ovat
hänen tärkeimmät teoksensa? Millainen oli hänen elämän-
sä? Milloin hyväksyttiin laki yleisestä oppivelvollisuu-
desta Suomessa? Milloin Yhdysvalloissa? Mikä on liit-
tohallituksen osuus kotivaltionne kouluhallinnossa ja
koululaitoksen kustannuksissa? Kuka on lukutaidoton?
Missä Amerikassa on lukutaito puutteellista? Mitä seu-
rauksia on lukutaidottomuudesta?

D.   Millä tavalla Jukolan veljesten sisu ilmenee tässä
kertomuksessa? Miten Jukolan pojat oppivat lukemaan?

Harjoituksia

A. Muuttakaa alleviivatut vanhentuneet muodot nykyiselle
   yleiskielelle:

   MODEL: He harjoittivat lukua hikisillä otsilla. -
   He harjoittelivat lukua otsat hiessä.

   1. Juhani ja Tuomas tuskin tunsivat enemmin kuin
      A:n.

   2. Hänen otan vaan koreasti polvilleni..

   3. Sinä näet kuinka pääni höyryy.

   4. Silloin lukkari vihan hirmuisella muodolla
      rynkäs sisään.

   5. Pian suitsuili heidän tuleltansa savu ylös
      puitten latvoille.

   6. Siinä opettajana istui Eero ja oppilaisina
      hänen veljensä.

   7. Muuten sinun peijakas perii.

   8. Vähän levottomalla sydämellä rupesi nyt Eero
      arvelemaan. . .

   9. Tyytyväisinä, mutta vakavilla kasvoilla
      astuivat he pirttiinsä.

   10. Mutta kun Kyösti oli heistä poistunut. . .

   11. Kyösti oli lakaisnut lattian.

   12. Mutta koska he olivat atrioineet. . .

   13. Veljekset läksivät pappilaan provastin tutkin-
       non alle.

Huomatkaa seuraavat nykyisen yleiskielen kirjoitusmuodot:

lauvantaina = lauantaina

empä = enpä

sydämmestäni = sydämestäni

Sanavaraston kartuttamista

kerkeä

kerkeäkielinen, kerkeäjalkainen

Kerkeäkielinen akka.

Kerkeäjalkainen keijukainen.

liepeellä, liepeillä = lähistöllä, ympärillä

Kylän suurimmat rakennukset ovat kirkon liepeillä.

Venäläiset joukot Berliinin liepeillä.

Kirjailijakunnan liepeille pesiytyneet diletantit.

vrt.   liepeet

takin liepeet

lievetakki = hännystakki, frakki

veritulppa   blood clot

Hän kuoli veritulppaan.

linnunpoika, kissan-, kanan-, ankan-, oravanpoika, kalanpoikanen

vrt.   koiranpentu, kissan-, leijonan-, tiikerin-, suden-,
       karhunpentu.

hevosen varsa, lehmän vasikka, sian porsas, lampaan vuona,
hirven vasa

tukka pörrössä

Hiukset nousevat pystyyn jännityskirjaa lukiessa.

lukkari = kanttori

Kanttori johtaa laulua, urkuri soittaa urkuja ja kanttoriur-
kuri vastaa sekä laulusta että soitosta.

579

47

TUNTEMATON SOTILAS

Hietanen näki selvästi, miten suihku sattui vänrikkiin, sillä tämän kesäpusero pelmahti luotien iskiessä. Pari sekuntia hänen epäröintinsä kesti. Tuo kuolema silmien edessä päätös tuntui vielä vaikeammalta. Hietanen ei oikeastaan ajatellut. Hänen aivoissaan oli vain jonkinlainen pysähtynyt tietoisuus siitä, että ellei hän yritä, vaunu sotkee hänet murskaksi, ja jos hän lähtee pakoon, kuolee hän kuitenkin juostessaan. Jälkimmäinen vaihtoehto olisi kuitenkin siirtänyt tuon pelottavan hetken kauemmaksi, ja se houkutteli Hietasta. Noina kahtena sekuntina hänet punnittiin. Ja hän voitti.

Vaunu oli parinkymmenen metrin päässä. Muutaman askeleen päässä hänen edessään oli kaatuneen puun ylös noussut juurakko, jonka taakse vänrikkikin oli nähtävästi tavoittanut. Siitä saisi ehkä jonkinlaisen näkösuojan. Hietanen ryömi nopeasti kaatuneen vänrikin luokse ja sieppasi tämän kädestä miinan. Sammal pöllysi hänen jaloissaan ja vihaiset sirahdukset vingahtelivat hänen korvissaan.

Hietasen hengitys oli omituista puhkumista, niinkuin hän olisi aristellen mennyt jääkylmään veteen uimaan. Hänen huulensakin olivat jäykistyneet jännityksestä torvelleen. Tajunta oli kuin jähmettynyt. Se kieltäytyi käsittämästä noiden vihaisten iskujen merkitystä, ikään kuin säästääkseen itseään niiden aiheuttamalta kauhulta. Hietanen syöksähti nopeasti juurakon taakse. Samalla hän kuuli Rokan äänen huutavan:

- Nyt ampukaa minkä ennätättä!

Hietanen vavahti ja oli mennä sekaisin jännityksestä. Rokan hätäisenä kajahtanut huuto iski hänen ylikiihottuneeseen tajuntaansa niinkuin varoitus jostakin uudesta, tuntemattomasta vaarasta. Sitten hän kuitenkin ymmärsi, että huuto oli tarkoitettu miehille.

Siinä hänen mieleensä iski sekin, että olikohan miina kunnossa. Hän ei siitä tiennyt muuta kuin että sen piti räjähtää painon alla. Oli kuitenkin myöhäistä opiskella pioneeriksi. Hetki oli tullut.

Hän näki silmissään suojuksen alta esiinvilisevän telaketjun kuvan. - Siihen. . .siihen. . .Sitten hän heitti. Miinan paino ei antanut suuriakaan mahdollisuuksia tähtäilemiseen, ja jonkinlainen rukouksentapainen toivo vilahti Hietasen mielessä kun hän heitti. Hän kaapaisi vielä hätäisesti sammalta käteensä ja tuiskasi sen miinaa kohti, muka jonkinlaiseksi naamioinniksi. Taisi siihen pari roskaa sattuakin. Mutta samalla hän näki näyn, joka vavahdutti hänen mieltään. Oikeanpuoleisen olisi pakko sattua päälle. Se olisi nyt varmaa. Vasta silloin hänelle tuli hätä omasta säilymisestään. Suojaisiko juurakko häntä tarpeeksi paineelta. Hän painautui sen taakse, aukaisi suunsa ja painoi kädet lujasti korvilleen.

Parin sekunnin kuluttua tuntui koko maailma puristuvan hänen päälleen. Hän ei tajunnut jyrähdystä äänenä, vaan puuduttavana ja humahtavana iskuna, ja siihen sekosi hänen tajuntansa.

Kun se palasi, hän näki vaunun pysähtyneen hieman kyljittäin kääntyneenä. Se oli vieläkin savun ja tomun peittämä. Samaten hän näki lähimpien miesten olevan suut auki, mutta ei

581

ymmärtänyt mitä se merkitsi, sillä hän ei kuullut sitä hystee-
ristä riemunkiljuntaa, johon jännitys ketjussa purkautui.
Pää oli jotenkin puutunut, niin ettei hän ymmärtänyt, mitä
hänen nyt pitäisi tehdä. Hän vain makasi katsellen vuoroin
vaunua, vuoroin miehiä, jotka huusivat hänelle: Hyvä Hieta-
nen, hyvä. . .bravo Hietasen akan poika! Se oli hukkaan men-
nyttä mairittelua; Hietanen ei kuullut inahdustakaan.

Sitten hän näki, miten vaunun alle ilmestyi jalka, sit-
ten toinen, ja vähitellen tuli näkyviin miehen keskiruumiskin.
Yhtäkkiä se nytkähti ja jäi liikkumattomaksi. Hietanen katsoi
taakseen ja näki siellä Rahikaisen kiihtyneet kasvot, mutta
ei kuullut, kun tämä huusi:

- Pois tulilinjalta! Mie hoitelen loput.
Silloin vasta Hietasen järki alkoi toimia. Hän loikkasi no-
peasti vanhaan asemaansa ja painui kyyryyn kiven taakse.

- Pysy suojassa! Mie lopetan sen.
Rahikainen ampui pari laukausta vaunun luukuista sisään. Hän
puhui Hietaselle sellaisella äänensävyllä, kuin olisi suorit-
tanut vaunun tuhoamisesta hyvinkin puolet. Äskeinen sanahark-
ka oli jättänyt hänet kiusalliseen asemaan. Hänestä tuntui
kuin Hietasen teko olisi ollut nujertava vastaus hänen sanoi-
hinsa, ja siksi hän koetti auttaa itsetuntoaan ottamalla huo-
lehtivan ja suojelevan asenteen Hietaseen nähden.

Tämä itse makasi kivensä takana vavisten kauttaaltaan
kuin ankarassa vilussa. Sitä mukaa kun järki alkoi toimia,
lisääntyi hänen kauhunsa. Oli kuin se olisi pakottanut hänet
elämään lävitse sen pelon, jonka hän tapauksen aikana oli mie-
lestään torjunut. Koko pelko keskittyi yhteen näkökuvaan,

joka ei poistunut silmistä. Hän niki panssarisuojuksen alta
vilisevän telaketjun, joka oli juuri tulemaisillaan hänen
päällensä. Kuva oli niin elävä ja voimakas, että hän yhtäk-
kiä kuvitteli sen olevan todellisuutta ja aikoi jo lähteä
mielettömästi juoksemaan karkuun.

Paikoilleen hän kuitenkin jäi, sillä ymmärrys kykeni
sentään hallitsemaan mielen. Hän kaivoi tupakan esiin ja
pani sen vapisevin käsin imukkeeseen. Se tärisi hänen suus-
saan ja hän puri sitä niin että se räsähti halki. Neljännel-
lä tulitikulla hän sai tulen tarttumaan tupakan syrjään, ja
se paloi kartena öljyn kihotessa paperin pinnalle, kun hän
posket lommollaan imi.

Vähitellen vavistus taukosi. Hän alkoi jo kuulla ammun-
taa ja miesten huutoja. Vähän aikaa hän hoki: Ei jumalaut,
ei jumalaut, ymmärtämättä itsekään mitä hän hokemallaan tar-
koitti.

Sitten hän muisti, miten oli heittänyt kourallisen sam-
malta naamioksi miinan päälle, ja Leon lapsellisuus alkoi
hymyilyttää häntä. Sen mukana nousi omituinen ilo hänen mie-
leensä. Vasta nyt hän alkoi tajuta mitä hänen tekonsa oli
merkinnyt, ja hän purskahti voitonriemuiseen nauruun:

- Se oli sit olevanas naamio. . .[1]
Hän nauroi mutta naurun mukana purkautui myös äskeinen kauhu
sekä hurja ilo pelastumisesta ja siitä, että hän oli uskal-
tanut suorittaa teon, joka nostaisi hänet pataljoonan pelas-
tajan asemaan.

---

[1] Se oli sitten olevinansa naamio. . .

583

Tänä aikana oli tilanne suuresti muuttunut. Toinen panssarivaunu oli vetäytynyt pois, ja jalkaväkikin lopetti yrityksensä. Kohta se lakkasi vastaamasta tuleenkin. Miehet alkoivat varovasti nousta ja huomasivat, ettei vihollinen enää ampunut. Se oli vetäytynyt kauemmaksi.

Koskela kiirehti Hietasen luokse:

- Kuinka kävi? Ai perkele. Loman saisivat antaa. Minä panin silmäni kiinni kun en saanut katseltua kun sammal pöllähteli. Ja ihan jaloissa.

Hietanen ei saanut selvää Koskelan sanoista, vaikka jo kuulikin hänen äänensä. Hän toimitti vain uhoten:

- Mää en tiär mittä. En yhtikäs mittä mää tiär. Mää huitasi sen vaa. Oli se sit oikke Jumala onni, et toi vänrikki kerkes laitta sen reera. Mut kyl mää pelkäsi. Voi jumalaut et mää pelkäsi! Mää en tahtonu saar tupakki millä syttymä. Mää ihmettele et kui ihmine ollenka siltaval ossa peljät. Mut se täyty tutki kans.[1]

- Johan mie tuon lopetin, sanoi Rahikainen, joka liittyi seuraan. Mutta vaikka hän luultavasti onnistui petkuttamaan itseään, ei hän saanut Koskelaa petetyksi, sillä tämä ei kiinnittänyt hänen sanoihinsa mitään huomiota. He lähenivät kolmisin varovasti vaunua.

---

[1] Minä en tiedä mitään. En yhtään mitään minä tiedä. Minä huitaisin sen vain. Oli se sitten oikein Jumalan onni, että tuo vänrikki kerkesi laittaa sen kuntoon. Mutta kyllä minä pelkäsin. Voi jumalauta että minä pelkäsin. Minä en tahtonut saada tupakkaa millään syttymään. Minä ihmettelen että kuinka ihminen oikein sillä tavalla osaa pelätä. Mutta se täytyy tutkia myös.

Se pysyi äänettömänä, ja kun he hetken olivat odottaneet,
iski Hietanen sen kylkeen kiväärinperällä. Hän oli jo täysin
vapautunut järkytyksestään ja antautui vapaasti ilolleen. Ää-
nellä, josta täytyi käsittää, että se kuului vaunun tuhoajal-
le, hän karjaisi:

— Jos siäl viäl kettä on, niin siält on heti tuleminel
Muute mää laita semmosen paukun katon pääl et tee menet Ame-
rikka saakkä. Täst lähti tämä vaunu on mun ja mää sen määrän
kuka sil ajele. Iti sutaal Ruski soltaat! Antauru! Ei per-
kele. Mää verä luuku auki.[2]

Hietanen kiipesi katolle ja nosti vaivalloisesti painavaa
torninluukkua. Kun hän sai sen ylös, katsoi hän sisälle ja
huusi sitten toisille:

— Tääl tule äijilt veri korvist. Kaik hilja.

— Mut tämä ukko se on luutnantti, jonka mie selvitin,
sanoi Rahikainen vaunun alta, jossa hän korjasi kaatuneen ar-
vomerkkejä talteen: Mie se vastoon tästä lähtien Venäjän ar-
meijan kapteenii. Mie kun luutnantin voitin.

Hietanen oli jo unohtanut äskeisen riitansa. Hän katseli
vaunua ja sanoi vilpittömän hämmästelevällä äänellä:

— Ei jumalaut poja! Kyl mää ole senttä aika poika. Mää
ihmettele oikke ittiän. Mikä mää ollenka olenka. Suame san-

---

[2] Jos siellä vielä ketään on niin sieltä on heti tule-
minen! Muuten minä laitan semmoisen paukun katon päälle että
te menette Amerikkaan saakka. Tästä lähtien tämä vaunu on
minun ja minä sen määrään kuka sillä ajelee. Iti sutaa! Rus-
ki soltaat! Antaudu! Ei perkele. Minä vedän luukun auki.

312-421 O - 68 - 38

kari mää ole. Ku vaa loppuis toi kauhia humina pääst. En
sunka mää vaan saanu sin vikka?[1]

- Oisko tuolla sellaiseen ennee tiloja,[2] sanoi Rahikai-
nen. Se oli niinkuin ilmaus sovinnonhalusta, ja Hietasta
naurattikin, niinkuin häntä tällä hetkellä nauratti kaikki.

Sitten kerääntyi vaunun ympärille kiitosta suitsuttavia
miehiä sekä upseereita. Lammiokin nyökkäsi hyväksyvästi ja
sanoi:

- Sillä tavalla. Se oli esimerkillistä päättäväisyyttä.
Merkillistä vain, etteivät nuokaan sanat tuntuneet oikein kii-
tokselta. Tuon ohuen äänen ilmeettömyys ja välittömyyden puu-
te tuntui aina vastenmieliseltä, muodostipa se sitten minkä-
laisia sanoja tahansa. Sarastiekin saapui. Hän otti Hietasta
kädestä, puristi sitä ja sanoi painokkaasti:

- Minä kai joukosta ymmärrän parhaiten mitä te teitte,
koska minä tiedän eniten tilanteesta. Ensin kiitoksia. Ensi
jaossa tulee veeärrä,[3] ja kersantinarvoa varten pannaan pa-
perisota viipymättä käyntiin.

Hietanen oli jonkin verran hämillään. Hän ei vieläkään
kuullut selvästi kaikkia majurin sanoja, mutta arvasi loput.
Vaikka hän itse oli vilpittömästi ihastellut itseään, tuntui
toisten kiitos hänestä jotenkin hävettävältä. Hän vain hymyi-
li ja katseli herroja vaivautuneena.

Väinö Linna

---

[1]- Ei jumalauta pojat! Kyllä minä olen sentään aika poi-
ka. Minä ihmettelen oikein itseäni. Mikä minä ollenkaan
olenkaan. Suomen sankari minä olen. Kun vain loppuisi tuo
kauhea humina päästä. En suinkaan minä vaan saanut sinne
vikaa?

[2]- Olisiko tuolla sellaiseen enää tiloja.

[3]veeärrä = Vapaudenristi, kunniamerkki Suomen puolus-
tusvoimissa.

Sanasto

vänrikki, vänrikin, vänrikkiä, vänrikkejä	second lieutenant, ensign
kesäpusero, -puseron, -puseroa, -puseroja	summer military blouse
pelmahtaa, pelmahti, pelmahtanut	be stirring up
epäröinti, epäröinnin, epäröintiä	hesitation, hesitating
tietoisuus, tietoisuuden, tietoisuutta	awareness, knowledge, insight
vaunu = hyökkäysvaunu = tankki	
juurakko, juurakon, juurakkoa, juurakoita	rootstock
vrt. juuri	
miina, miinan, miinaa, miinoja	mine
sammal, sammalen, sammalta, sammalia = sammale, sammaleen, sammaletta, sammaleita	moss
pöllytä, pöllyän, pöllysi, pöllynnyt	to whirl, fly
sirahdus, sirahduksen, sirahdusta, sirahduksia	wheeze, ooze
vingahdella, vingahteli, vingahdellut	to give a whistling sound, squeal
puhkua, puhkun, puhkui, puhkunut	to pant, puff, grunt
aristella, aristelen, aristeli, aristellut = arastaa	to shirk, avoid, favor, nurse
torvi, torven, torvea, torvia	horn, bugle
tajunta, tajunnan, tajuntaa	consciousness
jähmettyä, jähmetyn, jähmettyi, jähmettynyt	to become petrified, become set, solidify
minkä ennätätte	as fast as possible

587

vavahtaa, vavahdan, vavahti, vavahtanut	to jerk, start, give a sudden start
vavahduttaa	to cause to jerk or start, cause quake
sekaisin	mixed up, confused, in a muddle, in a mess
kajähtaa, kajahti, kajahtanut	to sound, resound, echo
kiihottaa, kiihotan, kiihotti, kiihottanut (tr.)	to excite, incite, stir up
kiihottunut	excited, high strung, overwrought
kiihottua, kiihotun, kiihottui, kiihottunut (intr.)	to become excited
pioneeri, pioneerin, pioneeria, pioneereja	sapper, pioneer
telaketju	tank track
kaapaista, kaapaisen, kaapaisi, kaapaissut	to scrap, paw
naamiointi, naamioinnin, naamiointia	camouflage, masking, disguise
näky, näyn, näkyä, näkyjä	sight, spectacle, vision
humahtaa, humahdan, humahti, humahtanut	to thump, thud, flap
hukkaan mennyt	wasted, fruitless, useless
mairittelu, mairittelun, mairittelua	flattery, coaxing, "softsoap"
inahdus, inahduksen, inahdusta, inahduksia	sound, high pitched or sharp
nytkähtää, nytkähdän, nytkähti, nytkähtänyt	to give a jerk, twitch
mie = minä	
loikata, loikkaan, loikkasi, loikannut	to leap, bound

kyyry, kyyryn, kyyryä	stooping position
sanaharkka, -harkan, -harkkaa, -harkkoja	bandying words, bickering
nujertaa, nujerran, nujersi, nujertanut	to crush, put down, suppress
vavista, vapisen, vapisi, vavissut = vapista	to shake
kauttaaltaan	all over, throughout, thoroughly
imuke, imukkeen, imuketta, imukkeita	tip, mouthpiece.
räsähtää, räsähdän, räsähti, räsähtänyt	to crack, crackle
karsi, karren, kartta, karsia	soot, snuff
palaa karrelle	to get charred
kihota, kihosi, kihonnut	to ooze out, trickle
lommollaan	dented
lommo, lommon, lommoa, lommoja	dent, dint
hokea, hoen, hoki, hokenut	to say again and again, keep on repeating
uhota, uhoan, uhosi, uhonnut	to brim or bubble over
vrt. uhata	
suitsuttaa, suitsutan, suitsutti, suitsuttanut	to heap praise, burn incense
päättäväisyys	resolution, determination
hämillään	abashed or embarrassed, self conscious
hävettää, hävetti, hävettänyt	to make one feel ashamed

589

Kysymyksiä

A. Mistä sodasta Tuntematon sotilas kertoo? Kenen
kanssa Suomi oli sodassa? Ketkä olivat Suomen liittolai-
set? Ketkä olivat sen viholliset? Mihin rauhaan sota
päättyi? Missä on Tuntemattoman sotilaan hauta? Min-
kälaisia aseita käytettiin toisessa maailmansodassa? Mit-
kä maat ottivat osaa toiseen maailmansotaan? Kuka aloitti
sodan? Miksi?

B. Mikä oli Hietasen uroteko? Millä Hietanen tuhosi
hyökkäysvaunun? Mistä hän sai miinan? Miltä Hietasesta
tuntui? Kuinka paljon aikaa hänellä oli päättää, mitä
tehdä? Mistä hän sai suojaa? Mitä toiset miehet teki-
vät? Mihin miina sattui? Räjähtikö se? Miten Hietasen
kävi? Miten äkillinen ilmanpaine vaikuttaa korviin?
Mitä komppanianpäällikkö ehdotti Hietaselle? Mikä vee-
ärrä on?

C. Mikä on mielestänne paras lukemanne sotakirja? Mil-
lainen on sen pääjuoni? Mistä sodasta se on? Mille kie-
lille se on käännetty? Miksi pidätte sitä parhaimpana
kirjana? Missä sodassa olette itse ollut mukana? Millä
rintamalla taistelitte? Mitä ajattelette sodasta? Miten
sodat voi välttää? Mitä niillä on saatu aikaan? Millä
tavalla ne ovat hyödyksi? Miksi valtioiden on varustau-
duttava, vaikka ne eivät pitäisi sodasta?

590

Harjoituksia

A. Toistakaa seuraavat lauseet käyttämällä suluissa olevia
sanoja sopivissa muodoissa:

1. Suihku sattui (vänrikki).
2. Vihaiset sihahdukset vingahtelivat (hänen korvansa).
3. Se kieltäytyi (käsittää) iskujen merkitystä ikäänkuin
   säästääkseen itseään (kauhu).
4. Huuto iski (hänen tajuntansa) niinkuin varoitus.
5. (Hänen mielensä) iski sekin, oliko miina kunnossa.
6. Pari roskaa sattui(se).
7. Juurakko suojasi häntä (paine).
8. Hän ei tajunnut jyrähdystä (ääni) vaan (puuduttava
   humahtava isku).
9. Hänen tajuntansa sekosi (se).
10. Jännitys ketjussa purkautui (riemukiljunta).
11. Hietasen teko oli ollut vastaus (hänen sanansa).
12. Pelko keskittyi (yksi näkökuva).
13. Tuli tarttui (kuivat puut).
14. Omituinen ilo nousi (hänen mielensä).
15. Jalkaväki vastasi (tuli).

B.1 Sanokaa ja käyttäkää lauseissa kunkin alempana olevan ver-
bin vastaava substantiivi, joka myös esiintyy tekstissä:

MODEL: päättää - päätös

1. paeta   ....
2. iskeä   ....
3. huutaa   ....
4. varoittaa   ....

591

5.	toivoa	··········
6.	naamioida	··········
7.	näkyä	··········
8.	tajuta	··········
9.	kiljua	··········
10.	pelätä	··········
11.	yrittää	··········
12.	tehdä	··········
13.	huomata	··········
14.	kiittää	··········

B.2 Täydentäkää seuraavat lauseet kullekin lauseelle annetun verbin substantiivilla:

1.	Hänen. . .osoittautui aiheettomaksi.	pelätä
2.	Hietanen kuuli. . .	huutaa
3.	Kukaan ei kuullut. . .	varoittaa
4.	Hän oli menettänyt. . .	toivoa
5.	Lumipuvut olivat hyvä. . .	naamioida
6.	Hän ei kuunnellut toverien. . .	kiljua
7.	Kaikki ryntäsivät silmittömään. . .	paeta
8.	Hietasen. . .puhuttiin koko komppaniassa.	tehdä
9.	Vänrikki ei onnistunut. . . räjäyttää vaunu.	yrittää
10.	Kaikki suitsuttivat. . .	kiittää
11.	Vasta. . .oli onnistunut.	iskeä
12.	En pitänyt siitä. . .	nähdä

592

13. Hän ei kiinnittänyt   huomata
    siihen mitään. . .

14. Hän ei menettänyt. . .   tajuta

C. Täydentäkää seuraavat lauseet yhdyssanoilla, jossa toisena osapuolena on johtaja:

MODEL: Tulenjohtaja johtaa (tykistö) tulta.

1. . . . . .johtaa kuoroa.

2. . . . . .johtaa laulua.

3. . . . . .johtaa kerhoa.

4. . . . . .johtaa toimintaa.

5. . . . . .johtaa leikkiä.

6. . . . . .johtaa nuutosakkia.

7. . . . . .johtaa kaupungin hallintoa.

Sanavaraston kartuttamista

ryhmän<u>johtaja</u>, joukkueen johtaja

komppanian <u>päällikkö</u>

patteriston, pataljoonan, rykmentin, prikaatin, divisioonan ja armeijakunnan <u>komentaja</u>

Puolustusvoimain <u>ylipäällikkö</u> on presidentti.

<u>aristella</u> = aristaa

Hevonen arastaa (t.aristaa) jalkaansa.

Sairas käänsi aristaen päätänsä.

Haavaa aristaa (t. arastaa).

<u>torvi</u>

torvisoittokunta

ilmanvaihtotorvi, kahvipannuntorvi

kuulotorvi, ruoka-, kurkkutorvi, henkitorvi

sota-, tuohi, paimen-, metsästys-, käyrä-, alppitorvi

altto-, basso-, englannintorvi

Haavasta tuli verta torvenaan.

Suu torvella, kieli torvella.

Hän taivutti levyn torvelle.

varoittaa

varovainen

varoa

varaus

Varokaa vihaista koiraa!

Teen sen sillä varauksella, että. . .

naamari

naamio

naamiaiset

naamiopuku

naama

Hänen naamansa venähti pitkäksi.

Ruotsin kuningas Kustaa III murhattiin naamiaisissa.

Lincolnin kuolinnaamio on nähtävänä Fordin teatterissa.

Kaasunaamari jätettiin kotiin.

Pankkirosvoilla oli nailonsukat naamioina.

edetä

vrt.   peräytyä = perääntyä = vetäytyä

Vihollinen etenee yhdellä suunnalla, mutta perääntyy kaikilla
muilla suunnilla.

Hän perääntyi vaatimuksistaan.

594

48

TALOUSKATSAUS

Lakkojen vaikutukset tuntuvat raskaina koko
talouselämässämme ja erityisesti viennissämme.
Ne voivat muuttaa ulkomaankaupan näkymiä huomat-
tavasti huonommiksi ajankohtana, jolloin siinä
muutenkin ilmenee vaikeuksia.

Meillä on tapana havaita taloudellinen kehitys tietyn
aaltoliikkeen muodossa. Viimeksi meillä oli lamavaihe, aal-
lonpohja, 1957-1958, josta lähtien kansantaloutemme on laa-
jentunut eräinä vuosina jopa ennätysvahtia. Suhdannevaiheen
huippu oli selvästi vuodenvaihteessa 1960/61. Nyt olemme
jonkinlaisessa saantumisvaiheessa, mikä voisi herättää myös
jonkin verran huolestumista. Tästä luonnollisesti voidaan
esittää eri suuntiin käyviä arviointeja. Tasaantumista voi-
vat jotkut pitää tervetulleena vakaantumisilmiönä kiihkeän
nousuvaiheen jälkeen. Onhan tuotannontekijöiden käyttöaste
monilla aloilla ollut jopa ylijännitetty, mikä on näkynyt
työvoimapulana. Tosin lähinnä tämän ansiosta olemme eläneet
nyt kolme vuotta suurten ikäluokkien esiinmarssin aikaa ilman
työttömyyttä, vaikka 1950-luvun jälkipuoliskolla pohdiskel-
tiin ahkerasti ja huolestunein äänenpainoin kysymystä, miten
aikanaan kyettäisiin selviytymään suurten ikäluokkien[1] painees-
ta työmarkkinoilla.

---

[1]Suuret ikäluokat tarkoittavat v. 1945, -46 ja -47
syntyneitä.

Suurelta osin tietysti meidän taloudellinen kehityksemme
on heijastumaa yleisestä kansainvälisestä suhdannekehitykses-
tä. Tämä kehitys on viime aikoina noudattanut hyvin tasaan-
tuvaa suuntausta. Vaikka suurpoliittisia kriisejä on esiin-
tynyt, eivät ne tällä kertaa ole tuntuneet taloudellisina
tekijöinä, lukuun ottamatta tilapäisesti raaka-aine- ja ar-
vopaperimarkkinoita. Yleensä taloudellisiin näköaloihin on
kaikissa maissa kuitenkin suhtauduttu luottavaisesti, vaikka
samalla myönnetään, että kasvutahti on hidastunut. Viime vuo-
den tulokset osoittavat, että teollisuustuotanto oli Länsi-
Euroopan maissa arvi.lta 4% korkeampi kuin vuotta aikaisemmin.
Tänä vuonna kasvu voi jäädä jonkin verran vähäisemmäksi.

Suomessa on nyt taloudellisen laajentumisen painopiste
siirtynyt viennin ja yksityisen sijoitustoiminnan alalta yhä
enemmän kulutuksen ja valtiontalouden puolelle. Aikaisempien
vuosien voimakkaan sijoitustoiminnan johdosta on luotu paljon
lisäkapasiteettia. Esimerkiksi metsäteollisuudessa niinkin
paljon, että tämän alan kapasiteetti ja vientikysyntä ovat
oikeassa suhteessa ehkä vasta parin vuoden kuluttua. Näin
ollen ei aivan lähitulevaisuudessa pidetä voimakasta uutta
laajentumista todennäköisenä. Edelleen tätä suuntaa vahvistaa
rahoitustilanteen heikentyminen. Mutta jos tarkastelemme
asioita pitemmällä tähtäimellä on meidän myönnettävä, että
taloudellinen hyvinvointi on maassamme tänään korkeampi kuin
koskaan ennen. Teollisuustuotanto sekä vienti ovat nyt
oikeastaan kaikkien aikojen ennätystasolla. Työllisyystilanne
on yhä hyvä ja esimerkiksi työllisyysmomentin varoja ei ole
tarvinnut käyttää valtion tiukkaa kassatilannetta heikentä-
vässä määrin. Itse asiassa mennyt vuosi meni meillä talous-
historiaan melko hyvänä vuotena. Tosin suhdannekehitys oli

hajanainen ja myöskin maksuvalmius talouselämän eri tahoilla
heikompi kuin aikaisempina vuosina. Mutta voimme olla tuloksiin tyytyväisiä, sillä onhan viimeksi kuluneiden kolmen,
neljän vuoden aikana elinkeinoelämämme laajentuminen ollut
lähes ennennäkemätöntä. Toisaalta ei voida kiistää, että
viime vuonna koettiin yksityisillä aloilla takaiskuja ja että
nämä ovat myös vaikuttaneet yleiseen rahoitustilanteeseen.
Maataloudessa koettiin sellainen kato, joka hakee vertauskohtaansa viime vuosisadan suurista nälkävuosista. Satovahingot
nousivat 26 miljardiin vanhaan markkaan, jotka valtion varoilla on voitu vain osittain korvata. Näin ollen on tosiasia,
että viljelijäväestön maksutila on tänä vuonna poikkeuksellisen heikko, mikä omalta osaltaan vaikuttaa kireään rahatilanteeseen.

Tämän vuoden taloudellisten näkymien arviointi on vielä
tällä hetkellä hyvin vaikeata. Ne riippuvat ratkaisevasti
kolmesta tekijästä: vientimarkkinoista, rahamarkkinoista ja
työmarkkinoista. Vientimarkkinoilta on kadonnut ainakin yksi
epävarmuustekijä, kun Englannin ja muiden EFTA-maiden pyrkimykset liittyä tai assosioitua Euroopan Talousyhteisöön eli
kuutosiin ovat epäonnistuneet. Tosin kehitys tällä alalla
voi johtaa vieläkin yllättäviin käänteisiin.

Mitä muutoin kuluvan vuoden ulkomaankauppamme kokonais-
näkymiin tulee, voidaan vientimme osalta todeta, että huolimatta yleisesti vallalla olevasta suhdanteiden tasaantumisesta
vientitulojemme arvioidaan kuluvana vuonna nousevan suunnilleen viimevuotisiin määriin. Sahatavaran vientimme räyttää
pienenevän vanerin viennin pysyessä suunnilleen ennallaan.
Sen sijaan selluloosan, hiokkeen ja eri paperilaatujen mää-

rien, samoin kuin kokonaisarvojen suhteen on odotettavissa
nousua. Eri asia on kannattavuus, koska kilpailu kansainvä-
lisillä markkinoilla pysynee jatkuvasti kireänä tämän alan
suurehkosta, ainakin hetkellisestä ylikapasiteetista johtuen.
Metalliteollisuutemme vientinäkymissä kuluvalle vuodelle on
nähtävissä melkoisia vaikeuksia. Erityisesti eräiden tela-
koiden tilauskanta vuoden loppupuolella näyttää muodostuvan
huolestuttavaksi. Metalliteollisuutemme pulmat kuitenkin
saattavat tulla erikoisen polttaviksi vasta ensi vuodenvaih-
teen paikkeilla, koska kuluvan vuoden jälkeen on tällä hetkel-
lä tilauksia esimerkiksi paperi-ja selluloosakoneiden, samoin
kuin eräiden alustenkin osalta varsin niukasti ja tällä alal-
lahan toiminta on tyypillisesti pitkäjännitteistä. Tuonti
tulee jatkumaan kohtalaisen korkeana huolimatta siitä, että
eräiden sijoitusluonteisten tavaroiden osalta tulee kuluvan
vuoden aikana tapahtumaan tuonnin alenemista. Selvää on,
että sellaiset tekijät, kuten jo koetut ja parhaillaan meneil-
lään olevat lakot, joiden vaikutukset tuntuvat raskaina koko
talouselämässämme ja erityisesti viennissämme, voivat muuttaa
edellä valotettuja ulkomaankaupan näkymiä huomattavastikin
huonommiksi ja kaiken lisäksi ajankohtana, jolloin ulkomaan-
kaupassamme muutenkin ilmenee vaikeuksia.

                                        Weijo Wainio

Sanasto

katsaus, katsauksen, katsausta, katsauksia	survey, review
lakko, lakon, lakkoa, lakkoja	strike
näkymä, näkymän, näkymää, näkymiä	view, outlook, scene, vista
aaltoliike	wavy motion, undulation
lamavaihe	period of depression, slump
tietty	certain, some, specific
tahti, tahdin, tahtia, tahteja	time, tempo, step, pace
vuodenvaihde	turn of the year
tasaantua, tasaannun, tasaantui, tasaantunut	to become level or even, be stabilized
arviointi, arvioinnin, arviointia, arviointeja	evaluation, appraisal
arvioida, arvioin, arvioi, arvioinut	to estimate, appraise, value, judge
vakaantua, vakaannun, vakaantui, vakaantunut	to become steady or stable
tuotanto, tuotannon, tuotantoa, tuotantoja	production, output, yield
pula, pulan, pulaa	shortage, pinch, difficulty
työvoimapula	scarcity of labor, shortage of labor
esiinmarssi	marching forth
työttömyys, työttömyyden, työttömyyttä	unemployment
äänenpaino	stress, emphasis
heijastua, heijastun, heijastui, heijastunut	to be reflected

heijastaa, heijastan, heijasti, heijastanut	to reflect
heijastuma	reflexion, reflex, image
tilapäinen	temporary, provisional
sijoitus, sijoituksen, sijoitusta, sijoituksia	investment
kulutus, kulutuksen, kulutusta	consumption
johdosta (jonkin johdosta)	on account of, owing to (something)
tähdätä, tähtään, tähtäsi, tähdännyt	to aim at, point
tähtäin, tähtäimen, tähtäintä, tähtäimiä	sight(s) (of gun)
pitemmällä tähtäimellä	with a longer range aim
hajanainen	incoherent, scattered, spread
momentti, momentin, momenttia, momentteja	clause, paragraph, article
kiistää, kiistän, kiisti, kiistänyt	to deny, dispute, argue
takaisku	rebound, recoil, repercussion
kato, kadon, katoa, katoja	total failure of crops
vrt. katto, katon, kattoa, kattoja	roof
nälkävuosi	famine year
miljardi = tuhat miljoonaa	billion
kireä, kireän, kireää, kireitä	tight, tense, stiff
markkinat (pl.), markkina-	market, fair
kuutoset, kuutosia	sextuplets, group of six
vaneri, vanerin, vaneria, vanereja	plywood, veneer

hioke, hiokkeen, hioketta, hiokkeita	ground (wood) pulp
telakka, telakan, telakkaa, telakoita	dock, slip
tilauskanta	number of orders
pitkäjännitteinen	long spanned
olla meneillään = olla käynnissä	

Kysymyksiä

A.   Selittäkää miten lakkoa käytetään työtaistelumuotona. Mitä tarkoitetaan yleislakolla? Mitä Suurlakko tarkoittaa? Millä tavalla lakot voivat vaikuttaa koko talouselämään? Millä tavalla " suuret ikäluokat" vaikuttivat Suomen talouselämään? Mitä tarkoitetaan vientikysynnällä?

B.   Minkä muodossa taloudellinen kehitys voidaan havaita? Mitkä muodostavat aaltoliikkeen? Mistä kunkin maan taloudellinen kehitys on heijastumaa? Mihin on Suomen taloudellisen laajentumisen painopiste siirtynyt? Mistä se on siirtynyt tälle puolelle? Minkälainen on taloudellinen hyvinvointi Suomessa tällä hetkellä? Millainen on työllisyystilanne? Mikä voi aiheuttaa kadon?

C.   Milloin Yhdysvalloissa maksetaan satovahinkoja? Milloin työntekijä saa työttömyyskorvausta? Millaisia tukipalkkioita maksetaan Yhdysvalloissa maanviljelijöille? Milloin Yhdysvalloissa oli nälänhätä? Eletäänkö nyt taloudellista nousu- vai laskukautta? Milloin olivat ns. pulavuodet? Mitkä olivat niitten syyt? Millaiset olivat niiden yleispiirteet?

312-631 O - 68 - 39

Harjoituksia

A. **Mainitkaa seuraavien sanojen vastakohdat, jotka esiintyvät tekstissä:**

MODEL: supistuminen - laajentuminen

1. tuotanto   ....
2. vahva   ....
3. vakinainen   ....
4. runsaasti   ....
5. vienti   ....
6. aallonpohja   ....
7. lamavaihe   ....
8. jatkuva   ....
9. pienehkö   ....
10. laskukausi   ....

B. **Mainitkaa sanoja jotka merkitsevät samaa tai melkein samaa kuin seuraavat tekstissä esiintyvät sanat:**

MODEL: kyetä - pystyä

1. laajentua   ....
2. pohtia   ....
3. osoittaa   ....
4. kiistää   ....
5. nousta   ....
6. kadota   ....
7. korvata   ....
8. todeta   ....
9. olla meneillään ....

Sanavaraston kartuttamista

pula

1930-luvun pula-aika, pulavuodet.

Junaliikenne lamassa lumimyrskyn takia.

Jäänsärkijälakko lamaannutti merenkulun.

Hän on pahemmassa kuin pulassa.

Sota-aikana oli pula ruuasta.

Oli ruokapula, rahapula, lääkäripula, opettajapula.

kysyntä

kysynnän ja tarjonnan laki   law of supply and demand

Puun kysyntä on lamassa.

Tänä vuonna on sianlihan ylitarjontaa.

Lyhyen tähtäimen ohjelma.

Hallituksella on oltava pitkän tähtäimen ohjelma.

Kun menin naapuriin, siellä oli meneillään tanssit.

kiista

kiistakysymys, kiistakapula

kiistellä

Hän kiisti osuutensa juttuun.

He kiistelivät asiasta koko päivän.

Intiassa on kova nälänhätä.

Viimeiset nälkävuodet olivat Suomessa 1867-69.

hiottua lasia

Hollannissa hiotaan timantteja.

Juna lähti _ennen aikojaan_.

Mirja sai lukea _omia aikojaan_.

Tulin _ilman aikojani_. (= tarkoituksetta, muuten vain)

Älä huolehdi _suotta aikojasi_! (= turhan takia)

Kotitehtävä

Laatikaa lyhyt esitys Suomen ulkomaankaupasta. Selittäkää siinä mm. mitkä ovat Suomen vienti-, mitkä tuontitavarat ja millainen on kauppatase. Ehdottakaa parannuksia nykyiseen tilanteeseen. Esittäkää keinoja niiden toteuttamiseksi.

TV-OHJELMA 1

Sunnuntai 2. 6

16.00 Perhejuttu. Näkymätön karhu. Jody ja hänen uusi ystävänsä näkymätön karhu Arthur ovat aina yhdessä, kotona ja koulussa. Koko perheen on mukauduttava Arthurin oikkuihin, kunnes Jody suostuu luopumaan ystävästään. Pääosissa Brian Keith, Sebastian Cabot, Johnny Whitaker ja Adrienne Marden. Ohjaus: Charles Barton. (Mainos-TV)

16.30 Tervetuloa! toivoo Tarva. Lavastus: Roy Ohjaus: Risto Vanari. (Mainos-TV)

17.00 21. vuosisata. Nelipäiväinen työviikko. Työajan lyhetessä mm. automaation seurauksena, vapaa-ajasta uhkaa muodostua ongelma sekä yhteiskunnallisella e.tä yksilöllisellä tasolla. Asiantuntijat tutkivat ihmisen mahdollisuuksia käyttää lisääntynyttä vapaa-aikaansa. (Mainos-TV)

17.30 Onni ja Fakiiri Tallinnassa. Yhteislähetys Eestin TV:n kanssa, esiintyjinä lapsia molemmista maista, tallinnalaisia taiteilijoita sekä Onni-klovni ja Fakiiri Kronblom.

18.15 Uutiset.

18.30 Ketä meidän on kiittäminen. Onko kiitollisuus lattea käsite, jolla ei ole mitään merkitystä nykypäivän ihmiselle? Vastausta etsivät Erkki Arhinmäki ja Hannu Taanila. (Mainos-TV)

19.00 Maatalous nykyaikaisena liikeyrityksenä. "Muotokuvan asiantuntijoina" agronomit Pekka Harismaa. Pentti Myllymäki ja Arto Heikkilä sekä professori Jaakko Säkö. Suunnittelu: Simo Pasanen. Lavastus: Lars Henrik Schönberg. Ohjaus: Marja Muunder (Mainos-TV)

19.30 Cowboy Afrikassa. Leijonanpentu.

20.30 Lorin Maazel vieraileee Helsingin juhlaviikoilla. Radion Sinfoniaorkesteri.

604

49

KIINAN PUNAKAARTIT

Heti elokuun puolivälissä pidetyn Kiinan kommunistisen puolueen keskuskomitean kokouksen jälkeen nimensä saanut nuorison punakaarti, jonka vielä melko järjestäytymätön jäsenistö käsittää miljoonia nuoria kouluikäisistä korkeakoulujen opiskelijoihin ja työläisiin saakka, on aikansa pitkin maata riehuttuaan ja saatuaan Pekingin retkillään uskonvahvistusta Mao Tse-tungin näkemisestä ja tämän ajatuksia sisältävän punakantisen kirjan lukemisesta palannut hiljalleen rauhallisempaan elämäntahtiin lukuun ottamatta joitakin poikkeuksia siellä, missä puolueen korkein johto on katsonut tarpeelliseksi osoittaa vielä kerran epäluotettaviksi katsomilleen henkilöille, että nämä ovat tosiaankin joutuneet epäsuosioon. Näihin ohjattuihin mielenosoituksiin on luettava myös ne erottamisvaatimukset, joita punakaartilaiset ovat viimeksi esittäneet virallista valtionpäämiestä Liu Shao-tshitä ja puolueen pääsihteeriä Teng Hsiao-pingiä vastaan.

Kun punakaartilaiset ovat vielä äskettäin tunkeutuneet pekingiläiseen tehtaaseen ja joutuneet siellä yhteenottoihin työläisten kanssa, ei tällainen kuulune enää keskuskomitean itsensä perustaman ja valloilleen päästämän nuorisoliikkeen varsinaiseen ohjelmaan. Puolueen korkein johtohan alkoi jo varhaisessa vaiheessa varoitella nuoria menemästä yltiöpäisyyksiin, mutta liikettä perustettaessa lienee otettu laskelmissa huomioon sekin, että suvaitsemattomuus ja sokea kiihko pursuaa ajoittain yli äyräittensä, kun maan kaikki oppilaitokset-

kin suljetaan, jotta uusi nuorisoliike pääsisi leviämään mah-
dollisimman laajalle.

Parhaat Kiinan olojen tuntijat tietävät asiaa tutkittuaan,
että punakaartit eivät suinkaan syntyneet nuorison omatoimi-
sena liikkeenä, vaan että niiden esiintymistä oli valmisteltu
jo parin vuoden ajan viime huhtikuussa julistetun " kulttuu-
rivallankumouksen" aseeksi. Kiinan johtajat ovat iäkkäitä
miehiä, ja he olivat todenneet, ettei kommunistisen puolueen
keskipolvessa olisi riittävästi aatteen elähdyttämää intomie-
listä väkeä viemään vallankumousta siihen perinpohjaiseen mul-
listukseen saakka, mihin Mao pyrkii. Päinvastoin oli välin-
pitämättömyyttä ja penseyttä päässyt juurtumaan pitkin puolue-
koneistoa, vanhat kiinalaiset perinteet eiv*t ottaneet irtau-
tuakseen, ja muutosta maltillisempaan suuntaan odotettiin ylei-
sesti samalla kuin odotettiin Maon itsensä loppua. Tämä on
sitä kiinalaista revisionismia, jota vastaan punakaartit yl-
lytettiin armottomaan sotaan. Lahonneisuutta Maon silmillä
katsoen lienee ollut tavattoman paljon joka taholla, koska hän
ja hänen rinnalleen kohonnut puolustusministeri Lin Piao eivät
kaihtaneet maalle taloudellista vahinkoa tuottaneiden punakaar-
tilaisten laskemista mellastamaan, kun oli kysymyksessä Kii-
nan vallankumouksen johdattaminen Maon teorioiden mukaiseen
päätökseen.

Noiden päämäärien toteuttaminen vaatii ominaisuuksia,
joita Kiinan keskipolvelta mahdollisesti puuttuu. Nuoriso on
kokematonta ja siitä syystä helposti kannustettavisssa häikäi-
lemättömään fanaattisuuteen, varsinkin kun on annettu ymmärtää,
että puolueen toimihenkilöitä ja johtajia valitaan tästä läh-

606

tien intomielisimpien nuorten keskuudesta. Punakaartilaisliik-
keen tarkoituksena on, kuten Pekingissä on avoimesti selitet-
ty, temma'ı vallankumouksellisen taistelun tiimellykseen sata-
kolmekymmentä miljoonaa nuorta kiinalaista. Mao itse on niin
kokenut mies, että hän tietää kaikkien vallankumouksellisten-
kin aatteiden alkavan väljähtyä niiden johtamisen siirtyessä
polvelta toiselle. Punakaartilaiset ovat nyt enimmäkseen pa-
lanneet kotiseuduilleen, ja Mao uskonee ja toivonee heidän
pitävän siellä korkealla maolaisen kommunismin lippua, jotta
nuorisojärjestöjä voidaan vielä vastaisuudessakin hälyttää
tarpeen tullen pelottelemaan vastahakoisia aineksia. Mutta
nuoriso on myös ailahtelevaa, eikä arkipäivä juhlahumun jäl-
keen ole aina parasta piristyslääkettä kyllästymistä vastaan.
Liikehdinnän yhteydessä lienee kuitenkin jo saatu selville ne
ydinjoukot, joiden varaan puolueen johto voi rakentaa tule-
vaisuutta.

Uusi Suomi

Sanasto

puoliväli	middle, halfway, midway
komitea, komitean, komiteaa, komiteoja	committee
nuoriso, nuorison, nuorisoa	youth
vrt. nuoruus	
järjestäytyä, järjestäydyn, järjestäytyi, järjestäytynyt	to organize, come to order
jäsenistö	membership, all members of an organization
vrt. jäsenyys	

kouluikäinen	of school age
riehua, riehun, riehui, riehunut	to rage, rave, storm
uskonvahvistus	strengthening of faith
punakantinen	bound in red
vrt. kansi	-
hiljalleen	slowly, gradually
katsoa tarpeelliseksi	to find necessary
epäluotettava	unreliable, undependable
epäsuosio	disfavor
mielenosoitus, -osoituksen, -osoitusta, -osoituksia	demonstration
vrt. havaintoesitys	demonstration
vaatimus, vaatimuksen, vaatimusta, vaatimuksia	demand, claim
puolue, puolueen, puoluetta, puolueita	party, faction
yhteenotto, -oton, -ottoa, -ottoja	conflict, encounter
perustaa, perustan, perusti, perustanut	to establish, create, set up
valloilleen	free, loose
päästää valloilleen (tr.)	to let loose, let run wild
päästä valloilleen (intr.)	to break loose, get loose
varhainen	early
varoitella, varoittelen, varoitteli, varoitellut	to keep warning, caution
vrt. varoittaa	
yltiöpäisyys	recklessness, fanaticism
suvaitsemattomuus	intolerance
kiihko, kiihkon, kiihkoa	fanaticism, ardor, vehemence

sokea, sokean, sokeaa, sokeita	blind
pursuta, pursuan, pursui, pursunnut	to overflow, gush, trickle
vrt. sokaistua	to be blinded
äyräs, äyrään, äyrästä, äyräitä	bank, edge, brink
omatoiminen	spontaneous
julistaa, julistan, julisti, julistanut	to declare, pronounce, proclaim
iäkäs, iäkkään, iäkästä, iäkkäitä	aged, advanced in years
keskipolvi	middle-aged generation
elähdyttää, elähdytän, elähdytti, elähdyttänyt	to enliven, animate
intomielinen	ardent, zealous, fervent
perinpohjainen	thorough, fundamental, radical
mullistus, mullistuksen, mullistusta, mullistuksia	upheaval, overthrow, upsetting
välinpitämättömyys	indifference, lack of interest, unconcern
penseys, penseyden, penseyttä	lukewarmness, indifference
perinne, perinteen, perinnettä, perinteitä	tradition
irtautua = irtaantua	
yllyttää, yllytän, yllytti, yllyttänyt	to incite, egg on, urge on
armoton, armottoman, armotonta, armottomia	merciless, ruthless
lahonneisuus	rottenness, corruption, decay
kaihtaa, kaihdan, kaihtoi, kaihtanut	to avoid, shun

mellastaa, mellastan, mellasti, mellastanut	to run riot, pillage, make a noise
päämäärä, -määrän, -määrää, -määriä	purpose, aim goal
ominaisuus	quality, character
kokematon	inexperienced
kannustaa, kannustan, kannusti, kannustanut	to spur (on), encourage, urge
häikäilemätön	unscrupulous, bold, reckless
toimihenkilö	official, officer, functionary
avoimesti	openly, freely
tiimellys, tiimellyksen, tiimellystä, tiimellyksiä	struggle, wrestling
väljähtyä, väljähtyi, väljähtynyt	to become flat, stale, loose; lose strength
vastaisuus = tulevaisuus	future
tarpeen tullen	when needed
vastahakoinen	reluctant, unwilling
ailahdella, ailahtelen, ailahteli, ailahdellut	to keep shifting about, be unstable
humu, humun, humua, humuja	whirl, hum, rumble
kyllästyä, kyllästyn, kyllästyi, kyllästynyt (johonkin)	to be satiated, have enough, be "fed up", get tired of (something)
ydin, ytimen, ydintä, ytimiä	core, marrow, nucleus

610

Kysymyksiä

A.   Miten Kiinan punakaartit syntyivät? Millaista nuorisoa niihin kuului? Milloin punakaarti sai nimensä? Minkä vallankumouksen yhteyteen ne kuuluivat? Kuinka paljon nuorisoa siihen kuului? Kuinka paljon nuorisoa siihen oli tarkoitus saada kuulumaan? Kenet punakaarti oli nähnyt Pekingin retkillään? Mitä he olivat lukeneet? Mitä vaatimuksia punakaartilaiset olivat tehneet virallista päämiestä vastaan?

B.   Mihin punakaartilaiset olivat vasta äsken tunkeutuneet? Kuuluiko tämä nuorisoliikkeen varsinaiseen ohjelmaan? Mistä puolueen johto alkoi jo varhaisessa vaiheessa varoitella? Mitä oli kuitenkin otettu huomioon jo liikettä perustettaessa? Mitä oli tehty, jotta uusi liike pääsisi leviämään? Miksi Mao oli tyytymätön puoluejohtajiinsa? Minkälaista vahinkoa punakaartilaisten mellastaminen tuotti maalle?

C.   Mitä maolainen kommunismi tarkoittaa? Mikä ero on Kiinan ja Venäjän kommunismilla? Millaista nuoriso aina on? Mitä ominaisuuksia puuttuu usein keskipolvelta? Mistä Kiinan kommunistipuolueen uudet johtajat valitaan? Mihin nuorisojärjestöjä vielä tulevaisuudessakin käytetään? Minkälaista lääkettä ei arkipäivä aina ole juhlahumun jälkeen? Mitkä ydinjoukot on saatu kuitenkin jo selville?

D.   Mitkä nuorisojoukot liikehtivät Yhdysvalloissa? Missä yliopistoissa on ollut levottomuuksia? Ovatko nämä

syntyneet omatoimisena liikkeenä? Minne ylioppilaat ovat
tunkeutuneet joissakin yliopistoissa? Mitä ylioppilaat
vaativat? Mitä he vastustavat? Kuka valitsee johtajansa
ylioppilaitten parista? Missä mielessä voitte verrata
punakaartien ja ylioppilaitten liikehtimistä toisiinsa?

Harjoituksia

A.1 Huomatkaa ensimmäisen virkkeen kokoonpano:

on palannut

1. Mikä on palannut?

Heti elokuun puolivälissä
pidetyn Kiinan kommunisti-
sen puolueen keskuskomi-
tean kokouksen jälkeen ni-
mensä saanut nuorison pu-
nakaarti, jonka vielä mel-
ko järjestäytymätön jäse-
nistö käsittää miljoonia
nuoria kouluikäisistä kor-
keakoulujen opiskelijoihin
ja työläisiin saakka. . .
lukuunottamatta joitakin
poikkeuksia siellä, missä
puolueen korkein johto on
katsonut tarpeelliseksi
osoittaa vielä kerran,
että nämä ovat tosiaankin
joutuneet epäsuosioon.

2. Milloin on palannut?

aikansa pitkin maata rie-
huttuaan ja saatuaan Pe-
kingin retkillään uskon-
vahvistusta Mao Tsetungin
näkemisestä ja tämän aja-
tuksia sisältävän punakan-
tisen kirjan lukemisesta...

3. Mihin on palannut?   rauhallisempaan elämäntah-
                               tiin...

4. Miten on palannut?   hiljalleen

A.2 Mikä on palannut?

.....nuorison punakaarti.....on palannut.....

1. Millainen nuorison punakaarti on palannut?

2. Milloin nimensä saanut nuorison punakaarti?

3. Minkä kokouksen jälkeen nimensä saanut nuorison
   punakaarti?

4. Milloin pidetyn kokouksen jälkeen nimensä saanut
   punakaarti?

5. Minkälainen punakaarti on palannut?

6. Minkälainen jäsenistö käsittää?

7. Mitä sen jäsenistö käsittää?

8. Nuoria mistä ja mihin saakka?

9. Punakaarti mitä lukuunottamatta on palannut?

10. Poikkeuksia missä?

11. Mitä puolueen johto on katsonut tarpeelliseksi?

12. Osoittaa kenelle?

13. Millaisille henkilöille se on katsonut tarpeelliseksi
    osoittaa?

14. Mitä se on katsonut tarpeelliseksi osoittaa?

A.3 Milloin punakaarti oli palannut?

1. Missä se oli riehunut?

2. Mitä se oli saanut?

3. Missä se oli saanut uskonvahvistusta?

4. Mistä se oli saanut uskonvahvistusta?

5. Minkälaisen kirjan lukemisesta se oli saanut uskon-
   vahvistusta?

6. Kenen ajatuksia sisältävän kirjan lukemisesta?

613

B. Muuttakaa tekstin ensimmäinen virke yksinkertaisiksi lau-
    seiksi seuraavaan tapaan:

    MODEL: Nuorison punakaarti sai nimensä heti kokouksen
            jälkeen.
            Kokous pidettiin elokuun puolivälissä.
            Kokous oli Kiinan kommunistisen puolueen keskus-
            komitean kokous.

Sanavaraston kartuttamista

elokuun puolivälissä

Olen vasta kirjan puolivälissä.

Laivat kohtasivat Turun ja Tukholman puolivälissä.

Menen häntä puoliväliin vastaan.

Vettä ulottui säären puoliväliin (tai puoleenväliin) asti.

Hän on puolivälissä neljättäkymmentä.

riehua

. Myrsky riehui.

Pohjois-Amerikassa riehuu toisinaan hirvittävä pyörremyrsky,
tornado.

Hänen rinnassaan riehui ankara taistelu.

Vihollinen riehui maassa polttaen ja hävittäen.

Lapset riehuivat leikeissään.

C. Toistakaa seuraavat lauseet käyttämällä sopivaa annettua
    sanaa:

    1. Pidämme kunniassa vanhoja. . .   perintö

    2. Prinssi Charles on Englannin   perinne
        kruunun. . .

3. Perinnönjaossa päätetään kunkin   periä
   perillisen. . .

4. Vanhin poika. . .talon.   perillinen

5. Perinnönjaosta määrätään. . .   perintöosa

6. Saatuaan suuren. . .hän mat-   perintökaari
   kusti maailman ympäri.

7. Jokaisen perillisen täytyy   perinnönjako
   olla läsnä. . .

D. Täydentäkää seuraavat lauseet sopivilla annetuilla sanoil-
la:

1. Kokouksen. . .toimii Suomi-Seura.   järjestää

2. Pöydällä vallitsi hyvä. . .   järjestäjä

3. Me. . .hänelle tulojuhlat.   järjestys

4. Hyväntekeväisyys. . .ovat   järjestään
   usein verovapaita.

5. Kaikki osanottajat. . .kes-   järjestö
   keyttivät kilpailun.

E. Valitkaa sopiva sana annetuista sanoista kuhunkin lausee-
seen ja täydentäkää lauseet:

1. Nämä väitteet. . .tosiasioihin.   perusta

2. Mitä. . .voitte esittää väit-   perustus
   teellenne?

3. Maamme talous lepää vahvalla. . .   perustaa

4. Niinpä päätettiin. . .uusi   peruste
   puolue.

5. Rakennuksen. . .laskettiin   perustua
   kalliolle.

ero

Jokavuotinen poroerotus on mielenkiintoinen nähtävyys Lapissa.

Rotuerottelua voi havaita monessa Euroopankin maassa.

Näillä ei ole mitään eroa.

Hänet erotettiin työstä.

Pariskunta päätti erota.

erotuomari, vrt.   kehätuomari

ydin

ydinaseet, -sota, -fysiikka, -joukot

luunydin, atominydin, selkäydin

Hän saa syödä rasvaa ja ytimiä.

Se meni luihin ja ytimiin.

vaatia

vaatimus

uhkavaatimus

- Kyllä teidän on lopetettava politikoiminen
asiakkaiden kanssa, Huttunen.

616

50

SUOMEN HALLITUS

Suomen hallituslaitokset ovat t a s a v ｉ ｌ ｊ a n p r e-
s i d e n t t i ja v a l t i o n e u v ｏ ｓ ｔ ｏ. Selvälin-
jaiseen toimivallanjakoon viittaavan hallituｓmｕｏｄｏn 2. pykälän
mukaan edelliselle on uskottu ylin tｏimeenｐanｏvalta minkä li-
säksi valtion yleistä hallitusta varten on valtioneuvosto.
Suppeammassa merkityksessä tätä nimitystä käytetään tarkoit-
tamaan ministeristöä, laajemmassa merkityksessä sen lisäksi
ministeriöitä, valtioneuvoston kansliaa ja oikeuskanslerin-
virastoa.

Suomen poliittisessa järjestelmässä tuo hallituksen kak-
sijakoisuus tulee useistakin syistä erityisen selvästi
näkyviin. Toisaalta valtioneuvosto erkanee presidentistä sen
vuoksi, että se nojautuu eduskuntaan ja edustaa tiettyjä puo-
lueryhmiä, toisaalta valtiosääntö, traditiot, erityisolosuh-
teet ja presidenttien persoonallinen lujuus ovat korostaneet
valtionpäämiehen itsenäisyyttä ja estäneet hänen valtaansa
" parlamentaaristumasta ", ts. siirtymästä tosiasiassa minis-
teristölle. Ja sitä paitsi tuo dualismi on saanut muodollisen
vahvistuksen tehtävien jaossa; maan yleinen hallitus on nimen-
omaisesti jaettu presidentin ja valtioneuvoston kesken siten,
että kumpikin on omassa toimivaltapiirissään lopullisesti ja
itsenäisesti päättävä viranomainen. Presidentin tehtävät lue-
tellaan tarkoin hallitusmuodossa ja eräissä muissa laeissa,
kun taas yleinen toimivalta hallinnon laajalla alalla kuuluu
valtioneuvostolle. Presidentin ja valtioneuvoston päätökset

ovat toisistaan erillisiä, mutta eräissä asioissa yhteistyö
on niin kiinteätä, että puhutaan hallituksen toimenpiteistä,
esim. hallituksen esityksistä.

Yhteydenpito eduskuntaan tapahtuu osittain presidentin
välityksellä, osittain suoraan valtioneuvostosta. Presidentti
on eduskunnasta riippumaton; hän ei ole sille toimenpiteis-
tään vastuussa, ja syytteeseen se voi panna hänet vain äärita-
pauksessa, so. katsoessaan hänen syyllistyneen valtio- tai
maanpetokseen. Ministerit sen sijaan ovat toisaalta pantavissa
syytteeseen eduskunnan tai presidentin päätöksellä virkavirhee-
nä pidettävästä lainrikkomuksesta, toisaalta saatavissa eroa-
maan eduskunnan tahdonilmauksella parlamentarismin " pelisään-
töjen" mukaisesti.

Presidentin aseman riippumattomuutta haluttiin korostaa
myös sillä, että hänen valintansa järjestettiin tapahtuvaksi
välillisellä kansanvaalilla - siten, että ensin valitaan sa-
malla tavoin kuin edustajainvaaleissa 300 valitsijamiestä, jot-
ka sitten kokoontuvat valitsemaan presidentin. Valituksi tu-
levan on saatava yli puolet annetuista äänistä; ellei kahdessa
ensimmäisessä vaalissa sellaista enemmistöä synny, toimitetaan
ratkaiseva vaali kahden jälkimmäisellä kerralla eniten ääniä
saaneen kesken. Presidenttiehdokkaiden asettelusta ei ole
minkäänlaisia määräyksiä, joten puolueet hoitavat sen parhaak-
si katsomallaan tavalla. Niiden merkeissä vaalit muutenkin
melkoiselta osalta tapahtuvat. Virallisen keskustelun kiel-
täminen valitsijamieskokouksessa ei ole esteenä jopa tunti-
kausia kestäville yksityisluontoisille neuvotteluille vaalien
väliaikoina.

618

Presidentillä on joukko tärkeitä v a l t a o i k e u k-
s i a: hän osallistuu lainsäädäntöön antamalla hallituksen
lakiesityksiä eduskunnalle, vahvistamalla eduskunnan hyväksy-
mät lait ja antamalla asetuksia; hän voi kutsua eduskunnan
ylimääräisille valtiopäiville sekä hajottaa sen ja toimituttaa
uudet vaalit kesken vaalikauden; hän johtaa maan ulkopolitiik-
kaa ja toimii sotavoimien ylipäällikkönä; hän nimittää kor-
keimmat virkamiehet, myöntää yksityistapauksissa erivapauksia
ja armahduksia sekä valvoo valtion hallintoa. Se, että Suomen
presidentin asema on muodostunut muiden parlamentaaristen
valtionpäämiesten asemasta olennaisesti poikkeavaksi, ei kui-
tenkaan ole niinkään yhteydessä noiden valtaoikeuksien mää-
rään ja laatuun kuin siihen, millä tavoin niiden käyttely on
valtiosäännössä järjestetty ja millaiseksi se on käytännössä
muovautunut.

Presidentti nimittää myös valtioneuvoston jäsenet, ei
kuitenkaan itsenäisesti, muista riippumatta, vaan puolueiden
ja eduskuntaryhmien kanssa käytyjen neuvottelujen pohjalla.
Valtioneuvostoon kuuluu pääministerin lisäksi enintään 14
ministeriä, joista 10 nimitetään tavallisesti ministeriöiden
päälliköiksi ja muut nykyisen käytännön mukaan ns. toisiksi
ministereiksi suurimpiin ministeriöihin.

Valtioneuvoston tehtävä on kaksinainen: toisaalta se
käyttää itsenäistä päätösvaltaa hallinnon laajalla alalla,
toisaalta se käsittelee eräin poikkeuksin asiat, jotka kuu-
luvat presidentin lopullisesti ratkaistaviksi. Erityisvaltuu-
tuksen nojalla voi sekin antaa asetuksia, joita erotukseksi
presidentin asetuksista nimitetään valtioneuvoston päätöksiksi.

Valtioneuvoston yleisistunnossa johtaa puhetta pääministeri ja päätökset tehdään asian valmistelleen virkamiehen esittelyn jälkeen vähintään viiden ministerin läsnäollessa, tarpeen tullen äänestystä käyttäen. Päätöksen allekirjoittaa ministeri, jonka toimialaan asia kuuluu, ja sen varmentaa esittelijä. Senaatin kaudella ja valtioneuvoston alkuaikoina useimmat asiat ratkaistiin tällä tavalla kollegisesti, mutta asioiden määrän kasvaessa on ollut pakko siirtää yhä enemmän päätösvaltaa yksityisille ministereille ja ministeriöiden virkamiehille. Näin on Suomessa siirrytty ajan kuluessa huomattavassa määrin ns. ministerihallintojärjestelmään.

Asioiden valmistelua varten on valtioneuvostossa valiokuntia, joista kaksi, ulkoasiainvaliokunnan ja vaikutusvaltaisen raha-asiainvaliokunnan laki määrää asetettavaksi. Sitä paitsi valmistellaan asioita viikoittain pidettävässä epävirallisessa istunnossa, ns. hallituksen iltakoulussa.

PRESIDENTIN JA VALTIONEUVOSTON KESKINÄISET SUHTEET

Käyttäessään itsenäistä päätösvaltaansa valtioneuvosto ei ole velvollinen kuulemaan presidentin mieltä, kun taas presidentti omasta puolestaan on sidottu valtioneuvoston myötävaikutukseen siten, että hänen on tehtävä päätöksensä valtioneuvoston istunnossa. Valtioneuvoston piirissä valmistellun asian esittelee se ministeri, jonka toimialaan asia kuuluu, ja myös muilla ministereillä on tilaisuus ilmaista presidentille mielipiteensä ratkaisusta. Poikkeuksina ovat sotilaskäskyasiat ja sotilaalliset nimitysasiat - eräitä korkeimpia virkanimityksiä lukuunottamatta - sekä syytteen nostaminen ministeriä

620

vastaan valtakunnanoikeudessa, jotka presidentti ratkaisee
valtioneuvoston istunnon ulkopuolella.

Menettelyn tarkoituksena on tehdä ministerit osallisiksi
päätöksiin ja siis saada heidät ottamaan vastuu niistä. Eri-
koista Suomen hallituksen rakenteelle kuitenkin on, että pre-
sidentin sidonnaisuus ministeristöön on käytännössä omaksutun
valtiosäännöntulkinnan mukaan löyhempi kuin parlamentaarisissa
järjestelmissä yleensä. Ratkaisuvallan katsotaan nimittäin
kuuluvan yksin presidentille; erimielisyyden sattuessa ei toi-
miteta äänestystä, eikä presidentti ole oikeudellisesti sidot-
tu esittelevän ministerin eikä ministeristön mielipiteeseen.
Presidentin allekirjoitettua päätöksen on esittelyn suorit-
taneen ministerin se varmennettava ja valtioneuvoston pantava
se täytäntöön. Vain perustuslain kanssa ristiriidassa olevan
päätöksen on ministeri oikeutettu ja velvollinen jättämään
varmentamatta, lainvastainen päätös taas jätetään täytäntöön
panematta.

Järjestelmä voi antaa aihetta pyrkimysten rajuihinkin
yhteentörmäyksiin presidentin ja ministeristön keskinäisissä
suhteissa kummankin pysyessä tiukasti omalla kannallaan. Viime
kädessä ministeristö voi kieltäytyä myötävaikutuksesta ja vas-
tuusta vain eroamalla, mikä tietenkin on tehokas ase presiden-
tiä vastaan.

Enemmän kuin tällaiset oikeudelliset seikat ovat tosia-
sialliset poliittiset tekijät kuitenkin ehkä vaikuttaneet sii-
hen, että Suomen presidentillä on niin itsenäinen asema minis-
teristöön nähden ja että hän on yksi parlamentaarisen maailman
voimakkaimpia valtionpäämiehiä. Valtionpäämiehen henkilökoh-

621

taista valtaa korostava traditio, monien ei-vasemmistolaisten
teoreetikkojen ja politiikkojen kannanotot sekä ensimmäisen
presidentin asema ja ominaisuudet tekivät mahdolliseksi lujan
presidentinvallan kehittymisen 1920-luvulta lähtien. Jo v:lta
1919 on tapauksia, joissa presidentti Stahlberg hyväksyi ase-
tuksia valtioneuvoston kannasta poikkeavassa muodossa, ja edus-
kunnan hajottamista v.1924 on nimitetty voimannäytteeksi, jol-
la tuli olemaan suuntaa antava vaikutus. Niinpä valtioneuvos-
ton myöhemmistäkin pöytäkirjoista on löydettävissä monia ta-
pauksia, joissa presidentti on tehnyt päätöksen vastoin val-
tioneuvoston enemmistön mielipidettä, ja tämä on siihen mukau-
tunut.

Tietty merkityksensä on annettava myös Suomen monen puo-
lueen järjestelmälle. Presidentin asemaa on tukenut se seik-
ka, että ministeristöt ovat hajanaisia; onhan niin, että usei-
hin erilaisia käsityskantoja edustaviin ryhmiin jakautuneen
valtioneuvoston edessä presidentin toimintavapaus on suurempi
kuin homogeenin ja yksimielisen ministeristön edessä.

Jaakko Nousiainen

Sanasto

valtioneuvosto	cabinet, council of state
toimivalta	authority, power to act, jurisdiction
pykälä	paragraph, article, notch, nick
toimeenpanovalta	executive power
erkanee, erkani	parts, separates, diverges
kaksijakoisuus	bipartition
valtiosääntö = perustuslaki	constitution
nojautua, nojaudun, nojautui, nojautunut	to depend, be based on, lean on
noja, nojan, nojaa, nojia	support, stay, basis
nojata, nojaan, nojasi, nojannut (johonkin)	to lean, rest (against something)
luetella, luettelen, luetteli, luetellut	to enumerate
panna syytteeseen	to institute legal proceedings against, indict
syyllistyä, syyllistyn, syyllistyi, syyllistynyt (johonkin)	to be guilty (of something)
valtiopetos, -petoksen, -petosta, -petoksia	high treason
maanpetos	treason
lainrikkomus	breaking of the law, misdemeanor, offense
virkavirhe	error in discharge of one's official duties
välillinen	indirect
neuvottelu, neuvottelun, neuvottelua, neuvotteluja	consultation, negotiation, conference

623

hajottaa, hajotan, hajotti, hajottanut	to dissolve, scatter, disperse
toimituttaa vaalit	to cause an election to be held
erivapaus = erivapautus	exemption, immunity
armahdus, armahduksen, armahdusta, armahduksia	pardon, amnesty, oblivion
käyttely, käyttelyn, käyttelyä	use, handling
vrt. kättely	handshaking
muovautua, muovaudun, muovautui, muovautunut	to be moulded, shaped
enintään = enintäin	at the most, not more than. . .
kaksinainen	of two kinds, dual
valtuutus	authorization, credentials
valtakirja	proxy, credentials
valtuuttaa	to authorize, accredit, empower
olla läsnä	to be present
toimiala, -alan, -alaa, -aloja	field of one's operation
vaikutusvaltainen	influential, powerful
varmentaa, varmennan, varmensi, varmentanut	to confirm, verify
esittelijä	introducer
keskinäinen	mutual
velvollinen	under obligation, duty-bound
myötävaikutus, -vaikutuksen, -vaikutusta	cooperation, assistance
valtakunnanoikeus	high court of impeachment, American federal courts

menettely, menettelyn, menettelyä, menettelyjä	procedure, course of action
vastuu, vastuun, vastuuta	responsibility, risk
löyhä, löyhän, löyhää, löyhiä	loose, slack, lax
erimielisyys	disagreement, difference of opinion
raju, rajun, rajua, rajuja	vehement, violent, furious
yhteentörmäys, -törmä ksen, -törmäystä, -törmäyksiä	clash, collision, crash
tehokas, tehokkaan, tehokasta, tehokkaita	effective, efficient, ..stic
teoreetikko	theorist, theorizer
pöytäkirja	minutes, report of proceedings
mukautua, mukaudun, mukautui, mukautunut	to comply with, conform, adopt, adjust
tukea, tuen, tuki, tukenut	to support, prop up, sustain
käsityskanta	point of view, viewpoint

Kysymyksiä

A.   Mitkä ovat Suomen hallituslaitokset? Kenelle on us-
kottu ylin toimeenpanovalta? Mitä valtioneuvosto tarkoit-
taa? Mihin valtioneuvosto nojautuu? Keitä se edustaa?
Mitkä tekijät ovat korostaneet presidentin itsenäisyyttä?
Millainen tehtävien jako on voimassa Suomen yleisessä hal-
lituksessa? Kenen välityksellä tapahtuu yhteydenpito edus-
kuntaan?

B.   Mitä tarkoitetaan " valtioneuvoston päätöksellä"?
Mitä tarkoittaa ministerihallintojärjestelmä? Mikä on
hallituksen " iltakoulu"? Mitkä asiat presidentti rat-
kaisee valtioneuvoston istunnon ulkopuolella? Mikä teki
mahdolliseksi lujan presidentin vallan kehittymisen Suo-
messa? Miten monipuoluejärjestelmä vaikuttaa presidentin
asemaan? Kuka oli Suomen ensimmäinen presidentti?

C.   Mitkä ovat Suomen presidentin valtaoikeudet? Mitkä
ovat Yhdysvaltain presidentin valtaoikeudet? Missä Suomen
presidentin tehtävät luetellaan? Missä Yhdysvaltain pre-
sidentin tehtävät luetellaan? Mikä ero on eduskunnalla ja
Yhdysvaltain Kongressilla? Miten pääministeri valitaan
Suomessa? Miten pääministeri valitaan Yhdysvalloissa?
Kummalla on enemmän valtaa Yhdysvaltain vai Suomen pre-
sidentillä?

Harjoituksia

A. Ovatko seuraavat toteamukset oikein vai väärin?

1. Presidentin ja valtioneuvoston päätökset ovat toi-
   sistaan erilliset.
2. Presidentti on eduskunnasta riippuvainen.
3. Ministerit voidaan erottaa virastaan.
4. Presidentti valitaan välittömillä vaaleilla.
5. Presidenttiehdokkaiden asettelusta on tarkat
   määräykset.
6. Presidentille kuuluu lainsäädäntövalta.
7. Presidentti vahvistaa eduskunnan hyväksymät lait.

8. Presidentti voi hajoittaa eduskunnan.

9. Presidentti nimittää itsenäisesti valtioneuvoston jäsenet.

10. Valtioneuvosto ei ole velvollinen kuulemaan presidentin mieltä.

11. Presidentti voi tehdä päätöksensä vain valtioneuvoston istunnossa.

12. Valtioneuvoston istunnossa toimitetaan äänestys erimielisyyden sattuessa.

B. Mainitkaa seuraavien sanojen vastakohdat:

1. suppea

2. lujuus

3. yhteinen

4. osittain

5. erota

6. erottaa

7. välilliset vaalit

8. koota

9. kokoontua

10. enemmistö

11. hyväksyä

12. vähintään

13. virallinen

14. löyhä

15. sidonnaisuus

16. yhtenäinen

627

C. Muuttakaa seuraavissa lauseissa olevat lauseenvastikkeet sivulauseiksi:

MODEL: Se voi panna hänet syytteeseen katsoessaan hänen syyllistyneen valtiopetokseen. - Se voi panna hänet syytteeseen, kun se katsoo, että hän on syyllistynyt valtiopetokseen.

1. Päätökset tehdään vähintään viiden ministerin läsnäollessa.

2. Asioiden määrän kasvaessa on ollut pakko siirtää päätösvaltaa ministereille.

3. Käyttäessään itsenäistä päätösvaltaansa valtioneuvosto ei ole velvollinen kuulemaan presidentin mieltä.

4. Ratkaisuvallan katsotaan kuuluvan yksin presidentille.

5. Erimielisyyden sattuessa ei toimiteta äänestystä.

6. Presidentin allekirjoitettua päätöksen on esittelyn suorittaneen ministerin se varmennettava.

7. Järjestelmä voi antaa aihetta yhteentörmäyksiin kummankin puolen pysyessä tiukasti omalla kannallaan.

D. Pankaa seuraavissa lauseissa sulkumerkeissä annettu verbi sopivaan muotoon:

MODEL: Ministerit ovat (panna) syytteeseen. - Ministerit ovat pantavissa syytteeseen.

1. He ovat (saada) eroamaan eduskunnan tahdosta.

2. Pöytäkirjoista on (löytää) monia sellaisia tapauksia.

628

3. Ne kuuluvat presidentin (ratkaista).

4. Lainvastainen päätös jätetään täytäntöön (panna).

5. Perustuslain kanssa ristiriidassa olevan päätöksen on ministeri oikeutettu jättämään (varmentaa).

6. Presidentin asema on muodostunut muista (poiketa).

Sanavaraston kartuttamista

anastaa

Naiselta anastettiin käsilaukku.

Koulutyö anasti koko aikani.

Kuninkaan veli anasti kruunun.

yksimielisyys	unanimity
kaksimielisyys	ambiguity, suggestive (story)

kanta

kultakanta

kengän kanta

kantasuomi, kantakansa

riistakanta, kalakanta, auto-, -kone-, -osake-, -vakuutuskanta

katsantokanta, näkö-, puolue-, käsityskanta

eriävä, kielteinen, vastustava kanta.

Se sattui kuin naulan kantaan.

Raha-asiat on saatu hyvälle kannalle.

Tieteen kanta asiassa on, että. . .

Olen eriävällä kannalla tähän asiaan nähden.

Meidän kannaltamme asiaa tarkastellen. . .

luotettava

luotto

luottamus

Hän osti luotolla. = Hän osti velaksi.

Luottamus johtajiin alkoi horjua.

Kotitehtävä

Laatikaa lyhyt esitys Yhdysvaltain hallituslaitoksista.
Verratkaa sitä Suomen hallitusjärjestelmään.

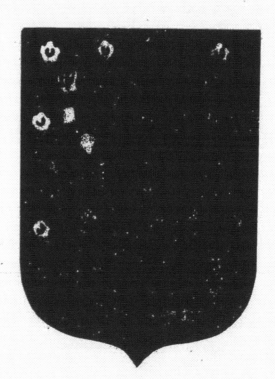

Suomen vaakuna

51

YLEISET TUOMIOISTUIMET

Yleisiä tuomioistuimia on Suomessa kolme eri astetta: alioikeudet, ylioikeudet ja korkein oikeus. Näiden rinnalla on olemassa eräitä myöhemmin mainittavia erityistuomioistuimia.

A l i o i k e u d e t ovat kihlakunnanoikeudet maalaiskunnissa ja kauppaloissa sekä raastuvanoikeudet kaupungeissa.

Maa on jaettu 73 tuomiokuntaan, joissa kussakin on k i h-l a k u n n a n o i k e u d e n puheenjohtajana kihlakunnantuomari. Useimmat tuomiokunnat ovat jaetut käräjäkuntiin, joihin kuuluu yksi tai useampia kuntia.

Kihlakunnanoikeuden muodostavat kihlakunnantuomari, joka on ammattituomari, sekä käräjäkunnan lautakunta, johon kihlakunnanoikeus asianomaisen kunnallisvaltuuston ehdotuksen perusteella määrää 7-10 lautamiestä. Herastuomari on arvonimi, jonka kihlakunnanoikeus voi antaa lautakunnassa kauan toimineelle ansioituneelle lautamiehelle.

Maallikoista kokoonpantu lautakunta muistuttaa jonkin verran varsinkin anglosaksisten maiden oikeuslaitoksille tunnusomaista valamiehistöä (juryä). Sen tehtävä poikkeaa kuitenkin juryn tehtävästä. Jury ratkaisee rikosasiassa sitovasti kysymyksen vastaajan syyllisyydestä, rangaistuksen määrääminen taas jää yksinomaan tuomarin asiaksi. Kihlakunnanoikeudessa lautakunta osallistuu kaikissa asioissa sekä asiantilan toteamiseen että tuomion määräämiseen. Mutta lautakunnan vaikutusvalta on sikäli rajoitettu, että jos sen ja tuoma-

rin kesken ilmenee erimielisyyttä, niin tuomarin kanta aina
ratkaisee, ellei lautakunta yksimielisesti asetu toiselle kan-
nalle. Sen merkitys on ensisijaisesti siinä, että se edustaa
tuomarilta usein puuttuvaa paikallisten tapojen ja henkilöiden
tuntemusta. Siinä edustettu kokeneisuus ja terve maallikon-
järki saattavat myös arvokkaalla tavalla täydentää tuomarin
muodollista lain tuntemusta.

Kaupunkien r a a s t u v a n o i k e u d e s s a ei ole
lautakuntaa, vaan siihen kuuluvat pormestari ja kaksi neuvos-
miestä. Suuremmissa kaupungeissa viimeksi mainitutkin ovat
tuomarin pätevyyden omaavia oikeusneuvosmiehiä. Pienemmissä
kaupungeissa on kunnallisneuvosmiehiä, joilta ei edellytetä
lainopillista koulutusta ja joiden jäsenyys raastuvanoikeuteen
on yhdistetty maistraatin jäsenyyteen. Raastuvanoikeudessa
tehdään ratkaisu erimielisyyden sattuessa äänestyksen perus-
teella.

Kaupungeilla on vanhastaan oikeus itse valita neuvosmie-
hensä. Vaalin suorittaa kaupunginvaltuusto, joka myös tekee
korkeimmalle oikeudelle ehdotuksen pormestarin viran täyt-
tämiseksi.

Alioikeuden ratkaisuun tyytymätön voi saattaa sen y l i-
o i k e u d e n, so. h o v i o i k e u d e n tutkittavaksi.
Muutoksenhakukeinona käytetään riita-asiassa vetoa, rikosa-
siassa valitusta. Valitusta käytetään myös aina, milloin muu-
tosta haetaan ratkaisuun, joka ei koske itse pääasiaa, vaan
oikeudenkäynnin kulkuun liittyvää muodollista seikkaa. Muu-
toksenhausta riippumatta on alioikeuden päätös alistettava

632

hovioikeuden tutkittavaksi, milloin kysymyksessä on rikos,
josta saattaa tulla kuolemanrangaistus tai kuritushuonetta
elinkaudeksi.

Hovioikeuksia on Suomessa neljä: Turun, Vaasan, Itä-Suo-
men (Kuopiossa) ja Helsingin hovioikeudet. Puheenjohtajana
on hovioikeuden presidentti, jäseninä hovioikeudenneuvokset.
Hovioikeuden tuomiovaltaa käyttävät kolmen jäsenen muodostamat
osastot. Vain oikeushallintoon kuuluvia asioita käsitellään
täysistunnossa. Paitsi toisena oikeusasteena alioikeudessa
alkaneissa jutuissa hovioikeudet toimivat ensimmäisenä oikeus-
asteena ylempien virkamiesten virkarikoksia koskevissa
asioissa.

Hovioikeuden ratkaisuun haetaan muutosta k o r k e i m-
m a s s a   o i k e u d e s s a. Muutoksenhakukeinoina käy-
tetään riita- asioissa nostoa ja rikosasioissa valitusta. Kor-
keimman oikeuden työtaakan vähentämiseksi on meillä 1955 omak-
suttu muutoksenhakulupajärjestelmä, jonka avulla estetään se,
että vähäpätöiset asiat tai asiat joissa ilmeisesti ei ole
perusteltua syytä hovioikeuden ratkaisun muuttamiseen, jou-
tuisivat korkeimmassa oikeudessa asiallisesti käsiteltäviksi.
Muutoksenhakulupaa ei myönnetä riita- asiassa, mikäli se arvo,
jonka osalta hovioikeuden ratkaisu on ollut asianomaiselle
vastainen, ilmeisesti ei ole enempää kuin 1000 mk, eikä myös-
kään eräissä muissa, laissa luetelluissa tapauksissa. Rikos-
asiassa muutoksenhakuluvan myöntäminen riippuu ensisijaisesti
hovioikeuden tuomitseman rangaistuksen ankaruudesta.

Korkeimman oikeuden puheenjohtajana on sen presidentti ja
muina jäseninä oikeusneuvokset. Oikeuden tuomiovaltaa käyt-

313-631 O - 68 - 41

tävät yleensä jaostot, jotka ovat tuomionvoivat[1] viisijäsenisinä. Täysi-istunnossa käsitellään oikeushallintoon kuuluvien asioiden lisäksi periaatteellisesti tärkeiksi katsottavat asiat, jotka kaipaavat arvovaltaista ratkaisua.

Korkeimman oikeuden ratkaisulla on huomattava merkitys myös oikeuden kehityksen kannalta. Vaikka ne eivät sellaisinaan ole sitovaa oikeutta, on luonnollista, että alemmat oikeusasteet yleensä ottavat ne vastaavanlaisissa asioissa huomioon. Ja vähitellen saattaa korkeimman oikeuden ratkaisusta muodostua tavanomaiseen oikeuteen luettava sitova oikeusnormi.

SYYTTÄJISTÖ

V i r a l l i s e t s y y t t ä j ä t vaalivat rikosasioissa valtion etua. Suomessa omaksutun järjestelmän mukaan syyttäjä on velvollinen nostamaan syytteen niin pian kuin on ilmennyt todennäköisiä perusteita rikoksesta epäillyn syyllisyyden tueksi. Tästä ns. lakimääräisyys- eli l e g a l i-t e e t t i p e r i a a t t e e s t a on poikkeuksena säädetty mm., että syyttäjä harkintansa mukaan voi eräin edellytyksin jättää syyttämättä 15-18-vuotiasta rikoksentekijää. Ns. a s i a n o m i s t a j a r i k o k s e s t a ei syytettä voi nostaa, ellei asianomistaja ole ilmoittanut rikosta syytteeseen pantavaksi. Jos asianomistaja itse on nostanut tällaisesta rikoksesta syytteen, syyttäjä voi siihen yhtyä.

---

[1]Kihlakunnan oikeus on tuomionvoipa (päätösvaltainen) oikeuden puheenjohtajan ja vähintään viiden lautamiehen saapuvilla ollessa.

Yleiset syyttäjät ovat Suomessa o i k e u s k a n s l e-
r i ja a p u l a i s o i k e u s k a n s l e r i, lääninhal-
lituksissa toimivat p o l i i s i t a r k a s t a j a t sekä
kaupungeissa k a u p u n g i n v i s k a a l i t ja maaseudul-
l a n i m i s m i e h e t. Oikeuskansleri on kaikkien syyt-
täjien esimies ja hänellä on oikeus määrätä alempi syyttäjä-
viranomainen nostamaan syyte. Hän voi myös itse ottaa ajaak-
seen alemman syyttäjän nostaman syytteen tai siirtää syytteen
ajamisen muun alemman syyttäjäviranomaisen tehtäväksi kuin sen,
jolle se tavallisesti kuuluu. Samanlaiset oikeudet on polii-
sitarkastajalla alaisiinsa syyttäjiin nähden.

E d u s k u n n a n o i k e u s a s i a m i e h e l l ä
on yleinen syyteoikeus virkamiesten virkarikoksissa koskevissa
jutuissa. Hovioikeuksissa toimivat kanneviskaalit, joiden
tehtävänä on syytteen ajaminen sellaisissa rikosasioissa, jot-
ka hovioikeus käsittelee ensimmäisenä oikeusasteena. Erityis-
syyttäjiä ovat lisäksi mm. tullilaitoksen syyttäjät, jotka
toimivat syyttäjinä tullirikosjutuissa, sekä sotatuomioistuin-
ten syyttäjät.

E r i t y i s t u o m i o i s t u i m e t ovat Suomessa
seuraavat: Maanjako-oikeudet, vesioikeudet, työtuomioistuin,
vakuutusoikeus, sotaoikeudet ja valtakunnanoikeus. Erityis-
tuomioistuimiin on tavallaan luettava myös kaupunkien m a i s t-
r a a t i t. V a n k i l a o i k e u s ei ole tuomioistuin
varsinaisessa mielessä. Se päättää vaarallisten rikoksenuusi-
jain säilyttämisestä pakkolaitoksessa[1] ja nuorille rikoksen-

---

[1]Pakkolaitos on erityinen vankila tai vankilan osasto,
jossa vaaralliset rikoksenuusijat kärsivät rangaistustaan.

tekijöille määrättyjen rangaistusten täytäntöönpanosta nuori-
sovankilassa.

Ragnar Meinander

Sanasto

tuomioistuin	court (of justice)
käräjät, käräjä-	sessions of a district court
lautakunta	jury
kunnallisvaltuusto	communal or county board
lautamies	juror, juryman
maallikko	layman, one of the laity
tunnusomainen	characteristic, typical
pormestari ■ kaupunginjohtaja	mayor
neuvos, neuvos-	counselor
neuvosmies, vrt. lautamies	member of a (city) jury
veto	veto, draft, pull, bet
pätevyys	qualifications
alistaa, alistan, alisti, alistanut	to submit, subordinate
kuritushuone	penitentiary
kuritushuonetuomio	sentence to hard labor
taakka, taakan, taakkaa, taakkoja	burden
virallinen syyttäjä	district attorney
syyttäjä	prosecutor, accuser
vrt. kantaja	plaintiff, bearer

tuomionvoipa (olla tuomionvoipa=)

olla päätösvaltainen   to constitute a quorum

rikoksenuusija   person who recommits the
             same crime

kanneviskaali   public prosecutor

kanne, kanteen, kannetta,   plaintiff's action, case
kanteita   for the prosecution

vankila, vankilan, vankilaa, prison, jail
vankiloita

Kysymyksiä

A.   Kuinka monta astetta on yleisiä tuomioistuimia Suo-
messa? Mitä näiden rinnalla on? Mitkä ovat alioikeudet?
Mihin maa on jaettu? Kuka on kihlakunnanoikeuden puheen-
johtajana? Mihin tuomiokunnat ovat jaetut? Ketkä muodos-
tavat kihlakunnanoikeuden? Kuinka monta lautamiestä voi
käräjäkunnan lautakuntaan kuulua? Kuinka monta kuntaa voi
käräjäkuntaan kuulua? Mikä arvonimi voidaan antaa lauta-
miehille?

B.   Miten lautakunta valitaan? Kuka valitsee sen? Kuka
ehdottaa henkilöitä lautamiehiksi? Mitä amerikkalainen
valamiehistö eli jury ratkaisee rikosasiassa? Mitä suo-
malainen lautakunta ratkaisee rikosasiassa? Kuka määrää
rangaistuksen Amerikassa? Kuka määrää sen Suomessa? Ke-
nen kanta aina ratkaisee asian erimielisyyden sattuessa
Suomessa? Milloin lautakunnan kanta ratkaisee? Mitä lau-
takunta edustaa oikeudessa?

C.   Mihin oikeuteen voidaan kihlakunnan oikeuden päätök-
sestä valittaa? Kuka on hovioikeuden puheenjohtaja? Ket-
kä ovat sen jäseninä? Kuinka monta hovioikeutta on Suo-
messa? Mitä asioita voidaan hovioikeudessa käsitellä
ensimmäisenä oikeusasteena? Mihin oikeuteen voidaan ho-
vioikeuden päätöksestä valittaa? Mitä täytyy erikseen
silloin anoa? Miksi kaikille ei anneta valitusoikeutta?
Kuka on korkeimman oikeuden puheenjohtaja? Ketkä ovat sen
jäseniä?

D.   Mikä vastaa kihlakunnan oikeutta Yhdysvalloissa?
Mihin oikeuteen voidaan sen päätöksistä valittaa? Kuka
toimii yleisenä syyttäjänä Yhdysvalloissa? Miten vala-
miehistö toimii oikeudessa? Kuka valitsee valamiehistön?
Kuinka pitkäksi aikaa se valitaan? Miten se valitaan?
Oletteko koskaan ollut valamiehistön jäsenenä? Oletteko
koskaan ollut oikeudessa? Missä ominaisuudessa olitte
oikeudessa (todistajana, syytettynä, kantajana, tuomarina
vai valamiehistön jäsenenä)?

Harjoituksia

A. MODEL: Kirkossa oli tarkka järjestys. istua -
Kirkossa oli tarkka istumajärjestys.

1. Lappalaiset pitivät Skandi-   asua
naviaa alueenansa.

2. Hän osasi taulun ulkoa.   kertoa

3. Hän parani taudista.   kaatua

4. Me kudoimme koneilla.   kutoa

638

5. Se oli aseitten työtä.   lyödä

6. Panin viljaa koneeseen.   puida

7. Näin miehen.   saada

8. Pidimme puvusta.   uida

B. MODEL: Huoneessa oli vähän tilaa. asua -

Asuinhuoneessa oli vähän tilaa.

1. Talossa ei ollut uunia.   leipoa

2. En pidä pannusta.   paistaa

3. Munkit kypsennetään   keittää
   rasvassa.

4. Hän palasi seudullensa.   syntyä

5. Ei ollut tietoa hänen paikas- olla
   tansa.

6. Uusia yhtyeitä syntyi kuin   soittaa
   sieniä sateella.

C. MODEL: Palvelija oli heillä pitkän aikaa. -

Heillä oli pitkäaikainen palvelija.

1. Heidän veneensä kulki nopeasti.

2. Kirja oli ainoa laatuaan.

3. He päättivät asiasta yksissä mielin.

4. Hänen äänensä sointui kauniisti.

5. Venettä oli kevyt soutaa.

6. Hänellä oli ahdas mieli.

7. Portti oli lujaa tekoa.

639

D. Vastatkaa seuraaviin kysymyksiin:

MODEL: Millainen on ihminen, jolla on herkät tunteet?

Herkkätunteinen.

1. Millaiset ihmiset liikkuvat hitaasti?
2. Ketkä käyttävät aina vasenta kättänsä?
3. Ketkä kirjoittavat oikealla kädellään?
4. Keillä on hienot tunteet?
5. Millaiset joukot liikkuvat nopeasti?

Huom. suuritöinen, suurisuinen

E. MODEL: elämä, ilo - elämänilo

käsi, sijat - kädensijat

1. pyhät miehet, päivänä
2. sika, ruuista
3. sormi, jälkiä
4. vappu, päiväksi
5. kunta, lääkäreitten
6. Venäjä, vihasta
7. jumala, pelkoa

F. MODEL: asia, tuntea - asiantuntija

1. ruoka, laittaa
2. sairas, hoitaa
3. radio, kuunnella
4. kirja, painaa
5. auto, kuljettaa
6. kirja, pitää
7. työ, tehdä

640

8. lentokone, ohjata

Huomatkaa, että yleisin tapa muodostaa yhdyssanoja on
seuraavanlainen: poikalapsi, vierashuone, pahahenki,
tasaluku, yläleuka jne.

G. MODEL: antelias - anteliaisuus

1. utelias
2. unelias
3. kohtelias
4. kekseliäs
5. työteliäs
6. yritteliäs
7. tuottelias

Sanavaraston kartuttamista

tuomari

tuomita

viimeinen tuomio

vankeus-, elinkautinen-, sakko-, ehdonalainen- ja kuolemantuo-
mio

neuvos

vuori-, kauppa-, merenkulku-, maatalousneuvos

kuritus

kuri

kurittaa

    vrt.   kuristaa   to strangle

kuristus

kuristaja

<u>veto</u>

köydenveto, maanvetovoima

Täällä käy kova veto.

Lyön vetoa, että Suomi voittaa.

Se on oikea vetonumero.

Poikamme eivät tänään ole oikein vedossa.

Taidemaalari ei ollut viikkoon maalannut vetoakaan.

Neuvostoliitto käyttää veto-oikeuttaan Turvallisuusneuvostossa.

vrt.   vetää

vedota

Hän veti meitä nenästä.

Presidentti vetosi kansalaisiin.

Ikkunasta vetää.

RATKAISEVAA

    - Miten sinä oikeastaan menettelet, kun tulet niin hyvin
toimeen vaimosi kanssa?

      - Minä noudatan tiettyä periaatetta.

      - Millä tavalla?

      - Vaimoni päättää kaikista pikkuasioista, kuten palkkani
käyttämisestä, perheen vaatetuksesta ja lasten kouluttamisesta.
Mutta jos kysymyksessä on esimerkiksi Kiinan hyväksyminen YK:n
jäseneksi tai siitä johtaako Neuvostoliitto avaruustutkimuksen
alalla, silloin minun mielipiteeni ratkaisee.

52

SUOMEN KANSALLE

Suomen eduskunnan istunnossa tänä päivänä on Suomen Senaatti puheenjohtajansa kautta antanut Eduskunnan käsiteltäväksi m.m. ehdotuksen uudeksi hallitusmuodoksi Suomelle. Antaessaan tämän esityksen Eduskunnalle on Senaatin puheenjohtaja Senaatin puolesta lausunut:

Suomen Eduskunta on 15 päivänä viime marraskuuta, nojaten maan hallitusmuodon 38 pykälään, julistautunut korkeimman valtiovallan haltiaksi sekä sittemmin asettanut maalle hallituksen, joka tärkeimmäksi tehtäväkseen on ottanut Suomen valtiollisen itsenäisyyden toteuttamisen ja turvaamisen. Tämän kautta on Suomen kansa ottanut kohtalonsa omiin käsiinsä, ja nykyiset olot sekä oikeuttavat että velvoittavat sen siihen. Suomen kansa tuntee syvästi, ettei se voi täyttää kansallista ja yleisinhimillistä tehtäväänsä muuten kuin täysin vapaana. Vuosisatainen vapauden kaipuumme on nyt toteutettava; Suomen kansan on astuttava maailman kansojen rinnalle itsenäisenä kansakuntana.

Tämän päämäärän saavuttamiseksi tarvitaan lähinnä eräitä toimenpiteitä Eduskunnan puolelta. Suomen voimassaoleva Hallitusmuoto, joka on nykyisiin oloihin soveltumaton, vaatii täydellistä uusimista, ja siitä syystä hallitus nyt on Eduskunnan käsiteltäväksi antanut ehdotuksen Suomen hallitusmuodoksi, ehdotuksen joka on rakennettu sille perusteelle, että Suomi on oleva riippumaton tasavalta. Katsoen siihen, että uuden hallitusmuodon pääperusteet on saatava viipymättä voimaan, on hallitus samalla antanut esityksen perustuslain säännöksiksi tästä asiasta sekä eräitä muitakin lakiehdotuksia, jotka tarkoittavat tyydyttää kipeimmät uudistustarpeet ennen uuden hallitusmuodon aikaansaamista.

Sama päämäärä vaatii myös toimenpiteitä hallituksen puolelta. Hallitus on kääntyvä toisten valtojen puoleen saadakseen maamme valtiollisen itsenäisyyden kansaivälisesti tunnustetuksi. Tämä on erityisesti nykyhetkellä sitä välttämättömämpää, kun maan täydellisestä eristäytymisestä aiheutunut vakava asema, nälänhätä ja työttömyys pakottavat hallitusta asettumaan suoranaisiin väleihin ulkovaltojen kanssa, joiden kiireellinen apu elintarpeiden ja teollisuutta varten välttämättömien tavarain maahantuomiseksi on meidän ainoa pelastuksemme uhkaavasta nälänhädästä ja teollisuuden pysähtymisestä.

Venäjän kansa on, kukistettuansa tsaarivallan, useampia kertoja ilmoittanut aikovansa suoda Suomen kansalle sen vuosisataiseen sivistyskehitykseen perustuvan oikeuden omien kohtaloittensa määräämiseen. Ja laajalti yli sodan kaikkien kauhujen on kaikunut ääni, että yhtenä nykyisen maailmansodan tärkeimmistä päämääristä on oleva, ettei yhtäkään kansaa ole vastoin tahtoansa pakotettava olemaan toisesta riippuvaisena. Suomen kansa uskoo, että vapaa Venäjän kansa ja sen perustava kansalliskokous eivät tahdo estää Suomen pyrkimystä astua vapaiden ja riippumattomien kansojen joukkoon. Ja Suomen kansa rohkenee samalla toivoa maailman muiden kansojen tunnustavan, että Suomen kansa riippumattomana ja vapaana paraiten voi työskennellä sen tehtävän toteuttamiseksi, jonka suorittamisella

se toivoo ansaitsevansa itsenäisen sijan maailman sivistyskan-
sojen joukossa.

Samalla kuin hallitus on tahtonut saattaa nämä sanat
kaikkien Suomen kansalaisten tietoon, kääntyy hallitus· kan-
salaisten, sekä yksityisten että viranomaisten puoleen, har-
taasti kehoittaen kutakin kohdastansa, järkähtämättömästi
noudattamalla järjestystä ja täyttämällä isänmaallisen velvol-
lisuutensa, ponnistamaan kaikki voimansa kansakunnan yhteisen
päämäärän saavuttamiseksi tänä ajankohtana, jota tärkeämpää
ja ratkaisevampaa ei tähän asti ole Suomen kansan elämässä
ollut.

Helsingissä 4 päivänä joulukuuta 1917.

Suomen Senaatti:

P. E. Svinhufvud.   E. N. Setälä

Kyösti Kallio.   Jalmar Castrén.

Onni Talas.   Arthur Castrén.

Heikki Renvall.   Juhani Arajärvi.

Alexander Frey.   E. Y. Pehkonen.

O. W. Louhivuori.

A. K. Rautavaara

Suomen itsenäisyyden julistus

Sanasto

istunto, istunnon, istuntoa, istuntoja	session, meeting, sitting
käsitellä, käsittelen, käsitteli, käsitellyt	to discuss, hear, handle, treat
esitys, esityksen, esitystä, esityksiä	motion, proposal, performance
puheenjohtaja	leader (of the Senate), chairman
vrt. eduskunnan puhemies	
hallitusmuoto = valtiomuoto	
haltia = haltija	
oikeuttaa, oikeutan, oikeutti, oikeuttanut	to entitle, justify, authorize
yleisinhimillinen	broadly humane
nälänhätä	famine
elintarpeet = elintarvikkeet	food, necessities
kauhu, kauhun, kauhua, kauhuja	horror, terror, fright
rohjeta, rohkenen, rohkeni, rohjennut	to dare, have the courage
hartaasti	earnestly
harras, hartaan, harrasta, hartaita	devoted, devout, ardent
järkähtämätön	unshakable, firm
julistus, julistuksen, julistusta, julistuksia	proclamation, declaration, public notice

Kysymyksiä

A. Milloin Suomi julistettiin itsenäiseksi? Kuka julisti
Suomen itsenäiseksi? Kenen valtaan Suomi kuului ennen
itsenäistymistänsä? Kuinka monta kamaria oli Suomen edus-
kunnassa Venäjän vallan aikana? Kuinka monta itsenäisyy-
den aikana? Mitä eduskunta teki marraskuun 15 p:nä?
Minkä se asetti maalle? Mitä hallitus otti tärkeimmäksi
tehtäväkseen? Minkä Suomen kansa otti omiin käsiinsä?
Mitkä sekä oikeuttivat että velvoittivat sen siihen? Mi-
kä oli nyt toteutettava? Mitä Suomen kansan oli tehtävä?

B. Miksi tarvittiin toimenpiteitä eduskunnan puolelta?
Mitä piti tehdä hallitusmuodolle? Miksi? Mille perustal-
le uusi hallitusmuoto oli rakennettava? Mitä tämä sama
päämäärä vaati hallituksen puolelta? Miksi hallitus kään-
tyi vieraiden valtioiden puoleen? Mitkä pakottivat hal-
litusta asettumaan suhteisiin ulkovaltioiden kanssa? Mi-
kä uhkasi Suomea?

C. Mitä oli tapahtunut Venäjällä? Kenet Venäjän kansa
oli kukistanut? Mitä se oli ilmoittanut aikovansa tehdä?
Mikä ajatus oli usein mainittu Venäjän vallankumouksessa?
Mitä Suomi uskoi? Mitä Suomi toivoi? Kuka allekirjoitti
itsenäisyysjulistuksen? Milloin eduskunta hyväksyi sen?
Milloin vietetään Suomen itsenäisyyspäivää?

D. Milloin on Yhdysvaltain itsenäisyyspäivä? Milloin
Yhdysvallat julistettiin itsenäiseksi? Kenen alainen
Amerikka oli sitä ennen? Ketä vastaan sen oli taistel-

tava? Ketkä auttoivat sitä Amerikan vapaussodassa? Ket-
kä taistelivat Suomen vapaussodassa? Milloin Amerikassa
oli sisällissota? Mikä ero on sisällissodalla ja veljes-
sodalla? Millainen oli Amerikan armeija vapaussodassa?
Millainen oli Suomen armeija?

Harjoituksia

A. Käyttäkää sulkumerkeissä olevia sanoja niiden sopivissa
muodoissa:

1. Senaatti on antanut eduskunnan (käsitellä) ehdotuksen
(hallitusmuoto) Suomelle.

2. Eduskunta on julistautunut korkeimman valtiovallan
(haltia).

3. Se on ottanut itsenäisyyden toteuttamisen (tärkein
tehtävänsä).

4. Apu elintarvikkeiden maahan (tuoda) on välttämätöntä.

5. Eräitä toimenpiteitä tarvitaan tämän päämäärän (saa-
vuttaa).

6. Hallitus on antanut esityksen perustuslain (säännök-
set).

7. Hallitus yrittää saada itsenäisyyden kansainvälisesti
(tunnustaa).

8. Suomen kansa voi työskennellä tehtävän (toteuttaa).

9. Hallitus kehottaa kutakin ponnistamaan voimansa pää-
määrän (saavuttaa).

B. Muuttakaa seuraavissa lauseissa lauseenvastikkeet sivulau-
seiksi:

1. Antaessaan tämän esityksen eduskunnalle on sen puheen-
johtaja lausunut seuraavaa.

2. Hallitus on kääntyvä ulkomaitten puoleen saadakseen itsenäisyyden tunnustetuksi.

3. Venäjän kansa on kukistettuaan tsaarivallan ilmoittanut tahtonsa Suomelle.

4. Suomi toivoo muiden kansojen tunnustavan sen.

5. Tämän tehtävän toteuttamisella se toivoo ansaitsevansa itsenäisen sijan.

C. Mainitkaa sanoja, jotka merkitsevät samaa tai melkein samaa kuin seuraavat sanat:

1. puheenjohtaja
2. eduskunta
3. toteuttaa
4. turvata
5. tehtävä
6. vapaa
7. kaipuu
8. rinnalle
9. päämäärä
10. eduskunnan puolelta
11. viipymättä
12. vieraat vallat
13. välit
14. kiireellinen
15. pysähtyä
16. kukistaa
17. suoda
18. estää
19. pyrkimys
20. työskennellä

313-631 O - 68 - 42

Sanavaraston kartuttamista

käsitellä

käsittely

käsittää

käsitys

Meillä on nyt vaikea kysymys käsiteltävänä.

Laki hyväksyttiin ensimmäisessä käsittelyssä muutoksitta.

Käsitelkää varovaisesti.

Se ei kestä kovaa käsittelyä.

En käsitä tätä.

Minulla on hänestä hyvä käsitys.

Hän pysyy omalla käsityskannallaan.

SIMA

8 l vettä	10 humalankukintoa tai
1/2 kg sokeria	1 pullo pilsneriä
1/2 ⅓ fariinisokeria	1/4 tl hiivaa
2 sitruunaa	rusinoita
	sokeria

Sokeri sulatetaan kiehuvaan veteen. Sitruuna kuoritaan, valkoinen osa kuoresta leikataan pois, hedelmä leikataan viipaleiksi ja siemenet poistetaan. Kiehuvaan sokeriliemeen pannaan sitruunan kuoret sekä viipaleet ja kuumassa vedessä huuhdotut humalankukinnot. Kun seos on jäähtynyt, tilkkaseen haaleata vettä liotettu hiiva ja pilsneri sekoitetaan joukkoon ja juoma saa käydä. Seuraavana päivänä se siivilöidään pulloihin. Joka pulloon pannaan pari huuhdottua rusinaa ja 1 tl sokeria. Pullot tulpitaan ja korkit sidotaan langalla. Sima säilytetään kylmässä paikassa.

Viikon kuluttua on sima valmista juotavaksi.

53

MURRENÄYTTEITÄ

1. Lounaismurteet (Laitila)

Mnää muista viäl oikke hyvin kui mnää piänen pói-
kan karasi hyssytti isäm peräs ko isä käve järve rannas
katittojas ja rysyjäs kokemas tuahinen kalakomes seljäs.
Mnää istusi ruuhe nokas ko isä sauvomel lykkäs ja tyy-
räskel ruht pyyrysten tyyijö. Kylm tuul puhals ussen-
ki, vesi valletus (=lainehti) ja pakkas viämän tasapoh-
jast ruht poispäi, mutt isä pist rautpiikkise sauvome
ruuhem perärenkkast läpitte ja löi sen kii jäissem poh-
jaha ja nost rysynperä ruuhesse ja ot siält rysyst hau-
vin taikk ahvne ja heit se ruuhem pohjal.

Lounaismurteille tunnusomaisia piirteitä ovat loppuheit-
to (kylm tuul, heit), sisäheitto (ahvne), sanaloppuisen n:n
ja t:n laaja-alainen kato (järve rannas, ruuhe nokas), konso-
nanttien kahdentuminen määräasemissa (oikke, ussenki), pit-
kien vokaalien lyheneminen kauempana sanassa (viämän, renk-
kast) sekä vokaalin piteneminen toisessa tavussa, jos ensim-
mäinen tavu on lyhyt (isäm peräs, karasi, kalakome).

2. Hämäläismurteet (Kangasala)

Siihen aikaan tartti karjalla ollap painem muassa
kun karjak kävi isolla takamailla. Kylän kaikki leh-
mäk kävi yhlessä ja niillä oli usseestiv vaan yks raine.

651

Siitaman kulmillakin oli paimel-Leenaks kuttuttu ih-
minen paimenena. Se oli kovastir rohkee ämmä, ei se
pelläännys susia eikä karhujaka. Eikä ne sillon ih-
mistä hättyyttänykkän kun elikoita oli saatuvilla,
niittem päällehhän ne parraasta päästä kävi.

Lounaismurteisiin verrattuna hämäläismurteet ovat täy-
teläisiä, sillä äänteet ovat säilyneet sanan lopussa ja si-
sässä eivätkä ole myöskään lyhentyneet (karjalla, parraasta
päästä). Muista piirteistä mainittakoon l kirjakielen d:n
paikalla yhlessä, tt kirjakielen ts:n paikalla (kuttuttu),
vokaalin piteneminen määrätapauksissa (pelläänny, muissa mur-
teissa peljännyt tai pelännyt) sekä ea:n ja eä:n muuttuminen
pitkäksi e:ksi kauempana sanassa (rohkee, usseesti).

3. K a a k k o i s m u r t e e t (Muolaa)
Pantii taas toine apaja. Alko jo tulla vähä hä-
märäkkii enneko saatii siint perä kässii. Ei ennää
näht oikee tarkkaa mite paljo siel on kalloi, mut sen
ver nähtii kuitekii et kyl siel nyt o, ja oljha siel.
Oikeeha se on tavalline pussi se mei muota perä mut
se olj ihkase täys kalloi. Koitellaa vettää vennee
vieree ja nostaa venneche mut eihä se tikahakkaa (=lii-
kahdakaan).

652

Kaakkoismurteissakin on loppuheitto ja sananloppuisen
n:n kato melko yleinen ilmiö (täys kalloi, siint, nuota perä,
vennee vieree), mutta kato on tapahtunut osittain toisten
edellytysten vallitessa kuin lounaismurteissa. Muita erikois-
piirteitä ovat kato, j tai v kirjakielen d:n paikalla (mei
nuota, ei tikaha), konsonantin kahdentuminen määrätapauksissa
(vennee, hämäräkkii, kalloi) sekä aspiraation puuttuminen
(alko jo tulla vähä, ei tullav vähä).

4. E t e l ä p o h j a l a i s e t m u r t e e t (Isokyrö)

Kyllä nooli (=ne oli) kovia aikoja ne nälkävua-

ret. Jostoli muallaki jottei isootellat trengänny

niin olistä oltava siälä Prooterim mökiski Kroommäjer

rannas. Kun se Liisam miäski oli kuallu eikästem

muuta jäänyk kum märjäk kakarap polvellej ja huano

kortteeri. Kostas siinä kans ämmääsen ihmiser ru-

vetat tuloho toimehe kolmen kakaran kans kun kaikki

oli kymmenen kynnen nenäs.

Murteelle on tunnusomaista i-loppuisen pariääntiön muut-
tuminen pitkäksi vokaaliksi kauempana sanassa (isootella,
ämmäänen), h:n säilyminen vokaalien välissä (tuloho toimehe),
ljä ja rjä heikossa asteessa kun vahvassa on lkä, rkä (märjät,
hämäläismurteissa yleisesti märäät tai märräät), kirjakielen
d:n paikalla r (vuaret), inessiivin päätteenä -s (nenäs, mö-
kiski).

5. S a v o l a i s m u r t e e t (Nilsiä)

Em muista iha täll'il'sen (=täsmälleen) tuota
vuosjlukuva, sillonj kun olj se ritkä kevät, neej-
jännii kyläläesiltä kaekilta loppu roavaarrikat
(=lehmänrehut). Näläkoe näk sillonj ynnikki (täs-
sä: lehmä), Urvompäevänä ihtenää. Lähettiin koko
kyläläeset Lapillahelta olokija hakemaa. Olj se
hank-kelj (=hankikeli), oitimmijä aejjaseepäetä
voan näky, kaekki selättii (=selätkin) sae ajjoo ha-
lakhelleetä.

Savolaismurteille luonteenomaisia piirteitä ovat seuraa-
vat: konsonanttien liudentuminen (vuosj, olj), pariääntiöiden
jälkiosan madaltuminen (kaekki, kyläläeset), pitkän aːn ja
äːn muuttuminen pariääntiöksi oa (tai ua) ja eä (tai iä) sanan
ensimmäisessä tavussa (roavaarrikat) sekä määrätapauksissa
pitkäksi oːksi tai eːksi kauempana sanassa (ajjoo, näläkee),
loisäänteen muodostuminen konsonanttien väliin (olokija, ha-
lak, näläkee), ht kirjakielen tsːn paikalla (ihtenää = itse-
nään) ja kato, j tai y kirjakielen dːn paikalla (aejjaseepäetä
= aidanseipäitä, lähettiin).

6. P e r ä p o h j a l a i s e t m u r t e e t (Rovaniemi)

Se sitte susi sano ketule: no mistä sie kaloja
saanu olet? Kettu sannoo että avenosta. Menthin sii-
hin avenole, se viepi siihin avenole kettu sen sujen

654

että tuosa hän on niitä saanu. Toinen että miten

niitä tästä saahan? Kettu sannoo että kun ilta tul-

leepi, nim pistä häntästi sitte aventhon. Ja nin

teki susi. Kun se sitte pisti aventhon sen häntän-

sä, nin aina nosteli. Mutta kettu sano: ei sitä piä

nostela enämpi, pittää oottaa.

L ä n t i s i l l e murteille tunnusomaisia piirteitä
ovat seuraavat: pitkä a ja ä ensimm. tavussa (saahan), pitkä
e indik. prees:n 3. persoonassa (tulleepi, itämurteissa tul-
loo), inessiivin pääte -sa, -sä (tuosa), vartalot mennä ja
avento (itämurt. männä ja avanto). Tärkeimmät i t ä i s e t
piirteet ovat d:n paikalla kato, j tai v (ei piä, oottaa, su-
jen), pronomini sie ja subst. ilta (länsimurt. ehtoo).

7.   7. H e l s i n g i n k o u l u l a i s -
                        j a n u o r i s o n m u r r e.

            Sä oot ihan täys idiootti, Bolle! Mä luin sun

stooris pari kertaa ennen ku mä tajusin, että noinki

simeitä tyyppejä löytyy. Jos sä kirjoitit sen jutun

tosissas, ni mä en voi muuta ku haukkoo henkee. Mei-

naat sä tahallas pilate Kustaa Aadolfin noilla "hyvil-

lä neuvoillas"? Semmoset kimmat, jotka tykkää kundeista,

jotka tulee pileisiin pää täynnä ja kiroilee ja mesoo,

on harvinaisii. Niin ku Musse sano, monet kiltsit tyk-

kää ujoista kundeista.

Sanasto

karata = juosta

katiska = kalanpyydys

rysy = rysä, kalanpyydys

kalakomes = kalakontti, selässä kannettava laukku

ruuhi = tasapohjainen vene

nokka = nenä, (linnun nokka)

sauvoin = mela, airo

lykätä = työntää

tyyrätä = ohjata

tyyijo = tykö, luo

pakata = yrittää

ahven = kalalaji

hauki = kalalaji

kulma = seutu

ämmä = nainen

hätyyttää = hyökätä kimppuun, ajaa

elikko = eläin

apaja = nuotanvetopaikka, nuotanvetokerta, kalastuspaikka

nuotta = suuri verkko, jota käsittelemään tarvitaan ainakin
kolme miestä

isotella = kerskua, suurennella, kehua

trengätä = kannattaa

kakara = lapsi

kortteeri = asunto

kostaa = maksaa

kynsi (tässä) = sormi, kädet

ämmäinen ihminen = naisihminen

rehu = eläimen ruoka

Urvon päivä = Urpon päivä, 19. toukokuuta

selkä = järven selkä, aava järvi

halkihelleetä = keskeltä halki, mistä vain

avento = avanto

stoori = tarina

simeä = tyhmä, " pimeä"

kimma = tyttö

kundi = poika

pilit = juhlat

mesoa = mekastaa, pitää melua

kiltsi = tyttö

Harjoituksia

Kirjoittakaa tekstissä annetut murrenäytteet yleiskielelle.
Kuunnelkaa senjälkeen nauhalta vastaavia yleiskielisiä
esityksiä ja korjatkaa kirjoituksenne.

Hilijaa lapset lehterillä, elikkä mä saarnaan koko päivän!

54

L A K I

KOULUJÄRJESTELMÄN PERUSTEISTA

Eduskunnan päätöksen mukaisesti säädetään:

1. luku. Koulujärjestelmä

1. pykälä

Valtakunnan koulujärjestelmä kehitetään yhtenäiskouluperiaatteen mukaiseksi niin kuin tässä laissa säädetään.

2. pykälä

Koulujärjestelmän runkona on kunnan koululaitos, jossa on oppivelvollisille tarkoitettu peruskoulu[1] ja johon voi kuulua lastentarha, lukio ja peruskoulun oppimäärälle rakentuvia ammatillisia oppilaitoksia.

Kunnan koululaitosta täydentävät valtion, kuntainliittojen ja muiden yhteisöjen sekä säätiöiden ja Suomen kansalaisten ylläpitämät kunnan kanssa yhteistoiminnassa olevat lukiot ja ammatilliset oppilaitokset.

Kunnan peruskoulua voi korvata muu kuin kunnan ylläpitämä koulu niin kuin tässä laissa säädetään.

---

[1]Peruskoulu on koulu-uudistuksessa hyväksytty koulumuoto, jossa entinen oppikoulu ja kansakoulu on yhdistetty kaikille pakollisena ja vapaana koulumuotona aina lukioluokille asti. Ennen peruskoulun käytäntöönottamista ne oppilaat, joiden vanhemmilla oli varaa, siirtyivät kansakoulusta yliopistoon johtavaan oppikouluun 10-11 v. ikäisinä. Kansakouluun jäivät varattomien vanhempien lapset. Peruskoulu takaa kaikille lapsille varallisuuteen katsomatta samat opiskelumahdollisuudet aina 16 v. asti.

Erityisiä tarkoituksia varten valtio voi ylläpitää perus-
koulua vastaavia tai peruskoulun oppimäärän osalle rakentuvia
kouluja ja, milloin se maan opetustoimen kannalta tärkeän kou-
lukokeilun vuoksi tai paikkakunnan kielellisen vänemmistön kou-
lutustarpeen tyydyttämiseksi taikka muun erityisen syyn vuoksi
on tarpeellista, avustaa tällaisia kouluja.

3. pykälä

Kunta on velvollinen huolehtimaan peruskouluopetuksen
järjestämisestä. Kunnan tehtävänä on muutoinkin edistää kou-
luolojen kehittämistä.

Kunta voi täyttää 1 momentissa säädetyn velvollisuutensa
myös yhteistoiminnassa toisten kuntien kanssa ja käyttämällä
apunaan muitakin kuin kunnallisia kouluja.

Valtioneuvosto voi velvoittaa kaksi tai useampia kuntia
yhteistoimintaan peruskouluopetuksen järjestämiseksi.

4. pykälä

Lukion ja ammatillisen oppilaitoksen opetus rakentuu
peruskoulun oppimäärälle, mikäli lailla tai asetuksella ei ole
toisin säädetty.

2. luku. Peruskoulu

5. pykälä

Varsinainen kansakoulu, kansalaiskoulu ja keskikoulu
yhdistetään yleistä peruskasvatusta antavaksi yhtenäiseksi pe-
ruskouluksi, joka on yhdeksänvuotinen.

Peruskoulun kuusi alinta vuosiluokkaa muodostaa sen ala-asteen ja kolme ylintä yläasteen.

Peruskoulun ala-asteella kaikkien oppilaiden opetus on pääasiassa samansisältöistä. Yläasteella opetus jakautuu opintosuuntiin.

Peruskouluun voi kuulua oppivelvollisuusikäisten eri-tyiskouluja ja -luokkia.

Kuurojen ja sokeain lasten peruskoulu on kymmenvuotinen.

6. pykälä

Peruskoulun opetussuunnitelmiin tulee sisältyä, sen mu-kaan kuin asetuksella säädetään, uskontoa, siveysoppia, ympä-ristöoppia, äidinkieltä, toista kotimaista kieltä, vierasta kieltä, historiaa, yhteiskuntaoppia, kansalaistaitoa, matema-tiikkaa, fysiikkaa, kemiaa, luonnonhistoriaa, maantietoa, lii-kuntaa, terveysoppia, kuvaamataitoa, musiikkia, käsityötä, kotitaloutta sekä elinkeinoelämään keskeisesti liittyviä, am-matinvalinnan edellytyksiä lisääviä oppiaineita ja käytännöl-lisiä harjoituksia. Näiden aineiden lisäksi voidaan vähäisin tuntimäärin opettaa muutamia muitakin aineita. Peruskoulun opetussuunnitelmaan voi kuulua kasvatukselliseen ohjantaan ja ammatinvalinnanohjaukseen varattuja tunteja.

Peruskoulun yläasteella opetettavien aineiden yleiset opetusohjeet ja tarvittaessa myös oppimäärät vahvistaa koulu-hallitus.

Peruskoulun opetusryhmien muodostamisesta säädetään ase-tuksella.

Oppilaan opintosuunnan peruskoulun yläasteella valitsee hänen huoltajansa saatuaan koulun taholta selvityksen oppilaan

todennäköisistä mahdollisuuksista menestyä eri opintosuunnilla.
Peruskoulukomitean I osamietintö[1]

Sanasto

oppivelvollinen	a minor between 7 - 16 years of age
vrt. alaikäinen	minor
säätiö, säätiön, säätiötä, säätiöitä	foundation, establishment, institution
yhteisö, yhteisön, yhteisöä, yhteisöjä	community
velvoittaa, velvoitan, velvoitti, velvoittanut	to put under obligation, impose as a duty
kansalaiskoulu	institute for supplementary education for children who after compulsory education cannot continue in college or trade school
kuuro, kuuron, kuuroa, kuuroja	deaf
siveysoppi	ethics
ohjanta = ohjaus	guidance
kouluhallitus	Department of Public Education
huoltaja = holhooja	guardian, provider

---

[1]Mietintö on komitean laatima asiakirja, jossa selvitellään käsiteltävää kysymystä ja tehdään siitä ehdotus.

Kysymyksiä

A.	Kenen päätöksellä lait säädetään Suomessa? Minkä
periaatteen mukaan Suomen koulujärjestelmää kehitetään?
Mikä on koulujärjestelmän runkona? Mitä kunnan koululai-
tos voi sisältää? Mitkä täydentävät kunnan koululaitosta?
Mikä voi korvata kunnan peruskoulua? Minkälaisia kouluja
valtio voi ylläpitää? Mitä kunta on velvollinen tekemään?
Kuka voi velvoittaa kunnat yhteistoimintaan peruskoulu-
opetuksen järjestämiseksi?

B.	. Mille oppimäärälle lukio ja ammattikoulut perustuvat?
Mikä on peruskoulu? Kuinka monivuotinen on peruskoulu?
Mitkä luokat muodostavat sen ala-asteen? Mitkä luokat
muodostavat sen yläasteen? Minkälaista opetus on ala-as-
teella? Millä asteella opetus jakaantuu opintosuuntiin?
Keiden peruskoulu on kymmenvuotinen?

C.	Mitä aineita tulee peruskoulun opetussuunnitelmiin
sisältyä? Mihin voidaan näiden lisäksi varata tunteja
opetussuunnitelmassa? Kuka valitsee oppilaan opintosuun-
nan eli linjan peruskoulun yläasteella? Kenen kanssa
huoltaja eli holhooja valitsee oppilaan opintosuunnan?

D.	Kenelle kuuluu Yhdysvalloissa vastuu koululaitoksesta,
valtiolle vai kunnalle? Mikä osuus Liittohallituksella on
tästä vastuusta? Millainen on Yhdysvaltain peruskoulu?
Kuinka monivuotinen se on? Milloin opetus jakaantuu eri
opintosuuntiin? Mitä aineita kuuluu peruskoulun opinto-
suunnitelmaan? Millä tavalla yksityiskoulut eroavat val-

tion tai kunnan kouluista? Mitä erityiskouluja on
Yhdysvalloissa?

Harjoituksia

A. Sanokaa seuraavia substantiiveja vastaavat adjektiivit:

MODEL: oppivelvollisuus - oppivelvollinen

kunta - kunnallinen

1. kunto
2. tarve
3. ammatti
4. laki
5. pakko
6. lapsi
7. usko
8. käytäntö
9. ehto

B. Täydentäkää seuraavat lauseet käyttämällä yllämainitun-
laisia adjektiiveja:

1. Lapsi on . . .7-16 ikävuoden   oppivelvollisuus
   välillä.

2. Suomeen perustettiin. . .kes-   kunta
   kikouluja.

3. Tarjotaan asuntoa. . .nuorel-   kunto
   le miehelle.

4. Hän puhui koko ajan. . .toi-   tarve
   menpiteistä.

663

5. . . .oppilaitoksista on puute.   ammatti

6. Hän käytti kaikkia. . .kei-   laki
   noja.

7. En usko. . .luentoihin.   pakko

8. He nauravat. . .ehdotuk-   lapsi
   sellesi.

9. Koira on kaikkein. . .ko-   usko
   tieläin.

10. Ostamme vain. . .vaatteita.   käytäntö

11. Hän sai. . .tuomion.   ehto

C. Toistakaa seuraavat lauseet käyttämällä alleviivattujen
   sanojen vastakohtia:

   MODEL: Hän sitoutui ehdolliseen vaitioloon.   -
          Hän sitoutui ehdottomaan vaitioloon.

   1. Tähti oli kuuluisa uskollisesta aviomiehes-
      tänsä.

   2. Hän on perheellinen mies.

   3. He ryhtyivät laillisiin toimenpiteisiin.

   4. Katsoin sen tarpeelliseksi.

   5. Puhuin kunnollisista nuorista miehistä.

   6. Laivaväylät havaittiin vaarallisiksi.

               Sanavaraston kartuttamista

.säätiö
vrt. säätää
säätiörahasto, -varat, -rekisteri
Nobelin säätiö.

Vihurin säätiö.

Säätiötä hoitaa ja edustaa sen hallitus.

kansalainen, kansalais-

kansalaisuus

kansalaistaa

Suomen kansalainen.

Akateeminen kansalainen.

kansalaisjärjestö, -keräys, -kokous, -luottamus, -oikeus,
-sota.

oppivelvollinen

Oppivelvollisuusikää pyritään alentamaan.

Oppivelvollisuusiässä olevat pojat haluaisivat mennä työhön.

Alaikäinen on Suomessa useimmissa tapauksissa 21 vuotta
nuorempi.

Alaikäisten on saatava vanhempien lupa naimisiinmenoa varten.

vrt. täysi-ikäinen

Jokainen täysi-ikäinen kansalaisluottamusta nauttiva kan-
salainen saa äänestää.

Maasta se pienikin ponnistaa.

Mitä isot edellä, sitä pienet perässä.

Hyvä kello kauas kuuluu, paha vielä kauemmaks!

Alku aina hankala, lopussa kiitos seisoo.

Ahkeruus kovankin onnen voittaa.

Sitä kuusta kuuleminen, jonka juurella asunto.

Parempi pyy pivossa kuin kymmenen oksalla.

665

55

Amerikan vapaussota ensimmäisen suomen-kielisen sanomalehden kuvaamana

Paloja
Antti Lizeliutzen 1775—1776
julkaisemista
„Suomenkielisistä Tieto-Sanomista„

Wuonna 1775

Syys-Kuuša:

Englantin Waltakunnalla on nyt sodan alku niitten Neljännešä Maailman Ošaša Amerikaša ašuwaisten Kanšša, jotka Englantin Hallituxen ala muinan tullet owat. Amerikalaišet tahtowat, niin-kuin olewat Englantin Alammaišet, nautita tawallišia wapauxianša, jolta he šyyttäwät Hallituxen ruwennen wähentämän ja heiltä jošakin mitaša kieltämähän. Ja että Amerikalaišet owat ašettanet itzenšä šenkaltaišta Ešiwaltanša Ašetuxia wastaan; Niin tahtoo Halliius heitä, niinkuin uppiniškaišia, šota wäellä hillitä.

Wuonna 1776

Tammi-Kuuša:

Ne kapinallišet keskinäišet šodanmenot, kun Englantin Wallan ja hejän omain Alammaištenša Amerikolaisten wälillä aljettin Amerikaša mennenä wuonna, owat wielä šekašeuraišet, eikä ole tainnet lopetetta, ehtä ne eripuraišet molemmin puolin šowinto-muotoja owat kyllä ajatellet ja ušiummasti niitä, waan turhaan toimitellet. Amerikalaisten šotajoukko on monta tuhatta keriaa Kanšaišempi kuin Englantin šiellä nyt olewat huowit.

Maalis-Kuusa:

Amerikalaiset owat jällen sotakeinolla mennesä Marras-Kuusa woittanet Englantilta Montrealin Kaupunkin. He owat myös käsittänet usiammat Englantin Laiwoista, ja pitänet saalin setä wäestä että ruoka-aineista. On kuitenkin Englantikin siellä ottanut Amerikalaisilta yhtäläisesti Laiwoja.

Englanti sanotan tänä wuonna lähettävän Amerikaan 50. Sotalaiwaa, ja wiisikymmentätuhatta sotamiestä, Amerikalaisia niillä woittaxensa.

Touko-Kuusa:

Ehtä Englantisa kyllä puhutan rauhan aiwoituxista Amerikalaisten kanssa, möyhii kuitenkin Englantin walta alinomaa, ja toimitta tuimasti sodan-tarpeita.

Heinä-Kuusa:

Englantilaiset Amerikasa owat wapahtanet Qwebekin Kaupunkin Amerikalaisten käsistä. Englantilaiset owat myös woittanet ja ottanet Amerikalaisilta yhden Sota-Aluxen, 44. Kauppa Alusta, toisella erällä 35. ja usiamman muita Hahteja, ja myös ilman näitä wapahtanet 13. kaikenlaisilla kaluilla täytetyitä Aluxia, jotka Amerikalaiset ennen olit heiltä ottanet pois.

Elo-Kuusa:

Nyt sanotan Amerikalaiset seisahtanen siihen päätöxeen, ettei heijän enää pidäis totteleman Englantin Lakia; waan pitäwän itzensä niinkuin Englantin Waltakunnasta eroitettuna.

Syys-Kuusa:

Englantilaisten ja Amerikalaisten Sodasta puhutan sinne ja tänne. Nyt sanotan taas rauhan ja sowinnon hankiot olewan alkeisa. Tästälähin taitan saada kuulla jällen toisin.

Loka-Kuusa:

Wenäjän Keisarinna sanotan päätöxen kautta luwannen autta Englantia Amerikalaisia wastan tulewana kewänä 20:lla tuhannella miehellä ja yhdellä täydellisellä sotalaiwalla.

Englantilaiset owat Amerikasa nyt ollet onnettomat merellä, ja paitzi sitä, että usiammat aluxet tappeluxesa owat turmeltut, on myös yxi hejän laiwansa Amerikalaisilta upotettu, ettei yxikän ihminen siitä tullut pelastetuxi.

Jos sodan lewottomus nyt kohta Amerikasa seisahtuis, niin sanotan kuitenkin jo tarwittawan 50. wuotta, ennen kuin Amerika jällen taidais saatta itzensä entiseen woimaansa. Ei he kuitenkan wieläkän aiwo lakata sotimasta, ennen kuin he saawat täyden palkkion.

Sanasto

uppiniskainen = tottelematon, itsepäinen

eripurainen = riidanhaluinen, riitaisa

kansainen = lukuisa

huovi = ratsumies, sotamies

käsittää = valloittaa, ottaa haltuunsa (käsiinsä)

aivoitus = ajatus, suunnitelma, aie

möyhiä = pehmittää, painostaa, olla aktiivinen

vapahtaa = vapauttaa

erä = kerta

haahti = laiva, alus

hankiot = hankkeet, aikomukset, suunnitelmat

onneton = huono-onninen

aiwo = aio

Kysymyksiä

A.   Mikä oli ensimmäinen suomenkielinen sanomalehti?
Kuka sitä julkaisi? Milloin sitä julkaistiin? Mikä Antti
Lizelius oli? Mistä tapahtumista nämä uutiset kertovat?
Minä vuosina käytiin vapaussotaa Amerikassa?

B.   Kuinka mones maanosa Amerikka oli? Kenen alamaisia
amerikkalaiset olivat? Mistä he syyttivät Englannin hal-
litusta? Miten Englanti päätti hillitä heitä? Kuinka
suuri oli amerikkalaisten armeija englantilaisten armei-
jaan verrattuna? Miksi englantilaisia ratsumiehiä kutsut-
tiin tässä lehdessä?

C.   Mitä tapahtui marraskuussa 1775? Minkälainen oli tilanne merellä samassa kuussa? Mistä puhuttiin lehden toukokuun numerossa seuraavana vuonna? Mistä heinäkuun numero kertoo? Milloin oli Suomessa uutinen Amerikan itsenäisyysjulistuksesta? Miksi se ei ollut heinäkuun numerossa? Kuinka kauan näyttää uutisten kulku kestäneen? Mitä Venäjän keisarinna oli luvannut tehdä? Millainen oli englantilaisten sotaonni merellä? Kuinka monta laivaa amerikkalaiset upottivat? Kuinka kauan kestäisi ennenkuin olot Amerikassa palautuisivat ennalleen? Mitä tarkoitetaan amerikkalaisten "täydellä palkkiolla"?

31. 12. 1931. Perjantai:

*Tänään on vuoden viimeinen päivä
ajattele, viimeinen! Tuosi tuhatyhdeksänsataa
kolmekymmentä vuosi on mennyt, eikä palaa
milloinkaan. Ja miten vähän, miten hirveän
vähän minä olen saanut teddyksi.*

*Tämä vuosi on ollut niin kummalli-
nen. Varsinkin, jos ottaa mukaan syksyä
vuodesta 1935. En ole ikinä' ennen elänyt
niin ihanallista aikaa. Olen kehittynyt niin
tunnustomasti: luonteeni on paljon syventy-
nyt ja avartunut, mieleni entisen elpselli-
sesta rauhallisuudesta tullut a hyvin
riitelevaksi ja intoilevaksi, ja nyt keväällä
on taas paljon tyyntynyt. Tämä keväänä
eläskin kehityin paljon. Sieli: avautuu pako-
tellen sinisen taivaan alla, kuikki kätke-
nees vielää sieluota aun kevätaurin─*

Runoilija Saima Harmajan päiväkirjasta.

670

56

KALEVALA

Suomen kansalliseepos Kalevala oli säilynyt suullisena
perimätietona satoja vuosia Suomen kansan keskuudessa ennen-
kuin Elias Lönnrot kokosi ja julkaisi sen v. 1835. Kalevalan
toinen painos ilmestyi v. 1849 Elias Lönnrotin huomattavasti
laajentamana ja uusimana. Nykyinen Kalevala on sisällykseltä-
tään sama kuin v. 1849 Kalevala. Seuraavassa on näyte ensim-
mäisestä Kalevalasta ja sen rinnalla sama runo nykyisessä v.
1963 painoasussa, jonka kuvituksen ja painoasun on suunnitellut
Akseli Gallen-Kallela v. 1922.

Kahdeskymmenes Runo.

Siitä häitä hankittihin,
Walmisteltihin pitoja,
Häitä Pohjolan tuwilla,
Pitoja Pimentolasfa.
5.   Mitä tuohon tuotanehe,
Ja kuta we'ettänehe,
Noihin Pohjolan pitohin,
Sariolan juominkihin,
Hywän rahwahan ruuitfi,
10. Joukon suuren fyötäwätfi?

Mitä nyt laulamme lajia,
Kuta virttä vieretämme?
Tuota laulamme lajia,
Tuota virttä vieretämme:
Noita Pohjolan pitoja,
Jumalisten juominkia.
   Viikon häitä hankittihin,
Valmistettihin varoja
Noilla Pohjolan tuvilla,
Sariolan salvoksilla.

Tuotu on muhla mulli,
Sonni saatuna lihawa.
 Kaswo härkä Karjalassa,
Sonni Suomessa siteli,
15. Eikä härkä suuren suuri,
Eikä härkä pienen pieni;
Hämehestä häntä häily,
Pää keikku Kemijoella,
Jalk' on yksi Kunukselsa,
20. Toinen Turjan tunturilla,
Kolmansi koskella Wuoksen,
Neljäs on Lapin lahella.
Päiwän lenti pääskylintu
Härän sarwien wäliä,
25. Kuun juoksi kesäorawa
Häpeheltä hännän päähän,
Eikä wielä päähän päässyt,
Ensinkänä ennättänyt,
Keskelläpä yön pitäwi,
30. Härän hännällä lepäsi.
 Etsitähän iskiätä,
Katsotahan kaatajata,
Wienestä Wenäjän maasta,
Kaunihista Karjalasta,
35. Suomen suurilta tiloilta,
Ruotsin maasta rohkiasta,
Tämän riihin riltamaasta,
Tämän wallan walnojasta.

Mitä tuohon tuotettihin
Ja kuta veätettihin,
Pohjan pitkihin pitoihin,
Suuren joukon juominkihin,
Rahvahan ravitsemiksi,
Joukon suuren syöttämiksi?
 Kasvoi härkä Karjalassa,
Sonni Suomessa lihosi,
Ei ollut suuri eikä pieni,
Olihan oikea vasikka;
Hämehessä häntä häilyi,
Pää keikkui Kemijoella,
Sata syltä sarvet pitkät,
Puoltatoista turpa paksu;
Viikon kärppä kääntelihe
Yhen kytkyen sijalla,
Päivän lenti pääskyläinen
Härän sarvien väliä,
Hätäisesti päähän pääsi
Keskenä levähtämättä,
Kuun juoksi kesäorava
Häpähältä hännän päähän
Eikä päähän pääsnytkänä,
Ensi kuussa ennättänyt.
 Sepä vallatoin vasikka.
Sonni suuri suomalainen,
Karjalasta kaimattihin
Pohjan pellon pientarelle;
Sata miestä sarviloista,
Tuhat turvasta piteli
Härkeä taluttaessa,
Pohjolahan tuotaessa.
ärkä käyä källeröitti
Sariolan salmen suussa,
Syöpi heinät hettehestä,
Selkä pilviä siveli,
Eikä ollut iskijätä,
Maan kamalan kaatajata
Pohjan poikien lu'ussa,
Koko suuressa su'ussa,
Nuorisossa nousevassa
Eikä varsin vanhastossa.

Tässä on käytetty Akseli Gallen-
Kallelan Koru-Kalevalan sommittelu-
asua (WSOY 1963) rouva Pirkko Gallen-
Kallelan suosiollisella luvalla.

57

Huveja

KANSALLISTEATTERI

a.n. 620582, p.n. ja k.n. 665168

SUURI NÄYTTÄMÖ: tänään 19.30
Haukat ja haikarat
Dramaten vierailee 20.–21. 5.
Lauantaina ensi-ilta:
Brechtin Setsuanin hyvä ihminen
PIENI NÄYTTÄMÖ: tänään 19.30
Agenttilaiva
Lippumyymälät avataan klo 13:

KAUPUNGIN TEATTERI

Suuri n. p. /1 76 44. 16–19.30.
Pieni n. p. 71 75 44. 16–19.30.
Suuri näyttämö: tänään 19.30
loppuunmyyty
VIULUNSOITTAJA KATOLLA
Pieni näyttämö: tänään 19.30
OLI KEVÄT (lopp.myyty)
Keskiv. 15. 5. ENSI-ILTA
Witold Gombrowicz:
VIHKIÄISET

VARSOVAN KANSANTEATTERIN VIERAILUNÄYTÄNNÖT
Suuri näyttämö:
21. 5. ja 22. 5. 19.30 Wyspianski:
HÄÄT
Pieni näyttämö:
23. 5. 15 ja 19.30, 24. 5. 19.30
Molière:
DON JUAN

ylioppilasteatteri
VANHA YLIOPPILASTALO

klo 22.15 viimeisen kerran
DEMOKRATIA-KABAREE.

VALTA, VOIMA ja KUNNIA
Kaasa klo 21, puh. 66 25 88
Jäseniksi pyrkivien ilmoittautuminen Studiossa tänään klo 13.

INTIMITEATTERI

Tänään 19.30 jännitysnäytelmä
ODOTA PIMEÄÄ
Kevätkauden viimeinen esityskerta
Lippuja klo 16 alk. puh. 49 11 43.

teatteri JUKKA Tänään klo 20
Viim. kerran tänä keväänä
Loistava arvostelumenestys
KISSANTASSUT ja UNTAKO LIENEE
Ke. 20 MARAKATTI
Lipp. Teatt. 15 alk. P. 66 02 54.

HELSINGIN JUHLAVIIKOT

16.–30. 5. Solistikonsertit

Lippuja Musiikki Fazerilta,
Aleksanterink. 11, p. 63 39 37.

17. 5. klo 20.00 Meilahden kirkko
KARL RICHTER, urut
Bach-konsertti
24. 5. klo 20.00 Kulttuuritalo
SVJATOSLAV RICHTER, piano
Loppuunmyyty
25. 5. klo 20.00 Ritarihuone
KIM BORG, basso
PENTTI KOSKIMIES, piano
Ravel — Kilpinen — Enescu —
Musorgski
26. 5. klo 10.30 Otaniemen
kappeli
MATI TULOISELA, baritoni
TAUNO AIKÄÄ, urut
Buxtehude — Roman —
— Bruckner — Michelsen
— Parviainen
28. 5. klo 20.00 Meilahden kirkko
ARTO NORAS, sello
MARKETTA VALVE, cembalo
Bach-konsertti
29. 5. klo 20.00 Kulttuuritalo
VLADIMIR ASHKENAZY,
piano
Mozart — Beethoven — Chopin

674

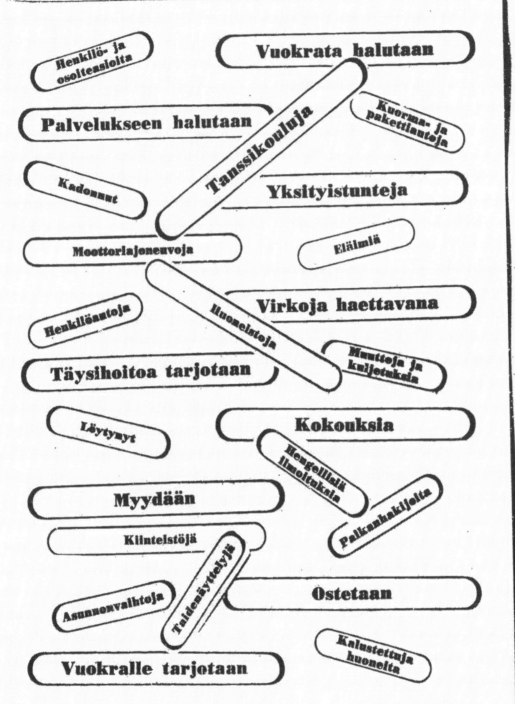

Henkilö- ja osoiteasioita

Vuokrata halutaan

Palvelukseen halutaan

Tanssikouluja

Kuorma- ja pakettiautoja

Kadonnut

Yksityistunteja

Moottoriajoneuvoja

Eläimiä

Huoneistoja

Virkoja haettavana

Henkilöautoja

Täysihoitoa tarjotaan

Muuttoja ja kuljetuksia

Löytynyt

Kokouksia

Myydään

Hengellisiä ilmoituksia

Palkanhakijoita

Kiinteistöjä

Taidenäyttelyjä

Asunnonvaihtoja

Ostetaan

Kalustettuja huoneita

Vuokralle tarjotaan

675

Otsolan suora vaati uhrin auton ajettua päin miestä

Karhula, 20. 4. (L) Otsolan "kuolemansuora" Karhulassa vaati lauantaina kuolonuhrin henkilöauton ajettua ajoradan ulkopuolella seisoneen 18-vuotiaan karhulalaisen Kari Antero Hälikän päälle.

Teknikko Ake Erik Brománnin ohjaama henkilöauto törmäsi tien sivussa mopoineen seisoneen Hälikän päälle, ja Hälikkä sai niin pahoja vammoja, että menehtyi niihin.

Polkupyöräilijä kuoli kuorma-auton ruhjomana

Nastola, 20. 4. (PV) Nastolalainen Paavo Helin menetti henkensä lauantaina Nastolan kirkonkylässä jouduttuaan polkupyöräseen kuorma-auton ruhjomaksi Lahden ja Kouvolan välisellä maantiellä.

Helin oli kello 14 jälkeen tulossa yöpaikastaan Kuivamaito Oy:n tehtaalta kotiin, kun hän joutui vakatielle tullessaan Kouvolasta saapuneen kuorma-auton eteen. Helin oli syntynyt 1907.

Moottoripyöräilijän surma Lappeenrannan keskustassa

Lappeenranta, 20. 4. (V) Lappeenrantalainen rakennustyömies Paavo Arvi Hulkkonen kuoli lauantaina aamupäivällä Lappeenrannassa Kauppakadun ja Savonkadun risteyksessä moottoripyörän ja henkilöauton yhteenajossa.

Saarelta kotoisin oleva talollinen Paavo Peuhkuri ajoi henkilöautollaan Kauppakatua pitkin. Vastakkaisesta suunnasta moottoripyörällään tullut rakennustyömies Paavo Hulkkonen sinkoutui henkilöauton tuulilasia vasten ja siitä katuun. Etelä-Saimaan keskussairaalassa hänet todettiin kuolleeksi.

Hulkkonen oli syntynyt 7. 2. 1940 ja hän oli naimisissa.

Juopunut yliajaja tunnusti tekonsa

Lappeenranta, 20. 4. (V) Juopunut autoilja ajoi miehen kumoon myöhään perjantai-iltana Lappeenrannassa Kauksalla ja jätti uhrinsa heitteille. Lauantaina suoritetuissa jatkokuulusteluissa kuljettaja myönsi syyllisyytensä.

Autoasentaja Eero Helge Vainikka ajoi perjantaina henkilöautollaan väkijuomien vaikutuksen alaisena Jukka Pienmunteen kumoon. Yliajon uhri joutui käymään Etelä-Saimaan keskussairaalassa, josta hän kuitenkin pääsi kotihoitoon.

Silminnäkijäin antamien tuntomerkkien perusteella saatiin Vainikka pidätetyksi.

Rattijuopoksi epäillyn auto katolleen

Rauma, 20. 4. (PA) Rattijuopoksi epäillyn miehen uusi henkilöauto kierähti katolleen ja romuttui pahoin lauantai-iltana Eurajoen Pullilankylässä. Onnettomuuden jälkeen kuljettaja pakeni paikalta, eikä poliisi ole häntä tavoittanut.

Kolarissa loukkaantunut kuoli tajuihinsa tulematta

Pari viikkoa sitten liikenneonnettomuudessa lähellä Helsinkiä loukkaantunut Esko Lindström kuoli perjantaina tajuihinsa tulematta Töölön sairaalassa.

Auroran sairaalassa hoidettavana olevat, samassa onnettomuudessa loukkaantuneet 10-vuotias Kari ja 4-vuotias Jarmo Lindström sen sijaan toipuvat hyvin. Onnettomuudessa kuoli toimitusjohtaja Pauli Lindström, helsinkiläiset autoasentajat Jouko Ahonen ja Terho Simonen.

Auton alle jäänyt polkupyöräilijä kuoli

Lahti, 20. 4. (STT) 60-vuotias nastolalainen pakkaaja Paavo Helin menehtyi vammoihinsa jäätyään polkupyörineen auton alle Nastolan Kirkonkylässä lauantaina.

Ruudukkoon liittyy kaksi kuvaryhmää A ja B, joissa kummassakin on viisi kuvaa. Kun selityksissä viitataan jompaan kumpaan ryhmään, tarkoittaa se sitä, että tällöin on kuvien joukosta osattava valita oikea, jonka nimi sijoitetaan asianomaiseen kohtaan ruudukossa.

Vaakasuoraan: 2. Leikinomaista. 4. Kiekkomies. 7. Elävällä ihmisellä. 9. Joella ja säkillä. 10. Ingon nukuttaja. 12. Lämpömäärän yksikkö. 14. Suurenmoiset. 16. Kenraalilääkäri. 17. Norjal. luistelija. 19. Satakunnan kunta. 21. Laskee Pohjanmereen. 23. Kuvaryhmässä B. 24. Sisältävät uutisia. 27. Vastaostettu. 30. Hirtetty poliitikko. 31. A-ryhmän kuva. 33. Patriarkan veljenpoika. 34. Naispuoli-

nen. 35. Paloitus. 37. Syötävää. 39. Lääkekaavi. 42. Asui Ahdin valtakunnassa. 44. Juuri niin. 46. Menevän suunta. 48. Miehennimi. 50. Hyvin kasvanut. 52. Järjestymätön joukko. 54. Ennen vanhaan. 55. Jotain puuttuu. 56. Kuva A-ryhmässä. 57. Johtaa Roomasta poiskin. 58. Asioita tunteva usein. 59. Ensi kertaa näkösällä. 60. Vaikutus.

Pystysuoraan: 1. Kartiomainen. 2. Syyssää. 3. Ajon kohteena. 4. Voimavilja. 5. Kuvaryhmässä A. 6. Juhlatoimitus. 8. B-ryhmän kuva. 11. Tupakan tapana. 13. Kasvaa pellolla. 15. Ammatit. 16. Ent. suomalainen ominaisuus. 18. Kaupunki Donin suulla. 20. Kuva B-ryhmässä. 22. Mukana Roomassa. 23. Urheiluken-

raali. 25. Kuva B-ryhmässä. 26. Levätä. 28. Kavioidenkin tekemä. 29. Naurattaa. 31. Kiertolainen. 32. Vaihtoehto. 35. B-ryhmän kuva. 36. Keihäsmies. 38. Pihalle. 40. Työntää kuulaa. 41. Rauhasta riippuvainen. 42. Nopea etenijä. 43. Pakinoitsija. 45. Toukokuun poika. 47. Kuva A-ryhmässä. 49. Murhamies. 50. Lisää työhaluja. 51. A-ryhmän kuva. 53. Ruumiinosa.

Lähettäkää ratkaisu syyskuun 17. päivään mennessä lehtemme toimitukseen osoitteella: Peitsi-lehden toimitus, Helsinki, P-Rautatienkatu 11 A. Kuoreen merkitään lisäksi sana "Sanaristikko".

PALKINNOT: 2.000 mk, 1.000 mk ja 500 mk.

Vastaus seuraavalla sivulla

677

PÄIVÄSTÄ PÄIVÄÄN

Sunnuntai 21. 4.

Tänään: Anssi, Anselmi, Freja.

Huomenna: Alina, Gun.

Aurinko nousi Helsingin horisontin mukaan klo 4.48 ja laskee klo 19.52. Oulussa se nousi klo 4.24 ja laskee klo 20.12.

— • —

Helsinki tänään

Opastettu kävelyretki Siuntioon. Retkelle lähdetään Salomonkadulta Hankkijan edestä klo 9 tilauslinja-autoilla, joissa tunnus "Kaupungin retki". Retkestä yksityiskohtaisemmin eilisessä Helsingin Sanomissa s. 9.

"Puhtaus — terveys — kauneus"-näyttely Rakennusmestarien Talossa, Fredrikink. 51, avoinna 23. 4. saakka klo 10—20, sisällä voi olla klo 21:een.

SNLL:n naisvoimistelijoiden Amerikanmatkan edustusjoukkueen juhlanäytös Kansallisteatterissa klo 12.

Jumalanpalveluksia: Tuomiokirkko, Johanneksen kirkko, Vanhakirkko, Puotilan kappeli klo 10. Agricolan kirkko klo 11.30. Ortod.: Uspenskin katedraali ja P. kolminaisuuden kirkko klo 10. Room. kat.; P. Henrikin kirkossa juhlallinen messu klo 11, P. Marian kirkossa klo 10.30.

Helsingin NMKY:n sotilaskotityön 50-vuotisjuhla NMKY:n juhlasalissa, Vuorik. 17, klo 14.

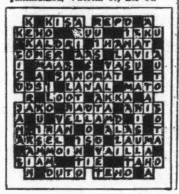

Säätila eilen klo 20

Etelä-Norjassa on syvenevä matalapaine, joka liikkuu itään. Siihen liittyvän sadealueen lasketaan ulottuvan vappuna suurimpaan osaan Etelä-Suomea. Sää on kylmää koko maassa.

Odotettavissa iltaan asti

Ahvenanmaalla, Turun ja Porin läänin eteläosassa ja Uudenmaan läänissä: voimistuvaa itään kääntyvää tuulta. Pilvistyvää ja aamulla tai aamupäivällä lumi- tai räntäsadetta. Kylmää.

Turun ja Porin läänin pohjoisosassa, Kymen ja Hämeen läänissä sekä Mikkelin läänin eteläosassa: päivällä voimistuvaa iiätuulta. Pilvistyvää ja poikoin lumisadetta. Kylmää.

Mikkelin läänin pohjoisosassa, Vaasan, Keski-Suomen, Kuopion, Pohjois-Karjalan, Oulun ja Lapin läänissä: kohtalaista pohjoisen puoleista tuulta, vaihtelevaa pilvisyyttä ja lumikuuroja. Kylmää.

Odotettavissa tiistaina

Etelä- ja Keski-Suomessa: lounaistuulta, vaihtelevaa pilvisyyttä, vähän lämpimämpää kuin vappuna. Pohjois-Suomessa: luoteistuulta, vaihtelevaa pilvisyyttä ja lumikuuroja, edelleen kylmää.

Maa-asemat eilen klo 14:

Helsinki 6, WNW 5, lumikuuroja; Turku 4, WNW 4, melk. pilv.; Maarianhamina 5, NW 4, puolipilv.; Pori 3, NW 4, melk. selk.; Tampere 4 N 3, puolipilv.; Jokioinen 5, WNW 3, lumikuuroja; Hämeenlinna 3, NW 5, pilv.; Lahti 3, NW 4, lumikuuroja; Lappeenranta 3, N.W 4, pilv.; Mikkeli 3, NNW 5, räntäkuuroja; Joensuu 3, NW 4, pilv.; Kuopio, lentok. 1, N 4, räntäkuuroja; Jyväskylä, lentok. 1, NNW 4, pilv.; Ähtäri 1, NNW 3, selk.; Kauhava 3, NW 4, melk. selk.; Vaasa 3, N 4, selk.; Nivala 1, NW 4, puolipilv.; Kajaani 0, NW 3, melk. pilv.; Oulu —1, NNW 5, puolipilv.; Kuusamo —2, N 3, pilv.; Kemi 0, N 4, pilv.; Rovaniemi, lentok. —3, WNW 4, pilv.; Sodankylä —3, NNW 3, pilv.; Muonio —2, N 3, melk. pilv.; Ivalo —3, NW 3, pilv.; Utsjoki, Kevo —3, NW 4, melk. selk

Lämpötilat ulkomailla:

Tukholma 9, Oslo 6, Kööpenhamina 9, Berliini 13, Frankfurt a.m 18, Lontoo 16, Pariisi 17, Wien 18, Madrid 15, Malaga 20, Las Palmas 21, Rooma 18, Moskova 7 ——

679

TAVALLISIMPIA SUOMALAISIA LYHENTEITÄ

a=aari, -a
A=ampeeri, -a
agr.=agronomi
alik.=alikersantti
ao.=asianomainen
ap.=aamupäivällä
a.p.=alempi palkkausluokka
arv.=arvoisa
AUK=aliupseerikoulu
C=Celsiusta
cm=senttimetri, -ä
ekon.=ekonomi
eKr.=ennen Kristusta
em.=ennen mainittu
EM=Euroopan mestaruus
ens.=ensimmäinen
ent.=entinen
esim.=esimerkiksi
ev.=eversti
ev.lut.=evankelis-luterilainen
ev.luutn.=everstiluutnantti
evp.=erossa vakinaisesta
   palveluksesta
F=Fahrenheitia
fil.kand.=FK=filosofian kandidaatti
fil.lis.=FL=filosofian lisensiaatti
fil.maist.=FM=filosofian maisteri
fil.tri=FT=filosofian tohtori
g=gramma, -a
harv.=harvinainen
hist.=historiallinen
HO=hovioikeus
hovioik.ausk.=hovioikeuden
   auskultantti
hra=herra
hum.kand.=HuK=HTK=humanististen
   tieteiden kandidaatti
huom.=huomautus
H.V.=Hyvä Veli (kirjeessä)
intr.=intransitiivinen
jatk.=jatkoa, jatkuu
JK=Jk.=jälkikirjoitus
jKr.=jälkeen Kristuksen
   syntymän
jms.=ja muuta sellaista
jne.=ja niin edelleen
ke=keskiviikko, -na
KHO=korkein hallinto-oikeus

khra=kirkkoherra
KHT=keskuskauppakamarin hyväksymä
   tilintarkastaja
kirj.=kirjataan
kk=kuukausi, kuukautta
KKO=KoK=korkein oikeus
klo=kello
km=kilometri, -ä
ko.=kyseessä oleva
KO=kihlakunnan oikeus
kpl.=kappale, -tta
kr.kat.=kreikkalaiskatolinen
ks.=katso
1=litra(a)
l.=eli
la=lauantai, -na
leht.=lehtori
lk.=luokka
luonnont.kand.=LuK=LTK=luonnontieteiden
   kandidaatti
lvv.=liikevaihtovero
lääk.kand.=lääketieteen kandidaatti
m=metri, -ä
ma=maanantai, -na
maist.=maisteri
ME=maailmanennätys
miel.=mieluummin
min.=minuutti, -a
mk=markkaa
mlk.=maalaiskunta
mm=millimetri, -ä
mm.=muun muassa
mrd.=miljardi, -a
mv.=maanviljelijä
n.=noin
nim.=nimittäin
nk.=niin kutsuttu
n:o=numero
ns.=niin sanottu
NS=Nykysuomen sanakirja
nyk.=nykyään
nti=neiti
oik.=oikeastaan; oikealla
os.=osoite; osasto
o.s.=omaa sukua
o.t.o.=oman toimensa ohella
OY=oy.=osakeyhtiö
p.=päivä

680

p=penni, -ä
par.=paremmin
past.=pastori
pe=perjantai, -na
pj.=puheenjohtaja
pnä=päivänä
po.=pitää olla
prof.=professori
p:sta=puolesta
puh.=puhelin
pv.=pienviljelijä
pvm.=päivämäärä
R=Réaumuria
res.=reservi-, reservissä
room.kat.=roomalaiskatolinen
rpl.=rupla, -a
RUK=Reserviupseerikoulu
rva=rouva
s=sekunti, -a
s.=sivu, -lla; syntynyt
SAK=Suomen Ammattiyhdistysten
   Keskusliitto
seur.=seuraava
SKDL=Suomen Kansan Demokraattinen
   Liitto
SM=Suomen Maaseudun Puolue
so.=se on
sos.dem.=sosiaalidemokraatti
SPR=Suomen Punainen Risti
skr.=seurakunta
STK=Suomen Työnantajain
   Keskusliitto
stm.=sotamies

su=sunnuntai, -na
synt.=syntynyt
t=tunti, -a
t.=tai
ti=tiistai, -na
tk.=tätä kuuta
t:mi=toiminimi
tms.=tai muuta sellaista
to=torstai, -na
toht.=tri=tohtori
TPSL=Työväen ja Pienviljelijäin
   Sosiaalidemokraattinen Liitto
tr.=transitiivinen
ts.=toisin sanoen
tsto=toimisto
UK=upseerikoulu
UT=Uusi testamentti
v=vuo/si, -tta
v.=vuonna, vuosina
V=voltti, -a
W=watti, -a
va.=väliaikainen
vak.=vakinainen
valtiot.kand.=valtiotieteiden
   kandidaatti
vk.=viime kuun, viime kuuta
V.p.=vastausta pyydetään
vrt.=vertaa
vsk.=vuosikerta
vt.=virkaa tekevä
YK=Yhdistyneet Kansakunnat
yliopp.=yo.=ylioppilas
ym.=ynnä muuta
yms.=ynnä muuta sellaista

Selityksiä

Sanastossa sanojen perässä oleva numero viittaa lukukappaleeseen, jossa sana
ensimmäisen kerran esiintyy ja jonka sanastossa sen tärkeimmät muodot
astevaihtelun heikon ja vahvan asteen ilmaisemiseksi on annettu. Verbeistä
käytetään 1. infinitiiviä (perusmuoto), yks. 1. persoonan preesensiä, yks.
3. pers. imperfektiä ja akt. partisiipin perfektiä (act. past participle).
Substantiiveista käytetään vastaavasti yks. nominatiivia (perusmuoto), yks.
genetiiviä, yks. partitiivia ja monikon partitiivia. Jos sanassa on useampia
kuin yksi muoto samassa sijassa, esim. "telakoita", "telakkoja" tai
"parraksen", "partaan", vain yksi muoto on yleensä mainittu sanastossa.
Vastaavasti samat muodot on annettu adjektiiveista ja pronomineista.

681

312-431 O - 68 - 44

FINNISH-ENGLISH WORD LIST

A

aalto=laine	wave, billow 15
aaltoliike	wavy motion, undulation 48
aapisto	alphabet 46
aarre	treasure 15
aasi	donkey, ass, jackass 27
aate	thought, idea, notion, ideal 30
aavemainen	ghastly, ghostly 38
aavistaa·	have a presentiment 19
aavistus	notion, presentiment, foreboding 39
ahdas	cramped, crowded, too small 43
ahdasmielinen	narrowminded 43
ahdistaa	to pursue, press, force, be tight 10
aho	clearing 46
Ahti	mythological king of the water sprites 1
aihe	cause, reason, theme, subject 33
aiheuttaa	to cause, bring on 19
aiheutua (jostakin)	to cause, spring (from something) 19
ailahdella	to keep shifting about, be unstable 49
aineellinen	materialistic 40
aines	material, stuff 34
ainoa	only, sole 10
ainoastaan	only 9
aisa	shaft, pole 42
aisakello	sleigh bell 42
aita	fence 15
aito	true, real 6
aitta	shed for provisions, supplies, larder 17
aivastaa	to sneeze 1
aivastella	to sneeze, be sneezing 14
aivo(t)	brain(s) 20
ajanmukainen	up to date, in conformity with the requirements of the times 40
ajelehtia	to be adrift, drift, float 15
ajoittainen	sporadic, occurring at times 31
ajoneuvo = kulkuneuvo	vehicle 21
ajorata	lane, driveway, drive 21
akka	old woman (colloq) 3
akselipaino	axle weight 21
ala	field, career, profession, area 24
ala/h/inen	low, subordinate, under the jurisdiction of 42
alas	down 1
alinomaa	constantly, perpetually 41
alistaa	to submit, subordinate 51
alkeellinen	primitive, elementary 11

682

alkoholipitoinen	containing alcohol, alcoholic 29
alkuaan	originally, initially 18
aloite	initiative 25
alue	area, district 2
alus	vessel, boat, foundation, ground 15
Ambomaa	Ovamboland in SW Africa 29
ammatti	trade, craft, profession 4
ammattilainen	professional 7
ammattiryhmä	trade group 21
ammattitaitoinen	skilled 45
ammattiyhdistysliike	trade union movement 45
ammollaan	agape, wide open 32
ammua	to low, moo 8
ampua	to shoot 8
ankara	severe, strong 28
ankkuri	anchor 35
annos	ration, dose, portion, helping 9
anoa	to petition, ask for 42
anomus	petition, request, application 40
ansaita	to earn, deserve, be worthy of 11
ansioitunut	well deserving, meritorious 29
ansiosta (jonkin a)	(it) deserves credit for 31
antaa anteeksi	to forgive, pardon 10
antaa myöten	to concede, yield, give in 34
antaumus	devotion 14
antautua	to yield, surrender, to give oneself up, to take up, engage (in) 32
antura	sole 23
apostoli	apostle 10
apostolinen	apostolic 10
apu	help, assistance, helping hand 24
aristella	to shirk, avoid, favor, nurse 47
arkipyhä	special church holiday falling on weekdays 45
arkku	trunk, chest, locker, coffin, casket 24
arktinen	arctic 44
armahdus	pardon, amnesty, oblivion 50
armoton	merciless, ruthless 49
arvata	to guess, be aware of 8
arvattavasti	supposedly, presumably 19
arvella	to have (an) opinion, suppose, think, believe 17
arveluttava	doubtful, questionable 26
arvioida	to evaluate, appraise, figure out, judge 27
arviointi	evaluation, appraisal 48
arvo	value 18
arvonimi	title 34
arvostella	to criticize, rate, grade 34
arvostelukyky	judgment, discernment 43

683

ase	weapon, firearm, tool 29
aseistaa	to arm 41
aseistautua	to arm, equip with arms 41
aselaji	branch of military service 29
asemesta (jonkin a.)	in place of, instead of something 37
asenne	attitude 34
asennusliike	installation shop 45
asentaa	to mount, install, fit 45
asento	position, posture 14
asetella	to calm, still, set right 15
asettaa	to place, put, appoint 13
asettua	to settle, place, calm 44
asetus	(law) statute, ordinance 44
asevelvollisuus	conscription, compulsory military service 40
asiallisuus	adherence to facts, relevance, objectivity, pertinence 40
asianajaja	attorney, counsellor, solicitor 45
askel	step 33
asteikko	scale, gauge, graduation 45
asti (=saakka)	till, until, as far as, down to 9
asujain = asukas 33	
asukas	inhabitant 4
asuttaa	to settle 29
aukko	opening, gap 12
aurinkokunta	solar system 35
autio	empty, desolate, waste 12
avain	key 17
avaruus	space 5
avio	married (prefix) 10
avioitua	to be married, marry, enter into matrimony 44
aviopuoliso	spouse, consort 10
avoimesti	openly, freely 49
avoin	open 7
avulla (jonkun avulla)	by the help of, with the assistance of (something) 24
avustaa	to assist, aid, support 30
avustaja	attaché, assistant, helper, contributor 24

B

bofori	wind velceity 38

D

dille	screwball 11

edellyttää	to presume, suppose 26
edellytys	presupposition, premise, condition 45
edeltää (jotakin)	to precede 33
edes	at least, even 14
edistyä	to progress 18
edistys	progress, advancement 40
edistysaskel	improvement, forward step 33
edistää	to further, forward, advance 21
edullinen	profitable, advantageous, favorable 34
edusta	the front of 13
edustaja	representative, agent 22
ehdottomasti	absolutely 12
ehdotus	suggestion, proposal, motion 9
ehtiä	have time, arrive on time 11
ehtyä	to get exhausted, wane 41
eksyä	to go astray, lose one's way 21
elatusapu	help toward support or maintenance 45
elellä	lead a life (free from care) "be on easy street" 28
eli	or 4
elinkeino	means of livelihood 6
elintarpeet	food, necessities 52
elintaso	standard of living 4
eliö	organism 31
ellei = jos ei	11
elossa	alive, living 38
elukka	animal 42
elähdyttää	to enliven, animate 49
eläinkunta	animal, animal kingdom 31
eläke	pension 29
eläköön	hurrah, long live! 40
elämys	experience, something one has lived through 24
elämöidä	be noisy, raise a racket 28
elättää	to support, provide, maintain 11
emä	mother (referring to animals); as prefix: mother, original, first 17
englanninkielentaitoinen	English speaking 5
enimmäkseen	mostly, mainly 4
enintään	at the most, not more than 50
ennakkoluulo	prejudice, bias 43
ennalleen	as before, unchanged 20
ennättää	to have time, be in time 42
enne	omen 14
ennenkaikkea	above all things, first of all 21
ennenkuulumaton	unheard of, unprecedented 37
ennen muinoin	once upon a time 13

ennenvanhaan	in olden days 9
ennustus	prediction, prophecy 19
ensinkään	at all (ei ensinkään - not at all) 1
entinen	former 14
entisaika	times gone by, olden times 22
epäilemättä	no doubt, undoubtedly 21
epäillen	doubtfully, suspiciously 11
epäillä	to doubt, suspect, hesitate 11
epäily	apprehension, suspicion, doubt 38
epäjumalankuva	idol, graven image 17
epäkohtelias	impolite, discourteous 22
epäluotettava	unreliable, undependable 49
epäluulo	suspicion, mistrust 43
epämuodostuma	deformity, malformation 20
epänormaali	abnormal 20
epäonnistua	to fail, be unsuccessful 37
epäröinti	hesitation, hesitating 47
epäsiveellisyys	immorality 26
epäsuosio	disfavor 49
epätietoisuus	uncertainty, dubiousness 38
epävakainen	changeable, unsteady, fickle 27
epäyhtenäinen	heterogeneous, incongruous, non-conforming 25
erehdys	mistake, error 19
erehtyä	make a mistake or error of judgment 19
erikoinen	extraordinary, specific, special 6
erikois-	special (in compound words) 20
erilainen	different, various 2
erimielisyys	disagreement, difference of opinion 50
erinomainen	excellent, extraordinary 22
erinäinen	certain, specified 22
eristää	to insulate, separate 35
erityisesti	especially, particularly 26
eristää	to isolate, insulate, block off 28
erivapaus	exemption, immunity 50
erkanee, erkani	to part, separate, diverge 50
ero	difference, separation, divorce 8
erota	to part, separate, divorce 32
erottaa	to distinguish, separate, discharge 32
erottaa palveluksesta	to discharge or terminate employment 45
erotukseksi (jostakin)	as distinguished from (something) 35
erämaa	wilderness, desert 28
eräänlainen	a kind of, some kind of 31
esihistoriallinen	prehistoric 18
esiinmarssi	marching forth 48
esiintymä	occurrence, deposit (geol.) 31
esiintyä	to appear, make one's appearance, perform, occur, exist 25
esikuva	pattern, example 7
esine	object, article, thing 33
esitelmä	lecture, paper 11

esittelijä	introducer 50
esitys	motion, proposal, performance 52
estellä	try to prevent, hinder, offer excuses 24
estää	to try to prevent, hinder, offer excuses 4
etenkin	especially, particularly 37
etsintä	search, inquiry 38
etsintäkuulutettu	wanted for murder 19
etsiskely	search, inquiry 38
etu	interest, advantage 22
etuajo-oikeus	right-of-way 21
etujalat	forelegs, forefeet 14
etukäteen	in advance, beforehand 11
etukäteislausunto	statement made in advance 26
etuoikeus	privilege 5
etäisyys	distance 28
eukko	wife, old woman (coll.) 36
eväs	bag lunch 46

F

flyygeli	grand piano 30

H

haaksirikko	shipwreck, wreck 38
haaksirikkoutua	to be shipwrecked, become a wreck 38
haara	branch, fork (of a road) 45
haastattelu	interview 8
haava	wound, sore 16
haave	fancy, illusion, phantasm 30
haaveilla	to muse, dream, be daydreaming 30
haavoittua	to have to interrupt one's run, but not yet to be out, to get wounded, receive a wound 7
hahmo	figure, shape, form 37
haista	to have a smell, odor, stink 23
haistaa	to smell, sniff 23
haitari	accordion 45
haitata	to harm, bother, trouble, to give trouble 12
hajaantua	to take the field, scatter 7
hajamielinen	absent minded, preoccupied 30
hajanainen	incoherent, scattered, spread 48
hajota	to fall to pieces, disperse, scatter 20
hajottaa	to scatter, spread out, dissolve 32
haju	smell, odor 8
hakata	to cut, hew, chop 12
hakkautua	to be battered, chopped 38

687

halkaisija	diameter, cleaver, splitter 35
halki	through, straight through 15
halko	stick of wood, firewood 36
hallavaturkki	pale, gray-colored fur 28
hallinto	administration 37
hallinto-oikeus	administrative law, court of administration 40
hallita	to rule, reign, govern 17
hallitsija	ruler, sovereign 17
hallitus	government, reign, rule, regime 18
haltija	sprite, fairy, owner, holder 17
halvautua = halvaantua	become paralyzed 19
halvaus	stroke, paralysis, apoplexy 20
hameenhelma	skirt hem, lap 21
hammas	tooth 1
hammaspyörä	cogwheel, toothed wheel 39
hankala	awkward, inconvenient 27
hankaus	friction, rubbing, chafing 45
hankkia	to acquire, get, earn, gain, win 24
hansikas	glove 35
haparoida	to grope (after), feel one's way 36
happi	oxygen 35
happo	acid 35
harallaan	spread out, wide apart 23
harata	to be a drag, struggle against, rake, hoe 41
harhautua	to be misled, lose one's way 22
harja	brush, mane, crest, peak 13
harjanne	ridge 33
harjoittaa	carry on, pursue a trade, practice, rehearse 4
harju	ridge 13
harkinta	deliberation, reflection, pondering 34
harkita	to deliberate, consider, weigh 34
harkko	bar, ingot 18
harmissaan	disgusted, indignant 12
harpata, harppia	to take long strides, stride 23
harras	devoted, devout, ardent 52
harrastaa	to take an interest, go in for something, have as a hobby 2
harrastus	hobby 30
hartaasti	earnestly 52
harva	few, rare, thin, coarse 17
harvaan asuttu	thinly populated 6
harvalukuinen	few in number 22
harvasteeseen	slowly, at long intervals 42
harvinainen	rare, rarely occurring 32
haudata	to bury 10
hauenluinen	made of pikebone 15
hauki	pike, pickerel 15
haukkua	to bark, yelp, call bad names 42

688

hauta	grave, tomb, sepulcher 33
hautausmaa	cemetery, burial ground 37
hautautua	to be or get buried, covered 33
havahtua	to wake up, awaken, be stirred (to action) 36
havainto	observation, perception, discovery 24
havaintoesitys	demonstration 49
havaita	to find, observe, see 26
havu	conifer sprig 17
hehkua	to glow, be red hot, burn 36
hehtaari	hectare (2,471 acres) 4
heijastaa	to reflect 48
heijastua	to be reflected · 48
heijastuma	reflection, reflex, image 48
heikentyä	to weaken, grow weaker, subside 37
heikentää	to weaken 37
heikko	weak, feeble 16
heimo	tribe, clan, family 44
heinä	hay 8
heinähelle = heinäkuunhelle	heat of the hottest month, July 27
heittäytyä	to throw (oneself), be lulled 36
heittäytyä pitkälleen	to throw flat 36
heittää	throw 1
helatorstai	Ascension Day 29
hellanrengas	ring of a range 36
hellittää	to let go, release, loosen, cease 46
hellitä	to get loose, loosen, work loose 46
helluntai	Whitsunday 29
helmi	pearl, bead 17
helpottaa	to facilitate, ease, relieve, soothe 25
helpotus	alleviation, relief, easement 25
helvetti	hell 42
hengellinen	spiritual, religious 40
hengenvaarallinen	dangerous to life, perilous 22
hengitys	breathing, respiration 19
henkilökohtainen	personal, individual 22
henkilökunta	personnel, staff 7
henkinen	mental, intellectual, spiritual 40
henkäys	breath, puff 30
herkkä	sensitive, susceptible, delicate 44
hermo	nerve 14
hermostua	to get nervous, lose one's nerve 1
herne	pea 2
Herra	Lord, sir 10
Herran ehtoollinen	communion 10
herttainen	sweet, lovely, nice 27
herätä	to awake, wake up, arouse 6
herättää	to arouse, wake up, awake 6
herättää huomiota	to draw attention, make conspicuous 20

689

herätyskello	alarm clock 14
hetki	moment, instant 19
hevin = hevillä	easily, readily 28
hieho	heifer 8
hieman	somewhat, slightly, a little 11
hieroa	to rub, massage 46
hievahtaa	to move, stir 40
hievahtamatta	firmly, without stirring 40
hiiden peitossa	hidden or concealed by (Hiisi) an evil spirit 17
hiihtolakki	skiing cap 11
hiihtää	to ski 24
hiipiä	to slip, sneak 14
hiisi	the Devil, Old Nick (myth.) 13
hiiskua	to utter a sound, make a sound 30
hiki	sweat, perspiration 39
hikoilla	to sweat, perspire 33
hiljalleen	slowly, gradually 49
hillitä	to restrain, check, repress 34
himo	lust 10
himoita	to covet, lust 10
hinaaja	tug, towboat, steam tug 38
hioa	to grind, polish, cut (diamond) 33
hioke	ground (wood) pulp 48
hiota	to sweat, perspire 33
hirsi	log 28
hirvittävä	dreadful, horrible, awful, frightful, terrible 19
hiukan	a little, a bit 13
hiukkanen	particle, fragment 31
hius	hair (of the human head) 17
hiutale	flake 42
hoilata	to yell, shout, bowl 16
hoitaa	take care of, attend, nurse, manage 4
hoito	care 6
hokea	to say again and again, keep on repeating 47
hopea	silver 1
hosua	to beat, strike, gesticulate 41
housunkaulus	trouser waist 36
hovi	court 23
hovisuutari	one's favorite shoemaker (colloq.) 23
huikea	huge, enormous, very big 46
huipistua	to culminate, taper, reach a climax 40
huippu	top, peak, summit 21
hukata	to lose, waste, spend 41
hukkaan mennyt	wasted, fruitless, useless 47
hukkua	to drown, be lost 1
hukuttaa	to drown, sink, lose 1
hulja	switch, twig 45
humahtaa	to thump, thud, flap 47

humu	whirl, hum, rumble 49
huoata	to sigh, groan 12
huokua	to breathe faintly 16
huolehtia	to take care, look after 14
huolellinen	careful, attentive 37
huolestua	become anxious or worried 20
huoletta	safely, without hesitation 21
huoli	anxiety, worry, concern 20
huolimatta (jostakin)	in spite of, despite, regardless of, notwithstanding 15
huomaamaton	unnoticeable, inconspicuous 20
huomattavasti	noticeably 4
huomauttaa	to remark, point out 23
huomio	observation, attention, heed 23
huora	harlot, prostitute, adulteress 10
hurja	madcap, daredevil, reckless 42
huudahtaa	to exclaim, cry out 11
huuhtoa	to wash, rinse, douche
huuli	lip 13
huutaa	to call, shout, yell 1
huuto	cry, yell, call 1
huutokauppa	auction (sale) 14
huvitus	amusement, entertainment 22
hylky	wreck, derelict 38
hylätä	to reject, cast out, abandon 34
hymy	smile, smirk, grin 11
hymyillä	to smile, grin, smirk 11
hyppyset (pl.)	fingers, fingertips 41
hypätä	to jump, leap 1
hytkähdyttää	to give a jolt or jog 42
hytti	cabin, stateroom 24
hyvillä mielin	in good spirits 13
hyvinvointi	welfare, prosperity 43
hyvittää	to atone, make...good, compensate 37
hyväksyä	to approve, endorse, sanction, accept, pass 25
hyödyke	commodity or product, useful service 45
hyödyllinen	useful 9
hyödyttää	to benefit, profit, be of use 44
hyökkäys	attack, charge, invasion, assault 16
hyökylaine	surge, breaker, roller 32
hyöty	use, benefit, profit 39
häikäilemätön	unscrupulous, bold, reckless 49
häikäisevä	brilliant, dazzling 43
häipyä	to disappear 16
hälventää	to dispel, disperse 19
hälvetä	to be dispelled, dispersed
hälyttää	to alarm, sound the alarm 37
hämillään	abashed, embarrassed 47
hämärtyä	to darken, dim 16

hämärä	twilight, dusky, not clear 16
hämääntyä	to be put out, become puzzled or embarrassed 41
häpeä	shame, disgrace 46
hätyyttää	to chase, attack, assail 41
hätä	emergency, necessity, need, distress, hurry 28
hätäsanoma	signal of distress 38
hätätilanne	case of emergency, distress 35
hävettää	to make one feel ashamed 47
hääpari	wedding couple 6
hääriä	to bustle about, be busy with 35
häät	wedding 6
hökötys	the whole "caboodle" 27
hölmö	simpleton, stupid, witless 41
hölmöläinen	one of the tribe of simpletons 41
höperryksissä	confused, bewildered, perplexed 42
höylätä	to plane, smooth off, shave 38
höyrylaitos	steam plant 45
höyrytä	to steam, be steaming 32

I

iankaikkinen	eternal, everlasting 10
ihailla	to admire 24
ihanteellinen	idealistic, ideal 37
ihmetellä	to wonder, marvel, be surprised 14
ihmistuntija	judge of human nature 23
ikinä	ever 42
ikivanha	very ancient, pristine, primeval 44
ikuisuus	eternity 39
ikä	age 4
ikäänkuin	as if, as though, just like 15
ilahduttaa	to gladden, make glad, delight 5
ilahtua	become glad, be pleased 5
ilkeä	nasty, spiteful, wicked 42
ilmaantua	to appear, make one's appearance 33
ilmakehä	atmosphere 31
ilmakirje	air letter, airgram 25
ilman (jotakin)	without (something) 10
ilmapainepora	air compressor drill 14
ilmaus	manifestation, expression 29
ilmeinen	obvious, apparent, plain 32
ilmestyminen	forthcoming, coming up 26
ilmestyä	to be published, appear 22
ilmetä	to appear, be revealed, be evident, show 30
ilmoittaa	to notify, inform, tell, report 1
ilmoitus	report, notice 38
iloinen	gay, happy, glad, delighted, jolly, merry 1
iloton	joyless, cheerless, gloomy 12

692

ilotyttö	prostitute, streetwalker 26
iltamyöhäinen	late evening 3
imeä	to suck 39
imuke	tip, mouthpiece 47
imusuoni	lymphatic 20
inahdus	sound, high-pitched or sharp voice 47
inhimillinen	humane, human 35
inhota	to detest, loathe, abhor 1
innostaa	to become inspired, develop enthusiasm 23
innostua	become inspired, develop enthusiasm 23
intohimo	passion, mania 12
intomielinen	ardent, zealous, fervent 49
irrota	to get loose, be detached 23
irrottaa	to loosen, detach, make free, lose 1
irtaantua	to get loose, be detached 23
irtolaisuus	vagrancy, vagabondage 40
iskeä	to strike. hit 15
iskeä "höskiin"	to hit the face (slang) 11
iskeä silmää	to wink at 15
isku	blow, stroke, hit 35
istahtaa	to sit down for a while 30
istua	to sit, be sitting 3
istuin	seat, see 35
istunto	session, meeting, sitting 52
istuutua	to seat oneself, sit down 3
isänmaanystävä	patriot 37
itkeä	to cry, weep 1
itkussa silmin	with tears in one's eyes 11
itse asiassa	in actual fact 23
itsekukin	such, every 41
itsenäisyys	independence, autonomy 25
itsepäinen	stubborn, obstinate, self-willed 43
itsestään	by itself, automatically, spontaneously 35
itsevaltias	autocrat, despot 40
itu	sprout, shoot, bud 41
itä	east 1
Itävalta	Austria 25
itää	to sprout, germinate 16
iäksi päiviksi	forever, eternally 15
iäkäs	aged, advanced in years 49

J

jaha	Oh, I see (colloq.) 8
jahdata	to chase, hunt 28
jahtivouti (hist.)	leader of the hue and cry party 46
jakaa	to divide 15
jakaantua	to be divided, branch 15
jakkara	(foot)stool, hassock 3

693

jako	division, distribution, sharing 16
jaksaa	to be able, have enough strength 19
jalankulkija	pedestrian, traveller on foot 21
jalkineet (pl.)	footwear 23
jalo	precious, noble 18
jaloluonteinen	of noble character 37
jarruttaa	to hold back, obstruct, break, apply the brakes 25
jauho	flour 28
johdattaa	to lead, guide 19
johdonmukainen	logical, consistent 37
johdosta (jonkin j.)	on account of, owing to (something) 48
johto	leadership, lead, wire, plumbing 15
johtopäätös	conclusion, deduction 26
johtua (jonkun) mieleen	to come to a person's mind, occur to a person 27
johtua (jostakin)	to be caused (by), arise (from), be due to, follow (from) 27
joitakin muita	some other(s) 2
joka	that, who, which 5
jokseenkin	fairly, quite, rather 27
jokin	some, something 8
joku	somebody, someone 8
jonkin verran	to some extent, somewhat 8
jono	line, queue, row 36
jopa	even 5
joskin	even though, even if 38
jotain = jotakin	something 5
joten	wherefore, so that, so 9
jotta (niin että)	so that, in order that 11
joukkue	team, platoon 7
joustavuus	elasticity, resilience 45
joutaa	to have time, find time, be free 36
joutilas	free, at leisure, out of work 11
joutua	to get into, fall into hands, draw near, hurry 14
joutua tilille jostakin	be held accountable for something 42
joutua veden varaan	to fall into a lake or sea 41
juhlia	to celebrate, feast, commemorate 6
jukra	gosh 11
julistaa	to declare, pronounce, proclaim 49
julistus	proclamation, declaration, public notice 52
julkaiseminen	publishing, revealing 26
julkaista	to publish, make public, announce 11
julkinen	public, official 25
jumahtaa	to boom, thunder 46
Jumala	God 10
jucksu	run 7
juoksuttaa	to cause to run, draw off, tap liquid 40
juomaraha	tip 22
juosta pakoon	to take to one's heels, run away 20

juttu	story, anecdote, lawsuit, case, take 6
juurakko	rootstock 47
juurella	at the base or bottom of something 11
juures	(root crops) edible root 34
juuri kun	just when 12
juutalainen	Jew, Jewish 44
jykevä	sturdy, robust, stout 46
jyrinä	(continuous) rumble, roll, (of sound) thunder 19
jyristäjä	one who causes thundering 17
jyrkkä	steep, precipitous, strict 42
jyry	rumble 16
jyrähdys	thunder, roar 19
jyskyttää	to pound, thump 16
jähmettyä	to become petrified, become set; solidify 47
jäljestäpäin	afterwards 13
jälki	forprint, trace, track, trail 38
jälleen	again 8
jämätä	to read with difficulty, beat or hammer a lesson into one's head 46
jännittyneenä	with strained attention, intently 11
jännittyä	to become excited or tense 11
jännittää	to strain, stretch, excite, thrill 11
jäntevä	sinewy, muscular, vigorous 46
järjestely	arrangement, organization 35
järjestys	order 35
järjestäytyä	to organize, come to order 49
järjestää	to organize, arrange, adjust 25
järjestö	organization 24
järjettömyys	absurdity, irrationality, nonsense 39
järkevä	sensible, reasonable 31
järkähtämätön	unshakable, firm 52
järki	reason, wits, brains 16
järkyttävä	shocking, soul stirring, upsetting 38
järkyttää	to shake up, disturb, upset 38
järkäle	block 32
järvialue	lake district 2
jäsen	member, limb 26
jäsenistö	membership, all members of an organization 49
jättiläinen	giant 13
jättää	to increase the lead over (sport), leave 32
jäykistyä	to become stiff, stiffen 41
jäykkä	stiff, rigid, taut 32
jäädä alle	be run over, remain underneath 27
jäännös	relic, remains, remnant, balance (math) 31

695

K

kaaos	chaos 38
kaapaista	to scrape, paw 47
kaapeli	cable 35
kaarre	curve, bend 32
kaasuvipu	throttle 19
kaataa	to overturn, tip over, drop down, pour, spill 29
kaatua	to fall, be killed (in war) 29
kadota	to disappear, minulta katosi hattu = I lost my hat 2
kadottaa	to lose 2
kahakäteen	in two different directions 42
kahlata	to wade, ford 13
kahtia	in two, in two halves 38
kai	probably, very likely 11
kaihtaa	to avoid, shun 49
kaikin voimin	with all one's might 15
kaikkivaltias	almighty, omnipotent 10
kaikua	to echo, resound, sound 41
kainalo	armpit 14
kainalossa	under the arm
kaipaella	to be missing, feel the loss, desire 41
kaipuu	desire, longing 21
kaira	wild track (of Lapland) 28
kaisla	bulrush, reed 46
kaitsea	to tend, protect, guard 17
kaivaa	to dig 1
kaivaa esille	to dig out 38
kaivata	to long for, miss 5
kaivo	well 1
kaivos	mine, pit 29
kajahtaa	to sound, resound, echo 47
kajottaa	to dawn, gleam, be dimly visible 36
kakistella	to clear one's throat, hawk 39
kakkosvara	side outfielder 7
kaksijakoisuus	bipartition 50
kaksinainen	of two kinds, dual 50
kalastus	fishing 2
kalju	bald, bare 4
kallio	rock 13
kallisarvoinen	valuable, precious 30
kalpea	pale 27
kaltainen	like, resembling 39
kalveta	to turn pale, lose color, fade, whiten 27
kamala	terrible, ghastly, frightful 27
kamarimusiikki	chamber music 30
kammio	chamber, cell 35
kampi	crank, handle 39

696

kampiakseli	crankshaft 39
kamppailu	struggle, battle, fight 44
kanerva	heather, heath, ling 46
kangas	moor, pine barren, fabric, cloth 38
kanki	pole, bar, stick, rod 39
kannalta (jonkin k.)	from the point of view (of something) 45
kannanotto	taking a position, stand 26
kannattaa	to pay, be profitable, support, afford 26
kanne	plaintiff's action, case for the prosecution 51
kanneviskaali	public prosecutor 51
kannu	can, jug, pot 16
kannustaa	to spur on, encourage, urge 49
kansainvälinen	international 25
kansakunta	nation, people 37
kansalainen	citizen 21
kansalaisoikeudet	civil rights, citizenship 44
kansaneläke	social security, old age pension 45
kansanomainen	common, or characteristic to the traits of the people of the country 34
kansansatu	folktale 1
kansanvalta	democracy 39
kansanvaltaisuus	democracy, the democratic nature 40
kansi	lid, cover, deck 15
kanslia	office(s) in a governmental department 40
kanta	stand, foot, base, heel 26
kantaa	to carry, bear 28
kantaja	plaintiff, bearer 51
kantapää	heel of shoe or foot 23
kantaväestö	basic or original population, core of population 44
kantele	Finnish musical instrument, kind of zither 15
kapellimestari	conductor of an orchestra 30
kapine	thing, object 14
kappale	piece, bit 15
karaista	to harden, make hard 34
karaistua	to become hardened or seasoned 34
karata	to flee, escape 17
karhu	bear 1
karikko	range of rocks, reef 38
karja	cattle, livestock 4
karjua	to roar, bawl, yell, bellow 41
karkea	coarse, rough, brutal, harsh 3
karkottaa	to drive away, expel, dispel 17
karkuri	runaway, fugitive, deserter 21
karmea	harsh, bitter, rough 46
karsi	soot, snuff 47
karsia	to prune, strike 12
kartio	cone 35
kasa	heap, pile 12
kastaa	to dip, wet, baptize 9

697

kastella	to water, wet, sprinkle 23
kastua	to get wet 23
kasvikunta	vegetable, vegetable kingdom 31
kasvullisuus	vegetation, vegetable growth 17
kataja	juniper 46
katalyyttinen	catalytic 20
katkaista	to snap off, break 32
katkera	bitter 1
katketa	to break, be broken 32
katkoa	to snap off, break off, sever 38
katku	smell, stink, stench 32
kato	total failure of crops 48
katoavainen	perishable, mortal 32
katsaus	survey, review 48
katse	look, glance, gaze 27
katsoa hyväksi	to choose to do, prefer to do 12
katsoa tarpeelliseksi	to find to be necessary 49
kattila	saucepan, pot, kettle 14
katua	to regret, repent, feel sorry 1
kauhea	horrible, terrible, awful 19
kauhu	horror, terror, fright 52
kaukainen	far, distant 3
kaukoliikenne	long-distance bus or train transportation 21
kaula	neck 9
kaulus	collar 36
kauppa	commerce, trade, store, shop 33
kaupunginvouti	town bailiff 20
kautta (jonkun k.)	via, through (something) 5
kauttaaltaan	all over, throughout, thoroughly 47
kavahtaa	to start, jump, beware 42
kaventaa	to narrow off, reduce 44
kaveri	chap, buddy, fellow, friend (colloq.) 11
kaveta	to narrow (down) 21
kehittää	to develop, generate, improve 12
kehittyä	to develop, evolve 20
kehottaa	to urge, request, ask 20
kehto	cradle 13
kehua	to praise, compliment, boast 27
kehuskella	to brag, talk big, boast 27
kehveli	(mild) swear word 28
keihäs	spear, javelin, lance 33
keikkua	to swing, be tossed up and down 46
keino	means, way 9
keinu	swing 36
keinutuoli	rocking chair 36
keisari	emperor, czar, kaiser 9
kekottaa	to be visible above the surroundings (coll.) 36
keksintä = keksiminen	inventing 30
keksiä	to invent, find out, discover 9

698

kelvata	to be good enough, serve 43
kengitys	shoeing of a horse 44
kengännauha	shoelace 11
kenraali	general 21
keppi	stick, rod, cane 34
keritä = kerjetä	to have time (to do something) 28
kerjätä	to beg 9
kerkeä	quick, willing, swift, prompt 46
kernaasti	willingly, readily 3
kerätä	to collect, gather, accumulate 38
kerääntyä	to gather, collect, assemble 38
kerskua	to boast, brag 27
kertoa	to tell, narrate, report 8
keskeinen	central, essential 43
keskellä (jotakin tai jonkin keskellä)	in the middle, midst 7
kesken	between, among, unfinished 15
keskenään	between, among themselves 21
keskeyttää	to interrupt, suspend 11
keskiarvo	mean or average value 45
keskilämpötila	mean temperature 2
keskimääräinen	average 34
keskinäinen	mutual, reciprocal 5
keskipolvi	middle-aged generation 49
keskittyä	to concentrate 23
keskittää	to concentrate, centralize 23
keskitysleiri	concentration camp 40
kestävyys	perseverance, durability, strength 7
kestää	to last, endure, wear 6
ketju	chain 38
ketjureaktio	chain reaction 40
ketkutella	to rock, sway, swing, wag 41
kettu	fox 1
keula	bow, head, brow, fore (part) 19
kevyt - kevea	light (weight) 4
kiehua	to boil 14
kielto	prohibition 21
kieltolaki	prohibition act 40
kieltäytyä	to refuse 21
kieltää	to deny, refuse 13
kiemarrella	to twist and turn, bend 46
kierittää	to roll, trundle, wheel 18
kierros	circuitous route, round turn, revolution 28
kiertyä	to twist, wind, warp, get entangled, coil 5
kiertää	to revolve, circle, orbit, turn 5
kierukka	spiral, coil 31
kihota	to ooze out, trickle 47
kiidättää	to give speed to, hasten 32

699

kiihkeä, kiihko-	fanatical 37
kiihko	fanaticism, ardor, vehemence 49
kiihottaa	to excite, incite, stir up 47
kiihottua	to become excited, irritated 47
kiihottunut	excited, high strung, overwrought 47
kiihtyä	to grow more intense, get excited, flare up 19
kiiltää	to shine, glitter 18
kiinnittää	to fasten, attach, mortgage 27
kiinnittää huomiota (johonkin)	to pay attention to (something) 35
kiinnostua (jostakin)	become interested (in something), be attracted 24
kiinteä	fixed, firm, immovable, stationary, solid 22
kiireenkaupalla	hastily, in a great hurry 37
kiistattomasti	indisputably, unquestionably 44
kiistää	to deny, dispute, argue 48
kiitää	to speed, fly, hasten 12
kiivas	vehement, quick tempered, violent, heated 44
kiivetä	to climb 1
kilistää	clink, jingle 19
kiljua	to howl, yell, scream 27
kilometri	kilometer, about .62 or 5/8 of a mile 4
kilpa	competition, race, competitive 43
kilpailu	competition, contest 15
kilpikonna	turtle, tortoise 34
kilvoitella	to endeavor to gain, vie for a thing, contend, contest 43
kimmota	to ricochet, bounce 37
kinastella	to keep arguing or bickering 19
kinnas	mitten 34
kinos	drift 38
kiperänkapera	intricate, complicated 41
kireä	tight, tense, stiff 48
kirjava	mottled, varicolored, checkered 17
kirjekotelo	envelope 25
kirjoitettu, (on) kirjoitettu	(has been) written 6
kirurgi	surgeon 20
kirvellä	to smart, ache 41
kirves	axe 33
kiskoa	to pull, strip, jerk, extort 36
kita	mouth, gape, gap, jaws 39
kitara	guitar 24
kitka	friction 44
kitkerä	bitter, pungent 41
kiuas	fireplace made with loose cobblestones 33
kiusa	mischief, annoyance 32
kiusallinen	annoying, troublesome 26
kiusata	to annoy, tease, pester 10
kiusaus	temptation 10
kivi	stone 1
kodikas	cozy, snug 16

700

koditon	homeless 39
koettaa	to try, attempt, test 11
kohdata	to meet, encounter 21
kohde	object, target 31
kohdella	to treat, deal with 44
kohdistua	to be directed, affect 22
kohentaa	to improve, straighten out, stir up (fire) 45
kohina	hum, rush, roar, noise 19
kohoilla	to move up and down 36
kohokohta	climax, highest point, culmination 35
kohota	to raise, be promoted, rise, go up 43
kohottaa	to raise, lift up, elevate 43
kohta	soon, at once; point, place 11
kohtalo	lot, fate, share, destiny 37
kohtaus	fit. spell, attack, meeting 27
kohti	toward, per, straight 15
kohtio	pole, electrode (Physics) 31
kohtuullinen	moderate, reasonable 4
kohtuuton	unreasonable, excessive 22
koillinen	northeast, northeasterly 28
koipi	leg, shank 42
koivu	birch 2
koje	instrument, apparatus 35
kokea	to experience, undergo 22
kokeilu	experimenting, experimentation 30
kokematon	inexperienced 49
kokemattomuus	inexperience 22
kokkare	clod, lump, clot 41
kokko	eagle, bonfire 15
koko	size, whole, entire, heap 4
kokoelma	collection 35
kokous	meeting, assembly, gathering, conference 25
kolahtaa	to thump, thud, rap, knock 39
kolista	to rattle 36
kolisuttaa	to make rattle, clatter 36
kolkko	grisly, dreary, dismal 38
kolmantena	as the third 2
kolotus	ache, pain 23
komea	handsome, fine, grand 12
komitea	committee 49
kommellus	complication, entanglement 21
kompasana	quip, sarcastic expression 46
koneisto	machinery, mechanism 39
konsti	trick, means, way 14
kontata	to creep, crawl, go on all fours 21
kontatessaan	while creeping 21
konttori	office, closet, pantry 11
konttoristi	office clerk 39
kookas	big, large, tall, stately 33

701

koolle, koolla	together, assembled 25
koota	to gather, collect 28
kopaista	to feel, catch, touch (colloq.) 36
kopeekka	kopeck 25
koppari	center outfielder 7
koppi	"fly" ball, booth 7
Koraani	Koran 5
korea	showy, gandy, beautiful 46
korjata	to repair, mend, remedy 38
korjata sato	to harvest 41
korko	heel, interest 23
korostaa	to emphasize, stress, accentuate 26
korostus	emphasis, stress, intonation 26
korotus	raise, increase, elevation 45
korppi	raven 13
korsu	dugout 16
korut (pl.)	jewelry, personal ornaments 33
korva	ear 9
korvallinen	with the handle or "ear", area around ear 36
korvata	to substitute, compensate, indemnity 34
korvaus	reparation, compensation, return 29
koskea	to concern, touch, hurt 11
koskettaa	to touch 19
kosketus	contact, touch, connection 38
kostaa	to revenge 13
kosto	revenge 42
kotieläin	domestic animal 8
kotilo	mollusk, gastropod 34
kotka	eagle 15
Kouluhallitus	Department of Public Education 54
kouluikäinen	of school age 49
koulunkäynyt	educated, schooled 5
koulutoimi	public educational system 34
koulutus	training, schooling 35
koura	hand, fist 14
kouristaa	to squeeze, wring 41
kova	hearty, hard, firm, loud 29
Kravun kääntöpiiri	The Tropic of Cancer 26
kriitillinen	crucial, critical 39
kuilu	breach, gulf, cleft, shaft 39
kuiskata	to whisper 39
kuiske	whisper 16
kuitti	completely exhausted, receipt, voucher 32
kuja	lane, walk, alley 12
kujanjuoksu	gauntlet 12
kukin	each, everybody, everyone 17
kukistaa	to overthrow, abolish, subdue 40
kukistua	to fall, be overthrown, be overturned 40
kukkaro	purse 13

kukkopoika	cockerel, young rooster 46
kukkula	hill, height, pinnacle 33
kukoistaa	to flourish, thrive, blossom 33
kuljetus	transportation 24
kulku	going, course 5
kulma	corner, angle, temple, nook 11
kulmakarvat	eyebrows 36
kulmaus	street corner, corner 21
kulta	gold 1
kultapitoisuus	contents in gold 18
kultasankainen	with golden frame or rim 40
kulttuuri	culture, civilization 18
kulua	to wear out, be worn 23
kuluttaa	to wear out, consume, use 23
kuluttua (jonkin ajan k.)	after (after a certain time) 27
kulutus	consumption 48
kumartaa	to bow, make a bow, stoop 34
kumartua	to bow down, stoop 39
kumista	to boom, rumble, emit a hollow sound 46
kummallinen	peculiar, strange 6
kummastua	to become surprised, be struck with surprise 34
kummastuttaa	to surprise, astonish 34
kummitus	ghost, monster 39
kumppani	companion, partner, comrad, fellow 5
kumpu	mound, small hill, rise in the ground 37
kunnallisvaltuusto	communal or county board 51
kunnantoimisto	county office 28
kunnia	glory, honor 10
kunniajuoksu	home run 7
kunniamerkki	decoration, order, badge of honor 36
kunnianhimo	ambition 30
kunnioittaa	to honor, have respect 10
kunnioitus	respect, reverence, veneration 33
kunnon	fine, proper 5
kunto	order. condition, shape 23
kuohu	swell 15
kuokkia	to hoe 41
kuolema	death 17
kuolemanrangaistus	capital punishment, death penalty 29
kuolkoon	let him die 9
kuolla	to die, pass away, be out 7
kuollut	dead, deceased 15
kuoppa	hole, pit, dimple 21
kuori	crust, shell, peel 39
kuoria	to peel 39
kuorma	load 13
kuorsata	to snore 16
Kuortane	a county in Finland 24
kupari	copper 18

703

kupari	copper 18
kuri	discipline, correction 21
kurimus	pit, whirlpool, abyss 32
kuritushuone	penitentiary 51
kuritushuonetuomio	sentence to hard labor 51
kurja	miserable, wretched 44
kurki	crane 15
kurkku	cucumber, throat 2
kurkottautua	to stretch out 27
kurottaa = kurkottaa	to stretch out, extend 27
kustantaja	publisher 26
kuten	as 34
kutsua kokoon	to call together, summon 15
kutsu	invitation, call, summons 30
kutsut (pl.)	party, entertainment 30
kuulemiin	good bye (on radio, comp. näkemiin) 8
kuulostaa	to listen, make inquiries, sound 42
kuulua	to belong, be heard 3
kuuluisa	famous, well known 9
kuulustelu	examination, hearing, trial 40
kuuluttaa	to announce, publish the banns 8
kuunnelma	radio play 19
kuuro	deaf, deaf person 54
kuusi	spruce, (joulukuusi = Christmas tree) 2
kuutio	cubic (meter), cube 38
kuutoset	sextuplets, (group of six) 48
kuvaruutu	TV screen 36
kuvernööri	governor 37
kuvitella	to imagine, picture, fancy 17
kuvitelma	illusion, fancy, imagination 39
kyetä	to be able, capable 39
kyky	ability, capability, talent 43
kyljellään	on one's side 14
kylki	side, flank 14
kylliksi	enough, sufficiently 39
kyllästyä	to get enough, be fed up, get tired of 49
kylmäkiskoisuus	coolness, indifference, unconcern 43
kylvää	to sow 41
kymppi	ten spot (colloq.)
kynnys	threshold, doorstep 40
kynsi	claw, fingernail 15
kynttilä	candle 36
kypsyä	to ripen, mature, mellow 41
kysellä	to keep asking 3
kysymistä (kysyminen)	asking, inquiry 3
kysyntä	demand 33
kysyä	to ask, inquire 3
kytkeä	to tie, couple, chain, connect 44
kytkin	clutch, coupling, switch 21

kyvykäs	able, capable 34
kyykistyä	to squat 11
kyynel	tear 15
kyyry	stooping position 47
kyyti	convenience by stage or relays, ride, lift 5
kyytimies	stagecoach driver, relay driver 25
käheä	hoarse, husky 19
kärki	point, tip 33
kärsiä	to suffer, endure 10
käry	(smoky) smell 14
käräjät	sessions of a district court 51
käsikäyttöinen	hand driven, manually operated 35
käsite	concept, idea 22
käsitellä	to discuss, hear, handle, treat 52
käsittely	reading (law), handling 40
käsittää	to comprehend, understand, comprise, include 5
käsitys	opinion, belief, idea, view 33
käsityskanta	point of view, viewpoint 50
käsivarsi	arm 30
käskeä	to order, command, summon 9
kävely	walk, stroll, promenade 11
käydä	to go, walk 1
käydä ilmi	become evident 5
käydä kauppaa	to carry on trade, trade 18
käydä kimppuun	to attack, assail 17
käydä päinsä	to be possible, may be done 28
käydä sotaa	to carry on, wage war 15
käydä vihillä	to be married 6
käymätön	unusable, unworkable 14
käynnistyä	to get started, start 38
käynti	call, walk, visit 8
käytettäväksi	for the use, disposal of 21
käyttely	use, handling 50
käyttäytyä	to behave, conduct 34
käyttää	to use 2
käyttö	use, operation 18
käytävä	corridor, passage 8
käytös	behavior, manners 34
käänne	curve, bend, turn, change 42
käännekohta	turning point, crisis 37
kääntyä (jonkun puoleen)	to turn to. or approach (someone), change, become converted 20
kääntää	to turn, translate 23
kääre	bandage, wrapping 17
kääriä	to wind, wrap, fold up 16
käärme	snake, serpent 17
köyhäinhoito	care of the poor, public assistance to the poor 45

laaja	extensive, wide, expansive 24
laajentaa	to expand, widen, extend 25
laajuus	extensiveness, extent 38
laantua	to calm, become calm, quiet down 38
laatia	to draw up, make 30
laatu	quality, nature, kind, sort, brand 18
lahjakas	gifted, talented 8
lahjoittaa	to present, donate 1
laho	rotted, decayed 17
lahonneisuus	rottenness, corruption, decay 49
laidun	pasture, grazing ground 44
laiha	lean, thin, meager 4
laiho	growing crop 41
lailla = tavalla	in some way or manner 23
lainata	to lend, borrow, loan 11
lainaus	quotation, lending, loaning, borrowing 41
(ei) lainkaan	(not) at all, (not) in the least 5
lainkuuliainen	law abiding, loyal 37
lainrikkomus	breaking of the law, misdemeanor, offense 50
lainsäädäntö	legislation, lawmaking 45
laita	edge, brim, border, situation, condition, state, status, case 7
laite	device, instrument, contrivance 31
laiton	illegal, unlawful 37
laitos	edition, institute, establishment 26
laituri	pier, wharf, platform 12
laivamies	seaman, sailor 5
laivaveistämö	shipyard 14
laji	species, kind, sort 31
lakaista	to sweep 46
lakata	to stop, discontinue, varnish, seal 25
laki	law 26
lakikorkeus	culmination, ceiling (aviation) 40
lakisääteinen	legal, fixed by law 45
lakkauttaa	to abolish, do away with, discontinue, stop 25
lakko	strike 48
lamavaihe	period of depression 48
langeta	to fall 42
lanka	thread, yarn 9
lannistaa	to dishearten, discourage 30
lannistua	to become disheartened, grow discouraged 30
lapaluu	shoulder blade, blade bone 20
laskea	to flow into, empty, count 2
laskea liikkeelle	to issue, put in circulation 25
laskea perusta	to lay foundation 40
laskelma	calculation, estimate 22
laskenta	calculation, computation 45
laskuvarjo	parachute 35

lastata	to load 5
lastaus	loading, lading 38
lastenloru	nursery rhyme 3
lastentarha	kindergarten 8
lastenvaunut	baby carriage 21
latentti	latent 20
latoa	to pile, heap up, set type 33
latva	top 13
latvus	leafy head of a tree top, crown 36
laukaisualus	launching craft 35
laukalla	at gallop 42
laukata	to gallop 42
laukaus	shot, report of a gun 37
laulaa uneen	to sing one to sleep 15
lausua	to utter, say 10
lausunto	statement, opinion 26
lautakunta	board, committee, Finnish equivalent of jury 26
lautamies	juror, juryman 51
lautatarha	lumber yard 45
lautta	ferry (boat), raft, float 38
lehdistö	newspaper press, (tree) leaves 24
lehtipuu	broad-leaved tree 2
lehtiö	notebook, pad 16
lehto	grove 36
leija	kite 35
leijailla	to float, hover, glide (in air) 35
leijona	lion 18
leikata	to operate, cut, prune, crop 37
leikillinen	joking, jesting, playful 12
leikkaus	operation, cutting, clipping 20
leikki	play, joke, fun 28
leikkisä	playful 8
leikkiä	to play (a game), have fun 8
leima	coinage, stamp, impression 18
leimata	to stamp, mark, brand 36
leimauttaa	to have coined, stamped, visaed 18
leimikko	area of timber marked for cutting 36
leini	rheumatism, gout 23
leiri	camp, encampment 40
lempeä	mild, sweet, kind 12
lennätinlaitos	telegraph service, telegraph 25
lentopallo	volleyball 7
lentovuoro	scheduled flight 38
lentoyhtiö	airline (company) 25
lepistö	alder grove 46
lepopäivä	day of rest 10
leposija	resting place 37
leppä	alder 46
leski	widow, widower 37

707

leuka	chin 46
leveys	breadth, width 2
leveysaste	degree of latidude 2
levikki	circulation 29
levittää	to spread, expand, widen 25
levitä	to spread, extend, gain ground 25
levoton	restless, disturbed 14
levy	plate, record, disk, sheet 35
liekki	flame, blaze 19
liesi	range, cooking stove 36
lieve	tail (of a coat) 46
lievittää	to heal, take off the sharp edge 46
lihava	fat, chubby 4
liikaa = liian paljon	too much, excessively 22
liikehtiä	to move, stir, become active 21
liikenne	traffic 2
liikennöidä	to run, maintain traffic, carry on traffic 38
liikkeellä	stirring, moving 28
liikkua	to move, be in motion 6
liikunto	motion, movement, make exertions 20
liikuttaa	to cause to move 6
liikuttava	moving, touching 37
(eikä) liioin	nor, not...either, neither 24
liioitella	to exaggerate 34
liisteresla	ribbed sleigh 42
liiteri	shed 42
liitin	joining piece, coupling 35
liitto	alliance, league, union 2
liittyä	to join, ally, attach 15
liittyä jäseneksi	to become a member in an association 25
liittää	to join 15
likikään	not nearly, not half 34
likka	girl 11
likviditeetti	liquidation 20
linja-auto	interurban bus traveling beyond city limits 21
lippa	visor, eyeshade of a cap 35
lisäksi (jonkun lisäksi)	in addition (to something) 7
lisätulo	additional income 4
lisätä	to add, increase, heighten, reinforce 5
lisää	more, additional 9
lisääntyä	to increase 5
litistää	to flatten 21
liuskakivi	slate (geol.) 33
liuske	slate (geol.) 33
lohdutus	consolation, comfort 19
lohkaista	to break off or loosen, flake off, cleave or split 33
lohkare	a piece (of something), block 13
loikata	to leap, bound 47

loistaa	to beam, radiate, shine 10
loitsu	magic formula, charm, spell 17
lomassa = välissä	36
lommo	dent, dint 47
lommollaan	dented 47
lopettaa	to end, finish, conclude 8
loppiainen	Epiphany 29
loppua	to run out, end 8
lossi	ferry 21
loukata	to insult, hurt 26
loukkaantua	to feel insulted, get hurt, get injured 26
loukkaus	insult, violation, offense, injury, hurt 22
luetella	to enumerate, give, count over 50
luistaa	to go easily, slide, slip 28
luja	firm, steady, strong, hard, solid 22
lujasti	firmly, hard, steadfastly 27
lukea (johonkin)	to count among, include 45
lukea sisältä	to read well, fluently 34
lukeutua (johonkin)	to count (oneself) among, identify with 40
lukijakunta	circle of readers, reading public 21
lukkari	cantor, chorist 46
lukuhaluinen	desirous of (or eager for) reading 24
lukuisa	numerous, frequent 25
lukumäärä	number, frequency 4
lukutaidoton	illiterate 5
lukuunottamatta	omitting, disregarding, excluding 22
lumihanki	snowdrift, hardened snow 38
lumota	to cast a spell, charm, enchant 17
luo = luokse	to, close to, right (up) to 9
luoda	to create, cast, shovel (snow) 7
luoja	creator 10
luokka	class (in train) 16
luokki	collar bow, curved piece of wood 36
luokkina	stooped, bent over 36
luonne	character, disposition, nature 12
luontainen	natural, inborn 30
luonto	nature 6
luontoisedut (pl.)	emoluments in kind, natural benefits 45
luontokappale	creature, animal 17
luoti	bullet 16
luotipyry	the whirling of bullets 16
luotsi	pilot 38
luottaa	to trust, confide in, depend on 18
luottamus	confidence 43
luovuttaa	to give, to let a person have 29
lupa	permission, license, leave, consent, promise 27
luu	bone 20
luukku	hatch, shutter, trap door, window 35
lyhennelmä	abridgement 19
lyhty	light, lamp, lantern 21

lykätä	to push, shove, postpone 41
lypsää	to yield milk, to milk 8
lyyrinen	lyrical 12
lyödä	to bat, hit, strike, beat 7
lyödä "pakkia" = jarruttaa	to slow down, hold back (colloq.) 32
lyöjä	batter 7
lyönti	hit 13
lähde	spring, fountain, well, source, origin 16
läheinen	close friend, relative 37
lähestyä	to approach, draw near 5
lähetti	messenger, emissary 25
lähetys	shipment, consignment, mission, broadcast, transmission 18
lähimain	nearly 7
lähimainkaan	not nearly 7
lähimmäinen	neighbor 10
lähtien (jostakin l.)	since, from (certain time) 6
lähtö	departure 42
läimäyttää	to slap, whack 46
lämmönvaihdin	heat regulator 35
lämpö	warmth 2
lämpömittari	thermometer 27
läpi	through, hole 6
läpikäynyt	gone through, finished, completed 9
läppä	valve, tongue 20
läppäys	tolling 42
läpsähdellä	to flap, snap, smack 28
läpäistä	to go through, pass, piece, penetrate 38
läpätä	to toll 32
läsnä	present, at hand, on the spot 43
läsnäolo	presence 37
läähättää	to pant, breathe heavily 12
lääketiede	medicine, medical science 20
lääni	province 6
löyhentyä	to get loose, slacken, relax 44
löyhä	loose, slack, lax 50
löytää	to find, locate, discover 9

M

maaherra	governor (of an administrative district) 21
maalaistalo	country house, farmhouse 8
maalinauha	tape, finishing line 32
maallikko	layman, one of the laity 51
maallinen	earthly, worldly 35
maanpetos	treason 50
maantiede	geography 2
maapallo	earth, globe 31
Maaria	a village near Turku 13

710

maatalous	agriculture 4
madella	to crawl, creep 32
maha	belly, abdomen, stomach 36
mahdollisuus	possibility, chance 6
mahdoton	impossible, unreasonable 11
mahtaa	to be able, have power to, may 28
mahtava	mighty, powerful, domineering 28
mahti	might, power 13
maihin	ashore, on shore, up on shore 30
maihinnousu	landing, descent, going on shore 24
maila	bat, racket 7
mainio	excellent, fine, splendid 30
mainita	to mention, say 23
mairittelu	flattery, coaxing, softsoap 47
maisema	landscape, scenery 6
maiskuttaa	to smack, clack 41
maistaa	to taste 41
maistraatti	city administration 51
majoitus	accommodation, billeting 25
makailla	to rest, lie down 23
makeuttaa	to sweeten 35
maksa	liver 20
maleksia	to loiter about, hang around 41
malja	toast, bowl, cup, chalice 17
maljakko	vase 18
Mallasvesi	a village and a lake in southern Finland 13
malmi	ore 44
maltillinen	moderate, sober, tolerant 37
maltiton	impatient, rash 16
manata	to conjure, curse, summon 27
manaus	curse, calling forth of spirits, terrible oath 27
manifesti	manifesto 25
mannermaa	continent 19
mantu	earth, ground 16
markkinat (pl.)	market, fair 48
markkinoida	to market, sell 26
masentaa	to discourage, depress 43
masentua	to become discouraged, lose heart 43
masto	mast 15
matala	low, shallow, flat, humble 6
matalikko	shallow place, shoal 38
matkailija	traveler, tourist 5
ME = maailmanennätys	world record 32
mehevä	luscious, rich, juicy 12
meinata	to intend, mean 11
meisseli	chisel 27
mekaanikko	machinist, mechanic 21
mela	steering car 15
mellakka	tumult, uproar, riot, row 40
mellastaa	to run riot, pillage, make a noise, raise a row 49

711

menekki	market, sale, run 33
menestyä	to thrive, succeed 2
menettely	procedure, course of action 50
menettää	to lose 1
mennä vähiin	to run out 9
mennessä (johonkin m.)	up to, before 38
meripeninkulma	nautical mile 38
meripihka	amber 33
meritse	by sea 15
merkillinen	odd, remarkable 8
merkittävä	significant 43
merkitys	meaning, sense, significance 21
merkitä	to mark 21
mesi	honey 1
messinki	brass 32
mestari	master, skilled craftsman 9
mestarinäyte	specimen of skill, masterpiece 40
metalli	metal 18
metri	meter, 39.37 inches 4
metsästys	hunting 6
miehistö	crew, rank and file 35
miehittää	to occupy, to man 29
miekka	sword 15
mieleinen	to one's liking, pleasing 13
mielenosoitus	demonstration 49
mieliala	state of mind, spirits 39
mielijuoma	favorite drink 13
mielissään	delighted at, pleased with, glad about 3
mieliteko	liking, fancy, desire 30
miellyttävä	pleasant, pleasing, delightful 24
mietteliäs = miettiväinen	thoughtful, reflective 11
miettiä	to think over, ponder, reflect 9
miina	mine 47
mikä hyvänsä	whatever, whichever 3
mikäli	provided, if, as far as 18
miljardi	billion 48
minkätähden	why, for what reason 3
mitali	medal, medallion 29
mitata	to measure, take a measure 28
mittainen (jonkin m.)	measuring (m. something) 31
mittapuu	yardstick, standard, gage 44
mittauttaa	to cause to be measured or surveyed 28
mitä ...tulee	as to, as for, in regard to 43
mitätöntää	to annul, cancel 44
moittia (jostakin)	to blame (a p. for something), reprehend 41
mokoma	such, such as that, a pretty specimen of ... 41
molemmat	both 7
molemmin puolin	on both sides 8
momentti	clause, paragraph, article 48

712

moninainen	various, manifold 21
monokkeli	monocle 20
moottööri	machinist, machine expert 21
mouruta	to bellow, bawl, rumble 42
muhamettilainen	Moslem, Mohammedan 5
muinaismuisto	archeological remains, ancient monument 33
muinaisuus	ancient times, antiquity 39
muinoin	in olden days 9
muistaa	to remember, recall 8
muistuttaa	to resemble, remind 8
mukaan (jonkin m.)	according to, along with 6
mukana	with, along with 6
mukaisesti (jonkin m.)	in accordance with, in conformity to 27
mukautua	to comply with, conform, adapt, adjust 50
mukavuus	convenience 35
mukulakivi	cobblestone, pebble 46
mulkoilla	to roll one's eyes, glare 46
mullistaa	to turn upside down 39
mullistus	upheaval, overthrow, upsetting 49
multa	earth, soil 16
muodostaa	to form 2
muodostua	to be formed 2
muona	food, provisions 28
muoto	form, shape, countenance, appearance 6
muotoilla	to formulate, shape, pattern 45
muotti	mould, form, shape 39
muovata	to shape, form, mould, fashion 34
muovautua	to be moulded or shaped 50
murahtaa	to grumble, snarl 32
murehtia	to grieve, worry, mourn 15
murha	murder 19
murhata	to murder 39
murheellinen	tragic, sad, mournful, grieved 38
murina	grumbling, growling, snarling 46
murista	to growl, snarl, murmur 32
murre	dialect, accent 6
murskata	to crush, break, smash, shatter 13
murskautua	to be crushed, smashed, get crushed 13
mursu	walrus 27
murtua	to break down, be crushed 41
muru	crumb, bit, fragment 15
musta	black 3
mustalainen	Gypsy 44
mustanpuhuva	blackish, dark 32
mustapartainen	black bearded 11
mustikkasoppa	blueberry sauce 14
mutista	to mutter, mumble 12
mutka	bend, curve 21
mutkaton	simple, uncomplicated, without bends 11

713

muuan	a, an, one, some 1
muun muassa (mm.)	among other(s) 29
muuri	wall, fireplace 32
muusikko	musician 30
muuten	otherwise, else 37
muuttaa	to move, remove, change, immigrate, emigrate 6
muuttua (joksikin)	to be changed, transformed 6
myllerretty	devastated 16
myllertää	to stir up, bring chaos, cause confusion 16
mylly	mill 17
myyminen	selling 4
myöntyväisyyssuunta	policy of submissiveness 37
myöntyä	to submit, consent, assent 37
myöntää	to admit, acknowledge, grant, confess 5
myöten (jotakin m.)	along (along something) 15
myötävaikutus	cooperation, assistance 50
mänty	pine, Scotch pine 2
märkä	wet 23
määrä	amount, quantity 4
määräannos	fixed ration 9
määrätietoisesti	purposefully 26
määrätä	to determine, fix, order 11
möhkäle	chunk, lump, clod 42
mökki	hut, cottage, cabin 38
mölistä	to bawl, bellow 42
möyhentää maata	to stir or break up the soil 41

N

naamiointi	camouflage, masking, disguise 47
naapuri	neighbor 2
naava	beard moss 17
nahka	pelt, skin, leather, hide 18
naimaikäinen	of a marriageable age 28
nais-	woman, feminine, female (in compound words) 12
nakuttaa	to tick, knock, rap, tap 14
napa	nave, hub 5
napaisuus	polarity, positivism and negativism of an electrode 31
Napapiiri	Arctic Circle 6
nappi	button, stud, (link) 37
napsia	to snap, cut with one stroke 36
naputella	to tap 13
natsa	cigarette stub or stump 36
naulakko	rack 34
naulata	to nail 10
nauraa (jotakin t. jollekin)	to laugh (at a person) 1
neito = neitonen	maid(en) 17

neitsyt	virgin 10
neliö	square 4
neljännes	quarter 45
nenä	point, tip, end, nose 15
nenäkakkulat	pince-nez 40
neuvo	advice 9
neuvokas	smart, resourceful, ingenious 15
neuvonantaja	adviser, counselor 11
neuvos	counselor, counselor 51
neuvosto	council 2
Neuvostoliitto	Soviet Union 2
neuvottelu	consultation, negotiation, conference 50
neuvottelukokous	conference 25
niellä	to swallow 8
niiata	to curtsy, make a curtsy 34
niinikään	likewise, in like manner, also 17
ns. (niin sanottu)	so called 4
niinkuin	as, like 2
niitty	meadow, field of hay, pasture 42
nikkeli	nickel 14
niklattu	nickel plated 14
nimekäs	noted, well known 18
nimellispalkka	nominal wage 45
nimenomaan	particularly, expressly 22
nimismies	sheriff's officer 9
niska	neck, back of the neck 32
niukka	scanty, skimpy, meager 34
noita	warlock, witch, wizard 28
noja	support, stay, basis 50
nojata	to lean, rest (against), base (on) 50
nojautua	to depend, be based on, lean on 50
nokka	(bird's) bill, beak, nose, point of land 46
nokkonen	stinging nettle 41
nopeasti	quickly, fast 1
nopeuttaa	to speed up 25
nostaa	to draw, hoist, lift 16
nostaa syyte (jotakin vastaan)	to sue a person 26
noudattaa	to follow, obey, pay heed to, have brought or fetched 44
nousta kuolleista	to rise from the dead 10
noutaa	to fetch, bring 13
nujertaa	to crush, put down, suppress 47
nummi	pine barren, heath, moor 46
nuolla	to lick 17
nuoli	arrow, dart 17
nuoriso	youth 49
nurmi (vertaa ruoho)	grass, lawn 12
nuttu	jacket, coat (dial) 32
nykyinen	present day, now prevailing 18
nykyisin	nowadays 6

nykäistä	to jerk, pull, touch 32
nykäys = nykäisy	sudden spurt, jerk, pull, twitch 32
nyrkki	fist, clenched fist 40
nytkähtää	to give a jerk, twitch 47
näet	you see, you know 43
nähden (johonkin nähden)	with regard to something, as for 26
nähkääs	see! 14
nähtävyys	sight, things worth seeing 22
nähtävästi	evidently, seemingly, apparently 3
näin ollen	in this way 21
näkemys	conception, vision, intuition 19
näkki	water sprite 17
näky	sight, spectacle, vision 47
näkymä	view, outlook, scene, vista 48
näköala	view, scenery 12
nälkävuosi	famine year 48
nälänhätä	famine 52
näyte	specimen, sample, proof 31
näyttää (joltakin)	to look, show 7

O

ohitse (ohi)	by, past (go) 1
ohittaa	to pass, overtake 21
ohjaamo	pilot's cockpit, wheelhouse 19
ohjanta	guidance 54
ohjata	to steer, lead, pilot, direct 21
ohje	instruction, advice, guidance 21
ohjelma	program 8
ohut	thin 34
oikaista	to take a short cut, correct 21
oikeus	court, justice, right 40
oikeusministeri	minister of justice (attorney general) 26
oikeuttaa	to entitle, justify, authorize 52
oikku	whim, freak 40
oikoa	to stretch, to correct, set right 32
oikoilla	to stretch, straighten 32
oitis = heti	at once, immediately, right away 32
oivallinen	excellent, fine, splendid 41
ojentaa	extend 1
oksa	branch, limb, twig 12
olento	being, creature 17
oleskelu	stay, dwelling, sojourn 24
olet oikeassa	you are right 3
oleva (present participle)	being 20
olkapää	shoulder 19
olkoon	let, may (it, her, him) be 10
olkoon menneeksi	very well! all right! let it be so 11

716

olla haltioissaan	to be exultant 39
olla (jotakin) mieltä	to have an opinion 26
olla kateissa	to be missing, lost 38
olla lappeellaan	lie flatwise 14
olla läsnä	to be present 50
olla mennyttä miestä	to be a dead man, lost 20
olla olemassa	to exist 39
olla päissään	to be intoxicated 16
olla päätösvaltainen	to constitute a quorum 51
olla sellaisella päällä	to have such a mood 14
olla selvillä	to be clear, know well 11
olla tajuissaan	to be conscious 19
olla voimassa	be valid, prevail, be in effect 22
olla väijyksissä	to lie in ambush 23
olla ylikunnossa	to be "overtrained", exhausted from strenuous physical training or exercise 32
ollenkaan	at all, in the least 19
olosuhteet	circumstances, conditions 27
olot	conditions, circumstances 22
olympialaiset	Olympic games 29
omahyväinen	self-satisfied, self-complacent 43
omainen	relative, kinsman, relation 20
omaksua	to embrace, adopt, make one's own 37
omatoiminen	spontaneous 49
ominaisuus	quality, character 49
omintakeinen	independent, original 30
omistaja	owner, proprietor 4
omituinen	queer, odd, peculiar, strange 11
ommel	seam, sewing, stitching 13
ommella	to sew 9
on tuleva	will come 10
ongelma	problem, enigma, puzzle 34
onkalo	cave, crevice 13
onnellinen	happy 24
onneton	unfortunate, unlucky, unhappy 19
onnettomuus	misfortune, bad luck, accident 21
onni	luck, fortune, happiness 1
onnistua	to succeed, be successful 7
opas	guide 22
oppi	doctrine, learning, apprenticeship 9
oppimaton	uneducated, unlearned, ignorant 5
oppivelvollinen	minor between 7-16 years of age 54
oras	shoot, sprout 41
orja	slave 15
orjuuttaa	to enslave 44
osaksi	partly 26
osallistua (johonkin)	to take part (in something) 29
osanen	small part, particle 31
osapuoli	party concerned 22

717

osasto	department, compartment, division 45
osoittaa	to point, show, demonstrate 15
osoittautua	to prove to be, turn out 5
osua	to hit (a target), happen, fall on 31
osua yksiin	to coincide 31
otaksua	to suppose, presume, assume 44
otsa	forehead, brow 39
ottaa huomioon	to take into account, bear in mind 34
ottaa kantaa	to take a definite stand 26
ottaa kovalle	to struggle hard, have a hard time 42
ottaa osaa	participate 29
ottaa palvelukseen	to employ, hire 45
ottaa valtaan	to capture, seize, carry away 30
ottaa vastaan	to accept, receive 1
ottaa yhteys	to contact 24
outo	strange, odd, unfamiliar 20

P

-pa, -pä	emphasizing particle 1
paaria	pariah 44
paarit (pl.)	stretcher, bier 20
paeta	to flee, escape, run away 15
paha	evil, bad, wicked, serious 10
pahaenteinen	evil boding 40
pahan = kovin	very 11
pahna	litter, farrow, straw (as bed) 44
pahoinvointi	nausea, indisposition 35
paholainen	devil 10
pahuus	wickedness 28
paikallisliikenne	local traffic 21
paikata	to mend, patch 13
paikkakunta	place, locality 7
paikkavaraus	reservation 35
paikoitellen	at places, sporadically 38
painavuus	weight, heaviness 43
paine	pressure, compression 35
paimen	shepherd, herdsman 1
painaa	to press, print, weigh 13
paino	weight, press 18
painostusryhmä	pressure group 45
painua	to sink, go down, be pressed 15
paiskata	to throw, fling 46
paitaressu	tot, little one 30
paitsi	except, but, save, besides, in addition 7
paja	blacksmith's shop 18
pakanallinen	heathenish, paganish 17
pakkanen	freezing cold, frost 27
pakko	compulsion, force 15

718

pakkorauha	enforced peace 29
pakolainen	refugee, fugitive, exile 22
pakollinen	forced, compulsory 21
pakottaa	to force, compel, ache, pain 15
pala	bit, piece, lump 1
palaa	to burn 6
palaa karrelle	to get charred 47
palata	to return, revert, resume 6
palauttaa	to restore, return, bring back 40
paljas	bare, naked, uncovered, bald 36
paljastaa	to reveal, disclose, uncover
paljastua	to become bare, become exposed, uncovered 31
palkkio	fee, reward, bonus, commission 45
palkollinen (raamatollinen)	servant, hired man (bibl) 10
palokunta	fire brigade, fire department 38
paloviina	cheap whisky 13
paloöljy	kerosene 14
palsta	lot (piece of land), newspaper column 28
palvella	to serve 9
palvelus	service, employment, worship 4
palvoa	worship, adore 17
pamppailla	to throb, beat (heart), pant 39
paneutua	to go deep into, be absorbed in 40
panna merkille	to pay notice to, take a notice 45
panna syytteeseen	to institute legal proceedings against, indict 50
pappila	parsonage, vicarage, rectory 42
paraasta päästä	foremost, in the first place, principally 41
paraati	parade 41
parantaa	to heal, cure, improve 9
parantua	to heal 9
parhaillaan=paraillaan=paraikaa	just now 5
parissa	among 30
paristo	battery 35
parittain = pareittain	in pairs, in couples 29
parras	edge, rim, brink, verge, bank 16
parta	beard 11
partio	patrol, guard, scouting 38
partisiippisuffiksi	participial suffix 20
parvi	flock, swarm, bevy, shoal, school (of fish) 46
pasuuna	trumpet 39
pauhantaa	to roar suddenly 15
pauhu	roar 32
paussi = tauko	pause, rest 27
pehmike	padding, softening material 35
peittyä	to become covered 16
peittää	to cover, disguise, cover up 16
pelastaa	to rescue, save, salvage 35
pelastua	to be rescued, be saved, get out 35

719

pelastus	rescue, delivery, salvation 35
pelastusliivit (pl.)	life belt 38
pelata	to play (a game) 7
peli	game, sport 7
pelko	fear, dread 19
pellinnuora	string of a damper 14
pelmahtaa	to be stirring up 47
pelti	iron sheet, metal plate, damper 14
pelästyä	to be frightened or scared 11
penínkulma	measure of distance (6¾ miles) 13
penkki	bench 5
pensaikko	thicket (of bushes), bush 12
pensas	bush 2
penseys	lukewarmness, indifference 49
perehtyä	to become familiar with, to get acquainted 30
periaate	principle 25
perin harvoin	extremely seldom 21
perinne	tradition 49
perinpohjainen	thorough, fundamental, radical 49
perintö	inheritance, legacy 30
periä	to inherit 1
peru	origin, inheritance, legacy 44
perua	to back out, cancel, retract 44
perustaa	to establish, create, set up 49
peruste	grounds, basis, reason 26
perusteellisesti	thoroughly 6
perustella	to state the reason or motive 40
perustuslaki	constitution 26
peruuttaa	to revoke, repeal, cancel, back 37
perä	rear, hinder part, end 8
perätysten	one after another 13
perätön	groundless, untrue 22
pesä	nest, den, lair 7
pesäpallo	baseball 7
petkuttaja	imposter, deceiver 28
petollisuus	deceitfulness 1
pettymys	disappointment 11
pettyä	to get disappointed 5
pettää	betray, deceive, disappoint 5
peukalo	thumb 5
peukalokyyti	hitchhiking 5
pidellä	to hold, (cling) 27
pidike	clamp, catch, hook 27
pieksää	to beat, whip, lash 42
pienehkö	rather small, smallish 4
pieneliö	micro-organism 31
pienoismaailma	microcosm, microcosmos 23
pientilallinen	owner of a small farm, small freeholder 29
pienviljelijä	small farmer 29

piestä	to beat, whip, lash 42
piika	maid, hired girl 17
piikki	tooth, spike, thorn, prick, prickle 41
piina	torment, torture 46
piiri	circle, ring, district, range, orb 6
piirre	feature, trait, point 44
piirtää	to draw, design 16
pikemmin	rather, quicker, sooner 27
pikilanka	cobbler's thread 13
pilalla	spoiled, ruined 12
pilvi	cloud 17
pinkka	bundle, pile, heap 11
pinnistää	to exert, strain, stretch 32
pino	pile, stack 36
pinta	surface, level 15
pioneeri	sapper, pioneer 47
piristyslääke	stimulant, stimulus 35
pirssi = taksi	cab, taxi 21
pirsta	debris, the shattered remnant, splinter 16
pirtti	living room of a farmhouse 42
piru	devil 28
pisara	drop 30
pisin (pitkä)	longest 2
pistellä	to sting, prick, smart 41
pistin	bayonet, sting 32
pistäytyä	to drop in 28
pistää	to put, prick, project 36
pitemmällä tähtäimellä	with a longer range, aim 48
pitkin (jotakin pitkin)	along, throughout 7
pitkäjännitteinen	long-spanned 48
pitkällinen	lengthy, long, prolonged 22
pitkäperjantai	Good Friday 29
pitkään = kauan (aikaa)	for a long time, long 25
pituusaste	longitude 2
pitäen (jostakin, siitä pitäen)	since, (ever since) 30
pitäjä	county, smallest local administrative area, keeper 9
pitäytyä = pysyttäytyä	to stick, remain fixed 22
pitää esitelmä	to give a paper, deliver a lecture 11
pitää hyvänään	to have, accept 13
pitää koossa	to hold together 35
pitää lujasti kiinni	to cling, have firm hold 27
pitää neuvoa	to consult, confer, deliberate 41
pitää paikkansa	to be valid, hold good, hold true, be true 5
pohja	bottom 1
Pohjanlahti	Gulf of Bothnia 2
Pohjanmaa	Ostrobothnia 6
pohjautua	to be based on 21
pohjoinen	north 1
pohjois-	north in compound words 2

721

Pohjoisnapa	North Pole 5
pohtia	to deliberate, ponder 26
poikamies	bachelor, unmarried man 28
poiketa	to stop at a place in passing, turn off, make a detour, deviate, diverge 14
poikkeaminen	deviation, digression 45
poikkeava	differing, deviating, exceptional 44
poikkeus	exception 22
poikki (jonkin p.)	across, through (something) 13
poikkitanko	crossbar 42
pois	off, away, out 12
poissiirtäminen	transfer 37
poistaa	to remove, eliminate 12
poistua	to leave, get away, depart 12
politikoida	to talk politics, play politics 23
polku	path, trail, track 16
polkupyörä	bicycle, tricycle 24
polttaa	to burn, scorch, smoke 6
polttaja	shortstop 7
polttiainen	small stinging nettle, small red ant 41
polttoöljymoottori	internal combustion engine 39
pommitus	bombardment, bombing 31
ponnistaa	to exert, strain, try one's hardest 20
ponnistella	make exertions 20
ponnistelu	exertion, struggle, effort 20
pora	drill, bore 14
porhaltaa	to rush, dash 32
pormestari	mayor 51
poro	reindeer, grounds, ash 6
pororaito	file (caravan) of reindeer 28
porras	step, stair 11
portaat	stairs, stairway 11
portti	gate, gateway 39
porvarillinen	bourgeois, middle class 40
postikonttori	post office 25
postitoimipaikka	post office 25
postitoimisto	post office 25
potilas	patient, sick person 37
pronssi	bronze, brass 29
pudistaa	to shake 5
pudistella	to be shaking 5
pudota	to fall 1
pudottaa	to drop, let fall 1
puhaltaa	to blow, puff 32
puhdistaa	to clean, clear 38
puhdistua	to get clear, become clean 38
puheenjohtaja	leader (of the Senate), chairman 52
puheessa on perää	the talk (rumor) is true 23
puhetoveri	a companion or a person to chat with 5

puhjeta	to burst, break out 20
puhkaista	to piece, puncture, lance 20
puhkua	to pant, puff, grunt 47
puhtaanapitolaitos	sanitation department 38
puhua perättömiä	to talk nonsense, tell lies 22
puhuen	talking 16
puhutella	to address, speak 34
puitteet (pl.)	frame, framework, sash 27
pula	shortage, pinch, difficulty 48
pullea	plump, chubby, roundish 36
pullistaa	to distend, expand 23
pullistua	to become distended, become expanded, puff out 23
pulma	dilemma, problem 21
pulpahtaa	to spring up, pop up 16
pulpetti	student desk (in school) 34
pumpernikkeli	kind of gingerbread 20
pumpuli	cotton 35
punakaarti	red guard 41
punakantinen	bound in red 49
punnita	to weigh 18
puntari	steelyard, scale for weighing 42
puolestaan	again, on the other hand 21
puoli	side, half 7
puolihumalainen	tipsy, half drunk 37
puolikengät	low shoes 23
puolipohja	half sole 23
puolipohjata	to half-sole, resole 23
puolisko	half, window sash 27
puoliso	spouse, mate 24
puoliväli	middle, halfway, midway 49
puoltaa	be in favor, side with 26
puolue	party, faction 49
puolueeton	impartial, neutral, fair 12
puolustaminen	defending 29
puolustus	defense, excuse 29
puolustuslaitos	national defense 45
puoti	shop, store 44
pureksia	to chew 8
puristaa	to press, squeeze 39
purkauma	outbreak, outburst, eruption 44
purkautua	to find outlet, fray, burst out, erupt 40
puro	brook, creek 36
purra	to bite, snap, chew 8
purskahtaa nauruun	to burst into laughter 12
pursuta	to overflow, gush, trickle 49
pusero	blouse 47
pusertaa	to squeeze, press 46
putki	pipe, tube, bore 45

puuduttaa	to be numb, stun, administer a (local) anesthetic 32
puuha	work, effort, trouble 27
puulaakiottelu	match between various companies 7
puute	lack, want, shortage 22
puuttua	to interfere, get mixed in, lack, be missing 24
puuttua johonkin asiaan	to interfere with the matter 26
puutua	to grow numb, get stiff, grow wood 32
pyhittää	to hallow, keep holy 10
pyhä	holy, sacred, Sunday, church holiday, saint 10
pyhäinmiestenpäivä=pyhäinpäivä	All Saints' Day 29
pyhäkkö	shrine, sacred place, sanctuary 17
pykälä	paragraph, article, notch, nick 50
pylväs	post, pillar, column 42
pyrkimys	endeavor, aspiration, aim 40
pyrkiä	to strive for, try, attempt, apply for 11
pyrstö	tail of a fish or bird 23
pystyä (johonkin)	to be capable, be able to do (something) 34
pysytellä	to keep 33
pysähdyttää	to stop, cause to stop 1
pysähtyä	come to a stop, halt 1
pysäköidä	to park 21
pysäköimispaikka	parking place 21
pysäyttää	to stop, cause to stop 1
pyyhkiä	to wipe, sweep 13
pyyntö	request, petition 24
pyörittää	rotate, roll 5
pyöriä	revolve, rotate, turn, roll, circle 5
pyörryttää	to feel or make dizzy, daze 27
pyörtyä	to faint 19
päinvastainen	reverse, opposite, contrary 31
päivittäinen	daily 29
päivystää	to be on duty (for a day or night) 19
Pälkäne	a village and a lake in southern Finland 13
pätevyys	qualifications 51
päteä	to be valid, hold good or true 24
pääesikunta	general staff, staff of the commander-in-chief 45
päähänpisto	impulse, fancy, notion 40
päällimmäinen	topmost, uppermost 21
päällinen	vamp, upper, cover, slip 23
päällysteinen	covered with, surfaced with 35
päämäärä	purpose, aim, goal 49
pääoma	capital 39
pääsiäinen	Easter 29
päässä (jonkin päässä)	at a distance (of something) 31
päästä	to get, fall off 1

päästä alkuun	to get started, get under way 34
päästä käsiksi	to start, get hold of, put one's hands on 40
päästä valloilleen	to break loose, get loose 49
päästää valloilleen	to let loose, let run wild 49
päästää	to let go 1
päästäkseen eroon	in order to get rid of 21
päästä voitolle (jostakin)	to be victorious, get the upper hand (over something) 13
päätellä	to draw conclusions, conclude 26
päätteeksi	as a finishing touch, in conclusion 22
päättyä	to end, come to an end 8
päättäväinen	resolute, determined, firm 41
päättäväisyys	resolution, determination 47
päättää	to end, terminate, finish, make up one's mind, decide 8
päätyä	to come to, be led to something 37
päätös	decision, ruling, resolution 24
pöllytä	to whirl, fly 47
pöly	dust 35
pölähtää = pöllähtää	to belch forth, come unexpectedly 32
pörrössä	tousled or mussed up, rumpled 46
pöytäkirja	minutes, report of proceedings 50

R

raaka	raw, unfinished, brutal, crude 33
raaka-aine	raw material 33
raakalainen, raakalais-	barbarian 33
raapaista	to strike (a match), scratch, claw, graze 36
raastaa	to rend, grate, drag along 32
raesade	rain with hail 17
rahapaja	mint 18
rahatoimikamari	revenue office, finance office 40
rahi	stool or bench 46
rahoittaa	to finance, furnish capital 43
rahtialus	freighter, cargo steamer 38
raide	rail, track 21
raippa	whip, lash, rod 41
Raisio	a village near Turku 13
raivo	madness, rage, fury 12
raivostua	to become furious, fly into a rage 11
raivostuttaa	to make furious or mad, infuriate 11
raja	limit, border, bound 2
rajanveto	setting the boundary 45
rajoittaa	to restrict, limit 21
rajoittua	to be limited, be confined, restrict 21
raju	vehement, violent, furious 50
rajutuuli	severe windstorm 15
rakenne	structure 44

725

rakennusmestari	builder (master builder) 13
rakentaa	to build 13
rakki	cur 42
rallattaa	to sing freely or carelessly 42
rallatus	frivolous song, lilting 42
rangaista	to punish 10
rankaisematta	without punishment 10
rapakko	mud hole, puddle 23
rappeutua	to fall into decay, deteriorate, degenerate 25
rasahtaa	to rustle, clatter 14
rasia	box 25
rasitus	strain, burden 20
rata	orbit, track, course 31
ratas	wheel of a wagon or machinery 31
ratina	grating sound, cracking 42
ratista	to creak, grate, crack 42
ratkaiseva	decisive 24
ratkaista	to decide, determine 24
ratkaistavana	to be settled, solved 21
ratsu	saddle horse, mount 25
rattaat	wagon, wheels 13
raunio	wreckage, ruin, pile of stones 19
rauta	iron 1
rautateitse	by rail 25
ravistaa	to shake 14
reaaliansio	real wages 45
rehellisyys	honesty 1
rehevä	flourishing, thriving 41
reikä	hole 27
reipas	vigorous, cheerful, sprightly 28
remputtaa	to pound, limp, drag 42
renki	farmhand 42
repiä	to tear, rend 32
repäistä	to rend, tear, pull off 36
retkeily	excursion, ramble, hike 3
retkeilymaja	hostel 5
reuhtoa	to tug and pull, struggle (in order to get loose) 32
reuna	edge, rim 14
revetä	to tear, split, be rent 32
riehua	to rage, rave, storm 49
riemu	joy, delight, rejoicing 21
rientää	to speed, hurry, hasten 41
rihkama	trinkets, haberdashery 44
riihi	threshing and drying house (barn) 17
riippua	to depend on, hang, droop, be suspended 11
riippumaton	independent, self-supporting 29
riipumatto	hammock 22
riiputtaa	to dangle 11
riita	quarrel, dispute 12

726

riitaisuus	dispute, controversy, disagreement 40
riittää	be enough, sufficient, adequate 28
riivata	to possess, bewitch 19
riivattu	possessed (with the devil) 19
rikka = roska	dust, particle, mote 13
rikkaruoho	weed(s) 41
rikkaus	richness, wealth 18
rikkonainen	broken, tattered 38
rikoksenuusija	person who recommits the same crime 51
rikollisuus	criminality 44
rikos	crime 37
rinnalla	beside, abreast, in comparison with, side by side, alongside 10
rinta	chest, breast, heart 10
rintakehä	chest, thorax 35
rintama	the front (military) 22
rippikirkko	communion service 46
riski	risk, chance, strong, vigorous, healthy 26
risteilijä	cruiser 38
risteys	crossing of roads, intersection 21
risteävä	crossing 21
risti	cross 13
ristiinnaulita	to crucify, nail to a cross 10
ristiriita	contradiction, controversy, conflict 43
riutta	reef 38
rivi	line, row 9
rohjeta	to dare, have the courage 52
rohkaista	to encourage 41
roiskua	to be spattered around, splash 16
rokottaa	to vaccinate, inoculate 35
romaani	novel, gypsy 44
romahtaa	to collapse, crash down 28
romantikko	romanticist, romantic person 30
romu	scrap, junk 38
roska = rikka	dust particle, mote 13
rotu	race, stock, breed 44
rouskutella	to crunch 42
rovasti	honorary title given to a minister of the Church 42
ruiske	injection, hypodermic 35
rukous	prayer 10
runebergiläinen	idealistic, patriotic 37
runko	frame (work), trunk, hull 22
runnella	to batter, mangle, maim, crush 36
runo	poem 17
runsas	abundant, plentiful, ample 38
ruohokasvi	grass(y plant), herbaceous plant 2
ruokkia	to feed, fodder 14
ruoko	reed 46
ruoska	whip, lash 46

727

rutistaa	press, squeeze 1
ruuhka	congestion (of traffic, logs, etc.) 38
ruumiillinen työ	manual labor 45
ruumiillistuma	embodiment, incarnation 37
ruumis	corpse, body 10
ruuna	gelding 42
ruuvata	to screw 27
ruuvi	screw 27
ruuvimeisseli	screwdriver 27
ruveta	to begin, start, set about 9
ryhmittyä	to group, to get into groups 21
ryhmä	group, set 21
ryhtyä	to begin, undertake, set 26
ryhtyä toimenpiteisiin	to take action 26
rynnätä	to rush, dash, attack 20
ryppy	wrinkle, furrow 15
ryske	crash, racket, noise 14
rysä	bow net, drum net 23
ryyppy	drink, "shot" 5
ryömiä	to creep 21
ryöstää	to abduct, rob, loot 15
rähistä	to make a racket, fuss, wrangle, brawl 42
rähjä	poor, ramshackle 11
räjähdys	explosion 14
räjähdysmäinen	explosion-like 43
rämlnä	racket 14
räntti	print (colloq) 14
räsähtää	to crack, crackle 47
rääkkyen	creaking 13
rääkkyä	to creak 13
räätäli	tailor 9
röykkiö	pile, heap 33

S

saada aikaan	to bring about, do, create 34
saada anteeksi	to receive forgiveness 10
saada kuiville	to pull to dry ground 41 41
saada perille	to get through, carry to an end 12
saada selville	to find out 18
saada surma	to die (suddenly or in an accident) 19
saamaton	inefficient, incapable 22
saapasvarsi	leg of a boot 13
saasta	filth, dirt 16
saastelaskeuma	fallout (radioactive) 28
saatana	Satan 39
saattaa	to lead, escort, accompany, be able 10
saattaa hengiltä	to cause death, kill 15
saavuttaa	to achieve, get, catch up with 29

saavutus	achievement, accomplishment 45
saha	sawmill, saw 45
sahata	to saw, run stiffly 32
sairaalloinen	morbid, ailing, sickly 12
sairastua	to fall ill, be taken ill 9
salakallio	hidden rock 15
salama	lightning, thunderbolt 17
salaperäinen	mysterious, secretive 23
salata	to keep secret, conceal 42
sallia	to permit, allow 21
sallittu	allowed, permitted 21
salmi	sound, strait(s) 42
salonki	salon, parlor 30
salvata	to choke, bar, block up 41
sama	the same, identical 7
samainen	the same, the very 31
samankaltaisuus	similarity, likeness 45
samanlainen	of the same form or kind 7
samastaa	to identify 38
sametti	velvet 16
sammal(e)	moss 47
sammua	to go out (fire), be extinguished 36
sammuttaa	to put out, extinguish 12
samoinkuin	like, as well as 2
sanaharkka	bandying words, bickering 47
sananlasku	proverb 10
sananviejä	bearer of a message, messenger 25
sangen	very, exceedingly 27
sankari	hero, heroic 40
sanko	pail, bucket 36
sanoen	saying 9
sanonta	saying, expression 21
santa	sand 46
sappi	sun dog, bile, gall 42
sarja	series, class 8
sarjakuva	serial cartoon 36-
sarka	strip of plowed land, coarse woollen cloth
sarvi	horn, antler 8
satama	harbor, port 5
sato	harvest, yield, return 41
sattua	to happen, occur, hit, take place 13
sattumalta	by mere chance, by chance 8
satunnainen	random, accidental, occasional 40
sauva	cane, staff 46
savi	clay 23
Savo	district in central Finland 6
savotta	place of work in the woods 38
savu	smoke, fume 16

729

313-431 O - 68 - 47

seikka	fact, matter, incident, circumstance 20
seikkailija	adventurer 28
seikkailu	adventure 15
seisahtua	to stop, halt, come to a stop 34
seka-avioituminen	mixed marriage 44
sekaan	among, into among 16
sekaannus	confusion, mixed up, bewilderment 20
sekaantua	to mix, meddle 16
sekainen	mixed 18
sekaisin	mixed up, confused, in a muddle, in a mess 47
sekava	confused, incoherent 19
sekoittaa	to mix, blend, stir, confuse 18
sekä	and (also) 9
selittää	to explain 3
selitys	explanation, account 23
selkkaus	conflict, clash, entanglement, trouble 44
selko	information, knowledge, clearness 46
selkä	back 1
selkävaiva	backache 22
sellaisenaan	as such 31
sello	cello 30
selostaa	to report, give an account 8
selvittää	to solve, explain, settle, disentangle 19
selviytyä	to get out, pull out, manage, escape alive, survive 38
selvä	clear, sober, understandable 19
selällään	on one's back 14
semmoinen, = sellainen	such, like that 8
sen koommin	ever since 28
senaatti	senate 37
senaattori	senator 37
sentti (cm)	centimeter, cent 35
sentään	for all that, however, still, yet 28
seos	alloy, mixture 18
seppo = seppä	blacksmith, smith 17
seteli	paper money (dollar bill) 24
seuloa	to sift 15
seura	association, society, company 7
seuraava	following, succeeding 9
seurakunta	congregation 10
seurata	to follow 8
seuraus	consequence, outcome 20
seutu	region 6
sielu	soul 39
siemen	seed 41
siepata	to catch, snatch, pick up, grab 7
sieppari	catcher 7
sietää	to bear, endure, stand, put up with 33
siima	(fishing) line 35
siinä	about, around, approximately, in that 5
siipi	wing 15

730

siirrellä	move frequently 16
siirto	transfer, move 24
siirtolainen	emigrant, immigrant, settler 6
siirtoväki	evacuated population, evacuees 44
siirtymä	change (of scene in a play), shift 19
siirtyä	to move 16
siirtää	to move, transplant 16
siisti	tidy, neat 5
siitä	be begotten, conceived 10
siittää	to beget, conceive 10
siivo	proper, decent, modest, condition, state 46
siivooja	cleaning woman, charwoman, maid 22
sija	place, space, room 4
sijainen	deputy, substitute 26
sijaita	to be situated, located, lie, stand, be 2
sijasta	in place of, instead of 21
sijoitus	investment 48
siksi	therefore, for that reason 5
silinteri	cylinder, top hat 39
silloin tällöin	now and then, occasionally, at times 21
sillä	for, because, as 2
silminnäkijä	eyewitness 32
silmukka	loop 13
silmällä	to eye, look 23
silmänräpäys	twinkling of an eye, instant, moment 19
silta	bridge 21
silti	however, yet, still, anyhow 34
singota = singahtaa	to be hurled (into air) 31
singota = sinkauttaa	to hurl, fling, send flying 31
sinänsä	as such, as it is 37
sirahdus	wheeze, ooze 47
sirkkelisaha	disk saw, circular saw 14
sirkkelöidä	to saw with a disk saw 36
siro	pretty, small, light 23
sironpuoleinen	rather pretty 23
sirpale	splinter, fragment, shell 16
sisarukset, sisarus-	children of the same parents 30
sisarustrio	trio of brothers and sisters 30
sisin	innermost, inmost 35
sissi	guerilla, partisan 29
sisus	inside, entrails, guts 14
sisäinen	inner, inward, internal 25
sisällykseltään	as to (its) contents 30
sisällyttää	to include 22
sisältää	include, contain 22
sisäryhmäavioliittoisuus	endogamy 44
siten	thus, so 37
sitkeä	persevering, persistent tough 30
sitoa	to bind, tie 45
sitoutua	to pledge one's word, undertake, obligate 39

731

sittemmin	afterwards, later on, ever since 44
sitä	so much the ... 30
sitäpaitsi	besides, moreover, futhermore 11
siveellinen	moral, ethical 26
siveellisyys	morality, morals, ethics 26
siveysoppi	ethics 54
sivistystaso	cultural level, level of culture 25
sivustavedettävä	sofa bed, extendable on the side 36
sivuuttaa	pass, go by, overlook 11
skaala	scale 30
sohju	(snow, ice) sludge 38
soikula = soikio	oval, ellipse 32
soinen = suoperäinen	marshy, swampy 28
sointua	to harmonize, sound 30
sokaistua	to be blinded 49
sokea	blind 49
sola	space between two buildings 42
solki	buckle, clasp, brooch 37
solmu	knot 9
solu	cell, cellule 31
sonni	bull 8
soosi = kastike	gravy, sauce (colloq.) 14
sopeutua	to adapt, adjust, conform 44
sopeutuvuus	adaptability, conformability 43
sopia	to fit, be convenient; suit, settle,have room, space 11
sopimus	agreement, contract 25
sopiva	suitable, fitting, convenient 23
sormi	finger 9
sormus	ring 18
sortaa	to oppress, keep in subjection 37
sortovuodet (pl.)	years of oppression, of lawlessness 37
sortti = laji	kind, sort (colloq.) 14
sortua	to fall, collapse, be overthrown 37
sorvi	(turning) lathe 39
sosiaalihuolto	social welfare 44
sotaväki	soldiers, troops, military service 9
sotkea	to tread, mix, entangle, confuse 41
soudella	to row, paddle about 15
soutaa	to row 15
souvi	work, job (to be done) 36
soveltaa	to apply, adapt 40
sovinnollinen	peaceful, conciliatory, harmonious 44
sovittaa	to fit, reconcile, settle 35
stiftihammas = nastahammas	crown (tooth) 27
suhdanne	conjucture, trend of economic situation 45
suhde	relation to, proportion, ratio, respect 5
suhtautua (johonkin)	take an attitude (toward), to have an attitude (toward s.) 17

732

suhtautuminen	stand, attitude 34
suhteellinen	relative, proportional 29
ei suinkaan	by no means, on no account, certainly not 14
suippo	tapering, pointed, peaked 33
suitsuttaa	to heap praise (on a p.), burn incense 47
sujua	to go on, progress, advance 30
sukaista	to put on quickly, do quickly 42
sukeltaa	dive 1
sukeutua	to ensue, arise, spring from 34
sukia	to comb, brush, groom 17
sukkeluus	joke, witty remark, quickness 12
suksi	ski 24
sukua jollekin	related to someone 6
sulaa	to melt, fuse, thaw 13
sulattaa	to fuse, melt, smelt 18
sulautua	to become merged, become absorbed, melt into, fuse 44
suo	smash, swamp 23
suoda	to allow, grant, let 16
suojamuuri	protecting or defensive wall 31
suojata	to protect, shelter, guard · 31
suojatie	pedestrian crossing 21
suojelija	patron, protector 17
suojelus	protection, patronage 25
suoraa päätä	straightway, headlong, directly 40
suorakulmainen	right angled, rectangular 35
Suomenlahti	Gulf of Finland 2
suomennos	Finnish translation 26
suonenveto	cramp 12
suoni	vein, artery 16
suonten kalkkeutuminen	hardening of the arteries, arteriosclerosis 20
suopea	favorable, kind 26
suora	straight line, line 21
suorittaa	to perform, accomplish, carry out 32
suorittaa tutkinto	pass an examination 24
suosia	to favor, patronize 7
suosio	popularity, favor, applause 7
suosittu	popular 2
suositus	recommendation, commendation 45
suostua	to agree, consent 9
supistaa	to reduce, limit, cut down 45
suppea	concise, terse, condensed 33
suru	sorrow, grief 1
susi	wolf 28
suu	mouth 1
suunnata	direct, aim at, turn, bend 5
suunnaton	enormous, immense, gigantic, tremendous 11
suunnitella	to plan, design, intend 32
suuntauslähetin	directive transmitter 35
suuntautua	to be directed, face, turn 18

suuntaviiva	line of direction 25
suupieli	corner of mouth 36
suurin piirtein	in general, in broad outline 43
suuriruhtinas	grand duke 25
suurlakko	general strike 40
suutahtaa	flash in anger, flare up 32
suutari	shoemaker, cobbler, dud 23
suuttua	to become angry, take offense 1
suutuksissa	while angry, in anger 32
suututtaa	cause one to become angry 11
suvaitsemattomuus	intolerance 49
syli	full stretch of a person's arms, lap, fathom, 6 feet 36
sylkeä	to spit 46
sylkäistä = sylkeä	to spit 32
sylys	armful 36
synkkä	gloomy, murky 32
synnyttää	to give birth, cause, bring forth, deliver 10
synty	origin, birth 10
syntyä	to be born, originate, breed 10
syrjäinen	remote, distant, outsider 28
syrjäyttää	to supersede, force aside, set aside 33
sysätä	to thrust, give a push, shove 39
syttyä	to be kindled, to break out 2
sytyke	kindling 36
sytytin	lighter, igniter, primer 35
sytyttää	to light, kindle 2
syvä	deep 15
syvyys	depth(s), profoundness 15
syy	cause, reason, fault 19
syyllinen	culprit, guilty 31
syyllistyä (johonkin)	to be guilty (of something) 50
syyte	indictment 26
syyttäjä	prosecutor, accuser 51
syyttää	to accuse, blame 16
syytää	to throw, scoop 16
syytön	innocent, guiltless 27
syytös	accusation, charge 26
syy-yhteys	causal connection, (nexus) 31
syöksy	plunge, dive, rush, dash 19
syöksyä	to rush, dash, gush 19
syöksyä maahan (lentokone)	to crash (airplane) 19
syöttäjä	pitcher 7
syöttö	pitch, feeding 7
säde	ray, beam, radius 23
säestää	to accompany (musical term) 30
säikähtää	to become frightened, to get a shock 15
säikäyttää	to scare, to frighten, to startle 15
säilyttää	to preserve, conserve, keep up 30
säilyä	be preserved, keep 30

säkkipilli	bagpipe 46
särkeä	to break, crush, smash 23
särkylääke	painkiller 35
särkyä	to break, crack 23
säteily	radiation, emission 31
sättiminen, sättimis-	scolding, upbraid 27
sävel	tune, melody, note 30
sävellys	composition 30
sävy	tone, style, character 26
sävyttää	to characterize, feature 26
säädellä	to regulate, adjust 45
säädös	rule, ordinance, instruction 22
Sääksmäki	a village and a lake in southern Finland 13
sääliä	to pity, sympathize 1
säännöllinen	regular, scheduled, orderly, fixed 25
säännöllisesti	as a rule, regularly 18
säännös	regulation 34
säännöstellä	to regulate, ration 45
säännöstely	regulating, rationing 45
säätiö	foundation, establishment, institution 54
sääntö	rule, regulation, law, ordinance 7
säästyä (joltakin)	be spared from something, be saved 22
säästö	saving 22
säätää	to ordain, decree, order 29
säätää laki	make a law 29

T

taakka	burden 51
taata	to guarantee, stand security, to stand good for a loan 18
tahansa	(so) ever 20
taho	quarter, direction 37
tahra	stain, spot, smear 19
tahti	time, tempo, step, pace 48
tahto	will, wish 10
tahtoa	to want, wish, desire 8
taide	art 11
taika	magic, witchcraft 9
taikatemppujen tekijä	conjurer of tricks 9
taikausko	superstition 9
taikoa	conjure, use magic 15
taimi	seedling, plant 41
taipua	to resign, submit, yield 29
taipumus	aptitude, bent for something 30
taipuvainen	inclined, disposed 23
taistella	to fight, to battle 15
taistelu	fight, battle, struggle 12
taitaa	to know, can, may 22
taitamattomuus	lack of skill, inexperience 22

735

tuitava	skillful, expert in 23
taiteilija	artist 6
taito	skill, ability 5
taivaanranta	horizon 5
taival	stretch of road, distance 28
taivas	sky, heaven 3
tajunta	consciousness, senses 47
tajuta	comprehend, perceive 5
takaaminen	guaranteeing 25
takaisin	back (adv.) 5
takaisku	rebound, recoil, repercussion 48
takakenossa	leaning backwards 14
takavarikko	confiscation, seizure 26
takavarikoida	to confiscate, seize 26
takoa	to forge, pound, beat 13
taksa	price list, list of rates, tariff, fare 25
talja	hide, skin, hoisting tackle, pulley 28
talkoot (pl.)	harvest bee, work party 41
tallata	to trample, tread, stamp 41
talli	stable 42
talous	economy, household 4
talousmaantieto	economic geography 25
talteenotto	recovery, taking in for safekeeping 35
taltta	chisel 33
tammi	oak 2
tanko	pole, staff, bar 42
tapa .	manner, way, fashion, custom, practice 1
tapaninpäivä	St. Stephens' Day, Boxing Day 29
tapaturma	casualty, accident 21
tapaturmavakuutus	accident insurance 45
tapaus	case, event 1
tappelu	fight, scuffle 6
tappio	loss, defeat 29
tapuli	tower, pile (of lumber) 42
tarina	tale, story 13
tarjolla	available 22
tarjonta	supply 45
tarkastaa	to inspect, examine 9
tarkastella	observe, watch closely, examine 14
tarkemmin sanottuna	more accurately said 8
tarkentaa	to make more accurate, adjust 45
tarkka	accurate, frugal 8
tarkoin = tarkasti	exactly, accurately 18
tarkoite	purport, meaning, sense 45
tarkoittaa	to mean 18
tarkoituksenmukainen	serving the purpose, appropriate 43
tarkoitus	purpose, intention 14
tarpeellinen	necessary, needful 11
tarpeen	necessary, needed 9
tarpeen tullen	when needed 49
tarttua	to grip, grasp, stick 12

736

tarttua kiinni	to get stuck 12
tarve	need, want 29
tarvikkeet (pl.)	supplies, stuff, materials 35
tarvittava	necessary, needed, required 4
tasa-arvoinen	equal 17
tasaantua	to become level or even, be stabilized 48
tasainen	level, even, flat 6
tasapuolinen	impartial, fair, unbiased 12
tasku	pocket 11
taso	level, plane, wing of an airplane 4
tasoittaa	to level, even, smooth 37
tasoristeys	level crossing 21
tauota	to cease, stop, die down 38
tauti	disease, sickness, illness 17
tavallinen	usual, common, general 23
tavanomainen	common, habitual, customary 43
tavata	to find, meet, catch up 33
tavattoman	unusually, enormously, exceedingly, particularly 20
tavoite	aim, objective, goal 43
tavoittaa	to try to reach, catch hold of, catch up 28
teettää	to cause to be done or made 28
tehdas	factory, mill, plant 45
tehdä heräämistä	to be in the process of awakening 36
tehdä huorin	to commit adultery 10
tehdä toukoja	to do spring sowing 41
tehokas	effective, efficient, drastic 50
tehostua	to become more effective, be intensified 44
tehtailija	manufacturer, maker 23
tehtävä	job, task, duty, function 24
teini	student in senior high school, teenager 9
teki pahaa	it turned his stomach, it nauseated him 27
teko	make, doing, act, deed, action 22
tekokuu	satellite (to orbit the earth) 31
telaketju	tank track 47
telakka	dock, slip 48
teloittaa	to execute, shoot 40
temmata	to pull, wrench, carry away 9
tempaista	to pull suddenly 9
temppu	trick 9
teollisuus	industry, manufacture 4
teoreetikko	theorist, theorizer 50
teoria	theory 6
terraario	terrarium 34
terva	tar 13
teräs	steel 39
teos	work, piece of work 26
teurastamo	slaughterhouse, stock yards 45
tiede	science 2
tiedotus	information, communication, notice 21

tienata	to earn 36
tienhaara	fork of a road 42
tienoilla (jonkin t.)	about, in the neighborhood 37
tienoo	neighborhood, vicinity, region 37
tienvarsi	side of the road 42
ties = kuka tiesi	20
tieteellinen	scientific 34
tietenkin	of course, certainly 27
tietenkään	of course not, by no means 27
ei tietoakaan	not the faintest idea, not a hint 5
tietoisuus	awareness, knowledge, insight 47
tietokirjallisuus	information, literature 29
tietokone	computor 35
tietoliikenne	public communication service 25
tietty	certain, some, specific, given 26
tietäjä	wise man, prophet 17
tietämättömyys	ignorance, unfamiliarity 22
tiimellys	struggle, wrestling 49
tikari	dagger, stiletto 33
tilanne	situation, state of affairs 27
tilapäinen	temporary, provisional 48
tilauskanta	number of orders 48
tilikausi	pay period, fiscal period 36
tilkka	drop 16
tikuttaa	to tick 14
tila	state, condition, room, space, estate, farm 2
tilaisuus	opportunity, chance, occasion 12
tilanne	situation, state of affairs 11
tilasto	statistics 21
tinkimättä	unconditionally, without haggling 45
tinkiä	to bargain, haggle, compromise 45
tipahdella	to drop 39
tiputtaa	to drop, drip 39
tirripaisti	fried pork fat 36
titaani	titanium 35
tiuha = tiheä	frequent, dense, thick 32
tiukka	tight, firm, strict 16
todella	really, indeed, truly 11
todellisuus	reality, fact 21
todennäköinen	probable, likely, plausible 18
todennäköisesti	probably, likely 18
todeta	to establish, prove, confirm, verify, state 20
todistus	witness, proof, certificate 10
toimeenpanovalta	executive power 50
toimeentulo	living, livelihood, support 28
toimenpide	action, measure 26
toimi	employment, job, measure, step 34
toimia	to act, work, operate, function 24

738

toimiala	field of one's operation 50
toimihenkilö	official, officer, functionary 49
toiminta	function, work, activity, action 18
toimittaa	dispatch, prepare, deliver 18
toimitus	ceremony, performance, editorial staff 37
toimituttaa	to cause an election to be held 50
toimivalta	authority, power to act, jurisdiction 50
tointua	to recover 42
toisaalta	on the other hand 22
toisen tyyppinen	of a different kind 18
toiset = muut	others 12
toisin sanoen	in other words 18
toistaiseksi	for some time (to come) for the present 35
toivo	hope, wish, desire 5
toivomus	wish, desire 37
toivorikas	hopeful 38
toivoton	hopeless, desperate 5
tonttu	hobgoblin 17
torjua	to ward off, prevent, defend against 29
torkkua	be drowsy, doze off 16
torvi	horn, bugle 47
tosin	certainly, indeed, to be sure 20
totella	to obey 11
toteuttaa	to carry out, carry into effect, realize 34
tottakai	of course 36
tottua	to get used to, become accustomed 18
tottumaton	inexperienced, unaccustomed 18
tottumus	custom, habit 34
toveri	mate, comrade, companion 19
tuhat tulimmaista	"thunder and lightning" 32
tuho	peril, destruction, ruin, annihilation 20
tuhoutuminen	destruction, extermination 31
tuijottaa	to stare, gaze 19
tuiske	whirl, rush 16
tukea	to support, prop up, sustain 50
tukehduttaa	to choke, suffocate, smother 12
tukehtua	to become suffocated 12
tukeva	steady, firm, stable, strong 41
tukipalkkio	subvention 45
tukistaa	to pull or jerk a person's hair 36
tukka	hair 4
tukkilainen	logger, lumberjack 29
tuleentua	to ripen, become ripe (crops) 41
tuleva	future, coming 9
tulevaisuus	future 37
tulevat	those coming 6
tulinen	fiery, hot, hot headed 6
tulkinta	interpretation 26
tulkita	to interpret, expound, explain 44

tulla toimeen	to get along, get on, earn one's living 23
tulla tulokseen	come to a conclusion 14
tulli	custom(s) 21
tullimylly	toll mill 45
tulos	conclusion, result, outcome 14
tultaessa	on coming 21
tulva	flood, torrent, influx 42
tungeksia	to crowd 21
tunkea	to push, shove, crowd 37
tunkeutua	to penetrate, force one's way into 37
tunnelma	sentiment, feeling, atmosphere 30
tunnistaa	to identify, recognize 38
tunnusomainen	characteristic, typical 51
tunnustaa	to confess, profess, admit, acknowledge, recognize 10
tunnustettu	recognized 21
tunnustus	recognition, acknowledgement, confession 40
tuntematon	unknown, unfamiliar, strange, unexplored 24
tunturi	fell, hill 6
tuoda esille	to express, bring forth, reveal, disclose 38
tuohi	birch bark 36
tuoksu	scent, fragrance, odor 30
tuolloin	at that time, then 31
tuomio	judgment, sentence 42
tuomioistuin	court (of justice) 51
tuomita	to judge, sentence, condemn 10
tuonela	realm of the death, Hades 10
tuossa tuokiossa	in no time, in a twinkle 42
tuotanto	production, output, yield 48
tuote	product 33
tuottaa	to produce, cause, yield 33
tuottavuus	productivity, productiveness 45
tuotteet (pl.)	produce 33
tupata	to force, push, crowd 7
tupaten täynnä	chock full 7
tuppautua	to push oneself, to force 7
turha	fruitless, unnecessary, vain 10
turhaan	in vain, needlessly 10
turhanaikainen	unnecessary, useless 14
turkiseläin	furred animal 18
turkki	fur, coat, fur coat 17
turva	protection, safeguard, safety 25
turvallinen	safe 28
turvautua	to resort to, fall back on, hold to 43
turvavyö	seat belt, safety belt 27
tusina	dozen 27
tuska	agony, pain, torment 10
tuskin	hardly, scarcely 6
tutkia	to analyze, test, examine 18
tutkija	scientist, researcher 31

tutkijalautakunta	investigating committee, jury at an inquest 19
tutkimus	study, research, investigate 22
tutkinto	examination 18
tuttava	acquaintance 20
tuttavuus	acquaintance 24
tuttu	familiar, acquaintance 9
tutustua	to get acquainted 11
tutustuttaa	to make a person acquainted 11
tuuma	inch, thought, idea 4
tuumia	to think, consider, deliberate 28
tyhjyys	emptiness, void 16
tyhjä	vacant, empty, in vain 9
tyhmyys	stupidity 22
tyhmä	stupid, foolish, silly 1
tykkituli	artillery fire 16
tykätä	to like a person or thing (colloq.) 11
tylsistyä = tylsyä	become dull, inert 32
tynnyri	barrel 13
typerä = tyhmä	37
tyrehdyttää	to stop, staunch 42
tyrehtyä	to cease to flow, stop 42
tyydyttää	to satisfy 22
tyyli	style, way 14
tyyni	calm 15
Tyyni Meri (Tyyni Valtameri)	Pacific Ocean 31
tyyppi	type 18
tyystin = täysin	thoroughly, completely 30
tyytymättömyys	dissatisfaction, discontent 39
tyytyä	to be contented, satisfied 15
työehtosopimus	agreement on terms of work 45
työkalu	tool 33
työllisyys	employment 45
työläinen	worker, workman 22
työmarkkinat, työmarkkina- (pl.)	labor market 45
työnantaja	employer 6
työntyä	to push one's way 36
työntää	to push, shove, thrust 13
työskentely	working, work 43
työttömyys	unemployment 48
työvoimapula	scarcity of labor, shortage of labor 48
tähde	leftovers, scraps of food 9
tähden = takia (jonkun t.)	for the sake (of somebody) 11
tähdentää	to emphasize, lay stress 44
tähdätä	to aim at, point 48
tähtäin	sight(s) (of gun) 48
tärkeän näköisenä	looking important 9
tärsky	jolt, shake up, smash up 19
tärähdys	shock, concussion 39
täsmällinen	precise, exact, punctual 44

741

tästälähin	hereafter, from now on 41
täydellinen	complete, perfect 29
täydentää	to supplement, complete, amend 45
täysi	full 8
täysihoito	board and room 22
täysin	fully, completely, quite, entirely 5
täysistunto	joint assembly 37
täyteen	full of, filled with 8
täyttymys	fulfillment 32
täyttää	to fulfill, fill 23
täyttö	filling 35
töllistellä	to gape, gaze, stare 15
töllöttää	to gape, gaze, stare, watch TV 36
tömistä	to rumble, stamp one's feet 46
tömistää	to stamp one's feet, be stamping 46
törmä	slope, bank, hill 42
törröttää	to stand on end (hair), stand out 46
töydätä	to dash, dart, rush 42
töyhtö	crest, feather, plume, tuft 36
töykeä	harsh, rough, blunt 37
töytäistä	to push, thrust, shove 42

U

udella	to inquire, keep asking questions 11
uhata	to threaten, menace 44
uhota	to brim or bubble over 47
uhraus	sacrifice 41
uhrautuvaisuus	willingness to make sacrifices 37
uhri	sacrifice, offering 17
uhripidot	celebration honoring a god 17
ukko	old man, aged man (colloq.) 3
ukkonen	thunder, thunderstorm 17
ulko (rata)	outer track 32
ulottaa	to extend, stretch out 13
ulottua	to reach 13
ulvoa	to howl, bawl, roar, scream 28
ummistaa	to close, shut 42
umpimähkään	at random, haphazardly 20
uneksia	to dream, muse 39
uneton	sleepless 22
uni	sleep, dream 11
unikirja	book of dreams 14
unohtumaton	unforgettable 24
upea	grand, magnificent, impressive 37
ura	career, path, goove, rut 37
urakoitsija	contractor 44
urheilu	sports, athletics 2
urho	brave warrior, hero 15

urotyö	heroic deed 15
uskaltaa	to dare, venture, have the courage 9
uskoa	to believe (in), trust, have confidence 1
uskontunnustus	creed 10
uskonvahvistus	strengthening of faith 49
uskoutua (jollekin)	take a person into one's confidence 3
uteliaisuus	curiosity, inquisitiveness 19
utelias	curious 11
utu	mist, haze 15
uudelleen	again, anew, afresh, once more 1
uudistaa	to reform, renew, repeat, update 45
uuni	heating stove, oven 36
uupua	to become exhausted or tired, be short of 32
uurastus	hard work, industry, toil 40
uuvuttaa	to exhaust (a person's strength), tire out, wear out 32

V

vaaka	scale(s) for weighing 42
vaalea	fair, light, blond
vaali	election 44
vaalia	to take tender care, attend, nurse 44
vaan	but 5
vaania	to lurk, watch, pry 39
vaara	danger, peril, hill 15
vaaratta	without danger 22
vaatia	to demand, claim 11
vaatimaton	modest, unpretending, humble 14
vaatimus	demand, claim 49
vaeltaa	to wander, ramble, tramp 30
vahingoittaa	to injure, do damage 17
vahtimestari	janitor, caretaker, guard 11
vahva	thick, strong, stout, durable 11
vahvasti	much, very much 11
vahvistaa	to confirm, endorse, strengthen 22
vahvistus	confirmation, strengthening, sanction, endorsement 38
vai	indeed, Oh, is that so, or 8
vaieta	to become silent, cease speaking 39
vaihdella	to vary, be changing 18
vaihe	stage, phase, period 19
vaiheikas	eventful, full of changes 24
vaihtaa	to change 18
vaihtelu	change, variation 22
vaihto	exchange, changing, change 7
vaihtoehtoinen	alternative 45
vaihtua	to change, become changed 18
vaijeri	wire (strong, thick wire) 35
vaikeus	difficulty, trouble, hardship 24

vaikeuttaa	to make difficult or worse, hamper 25
vaikka	although 5
vaikkei = vaikka ei	though (not), although (not) 26
vaikuttaa	to have an effect 2
vaikutelma	impression, impulse 34
vaikutusvaltainen	influential, powerful 50
vaimeta = vaimentua	to quiet down, be muffled 19
vaimentaa	to muffle, quiet, still, to mitigate, quell 19
vainaja	the deceased, the late 33
vaisto	instinct 21
vaitelias	reticent, silent, discreet 39
vaiti	quiet, still, silent 3
vaivainen	miserable, wretched 39
vaivata (jotakin)	to trouble, pester, ail, hurt, pain (somebody) 20
vajota	to sink 32
vakaantua	to become steady or stable 48
vakaumus	conviction 39
vakava	grave, serious, firm, steadfast 8
vakinainen	permanent, ordinary 29
vakuutella	to assure 11
vakuuttaa	to assure, warrant, insure 11
vala	oath, vow 42
valehdella	to lie, tell a lie 32
valinta	selection, choice, option 33
valiokunta	committee 21
valistus	enlightenment, civilization 39
valitella	deplore, complain, moan 9
valittaa	to complain 9
valitus	complaint 22
valjeta	to dawn, grow lighter 38
valkea	fire, white, light 36
vallankumouksellinen	revolutionary, revolutionist 41
vallankumous	revolution 40
vallata	to conquer, occupy 29
vallita	to rule, dominate, prevail 9
vallitustyö	work of entrenchment, fortification 44
valmismatka	all-inclusive tour 35
valmius	(state of) readiness, preparedness 38
valohoito	treatment with light 20
valta	power, rule 10
valtakirja	proxy, credentials 50
valtakunnanoikeus	high court of impeachment, U.S. federal court 50
valtakunta	kingdom, realm, state 10
valtava	tremendous, mighty, huge, enormous, powerful 14
valtioneuvosto	cabinet, council 50
valtionvirka	government office, civil service 4
valtiopetos	high treason 50

744

valtiopäivät (pl.)	diet, session of parliament 44
valtiosääntö	constitution 50
valtti	trump 40
valtuuskunta	delegation, commission 40
valtuuttaa	to authorize, accredit, empower 50
valtuutus	authorization, credentials 50
valua	to flow, stream, drip 16
valvoa	to supervise, keep an eye on, be awake, keep watch 26
vamma	physical injury 30
vaneri	plywood, veneer 48
vaneripohja	plywood bottom or base 22
vangita	to capture, arrest 31
vanhastaan	of old, from ancient times 31
vanhempi	older, elder 3
vankeus	imprisonment, captivity 37
vanki	prisoner 21
vankila	prison, jail 51
vapaa	free 9
vapaaehtoisesti	voluntarily 21
vapahtaja	savior, deliverer 39
vapaus	freedom, liberty 21
vapauttaa	to set free, absolve, liberate 26
vapista	to tremble, shudder, shiver 39
vara	support, reserve, chance 41.
varamies	substitute, reserve 7
varastaa	to steal 10
varasto	store, storehouse, depot 45
varat, varoja (pl.)	means, funds, resources 22
varhainen	early 49
varjella	to protect, guard 15
varjo	shade, shadow 28
varjostaa	to overshadow, shade, shadow 37
varmentaa	to confirm, verify 50
varmuuden vuoksi	for assurance 20
varoa	to look out, take care 21
varoitella	to keep warning, cautioning 49
varoittaa	to warn, caution 21
varoitus	warning, caution 21
varpaillaan	on tiptoe 36
varsinainen	real, true, proper, original, actual 24
varsinkin	particularly, especially 2
vartalo	body, figure, statue, trunk 35
varten (jotakin varten)	for (something), for the purpose 26
vartija	watchman, guard 45
vartioida	to guard, watch, patrol 21
vartoa	to wait 41
varttua	to grow, develop 30
varuskunta	garrison 38
varuste	equipment 7

745

varustelu	armament, equipping, preparation 43
varvas	toe 36
vasara	hammer 13
vasikka	calf 8
vastaanotin	radio, receiver 35
vastaava	corresponding, one who is responsibe 24
vastaavasti	correspondingly 7
vastahakoinen	reluctant, unwilling 49
vastainen (jonkin vastainen)	on the side of or against something 28
vastaisuus	future 49
vastakaiku	response, sympathy, resonance, echo 40
vastakkainen	opposite, contradictory 22
vastamäki	uphill road 42
vastarakkaus	reciprocal love 15
vastarinta	resistance, opposition 40
vastaväittäjä	opponent 40
vastustaa (jotakin)	to oppose, resist (something) 12
vastuu	responsibility, risk 50
vati	basin, bowl, dish 35
vatsa	stomach, belly, abdomen 8
vaurastua	to prosper 43
vaurio	damage, injury, harm 38
vavahduttaa	to cause to jerk or start, cause to quake 47
vavahtaa	to jerk, start, give a sudden start 47
vavista	to shake 47
vedenjakaja	watershed 28
vedetty	mounded
vedättää	to have pulled or hauled 41
"veeärrä" = Vapauden Risti	cross of Liberty 47
veikko	brother, fellow 16
veistellä	whittle
veitikkamainen	cunning, sly, roguish 12
veitsi	knife 1
velallinen	debtor 10
velka	debt 10
velvoittaa	to put under obligation, impose as a duty 54
velvollinen	under obligation 50
velvollisuus	duty, obligation 25
Venäjä	Russia 2
veri	blood 10
verinen	bloody, gory 15
verkko	net(work), web 20
verkosto	network 20
vero	tax, impost, duty 25
verottaa	to impose taxes on, tax 44
verotus	taxation, assessment 45
verrata	to compare 8
verraton	incomparable, unequaled 28
verrattain	comparatively, relatively 18
verrattuna	compared with or to 29
verta	extent, degree, equal 8

vertailla	to compare 22
veto	veto, draft, pull, bet 51
vetäytyä	to.move, withdraw, step aside, retreat 44
vetää	to pull, draw 13
vetää johtopäätös	to conclude, draw a conclusion 31
vetää nenästä	to fool a person 42
vetää vireeseen	to wind 14
vetää voitto = voittaa	to gain or win a victory 28
viaton	innocent, guiltless 12
viehätys	charm, attraction, interest 30
viekas	sly, foxy 1
vielä	once (more), still 1
vieläpä	even, besides, furthermore 5
vieraskorea	lip service, courtesy 12
vierasperäinen	of a foreign origin 34
viereinen	nearby, next, neighboring 11
vierittää	to roll, tumble, shoot 39
vieriä = vieryä	to roll, turn round and round 32
vieroksua	to be shy, feel like a stranger 34
vieru	slope, edge, side 42
viesti	message, relay, signal 38
vietellä	to entice, seduce 17
viety, on viety	exported, has been exported 4
viha	hate, anger 17
vihainen	angry 36
vihamies	enemy, foe 37
vihanta	green, verdant, fresh 41
vihapäissään	angry, mad, in his anger, in a fit of rage 32
vihat, vihoja (pl.)	eruption, inflammation, breaking out 17
vihdoin	at last, finally 9
vihellyspilli	whistler 35
vihje	hint, intimation, clue 34
vihloa	to smart, have shooting pains 16
vihollinen	enemy, foe, adversary 29
viihtyä	to be happy, thrive, enjoy 30
viikset (pl.)	moustache, whiskers 40
viileä	cool 35
viimein	finally, (lopulta) in the end, eventually, ultimately, at last, at length 1
viipymättä	without delay, promptly 20
viipyä	to delay, linger, stay on 16
viisari	hand (on the dial of a clock) 14
viisaustiede = filosofia	philosophy 20
viisaustieteen tohtori = filosofian tohtori (fil.tri.)	Ph.D. 20
viitata	to point at, indicate, imply, refer 33
viitsiä	to care (to) 13
viittaus	sign, motion 39
viiva	line, stroke, dash 21
vika	fault, defect, trouble 19
vikistä	to squeak, whine 14

747

vilahdus	glimpse, flash 12
vilahtaa	to dash by, glance past 28
vilistä	to swarm, be crowded with 33
vilkaista	to glance, have a glance 36
vilkas	busy, lively, live, sprightly 24
villitä	to make wild, incite 41
vilu	chill(s), chilliness, coldness 42
vingahdella	to give a whistling sound, squeal 47
vino	slanting, oblique, skew 5
vioittaa	to injure, to damage, hurt 30
virallinen	official 4
virallinen syyttäjä	district attorney 51
olla vireillä	to be kept up, going on 12
virittää	to kindle, light, start, tune 12
virka	office, position, profession 9
virkamies	official, civil servant 9
virkaura	civil service career, career of a public official 37
virkavirhe	error in discharge of one's official duties 50
virkkaa	utter, say 1
virsi	hymn 14
virta	current, stream 2
viskata	to throw 13
vitsi	joke 6
vitsikäs	witty, funny, full of humor 6
viuhua	to whiz, whistle 16
viulu	violin 30
viuluntaituri	virtuoso, violinist 30
voima	strength, power 10
voimakas	strong, powerful 15
voimaviiva	line of force 31
voimistua	become stronger, gain in strength 19
voitto	victory, conquest, profit, gain 28
vuodenvaihde '	turn of the year 48
vuohi	goat 1
vuoksi (jonkun vuoksi)	because of, for the sake of (something), high tide 12
vuoma = uoma	bed of a river 28
vuori	mountain, lining 13
vuoro	turn, shift 38
vuorokausikaupalla	for many days and nights 35
vuotaa	to leak, have a leak, seep, flow 38
vuoto	leak, leakage, seepage, discharge 38
vyöhyke	belt, zone, range 31
vyöryä	to roll, be rolling 39
vyötäiset (pl.)	waist, loins 37
vyötärö	waist 35
väestö	population, inhabitants 4
vähemmistö	minority 44
Vähä-Aasia	Asia Minor 18

748

vähän väliä	time and (time) again 8
vähäpätöinen	insignificant, unimportant 39
väittämä	theorem, argument 21
väittää	to claim, state, argue 11
väitöskirja	dissertation, thesis 40
väkevä	strong, mighty 17
väki	people, folks, crew, forces, strength 4
väkijuoma	alcoholic drink, intoxicating liquor 40
väkiluku	population 4
väkivaltainen	violent, forcible 37
väli	intervening space, gap, relation, inter- 18
väliaikainen	temporary, provisional 40
väliin	(in)between 21
väliin = toisinaan	sometimes, at times 14
välillinen	indirect 50
välillä, -ltä, -lle	between 2
väline	medium, means, tool 18
välinen	inter-, located between, intervening 25
välinpitämättömyys	indifference, lack of interest, unconcern 49
välistä	at times, sometimes, in between, among 3
välittää	to care, mediate 14
välittömästi	directly, immediately 45
välityksellä (jonkin v.)	through the mediation (of someone) 33
välitysmenetelmä	system of mediation 40
väljähtyä	to become flat, stale, loose, lose strength 49
välttämättä	necessarily, unavoidably, inevitably 11
välttämätön	imperative, necessary 22
välähtää	to flash 41
vänrikki	ensign, second lieutenant 47
värisyttää	to make shiver, tremble or shudder 42
värvätä	to enlist, recruit, canvass 25
värähdellä	to quiver, tremble 30
vääntyä	to turn, twist, wind, warp 19
vääntää	to turn, wind, twist 19
väärinkäsitys	misunderstanding 22

Y

ydin	core, marrow, nucleus 49
yhdistyä	to unite, be united 29
yhdistää	to unite (with or to), combine, join 25
yhteen	together 1
yhteenotto	clash, conflict, encounter 49
yhteensä	in total, put together, altogether 29
yhteentörmäys	clash, collision, crash 50
yhteinen	universal, catholic, common 10
yhteiskunnallinen	civil, social, communal 23

749

yhteiskunta	society, commonwealth 21
yhteisö	community 54
yhtenäinen	uniform, unified, coherent, homogeneous, conforming 25
yhtenäistää	to make uniform, unify, make coherent 25
yhteys	communion, unity, connection 10
yhtiö	company (commercial) 25
yhtä	equally, as 3
yhtäjaksoinen	continuous 21
yhä (edelleen)	still 1
yksikkö	unit, singular 24
yksinkertainen	simple, plain 17
yksinkertaisesti	simply, plainly 6
yksinomaan	solely, entirely, exclusively 43
yksinäinen	single, lonely, solitary 12
yksityinen, yksityis-	private, personal, sporadic 19
yksityisyrittäjä	owner of private business or enterprise 4
yksivakaa = yksivakainen	grave, serious 32
yleinen	common, general 2
yleisinhimillinen	broadly humane 52
yleisradio	government-controlled radio of Finland 11
yleistää	to generalize 45
yleisurheilu	track and field athletics 24
ylenpalttinen	superabundant, overflowing, excessive 14
ylettyä (johonkin)	to reach, extend 21
ylimalkainen	general, approximate, rough 34
ylimääräinen	special, additional, extra 29
ylittää	to cross, surpass 21
yllyttää	to incite, egg on, urge on 49
yllä	on, above 17
ylläpitää	to maintain, keep up 33
yllättää	to surprise, take unawares 19
yllätys	surprise 27
ylpeillä	to be pround of, take pride in 27
yltiöpäisyys	recklessness 49
ylänkö	highland(s), upland 28
ylös	up
ylösalasin	upside down, topsy-turvy 14
ylösnouseminen	resurrection 10
ymmällä	perplexed, be at a loss 5
ympyrä	circle 21
ympäri	around, about, round 5
ympärillä-lle, -ltä	around, surrounding 12
yritys	enterprise, attempt 4
yskiä	to cough 1
yöpyä	to spend the night 22

Ä

äes	harrow 41
ähkyä	to groan, moan 39
äkkiarvaamatta	unexpectedly, all of a sudden 11
äkkiä	all of a sudden, suddenly 30
äkäinen	cross, angry, offended 32
ällistyä	to be dumbfounded, be stupefied 39
älytä	to catch the meaning, understand 18
äläkkä	bellowing, bawling, row, hullabaloo 41
äskettäin	recently, lately 23
äyräs	bank, edge, brink 49
äänenpaino	stress, emphasis 48
äänettömyys	stillness, silence 19
ääni	sound, voice, vote 8
äänioikeus	right to vote, suffrage 29
ääressä, -stä, ääreen	at, close to, beside 30
ääri	limit, bound, edge, verge, brim 30
äärimmäinen	extreme, utmost 11

Ö

öisin	at night, in the nighttime 2

751

FSI Language Publications available from
Superintendent of Documents
Washington, D.C. 20402

BASIC COURSES

Amharic (Units 1-50), $2.25
Amharic (Units 51-60), $2.50
Cambodian (Units. 1-45), $2.00
Chinyanja (Units 1-63), $1.75
French (Units 1-12 and 13-24, a set), $4.00
French Supplementary Exercises (Units 1-15), $3.25
Fula (Units 1-40), $2.75
German (Units 1-12), $2.00
German (Units 13-24), $1.75
Greek (Vol. 1), $1.75
Greek (Vol. 2), $1.00
Hebrew (Units 1-40), $2.50
Hungarian (Units 1-12), $1.25
Hungarian (Units 13-24), $1.75
Kirundi (Units 1-30), $2.75
Kituba (Units 1-35), $2.25
Korean (Vol. 1), $3.00
Lingala (Units 1-24), $1.50
Luganda (Lessons 1-94), forthcoming
Moré (Units 1-48), $1.75
Serbo-Croatian (Units 1-25), $3.50
Serbo-Croatian (Units 26-50), forthcoming
Shona (Units 1-49), $2.50
Spanish (Units 1-15 and 16-30, a set), $7.50
Spanish (Units 31-45), $3.25
Spanish (Units 46-55), $2.50
Swahili (Units 1-150), $3.00
Turkish (Units 1-30), $2.25
Turkish (Units 31-50), forthcoming
Twi (Units 1-20), $1.25
Vietnamese (Vol. 1), $1.75
Vietnamese (Vol. 2), $1.50
Yoruba (Units 1-49), $1.75

Finnish Graded Reader
Hungarian Graded Reader, forthcoming
Indonesian Newspaper Reader, forthcoming
Spanish Programmatic Course Instructor's Manual, $0.75
Spanish Programmatic Course Student Workbook, $2.25
Swahili - General Conversation, $0.75
Swahili - Geography, $0.65
Thai - Reference Grammar, $1.25
Yoruba Intermediate Texts, $1.25

Supplies of all publications listed are limited, and prices are subject to
change without advance notice. Rules require remittance in advance of shipment..
Check or money order should be made payable to the Superintendent of Documents.
Postage stamps and foreign money are not acceptable.

U. S. GOVERNMENT PRINTING OFFICE : 1968 O - 313-421

Made in the USA
Middletown, DE
08 September 2023

38193348R20422